CHINA LITERATURE
AND ART FOUNDATION
中国文学艺术基金会　　资助项目
中国文学艺术发展专项基金

民间文化论坛

40年精选集

理论探索

中国民间文艺家协会
— 编 —

中国文联出版社

编委会

主　　任：邱运华
副 主 任：侯仰军　王锦强　李　倩　徐岫鹃

主　　编：黄　涛
执行主编：冯　莉

成　　员：（按姓氏笔画）
　　　　　刁统菊　王素珍　毛巧晖　李向振
　　　　　张　多　祝鹏程　漆凌云

编选说明

《民间文化论坛》（原名《民间文学论坛》，以下简称《论坛》）创刊于1982年，由中国文联主管，中国民间文艺家协会主办，是中国民间文学与文化研究方面的重要专业学术期刊。自创刊以来，《论坛》始终坚持马克思主义的唯物史观，秉承中国民协"学术立会"理念，开设多个栏目，刊发民间文学、民俗学和民间艺术等方面的学术论文，为推动我国民间文学理论学术研究和学科建构做出了重要贡献。

2022年，恰逢《论坛》创刊40年，编辑部对1982年到2022年底已经刊印的277期，近4000篇论文，从学术理论探索与专题研究两个维度进行系统甄选和整理，结集汇编《〈民间文化论坛〉40年精选集》，包括《〈民间文化论坛〉40年精选集·理论探索》《〈民间文化论坛〉40年精选集·专题研究》。

此次编选注重文章的学术水平和论文质量，同时遵循以下原则：1.所选录文章引用率较高，且传播较为广泛，其作者多为学界影响力、知名度较高的学者。2.收录时保持作者多元性，重要作者有多篇经典论文，坚持一卷只收录一篇的原则；文章话题具有多样性、丰富性、开拓性且持久影响力。3.参考两届"银河奖"获奖名单及多位学术史研究专家意见。

所选录的文章按期刊刊发时间先后排序，同一刊发时间按其在期刊中页码先后排序。文字方面原则上尊重原文献，不做硬性统一，对有明显错误的地方进行了校正，标点符号等内容按照国家出版标准进行了修改。

本书参考文献出处统一为当页脚注，部分文章文末原有参考文献，收录时统一去掉。部分文章图片与内容关系特别紧密的，收录时予以保留，不影响理解文章内容的图片，进行了必要的删减。全书对作者简介进行了规范，文章刊发时有作者简介的，保持原貌，加*号的作者简介为刊发时没有的，编选者予以补充。

编辑部特别邀请刁统菊、漆凌云、李向振、张多担任学术编委，他们带领志愿者团队参与图书的审校编辑工作。此次选录没有将翻译文章纳入，限于篇幅，在选文上难免有遗珠之憾，希望将来有机会，我们能再出其他主题精选本。感谢40年来广大作者和读者对我们期刊的支持，期待《论坛》明天会更好。

总 序

不忘办刊宗旨 坚守学术品质

刘锡诚

《民间文化论坛》（原名《民间文学论坛》，以下简称《论坛》）创刊于1982年5月。《发刊词》开宗明义，提出办刊宗旨："发展马克思主义的民间文学理论，发表对我国众多的民族的各种形式的民间文学作品的研究成果，期望对马克思主义的中国民间文艺学有所建树，为繁荣社会主义新文艺创作，发展马克思主义的社会科学研究，促进我国社会主义的精神文明建设做出贡献。"在20世纪80年代改革开放大潮中，它的发刊已成为新时期民间文学研究重新启航的重要标志之一。

《论坛》创刊40年，在几代学人的努力下，牢记办刊初心和宗旨，与学界同人一起探索建构马克思主义的民间文艺学理论体系。在14任主编和各位编辑的共同努力下，它作为民间文化界的重要学术刊物，在不同阶段都站在学术前沿，有力推动和及时反映学科发展，并在一定程度上起到了引领学术探索和培育研究队伍的作用，完整地记录呈现着民间文艺学界几代学人从改革开放新时期到二十一世纪新时代的学术历程。

我于1983年调到中国民间文艺研究会担任驻会副主席和分党组书记，直到1990年离任。这段时间里，我很看重《论坛》在民间文学界的影响和作用，曾担任《论坛》主编，对《论坛》的编辑思想和编辑队伍的素质，陆续发表过一些意见。我认为要办好《论坛》，关键是提高编辑的文化素质和学术水平。《论坛》始终提倡编辑要"学者化"。如果我们编辑发现不了重要选题，觉察不到有价值的新观点，那么这个刊物就不可能站在学术前沿，就不可能编发出高水平、引领性的文章。

为了培养编辑队伍、提高刊物品质，当时《论坛》编辑部办了两件大事：第一，创办刊授大学；第二，举办了两届"银河奖"的评奖（两届"银河奖"评出来49篇优秀文章）。通过这两个措施，《论坛》培养了许多优秀的作者，有些人已经成为国内外知名的学者了。在培养和提高编辑人员素质方面,《论坛》编辑部组织和鼓励编辑们做民俗文化的实地调查、积极参与国内外学术交流、从事专业领域的学术研究。

《论坛》是民间文学界和民间文化界的一个公共的学术园地,是几代人苦心经营起来的。自创刊以来,开设多个栏目,常设栏目包括民间文学研究、民俗学研究、民间艺术研究、非物质文化遗产研究等,涉及民间叙事(包括神话、史诗、故事、传说、歌谣、曲艺、谚语、俗语、谜语等民间文学体裁)研究、田野调查研究、民族民间文化遗产抢救和保护研究、民俗志研究、民间信仰研究、民间艺术研究、影像民俗学研究、都市民俗学研究以及民间工艺美术研究等丰富多样的话题。

40多年来,《论坛》发表了一批批优秀论文。这些论文不仅代表了《论坛》的学术水平,而且在一定程度上也能够代表中国民间文学界、民俗学界同一时期的学术水平。此次,编辑部从学术理论探索和专题研究两个维度对1982年到2022年已经刊印的277期刊物所发表的近4000篇论文,进行系统甄选和整理,结集汇编而成《〈民间文化论坛〉40年精选集》,包括《〈民间文化论坛〉40年精选集·理论探索》《〈民间文化论坛〉40年精选集·专题研究》。这部精选集既是对40年办刊的一个学术总结,也是对未来学术立场的郑重承诺:《论坛》要坚定不移地守住学术品格,坚持马克思主义的唯物史观,努力推动我国各民族民间文学、民俗学、非遗保护等领域学术研究和学科建构,为发展和提升立足中国大地的民间文艺学、民俗学、非物质文化遗产学的理论体系和社会实践做出重要贡献。

2023年11月24日

目 录

- 01　我国民俗学运动史略 / 杨堃
- 009　试论民间俗语 / 吕洪年
- 020　论中国风物传说圈 / 乌丙安
- 046　多侧面扩展民间文学的比较研究 / 刘守华
- 056　故事家故事的搜集方法浅论 / 裴永镇
- 065　传说的崛起与传说学的建立 / 刘晔原
- 070　论民间文学的立体性特征 / 段宝林
- 080　从系统论看民间文艺学的体系与结构 / 张紫晨
- 090　歌谣缘起的动因与中介 / 吴超
- 103　民间文学的普查与记录 / 贾芝
- 110　关于忠实记录的问题 / 马学良
- 113　民俗学三大学派的异同解释 / 杨成志
- 117　关于传说学的几个理论问题 / 程蔷
- 127　在文学表象的背后——民间文学本体论思考提纲 / 毕尔刚
- 137　整体研究要义 / 刘锡诚
- 146　区域文化与民间文艺学——区域民间文艺学发凡 / 姜彬
- 151　民间文艺学流派漫议 / 许钰
- 156　民间文化：走向复归的第三世界 / 徐新建
- 169　中国古代民间绘画艺术中的时间与运动 / 刘敦愿
- 180　中国民间叙事中的禁忌主题与禁忌民俗之关系 / 万建中
- 192　我在民俗学研究上的指导思想及方法论 / 钟敬文
- 199　论田野作业和文献研究的辩证关系 / 叶大兵

207	口头文学研究中的程式概念 / 尹虎彬
219	民俗调查中的心理观察问题 / 刘铁梁
228	中国现代民俗学初创时期的多学科参与 / 赵世瑜
235	论"口头和非物质遗产"的概念与范畴 / 向云驹
245	试论民俗学的社会科学化 / 郭于华
254	民间叙事的即时性与创造性——以故事家谭振山的叙事活动为对象 / 江帆
264	关于非物质文化遗产保护的若干理论反思 / 刘魁立
271	反思民俗学、民间文学的学术伦理 / 吕微
281	克智与勒俄：口头论辩中的史诗演述 / 巴莫曲布嫫
318	民俗地图小论 / 何彬
329	非物质文化遗产"保护"的本质与原则 / 贺学君
337	日常生活的现代与后现代遭遇：中国民俗学发展的机遇与路向 / 高丙中
352	"民俗主义"概念的含义、应用及其对当代中国民俗学建设的意义 / 杨利慧
361	活形态神话研究与中国神话学建构 / 李子贤
370	民间手工艺的知识产权保护与文化传承问题 / 潘鲁生
384	传统村落的困境与出路——兼谈传统村落是另一类文化遗产 / 冯骥才
392	关于古代民间故事从口头到文本的讨论 / 顾希佳
417	数字民俗搜集理论 / 董晓萍
427	对象化的乡愁：中国传统民俗志中的"家乡"观念与表达策略 / 安德明
436	传统村落与乡愁的缓释——关于当前保护传统村落正当性和方法的思考 / 张勃
451	生活革命、乡愁与中国民俗学 / 周星
479	民俗关系：定义民俗与民俗学的新路径 / 王霄冰
495	民俗学的未来与出路 / 施爱东
515	灾害民俗志：灾害研究的民俗学视角与方法 / 王晓葵
527	实践民俗学的日常生活研究理念 / 户晓辉

538 创建具有民族形式与新民主主义内容的中国气派新文艺

——"五四"新文艺到新民主主义文艺的重大转向 / 邱运华

我国民俗学运动史略[1]

杨 堃[※]

一、五四运动以前的中国民俗学

如果将民俗学的意义看得很广泛，不论科学与否，只要属于民俗或歌谣之采集与编纂的，就全算作民俗学。那么，民俗学在我国的历史就很悠久了。

《礼记·王制》曾言："命太师陈诗，以观民风。"《汉书·食货志》亦曰："孟春之月，群居者将散，行人振木铎徇于路以采诗，献之太师，比其音律，以闻于天子。"我们不好断言这些话可靠与否，或者也许会有问题。但在《古诗源》所载的《击壤歌》曰："帝尧之世，天下太和，百姓无事，有老人击壤而歌。"帝尧是传说时代的人物，有无其人，我们尚不知道。唯无论如何，《击壤歌》应是一首从远古时代流传下来的民间歌谣，那似乎是没有问题的。

另如《诗经》一书，亦是最早流传下来的一部歌谣集。关于该书创作的时代，虽然中外学者其说不一。但是，《诗经》中特别是《国风》大部分作品，全是采自民间，全是当时民间流行的歌谣或风俗，并且是表现了古代人民生活的，这是已成定论的了。因此在史料上，《诗经》可谓最古、最可靠的一部民俗学著作。郑振铎先生在所作《中国俗文学史》一书中，已对我国俗文学的发展史，从《诗经》《楚辞》直至清代的民歌，作了系统的论述，可供参考。

民俗学中，比较重要的一部分就是神话与传说。有些学者曾认为，我国古代文献记载的神话与传说，若与古希腊相比，显得贫乏、可怜。这是站不住脚的。如果我们以马

---

[1] 原稿分上、下两篇，分别刊于 1982 年第 1、2 期。
[※] 杨堃（1901—1998），中国民族学家、民俗学家、人类学家、社会学家，中国社会科学院教授。

列主义的观点，认真研究分析我国古籍，那神话与传说的资料还是很丰富的。如法国学者葛兰言在《中国古代的舞蹈与传说》一书内，曾为我们整理了许多不被人注意的神话与传说，即是一例。

在文献的资料之外，尚有很多民间口传的资料更为丰富、生动。只要有人采集，并采集得法，就会收益甚大。我国学者在很早就有人向此方向努力。如钟敬文同志在48年前（1933年）《与爱伯哈特博士谈中国神话》一文，即是一例。此外，还有鲁迅、郭沫若、闻一多、沈雁冰、顾颉刚、杨宽、孙作云、袁珂等各位专家，恕不详谈。

但谈到神话，必然联想到礼俗与仪式。因为礼俗与神话是原始宗教的两大柱石。二者关系密不可分。

讲到中国的古礼，我们应想到《礼记·曲礼》中所说的"礼不下庶人，刑不上大夫"这句话。虽说这句话是否真实，已有人提出疑问，我们仍可断言，我国古文献中所保留下来的礼仪，全是些官礼而非民礼，或仅是官礼，而非民俗。所以我国号称为"礼义文物之邦"，或"礼治主义"的国家。在礼学方面的古籍虽然是汗牛充栋，不可胜数，历代也均有礼学专家的著作，但是，从民俗学的观点而言，其可取者极其有限。譬如：秦昧经（蕙田）的《五礼通考》，黄儆季（以周）的《礼书通故》，与孙仲容（诒让）的《周礼正义》，在古礼学方面，确是三部杰作。但只有用新观点研究、剖析，方能有所收获。因为一切官礼与官制大半全是从民礼与民俗中脱胎而来，所以往往能在极小的地方还保留着民礼与民俗的孑遗或片段。我国最早能以新观点研究古礼学的，应提到江绍原先生，他在解放前发表的小品文《礼部文件》和《发须爪》等，是用英国人类学派的观点和方法从事研究的。这在当时是进步的。今天看来，仍然可供参考。

此外，古代庶民在物质生活方面，如衣、食、住、行及娱乐、游戏等，也是民俗学研究的对象。只是这方面不被古代学者注意。仅有尚秉和老先生的《历代社会风俗事物考》一书，可以介绍。但这是历代民俗资料汇编，不是民俗学专刊，而且是1938年出版的。

总之，在五四运动以前，我国旧有的民俗学资料并非缺乏，在经、史、子、集各类中全可找到，只因当时没有科学的方法，故记录颇有缺点，即以资料而言，大半全是生料，不是熟料，不能直接供我们利用。

二、民俗学运动的起源：北大时期（1922年至1925年）

中国民俗学运动是五四新文化运动的一个组成部分。中国民俗学运动，应自国立北京大学研究所的歌谣研究会及其《歌谣》周刊的出世算起。北大开始征集歌谣是在1918年2月间。从该年的5月底起，刘半农先生的《歌谣选》就陆续在《北京大学日刊》上发表，前后共计刊出148首。歌谣研究会正式成立，则是在1920年的冬天，由沈兼士、周作人二人主持。因当时人力与财力均成问题，故无发展可言。

歌谣研究会在1922年2月29日召开了第二次大会，当时曾决议三事：一、征集，二、整理，三、发表。至当年12月17日，因北大举行二十五周年纪念会，北大研究所国学门就在此天开了一次成绩展览会，并创刊了第一号《歌谣》周刊。编辑是周作人、常惠两位，钱玄同、沈兼士两位担任方音和文字的审查工作。

《歌谣》周刊第一号的发刊词，在我国民俗学史上，是一篇重要的文献。兹抄一段，以备参考："本会搜集歌谣的目的共有两种：一是学术的，一是文艺的。我们相信民俗学的研究在现今的中国确是很重要的事业之一，虽然还没学者注意及此。只靠几个有志未逮的人是做不出什么来的，但是也不能不各尽一分的力，至少去供给多少材料或引起一点兴味。歌谣是民俗学上的一种重要的资料，我们把它辑录起来，以备专门研究，这是第一个目的。因此我们希望投稿者不必自己先加甄别，尽量地录寄，因为在学术上是无所谓卑猥或粗鄙的。"该发刊词未署名，但听说是出自周作人之手。它明确宣布，第一目的是为民俗学研究辑录资料，并指出民俗学研究的重要，这是很值得重视的。

1924年北大风俗调查会成立后，很多有关风俗的调查报告及论文，也常在《歌谣》周刊上发表。歌谣研究会因研究范围的扩大，曾在1924年1月31日开会时，提出改名为民俗学会，当时极力主张改名的是常惠，周作人也赞成。后虽名义上并未改成，但实际上却也成为民俗学研究的刊物。自四十九号起，将中式的排版法，改为西式的横排法，并将《歌谣》改名为《歌谣周刊》，面目为之一新。至六十二号又登一启事《本刊的今后》，内言：

本刊现经编辑会议决，自本号起，规定进行方针如下：

（一）扩充采集范围。每期内容分载：论文、选录、专集、杂件、征题各门。除谣、谚、谜语外，对于风俗、方言、故事、童话等材料，亦广事搜求，随时发表。

（二）改良征求方法。每期标一"征题"，选母题一种，分类征求。一面仍分地搜集。双方并举，务蕲详尽。

（三）附带出版丛书。本会前拟发刊之各地歌谣专集，迄以限于经费，不克如愿，殊深歉憾。刻拟一变通办法，将此种专集，陆续登入周刊，一面另印成书。并拟编订业经发表之论文、歌谣、重刊单行小本。俾"歌谣丛书"得以次第出版。

（四）随时发刊专号。关于歌谣、风俗、方言各部，有充分材料时，即特出"专号"，以新读者耳目。并可借此发表"征题"所得之成绩。

他们的四项工作全都做到，并且很有成绩。尤其是在"特出专号"方面，如《孟姜女专号》即很成功。对于民俗学的宣传收效颇大。仅在出版丛书方面，只见到顾颉刚先生的《吴歌甲集》（1926年7月）一种，似乎太少。后来广州"民俗学丛书"出版的，如《孟姜女故事研究集》《妙峰山》等等，全是继承"歌谣丛书"这一传统的。

《歌谣》周刊自1922年12月17日创刊，至1925年6月28日，共出九十七号而停刊。停刊的原因，是北大研究所国学门另出《北京大学研究所国学门周刊》，已将歌谣、方言、风俗等项包括在内，故不另出《歌谣》周刊。事实上，《北京大学研究所国学门周刊》共出二十四期。有关民俗学的论文与资料，均占重要的地位。二十四期后，学校经费不足，将周刊改为月刊，并改由上海开明书店出版。可惜只出了四期，北大改组，编者星散，这一工作也就停顿了。

三、民俗学运动的全盛时期：广州中大（1928年至1930年）

我国民俗学运动的起源，虽说应从北大的歌谣研究会算起，然而在这个时期内，民俗学的招牌尚未正式揭出。该会的中心人物，如周作人、沈兼士、刘半农诸氏，也都是文学兴趣大过科学兴趣，故当时的民俗学运动（1922年至1925年）仅算是预备时期。到1928年3月21日《民俗》周刊第一期在广州中山大学创刊，才正式进入宣传时期。1926年左右，北京政局颇不稳定，北大内许多人员均南下。而广州中大因初办，又是在革命发源地，故颇有朝气。因此，在北大未正式开展的民俗学运动，终于在广州中大实现了。

广州中大所开展的民俗学运动，在人才与精神两方面，全是继承北大的歌谣研究会。故最初的机关刊物命名为《民间文艺》周刊，并未叫作《民俗》周刊。该刊由董作宾、钟敬文两氏任编辑。从1927年11月1日起共出十二期。至1928年3月21日，因嫌《民间文艺》的名称范围太窄，改名为《民俗》。《民俗》周刊第一期有一篇《民俗》发刊词，颇能说明对民俗学运动所持的态度。从这个发刊词中也可看出许多意义来。第一，民俗学的前身是民间文艺。当时仅叫作民俗，未叫民俗学。这说明民俗学还未取得"学"的资格。第二，该发刊词的语气是一种战斗的口吻，这证明民俗学运动是代表一种新思想需要战斗。第三，该发刊词若不加上"民俗"两字和放在《民俗》周刊之内，我们就会认为是一篇新史学运动的宣言。这说明民俗学与史学的关系非常密切。第四，他们所说的"民俗"是包括整个的民间文化，内有民间艺术、民间信仰、民间习惯，显然比英国民俗学家所说的民俗学范围广多了。第五，此发刊词据说是出自顾颉刚先生之手，署名为"同人"，看来发表前一定经过同人的审阅或修正，故可视为代表同人的。第六，这个民俗学运动原是一种新史学运动，故较北大时期已有不同，并有进步。这是代表两个阶段，也是代表两个学派的。

关于广州中大民俗学会成立经过及其活动与出版物目录，杨成志先生曾写过一篇详细的报告，名为《民俗学会的经过及其出版物目录一览》登载于《民俗（复刊号）》内，1936年9月15日，在广州中大出版部出版兼发行。

在此期间所出的《民俗》周刊与"民俗丛书"等，虽然在内容上全很幼稚，但对民俗学运动的宣传却有影响，收获极大，这是不能否认的。而中国民俗学运动建设的基础，也全是在此时奠定的。

四、民俗学运动的衰微时期：杭州中国民俗学会（1930年至1935年）

在广州中大所开展的民俗学运动，自1930年以后，就由盛而衰，逐渐入于消沉时期。《民俗》周刊共出一百一十期，即行停刊。停了三年至1933年3月21日，虽经容肇祖先生的努力而复刊，然而大势已去，无可挽回。复刊后，仅出了十三期，即又停刊。从此，这民俗学运动的大本营，乃完全陷于消沉的状态。

杭州中国民俗学会是钟敬文、娄子匡两先生于1930年夏，在西湖发起组成的。他们的用意是想一方面继承广州民俗学会的传统，一方面还要扩大其组织，推广到全国。该会努力苦战的结果，相当可观。譬如：

（1）该会出有《民俗》周刊共七十期。

（2）出《民俗学集镌》共两册，第一册有论文约二十篇，为我国民俗学界空前未有的大著作；第二册内有论文十余篇亦颇精彩。该两册专集，在内容与规模两方面，均较广州《民俗》周刊进步。第一辑内,有娄子匡先生的《国立中山大学民俗学会出版丛书提要》一文;第二辑内,载有钟敬文先生拟词,程懋筠先生作曲的《中国民俗学运动歌》。其词为:

> 这儿是一所壮大的花园,里面有奇花,也有异草!
> 但现在呵!园丁不到,赏花人更是寂寥!
> 斩除荆棘,修理枝条;来,同志们莫吝惜辛劳!
> "收获"决不冷待了"耕耘",有一天她定要惊人地热闹!

从这首歌中可以看出,民俗学运动,在衰微时期的冷落情况。同时,也可看出民俗学的前辈们顽强奋斗的精神,实在令人敬佩!

在第二辑中,还载有"中国民俗学会丛书"一览及同仁录,也是民俗学运动史中,最可珍贵的资料。

(3)《民间》月刊,这是杭州中国民俗学会的机关报,是娄子匡、陶茂康、钟敬文三氏编纂。

(4)"中国民俗学会丛书",共八种,在此不一一详介了。

(5)除以上所述的刊物与丛书之外,还在别的刊物上发表了一些民俗学的论文,以广宣传。在此也不一一介绍了。但杭州艺风杂志社所出的《艺风》月刊却应一述。该刊常出民俗专号及"民俗园地"一栏,均系钟敬文先生主编。

以上这些刊物及丛书,大半全是印得极少,销路不广,一般读者不易看到。但它却给我们保存下珍贵的资料。这一段的民俗学运动,是不应忽略的。

五、民俗学运动的复兴时期(1936年至1937年)

中国民俗学运动之复兴,可说是开始于1934年,我国的学术思想自1934年起就很有进步,并有一种民族自觉的思想,充满在社会科学界。譬如说,中国民族学会之成立与《文化建设月刊》之出世,就全是在1934年。至1935年1月10日又有所谓十教授的《中国本位的文化建设宣传》的发表。从此,引起了全国文化界的一大波动。在这新的形势下,早已潜伏数年的民俗学运动,自然也就复活了。

又如,北大的《歌谣》周刊,广州中大的《民俗》季刊均相继复刊,又给我们保存了不少资料。此外，还有杭州中国民俗学会所出的《孟姜女》月刊，这是个小型刊物。它的前身名为《妇女与儿童》，娄子匡先生主编。

以上所说的三种刊物：北大的"歌谣"、中大的"民俗"与杭州的"孟姜女"，这不仅是三个出版单位，而且也是三个有组织的研究机构。在我国民俗学运动的阵营中，这是三大据点。《歌谣周刊》的势力是在华北；《民俗》季刊的势力是在华南；《孟姜女》月刊的势力是在华中。这三个组织彼此也有联系，并有分会。其势力遍于全国，蓬蓬勃勃，颇极一时之盛。但好景不长，七七事变突然爆发，全国学术界受到打击。民俗学运动自然也不例外，《歌谣》周刊出过三卷十期之后，便停刊了；《孟姜女》出了五期也就销声匿迹，不见下文。

六、抗日战争时期的民俗学

七七事变以后，由于日本帝国主义入侵，政治形势发生了急剧变化，全国出现了三个政治区，即解放区、国民党统治区和沦陷区。

沦陷区，在日本统治下，民俗学研究不可能得到正常发展。但日本为了统治中国，特别是在东北四省却作了大量的社会调查，包括资源调查和民俗调查，这些资料是值得参考的。日本为了奴化中国人民，笼络知识分子，也曾办了几个刊物。如《中和月刊》《中国学报》等等。表面上是纯学术性的，但实际上是为日本统治中国服务的。同时，在日本国内，还掀起了研究中国的高潮，并将我国的大量文献搜刮而去。日本人的调查研究，无论在数量或质量方面，全能超过我们，这是值得深思的。

国民党统治区，由于统治的需要，也进行了一些民族学和民俗学的调查研究，并出有《民族学研究集刊》（第3期至第5期）、《西南边疆》、《文史杂志》（顾颉刚主编）、《民俗》季刊（杨成志主编）、《采风》、《风土杂志》、《风物志》集刊（顾颉刚、娄子匡主编，中国民俗学会出版）等等。关于民俗学和民族学的参考资料，已有人编过一个《抗战以来我国民族学选目》，见《民族学研究集刊》第4期（1944年10月）与第6期（1948年8月），恕不详述。

解放区，毛主席在当时写的《〈农村调查〉的序言和跋》《新民主主义论》和《在延安文艺座谈会上的讲话》等著作，对建设和发展我国的新学术运动，是具有指导性意义的。在毛泽东思想的指导下，在党的具体领导下，在解放区工作的同志们，进行了大量的调查研究工作。在民族学和民俗学研究方面均取得了很大成绩。如在延安陕甘宁边区成立了回民文化促进会和蒙古文化促进会，分别由谢觉哉同志及吴玉章同志兼任会长。为了培养少数民族干部，在1940年还专门成立了培养少数民族干部的学校，即陕北公学民族部。在校学习的有藏、彝、回、蒙古族的青年。1941年，党中央又决定，将民族部加以扩大，改组成为延安民族学院。在延安党校曾设有回回班，这个班后来也合并到了民族学院。延安民院和其他各校为我们党培养了一大批少数民族出身的共产主义干部。另外，当时西北工委对回族、蒙古族进行了大量的调查研究并写有《回回民族问题提纲》和《蒙古民族问题提纲》两个报告。延安解放社还出版了经中宣部审查的《回回民族问题》一书。西北工委还对陕、甘、宁、青、绥五省一般情况，包括历史、地理、政治、军事、经济、文化、民族、宗教等方面进行了调查研究，并写成了五本资料书，就是：《抗战中的陕西》《抗战中的甘肃》《抗战中的宁夏》《抗战中的青海》和《抗战中的绥远》。当时均由延安解放社内部出版发行。

七、新中国的民俗学运动

解放后最初几年，民俗学这个名称没有被采用，因当时有股歪风，认为民俗学、社会学和民族学，全是资产阶级的东西，应当打倒。但当时要向苏联学习，俄文的"民俗学"这个字，本是英文的俄文写法，却译成"民间创作"和"民间文学"了。这是因为俄国学者所说的民俗学，其范围较窄，仅指民间创作或民间文学而言。我国民间文艺研究会出版的《民间文学》若从这一意义上去看，也可算作民俗学的专门刊物，其中刊登了很多有关民俗学的资料和论文。在理论上，也试图用马克思主义的理论、观点和方法来研究民俗学这门科学。该刊1979年第10期刊登的"本刊编辑部"的《伟大的起点，光荣的使命——庆祝建国三十周年》一文是一篇中华人民共和国成立30年来民间文学取得成绩的总结，值得参考。该刊1979年第5期汪玢玲同志《民俗学运动的性质和它的历史作用》一文，为纪念五四运动60周纪念而作，是篇好文章。钟敬文同志主编的《民间文学概论》一书，也是中华人民共和国成立以来，我国民间文艺工作者和民俗学工作者研究成果的一个总的反映。恕不详为介绍。

此外，还应提到李有义同志的《我国民族学的回顾与展望》（《民族研究》1980年第1期）和林耀华同志的《新中国的民族学研究与展望》（《民族研究》1981年第2期）两文。因为民俗学与民族学的关系，如上所述，非常密切，甚至难于划分界限，故对民俗学工作者是有参考价值的。

试论民间俗语[1]

吕洪年[※]

民间俗语，和民间谚语、歇后语一样，是人民口头创作的一个特殊品种。它对于丰富民间语言和口头文学的宝库，有着重要的意义和作用。许多著名作家都吸取和运用它来加强语言的表现力，收到很好的效果，因而被誉为"艺术皇冠上的灿烂明珠"[2]。但是对于它的概念和范围，特点和作用以及采集和整理等问题，至今还未见有专门的文章进行论述。

钟敬文教授主编的《民间文学概论》指出："简洁、形象的俗语，同样也是人民智慧的结晶。由于它使用范围很广，因而也是语言艺术中一宗宝贵的财富，应给以重视和研究。"本文试图从个人搜集的民间俗语出发，来对它作些探索，以期引起更多人的注意和重视。

一

关于俗语的概念和范围，《苏联大百科全书》第三十三卷认为："俗语（поговорка）是一种简洁、形象化的箴言。它是一种含意明白、确定，而且往往是夸张的短语。……俗语是说话时'顺口'说出来的，它使言辞更活跃生动，更富有表现力，并帮助说明所表白的意见。"[3]而我国对俗语的理解，一般有广义和狭义两个方面。

广义的是指流行于民间的一切通俗语句，包括谚语、歇后语及口头上常用的成语、

---

[1] 刊于1983年第2期。
[※] 吕洪年（1937—2022），民俗学家，浙江大学人文学院中文系教授，浙江省非物质文化遗产保护专家委员会委员。
[2] 周中明：《艺术皇冠上的明珠——谈〈红楼梦〉中对俗语的运用》，《红楼梦学刊》1980年第1辑。
[3] 彭在义译：《谚语·俗语（〈苏联大百科全书〉选译）》，《民间文学》1956年9月号。

格言、名句、惯用语、俏皮话等。如说："俗语包括谚语，可以把谚语称作俗语。谚语是俗语中的一个语种，不能把俗语称作谚语。而且俗语不单指成句的，过去还把不成句（词、词组、短语）的方言土语也归入俗语范畴。"[1] 狭义的是指谚语的一种。如说："所有流传在民间的脍炙人口的传言都在谚语的范围之中。这个概念，既包括寓意深刻、形式完整的谚语，又包括一些有特别形式的歇后语、俗语以及反映人物性格特征的绰号。"[2] 这里把谚语分作特殊形式和非特殊形式两种，俗语是谚语的一种特殊形式。

对上述两种看法，我只同意前一种。而我对俗语的狭义的理解，是指与谚语、歇后语等并称，除谚语、歇后语等之外的来自民间的定型化短语。谚语、歇后语、俗语，同为人民语言的重要组成部分，它们都是人民口头创作中很有特点的体裁。这就是我对俗语的狭义的理解。

为了更好地理解这个概念，并进一步划定它的范围，我们有必要把它和口头上常用的成语、谚语、歇后语作一比较，来看它们之间的不同和区别。

俗语和成语的区别：从语言形式上可以看出两者的区别。成语一般以四言形式、骈体结构为主，而俗语则不受四言形式的限制，它是以杂言形式和散体结构为主的。它少至三言，多至十余言[3]，如三言句："地头蛇""书呆子""势利鬼""假道学""江湖嘴""一溜烟"等；四言句："打退堂鼓""喝西北风""吃后悔药""扯顺风旗""放烟幕弹""捅马蜂窝"等；五言句："皮笑肉不笑""换汤不换药""天字第一号""平地一声雷""事后诸葛亮""人生地不熟"等；六言句："鸡蛋里挑骨头""牛头不对马嘴""八字没有一撇""纸里包不住火"等；七言句："人逢喜事精神爽""舌头底下压死人""一个萝卜一个坑""不到黄河心不死""圣人门前卖孝经""眉毛胡子一把抓"等；八言句："会说的不如会听的""口袋里装不得锥子"等；九言句："扯着老虎尾巴抖威风""当一天和尚撞一天钟""草里说话路上有人听"等；十言句："大篓洒香油，满地捡芝麻""白刀子进去，红刀子出来""鼻子不是鼻子，脸不是脸"等；十一言句："牡丹花虽好，还得绿叶扶持"；十二言句："这一个耳朵听，那一个耳朵冒"等。

四言句俗语和成语容易相混，但从风格特征上加以比较，也不难把它们分开。请看下面两组——甲组："朝思暮想""赴汤蹈火""以卵击石""针锋相对""得陇望蜀"；乙

---

[1] 王序：《俗语和谚语》，《采风》1980年第3期。
[2] 钟敬文主编：《民间文学概论》，上海文艺出版社，1980年，第313页。
[3] 参见韩阙林《谈谈"俗语"》，《河北师院学报（哲学社会科学版）》1979年第4期。

组:"后台老板""十字路口""光杆司令""绣花枕头""狗头军师"。比较甲组和乙组,可以看得很清楚,甲组是成语,乙组是俗语。前者是书面语的风格,后者是口头语的风格。当然成语也有超四言的,如五言的:"疾风扫落叶""水火不相容";六言的:"掷地作金石声""毕其功于一役";八言的:"金玉其外,败絮其中"等。但一望而知,它们是成语,因为有较多的文言成分,大多来自古代典籍,具有书面语的风格,自然不属于俗语。

俗语和谚语的区别:俗语和谚语的区别,两者较难分清,常有混同和不分的现象。因为它们在结构形式上和风格特征上没有本质的差异,但在语义特征上,却有明显的不同[1]。我们比较下面两组——甲组:"疾风知劲草""烈火见真金""勤劳是个宝""人事补天工";乙组:"快刀斩乱麻""狮子大开口""临阵看兵书""托猫管老鼠"。比较这都是五言句的甲、乙两组,我们便知甲组是谚语,乙组是俗语。两者的不同在于:谚语是说理性的,而俗语则是描述性的。"烈火见真金""疾风知劲草"等,是用形象化的语言表示一种判断、一种思想,寓有科学经验和道德准则,对人们起训诫和说理的作用。而"快刀斩乱麻""狮子大开口"等则只客观地表明一种事实、一种现象和一种状况,一般是关于事物、行为的特点、状态、性质等的描写,不具有训诫的意义。

谚语的说理性,是人们所公认的。清代杜文澜《古谣谚》引《说文长笺》云:"传言者、一时民风土著议论也。故从彦言。若鄙俚淫僻之词,何谚之有。观彦言而可以知寓教于文矣。""寓教于文",这是谚语与俗语和其他语种相区别的主要特征。但是俗语和谚语混淆不清的情况,屡见不鲜。如有的书上把"张公帽子李公戴""三天打鱼,两天晒网""又要马儿跑,又要马儿不吃草"等统统看作谚语,就未必妥当。特别是把"三天打鱼,两天晒网"算作自然谚语,那更说不过去。因为这条俗语的含义只是比喻"没有恒心,时常中断",在语义上,并不具备说理性的特点。俗语和谚语两者经常混淆的情况,说明我们对谚语"寓教于文"的特点还没有很好地掌握。

俗语和歇后语的区别:俗语和歇后语的区别,是显而易见的。歇后语是由前后两个语言片段组成的,前一片段是譬喻,后一片段是解答;而俗语却只有一个独立的语言片段。换句话说,就是俗语只说一句,而歇后语却是一譬一解的。这一点,用不着举例也很清楚。

---

[1] 参见韩阙林《谈谈"俗语"》,《河北师院学报(哲学社会科学版)》1979年第4期。

但是今天歇后语的发展，有一种新的倾向，那就是不像我们在小说等文艺作品中所看到的那样，上截是譬，下截是解，譬解并列，同时出现；现在人们口头上，往往是说譬省解，用譬代解，歇却一截。这就使歇后语和俗语不容易区别，如"小葱拌豆腐""肉包子打狗""司马昭之心"等，分别省去了后半截"一青二白""有去无回"，"路人皆知"，这就与俗语"夹蚌炒螺蛳""强盗审官司""孔夫子赖学"等在语言形式上相似而容易混淆。所以茅盾在《关于"歇后语"》一文中说："这一类的'譬喻'和'解答'的歇后语，除了大家熟悉的一些而外，如果只写出上半截而'歇'去它的后半截，那就使人猜不到它的意义。因而，这一类的歇后语如果严格而论，应当有一个另外的名称。"[1]这里所说的"另外的名称"，确是有的，那就叫"新型歇后语"，这是陈望道在《修辞学发凡》[2]一书中提出来的。但是我们仔细比较俗语和新型歇后语，两者的区别还是清楚的。新型歇后语一般只是假托语，即"措词在此而实意在彼"，并且由于文法和语气的作用，往往极容易从它诱发或引出其中的目的意义，像上举"小葱拌豆腐""肉包子打狗""司马昭之心"等，就是这样。它在一定的语境（上、下文）中，其譬喻的意义是明显易懂的。而俗语一般没有这样的特点，"夹蚌炒螺蛳""强盗审官司""孔夫子赖学"，不可能从中诱发或引出更多的深意，它无非是对某些不正常现象的描绘罢了。

我们从以上的比较中，可知俗语是有它自己的特点的，我们不应当把它包括在谚语之中，而应当把它与谚语、歇后语等一样，看作民间文学的一种独立形式。

二

关于俗语的特点和作用，实际上上面已经有所论及。为了明确起见，这里再概括地加以说明。

（一）描述性

俗语虽然简短，但它却以极精练的语言，描述了事物的特征、性质和状态。高尔基说过："艺术的作品不是叙述，而是用形象、图画来描写现实。"[3]俗语就是这样的艺术作品。像我们普通说的"碰钉子"这句俗语，就是对办事遇到阻力和困难的一种形象化的描述。又如"蚂蚁啃骨头"这句俗语，就是人们遇到需要用众多的人力来对付一个"庞

---

1 茅盾：《鼓吹集》，作家出版社，1959年，第73页。
2 陈望道：《修辞学发凡》，上海教育出版社，1979年，第161—162页。
3 ［苏联］高尔基著：《论文学》，孟昌、曹葆华、戈宝权译，人民文学出版社，1960年，第279页。

然大物"的情况时所用的比喻。这"碰钉子"和"蚂蚁啃骨头",就是劳动人民根据现实生活,经过提炼、概括而创造出来的具体、生动、真实的艺术形象。由于它们牢牢抓住事物的特征,一针见血,因此能给人以深刻的印象。其他如"过河拆桥""临阵磨枪""半瓶子醋""无风三尺浪""雷声大雨点小""前怕虎后怕狼"等,无不如此。

俗语创造形象是描述特定环境中的特定事物和特定情景,而不在于含有结论。像"肚饱眼睛饥",就活活地写出了口馋贪吃者的本相;又像"锦被罩鸡笼",就是对大材小用的穷描极绘。其他如用"陈年捣粪缸"来形容不厌其烦的唠叨和挖苦,用"水银泡饭吃"来形容不自爱、自作孽,用"寒天吃冷水"来形容意外的打击和刺激,等等,都是描写特定环境中的事物和情景,言简意赅,入木三分。

俗语描绘事物、创造形象,还往往是夸张的。它们有不少是根据生活真实经过加工、虚构而创造出来的,如"苍蝇戴豆壳""老虎吞蝴蝶""蜻蜓摇石柱""冷锅里冒热气""光脚不怕穿鞋"等,用这种特殊的事物和情景来概括和反映某种生活现象和状态,具有鲜明、生动的特点。

(二)方言性

《辞海》"俗语"条注俗语的特点:"带有一定的方言性。"这是精到之论。俗语不同于语言学上的熟语,熟语是民族通用的语言。虽然有些熟语是从俗语上升的,但就整个俗语来说,它同方言联系着。

俗语的方言性反映了它的民族和地域特点,往往与某地的环境、农耕、技艺、物产、名胜、风习、节令等相联系,表现出不同民族、不同地方的语言风格和乡土气息,如北方俗语"浪话三千",南方人则说"乱话三千";北方人说"羊群里跑出骆驼来了",而南方人则说"狗嘴里吐不出象牙来";北京人说"车动铃铛响",意思是干什么都会露出风声,而杭州人则说"隔墙有耳""纸里包不住火";北京人称赞"会仙居炒肝"(应急菜,美味可口),而浙江人则把"原坛老绍兴"(绍兴酒,味醇)引为自傲。这些俗语各不相同,色彩缤纷。而语言中最活跃的因素——词汇,也因各民族、各地方的社会生活的不同而不同。如畜牧民族有关畜牧经济的语汇特别发达,如说"住土墙的百姓""走马随着缰绳""驴肠马肚"等,而农业民族,有关农作物的名称特性等的词汇特别丰富,如说"有门板的人家""牵牛要牵牛鼻子""芝麻绿豆官"等,表现出不同民族,不同地方的生活内容和风俗习惯。

俗语还与当地历史、文化等传统密切结合,有的还往往有一段故事,叙述它们的来历。如"来富唱山歌,差点住鸟窝"是苏州俗语,它就有一个故事,叙述来富这个人说话结结巴巴,唱起歌来则滔滔不绝。有一次他家失火,急得说不出话来,人们等他唱完山歌才知道失火,赶去抢救,却已烧了个"半面乌焦"[1]。再如俗语"有眼不识泰山"的"泰山",原来也不是山名,而是人名,因为泰山这个人在鲁班那里学不成木匠手艺,被赶回家,经过一座毛竹山,自寻短见,但因毛竹有弹性,从上面荡下来吊不死,而终于醒悟,才发愤钻研,创造了一手篾工手艺。[2] 此外,像"长嫂如母""包河里的藕"等都是由包公的故事演化而来的俗语,像"许仙开药店""莺莺烧夜香""刘海耍金钱"等,其来历都是有生动的故事的。

(三)口传性

由于俗语在口语中被广泛地使用,因此口传性是它的显著特点。这是一切民间文学作品所共有的,但是俗语的口传性有它特殊的表现形态。

上面我们讲过,俗语和口头上常用的谚语、歇后语等有所不同,它所表达的意义有时是不完整的,它是在说话时"顺口"说出来而成为句子和言辞中最活跃和生动的部分的。如"昨晚在酒席筵前,这家伙皮笑肉不笑,眼神不安,说话很少,分明是范增一派人物。"(《李自成》)"冯登龙把手掌一拍,说'……我们还雇着两个长工,养两个大牲口,瘦死的骆驼比马大,在乡村里还是个财主。'"(《红旗谱》)这里,"皮笑肉不笑""瘦死的骆驼比马大"就是在一定的语境中出现的,它不用"常言道""俗话说""老话说"等字眼(除书面引用者外,这些字眼一般不在口头上出现),而这些俗语一经在语境中出现,就表明一种鲜明的概念。"皮笑肉不笑",表示"面善心不和";"瘦死的骆驼比马大",表示"家底不薄"。它们是言辞中特别吸引人的因素。说话人自己不觉得,而听话人则心领神会,深印在心,一有机会也就加以利用。这样,它就得到了传播。

俗语的口传性决定俗语通俗易懂,容易上口。它是完全口语化的,比一般的成语更受人欢迎,因此人们在同义语选择时,往往采用俗语而不采用成语。如《红旗谱》:"贾湘农笑了笑说:'可不是吗?封建势力是军阀政客,土豪劣绅也是封建势力,背着抱着是一般重。'"这里"背着抱着是一般重"实际等于成语说"半斤八两"。就这一点说,

---

[1] 刘小苏搜集整理:《来富唱山歌》(苏州俗语故事),《采风》1980 年第 3 期。
[2] 参见《有眼不识泰山》(俗语故事),《采风》1981 年第 15 期。

成语"赴汤蹈火"就不及"上刀山下火海";"吹毛求疵"就不及"鸡蛋里挑骨头";"见异思迁"就不及"这山望见那山高";"朝思暮想"就不及"盼星星盼月亮";"急于求成"就不及"想一口吃成胖子";等等。

正因为俗语有上述基本特点,所以它的作用也是十分明显的,主要的有:

第一,能使语言简洁有力。

俗语含义明白、确定,富于表现力,因此它能以一当十,以少胜多,使语言简洁、凝练而不失生动、形象。比如本来要用很多话才能说清楚的道理,用了民间俗语,一下子就把意思说明白了,因此,它常为文学艺术家所重视和引用。

《红楼梦》作者曹雪芹是语言艺术的大师,他在自己的作品中就经常引用俗语描写人物,构思情节。如他写王熙凤这个人"明是一盆火,暗里一把刀""上头一脸笑,脚下使绊子",这就把她"嘴甜心苦、两面三刀"的性格表现得淋漓尽致。再如他运用俗语来揭示作品的主题,如说"登高必跌重""树倒猢狲散""千里搭凉棚,没有不散的筵席"等来说明封建统治阶级的必然没落,深刻有力。

由于俗语十分丰富,它能多方面地描绘客观事物和反映社会生活,因此有很大的适应性。如写人的俗语就有"巧夺天工""人欺天不欺""赛过诸葛亮"等;写事的如"好事不出门""恶事传千里""药医不死病"等;写物的如"荷叶包刺菱""烟囱上盘藤"等;写景的如"鼓楼上麻雀""鸭蛋头菩萨""红嘴绿鹦哥"等。此外,也还有写情的,如"性急头开裂""托人似托山""冷笑热哈哈"等,它是文学语言取之不尽、用之不竭的源泉。

第二,能形成独特的语风。

语风就是说话的习惯和风格,通俗点说,也就是一个人说话所具有的某种味道[1]。我们常说,某某人"会说话",或者"能讲话",某某人说话和讲话"带劲儿""够味儿",这里有多种因素,但与恰当地运用俗语也分不开。

毛泽东同志是伟大的马克思主义宣传家,他说话的风格,一方面具有伟大的气魄,一方面却又是朴素自然、平易近人的。他接近群众,善于用群众的语言来表达思想和情绪。如他讽刺敌人自食其果、自取灭亡,就说"搬起石头打自己的脚";形容旧制度

---

[1] 参见宁榘《谚语·格言·歇后语》,湖北人民出版社,1980年。

要灭亡，新制度要出世，就说"鸡毛也能飞上天"；此外，他用"东风压倒西风"这句俗语来表示社会主义阵营的力量超过帝国主义阵营的力量；用"到什么山上唱什么歌""看菜吃饭，量体裁衣"的俗语来说明做什么事都要看情形办理，写文章和演说也是一样；等等。他总是恰到好处地运用俗语，使它出现在言辞过程的"节骨眼上"，因而言简意明，洒脱有力。

巧妙地、恰当地运用民间俗语，是会使自己的说话具有幽默和风趣的特色的。像下面这些俗语就是这样：如针对狐假虎威、狗仗人势的现象，说"扯着老虎尾巴抖威风"；针对弄虚作假、鱼目混珠的现象，说"珍珠掺着绿豆卖"；说一个人出生入死，义无反顾，用"脑袋掖在裤带上"；说一个人干了得不偿失的蠢事，就用"偷鸡不着蚀把米""赔了夫人又折兵"等，不但朴素、精练，而且幽默、风趣。

第三，有助于提高表达的技巧。

由于俗语具有比喻、夸张、象征、形容、双关等多种积极的修辞作用，因此，俗语的运用，有助于提高说话和表达的技巧。

鲁迅是伟大的文化革命先驱，他说话和写文章，是很讲究技巧的。我们看到，在他的杂文和书信中就经常运用俗语来议论问题，谈笑风生。如"'千里不同风，百里不同俗'。这里以为平常的，那边就算过激……今天正是正当的，明天就变犯罪……"[1]，这里借俗语"千里不同风，百里不同俗"以引起议论的话题；又如"'好死不如恶活'，这当然不过是俗人的俗见罢了，可是文人学者之流也何尝不这样"[2]，这里借俗语"好死不如恶活"来揭示虚伪者的本质，一语中的；再如"前几天也颇有流言，正如去年夏天我在北京一样，哈哈，真是天下老鸦一般黑哉！"[3]，这里借俗语"天下老鸦一般黑"来揭示社会的黑暗和表示自己的感叹；还有如"'揩油'，是说明着奴才的品行全部的。……打开天窗说亮话，其实所谓'高等华人'也者，也何尝逃得出这模子"[4]，这里借俗语"打开天窗说亮话"来表示语气的转折和过渡；等等。鲁迅运用俗语，不是外表上的装饰，而是像人体的血管和神经一样，非常自然地、有机地粘附、渗透在言辞的中间，成为不可或缺的重要因素。

---

1 《鲁迅全集》第3卷，人民文学出版社，1958年。
2 《鲁迅全集》第3卷，人民文学出版社，1958年。
3 《鲁迅书信集》，人民文学出版社，1979年，第1059页。
4 《鲁迅全集》第5卷，人民文学出版社，1958年，第202—203页。

有的俗语虽然不能独立成句，但在表达的实践中却可以作谓语、宾语、定语、状语和补语等，起多种作用，又可根据对象、语体等多方面的要求来达到表达完美的目的。所以鲁迅说："倘要中国的文化一同向上，就必须提倡大众语，大众文"[1]"我以为第一是在作者先把似识非识的字放弃，从活人的嘴上，采取有生命的词汇，搬到纸上来。"[2]

三

俗语的采集和整理，是一项有意义的工作。这项工作，过去和现在都有不少人做过，但有些人不是把它当作民间文学的一种独立形式来看的，只是为了学习群众口语的需要，才零星地把它们记在自己的本子上。

我们今天应当对俗语有新的认识，把它作为民间文学的一种独立形式来进行全面的搜集。民间文学的报刊，应当适当地选登俗语，大力地加以提倡。

搜集工作除了民间文学工作者自己动手之外，还应当广泛地发动广大人民群众一起来做。在搜集传说、故事、歌谣、谚语、谜语等民间文学形式的同时，也不忘搜集流传在群众口头上的俗语，把它与民间文学的其他形式、体裁放在同等的地位。

俗语的搜集工作，只要有心于它，做起来是并不难的。因为每个人口头上都有习用的俗语，只要留心听、用心记、动动笔，是人人都可以做到的。搜集的步骤，一般可以先听音，然后详其意，然后录其字，有些方言土语也不妨。我搜集过杭州市区的民间俗语，有些也很难落笔，后来反复地猜测其意，不仅请教语文工作者，也请教同时说这俗语、用这俗语的许多人，才一一弄明白。像"冰汤不动炉""肉麻当有趣""屁股生臀尖""五马调六羊""弄得酱胖臭"等，都是这样记录下来的。

民间俗语的搜集主要"从活人的嘴上"记录。但我以为在过去谚语与俗语不分的情况下，有大量俗语保存在谚语集中，我们可以做区分和梳理的工作。古人集录谚语的专书很多，如宋·龚颐正的《释常谈》、周守忠的《古今谚》，明·杨慎的《古今谚》《俗言》，清·钱大昕的《恒言录》、杜文澜的《古谣谚》等。在《古谣谚》一书中，像"牛头而卖马脯"（意思与现在说的"挂羊头、卖狗肉"同）、"到厮打时，忘了拿法"（指拿兵器，与现在说的"上轿穿耳朵"类似，用来形容慌忙）等，其实都是俗语。

俗语和谚语虽说有区别，但毕竟无严格的标志，因此从谚语专集中做钩沉和梳理俗

---

[1]《鲁迅全集》第6卷，人民文学出版社，1958年，第82页。
[2]《鲁迅全集》第6卷，人民文学出版社，1958年，第235页。

语的工作，一定要细心，不能粗枝大叶。

历代俗语，还大量地保存在小说、戏剧等文艺作品中。我国著名的长篇小说《水浒传》《三国演义》《西游记》以及冯梦龙的"三言"、《古今白话小说》等，都有很多精彩的俗语。鲁迅曾经作序的《何典》就是用俗语为文的。虽然作家在使用时，难免根据语境、语体等的不同，有所改造，但毕竟还保持若干民间的风貌，因此从历代文艺作品中，也可以把丰富多彩的俗语，辑录成集。

我国至今还未有一部俗语的专集，这不能不说是一个缺憾。为了继承民族文化的宝贵遗产，我们应当在全面搜集的基础上对它进行系统的整理。

整理工作应当包括两个方面：一是对俗语进行分类；二是区别俗语的精华和糟粕，以便在今天加以改造和利用。

俗语的分类可以有两种方法：一种是根据字数的多少分成三言、四言、五言等类型；另一种是根据它们不同的修辞作用分为若干类，包括不了的，列为"其他"。在我所搜集的俗语中，五言句俗语为最多。为什么五言句俗语最多？这是语言学研究的课题。但我揣想起来，这与五言句俗语能独立成句，构成主谓宾结构不无关系。如"鲤鱼跳龙门""黑心烂肚肠""娶妻先看舅"等，基本上表达了完整的意思。

语言是没有阶级性的，但俗语与谚语、歇后语一样，有其一定的阶级内容。俗语绝大部分是健康的、有益的，但由于它产生或出现于旧时代，有的就难免带有落后因素或庸俗低级趣味的成分。像"吃亏是便宜""和气不折本""万般都是命"等，就反映了旧社会明哲保身的处世哲学；又像"先下手为强""拳头打出外""马善被人骑""无毒不丈夫"等则表现出旧社会人与人之间明争暗斗、尔虞我诈的关系；有的俗语则是剥削阶级对劳动人民的污蔑嘲弄，如"侬是猪头仨""狗咬破衣裳""炒菜当肉香"等。但在文学作品里，有时为了刻画反面人物的性格，适当地加以使用，还可以收到好的效果。

对俗语的系统整理，还有助于研究俗语的演变和发展。有些俗语有一定的历史渊源，其来历很值得人们探求。上海《采风》报开辟"吴语探源"专栏，就是从民俗语源上来探索吴语系俗语的出处和由来。据介绍，俗语"吞头势"就是由古代武将用的"护心镜"两边的怪兽"螣"的头像演化而来的。据说"螣"是一种能飞的蛇，由于它形象凶狠，所以凡有人态度生硬，就往往说"看侬这副'螣头势'"，后来因为"螣"字不好写，就变成了"吞头势"[1]三个字。此外，像俗语"三脚猫"等都有一定的来历。我国古代有《常语寻源》的书，就是专门探求俗语的起源的。有些俗语还有不同的演变，如我们前面举到过的"瘦死的骆驼比马大"，在《二刻拍案惊奇》第二十二卷，是写作"瘦骆驼尚有千斤肉"的，看来是逐步变成今天这个说法的。俗语在流传过程中，各地也是不一样的。如有的地方说"雷声大，雨点小"，而有的地方则说成"风声大，雨点小"；有的地方说"笨鸟先飞"，而有的地方则说成"夯鸟儿先飞"；有的地方说"丢了西瓜捡芝麻"，而有的地方则说成"小道儿洒香油，大道儿捡芝麻"；等等。所以，为了研究俗语的语源及发展变化，就有必要对俗语加以系统的整理。

随着时代的发展，新的俗语也在不断产生，它们是新的社会生活的反映。同时，也有不少作家创造的文学语言，由于反映了人民群众的思想感情，又采用群众习惯的口语形式，为广大群众所承认和接受而广为传播。总之，俗语是民间文学园地里的一朵鲜花，我们只有辛勤灌溉它的义务，而决没有任意遗弃它的权利！

---

[1] 华夏：《吞头势》，《采风》1981年第14期。

论中国风物传说圈[1]

乌丙安[※]

中国风物传说作为一种特殊的口传文学门类，究竟有什么样的传播特点？这是民间传说学（Volksagenkunde）[2]的重要课题之一。只有比较充分地了解了它的传播特点，才有可能全面认识它在我国人民历史中的社会功能及在人民文学中的美学价值，同时，才有可能从它的艺术规律中充分认识口传文化在发展整个民族文化中的意义。

中国各民族各地方的风物传说所提供或所描绘的风物点，小自奇异的足迹蹄印，大至雄伟壮丽的名山大川，遍布祖国大地，不下十数万，它们都分别以独特的实物、遗迹或名称展现着令人可信的艺术说服力，哺育着广大人民，世世代代不断增长对乡土、对祖国河山、对历代文明和民族传统的热爱，并培养着人民的美的情操。

在这里，风物传说和它的实物标志之间的血肉联系便成为十分重要的因素。风物传说艺术构思的最具体的依据，正是那些作为"可信物"的实物标志，这是风物传说和其他任何种类的传说的根本区别点。这种区别决定了风物传说的讲述与传播总是围绕着"可信物"这个特定的中心进行的。这样，就产生了"风物传说圈"的问题。

---

1 刊于1985年第2期。
※ 乌丙安（1929—2018），民俗学家、民间文艺学家，辽宁大学教授。
2 这是从德国民俗学的专有名词直接译过来的学科专名。在德文中"Volk"是"民间"，"Sagen"是"传说"，"Kunde"是"学科"，原词的组成正是"民间传说学"的本意。20世纪以来，这个名词在国际上逐渐通用，但在我国，因种种条件尚未建立起本学科体系，所以该名词使用仍不广泛，甚至有些人还不完全理解传说学作为一门分支学科的意义，因而对"传说学"持怀疑态度。我国民间传说的藏量异常丰富，在民族文化史的发展中影响也较大。民间传说在我国民间文学中占有重要地位，理应作为专门的研究对象。在当前建设具有中国特色的民间文艺学的新历史任务中，传说学的确立理应提到最近的日程上。为此，本文明确提出"民间传说学"的名称与概念，通用时可简称"传说学"。

风物传说圈的研究是传说圈理论研究的核心部分，剖析风物传说圈是解决传说理论与实践诸问题的关键。为了阐明这个观点，有必要对日本柳田国男早期传说学关于"传说圈"理论的概念作出认真的评述。

　　早在1938年，日本口承文艺学的先驱者柳田国男曾在他的《传说论》一书中简略地阐述过日本的"传说圈"概念。他说："为了便于研究，我们常把每个传说流传着的地区叫作'传说圈'。"[1]他还顺便指出：同类、同内容的传说圈在相互重叠的区域，往往趋于统一；但是，任何一个小的传说，哪怕是不出名的流传范围小的传说，也都有"核心"，而这个核心便使同类传说彼此共存或彼此相互吞并都产生困难。从柳田国男所引的例证——八幡神社遗址传说和弘法大师用神杖使上千口井泉喷出水来的传说——也可以看出，这里的传说圈概念，也是以风物传说的"可信物"，或遗址（遗迹）、井泉（实物）等为标志的。可见，柳田氏所述的传说圈是从地方风物点分布范围的角度作出的解释。从这一点出发，自然要把风物传说称为"地方传说"（local-legend）了。但是，这只是对传说的一种平面的以若干圆心标明地理特征的概念，它似乎还不能概括传说的纵横交织的活动状态及人文特征。就中国风物传说而论，它们在若干大大小小的地缘分布圈之中，还十分明显地交叉存在着民族文化圈、历史活动圈、宗教传播圈以及方言圈（或民族语言圈）等等。只有这些不同的文化结构经过严格的纵横交织才综合而成了完整的风物传说圈。风物传说圈仿佛是由多圆形成的球体，尽管它是在特定的地区，即地缘共同体中活动着，尽管它也必然地受到乡土生活和地缘观念所支配，但是，重要的是它也要在特定的人群中以特定的口传形式传诵着。因此，只从地理分布的局限来研究传说圈就很难透视风物传说的深刻内容了。

　　为了对我国风物传说圈的活动状态作出比较科学的说明，有必要从下列几种传说群入手进行解剖。

一、从民族传说群看风物传说圈

　　在我国风物传说圈的形成中，民族特征具有十分显著的位置。我国的多民族的风物传说所展现出的民族特征，大体上包括四个方面：

　　1. 民族历史的影子，

---

[1] ［日］柳田国男：《传说论》，日本岩波书店，昭和十五年九月七日发行，第61页。

2.民族人物的遗迹，

3.民族信仰的标记，

4.民族地理的名称。

在这四个方面中，民族历史的、人物的方面常常以复合的，甚至是不可分割的形态出现，并以突出人物逸事或遗迹为重点，构成传说。用我国少数民族传说的例子来证实这个命题是最为醒目的。在西藏工布地区有一座古老的桥，藏民用藏语称它为"甲纳桑巴"桥，汉译名应当叫作"内地桥"。据传说是因为文成公主从内地入藏过河时亲手搭的，所以才有了这个遗物和它的藏语名称。又传文成公主过河以后又越过了一座大山，这座山以后便被藏民称为"甲惹"了。"甲惹"的汉译名是"公主山"，完全是由于文成公主越过此山的史事而形成的。西藏还有一座乃巴山，至今山下还留有人脚印和狗爪印，传说那是因为文成公主入藏时乃巴山挡住了大队人马的去路，于是公主动手把乃巴山背到旁边去了。背山的时候一只狗向公主扑来。这脚印是公主留下的，这狗爪印是这只狗留下的。[1]

这些动人的关于文成公主进藏传说的片段，早在14世纪以前便流传了。如果从上述传说流传的地区论，大致可说是以西藏林芝县德木乡（今林芝市）为中心形成了传说圈，但是，同时它又有十分鲜明的民族特征及藏语地名传播特征。公主背山的神奇情节又用至今清晰可辨的脚印作为"圣迹"标志出来，形成了藏族对文成公主特有的尊奉和信仰的传播特征。因而，这则风物传说以它鲜明的民族文化生活特征，已经扩散成了更为广泛的西藏传说，纳入文成公主入藏传说群的系列。

同样道理，关于青海"纳喇萨喇"[2]的传说也是如此。"纳喇萨喇"是藏语"日月山"的地名。这个"日月山"的来历，据传是唐中宗养女金城公主入藏和亲时留下的"圣迹"。传说金城公主有一面神奇宝镜，可以照见未来和远方的事物。当她走到汉藏交界处看到镜中失去了青年王子姜擦拉温的英俊形象时，知道王子发生了不幸，于是痛苦万分，不觉失手滑落了宝镜，摔成两半，化成两座大山，这就是日月山的由来。传说中的日月山，正在青海湖东，是当时丝绸之路上互市的要地，这个传说显然是在这一带流

---

[1] 参见中央民族学院少数民族语言文学系藏语文教研室藏族文学小组编《藏族民间故事选》，上海文艺出版社，1980年，第8—9页。

[2] 参见中央民族学院少数民族语言文学系藏语文教研室藏族文学小组编《藏族民间故事选》，上海文艺出版社，1980年，13页《金城公主的故事》部分情节。在青海藏族的口头流传中，有关于"纳喇萨喇"的风物传说。

传的，但是，这个传说圈却以它的民族特征扩展于广大藏民之中，几个世纪之前便被记入藏文史籍《贤者喜宴》《西藏王统记》《西藏王臣记》及更早的《巴协》等文献。[1] 显然，藏族风物传说圈的构成离不开藏族史事、人物、信仰和藏语汇等活动范围。

像满族的《百花公主点将台》的传说，虽然是以吉林省永吉县乌拉（今吉林市乌拉街满族镇）为中心形成了这个传说的地理分布区，但是，它却追述了明代海西女真乌拉部的著名史事，追述了著名的百花公主这个人物的逸事。以其民族传奇的传播优势及点将台遗迹的"可信性"，成为明清两代在女真、满族中大扩布的传说，出现了许多异文，甚至明代还编成了传奇《百花记》，清代编成子弟书《百花亭》加以流传，于是形成了这个满族风物传说圈。[2]

在风物传说圈中以本民族英雄人物为中心所构成的民族文化传播圈，在各民族传说群中几乎是常见的。只因为在过去的传说分类中，把这类传说多分属于人物传说或史事传说，常常忽视了它们作为风物传说的特征，所以才不大引人注目。

海南岛天涯海角附近的黎族风物"落笔洞"，海滩上的"南天一柱"[3]的传说，都和本民族传说群中抗击封建皇朝的英雄人物董公殿有密切联系。董母为救儿子被官兵射死，葬身海滩，生出一个石柱，就是"南天一柱"。[4] 公殿退守石洞抗击官兵，日久年长化成了一群石像，至今还在，三支神笔自洞顶垂下，往石砚中滴注清泉，黎族人称作"落笔洞"。这以天涯海角为中心的地方传说，又以英雄人物董公殿为中心在黎族中形成了民族传说圈。

东北鄂伦春族居住地区流传的风物传说《卡仙洞和奇奇岭》是以追述他们传说中神一般的英雄人物恩都力柯阿汗战胜巨魔蟒猊夺回卡仙洞的事迹为内容的。卡仙洞与奇奇岭都在阿里河畔。相距不过五十里，显然这则传说以此地为中心所形成的地理分布圈是有很大局限的。但是，由于传说圈的民族特征以民族英雄人物恩都力柯阿汗为中心，所

---

1 参见中央民族学院少数民族语言文学系藏语文教研室藏族文学小组编《藏族民间故事选》，上海文艺出版社，1980年，第17页附记。
2 参见中国民间文艺研究会辽宁、吉林、黑龙江三省分会编《满族民间故事选》，春风文艺出版社，1981年，第124页及127页附注。
3 参见广东民族学院中文系编《黎族民间故事选》，上海文艺出版社，1983年，第197—200页。
4 另有一说是"南天一柱"是王母娘娘的两仙女为帮助百姓捕鱼下凡，遭雷公击断的一只手臂。详见广东民族学院中文系编《黎族民间故事选》，上海文艺出版社，1983年，第201页《双女石》。

以使传说传遍了阿里浅和甘浅，[1]甚至传入了和鄂伦春族杂居的达斡尔族、鄂温克族及从阿里河南迁的锡伯族中。它的民族特征是构成这个风物传说圈的要素。

在彝族阿细人中广为流传的《阿细卜》传说，很典型地说明了阿细人追踪族源、追念民族英雄人物史迹的特点。作为彝族在云南弥勒西山的一个分支，他们都自称是"阿细卜"（即阿细人），他们把自己说成是古代本族英雄人物阿细的子孙。关于阿细的英雄传说，有不少是由风物传说表现的。例如《仙刀坡的传说》《望哨坡的传说》都有代表性。仙刀坡是民间地名，它现在叫作"红万坡"，在弥勒西红万村上四五里处。传说英雄阿细在坡上从马蹄蹦跶的地方得到一把仙刀，指到哪里，官兵的头落到哪里，从此，人们把这个坡叫作仙刀坡。望哨坡现在称"起飞坡"，在弥勒山小起飞村附近。传说此坡是当年阿细望敌阵的所在，因而得名。这些遗迹，都成为重要的证物，用来表现阿细人的英雄历史和民族精神。这些传说早已以阿细这个民族英雄人物为中心广为流传，超越了以红万村、小起飞村为中心的地理分布圈，而成为传布整个云南弥勒西山、（即阿细人称的阿欲布山）的彝族支系阿细人的民族传说了。[2]

由民族特征所形成的风物传说圈，绝不仅仅是地缘性质的，在这里民族的族缘性质占据十分显著位置，特别是那些以民族英雄人物为中心的风物传说，就更具有典型性。

在探究我国各民族风物传说圈的时候，不能忽视民族的共同信仰对传说圈的重要影响。值得注意的是风物传说不都是以民族的英雄人物（其中也应包括受崇拜和敬仰的名人）为中心的，在那些没有特定史事与特定人物的风物传说中，民族特有的共同信仰往往成了构成传说圈的重要因素。

在云南路南流传着彝族风物"石林""狮子山""双肩山"等传说，这个传说群在当地也是以鲜明的民族特点广泛传播的。相传，古代彝族的哥自天神来到了路南，帮助人们造田种谷。他用鞭子赶着一大群高大岩石，走在最前面的是他使用的一头骡子，他还担了一挑沃土，准备把长湖堵起来造平坝种谷。后来，石块都变成了石林，骡子变成了狮子山，一担土变成了双肩山。至今，撒尼人、阿细人还都在感念哥自天神对他们的好意，世代相传。[3]这则传说以撒尼人、阿细人对哥自天神的信仰，构成了远远超过以路

---

1 参见隋书金整理《鄂伦春族民间故事》，黑龙江人民出版社，1980年，第83页。甘浅、阿里浅是鄂伦春语甘河流域和阿里河流域。
2 本段引证的彝族民间传说均见李德君、陶学良编《彝族民间故事选》，上海文艺出版社，1981年。
3 参见李德君、陶学良编《彝族民间故事选》，上海文艺出版社，1981年，第90页。

南石林为中心的地区传说圈，在撒尼人及阿细人中广为流传。

这种由民族信仰所构成的风物传说圈在许多少数民族中都有。像黎族的《黎母山传说》正是以信奉本民族祖先神黎母为主要内容的。这则风物传说的地理分布区应当在海南岛思河的峒[1]一带。但是，由于黎族对氏族祖先神黎母的信奉有普遍性，所以这则风物传说的传说圈已经远远超越了该峒范围。

黎族关于五指山的传说有几种异文，但是也都紧紧地围绕着对雷神或大力神的信仰而传播的。其中有两种说法最为广泛。一种说雷公兄弟扬叉为了镇压天翻地覆，堆起了五座岭，[2] 另一种说是由射日月的大力神（巨人神）的巨手五指化成。[3] 前者以黎族普遍信奉雷神为特征；后者以黎族普遍信奉英雄祖先神大力神为特征，因此五指山传说圈带有黎族全民族性。

值得注意的是因民族信仰而构成的风物传说圈往往与民族的民俗活动及其范围相互联系，使风物传说呈现出十分具有生命力的活泼状态，迅速向更广远的区域传播，形成了人文特征很强的民族传说圈。

以云南楚雄地区流传的彝族《三女找太阳》[4]的传说为例，可以说明这个传说学中的课题。故事讲的是哀牢山中三尖山的来历。传说古代彝家有三女，在立秋节，用死换来了太阳。三女化为三座山峰，每日托出一轮太阳照耀人间。当地彝族人民为了追念这件神圣大事，每年立秋节在三尖山下举行盛大的赶街、跳歌活动。成千上万人因此广为传播这则传说，远远越过了三尖山地区，在哀牢山区及楚雄彝族自治州不胫而走。

如果把白族风物传说所展示的民族信仰和有关的节日祭日活动做一个简略的统计，那么这种民族传说圈的构成特征便显得更加清晰了。

下面列表为证。（见表1）

从这个表中所举的三十个风物传说例中，大体上看出了云南大理白族自治州内南起下关，北至剑川、鹤庆，西至云龙，东至洱海东的地理分布圈。它们所涉及的风物有人工物（庙、祠、庵、殿、阁、塔、窟等）二十二处；自然物（峰、洞、石、坝、坪、坡、场、江、海、溪、潭等）二十三处。传说以这些具有"可信性"的证物和遗迹为中

1　峒：黎族行政组织名称，本族称"贡"，有固定峒界。
2　参见广东民族学院中文系编《黎族民间故事选》，上海文艺出版社，1983年，第16页。
3　参见广东民族学院中文系编《黎族民间故事选》，上海文艺出版社，1983年，第1页《大力神》。
4　参见李德君、陶学良编《彝族民间故事选》，上海文艺出版社，1981年，第37页。

心点，扩展了传播范围。值得注意的是，这些传说几乎无一例外地都与白族民间信仰习俗密切结合，通过民族信仰活动的扩散，使传说的流布超越了地理分布范围，形成了更广泛的民族传说圈。在这一系列传说中，与白族祀奉龙神相关的有十个，与祀奉其他本主等神有密切关联的有九个；与祀奉观音有关的有六个；与信奉王母、山神、石灵、动物灵有关的有四个。这些信仰大多伴有节日活动或祭日仪式，像朝山、赶街、迎神赛会等等。民族民俗的传承线路为传说圈的形成组成了密集的有效的传播网络系统。

在调查研究我国各民族风物传说过程中，审视民族传说群，从各民族生活与文化的角度研究我国风物传说圈，将是打开我国多民族传说传播系统工程大门的钥匙之一。它对于建立中国传说学，有不容忽视的意义。

表1 白族风物传说与民族信仰习俗表例

传说	风物	信仰习俗	流传地点
赶龙	神通潭	信奉龙王，立春夏至祭谢	大理
龙壳	升之过山安定小河山	信奉龙王	元江
雁池海	雁池海干海遗迹	信奉龙王	骊山
志本山龙王	马会坪（马梅阿会龙王处）	信奉龙王	云龙
龙王父女	玉屏山天池遗迹，乡亲龙潭	信奉龙王	鹤庆
红汝石大王	石宝山石窟雕像	信奉龙王，南妹村本主庙供奉	剑川
河头龙王家系	河头龙王庙	正月、七月二十三祭九龙王、三"皇姑老太"	洱源
龙母	龙母祠	五月五日海上红灯，龙信仰	大理、洱海
雕龙记	白龙庙	六月二十四祀龙神	剑川
段赤诚	蛇骨塔、龙泉祠、龙母祠、龙凤村	八月八耍海会、龙舟、祀洱河龙王	大理、下关
中央本主	段宗榜庙	信奉中央本主神段宗榜	大理
药神孟优	孟优庙	信奉药神本主	大理、海东
董法官	国师府金龙宝殿	信奉董家本主	大理、下关
柏洁夫人	德源城名、夫人本主庙	信奉本主、八月八捞尸会	大理、洱源、邓川
绕三灵	金龟寺、崇圣寺、圣源寺、三都	四月廿三起祀本主三日绕三都歌舞	大理
（绕山林）	大理坝子、天生桥石洞、点苍山	四月二十三起拜山林神三日	大理

续　表

传说	风物	信仰习俗	流传地点
姑四女	姑四女庙	上村本主会，接赵善政妹姑四女神	剑川
猎神杜朝选	猎神庙、霞移溪	供奉猎神本主	周城
开辟蒙统罗	赞陀倔哆神庙	三月十五朝山	鹤庆
盐神传说	盐矿、盐神母庙	四月初八卤主盐神母迎神会	洱源、弥沙
开辟大理	罗刹洞、阁，三月街场	奉观音，三月街四月二十五祭	大理
下关风	下关风	信奉观音	下关
苍山雪	苍山雪	信奉观音	大理
洱海月	洱海月	信奉观音	大理
负石阻兵	十里桥巨石、大石庵观音堂	信奉观音	大理
火焰山由来	火焰山、宝塔	信奉观音	洱源
望夫云	苍山王局峰冬云、海中石骡	信奉山神	大理
大理石与玉带云	大理石、玉带云	信奉王母	大理
美女石和草帽街	美女石、草帽街	信奉石灵	大理
凤羽坝	凤羽坝、清源洞	六月十三杀猫祭狗	洱源
鸟吊山	罗坪山顶鸟吊山	七、八月百鸟祭吊金凤凰	大理

二、从历史人物传说群看风物传说圈

在上述内容中所强调的民族传说，是从民族诸特征的角度提出的，当然，在民族传说群中，本民族的历史人物传说，占据着重要的位置。但是，如果进一步科学地探索风物传说圈理论的意义，只从民族特征角度分析历史人物传说便很不够了。历史人物传说以其鲜明的历史特征和巨大的历史价值，与特定的风物相结合，构成了独具特色的风物传说圈，应当给予历史唯物主义的科学解释与说明。

众所周知，我国民间传说的通常分类法，把民间传说划分成史事传说、人物传说、风物传说、风俗传说四类。这种归纳分类，只是一种大约的简单的分类。如果从传说学的科学实践中对我国民间传说实际形态作认真的考察，就会感到活在口头上的传说现象，在上述四类之间并不是泾渭分明的。在我国民间传说的总量中，单纯的史事传说是很少的，那些被视为史事传说的口头作品，绝大多数都是以重大历史事件中的著名历史人物活动为中心内容的。从我国现有的农民起义史事传说资料来看，大约有百分之九十七其实是起义领袖人物或其他英雄人物传说。从这一点出发，似乎把史事传说与人物传说复合起来，形成历史人物传说一类反而更接近实际。但是，如果纵观一下我国各民族历史上著名人物的传说，就会发现它们当中的多数又与各地方风物遗迹相联系，构成了十分完整的历史风物传说。再从这一点实际出发，似乎更有理由说典型的地方风物传说实际上正是史事、人物与风物"三结合"的传说。这种以历史为线索、以人物为中心、以风物为标志的地方传说，往往因历史事件的大小、历史人物在历史上地位的高低、名声的大小以及他们活动范围的大小而形成了不同的传说圈。历史人物传说所形成的风物传说圈，显然超越了地理分布的范畴，有了更广义的概念。

历史人物传说群形成的风物传说，大致有三种构成形式：

1. 特定地方的某一个历史名人的传说群所构成的风物传说，多由一系列风物标志一个人物的传说为其形式；

2. 特定地方的某一组历史名人的传说群所构成的风物传说，多以一个特定的重大历史事件为线索，由若干风物标志一群历史人物的传说为其形式；

3. 特定地方的一组历代名人的若干传说群所构成的风物传说层，多以若干风物标志若干代人物传说的历史积层为其形式。

第一种构成形式是比较单纯的传说圈形式。它既然是用一系列风物标志一个人物的传说，就必然形成风物标志与人物行踪（或活动范围）相适应的形态。

例如，从15世纪初以来，以明代永乐年间（1403—1424）三宝太监郑和前后七次下西洋、大规模航海与亚非39国交往的历史大事为线索，以这位伟大的回族远洋外交家为中心，构成了自我国东南沿海直到东南亚各国广为传播的三宝太监传说群。这个传说群中的大部分传说都有自己的风物遗迹作为"可信物"。分布在台湾凤山县的有"三宝姜"；分布在泰国的有"三宝庙"；分布在爪哇岛上的有"三宝垄""三宝洞""三宝井""三宝墩""三宝公庙"；分布在满剌加（今马六甲）的有"三宝山""三宝井"；分布在吉隆坡和怡保的有"三宝宫"等。这些标有"三宝"名称的风物都有动人的故事流传。这样，就由一组跨国的大风物传说群，构成了三宝太监郑和下西洋的历史人物传说圈。当然，像这种规模的大扩布风物传说圈是不多见的。

为了说明风物传说圈的这一种构成形式的特点，还可以用国内局部地方（即湖北的

秭归、兴山）的屈原传说群和王昭君传说群作证。[1]（见表2、表3）

表2　屈原传说群（部分）　地区分布：湖北秭归三闾乡、兴山屈原大队等地

风物名	传说提要
读书洞	屈原在三闾故里时，尝在小溪边岩洞读书，因而得名
照面井	屈原故里香炉坪对面三星岩上的泉井是屈原照面镜所化
濯缨泉	屈原故里东十里一泉名，传说屈原切云冠掉落混泉使泉变清
归州纱帽城垛	传为屈原双翅纱帽所化
屈原岗	屈原拦楚王车的山岗
擂鼓台 响鼓岩 响鼓溪	相传为屈原击鼓抗秦救楚之处
米仓口	兵书宝剑峡对岸江边巨石出米的传说，屈原使之出米济灾民
灵牛	落脚坪的牛，从不用牛鼻绳牵，相传屈原通牛声，不用鼻绳也能耕田
伏虎降钟	三闾八景之一，双虎山、降钟山来历，据传屈原呼来神钟降伏两只恶虎
玉米丘	三闾乡的三坎半月丘名，因屈原忧国落泪滴入丘中而得玉米
衣冠冢	神鱼从汨罗江怀棺尸回乡、葬衣冠处，屈原尸体由白云托向天边
屈原庙	秭归乐平里屈庙来历及屈庙中显灵的故事
女须砧	香炉坪下响鼓溪水中石牛为女须捣衣石

表3　王昭君传说群（部分）　地区分布：湖北兴山县

风物名	传说提要
宝坪	兴山西北七里昭君村的烟墩坪，因出了昭君而改宝坪之名
昭君渡	宝坪村下白沙河渡口，因昭君用琵琶除蟒，用琵琶船作过河渡船而得名
望月楼	遗址相传是昭君救月救乡亲时望月的吊脚楼
鲤鱼困沙洲	香溪河畔，沙洲相传是昭君放生的鲤鱼为了救乡民治水，化成沙洲
稀荒垭	昭君用桐油灯照垭帮助种田，受到地主破坏，惩罚了地主
"王"字崖	昭君救助的西花姑娘化作大山，胸前绣一"王"字纪念昭君。又传"王字塔"化作
娘娘井	昭君为浇灌庄稼凿石井、在七个仙女帮助下打成。昭君出塞后，人称井为娘娘井
楠木井	宝坪村大核桃树下楠木盖井是昭君亲手开掘、借神力降伏黄龙，为百姓造福
木箱溪	神农帮助昭君，从溪头漂来木箱，装满树种、树苗、造林工具得名
（香溪）	又因昭君出塞前和父老乡亲洒泪告别，将泪帕放到溪中洗过，水尽香，得名

---

[1] 根据中国民间文艺研究会湖北分会、湖北省群众艺术馆编《湖北民间故事传说集》资料本摘编。昭君传说部分同时参照了吴一虹、吴碧云编《王昭君传说》，甘肃人民出版社，1983年9月。

续表

风物名	传说提要
站穿石	简姑站在青石板上天天年年望昭君离乡的路，石上留下了脚印
妃台	又称昭君台，传说昭君在此台绣出了兴山七大景
绣鞋洞	传说昭君奉旨进京时从水路走浪打湿了鞋，放在一洞中，换干鞋走旱路了，洞因得名
珍珠潭	昭君投珍珠入潭降伏了作恶妖龙，潭因得名
骆驼峰、梳子洞	传说昭君回家看望父母，把骆驼留下来化作山，把梳子留在洞里给家乡姑娘

在秭归、兴中这两块小小的毗邻地区里，因屈原与昭君两位历史名人的故里而产生这样多的可供凭吊和纪念的遗迹和奇异动人的传说群，足以证明风物传说的构成是和历史人物传说有着血缘关系的。这种关系只有当传说人物和他的出生地或主要活动区、行踪路线发生密切联系、并有了真实的或附会的遗物遗迹时，才能构成。其中，许多传说群正像屈原传说和王昭君传说那样，几乎把所有的风物都用来集中表现某一个名人，使他成为地区性箭垛式人物。同时，也使这个人物的传说群，在特定的范围内，几乎都以风物传说的传播形式形成传说圈。

在历史人物传说中以人物主要活动区为线索联系起来的风物传说，除了上面引述的郑和下西洋传说外，大多数以历代农民起义传说和著名的文人传说较为有代表性。例如，北宋方腊起义，主要活动在浙江省的淳安、睦州（今淳安）、杭州，因此才产生了分布在这些地方的"将台山""无底洞""方腊洞"等风物传说。[1] 又如，太平天国金田起义后，在湖南、湖北、安徽、江苏扩大了根据地，因此才有了巢县（今巢湖市）岠山下"白兀赵"村名来历的传说、庐州"埋狼岗"传说、圩堤"蛮姑渡"传说及六合"太平井"传说等。[2] 唐代大诗人李白生前飘游各地，所到之处大多留下了可纪念的遗迹和因此而附会的传说。像四川万县（今重庆市万州区）"太白崖"的传说，安徽黄山"醉石""洗杯泉"的传说，青弋江上游"桃花潭"的传说，江西庐山"青莲寺""九叠屏"李白隐居的传说，浙江天台山"李白书堂"的传说，山东崂山太清宫李白脚印的传说，安徽翠螺山下"太白楼"、山腰"衣冠冢"及"宫锦村"村名的传说，安徽铜陵市"五松山"得名传说等，都是以李白的游踪（包括讹传中虚构的游踪）线索为依据的。

关于某一个历史人物的风物传说，在地理分布上大体呈现出四种状态：一是一个风

---

1 参见董森编《历代农民起义传说故事选》，上海文艺出版社，1979年，第71、75、81页。
2 参见董森编《历代农民起义传说故事选》，上海文艺出版社，1979年，第172—188页。

物遗迹只联系了一个历史人物的传说，这是最单纯的状态；二是一定地方多种密集的风物只集中标志一个历史人物的传说；三是许多不同地方分散的风物只集中标志一个历史名人的传说；四是两三个地方密集的风物遥相配合、互为补充地表现一个历史名人的传说。第一、二种状态的差别，不仅表现在有关风物数量的多寡上，也表现在因风物数量多少的差别而反映出传说人物形象在民间影响大小的差别。从这个意义出发，也可以说越是风物密集的名人传说在人民生活及口头文艺中地位越高，人物形象因纪念物多而丰富多彩，令人难忘；反之，只由一个风物表现一个人物，由于可纪念物的孤单，往往使人物形象受到局限而显得单薄，在人民生活中虽有影响但往往不深。第三、四种状态的共同点是：传说中历史人物的活动地点都不是固定在某一个地区的，许多历史名人之所以著名，是和他们生前在许多地区活动的影响有关。但是，这两种状态是有重要区别的。第三种状态用分散在各地的风物表现某个名人的传说，往往分布很广，传说虽形成了系列，但缺乏生活史的连续性，多数是人物特点的描述。像前面引述过的李白传说，大多是表现李白醉酒、读书、隐居等生活特色的，从中不大容易看清楚李白个人历史的发展脉络。然而，第四种状态用两三个地方的风物群表现某个名人的传说，往往按照人物的主要活动内容分布为两三个集中地点，使传说具备了生活史的连续性特点。比如，关于屈原的风物传说，主要集中在湖北省秭归县的屈原故里和湖南省汨罗县（今汨罗市）的屈原投江处。屈原故里的风物传说群以表现屈原前半生的故乡生活故事为主；屈原投江处的风物传说群以表现屈原后半生生活，特别是投江前后的故事为主。如"骚坛""独醒亭""望爷墩""烈女岭""寿星台""剪刀池""绣花墩""屈原墓"等风物都是。这样，由秭归的传说与汨罗的传说相呼应、相衔接，形成了屈原的连续性传说。同样道理，关于昭君的风物传说，也主要集中在湖北省兴山县昭君故里和内蒙古呼和浩特的昭君墓两地。前者以表现昭君出塞前的生活传说为主，后者以表现出塞和亲的故事为主，前后衔接，互为补充，构成了昭君的连续性传说。

这四种状态的风物传说不论哪一种，其传说圈都必然地受到传说中历史人物在民间传承中影响的大小所支配，使传说圈不仅仅具有地理分布特点，更重要的具备了人文历史的特点。

第二种构成形式是比较复杂的传说圈形式。它是由某些风物构成的一组相关的同代历史人物的传说群，这组人物传说群中的各个人物传说之间形成了相互依存的状态，并以表现同一重大的历史事件为题材。在这里，构成这一组同代历史人物传说群的重大历史事件是十分重要的条件。

像中原及长江流域汉末、三国古战场流传的大量传说，正是以三国名主、名将、名相等多人的传说组成的密集传说群。仅以湖北咸宁地区有限的传说为例，便可由一斑窥见全豹了。咸宁地区在三国时属东吴荆州郡东北边境一角，它在三国纷争的广大疆场上只不过是弹丸之地。1700余年来，在这块有限的土地上世代传讲着许多三国人物传说，这些传说中的多数又都密切联系着当地的风物遗迹。为了便于说明这种状况，列表于下：[1]

表4　三国人物传说群　地区分布：湖北咸宁

风物名	传说提要
吴城、吴主庙	孙权屯兵引水灌田处，在团头山下
姜祥山、望吴亭	传为王腊感念孙权处望船帆落湖
大王殿	孙权赈济灾民、百姓感念立殿供孙权
锁龙卡子口、吴主大帝庙	孙权为东吴百姓杀龙除害，百姓供奉，箭化作卡子口
肥田坂	孙权挖山圳造肥田，凿狮子碴岩石
沣源口吴帝庙	孙权不加害刘备，刘在吴招亲处（至今庙内戏台从不唱刘备招亲戏）
"赤壁回龙"、刻石	孙权见马鞍山，疑是赤壁飞来，为此周瑜命刻石
磨剑石	周瑜在柳山湖东岸磨剑斩二蔡祭旗，传此处为原中军帐
半壁山雨泉	四气周瑜半壁山时周瑜泪化泉，吴兵为曹兵所败
铁炉墩	鲁肃请张铁匠造兵器处
太平土城	鲁肃斩侄、大义灭亲，孙权称赞，为城命名，东吴屯粮处
鄢家港鲁肃府	鲁肃故里，青砖房宅
金城赤头蛙	陆逊收荆州前用朱笔点金城蛙头为戏，计赚关羽
陆水、黄龙潭	陆逊斩八蟒蛇，命黄龙疏河道，隽水改名陆水
陆溪口、界石山	陆逊堆石分吴蜀界，原是陆逊智胜关羽之一计
黄盖湖、黄盖咀	传黄盖用三支神箭射瞎乌贼精三只眼，救了湖边百姓
马蹄湖	黄盖的踏雪追风宝马用蹄开出的运粮水路
铺棋嘴	黄盖在此与周瑜下棋定苦肉计，八个小山头如棋子
斧头湖	黄盖诈降破曹有功，孙权赐金斧。黄盖子练兵时将斧失落湖中
千羊坑、甘宁庙	甘宁为太守时以千羊分五批绑火药桐油冲击山寇于峡谷，百姓供奉
拔箭港	甘宁被番王毒箭射死后，带箭漂入河中三日回到富池小港，石匠拔箭
丁家咀王爷庙	丁奉手使神弹子，曾打坏孔明船篷滑轮，故里乡亲建庙敬奉

1　根据《三国故事传说集》（湖北咸宁地区群众艺术馆编）摘编。

续 表

风物名	传说提要
七星墩	孔明借东风时留的七星灯，现以七块大青石为记
孔明桥	孔明借东风前买泥鳅走过的桥，用泥鳅翻肚皮兆，测东风
石牛垴	孔明借东风时见两神牛下界塞住风口，孔明用香炉砸去，化为石牛
关爷湖（捞刀湖）	关羽乘船过湖，湖中一龙害怕，掀风浪，周仓失手落刀，水顿时平静后、捞刀
跳马墩	关羽骑赤兔马与周瑜作战，败走时马蹄踩四蹄印
关刀桥	关羽被曹兵追，连夜逃走，过桥时周仓掉刀桥边石板上，现有刀痕
双港	关羽取长沙时，路遇洪水，刀劈港堤，水分两路跃马而过，因得名，堤上有吴公庙
金狮观	关羽死后显圣时，无赤兔马，只得乘金狮为坐骑，观内供关公
子龙滩、系马石	赵子龙母逃难至此，子龙寻母枕滩而睡，将马系一石上
唱歌亭	曹操远征吴蜀，不利，忙退兵，士卒高兴众聚此地齐唱歌，修亭纪念
华祖祠	华佗为解当地瘟疫，登崖采药，摔在白牛石上，为纪念修祠

从表4略举的三十三个关于三国人物时风物传说可以看出，它们都是以描绘魏、蜀、吴三国交战的史事和著名国君（孙权、刘备、曹操）、文臣武将（孔明、周瑜、鲁肃、陆逊、关羽、赵云、黄盖、丁奉、甘宁）及其他名人（华佗）的传闻逸事为内容的。它们虽然都分别独立成篇，但认真推敲起来，又都像是一部长传说中的章节片段，每个单独的传说都与更完整的三国故事有千丝万缕的联系。更值得注意的是，这三十三则风物传说所涉及的人物中，很明显地是以表现故国东吴的帝王将相为主的。东吴人物七个，传说二十二则，西蜀人物四个、传说八个，魏人只一则。其中表现东吴人物的二十二则传说的情节并不都是表现各个人物的单纯故事，常常在传说中和其他同代人物产生密切联系。如沣源口吴帝庙传说，虽然是以表现孙权深明大义不加害刘备为主要内容，但是却紧紧和刘备在沣源口招亲的故事扣在一起相互依存。周瑜磨剑石的传说又紧紧和蔡中、蔡和诈降的故事扣在一起。半壁山周瑜泪化泉的传说又和曹操战胜周瑜的故事扣在一起。赤头蛙与界石山的传说都是描写陆逊的故事，但是都和计胜关羽的故事扣合一起。铺棋嘴和斧头湖的传说都是讲黄盖的故事，但又分别与周瑜打黄盖、孙权赐金斧的故事融为一体。甚至就连丁奉的传说都与孔明借东风后离开吴地联系起来。从这些传说例证中随处可以清楚地看到，这种以同代人物故事错综交织而成的传说显然是以重大历史事件的若干侧面为其中心内容的。因此，这类风物传说圈必然地因历史事件的传播而得到相应的扩展，在这里历史传承的因素起着重要作用。（当然，三国人物传说的

传播又与宋、元、明、清以来关于三国故事的讲唱文学的传播有密切关系，这是另当别论的课题。）

在研究这类历史人物传说所形成的风物传说圈时，还必须认真注意民间对历史人物的评价态度，这是测定这类风物传说流传信息的重要内容。风物传说圈中对特定历史人物的评价往往是有其倾向性的，除了广义的历史倾向性外，还有比较偏狭的地方历史的倾向性。像上边所引的三十三则咸兴地区东吴故地的风物传说，在长期流传过程中，表现出了十分鲜明的对东吴人物的崇奉与赞颂；相对地对蜀、魏人物却都略有贬责，甚至关羽的传说也总以败走、中计为情节，就连诸葛孔明的传说也不无贬意，像孔明桥的传说便一反孔明神通广大的观念，讲述他借东风只不过是买来泥鳅，利用"十月泥鳅翻肚皮，不等鸡叫东风起"的民间气象谚语测来的。借以说明孔明的智慧和百姓一样并非出自神仙道法。甚至在丁奉的传说中，还讲述了孔明借东风后如何乘船逃走，丁奉如何用神弹打坏船篷滑轮，迫使孔明弃船上岸而走，赵云在旁也无可奈何的情节。这种偏爱东吴人物的倾向，在地方风物传说中显示出一种带有规律性的民间的朴素史观和地缘观念，这种状况在四川成都、河南南阳、湖北襄阳等地关于蜀汉人物的风物传说中自然也十分明显，只是它们的倾向性又表现为偏向刘、关、张和诸葛亮等蜀主、蜀将相这些人物罢了。这种对历史人物评价的地方偏向性是地方风物传说主题思想和艺术表现的重要特征，它的产生和以赞颂本乡本土历史人物事迹为自豪的乡土观念与民俗心理有直接关系。关于三国人物的风物传说所以是这类传说圈构成形式的比较典型的例证，也正由于古代三国臣民各拥其主的政治倾向与感情色彩必然因地方风物遗迹的可信性在千百年的口头传说中留下不可磨灭的痕迹。这是史事、人物与风物三结合的绝大部分传说圈构成的基本传承线路。

第三种构成形式是更为错综复杂的传说圈形式。它是由若干密集的风物构成了一群不同时代历史名人的风物传说群。也可以说这些传说群在特定地方显示出了许多不同时代人物的历史层次，历代名人的遗物遗迹在一定地区星罗棋布，构成了一代连续一代的人物传说群的积层。我们把这种现象称之为传说层。为了醒目起见，以人间天堂苏州、杭州风物传说群为例，足以说明这种传说圈的人文特点。

首先以苏州风物传说所展示的历史层次为例。

表5　苏州风物传说层（部分）[1]

风物	人物	传说提要	时代（约）
缥缈峰林屋洞	禹	禹入洞取《水经》治苏州百脚河道	前2100年夏
阖闾城、干将坊、试剑石	阖闾、伍子胥	苏州古城来历、铸剑、虎丘山上斩石	前510年春秋
教场山、二姬坟、孙武亭	孙武	斩吴二妃，操练女兵的遗迹	前510年春秋
阖闾墓、剑池、千人池、血河池	夫差	虎丘修墓，埋剑三千，杀筑坟工匠处	前490年
馆娃宫、箭香泾、吴王井、锦帆路、剪金桥、越王城	西施、范蠡	西施住过、游过、照面用过、走过、扮装所在地方	前470年
痴汉石	秦始皇	征力士，苏州力士痴汉自咸阳逃回化石念	前230年秦
司徒庙	刘秀、邓禹	大司徒邓禹	30年东汉
报恩寺塔、绞车巷	孙权	为母修塔，用铜葫芦镇塔，绞塔刹	200年三国
生公讲台、千人坐、觉石	竺道生（僧）	僧讲经处，千人听讲，使顽石点头	430年南朝宋
枫桥、寒山寺	张继	游姑苏成诗逸事	750年唐
范坟山（天平山）	范仲淹	扑地山石一场雨过变成"万笏朝天"	1050年北宋
紫金庵彩塑罗汉	雷潮	雕塑家的鬼工	1200年南宋
况公祠	况钟	苏州知府任上公正廉明	1400年明
洗砚湾、画师湖、大闸蟹	沈周	画家绘画洗砚处，蟹吃墨汁染黑壳	1450年明
梅林"香雪海"（邓蔚山）唐寅墓	唐寅	画《红梅图》化成景物	1500年明
五义士墓	颜佩韦、杨念如、马杰、沈扬、周文之	反魏忠贤被杀事	1650年明
真趣亭匾，松鹤楼菜馆	乾隆帝（弘历）	下江南题匾、菜馆私访	1750年清
见山楼	李秀成	忠王府设于拙政园中	1860年清

从苏州风物传说的历史层次排列表可以看出这座古城的风物传说群是自大禹始迄清

---

[1] 根据苏州市文学艺术界联合会编《苏州的传说》（上海文艺出版社，1982年）摘编。

近代止大约4000年传说的积层构成。像这样的传说积层同样在杭州风物传说群中可以找到相应的印证。

表6 杭州风物传说层（部分）[1]

风物	人物	传说提要	时代（约）
吴山、胥山	伍子胥	吴南界、子胥以忠谏死、浮尸江中、立祠山上	前510年春秋
严陵山、子陵钓台、子陵鱼	严子陵	子陵不受刘秀召，隐居此地	40年东汉
葛岭	葛洪	葛洪炼丹	350年晋
韬光、观海亭、金莲池	韬光	唐高僧韬光说法、观海、植金莲	800年唐
白公堤	白居易	白居易为民筑堤	850年唐
钱塘、钱王祠	钱镠等吴越王	镠射潮、修堤	900年五代
保俶塔	钱弘俶	俶进京、母舅祈平安归来建塔	975年北宋
放鹤亭	林和靖	林放鹤处"梅妻鹤子鹿家人"	1000年北宋
六一泉	欧阳修	纪念六一居士（苏轼命名）	1100年北宋
苏堤、东坡鱼、惠民巷	苏轼	苏东坡在杭州为官时为百姓造福	1100年北宋
岳坟、精忠柏亭、岳王庙	岳飞	岳飞被害、柏成黑石段	1150年南宋
牛皋墓	牛皋	秦桧命田师中设宴毒死牛皋	1150年南宋
翠微亭	韩世忠	韩登飞来峰、怀念屈死的故友题亭	1150年南宋
杨公堤	杨孟瑛	杨取湖泥筑城事	1510年明
张苍水墓	张苍水	抗清志士逸事	1660年明
灵隐寺"云林禅寺"匾	康熙（玄烨）	康熙题匾事	1700年清
秋瑾墓	秋瑾	革命就义事	1910年清末
徐锡林墓	徐锡林	起义就义事	1910年清末

从杭州风物传说的历史层次排列表也同样可以看出：这座历史名城的风物传说群是由自春秋时代起至辛亥革命止大约2500余年来传说的积层构成的。

---

[1] 根据杭州市文化局编《杭州的传说》（上海文艺出版社，1980年）摘编。

这种瑰丽多姿、内容丰富的风物传说层在我国展现了一幅幅迷人的历史画卷，它们不仅充分显示了口传文学的艺术生命力，同时还为建设我国的历代文明创造出不朽的精神文化财富。这种传说层现象大致是由各自独立的传说以它们的历史人物行踪线索在特定地方陆续交叉汇合而成，在这特定的汇合点上，便出现密集的名胜古迹，从而产生名山名城地方风物传说的浩瀚口碑集，广传于世。

以上三种不同的构成形式都是形成风物传说圈的重要基础和根据。在这里，历史的要素和地理的要素是紧密结合的，其中，"历史的"这个因素是形成风物传说圈的重要因素。往往十分平常的遗物遗迹或地方，因著名的历史人物或史事而不平常起来，这正是风物传说引人入胜的关键所在。因此，只从地理分布角度观察传说的流传范围，而不去考察它们的历史特征，也无法了解传说圈的真正意义。

三、从宗教信仰传说群看风物传说圈

在我国名胜古迹密集地区，和历史名人的风物传说群交织存在着很多道教传说群、佛教传说群或其他信仰传说群。这些传说群大致可分作三类：

1. 人为宗教色彩浓厚的神异传说；
2. 原始宗教或巫术色彩浓厚的怪异传说；
3. 关于历代著名宗教人物的传说（以其宗教色彩的浓度，历来不把它列入历史人物传说中）。这三类传说群，都以信仰为其主要特征成为传说圈构成的重要因素。这在前面论述民族传说群时，曾分析了民族信仰对构成传说圈的作用和意义。在这里有必要进一步从我国宗教信仰的角度透视一下传说圈现象。

在我国，把风物传说与道教、佛教、原始巫教的传播完全分离开，几乎是不可能的事。道教信仰与佛教信仰和我国风物传说产生、流传的密切关系是不容忽视的。它理应成为中国传说学的重要课题。当然，这个课题涉及许多值得研究的方面，像原始巫教与风物传说的关系，应另行讨论；这里只就风物传说圈的形成和道教、佛教信仰的关系作一些初步的探索。

例如，苏州风物传说中有关于竺道生的系列传说:《生公讲台》《千人坐》《点头石》等。这三个传说的遗迹都在虎丘古迹群中。传说讲的是430年左右南朝宋高僧竺道生来苏州讲经说法的故事。讲经处被称作"生公讲台"；"千人坐"是一块特大盘石，据说约千人坐在上边听讲经。有一块后世题名"觉石"的石块，相传是由于他讲经时百鸟静

听，千朵莲花出水，顽石听了也点头，这"觉石"正是当年点头的一块顽石。在传说中宣扬了"生公说法，顽石点头""生来池水满，生去池水空"的佛法奇迹。这组风物传说在苏州显然是通过展示风物由僧人再传讲到民间的。现在记录整理的这则《点头石》传说，也正是出自当代的了尘和尚之口传播出来的。[1]于是构成了与佛教信仰圈相应的传说圈。

在杭州风物传说中，既有西湖灵隐寺和飞来峰传说，也有葛岭炼丹台、炼丹井、抱朴庐及葛仙庵遗址的传说。前者据传是东晋咸和初年（326）印度僧人慧理到杭州西湖武林山峰前，说："此天竺灵鹫山之小岭，不知何年飞来？佛在世日，多为仙灵所隐。"于是引申附会，形成了灵隐寺、飞来峰等有关印度灵鹫峰飞来西湖的佛法传说。后者是把东晋道士抱朴子葛洪约于330年在钱塘葛岭炼丹修道的遗迹加以发挥，形成了一系列道家传说。

表现道教、佛教题材的风物传说除了与奇险的峰、顶、岭、崖、岩、洞、台、池、潭、泉等自然物密切关联，并为仙佛显灵作证外，大多数都与庵、观、寺、院、庙、宫、殿、堂、阁、塔、楼、亭、门、桥、窟等宗教建筑人工物紧密相关。由于我国历代统治者在提倡佛、道两教方面，时有侧重，所以历史上出现了佛、道两家竞相开辟名山，兴修宗教设施，大力发展宗教的几个朝代，使我国主要地方风物的分布，大致形成了若干宗教遗物遗迹群，甚至在很大范围内构成了一些比较单一的道教风物传说圈或佛教风物传说圈。

道教风物传说密集的地方可以用北方的泰山、崂山和南方的武当山、青城山为例，在这些"仙山"上到处都蕴藏着仙道遗迹及其传说。

东岳泰山在历史上被尊为"五岳之长"，称"五岳独尊"。在这里，道家风物群有玉皇顶、王母池、王母泉、斗母宫、升仙阁、仙人桥、仙人掌、云步桥、升仙坊、万仙楼、八仙洞、玉女山、黄花洞、南天门等。每一个风物几乎都伴随着一组完整的成仙得道的故事。这些故事都源于汉以前方士之说及东汉以后的道家的口传。在泰山四百二十六平方公里的风物分布圈内，唯有紧靠泰安城北的六朝古刹普照寺，独具佛教圣地特色。在这里虽然也有古松"一品大夫"及"筛月亭"传说，但在泰山地方早被大量道教传说淹没。于是，在这里单一性质的道教传说便垄断了泰山风物传说圈。

---

[1] 参见苏州市文学艺术界联合会编《苏州的传说》，上海文艺出版社，1982年，第52页附记"了尘和尚口述"。

自古以来被称为"神仙之宅、灵异之府"的崂山风物，更有代表性。崂山早自秦皇汉武时代便是寻取长生不死药的所在。宋元以来这里成了道教名山，于是，当地传说和道教结下了不解之缘。这里是著名道士刘若拙、丘处机等多人修道和讲道的地方，各处风物多有关于他们修炼的传说。像"丘祖坟""混元石""白龙洞""仙人桥""玉女盆""金液泉""聚仙台""仙人髻""飞来石""明霞洞""圣水泉"等遗迹都有奇异的道家传说流传。密集的道教风物传说群构成了崂山大约300平方公里的道教传说分布圈。在崂山东部面海处有华严寺，是此山唯一的佛教寺庙，在这里仅有的"抱松塔""鱼鼓石"和"那罗延窟"的佛教传说，仅限于十分狭小的寺院之内，而无法与巨大的道教传说群抗衡。

在道教风物传说群中全国规模较大的要数武当山风物传说群了。武当山所拥有的著名自然风物有七十二峰、二十四涧、十一洞、十石、十池、九台、九泉、三潭；人工风物有八宫、二观、三十六堂、七十二岩庙、三十九桥、十二亭、九井等道教建筑群。小的名胜古迹，不在此列。自周以来，历代著名道家在武当修炼的就有战国时尹喜（关尹子），汉代阴长生，晋谢允，唐吕纯阳，五代陈抟，宋寂然子，元张守清、张三丰等人。这里的道家传说的积层长达两千余年之久，形成了自己独有的传说领地。武当风物传说的道教色彩主要表现在以围绕真武帝君修道得道为中心形成的许多仙道故事上。首先，武当山得名的传说便很有代表性。据道家传：黄帝时，北方护卫神玄武投胎净乐国善胜皇后，从母后左腋下出生，长大后勇武异常，立为太子，但是，他不愿袭王位，便向玉清圣祖紫元君求学无极上道，并奉命到湖北太和山修炼，后终于得道飞升，由玉帝册封他为玄武。到了宋代真宗朝，为避圣祖赵玄朗之讳，才把玄武改为真武，并简称真武帝君，于是把太和山改名为武当山，取"唯玄武可当之"的意思。这个关于武当山来历的风物传说，大体上可以概括这方圆800里名山的道教传说圈了。同时，还有"磨针井""太子坡""太子岩""玉虚岩""飞升台""金顶"等真武系列传说。与此相辅的还有"真仙殿""望仙台""五龙宫"及"白龙洞"等传说，使武当道家风物传说形成了独具体系的传说圈。

四川青城山是道教名山"第五洞天"。历代在这里结茅修炼的有东汉张陵、张衡、张鲁祖孙三人，晋范长生，隋赵昱，唐杜光庭等名道家。道教在此山至少控制了一千八百余年，道教传说积层甚厚。其中著名的有"张天师""掷笔槽"传说、"试剑石"传说，以及"天师池""天师洞""读书台""丹井"等传说。这里的三十六峰一百零八景几乎都有充满道教色彩的传说。

像这样典型的道家风物传说群，在南岳衡山，西岳华山，北岳恒山，中岳嵩山，江苏茅山，广东罗浮山，江西龙虎山、阁皂山，陕西终南山等道教名山都有，而且都构成了十分广泛的道教传说圈。按照唐代道家杜光庭在《洞天福地岳渎名山记》[1]中的记载，总计有一百一十八座名山胜地是道家修炼处或道家向往修道处。如果把这些名山的风物传说群的分布状况加以考察，就可以比较清楚地看出道教风物传说圈的网络系统。

道教源于我国古代巫术和战国时黄老之说及秦汉神仙方术，可谓源远流长，对我国的口传文化影响极大。

佛教源于印度，公元前2年的西汉哀帝时始传入我国，在近两千年的传播历史中，以它雄厚的宗教实力在我国扎根，与道教抗争，夺得了很大一部分名山胜地作道场。其中像峨眉山、庐山、太白山（天童山）、天台山等名山，早在唐代以前都是道教小洞天或福地中的名山，随着佛教兴起，这些山都相继转为佛教名山了。同时，佛教还开辟了自己的名山作道场，构成了以佛教遗迹为标志的许多风物传说圈。

山西五台山是我国佛教四大名山之一，早在东汉，约公元58年就建有寺院。据佛教传说五台山和古天竺灵鹫山酷似，便把这里的古寺称作大孚灵鹫寺。以后又发展成五十几座禅寺，成为中外驰名的佛教圣地。这里的灵鹫峰上有菩萨顶，为五台山风物之首。五台山被传为文殊菩萨道场，菩萨顶被传为文殊住处。在这里，风物传说以讲述文殊菩萨佛法无边的故事为中心，如镇海寺"海底泉"传说，秘密寺的"秘密岩"传说和"狮子窝"传说等都是。在五台山方圆250公里的文殊菩萨风物传说圈中至今还没有发现任何道教风物传说，足以证明佛教风物传说圈和上述道教风物传说圈一样，都有自己特定的传播的范围和传承线路。

在我国四大佛教名山之一的安徽九华山，围绕着地藏王菩萨道场，有三百多座寺庙建筑群及有关遗迹，这些便成为这方圆二百里地方风物传说的传播依据。在这里，关于地藏菩萨化身的新罗国王族金乔觉的传说[2]成为传说中心。像著名的神光岭"肉身塔"传说以讲述金乔觉修行为内容，说他99岁圆寂，全身柔软，颜面如生，僧俗群众传说这是地藏菩萨化身，才把菩萨肉身安葬塔中，称作"肉（月）身宝殿"，俗称"肉身

---

1 参见《道藏》第331册。
2 参见释赞宁撰《大宋高僧传》卷二十。

塔"。围绕地藏传说，还有"百岁宫"等历代名僧传说，多有近似情节。

四大佛教名山之一的浙江普陀山，是观音菩萨道场。这里兴建了供奉观音的218座庵堂寺院佛教建筑群，和这个方圆25里的岛上奇景糅合一起，为当地的观音菩萨风物传说圈提供了十分可观的依据。在普陀山有两个关于观音的传说，可以确认为普陀山开山的佛教传说代表。一个是说唐代大中年间（847—859）有一名印度僧人来到这个岛山，为了苦修，自己烧掉了十只手指，然后他说他亲眼看到了观世音菩萨现身说法，并给了他七色宝石等法物。从此，这里成了观音道场。另一个传说是五代时后梁贞明二年（916），日本僧人慧锷从五台山奉观音像归国，路过普陀海域时，遇大风，船触礁，他以为是观音显灵不肯去日本，所以只好在此地留住，建了一座"不肯去观音院"，供奉那尊不肯去的观音像。普陀山与附近一小岛洛迦山合称普陀洛迦山，在梵文中Potalaka是观音菩萨在南印度居住的佛山名，因此，普陀一带的风物都与观音传说结缘。像"潮音洞"（梵音洞）石崖至今还留有所谓观音大士现身的遗迹，上刻"现身处"三字。这个奇异的佛教风物传说自宋元以来曾诱使一些善男信女到此膜拜并舍身纵崖跳海，足以证明观音风物传说的宗教影响之大。值得注意的是，小小的普陀山岛上的梅岭，早在唐代以前曾是道家梅福、葛洪修隐处，却由于唐代强大的佛教势力的扩展，使道教在这里失去了影响力，因而在这里几乎没有道教风物传说的传播市场，压倒一切的优势仍属于佛教观音传说。这便是宗教信仰传说圈形成的重要原因。

在另一座佛教名山峨眉山的风物传说中，这种特点也十分明显。早在唐代以前，这里先兴起了道教，所以还保留了一部分道教风物及其传说。如"九老洞"的传说，是讲上古黄帝向洞中九老仙人求道的方仙故事，"纯阳殿""圣水阁"都有关于吕仙得道的传说。"白龙洞"是白蛇最初修炼的所在。"遇仙寺"虽是寺庙却杂糅了遇仙乘竹杖化龙的道教传说。但是，全面考察峨眉山传说，在这座绵亘120里长的佛教名山上，到处都是佛教风物传说圈的领地。这里占绝对优势的风物传说是以普贤菩萨的道场风物为中心的。例如"洗象池"传说讲述普贤菩萨在此处洗浴他的坐骑大象的显灵故事。"普贤石"是普贤休息的地方，"金顶"（万佛顶）是普贤显现佛光的地方，这里从宋元以来因看到佛光而坠"舍身崖"的人，大多都迷信普贤传说。这大致便概括了峨眉山佛教风物传说圈的影响力。

从以上列举的十分典型的宗教信仰风物传说圈的形成特点看来，我国风物传说中的宗教信仰成分，无论道教、佛教都已经形成了各自的千年以上悠久的传承体系了。这种体系在我国民间的影响既深且广，不仅在探究风物传说时应当注视它，就是研究其他传说和故事时，这种宗教信仰的色彩和成分也都是很值得注视的。

上述各类宗教风物传说圈由于宗教势力范围的单一性质也具有单一性质，这是比较容易认识的。但是，这种一元化的风物传说圈在我国整个传说活动领域里，只是比较特殊的一种类型，但绝不是唯一的类型；相反，在多数情况下，多元的风物传说圈倒是常见的。也可以说更大量的风物传说群，在其漫长历史的传说积层中，常是以民族的、历史的、信仰的"三位一体"的传说圈形式活动的。在风物传说流传发展过程中，其实际状况正是各民族历史名人的风物传说与各民族信仰的风物传说混杂糅合，人、神、仙、佛、儒、释、道传说错综交织的状况，这种由风物传说所显示的民间口传文化的综合融汇的特点正是很值得当代民间文艺学重视的方面。

在庐山虎溪桥有一个"虎溪三笑"的传说，很可以用来解释这种传说现象。据传：佛教净土宗白莲社初祖，东晋高僧慧远在庐山东林寺讲经、修行，僧俗弟子与求访客人甚众。慧远常影不出户，送客人也从不越过虎溪桥。相传这位高僧与大诗人陶渊明、名道士陆修静相处甚厚，常在一起谈论儒、佛、道学说。有一次慧远送陶、陆二人，边走边谈，十分入兴，不觉超越了约束，走过了虎溪桥，当时守护山寺的神虎便吼叫不止，于是三人相视大笑。从此流传了著名的"虎溪三笑"传说。这个传说的主要倾向是宣扬佛法的，但却和儒家陶渊明、道家陆修静的游踪传说复合在一起了。它的构思基础有二：一是儒、僧、道三人均为庐山名人，都留有遗迹；二是慧远"情综六经、尤善老庄"，主张以佛为主，儒道相辅，甚至讲经时都广引儒道之义以解佛经。陶渊明隐逸好玄佛。陆修静为《道藏》编纂集大成者，好隐游，不受召请。这就使这三个人物的传说汇合为一，形成了"虎溪三笑"的佳话。

这则传说还标志了庐山风物传说群所构成的多元风物传说圈，具有综合的文化传承特点。在庐山没有垄断性的一元化传说体系，道家传说、佛家传说与儒家传说几乎是同步平行传播的。下面把庐山风物传说择要列表，加以说明。（表7）

表7　庐山风物传说（部分）传承系统

传承系统	风物名	传说提要
道家	庐山（匡山）	周朝匡氏七兄弟上山结草庐修道，山因此得名
	铁船峰	晋代道家吴猛、许逊乘帆船飞落庐山处
	仙人洞	唐代道家吕洞宾修炼处
	白鹿洞	明万历年紫霞道人到此留《白鹿洞歌》于石壁
佛家	竹林隐寺、访仙石	明朱元璋访周颠和尚处
	白鹿升仙台	朱元璋与周颠渡长江，周止风浪、后辞去。朱做皇帝后来访，已乘鹿升天
	大天池	天池山上一方池，终年不涸，东晋名僧慧持开辟天池寺
	龙首崖　文殊洞	天池寺僧以崖洞为屋修行故事
	三宝树	晋昙铣和尚从西域带回树苗植两棵柳杉一棵银杏，称为三宝树
	东林寺　虎溪桥	名僧慧远、鉴真、智恩说法处
	海会寺	心月和尚镌五百罗汉图，普超和尚血书《华严经》
	观音崖　铁观音　观音桥	观音显灵传说
儒家	汉阳峰　禹王崖	大禹坐崖上俯视长江，定疏九江大计
	醉石馆	晋陶渊明醉游和归去来馆传说
	羲之洞	晋王羲之宅舍，在此养鹅练字传说
	青莲寺	李白号青莲，传说为李白隐居处
	九叠屏	安禄山陷长安，李白隐于此地，后出山佐永王，败，被流夜郎。赦回作《庐山谣》赞九叠屏风
	花径	白居易游山桃花盛开，赋诗题石为"花径"得名
	读书台 聪明泉 洗墨池	南唐李璟读书、写诗文、洗笔处
	白鹿洞	唐贞元时，李渤兄弟隐居，养白鹿，称此名。唐末兵乱，颜翠讲学于此。宋以来朱熹、陆象山、王阳明等办书院讲学
	招隐泉	唐陆羽品为"天下第六泉"，著《茶经》，号称"茶神"
	小天池 捉马岭	朱元璋与陈友谅作战时到此饮马放马
	庐山温泉	明李时珍到此考察温泉疗效，写进《本草纲目》
	百丈梯	明徐霞客登庐山走过的地方
	秀峰寺	康熙帝、雍正帝手书二碑
	石刻	颜真卿、米芾、苏东坡、朱熹、黄庭坚、王阳明等题字传说

尽管自东汉明帝时起庐山已成为佛教名山，但这里的传说仍然是以儒、释、道三家的多传说圈形式活动着的。从表7中也可以看出，这些不同传承系统的传说之间有着彼

此渗透影响的痕迹。像朱元璋与周颠僧的传说中，周颠和尚于升仙台乘白鹿飞升的情节，很明显是道家传说，但却偏偏讲的是佛僧的事。李白的隐居传说，常富道家色彩，但这里却有"青莲寺"，又是佛教的寺院，李白本人又是儒生文士。

这种复杂的现象不仅在庐山传说中有，就是在浙江天台山、安徽天柱山、辽宁千山的传说中也有。这些风物传说群都展示了不同的传承系统的错综交织状态。

在我国，关于史事传说和人物传说范围的习惯看法，往往只局限于历代政治与社会史事及历史政治人物，除了帝王将相的传说和农民起义领袖传说外，大多是做官的文人或名士，包括名医、名书画家和少数名技工等的传说。在以往的民间文艺学中往往把我国道教史、佛教史上的著名代表人物的传说及宗教史上的大事传说从历史人物传说中排斥出去，使千百年来大量流传民间的这些传说得不到认真研究。从我国民族文化史的角度来考察，在民间传说的总量中，尤其是在风物传说中，它们占有很大比重，也有很大影响。只有把它们拿来与历史人物传说群中的风物传说进行综合研究，才有可能全面通过风物传说圈的活动轨迹，看清民族民间文化的发展状况，从而找出规律性的东西。

古人著文说："山不在高，有仙则名，水不在深，有龙则灵。"这大致可以借用来说明我国民间关于地方风物的观念。在我国，风物传说圈的形成总是和道教、佛教有着千丝万缕的联系，从而构成了仙山佛崖、神泉龙潭之说，这当然是宗教信仰的传播所致。但是，除了道教、佛教影响，我国风物传说又和民间原始巫术信仰有着密不可分的关系。那些与咒语、禁忌、厌胜等巫术手段有关的风物传说自不必说，就是那些关于龙凤祥瑞的"风水"传说，有关鸟兽水族的"精灵"传说，人物化石"变形"传说或"盗宝"传说等，也都标明了中国风物传说圈的形成要受民间信仰习俗的制约。这些民间巫术观念又往往和道教、佛教的某些观念融汇在一起，形成了传说中的奇异形象与情节。

我国风物传说圈由民族的、历史的、宗教的三要素加上地理的、方言的（或民族语言的）两要素形成，是很重要的传说传播特征。了解了这种种特征，才有可能对地方风物传说的内容与形式做出科学的分析，才能不为平面的地区分布的风物传说群所困惑，才有可能找出各类风物传说产生、流传的依据和规律，才有可能历史主义地透视古老风物传说的艺术构思基础以及它们所传达出的人民心理愿望。

我国数以万计的风物传说是我国各民族悠久的文明历史的生动形象的艺术再现，是民族文化教育的百科全书，在无数的风物传说圈中充满了人民热爱乡土、热爱祖国大好河山、热爱民族文明历史的强烈观念，这些传统的好观念对于发展我国当代文学艺术，推进民族文化的广泛传播，无疑是十分必要的。这正是我们研究风物传说圈的出发点和前提。我们今天研究风物传说圈的构成，正是为了用历史唯物主义观点从口传文化中探索我国各民族文化发生发展的某些带规律性的东西。我们既要探索纵向的各民族历史传承的"历时"的传说特点，又要剖析横向的各民族地理分布的"同时"的传说特点，风物传说圈正是融汇纵横，兼备"历时""同时"的最典型的研究对象。

我国风物传说圈是我国各民族数千年传说时代的历史产物，它们是我国悠久的传承文化最具有鲜明标志和特色的传承现象。风物传说圈的调查与研究，应当在传说学中占有重要位置。

多侧面扩展民间文学的比较研究[1]

刘守华[※]

理论研究是我国民间文学工作的一个薄弱环节。现在人们已经认识到，在开展全面搜集和抢救我国各族民间文学遗产的同时，必须刻不容缓地大力加强理论研究工作，建设有中国特色的马克思主义民间文艺学，而推进理论必须在方法上有所突破。一些从事文学研究的同志最近在一次座谈会上指出：一种新的理论的提出，总是伴随着研究方法上的新的突破；反过来，一种重大的研究方法的突破，也总是为理论探讨展现出新的角度和层次，新的广度和深度。科学史上许多发明发现的诞生，许多流派的兴起，许多新学科的出现，往往都是运用新的科学方法的结果。[2]近年来，比较研究法的运用，已经给我国的民间文学研究造成了较为活跃的局面，但还有许多人并未认识到改进科学研究方法的迫切性和重要性，并不了解目前广泛运用于社会科学各领域的比较研究的实际价值，而民间文学中的比较研究，也还需要扩展它的广度和深度，更上一层楼。这里试根据我几年来从事民间故事比较研究的体会，就这个问题略述管见。

一

建设中国民间文艺学，必须在研究方法上有一个大的突破。采用比较研究法就是一个重要方面。

从欧洲民间文艺学史来看，几个研究民间文艺的学派：早期的神话学派、人类学

---

[1] 刊于1985年第3期。
[※] 刘守华（1935— ），华中师范大学教授，湖北省民间文艺家协会名誉主席、中国故事学会副主席。
[2] 参见《光明日报》1984年11月15日。

派，继起的流传学派、历史地理学派等，都很重视比较研究，甚至以之作为主要方法，建立起他们的比较神话学、比较故事学。看起来，对民间文学的研究形成为一门新兴的人文学科，是与比较方法的运用分不开的。我国现代民间文艺学史上，也有这种情形。比较神话学、比较故事学中的比较方法，最先是从比较语言学中借鉴而来，可是一经运用，便获得成效，以至成为比较研究的范例，从此结下不解之缘。美国亨利·雷马克就说："在估量偶然巧合的可能性与实际影响的可能性时，比较学者可以学习民俗学家的技巧，因为民俗学家在研究民间传说的主题时早就面临这样的问题了。许多民间传说研究都是典型的比较研究。"[1]在这些事实背后，似乎隐藏着这样一种规律：民间口头文学适于作比较研究，只有采用比较方法，才能更好地显露民间文学发展的规律和特点。民间文学是一种无处不在的流行最广泛的文学，具有丰富的可比性。民间文学的作者是匿名的，存在于民众口头之上，有关这种文学的书面研究资料极少，只有将这些来自口头的材料进行比较，才能由此及彼、由表及里地找到它们之间的种种内部联系，进行科学概括。对这些口头文学作品进行孤立的分析或不作比较的简单综合，都难以达到这样的目的。甚至可以说，不作比较，研究民间文学就难以构成一门真正的科学。这里试举一例。在近年的故事研究中，有人认为唐代皇甫氏所撰《原化记》中的《吴堪》，讲述田螺姑娘和农夫，美满结合之后，又生出波澜：坏人出来破坏，田螺姑娘施展法术，加以惩罚，是"蛇足""节外生枝"[2]。按照一般文艺学原理，孤立地分析这一两篇作品的情节结构，这个结论似乎不错，可是将广泛搜集得来的材料加以比较，就可以发现，几乎所有的《田螺姑娘》《鱼姑娘》《龙女》故事，不论是汉族的、苗族的还是壮族的，都有这样的尾巴。这就不能用唐代某一作家"节外生枝"，或现在的某个整理者"根据唐人小说编织出来的"加以解释了，它是这类故事所固有的合理结构。由此我们还可以领悟到，创造和传承这类故事的口头文学家，为什么不让一对普通的男女结合，偏要拉出一个神奇女性来做农民的妻子呢？原来不仅是为了借用她的法术来创造美好的生活，而且为了在自己的幸福受到邪恶势力破坏时，能够有力地战胜邪恶，保卫自己的人生权利。这样的构思立足于存在阶级对抗的社会现实之上，它是浪漫主义的，又是现实主义的。对于孟姜女传说中，孟姜女提出三个条件来和秦始皇面对面进行斗争的结尾，也有人持

---

1 张隆溪选编：《比较文学译文集》，北京大学出版社，1982年，第14页。
2 中国民间文艺研究会上海分会编：《民间文艺集刊》第四集，上海文艺出版社，1983年，第87—88页。

"节外生枝"说。可是明清以来各地民间传诵的异文中，都以此煞尾，情节发展上的这种不约而同，正是近现代农民斗争的广泛兴起在民间传说中的曲折反映，而它有别于唐代的孟姜女传说的同中之异，又表现出民间创作伴随社会历史而起的演变。顾颉刚先生研究孟姜女传说，正是运用历史地理比较法，对所占有的丰富材料进行深刻细致的剖析而取得卓越成果的。

比较研究在现代学术潮流中已获得了比过去更重要的地位，而且今后会显得越来越重要。比较这种方法，本来就是随着研究领域的扩大应运而生的。以比较文学而言，它就是人们在广泛接触世界文学之后，为了将本国文学和他国文学相比较，以便深入地探讨文学发展规律而兴起的。当前我国各个学术领域比较研究之风盛行，也是因为"三个面向"（面向社会主义现代化、面向世界、面向未来）的时代潮流汹涌澎湃，打破过去的禁锢闭塞状态，扩大了人们的视野。在研究中国的历史文化时，人们觉得有必要，也有了可能把它和世界各国的历史文化联系起来，在更广阔的背景上观察思考问题，于是比较文学、比较哲学、比较历史学、比较教育学等学科应运而生。它们虽与外来思潮的刺激有关，其方兴未艾之推动力却在我国学术发展的内部趋势之中。近几年来的民间文艺研究领域，在比较研究上所出现的热潮，是同这个趋势相一致的。可是不论和现代学术潮流发展的需要相比，还是同毗邻学科相比，不论在认识上或是在实际成果上，都还存在颇大的差距，须在提高认识的基础上急起直追。

对比较研究方法认识之不足，除了对它的实际运用成果缺乏了解之外，也同学术领域长期存在的"左"的影响有关。

我们长时期在闭锁的狭小天地里做学问，观察研究民间文艺现象，积久成习。因而对于超出国家、民族界限的文学的比较研究，许多人感到陌生。谁如果在比较研究中提出外来影响问题，很容易遭到误解，受到种种偏见的责难。1980年就有人在某刊物上发表文章，给指明某中国童话故事的情节源于外国的论者戴上"数典忘祖"的帽子。中外学者比较研究的一些成果表明，中国确有不少故事来自印度；日本又有许多故事源于中国。中国文化发展的辉煌成就正是在自己固有文化的基础上善于吸收外来影响的结果。有些西方学者在比较研究中，表现出他们轻视中国文化、东方文化的观点，我们的前辈学者用自己的比较研究成果给予了很好的回答。人们在比较研究中流露出自己的民族自豪感是可以理解的，在我们民族遭受屈辱的时代更属难能可贵。但不能因此妨碍我们对科学真理的追求，不能因害怕否定本民族的文化传统而怯于比较。

由于西方资本主义国家的学者惯于运用比较法来做研究，而这种研究成果常常带有局限性和片面性，有些人便因此把比较研究法同马克思主义的方法论——辩证唯物主义与历史唯物主义对立起来。实际上比较研究并不是资产阶级学者的专利品，比较研究中的一些失误并不是这种方法本身的过错，而是有关研究者不善于运用，或缺乏必备学识的结果。比较作为科学研究的一种具体方法，不但可以为马克思主义的民间文艺学家所运用，而且从比较可以发现事物的特殊本质、可以发现它们彼此间内部联系来看，正是马克思主义的方法论所要求的。现代民间文艺学的进展，极大地扩展了我们的研究领域，面对本国的和外国的复杂丰富的民间文学现象，比较的眼光显得更为重要，分析、综合与比较方法相结合之综合运用更为普遍。因此，在建设中国马克思主义民间文艺学时，重视比较研究的普及与提高，是很有必要的。

二

在民间文学领域，怎样推进比较研究呢？我主张从多侧面运用比较方法，以扩展比较研究的广度与深度，使它更好地为建设中国民间文艺学服务。具体说来，即以下几个方面。

（一）影响研究与平行研究相结合

国外比较文学之研究，形成两大流派，即影响研究与平行研究。它们也渗透在民间文艺学领域。影响研究侧重追索不同国家、民族间民间文学的交流影响关系，要求有历史及地理的证据可寻。流传学派研究印度故事在世界范围内的传播情况，即属于这种类型的比较研究。我国各族民间文学就是在相互影响中发展的，我国同邻近各国乃至一些极遥远地区，也有文化交流关系。有些影响已被学者证实，还有许多影响，尚未被人们发现。因而这种研究并未过时，还有着重要的实际意义。最近《贵州社会科学》杂志上转载的台湾学者凌纯声的论文，说《楚辞》中的《九歌》，原是一种民间祭神歌舞，这种歌舞习俗，至今还保留在印度尼西亚人中间。它就是通过将《九歌》和印度尼西亚人的歌舞以及两地古代铜鼓上的装饰图案进行比较作出的结论。它不仅在民间文艺学，而且在民族学、民俗学方面，也有重要价值。如果忽视比较，在研究中只就直接对象进行论析，其结论就难免不带有某种片面性，难以反映出各族民间文学的真正面貌。如《白族文学史》中断定《黄氏女对金刚经》这部民间长诗是白族聚居的剑川地区的产物，出现于当地佛教鼎盛的元明清时代。实际上这部作品，早就在汉族地区流行了。明代著名长篇小说《金瓶梅》第七十回中，载有尼姑讲《黄氏女》及《五祖出家》宝卷事，前者即叙《黄氏女对金刚经》故事，它由变文演变而来，和《目连救母》同属于佛教通俗文学，大约为宋明时代的产物。流行川鄂一带的善书《女转男身》，说唱结合，为《黄氏女》之改编本。我还在鄂西北见过一部《黄氏女对金刚经》的手抄长篇唱本。把这些异文略加比较，便可以发现，《黄氏女对金刚经》虽盛传于云南白族地区，却是渊源于唐宋时期的变文、宝卷，曾流行全国的一部佛教通俗文学作品。

但过去的影响研究有其局限性。民间故事在主题、情节和形象方面的类同，并非都是影响所致，历史文化发展的类同现象也可以造成。醉心于影响研究的学者不顾这种更为普遍的事实，把自己的公式到处乱套，自然要碰壁。于是用平行方法研究这种现象的学问流行开来。我写的《谈民间文学中的"大团圆"》一文，即通过比较，断定"大团圆"乃是世界各国人民共同心理趋向的反映，并非中国的特殊民族心理。近来我还发现了一个十分有趣的民间文学现象，中国襄阳流行一首历史歌谣："太阳一出红堂堂，金花小姐困襄阳。困了三年六个月，猪吃白米人吃糠。猪吃白米刀尖死，人吃粗糠活世上。"讲的是被围困者用猪吃白米，制造假相，用计退敌解围的故事。湖北浠水关于何七公子智退清军的传说中也有这个情节，不过略有不同，是给狗子吃糯米。想不到远在欧洲的葡萄牙，竟也流行着这样的传说：一个山村居民在遭到侵略者围困、弹尽粮绝的情况下，用全村仅有的小麦喂饱了最后一头牛犊，然后扔下山去，以假相迷惑敌人，因而解围。这两个地方流传的同类型传说之间，显然不存在互相影响的可能性，只能是出于不谋而合。这种计谋在中国的"三十六计"中被称为"无中生有"，它是不同民族发展到一定社会阶段，在敌我斗争中都会产生的一种策略。神话学派、人类学派对许多具有共同性的神话传说的比较，实际上就是一种平行研究。这种比较研究适用的范围更广，视野更为开阔，它通过类同的民间文艺现象的比较所提出的问题，更深刻地触及了人类历史文化发展的规律性。我们在运用时注意克服它容易流于空泛的弊病，是可以取得很有价值的成果的。

我们从事比较研究，不必拘泥于某一种模式，可以把这两种方法结合起来。普列汉诺夫在《论一元论历史观之发展》中说过一段为世界比较文学家所赞赏的话："一个国家的文学对于另一个国家的文学的影响是和这两个国家的社会关系的类似成正比例的。"我们可以分别把这两种比较方法运用于它所适用的范围，也可以在同一对象身上，进行多侧面的研究。故事本身并没有流动的能力，它总是适应一定社会环境中民众的需要而传播和演变的。

（二）微观比较与宏观比较相结合

近几年来，许多同志在微观比较上下功夫，就一个故事、一个情节、一个形象，搜求广泛的同类型素材进行比较，取得了可观的成绩。这样的研究内容实在，结论较为可靠，是值得继续提倡的。但我以为当前更应提倡在较宽广的背景上，开展宏观的比较研究，探讨中国民间文学发展的总的脉络和风貌。费孝通先生1982年在《民族社会学调查的尝试》（《中央民族学院学报》1982年第2期）一文中指出的要把宏观研究与微型研究结合起来，积极推进民族社会学的建议，对民间文艺学的研究也是很适合的。最近读到李子贤的一篇论文《略论南方少数民族原始性史诗发达的历史根源》（《民族文学研究》1984年第1期），他就中国北方和南方少数民族史诗艺术之异同进行比较所得出的结论就很有启发性，它不仅给我们勾画出了中国南方和北方这两个广大区域之内流行的民间史诗的不同类型，还揭示了产生和流传这些史诗的社会历史根源。中国现代民间文艺学诞生已有半个多世纪了，我们对自己民族的民间文艺的特质、民间文艺发展的脉络，至今尚无一个比较完整的概念，只有一些支离破碎的印象。"走向未来"丛书中的一本《现代物理学与东方神秘主义》，已在那里探讨西方现代物理学概念与东方佛教、道教的宗教哲学所表现出来的思想，怎样具有惊人的平行之处，这种平行具有怎样的意义；我们却对中国的民间文艺同近邻各国的民间文艺之间有着怎样的联系尚无一个大略的认识。这是何等的使人不安！微观解剖固然是我们研究的基础，但我们决不可以等到做完了微观研究再向宏观领域起步。现代科学一方面要精细剖析有关的事实材料，同时也需要大胆的假设，富于想象力的构思。微观研究与宏观研究应该而且完全有可能结合进行，以便相辅相成，彼此补充。费孝通先生说我们过去的民族研究，"分别地一个一个研究，在方法上固然有其长处，但是也有它的局限性。今后似乎要进一步和宏观的研究配合起来"，是极有见地的。他还介绍了潘光旦先生生前提出的关于中国各族关系的宏观的整体设想，即"在有文字记载的历史时期，总的说来是北方民族的南下或西进，中原民族的向南，沿海民族的入海和南北分移，向南移的又向西越出现在的国境"。他自己对中华民族所在地域也有一个宏观概念，"至少可以分成北部草原地区，东北角的高山森林区，西南角的青藏高原，藏彝走廊，然后云南高原，南岭走廊，沿海地区和中原地区。……我们必须从这个棋盘上的演变来看各个民族的过去和现在的情况"。建立对于中国民间文学的整体观念，不能依赖对五十六个民族民间文学的简单综合，应该借助于对各族民间文学的比较，及对这些民族所处自然社会环境的考察，综合成几大块，再考察其内外联系，形成一个整体观念。我的印象是，中国民间文学的文化特色，似乎可以划分为彼此既有联系又有相对独立性的五大块，即西北天山文化系统，北部草原文化系统，中原黄河流域文化系统，东南沿海文化系统，南方长江流域文化系统。它们各有自己的特色和价值。西北特别是新疆地区的民间文学，交汇融合着中西多种文化成分，尤以浓重的伊斯兰文化色彩引人注目；东南沿海地区的民间文学在历史上曾向南北两方面扩散，传入朝鲜、日本和东南亚，具有海洋文化的鲜明色彩，它们和北方草原文化系统的民间文学迥然有别，相得益彰；南方长江流域的民间文学虽吸取过来自南亚的佛教文化影响，却保存了最丰富完整的中国古代本土文化的因子。这个地区本来就存在渊源久远的光辉的楚文化，道教的流行又抗衡儒家的思想统治和佛教文化的渗透，起了保存民间原始文化的作用。同时又因北方民族、沿海民族的南移，把中原黄河流域的文化汇入其中，再加上这个地区险峻的地理条件，使古老文化得以长期保存。这样，它就成了中国民间文学的最重要的宝库。一系列具有世界影响的民间故事，如田螺姑娘型的《吴堪》，灰姑娘型的《叶限》，天鹅处女型的《毛衣女》，还有《蛇郎》，等等，最早都出自这里，绝不是偶然的。

我这个粗略的设想很不周全，这里不过是借以引起人们对宏观比较的兴趣。宏观比较可以在不同范围、从不同侧面展开。有人将希腊神话中的普罗米修斯和中国神话中的鲧这两个崇高形象相比较是有意义的，我们还可以进一步将古希腊神话系统和中国上古神话系统作比较，我们已经找到了中日民间故事互相交流影响的不少实际例子，现在完全可以对中日民间故事在主题、风格等方面的异同及其根源作宏观考察，宗教与民间文学的发展关系密切，我们可以将不同宗教所创造而进入民间文学的某些神怪，如善恶之神的形象进行比较，也欢迎有人在更广大范围内将中国的道教和印度的佛教分别给予民间文学的影响作比较的探讨。将总数不下于十万的中国民间故事进行初步的比较综合、分型归类，编撰《中国民间故事分类索引》，将给人们作微观比较，特别是作宏观比较提供坚实的基础。

无论作微观比较还是宏观比较，其成效之大小不独取决于个人的学识水平，还受着整个民间文艺学及有关学科发展水平的限制，对其研究成果应取欢迎态度，不可求全责备。允许并提倡各种学派并存，通过自由争辩，共同提高，推进学术发展。

（三）国内外的比较相结合

比较文学的严格定义，是指国与国之间的文学的比较。因此，一般说来，比较歌谣学、比较神话学、比较史诗学、比较故事学等，其内容也是指对于国与国之间的歌谣、神话、史诗、故事的比较研究而言。这种研究自然是我们所欢迎的。但这种研究需要占有许多国家的材料，而民间口头文学材料比之一般文学材料更难于搜求，目前要系统全面地作这样的比较还有较多困难。而我国国内各兄弟民族的民间文学材料却源源不断地涌现在我们面前，个别的研究已有了相当的基础，现在迫切要求通过比较，发现异同，找出联系，构成一个整体观念。这样的研究虽不能代替国与国之间民间文学的比较研究，却可以通向这种研究。这是因为我国各族民间文学以丰富多彩著称于世，我们既有汉藏语系的民间文学，也有阿尔泰语系的民间文学，还有印欧语系、南亚语系的民间文学，既有受佛教、伊斯兰教文化影响的民间文学，也有融汇着儒家和道家文化传统的民间文学，虽以产生于中国封建社会的民间文学为主体，也还有相当数量的民间口头文学产生在奴隶制甚至更为原始的前阶级社会的土壤上。因而利用我国各族民间文学材料进行比较研究，有着广阔的天地，我们完全可以将这种比较研究系统化，扩展其深度和广度，建立起中国的比较民间文艺学。它将同中国民间文学作为一个整体和其他国家的民间文学作比较而建立的比较民间文艺学，彼此扩充，相映生辉。而国内各族民间文学的比较当前更为迫切，没有这种比较与综合作基础，中外民间文学全面系统的比较就难以进行。一方面，对各族民间文学作分别的具体的研究；另一方面，对不同民族之间的民间文学作比较的研究，再进一步，在更广大的范围内，将中国的民间文学和其他国家的民间文学予以比较，这样逐层推进我们的研究工作。我们对自己民族的民间文学的认识，国际学术界对中国民间文学的认识，都将大大增强它的科学性。那时，中国的民间文艺学就可以立于世界学术之林而大放光彩。前些年，国外有的民间文艺学家，依据德国学者艾伯华于1937年编撰的《中国民间故事类型》一书中只有七个动物故事的事实，断言中国动物故事稀少，很早就停止了发展。产生这种片面性的原因，固然，是因为他们所依据的材料不足，同时也说明，对于在众多民族和广阔地域之内产生的无比丰富的中国民间文学材料，如果不首先在中国范围之内作一番比较、综合，而只是抓住某个局部和外国民间文学相比较，断言"中国民间文学"如何如何，都很难避免其结论的片面性。

（四）建立比较民间文艺学的中国学派

现在，在比较文学领域，一批崭露头角的中国学者，已提出了振奋人心的建立比较文学之中国学派的主张。这个口号将有力地促进我们努力去建立中国的比较民间文艺学。

我们要尽力吸收国际上比较民间文艺学的成果。他们占有丰富材料，给以科学分类，吸收多种学科成果，在世界范围内进行比较，这些都是值得我们吸取和借鉴的。但我们对一些外国学派的理论和方法不能生搬硬套。我们有一些著名学者，他们在民间文艺比较研究上的杰出成果，受到国内外学术界的高度重视，如顾颉刚先生对孟姜女传说的比较研究，钟敬文先生对《蛇郎》《天鹅处女》故事等的比较研究，钱锺书先生在《管锥编》中对《太平广记》所载故事的比较研究等，他们具有中国特点的比较研究方法，我们无疑应加以继承发扬。

一些外国学派的理论和方法，当它用之于某些局部现象的比较研究时，所作出的结论常常是正确的，因而这些学派得以立足。可是他们往往把自己的理论和方法，当作绝对真理，套用于一切民间文艺现象之上，就不免碰壁了。流传学派就是这样。英国民俗学家柯克士在她的《民俗学浅说》中曾就此写过一段意味深长的话："那些主张民间故事是在有史时代间由印度传到欧洲，大都系经文学的沟渠而流播着的人，将要因有类于印度以及欧洲的民间故事，乃载在纪元前一千四百年的古埃及纸草卷上的发现而不知所措。"为什么不知所措呢？他们的故事流动、印度中心学说，遇到了解释不通的事实。又如有的学派构拟故事原型、追寻故事完整生活史的理论和方法，我以为也有相当局限性。它是从比较语言学构拟原始共同母语，再由此研究广大范围内各种语言的关系这种方法借鉴而来的。它取得了不少引人注目的成果。可是文学现象比语言现象更为复杂，特别是阶级社会里的文学不可避免地要受阶级意识的浸染呈现出极为复杂的面貌。劳动人民常常根据斗争情势的需要，对世代传承的民间口头文学，主动给予改造加工。它虽是一种语言艺术，却和语言本身发展演变的规律大不相同。从事比较研究如果不顾这样的实际，就会产生形式主义的弊端。这些学者把所有"说谎者"的故事归入一类，不区别这些作品不同的思想倾向和美学价值，也不分析它们所由产生的社会历史背景，一概加以贬抑，就是一个我们不足为法的典型例子。

我们主张用开放的，然而又是有所分析的态度对待外国民间文艺学流派，综合吸取其所长，补己之短；用马克思主义的方法论——辩证唯物主义和历史唯物主义对其比较法给以改造提高，从中国各族民间文艺的实际出发加以运用。季羡林先生在审读拙作《印度〈五卷书〉和中国民间故事》的初稿后，给以热情肯定和鼓励，回信中写道："现在东西各国比较文学之研究均极盛行，我们学术界在这一方面也似乎有点落伍，必须急起直追。""从全世界来看,资本最雄厚的还是中国和印度,在这方面,我们可以说得天独厚,希望我们共勉之。"在比较民间文艺学领域,我们应当急起直追世界先进学术潮流,我们要通过自己坚持不懈的努力,让比较民间文艺学的中国学派崛起于世!

故事家故事的搜集方法浅论[1]

裴永镇[※]

《朝鲜族民间故事讲述家金德顺故事集》（以下简称《金德顺故事集》）由上海文艺出版社出版后，引起了国内外民间文学界的关注。一些中外学者、同行普遍认为，《金德顺故事集》的出版，为民间文学的搜集整理开辟了一条新路。同时，他们也纷纷敦促我总结一下搜集故事家故事的方法。我十分感谢他们的支持与鼓励，但是，因为我搜集整理的这本金德顺的故事专集是我国第一部民间故事讲述家的故事专集，我的搜集整理也是一次新的尝试。所以，我个人只能结合实践介绍些基本做法，姑且叫作"故事家故事的搜集方法浅论"吧。

发掘故事家故事的意义

"搜集出版一个普通老太太讲的'瞎话'有什么意思？"这话如果出自一个非民间文学工作者之口，那是外行之谈，也有情可原。若出自一个民间文学工作者之口，那他是可怜的无知。这实际上是一个民间文学的常识问题。我们知道，关于民间文学的名称，中外学者有着不同的叫法，或者说至今仍存在着分歧。但是对于它的定义和特征是基本趋于一致的。那就是，特指劳动人民的口头创作。它的最基本的特征是"口头性"，最基本的传承方式是"口耳相传"。这一基本特征和传承方式，决定这种活在人民大众口头上的文学，绝对不会是平均分布的，有的人掌握得多些，有的人掌握得少些，有的

---

[1] 刊于 1985 年第 3 期。
[※] 裴永镇，民间故事搜集家，1977 年起任原沈阳军区政治部《前进报》编辑。

口才好善讲，有的口才不好不善讲。那些口才好、掌握故事多的人，就是故事家。他们是民间故事的重点保存者和传播者。正如乌丙安同志在《朝鲜族民间故事讲述家金德顺故事集》的序中所说："通过讲故事能手的讲述，既可以找到故事在世代传承中的源流，也可以找到故事在地理分布和传播上的源流，这便构成了故事学上被称作'传承路线'的故事系统，对了解故事的价值和作用有科学意义。道理很简单，民间故事的集体中保存和流传，主要依靠这些讲述家的口头艺术创造，他们是各民族的历代民间文学的藏'书'家，活的'百科全书'和'口碑'；因此，采辑他们的口头故事具有更大的文学与科学价值。"我们搜集故事家故事的意义即在于此。那些分散在广大群众中的零散的民间故事，也是不可忽视和应当积极采集的。但是这些零散的故事同故事家的故事相比，无论从哪方面讲都要逊色得多。我们的国家拥有五十六个民族，各民族中肯定都有自己的故事家。因而，把五十六个民族中的故事家的故事都发掘出来，那将是无法估量的宝贵精神财富。谁看不到这一点，谁就跟不上时代的步伐。

那么，怎么样才能发现并挖掘好故事家的故事呢？下面谈谈我个人的几点做法。

亲属网络法

中国有句俗话，叫作"巧妇难为无米之炊"。作家进行文学创作，占有素材是第一位的。搜集故事家的故事，首先要发现故事家。因此，善于发现有关故事家的线索是很重要的。作为利用业余时间从事民间文学工作的同志来讲，不像可以从事大规模采风的专业工作者，可以撒大网普查，从时间、财力到精力都受限制，这样发现线索，特别是发现重大线索的可能性要比专业工作者少得多。那么，怎样才能有所发现呢？我的一条基本做法是：亲属网络法。即从自己的亲属、身边的朋友和最熟悉的人了解起，然后扩展开去，一连十，十连百，逐渐形成重点采风对象。这样，亲友们都被调动起来，充当了采风线索的提供者、牵线人。这种"探矿法"的覆盖面很广。实践证明，这种工作方法，极适合于业余民间文学工作者开采作业，辽宁省朝鲜族重点集居的几个地区，如新宾县，抚顺县，沈阳市苏家屯区、西塔区，等等，都有我的亲友，他们都热情地向我提供了很多线索。金德顺的被发现就是我的一位亲戚提供的线索。

那是1981年的4月间，有一个星期日，我照例到苏家屯区（朝鲜族集居的水稻产区）采集民间故事。这一次重点采集对象是我哥哥的岳母，金银顺，时年58岁。她给我讲了三四段故事之后谈到，其中有的故事是前几年听金德顺讲的。我一刨根问底，她告诉我，这位人称"故事篓子"的老人，就住在苏家屯街里，是新近由黑龙江省五常县来苏家屯女儿家探亲的。她的故事多得几天几宿也讲不完，而且口才好，记忆力强。我抓住这一可贵的线索，再细一了解，赶巧了，金德顺的四女儿徐玉善，在苏家屯区朝鲜族中学工作，她曾和我爱人在苏家屯朝鲜小学共过事。当天我就通过我爱人，与徐玉善取得联系，约好下个星期日去拜访金德顺。

这位故事家就是这样被发现的。以后我又通过我的亲戚，寻访到了另一位故事家，也就是我从小就听过她很多故事的一位老人。由此可见，靠亲属网络法去了解故事能手的线索，可以使搜集者变得耳聪目明，掌握线索也较准确，是一种行之有效的采风方法，无论对于专业的还是业余的民间文学工作者同样都是适用的。

切忌"走马观花"

我发掘完金德顺的故事以后，不少人都说我很幸运，金德顺这样一个优秀的民间故事讲述家赶巧叫我给碰上了。其实，搜集金德顺故事的在我之前就有过，也就是说，我并非第一个搜集金德顺故事的人。据金德顺本人讲，前几年，有两位听故事的人，拎着录音机慕名去找过她。这俩人找到金德顺开口就说："听说您老人家很能讲故事，我们是来听故事的，请您给讲两段故事吧！"金德顺告诉我说："我知道他们是谁？我该他们的呀！我打心里烦他们，只讲了两段故事就把他们打发走了。"就这样，那两个专程去采故事的人，找到了故事家，却又轻率地放弃了。当然，这位故事家没有被发现，没有引起搜集者重视，这里有历史的原因（那时人们还没有认识到故事家的重要性）。但是，也不能否认，那两个人的采集方法是不得当的，即采用的是"走马观花""挑肥拣瘦""浅尝辄止"的作业方法。依照这种方法，基本上流于自然采集，口述人讲几则是几则，而且有所挑拣，要求口述者讲些什么样的，不能讲些什么样的。再则，采集人与口述者之间还存在感情上的差距，口述人并不乐于把全部故事都讲出来，而是有选择地挑几个故事讲讲了事，这样采集故事怎么能奏效呢！

我起初采集金德顺的故事，也是碰过钉子的。据金德顺的女儿讲，起初金德顺不大相信有解放军来听她讲故事。当我真的坐到她面前，攀她讲故事时，她一口回绝，说没什么好讲的，都是"瞎话"，"官家"都不让讲的（指"文化大革命"时期把讲民间故事当作"四旧"禁绝）。在这种情况下，我没有急于让她老人家讲故事，而是跟她唠家常，谈身世。在互相有所了解的基础上，我又向她介绍了国家重视搜集民间故事的情况。她这才开口给我讲起了故事。在大半天时间里，她虽一连气给我讲了二十多则优美的故事。可是，最终她还是宣布，她知道的故事就这么多了，再没什么可讲的了。从金德顺讲故事的技巧，掌握故事类型，以及她讲故事的娴熟程度看，她够得上一个地道的故事讲述家。从讲述的故事看，语言流畅、内容优美、情节完整。我分析这位被群众誉为"故事篓子"的老人，她的故事远不止这一二十个。那么怎样才能把她所记忆保存的故事都挖掘出来呢？为缩短我们之间感情上的差距，为她创造良好的讲述条件，调动她最佳讲述情绪，我产生了把她老人家请到我家来讲的想法。经我和她女儿商量，又进一步做金德顺的动员工作，以让她老人家到我家串门的名义，终于把金德顺接到我家住了下来。她来我家住了近十天时间，我成功地采集到了金德顺记忆保存的一百五十余则故事。

怎样鉴别故事家

《朝鲜族民间故事讲述家金德顺故事集》出版后，好多同志都问我："你是怎么鉴别出这位故事家的？"谈起来，这是一个既简单而又复杂的问题。在我国广大的人民群众中，上自白发苍苍的，下至穿活裤裆的，谁都能讲上一两段民间故事。在这些会讲故事的人中，真正的地道的民间故事讲述家毕竟是少数。鉴别一个讲述者是否具有故事家的素质，不仅要看他们的讲述活动和经历，故事的储量，更重要的还要从以下几个方面去鉴别。

一是要看讲述的故事情节是否完整，讲述是否娴熟。就拿金德顺讲述的故事来说，她讲的故事绝大部分情节比较完整，首尾相顾，结构严谨，精编密织，而且讲述时一气呵成，自然流畅。记录下来的故事，稍加技术性整理便可成为优秀的可读性作品。由于故事家们大都经过长期讲述实践，掌握和讲述故事达到了驾轻就熟的程度。金德顺讲述故事就是出口成章，有些唱段都背唱如流，只字不差，真说得上是滴水不漏。而非故事家讲述的故事，一般地说，讲的故事情节不够完整，或丢头落尾巴，首尾矛盾，或结构紊乱，前言不搭后语，讲起来疙里疙瘩，有些故事还多属片段性质的。这样的故事若把它整理成可读性作品，需费很大的工夫，就像被打碎的出土文物一样，需重新按本来面貌连缀复原，方可成为文物的成品。

二是看讲述者是否具有个人的风格特点。同样一个故事，是不是经过故事家之口讲述出来，其效果是迥然不同的。我第一次听金德顺讲故事，就听得出她讲故事具有个人的风格特点。金德顺对于什么样的故事怎样开头，又怎样结尾；什么地方轻声轻语，什么地方加重语气；对什么样的人物、动物，该怎样模仿他（它）们的话语动态，都掌握得十分贴切，恰到好处，使人听了如见其人其物，如闻其声。正因为金德顺具有这些风格特点，她讲起故事来，就具有磁石对铁一般的吸引力，使听者一听就上瘾，听到诙谐处，不能不捧腹大笑，甚至笑出眼泪来，听到悲哀处，不能不伤感落泪。总之，听者不能不被她讲述的故事倾倒。

三要看是否具有群众基础。民间故事讲述家，像鱼儿离不开水，产生在群众中，又活跃在群众中，被群众拥戴。因此，谁能讲，谁不能讲，谁记忆的故事多，谁的口才好，群众最清楚。就拿金德顺来说，她就是个群众公认的故事家。她走到哪里，哪里就会围上一大帮听故事的人。特别是招惹一大帮上了岁数的老大娘。金德顺原居黑龙江省五常县，她到苏家屯四女儿家探亲只有两次，可是，她的名字不胫而走，凡是听过她讲故事的人们公认她是个"故事篓子"，很多老大娘都知道她的故事多得几天几夜也讲不完，这就是说，金德顺之所以被称为故事家，不是人为地由谁加封的，而是群众公认的。

有人也许会说，有的人记忆的故事多，但不善讲，所以群众很少知道他。这样的人能不能算故事家？我认为，严格地说，这样的人不能算故事家。因为，作为一个民间故事讲述家，不仅记忆力好，而且还要口才好，也就是说话巧，这才能成为一个名副其实的民间故事传承人。所以说，是否具有群众基础，是不是得到周围群众公认，这是鉴别故事家的一个重要方面。

最佳讲述环境与最佳讲述情绪

能否为讲述者创造良好的讲述环境，直接影响讲述者的讲述情绪，直接关系到采集工作能否成功，采集效果是否理想。采录者与讲述者之间的关系，是求与被求的关系。采集者作为求者一方，需要被求一方的密切配合与合作。要使讲述者乐于向你讲述，而且讲述得好，这就需要给讲述者创造最佳的讲述环境，调动讲述人的最佳情绪。我之所以把金德顺接到我家里来，就是出于这种考虑。

当时金德顺住在女儿家，她虽有讲故事的爱好，可她的女婿却不大愿意让她讲故事，说她讲的故事都是宣扬封建迷信的东西，讲出去丢人。正因为这样，金德顺在女婿家里讲故事是有思想顾虑的。我了解到这些内情后，才以让金德顺到我家串门的名义，把她接到我家里来的。把金德顺请到家里后，我没有急于让她讲故事，而是首先让她熟悉我家的生活环境，消除陌生感。我在生活上热心照料她老人家，考虑到她老人家已年过八旬，牙口不好，我把饭做得又软又烂，几乎每天都给她蒸上一碗鸡蛋羹。我还尽力满足她老人家的口味，她喜欢吃什么就给她做什么。白天还随时预备些糖果点心让她老人家吃。所有这一切我都像对待亲祖母一样对待老人家。后来，她逢人就讲，说我对她比亲奶奶还要好，说她在我家度过的日子就像是入了天堂一样，像做了一场梦，使她永生难忘。

正因为创造了这些良好的讲述条件和环境，调动了金德顺的最佳讲述情绪，使搜录故事工作达到了水到渠成、瓜熟蒂落的程度。不用我提出讲故事的要求，她就坐不住了。有一天晚上她终于对我说："受到了这么好的招待，我可不能再待着，我得给你讲故事了。"这就是说，良好的环境促使金德顺的故事呼之欲出，一旦讲起来，便像决堤的水一发不可收，自然流淌，一泻无余。

另外，搞民间文学工作，还要熟悉点民俗学，熟悉故事家的讲述习惯。我清楚地记得，我小时候到一位邻居大婶儿家听故事的情景。小朋友们围坐在讲述者周围，专门闭了灯听故事。这样周围黑漆漆、静悄悄，讲述者更长于绘声绘色，听讲者也最容易进入情节，这样听起故事来最过瘾。我记得听起鬼怪故事，好像鬼怪就在眼前，听完故事都不敢独自回家。我根据朝鲜族的这种听故事习惯，专门选在夜里听金德顺讲故事，大部分时间还闭了灯摸黑听故事。这样，周围很少干扰，录音机摆在面前也看不见，故事讲述者这样出来的故事自然生动、形象，非常富有美感。这样采录下的故事也是最成功的。

采风心理学

我是个新闻记者。在新闻学中有一门学问叫采访心理学。我觉得采访心理学也同样适用于采集故事。

一个互不相识的陌生人，冒昧地把录音机摆在讲述者面前，并请求他讲故事。这样无论如何也是搜集不好故事的，即使录到了几段故事，我敢断言，那效果也肯定是不好的。我体会，搜集者首先要放下架子，拜讲述者为师，逐步在讲述者心目中建立起一种信任感。这是采录好故事的一个很重要的前提。道理很简单，讲述者对你无所了解，他怎么能乐于把故事讲出来呢？如在"四人帮"横行时，抓住人家一两句话，就可以把人家打成"反革命",甚至置人于死地。所以说,搜集者在讲述者心目中建立起信任感是非常重要的。如果这项工作做不好,即便是再优秀的故事家也会从我们的眼前失掉的。

我把金德顺请到家以后,我主动向她老人家介绍我的经历,特别是介绍我在童年时期如何喜欢听故事,怎样在家境困难的情况下坚持读书等经历。我还介绍了我父母在旧社会的苦难遭遇。所有这些都深深打动了她老人家的心,引起了她的深切同情,同时也勾起了她的苦难身世。她深切地向我叙述了她的全部身世,甚至把当她儿女的面都难于启齿的往事都倒给了我。这样,就在我们之间架通了一座感情的桥梁,她打心眼儿里乐于把全部故事都讲给我听。她不但把自己认为健康的故事讲给我听,还把只有在很要好的老太太中间才能讲出口的埋汰话都讲了出来(这些故事大部分作为研究资料附录在故事集中)。她不但在我家把故事都竭尽可能讲全,在离开我家后,还将想起来的几段故事及时告诉我。可以说,在我采集故事的全过程中,金德顺配合得是相当成功的。

当我采集完故事,要把她老人家送回去时,她老人家非要认我作个干孙子不可,还特意要求留个合影。她老人家是眼含热泪,依依不舍地离开我家的。以后,我若是十天半个月不去看她,她便想得不行。见了面,拉着我的手总有说不完的话。分手时她又是那样依依不舍。她老人家确实把我当亲孙子看待,而我也把她老人家当作亲祖母敬爱。

欲有所获必先给予

像金德顺这样年过八旬的老人,能够记忆留存一百五十多则故事,的确是个奇迹。但是,一个故事家能记住一百五十个故事是一回事,能够完整无缺地讲述出一百五十个故事又是一回事。因为人的记忆力是有限的,人的记忆力再好,也不像电子计算机储存信息那么准确。金德顺能够把"故事篓子"中的故事一个不漏地倒出来,这是由多种因素决定的。如前所说的,创造最佳环境、消除思想顾虑等等。但是,还有一点是不可忽视的,那就是搜集者要善于运用启发式,调动讲述者的最佳情绪。运用启发式,并不是指手画脚,挑肥拣瘦,而是抛砖引玉。我在这方面采取的一条基本方法是"用故事引故事"。每当金德顺讲完一两段故事,我便穿插着讲一段我知道的故事,一来可以让老人家得到喘息的机会,二来启发她的记忆。常常有这种情形,我讲些我所记忆的朝鲜族或其他民族的故事,金德顺听着听着便说:"我也知道这个故事,我是这样讲的……"接着,她便按着她自己的讲述方法讲述起来。这样既帮助启发了讲述者的记忆,又使我掌握一个故事的几种讲法，从而可以鉴别、研究同类故事的异同。事实证明，这种"用故事引故事"的启发式方法是行之有效的。这样做还有利于活跃现场气氛。因为，故事家不但具有讲述兴趣，而且也具有浓厚的听故事兴趣，想听到更多的自己不知道的新鲜故事。我给金德顺讲的故事也是多种多样的，有本民族的，也有其他少数民族和汉族的，有国内的，也有外国的。金德顺说我知道的故事并不比她少。金德顺讲完故事后，问我总共讲了多少个故事。当我告诉她共讲了大大小小一百五十多个故事时，连她自己也不相信，她说，这一辈子还从来没有讲过这么多的故事，也从来没有讲得这样痛快。

我记得汉族有一句俗话，叫作"要给人家一碗水，自己要有一桶水"。朝鲜族也有一句俗话，叫作"有去的情意，才有来的情意"。看来，一个民间文学工作者，不仅是一个搜集者，而且还必须是一个"故事篓子"，自己记忆的故事多，而且具有讲述技巧，才能采到更多更好的故事，这就叫"有出才有进"，"只进不出"还想采到更多更好的故事，那是很难办到的。

兼收并蓄

金德顺讲述的故事，内容健康的故事，约占五分之三；中性故事，即带有一般娱乐色彩的故事约占五分之一；内容不大健康的，或者说带有封建性糟粕的约占五分之一。内容健康的故事，经记录整理可成为优秀的读物和研究资料。这当然是很宝贵的。但是，内容不大健康的，或者说带有封建色彩的故事，也并非不重要，这些故事虽说不能成为优秀的可读性作品，但从进行科学研究的角度看，却是一宗不可多得的宝贵资料。而且，从某种意义上讲，这部分故事是那些内容健康的故事所不能取代的。回顾我当初采集金德顺故事的过程，我有一条深刻的体会，那就是坚持"兼收并蓄"的原则非常重要。

我认为，要坚持"兼收并蓄"，首先要端正搜集故事的指导思想。有些人搜集民间故事的目的，单纯是为了把它整理成可读性作品，见诸报刊或出书。根本不考虑其研究价值。这样就势必挑肥拣瘦，合乎自己口味就采，不合乎自己口味的就不采。我们说，搜集民间故事的目的，是抢救和保存宝贵的民族文化遗产，所以，我们不仅要着眼于民间故事的文学价值，更要着眼民间文学的科学价值，民俗学、民族学、语言学、宗教学等多种学科的研究价值。

其次，要摆正搜集者与讲述者的关系，要让讲述者唱主角，搜集者不要当导演，任意摆布讲述者。在做好一切准备工作的前提下，一旦讲述者讲起来，搜集者就要把自己摆在绝对服从的地位，人家讲什么，怎么讲，先讲什么，后讲什么，都要随其自然，让其信口讲来。特别是对于像金德顺这样具有丰富讲述经验的故事家，你无须提什么要求，她最清楚对什么样的人该讲什么故事，该怎么讲。她说她最忌讳人家指指点点，让讲这样的，不让讲那样的。有些人往往搜集故事前就给讲述者"定调子""划框子"，要求人家讲什么样的，不能讲什么样的。这样一来，就束缚了讲述者的头脑和嘴巴，使讲述者无所适从。还有一些人的做法更为有害。这些人听到自己认为优秀的故事就录音，就记得很认真。反之，听到自己认为不好的故事就关掉录音机，或干脆不记。甚至听得不耐烦，半截腰插杠子，打断人家的故事。这种不尊重讲述者的粗暴做法，我们应该下决心摒弃它！

采录故事家的故事，还要特别注意系统、全面，就故事来讲，一要细，二要全，全到好的、赖的、新的、旧的、长的、短的都要采，要鼓励故事家放开胆子讲。尽量讲好、讲全。除故事以外，很重要的还要详细调查故事家的身世、经历，以便对故事家进行全面的研究。再有可能的话，还要弄清每个故事的来源，即每段故事是从哪儿听来的，以便研究故事的传承规律。

现在采录故事，有条件最好使用录音机来录音。第一手录音资料是非常宝贵的。其次，采录故事的现场图片资料也是不可缺少的。图片资料也要求尽量丰富一些，如：讲述者讲述的故事的各种神态，讲述者的单身照，讲述者的住所，讲述者喜爱的器物，讲述者所在村庄的外貌、地理特征，等等，都是我们的研究工作不可缺少的宝贵资料。所有这些搜集资料的工作，最好在采录故事时一次完成。

传说的崛起与传说学的建立[1]

刘晔原[※]

传说学，是中国民间文艺学的一门重要的分支学科，是"五四"以来，特别是党的十一届三中全会以来民间文学工作者开拓的新的研究领域。它与神话学、史诗学、故事学、歌谣学等分支学科共同构成民间文艺学的辉煌大厦。近几年来，民间传说作品以几何级数之增长速度整理出版，就数量而言，明显居于民间文学各门类的领先地位，令人目不暇接。就内容来说，其所反映的生活地域之广泛，包含的思想容量之深厚，描摹人物形象之鲜活，记录民族风情、地方特产之细腻准确，都使人耳目一新。因而，传说的崛起，是任何一个不带思想偏见和艺术偏见的民间文学读者、讲者、实际工作者和理论工作者们不能不承认的事实。加强传说学的理论建设，总结、研究这一崛起的民间文学现象已成必然。今年（1985）5月，中国民研会召开的第三次学术讨论会，专门讨论传说理论，展示了近年来民间文学界在这一领域的研究成果。我们欣喜地看到，一支修养有素，包括老、中、青三代理论工作者的传说理论队伍正在形成，欣喜地读到一批材料翔实、论证充分、见解新颖的理论文章，许多论题带有开拓和探索的性质。同时也提出一些需要进一步商讨的问题。下面仅就其中的三个问题谈几点想法。

一、界说问题。钟敬文教授在传说学术讨论会的报告中指出："传说学作为民间文艺学的一个分支科学，和民间文艺学的其他门类一样，要认清对象，抓住特点。没有对象、没有特点就不成科学。"[2]传说作为一个独立的民间文学概念提出，必须有它相对明

---

[1] 刊于1985年第5期。
[※] 刘晔原（1949— ），中国传媒大学影视艺术学院教授，中国文联口头与非物质文化遗产保护专家委员会专家。
[2] 所引钟先生报告，根据记录稿，未经本人审阅，有误之处，引者负责。

确的内涵和外延，既要区别于神话，又要有别于故事。目前，人们在实际掌握上，已经大体上有一个标准，只是在个别作品的归属上，常有歧义。

因而，关于传说的界说一直是讨论的题目，而我们一直难以得出比较满意的结论，原因固然很多，但观念的陈旧和方法的因袭不能说是个重要原因。观念的陈旧，表现之一就是求全，希图有一种绝对概念明确地包罗一切，施之于任何作品都能够像秤一样准确量出它的归属，实际上这是不可能的。任何规律都有例外，任何概念都有局限，越是明确意义的、确定的概念，局限性也就越大。所谓明确，只能是相对的，就其典型而言的。因为任何邻近科学中的门类，在毗邻之处，必然有一个介于二者或三者之间的"模糊带"，这是任何机械的、硬性的分类难以奏效的。硬性的归类，只能算作"认定"，是"协议"而非科学。因而对处于模糊带的作品，只能根据具体内容与各概念中心的距离来判定。这样，我们的研究才能摆脱个别作品判定的纠缠，便于高屋建瓴，宏观地把握传说学研究的对象及其特点。观念陈旧表现之二，是希望概念先行。研究与教学不同，教材的绪论部分，总要先提出概念（有些是试行概念），指明研究对象，建立内容体系，这是符合教学程序要求的。或者，作为研究成果的介绍也是必然的。但是，一种正在建立过程中的学科，急于明确狭义概念却并非有益。须知，任何概念的提出，是在研究之后而非研究之前，而高度概括的概念之提出，也总是以典型的作品为根据的。而且，边界的确定，需要共处争端的各科目互相配合，并非单一科门自己限定狭义或广义而能确立的。因而，在科学的概念提出之前，先以目前的共同理解的大致标准展开研究，就作品的内部构成、外在形态、与邻近文学样式的关系以及细目分类、各自特征进行深入探讨，然后在此基础上，提出科学的界说的作法是可行的。这样，既可避免同一层次的缠绕又可以推进传说学的系统化、深入化。观念陈旧表现之三，是语言表述上的因袭。任何传统都有一种控制力，语言的传统也是如此。观念的更新，思维的成果，都要靠语言来外化。创造新的词汇，表现新的思维成果，是必要的也是必须的。文学史的本身，已经创造和改变了许多概念的使用范围。今日的散文、小说、诗歌，已绝非秦、汉、元、明的旧有概念。民间文学也是这样，在神话、传说、笑话、寓言等概念独立之前，人们习惯于把民间口头文学的散文形式统称为"故事"。至今，一般的文学欣赏者仍把讲述民间文学称为说"故事"，而且称神话为"神话故事"，称传说为"传说故事"。这种传统习惯对普通欣赏者来说，自无可厚非，但作为民间文艺学所用的学术名词，神话、传说、故事都有特定的内容限定，不能互相取代。因而，这种学术概念的表述，必须跳出传统的限制，创造适当的词汇。现在，我们现有的定义受控于旧的语言传统，出现了"神话是产生于……的故事"，"传说是依附于……的故事"等现象，从而在语言逻辑上把神话、传说归于故事，造成了概念的混乱，客观上无助于研究对象的把握，增加了"界说"讨论的困难。因而，建立传说学，应该提倡创造性思维和科学的表述，明确传说学研究的对象，是一种独立的民间文学体裁，是以可考的事物、人物为中心展开叙述的口头文学样式，是与神话、故事、寓言、笑话并立的民间文学类别。当然，具体的表述可以商榷，但较高的抽象概括力的原则则应该遵循之。

二、建立应用传说学问题。应用科学和理论科学，是一个学科的两个有机组成部分，忽视应用科学，一律付之为实用主义是形而上学的，反科学的。温元凯在谈到自然科学研究时，曾再三强调应用科学的价值。社会科学本身即需要理论与实践密切结合。根据学科实际，开发、利用其浓缩信息，创造实际使用价值，不仅是学科建设应该注意的，也是建设四化所迫切需要的。民间文学本身是一种多功能的特殊的文学现象，除文学功用之外，就是突出的科学性。民间文艺学的任务之一，就是要把这种"特殊性"突显出来，挖掘出来。就民间文学多功能的体现也各有侧重。传说学的研究，既要避免照搬作家文学理论，搞单一的文学欣赏、作品分析，也应当注意避免套用神话学、故事学的研究模式。马克思主义强调实事求是，一切从实际出发。传说学研究就要从传说作品的内容出发，建立、完善自己独特的理论体系。谈到民间传说具体特征，学者们常用"可信性""可考性""历史性"和"传奇性"来表述，我以为传奇性是民间文学的共性特征，属于文学性范畴，而"可信性""可考性""历史性"所谈即"真实性"，这是传说区别于其他民间文学样式的个性特质。这一特质为应用传说学的建立提供了可能。现在，相当一部分传说是事实的记录或保存了事实记录，已为许多学者所证实，其在历史学、外交史等方面的佐证作用，正在取得有识之士的公认。但这些还只是间接的利用，作为应用传说学，主要核心在于直接的促进生产力的作用，在于物质生产上的实际使用价值。那么，民间传说存不存在这种价值呢？答案是肯定的。这种价值的客观存在，是在中国封建社会这一漫长的时代实际形成的。封建社会，以森严的等级为入史入传的标准，以诗书礼义为学问之本，重主观道德修养而轻视、蔑视对客观世界认识改造。视科学发现为"异端邪说"，斥技术创造为"奇技淫巧"，甚至主张"绝圣弃智"。因而，尽管历代典籍汗牛充栋，记录科学发明之书却凤毛麟角。许多重要科学发明被遗忘，一些与现实生计结合较紧的技术发现、工艺流程则保存在口头传说之中，有些传说其主干正是具体的产品制作工艺和性能说明。其应用价值正在引起国内外学者和一些有识之士的重视,英国近年出版的《中国科学技术史》主要材料就取自传说,而国内工艺美术、食品等行业,根据民间传说恢复失传品种,创造出新产品已不是个别现象,苏州点心、嘉善名菜、陕西秦始皇兵马俑的复制、驰名中外的印染,都从传说得到应用效益。然而,也应该看到,传说的科学应用目前还未引起重视,能主动运用者还是少数。因而,建立应用传说学,有目的地指导生产实践,是一项有意义的工作。不仅工艺运用,随第三产业的兴起,旅游业的发展,传说的实际应用大有可为。作为一个成熟的旅游点,自然风光、文物胜迹、服务设施是并重的。俗话说"观景不如听景",许多著名风景区、旅游点的解说都离不开传说。有了传说,山水有情,草木依人;有了传说,陵墓有活气,黄土亦成金。传说使不引人注目的一石一砖、一山一壑由自然积层上升为文化的见证和宝库,化平凡为神奇,变贫女为名媛。以苏州虎丘为例,这一人工小丘得以名播海外,吸引如织游人,并非靠大自然的恩赐。满山的传说,吴王试剑、吕祖临凡、生公讲道、顽石点头……正是这神奇瑰丽的传说为倚山构筑的物质文化增添了魅力。陕西的陵墓游览区,考古发现与文物价值,当然是首要的,但秦皇陵的陵址选定,十二陶人守岭北、十二木人扛大刀的传说与兵马俑坑的发现,铜车马残口与陕西的丧俗传说,无疑为游人增加了无数趣情,增长了知识,弥补了文物的不足。考察任何一游览胜地都会发现,传说运用得越充分,其地其物的魅力越大。不仅旅游业,随着商品国际竞争激烈、广告学日益显示威力,成为重要传播手段。自觉利用传说,对产品的性能进行说明,往往起到"包您满意"之类套语所无法企及的宣传效果。东北人参的"起死回生"的灵验,浙江八珍糕"治愈千名小儿"的威力,得力于传说的宣传,畅销国际市场。就连产品的性能说明,外部包装,民间传说也大有用武之地。因此,开发传说的使用价值,建立应用传说学,是与"改革"紧密相关的重大项目。事实已经证明,四化建设需要传说学,传说学应该为四化建设做出实际贡献。一切重理论轻应用、尚清谈,标榜清高的封建士大夫意识应该彻底摒弃。自觉地开拓研究领域,把理论研究与应用研究紧密结合,才能创立具有学科特点的传说学理论、传说学方法论和部门传说学。毋庸说明,强调应用传说学绝无排斥理论传说学之意,研究传说的内部规律、发展轨迹、不同形态等不仅是必要的,也是传说学不可缺少的组成,本文仅针对被忽视的一面而立论。

　　三、传说研究的深化问题。一个学科的发展与成熟,必须出现学科的代表人物和代表著作,而代表著作的产生,则必须深入研究整个系统的宏观结构和细目构成。开掘深入，才能带来理论突破所需要的穿透力；视野开阔，才能产生学科系统化的概括力。老一代学者在专业化方面堪称榜样，顾颉刚先生、钟敬文先生分别就孟姜女传说、刘三姐传说进行系统研究，写出了专著与专论，为传说学的建立奠定了基础。

近年来，许钰、汪玢玲、罗永麟等专家就鲁班传说、人参传说、白蛇传传说进行深入研究，也取得了较大成绩。我们需要更多的专家提出自己的理论专著，需要更多的研究者有自己的传说研究专题。目前一些传说研究文章多停留在综合分析上，罗列作品，平面分类，点出主题，教育作用，审美作用，面面俱到而缺乏理论深度，力度弱，进展小。其中有些文章，以引证代替论证，大堆的材料之后，仅是一段语录，这是反科学的方法。经典论著，是从具体对象出发而得出的结论，指导意义的产生，在于研究对象的相类，失去针对性即失去了引证的意义。而且，引证本身只能加强论证效果而无法取代研究者对具体材料的分析、推理、抽象和概括。尤其是传说，地区性和归属性很强，马列主义经典作家对此缺少专论，更需要研究者实事求是，从传说作品的具体内容出发，不能盲目套用导师对神话、宗教的名言。不少文章，包括本次年会的入选文章，也不同程度地存在上述弊病。其中明显反映出知识积累的缺欠和方法论因袭所带来的局限。钟敬文先生在报告中号召民间文学工作者充实理论知识，更新知识结构，借鉴新的研究方法。这对提高传说学研究队伍的素质是极其重要的。思考新问题，开拓新角度，引进新方法，开掘深层次，是民间传说学面临的课题。这里选发的几篇文章，多数选自年会论文，既包括基础理论探讨，也有专门理论研究和应用报告。从选题的论证过程以及结论得出，都给人一定的启发。希望有志于传说研究的同行就此进行分析总结经验，写出有深度、有创见的文章，推进传说研究。

论民间文学的立体性特征[1]

段宝林[※]

过去一谈民间文学的特征,总离不开"三大性",就是口头性、流传变异性与集体性。这"三大性"哪一个最重要呢?不少人认为集体性最重要,所以在一些《民间文学概论》教材中就是谈集体性。我认为口头性最重要,口头性决定了变异性与集体性,它们的逻辑关系应该是先口头性,再变异性、集体性。拙作《中国民间文学概要》里正是这样论述的,这里不必多谈了。

人们的认识总是由少到多、由点到面、由浅入深、由表及里。对民间文学的认识也是如此。开始时人们只看到它是口传的,认为口头性是唯一特征。后来认识逐渐深化,看到在流传中的变异,看到民间文学的作者不是个人而是集体,于是就形成了"三大性"的概念。民间文学同作家书本文学对比,在创作流传方式上,口头性是本质特征;在作品的稳定性上,变异性是本质特征,在作者的多寡上,集体性是本质特征。从国外引进了这"三大性"的概念,对我们科学地认识民间文学的本质无疑是有帮助的。但民间文学的特征绝不止这三个。同作家文学对比,民间文学还有其他很重要的特征(或叫"本质特征""质的区别"等,要看从什么角度看)。如多功能性、实用性、传统性、表演性、即兴创作的特征以及内容与形式上的直接人民性、阶级性等等。除此之外,我以为民间文学还有一个综合的特性:立体性。

民间文学的立体性特征是随处可见的,人们早已明显地感觉到它的存在,在实践中

---

[1] 刊于1985年第5期。
[※] 段宝林(1934—),民间文艺学家,北京大学中文系教授。

有时也能照顾这种特点，但从理论上对它做科学的概括和研究，还是民间文艺学上新的课题。

问题正是在民间文学的调查搜集实践与研究工作的实践中提出来的。1981年当我从系统探讨民间文艺学方法论问题中发现描写研究的必要后，就考虑这种必要的原因，从而明确地感到了民间文学立体性特征的存在，于是在《加强民族民间文学的描写研究》一文中首先提出了立体性的概念[1]，但当时还考虑不多。1984年5月峨眉山会上的专题发言就具体得多了，现在又有一些新的体会，这是从实际分析中得出来的，现在分为六点论述如下。

一、民间文学同作家书面文学不同，它不只有一种定本在流传而是有许多异文在流变。在不同地区、不同时代和不同人的口中，民间文学作品都会发生变化，出现许多异文，越是流传广泛、流传时间越长异文也越多。像孟姜女传说从古至今在全国各地有多少异文是很难计数的。"灰姑娘"的故事在世界各地的异文也是成百上千的。

在众多的异文中，每一个异文只是构成作品的一个侧面，所有侧面的总和形成一个立体。所以如果不掌握众多的异文是不能认识民间文学的"庐山真面"的。"横看成岭竖成峰，远近高低俱不同。"如果我们用衡量作家文学的眼光去看民间文学，以为只要选出一种"最好的"本子就能代表这个作品，而忽视其他的异文，就往往发生谬误。胡适在谈到歌谣比较研究的必要时谈到了这一点，他说，北京附近的歌谣《蒲棍子车》有五种异文，有的主题清楚，有的不太清楚，但如只看一首则都不完整，甚至会发生误解，把一个女子回娘家受气而不满的歌谣，"看作一个赶车的男子回家受气的诗"[2]。胡适这个见解是有一定道理的。这个道理他并未说深，还没有提高到民间文艺学的理论上来谈，但仍然是值得重视的。《日本昔话通观》在故事的编排上就照顾到各种异文。先选一篇最完整的异文作为正文，然后将各种不同的说法作为附注放在后面，有的故事甚至有七八十个附注，即列有七八十个异文摘要。这样做照顾到民间故事的立体性，是比较科学的。其实，这种方法在我国古已有之。清代杜文澜《古谣谚》的"凡例"即明确

---

1 参见段宝林《加强民族民间文学的描写研究》，《南风》1982年第2期。在文章中有这样的论述："民间文学同劳动生产、风俗习惯、歌舞表演紧密结合，是一种活的文学，是立体的"，"所谓立体性，就是多面性，是相对于平面性而言的。作家书本文学，只是书面学、书写读，是平面的，只是一种语言艺术而已。民间文学则不然，各民族的民间文学，都不只是二度空间的平面，甚至也不是三度空间的静止的立体，而是四度空间的（即活动的、加上时间的）立体。"
2 胡适：《歌谣的比较的研究法的一个例》，《胡适文存二集》，亚东图书馆，1928年，第312—322页。

了列注异文的必要性，他说："谣谚之词，诸书并载而大同小异者，则以一书为主，而注列异文。""一书叠见，则以初见者为主，而再三见者，注其异同。"书中确是这样做了，罗列了异文，也就照顾到了立体性。明代冯梦龙记苏州山歌，唐代段成式《酉阳杂俎》记故事传说，也都注意记录异文。当然，具有这种见解的人仍然是少数，是凤毛麟角，而且他们虽然这样做了，认识到异文的重要，但只知其然而未知其所以然。我们是提高到理论上来认识这个问题，看到这正是民间文学立体性特征的一种表现。民间文学是活动的、立体的，它的异文众多，说明它是多侧面的立体，是四维空间的立体。

二、民间文学的表演性使它形成多面的立体。民间文学不只是单纯的语言艺术而往往是既有音乐又有舞蹈，既有表情又有说的和动作的带有综合性的艺术。这就同只是语言艺术的书面文学大不一样了。它有说有唱，有表情有动作，其艺术手段比书面文学更丰富，艺术感染力也更强。我们在西藏调查民歌时，听到优美民歌的歌唱非常迷人，深深感到"歌的本质是唱"是很正确的。德国民歌研究家赫尔德在《论鄂西安和古代民族歌谣》一文中说："歌谣的本质，它的意图，它全部的魅力是同歌谣的抒情意味、活跃的气氛以及同时舞蹈的节奏分不开的。"[1]确实如此，1960年在西藏采风，当时我们只对歌词感兴趣，请歌手只说歌词即行记录，但他们说了几句就说不下去了。为什么？因为不唱就记不起词来，于是请他们坐着唱，还不行，很不习惯，一定要一面跳一面唱才自在。这一特点在《毛诗大序》中已有记述："情动于中而形于言，言之不足故嗟叹之，嗟叹之不足故永歌之，永歌之不足，不知手之舞之、足之蹈之也。"不歌不舞不足以表情达意。民间文学的表演性关系到作品内容的表达，不但在数量上，而且在质量上，像《尕老汉》这样的民歌，一面歌唱，一面表演，唱到"五十两银子，买一杆钢枪，这么样的瞄（哩吗叶子儿青），这么样的放哩嘛唷唷"，这"这么样的瞄""这么样的放"是通过演唱者模拟瞄准和放枪的动作来表现的，不看表演就难以了解。美国民间文学专家阿兰·邓迪斯在分析《大嘴青蛙》这一笑话时指出："这个笑话的大部分魅力在于表演，特别是在于说话方式从张大嘴巴到正常状况，最后到缩小嘴巴讲话的转变。要充分欣赏这个笑话，仅仅阅读它的文字记录还远远不够。人们应当进一步听到和看到它的表演。这个笑话的表演中必不可少的关键的语言之外的和动态的特色，不可能真正成功地以出

---

[1] 伍蠡甫等编：《西方文论选》，上海译文出版社，1979年。

版物的形式表现出来。"[1]表演性的重要说得很清楚了，但最后的结论未免过于悲观。事实上也不是这样，只要用形象的语言将表演时的动作、表情、神态描写出来，还是可以在出版物中再现表演的情况的。当然，最好是直接看表演或录像，但用文字进行形象的描写也还是可以作的。过去不少作家在小说、散文等作品中曾经非常生动地再现了民间文学的这种表演，我们的搜集记录也应该在记录作品本文的同时将它的表演情况记录下来，这也就是一种描写研究。如今国内外注意记录的科学性往往只讲"一字不动"文字上的忠实，而不注意这种表演性的描写再现。其原因还是因为对民间文学的主体性缺乏认识，似乎表演性只在特殊情况下才重要，没有把它看成是区别于作家创作的一个基本特点——立体性的一种表现。民间文学的表演同作家创作的电影、戏剧、歌曲等的表演是不一样的。民间文学的表演者不是只管背台词、唱现成歌词的演员，他如只是背台词进行朗诵，就不成其为民间文学了。民间文学的表演者就是创作者，表演中有创作，表演的过程，也是创作的过程，二者是紧密结合着的。要记录一个作品，不看到它作为综合艺术的立体性，不看到它既是时间艺术，又是空间艺术，就会忽视它的民间文学特点而把它同作家文学等同看的。如今记录作品只记本文，只看到它作为口头语言艺术的一面，而不重视表演情况的立体描写，正是对立体性在理论上缺少认识的结果。有时只是在感性上有所认识，未深入它的本质，也不能对这一特性作全面的把握。这种情况在国内外似乎都是如此。

三、民间文学的多功能性、实用性构成民间文学的立体性。民间文学是一种实用的艺术，它不是一种固定的书面作品，而是活在人民生活中的活的艺术。它是立体的，不是平面的。它在社会生活中有多种功能。许多体力劳动离不开劳动号子。劳动号子实际上也是一种劳动"工具"，可以协调劳动工作，在劳动中起组织作用和鼓动作用。人民起义的歌谣、传说在斗争中起宣传组织作用，几乎所有农民起义都利用歌谣进行宣传。陈胜吴广起义时将起义口号写在帛上放到鱼肚子里，并且在夜间军队驻扎的地方学狐狸叫："大楚兴，陈胜王"。使人感到起义乃是天意，从而投入起义的行列，迅速揭竿而起。元末浙江人民起义的"树旗谣"是树旗造反时号召人民起义的。松江民谣"满城都是火，府官四散躲，城里无一人，红军府上坐"是人民对当时松江府印制的"官号"的

---

[1] 见［美］阿兰·邓迪斯（Alan Dundes）《解读民俗说》（Znterpreting Folkore），印第安纳大学出版社，1980年，第62页，间之翻译。

一种解释（这"官号"画一圆圈周围是火焰，图内印一府字，上盖府印，圈外四角是官府的花押签字），这首歌谣与这个"官号"是密切有关的，是迎接起义军的舆论准备。在人民婚丧嫁娶和祭祀仪式上，颂歌、喜词、哭嫁歌、挽歌等是各种民俗活动的组成部分。许多神话史诗是巫师在祭祀时唱的，在歌唱时有庄严神圣的表情，这些作品只能在一定的场合歌唱，只传给最有资格的少数人（如嫡长子或最有才智的青年等等）。民间文学作品具有实用性，同它的社会功用密不可分。如果不注意这种特点，不了解它在社会活动中所起的作用，就不能体察作品的活的灵魂，就无法深入了解作品的内容。可见，这种立体性是民间文学很重要的特性。在记录民间文学作品时，也要同时把它的社会作用记录下来，才能反映作品的全貌。如果只有作品本文就同作家书本文学等同了，只有一个平面，而看不到它的立体面貌，就改变了作品的真相，使它残缺不全了。《古谣谚》比较注意这种立体性，所录歌谣，大多说明它在实际生活中起了什么作用，为什么要说要唱它，社会效果如何，等等。李大钊同志搜集的三首歌谣也注明了它们不同的社会功用。（见1918年10月《北京大学月刊》）何其芳、张松如同志编的《陕北民歌选》中也有一些这类注释，如对《移民歌》（其第一首即流行很广的《东方红》）的创作流传情况及其社会作用等作了详细的说明。而近几年来我们在民间文学报刊上往往只看到歌谣原文而没有什么注释，相形之下，比过去反而倒退了。这原因可能就在于对歌谣的这种立体性特点缺少认识。有的民间文学作品甚至连流传地区也不注明，更叫人莫名其妙了。

四、民间文学即兴创作的特点形成一种立体性。许多民间文学作品即兴创作的成分很大，往往是触景生情创作出来的，看到什么唱什么，听到什么答什么，与眼前的环境密不可分。触景生情的景是什么关系颇大，民间文学就产生在这样的立体空间之中，离不开它的创作环境。在不同的场合，同一篇作品可以有不同的寓意、内涵，起不同的作用。

许多民歌是在对歌时作为提问或回答问题而编唱的，怎样问，什么对手问，怎样答，那比喻、隐射都离不开歌唱的环境。如抽去这立体的环境，只作一般化的理解，就难以体味它的奥妙。不只民歌如此，故事的讲述也与听故事对象等环境、场合密不可分。民间故事家张士杰说："人们讲故事的时候，每每是在他非要讲的情形下来讲的，讲时总有他的目的——或是歌颂什么、或是讽刺什么、或是比喻一件事情、或是引为经验教训、或是娱乐等等。这样讲者讲起来是很自然生动的，听者听起来也会入神有趣的。这样，只要你是真正地在听故事，一定会受到感动，一定是不容易忘掉的……"在农村，"在劳动生产当中，老人们最爱以自己所喜爱的歌谣、谚语、笑话、故事来介绍经验和教训年轻一代"。[1]由此可知在特定场合，为特定目的讲述故事会使故事的意义有一定的变化，这是很自然的。故事的意义有固定的成分，也有变化的成分，往往根据讲者、听者的不同而发生转化。近年来国际民间故事研究家正在讨论故事的含义问题。一个故事的含义（英文术语为 meaning）究竟是怎样确定的？国际民间叙事研究协会主席芬兰航柯教授在《空洞的本文，丰富的含义》一文中认为故事本身没有什么含义，意义是由讲述人在讲述时赋予的。他说："我们无法证明一个特定的讲述者在一个特定的讲述情境中归结出来的意义在一个特定的听众的记忆中是什么。"这种看法似乎有些过分，故事本文还是有一个确定的含义的，但这个含义确实不是一成不变的，在讲述中讲述者可以根据需要对故事略加改变，突出它某一方面的思想，针对一定的情况，还可能有其他的寓意。功能学派的马林诺夫斯基反对人类学派不注意故事的功能，认为"研究人要接受了这种见解，便只记录下故事而满足。故事的理智方面，读完了故事便完了；可是任何土人的故事在功能、文化、实用等方面，除了故事本文以外，也同样表现在定则、具体行为、关系系统等去处。只将故事记下来是一件事，观察故事怎么千变万化地走到生活里面，观察故事所走到的广大文化与社会的实体而研究它的功用，另是一件事"[2]。只研究故事的功能是社会学家所重视的，对我们当然不够。但看到故事在各种不同的场合"千变万化地走到生活里面"，这确是很有必要的，文艺学家研究故事的含义，也应该特别注意这一点。之所以如此，学者们过去所论甚微，往往知其然而不知其所以然。我以为这正是由于民间故事的立体性特征所决定的。民间文学本身是立体的，它生活在立体的环境之中，离不开它产生的社会背景，也离不开演唱者、讲述者所表演的特定环境。故事的含义不只决定于文词，还决定于讲述时的音调，民间故事的艺术感染力与讲述、表演是有机联系着的。阿尔节莫夫在《蜘蛛精》一文中谈到他在非洲考察阿散蒂人故事的情况时说：

> 懂阿散蒂语并且听过阿散蒂人讲的民间故事的人都说，这些民间故事一经文字记载就大为逊色，它们特有的那种热情洋溢的色调全都没了。这原因须从语言本身的特点去找。……它根本没重音。阿散蒂语是苏丹语族的一支，它每

---

[1] 张士杰：《我的体会和认识》，《民间文学》1958 年 11 月号，第 66 页；张士杰：《我对搜集整理的看法》，《民间文学》1959 年 12 月号，第 92 页。
[2] [英] 马林诺夫斯基著，李安宅译：《巫术、科学、宗教与神话》，商务印书馆，1936 年，第 136—137 页。

个音节都有自己的音乐声调。阿散蒂人讲话中既没有重音节，也不强调句子的中心词，而用升调或降调来区别词的开头或结束。"阿散蒂"一词的重音，到底在那一个音节上，很难说得准确，它们的词义是决定于讲话的音调的。讲故事人的热情和他抑扬顿挫的语调结合在一起，获得一种难以形容的效果。[1]

不只阿散蒂故事如此，其他民族的故事也是如此。这是这种立体的、活动的文学的普遍的特性。左思在《三都赋序》中写道："风谣歌舞，各附其俗。"这是从生活中观察民间歌谣而得出的结论，是立体性的一种表现。恩格斯在论述《格林童话》与地理环境的关系时也明确地指出："只有认识了北德意志的草原之后，我才真正了解了格林兄弟的《童话》。所有这些童话几乎都带有这样的印记：它们在夜幕降临、人的生活开始消失、人民的想象力所创造的可怕的，无形东西在白天也令人为之胆寒的寂寞荒凉地方的上空疾驰而过的环境中产生出来的。这些童话表现出来的是草原上孤独的居住者在这样的暴风雨的夜里，在自己故乡的土地上漫步或者从高塔上眺望荒凉的巨野所产生出来的种种感情。于是，从童年时代起就深藏在心里的草原暴风雨之夜的印象又浮现在他的眼前，并且还采取了童话的形式。你在莱茵，或者在土瓦本听不到民间童话产生的秘密，可是在这里每一个雷电之夜，都能用雷霆的语言一次又一次地把秘密告诉你。"（《风景》）故事的产生和流传环境是立体的。

五、从民间文学的流传途径看，民间文学是立体的。一种民间文学作品往往可以在歌谣、故事、曲艺、戏曲等多种形式中流传，它不是单一的、平面的，而是多面的、立体的。它不只在口头流传，还可以用手抄本在书面流传。我们看到孟姜女传说中"万喜良"这名字的产生就有书面变异的成分。由杞良变为汜良再变为范喜良，杞变为汜，不是同音异字而是由于形似而误写或写得不清楚误读造成的变异。

从流传的渠道与范围看，民间文学的流传也是多面的。地理的因素固然很重要，山川交通是流传的重要渠道，而社会风俗习惯、政治、宗教、职业乃至军事因素也直接、间接地影响到流传的范围，成为流传的原因。像义和团故事就是在起义农民之中流传起来的。开讲义和团英雄们反帝斗争的神奇事迹，正是义和团进行"铺团"扩大组织的必要准备。柳田国男在《传说》中也认为"这许多传说圈，受自然地形和生活习俗的束

---

[1]《现代东方》1985 年第 7 期；中国民间文艺研究会研究部编《民间文学参考资料》第四辑，第 70 页。

缚，经常是各自孤立存在的"。他看到了移民等社会因素对传说圈形成的影响。正如乌丙安同志所说，如果要形容作品的"流传圈"就不是平面的圆形而是立体的球形。

六、民间文学的内容多方面地反映了社会生活，是立体的。正是由于这种立体性特点，才可以对它进行多侧面、多角度的科学研究。除了从文学角度进行民间文艺学的基本研究之外，还可以从社会学、民俗学、民族学、人类学、历史学、政治学、法学、哲学、经济学、考古学、美学、伦理学、宗教学等种种不同的角度对民间文学进行专门的研究。民间文学的这种多侧面的科学价值正是由它反映人民生活的多面性即内容的立体性决定的。认识民间文学的这种立体性对我们的科学研究甚为重要。过去的研究者往往各执一端，只从一个侧面去研究它，以为这就是全部，而否定其他角度的研究。或只讲科学价值而认为从文学角度的研究是旁门左道毫无意义，或认为科学角度是喧宾夺主牵强附会。这些都是由于对民间文学的特性缺乏全面认识造成的。看不到民间文学的立体性特点，当然不能全面地研究它、认识它。不掌握民间文学的立体性特点，对它的流传创作情况茫然无知，也就只能把它和作家书本文学等同看待，只能望文生义，不能正确地、深刻地理解它，也就不能科学地研究它。

对于民间文学的立体性特点，我们可以打一个比方。如果把它比喻成生物，比喻成一条鱼或一棵树，那么，这鱼就不是画上的平面的鱼，也不是凝固不动的雕刻的立体的鱼，而是活在水里的有生命的鱼。这树也不是画上的平面的树，也不是舞台上模拟的无生命的布景树，而是根生在大地土壤之中活生生的树，它的树叶可进行光合作用，它可以开花、结果……不断生长。民间文学是"活鱼""活树"，而不是鱼干儿或木柴，它是有生命的机体。民间文学作品本身是立体的、活动的，它所生长、流传的环境也是立体的、活动的，是"四维空间"的，不但有长、宽、高，而且还加上时间成为活动的"四维"。此二者紧密结合，即是民间文学完整的立体结构。

我们过去强调科学地记录民间文学作品，要求保持它的口头语言的原貌，要"一字不动""一字不改"，似乎这就行了。如果只看到它的口头流传性，只把它看成平面的语言艺术，当然只要"一字不改"即是忠实记录保持作品原貌了。然而如果从立体性特点去要求，则显得不够了。只记下作品本文还不是作品的全部，民间文学记录工作应该把作品的立体性也全面地保存下来，这就要进行"立体描写"[1]。这就是说不只有一般的概

---

[1] "立体描写"是贵州苗族民间文学家燕宝同志的提法，我以为很好。

括的记录，而且要有形象的描写、具体的说明。科学的记录应该顾及以上六个方面的立体性特点，记录下所有的异文，描写作品演唱时的情景，创作与表演的目的、功用、表情与听众的反映，表演时内容的变化、流传的各种方式，等等，把作品的实用性、即兴创作、变异性、表演性及综合的特性立体性全面地描写出来，这样的记录才是符合科学要求的。

由此可见，对立体性问题的认识不仅打破了过去"三大性"的框框，有理论意义，而且也有实际意义，对加强搜集整理的科学性、保存民间文学的本来面貌有现实意义。我们过去的民间文学作品记录工作往往不注意保存这种主体性，有时偶然注意了也未能坚持、未能经常地、未能普遍地推广，其原因正是由于对主体性缺乏认识。以致许多民间文学作品在发表时成了光秃秃的本文，与作家的诗歌、小说全然无异，有的连流传地区也不注明，有的只注明口述人姓名，以示此作品并非杜撰，却不知此人是否有文化，多大年纪，是男是女，是在什么情况下说唱的……

诚然，要如实地保存下民间文学作品的立体性特点是相当不容易的，这就要求深入调查，对环境与讲述人、对创作与流传情况、对作品功用和群众反映等进行全面的细致的了解，并且还要善于用明白、形象的语言具体而微地把这些情况再现出来，这本身就是一种研究——描写研究。[1] 如果我们从科学研究和艺术欣赏的角度去严格要求，描写研究实在是一个必不可少的基础。没有这个基础，不能全面地认识民间文学的本来面貌，就不可能科学地进行研究。试想，如果我们研究"活鱼"，而眼前却只有"画上的鱼"或已经僵死的"鱼干儿"，这样的研究怎么能掌握"鱼"的特性呢？描写研究正是要搜集与研究"活的鱼"——"水中之鱼"，不只逮着"鱼"即算完事不管它的死活，而要连同它生活的环境——"水"一并搜集起来才能保持它的"生命"。这就是说，不只记录作品而且要把作品创作流传的整个社会与自然的环境全部再现出来，描写出作品的立体性特点。这就要求不只作必要的注释说明，而且写出各种调查报告，歌手、艺人、故事家的传记，有关文艺民俗的特写，在全面调查的基础上，编写出当地的民间文学志。从科学研究的角度看，这些描写研究的成果是非常重要的，有很高的学术价值。就像物理、化学专家们所写的实验报告，又像生物学家、地质学家所写的动物志、植

---

[1] 关于描写研究问题，我在 1981 年出版的《中国民间文学概要》第九章及《加强民族民间文学的描写研究》（载《南风》1982 年第 2 期）等处已有所论述，在这里不再赘言了。

物志与矿物志，是整个科学研究所绝对不可少的。进行这种描写研究需要对当地社会历史、地理情况的全面了解，基层的文化工作者比从上面下去调查的人有更大的优势，进行这种研究是切实可行的。在此基础上才谈得上真正的比较研究、历史研究与理论探讨。

民间文学的立体性是客观存在。它是"活鱼"而不是"死鱼"，是"水中之鱼"而不是"画上之鱼"。我们对民间文学应该作面面观，而不能只作一面观。只有认识到民间文学的立体性特点，才能把握民间文学的本质特征，才谈得上更科学地记录与研究它，才能自觉地克服一切困难，加强描写研究，建设具有中国特色的民间文艺学。前人已对立体性特点有了一定的认识，对描写研究也作过许多努力，我们正是在前人的基础上前进的。我们明确地把"立体性"作为一个重要的科学概念提出来，加以全面的分析和论证，希望对民间文学的基本理论有所贡献。立体性作为民间文学的本质特性之一，只要民间文学存在一天，它总是要存在的，这是不以人们的主观意志为转移的。但是，研究民间文学的立体性特点，还是一个新的课题。过去还没有专门的论述，我们的探索难免出现偏差，好在有百家争鸣的法宝，可以使错误和偏颇在讨论中得到纠正，使认识由片面在讨论中逐步更加全面，希望同志们不吝赐教，使真理更加昭彰，使认识更加深化。马克思说："最好是把真理比作燧石——它受到的敲打越厉害，发射出的光辉就越灿烂。"[1] 真理是不怕批评的。让敲打再厉害一些吧！

---

1 [德] 马克思、恩格斯：《马克思恩格斯全集》第 1 卷，人民出版社，1956 年，第 69 页。

从系统论看民间文艺学的体系与结构[1]

张紫晨[※]

民间文艺学是研究广大劳动人民口头创作的科学，它属于人文科学的范畴。

世代劳动人民创作的各种形式的口头作品，无论在文学史上还是在文化史上都有它独特的地位。它以自己独特的形态，汇于民族文化和文学艺术的总体之中。这种文学创作的主体是历史的产物，它多方面地受其主要创作者——劳动人民自身的生活条件、生产条件、历史文化条件所制约，因而在思想要求与表现形态上都和一般的作家文学有所不同。可以说，它是一种特殊形态的文学，它在创作上有其特殊性，内容表现上有其特殊性，艺术手法、结构形态上有其特殊性，在机能的发挥、场合的运用与传承的方式上也莫不有其特殊性。这诸多方面的存在，便使以其为研究对象的民间文艺学具有独立的科学意义。它不仅不同于以文人、作家创作为研究对象的一般文艺学，也不同于以一般文化现象为研究对象的其他人文科学。

过去，民间文艺学在世界许多国家里，曾被纳于民俗学中，并作为语言传承的主要部分加以探讨。同时，由于民间文艺学与民族学相接近，在一些国家的研究著作中，又作为整个人民文化的科学而得到论述。它的调查、记录和研究的方法也多是缘于民俗学或民族学的方法。但是民间文艺学，在今天，在人文科学的巨大发展中，已经取得了独立的地位，成为一门独立的学科。不过它不是从普通文艺学中分化出来的，而是从人文科学（民俗学或民族学）中分化出来的。因而在这门科学中，研究的虽然是称作民间文

---

[1] 刊于1986年第1期。
[※] 张紫晨（1929—1992），民间文艺学家、民俗学家，北京师范大学中文系民间文学教研室主任、教授。

学的各种体裁的作品，但是它的文化传承性始终被突出地强调着。从这一角度看，现代民间文艺学，既是文艺学的，也是民俗学的。

民间文艺学的研究方面是非常广泛的。它研究民间创作的规律及各个不同历史阶段上的特点，研究集体因素和个人因素在民间创作中的关系，研究民间创作在文化史和社会生活中的意义与作用，研究它产生的社会基础及发生发展的条件，研究传承人、传承方式与规律，特别是民间创作本身的思想、结构与形态以及分类学、体裁学与美学等等。但是民间文艺学是关于民间文艺学这个学科整体的理论科学，它应该具有本学科的完整的科学体系和应有的有机结构。马克思主义的民间文艺学应是最完善的民间文艺科学。它在理论上具有前所未有的丰富性和完备性。它既是前人关于民间文学各种进步的科学见解的总结，又是对民间文学各种规律的科学观察与研究。特别是这种学科的内部规律和各组成部分间的有机联系，更是十分重要的。因此，将民间文艺学的科学体系与结构用系统论的观点加以阐释就是非常必要的了。

系统论随着近代工业发展的浪潮，运用于工业系统的管理，越来越受到人们的重视。它把生产部门琐细的分工以系统和整体的观念进行贯穿和调节。它不仅把本部门的环节按一定的秩序和内部联系组合成为整体，而且按一定的条理、顺序把它们互相连续起来组成系统的诸方面，使所有系统都在总中枢的调节下，互相联系，互相制约，以保证机体的运转与使命。系统论认为事物首先是由相互作用相互依赖的若干组成部分结合而成的具有特定功能的有机整体；自身系统又是它所属的更大系统的有机组成部分。这种观点，符合辩证法，并把高度概括的辩证法原理具体化。它以事物之间的相互依存为理论基础，突出事物内部的联系组合，及中枢环节对系统中的有机部分的调节与统领的作用。当然这种作用的实际发挥，还要靠内部的控制与信息的传递才能成功。因此，系统论便与控制论、信息论结为一个整体。

这种系统论因为有上述这些特点，所以被移用于各种学科的理论研究中。凡是具有独立系统自成体系的学科，都可以吸取这种方法处理自己的整体统一和内部结构的联系。我以为，民间文艺学在建立自己的科学体系和结构的时候，用系统论加以思考则会把它的整体系统和内部结构看得更加清楚。

首先，民间文艺学是一个整体的科学，从整体看其每个组成部分的层次及各层次之间的关系，就会使每个从事民间文学工作的人看到自己所居的位置及其从事的工作与整体的联系。

照我的构想，民间文艺学，其科学体系和结构应是一个多方面、多系统、多层次的整体系统。这个整体系统首先分为民间文艺学的主体部分及两翼部分。

主体部分的第一个层次分为六个系统：（一）民间文学基本原理；（二）民间文艺的传承学；（三）民间文学分类学；（四）民间文学体裁学；（五）民间文艺美学；（六）民间文艺研究的信息学。

第二个层次是这六个系统的内部结构与基础层次。它们构成这六个系统的基本理论框架。

如：民间文学基本原理即有（1）民间文学起源论；（2）民间文学与劳动人民的阶级处境、现实生活的关系论；（3）民间文学价值论；（4）民间文学的功能论；（5）民间文学特征论；（6）民间文学创作论六个重要方面。这六个方面又各有自己的第三层次、第四层次乃至第五层次。

这个民间文学基本原理系统对于民间文艺学来讲，是其核心的部分之一。它构成学科的中枢。这个系统着重解决民间口头创作这个研究对象本身。从民间口头创作的起源及其与劳动人民现实生活的关系，揭示民间文学与劳动、原始思维、原始艺术、原始宗教的关系，阐明劳动人民的阶级处境、现实生活境遇对民间创作的制约性及结构形态的作用。从民间文学的价值论、功能论揭示其在历史、科学、文艺史、文艺学等方面的价值及日常生活、教育、民俗、心理、语言等直接与间接的多方面的功能与作用。民间文学特征论、探讨民间文学在创作和流传上的外部特征及思想内容与艺术表现方面的内部特征，揭示其独特性，是认识民间创作的钥匙。它们都是阐明民间文学这个科学对象所不可缺少的。这些重要方面的研究，具体全面地揭示出民间文学的本质，也充分反映出民间文艺学这个学科的独特特点。这是由具体研究对象而展开的基本研究方面。民间文学的起源，一般说来，就是文学的源头在于民间文学中。但是民间口头文学从它产生之日开始，就与劳动、宗教、习俗等具有深刻的密切的联系。而物质生产与种的繁衍，又是核心。在长期的阶级社会中民间创作所表现出的形态及思想内涵，莫不与劳动人民的生活境遇有关，没有这个基础的存在，就不可能有独特形态的民间创作。

民间文学的创作论具有更重要的意义。民间口头创作，有其特殊的创作规律。诸如创作要求与创作态度、自觉的与不自觉的创作、创作方法、创作手段、艺术风格及民间艺术间的相互运用等，都与其作者有重要关系，都有其自身的条件和具体的表现。研究民间文学，不研究它的创作论，就无法理解它的思想特质和艺术方法。

以上诸项，是互相作用、互相依存又是互相连续的有机整体。民间劳动者及其生活决定了民间创作的一系列基本特征，民间文学基本原理中的起源论、创作论、功能论、特征论等都以此为中枢而展现开来。这些层次的存在，是民间作者及其创作这个事物内部诸方面矛盾统一的有机表现。它们构成一个条理化、系列化互相制约的系统。因之可称为民间文艺学中的民间原理系统。

除此之外，在民间文艺学中，与民间文学原理平行的还有传承学、分类学、体裁学、美学、信息学等系统。这些系统，过去重视不够，但却是民间文艺学这个学科向深广发展所不可缺少的。

民间文学是口头传承的文化现象。因此，作为民间文艺学的整体系统，只研究其创作本身的诸原理，而不研究其传承学，从理论体系来说，是一个很大的缺欠。民间文学的传承学系统重点是研究民间创作中的传承人。一切民间创作的传承现象，都围绕传承人而展开。传承学在于探索和总结民间口头创作的传承规律，从传承的角度探讨民间文学的传播渠道及传播层、传承圈以及传承人身世、修养、师承关系与创作才能和贡献，从而加深对于民间创作的理解与研究。这种传承学理论，在民间文艺学中，既是一个独立的体系，又是与民间创作传承性有密切联系的理论系统。它包括传承人、传承方式、传承心理、传承世系、传承对象及传承中的继承与创造等一系列的互相联系的系统。

民间文艺学的体裁学体系，为民间文艺学的各种支学的发展开阔了更广阔的途径。在体裁学体系中，又有韵文体裁、散文体裁以及韵散合组体裁的几大系统。每个系统中，都把民间文学的重要体裁展开多方面多层次的研究。体裁与体裁之间、体裁本身的特征和分类、体裁的形成与演变、每一体裁种类作品的探讨及有关研究流派、研究史等构成独立的系统，其中神话学、传说学、故事学、史诗学、歌谣学等构成民间文艺学研究的重要分支学科。这种体裁学与分类学的关系最为密切。分类学系统包括分类理论、分类史、分类法、分类与研究等层次，其中分类法一项尤为繁杂，但却有极其重要的意义。世界上的各种人文科学都把分类学作为学科的重要结构来对待。分类学往往足以表现本学科的体系、范围和对象。要了解一个学科的特点，必须首先了解它的分类学体系。分类学作为一个重要的理论系统，从属于民间文艺学的整体，又在相当程度上影响和制约着民间文艺学的理论体系。因此，分类学在民间文艺学中所占的位置是不可忽视的。各种分类标准与分类方法，都具有研究的性质。分类学研究是总结各种学术流派，展示各种学术成果的直接的手段，与各项研究都有重要联系。

民间文艺美学是民间文艺学中的新课题。它研究民间劳动者审美观点的诸方面，揭示民间作品所表现的美的形态，探讨民间作品的审美价值。它把民间文学的表层形态美与内在的深层形态美结合在一起。民间劳动者的审美观与实用性密切结合，民间的审美要求与劳动美紧密联系，与对吉祥、幸福的追求联系在一起，与传统的艺术习惯互为作用。民间劳动者的审美活动具有实践性，与对美的创造活动成为一体。民间文艺美学与民间文艺的诗学、创作论、体裁论不可分割。它在民间文艺学中，也成为一个重要系统。

民间文艺的信息学是发展民间文艺学研究所不可缺少的。它是推进与沟通民间文艺学各系统研究的必要手段。除国内研究信息、国外研究信息、信息与成果、信息与学术发展的关系等外，还要通过理论研究，切实解决信息学的建立，研究信息的计量、传递、变幻与储存。特别是注意研究工作上的方法论的信息、各种流派发展的信息、研究成果的信息，以及研究趋向的信息等。信息学不仅仅解决提供接受者不知道的有价值的信息，而且要研究信息传递系统的建立与传递措施的具备。没有信息的传递系统，没有传递信息的措施，民间文学的研究事业将会受到极大的局限。当今，世界已进入信息的时代。加强信息学的研究已成为知识更新必不可少的环节。它有助于吸收世界先进学术成果，使学科建设与国内外的研究联系起来，在比较、借鉴与互相影响中加快发展的速度，调整本学科系统的诸环节，增添活力。信息学的最终目的，是要使它转化成价值，这在学术上便是领先的和尖端的学术成果。更重要的是通过信息的传递，使本学科互相作用、互相依赖的各系统的若干组成部分，结合成为有机整体。使民间文艺学的研究既有多层次、多形态和多角度，又有融会贯通的统一脉络。

以上是民间文艺学的科学体系与主体层次。此外，作为民间文艺学的两翼科学，还有民间文艺史学及民间文学搜集整理方法论两大系统。我们先列一结构表（见书后附表），然后再加阐述。

在这个表中，民间文学与劳动，民间文学与原始思维，民间文学与原始物质生产及种的繁衍，民间文学与原始艺术，民间文学与原始宗教、原始民俗，民间文学的原始体裁都属于起源论系统。它们是第三层次。而起源论系统又从属于更大的系统，即民间文学基本原理系统。劳动人民的阶级地位对民间创作的制约性，劳动人民的现实生活境遇对民间创作形态的决定作用，劳动人民的理想、愿望的现实基础，劳动人民的思想感情、世界观与民间创作的关系，属于关系论系统，它们也是第三层次。而关系论与起源论处于同一层次，共同属于民间文学基本原理系统。

民族史价值、文化史价值、民俗史价值、阶级生活史价值以及科学价值、文艺史价值、文艺学价值分别归属于认识价值和文艺价值，它们从属于价值论系统，构成第五、第四和第三层次。功能论系统，最小的层次是属于直接教育功能的历史知识教育、文化知识教育、生活知识教育、生产知识教育及属于间接教育功能的思想品德教育、家庭关系教育、爱情婚姻教育等，它们共同属于民间文学教育功能这个知识系统。与此相并列的是民间文学的民俗功能。其最小层次为属于直接民俗功能系统的巫术活动、崇拜禁忌活动、岁时活动、喜丧活动、衣食住行活动及间接的民俗功能：巩固族系与家支、加强亲邻关系、增强民族意识与自豪感。而属于日常功能系统的如劳动功能、游艺功能、仪礼功能等也是较小的结构单位。

特征论系统比较复杂，概括为外部特征与内部特征两个支系统。外部特征，分为创作特征与流传特征两个层次。创作特征集中在集体创作与个性、口头方式与集体智慧等方面。而流传特征除流传性、传统性、变异性外，还重点解决民间文学在流传中的历史的粘着，多层的积累与时代的印记以及传承与革新。内部特征以反映人民生活的直接性、人民心声的率真与直露、人民理想与要求的真实体现为直接人民性之表现。以劳动人民的欣赏习惯、劳动人民的形象思维、类型中的典型、类型情节处理、传统模式与惯用型、既成手法的沿用、语言的类化、异物的援助等项，为人民艺术传统之表现。

创作论中，以理想的人物、理想的情节、理想的结局为理想化追求的表现，而理想化的追求与现实的深刻描绘等从属于创作方法。创作方法又与创作要求、创作态度、创作手段、艺术风格等并列从属于创作论系统。创作论与以上各论均以民间文学基本原理为总系统。

但是民间文学原理又与传承学等构成并列层次。民间故事讲述家、民间诗人和歌手、民间艺人是民间文学的重要传承人。他们的身世、环境、基本修养、讲述与演唱技能、成长特点、师承关系以及活动天地、创造才能、影响等是传承学的研究基础。民间文学的传承与传承方式、传承心理、传承世系、传承文化圈、地区传承圈、阶层传承圈、行业传承圈等构成传承学的重要层次。它们以紧密联系、互相依存为特点，表现出传承学的各个方面与组成部分。传承学与民间文学基本原理中的创作论以及关系论等，发生横的联系；它与民间文学的特征论系统，更具有互相影响、互相依存的关系。民间文学的创作流传特征及其独特的艺术传统与传承人的传承和创造交织在一起。民间文学的创作流传特征为传承人创造了传承条件，传承人的传承作用及其创造与影响，不仅发展了流传性，而且也在不断加强着人民的艺术传统。而传承的结果，又使民间文学的各种功能与价值得以广泛地发挥。民间创作的美的形态、审美价值、美育熏陶也因为传承人而得以播远流芳。这种各系统的网状交织以累层结构使民间文艺学形成一个庞大的理论系统，呈现出本学科的严密体系，并具有结构学的意义。

民间文艺学的科学系统与结构是处于不断发展中的。其理论的完备性，从它问世的那一天起，便在不断的丰富与创造之中。它的开始阶段，只是基本原理中的某些部分，或某些重要体裁的研究。我们曾有过一些概论性的理论和神话学、童话学等著作。它们在民间文艺学的建设上都是重要的基础。但是作为民间文艺学的完备体系，还要进一步地建设。上述民间文艺学的体系与结构反映了我们多年来民间文艺研究的进展。它已经有了很大的扩充，并且具有自己学科的特点和理论的系统性。在许多方面在原有基础理论的基础上又有了新的填补。但是我认为，民间文艺学的更完备的体系，还应该包括民间文艺史学和搜集整理方法论。它们是民间文艺学不可缺少的两翼。没有这两翼，民间文艺学还不可能升腾到应有的高度。从学术体系来说，其缺欠更是明显。因此，在这个民间文艺学的体系与结构表中，特设了这两大方面。

民间文艺学分两个方面：一方面是民间文学作品本身的发展史。这个作品发展史，从时间结构来看，分为通史和断代史；从空间结构来看，可分为神话史、传说故事史、歌谣史、民间戏曲史、寓言史、笑话史、谚语史等体裁史。这种作品发展史是民间文艺学的研究基础。另一方面是民间文艺学本身的科学发展史。它包括民间文艺记录史与民间文艺研究史两个系统。记录史，时间结构有编选出版史、记录方法史、体裁搜集史。同时还要研究历史上的搜集编纂家。但更重要的是民间文艺的研究史。它从各时代的研究家、文艺家、史学家等的理论见解、构成本学科研究史的发展脉络，结合时代思想与理论进展，构成古代民间文艺学史、近代民间文艺学史、现代民间文艺学史。各种体裁的研究史也在民间文艺科学史的体系之内。这种史学研究对民间文艺学的建设来讲十分重要，它构成民间文艺学的有机部分。

搜集整理方法论，在于总结搜集整理的经验和理论，解决记录搜集与研究的关系。它是属于技术理论的研究，是属于民间文学挖掘记录的科学。这种方法论研究，既有理论意义，也有实践意义。它通过方法论与民间文学基本原理互成体系。它依靠基本原理的研究及传承学、分类学、体裁学的相互贯通，达到切实的具有更高指导意义的理论系统。如同矿物学在研究矿物本身的属性、化学成分等的同时，还设有开采学与应用学系统一样，是完备的矿物学中所不可缺少的部分。

民间文艺学的体系是按一定的秩序和各分系统的内部联系组合而成的整体。任何一个分系统和局部环节既从属于整体又影响整体。要建设民间文艺学这个整体，必须注意每一个分系统和局部层次。在进行分系统的研究和局部层次的建设时，也必须有整个民间文艺学这个整体观念。由整体看局部的位置，又由局部看整体的体系。这样，环环相扣，节节相连，层次分明，成为浑然一体。体系和结构既明，建设民间文艺学就不是盲然的行动，更可避免心中无数，停于虚妄的口头呼喊。从而成为自觉的步骤性很强的整体建设。这对于建立真正中国式的马克思主义的民间文艺学更是必不可少的。

我国民间文艺学有自己的历史传统。其发展的初期是从资料的搜集编纂以及点滴片段的研究开始的。评诗论乐，采风问俗，杂记谣谚与各种神话传说寓言、笑话并用于政治和教化，是我国现代民间文艺学兴起以前通常的做法。其中既有采风的经验，又有关于民间创作的初步的见解。有些关于诗歌的理论，有言志说、情动于中而形于声说、感于哀乐缘事而发说、观风俗知厚薄说等已发展到相当的高度。特别是"真人所做，故多真声"说、"圣贤诗书、采以为谈"说以及"出乎天地自然之音"说，更有很高的价值。"五四"以来，对近世歌谣的征集与研究，对于神话传说、童话故事及其他民间文艺研究的进展，取得可观的成果，提出了许多重要的理论问题，第一次把民间文学作为科学工作来对待。至 20 世纪 30 年代中期，在民间文学工作广泛开展的基础上，钟敬文先生便提出了关于中国民间文艺学的建设问题，并提出初步的蓝图和构想，开始在各项研究基础上，使这门学科的理论系统化。当时，根据对象本身和社会条件一方面提出民间文艺研究应向着系统的科学之道路迈进，一方面又提出作为文化科学之一的系统的民间文艺学的主要任务，在于阐明其研究对象的性质、产生、发展变化及功用，以及民间文艺的范围、分类、样式、形态与其他文化部门的关系等。这种思考和构想，从学科发展来说，虽然还处在初期阶段，但是它却成为一个重要的信号，引起人们的注意。从这个时期开始，我国民间文艺学的酝酿已经有六十年的历史。今天我们已经把建立具有中国特点的马克思主义的民间文艺学作为时代的任务，而以加倍的努力积极进行建设。并且充分注意到它和其他各种文学科的关系。我国民间文艺学已经到了走出自己道路的时候了。

我们的目标是建立一个以马克思主义基本原理为指导的解决中国民间文学实际的理论科学。这种新的民间文艺学既不同于世界各资本主义国家的民间文学理论，也不同于我国"五四"以后 20 世纪二三十年代的资产阶级民主主义启蒙时期的理论。它应当是以最先进的科学思想武装起来的有较高科学意义的理论。在这门学科建设的过程中，它需要以无产阶级的博大胸怀借鉴和吸收中外民间文艺学的成果，以及其他边缘科学的理论与体系，但又必须排除形形色色的唯心主义、形式主义、教条主义和形而上学，采取批判继承的态度。我们应当明确，中国民间文艺学是从中国的民间文学实际出发，与中国人民的生活密切结合，研究中国民间文学发生、发展的规律和各种文艺现象。它对中国民间文学的概括研究，是立足于中国这个多民族国家前提下的。各民族民间文学的发生、发展及民族间的相互沟通与影响是它不容忽视的研究内容。同时，还应该吸收中外民族考察成果，使其理论具有广泛的基础和更大的概括性。民间文学应通过它的科学体系展示理论的丰富性、系统性和深刻性，在这中间，马克思主义的科学反映论，历史唯物主义和辩证唯物主义的原理是至关重要的。它应贯彻在这个学科的各个方面。但系统论又可以使我们把这些基本原理具体细微地加以活用。辩证法的哲学思想，离不开分工细微的大工业生产体系，世界近代几次大的工业浪潮都猛烈地冲击着哲学和社会科学的发展。许多科学原理，被一次又一次地发展和丰富着。系统论被认为是第三次浪潮的产物。它是由强大的工业管理体系反映出来的，目的在于解决庞大工业生产系统被分工极细的生产结构分割，而其互相依赖、互相制约的整体系统湮没所造成的各环节有机性的游离。它是从最细小的分工层次，依照互相联系、互相制约的整体关系，追寻出其系统的有机联系和整体性。这种观点和方法有极大的适用价值。它在解决民间文艺学的体系与结构的时候，给我们的启发是值得重视的。民间文艺学的科学体系和整体结构，与一个大的工业生产系统有其相似之处。今天世界科学的发展有两大趋向：一是学科本身分工越来越细。语言学分化出几十种支学，社会学、教育学、心理学也莫不都向细微的分工发展。二是学科之间的联系越来越强化。人文科学、社会科学之间互相渗透、互相影响，即使与自然科学之间，也早已打开鸿沟，特别是在思维理论及方法论上，双方都从对方寻找和吸取自己的发展良剂，因而发展达到惊人的速度，而现在的民间文艺学研究这两方面的情况都有。一方面，与民族学、人类学、语言学、宗教学等关系越来越密切，与其他边缘科学以至自然科学的关系和互相影响越来越多；一方面，由于许多支学的发展，也处在分工越来越细的趋势之下，每个分支系统和细微的层次也都处于活跃状态。因此，只有站在整体系统的高度，才能清楚看出每个局部结构的意义，也只有用系统论的观点把它们的有机联系贯穿起来，才能更切实有效地、更完备地建设这个学科。

民间文艺学是民间口头创作学。它的研究对象——民间口头创作不同于作家文人的艺术创作，形成的条件和独特的形态制约着学科的方向。因此，进行民间文艺学这项学科建设，必须充分重视民间创作本身的性质和特点。要在这个独具特质的对象中探索其规律。这个独特性，就是民间口头创作这个矛盾的特殊性。民间文艺学的科学独特性也正在这里。但是民间文艺学这个学科不仅研究劳动人民口头创作本身，还要研究它和文人创作及其他文艺的关系。民间创作与作家文学具有不同的传统，它们既互相区别，又互相联系和影响。中国的作家文学和俗文学，在其发展史中，与劳动人民的口头创作有着多方面的联系，探讨这种联系，对体现中国民间文艺学的特点，深刻理解民间文学有重要意义。但是这种联系是比较意义上的联系，还不是本学科系统的有机联系。作家文学的发展，对民间创作并没有深刻的制约性，也不存在互相依存的关系。有的民族，作家文学高度发展，而民间文学却不占位置；有的民族，民间口头创作十分发达，而其作家文学却等于零。因此，民间文艺学的整体系统中，并不以此为重。

总之，民间文艺学是一门有明确研究对象的独立学科。它有自己的科学体系和结构，这个体系和结构，虽然处于不断发展之中，但其内部结构应该有它的合理性。这种合理性就是根据自身的独特对象处理其内部联系和有机系统，达到各理论体系的合理布局与完整统一。

由于社会的种种偏见和对民间文学的不理解，长期以来，轻视民间文学，对其理论研究及建立独立的学科体系更是不能看重，甚至怀疑民间文艺学这个学科能否独立存在。面对这种情况，我们除了以加倍的努力推进这个学科的发展，还要在可能的条件下，提出这个学科系统理论的构图，并把它作为独立的科学体系全面进行思考。当然，任何学科体系，都有它的局限，不可能十全十美，而且在发展中必然要不断进行调整和补充。随着时间的推移和各项研究的进展，原有的系统解决了，新的系统必然又提到日程上来。同时，各理论分支系统，也必然得到极大的强化。而分支系统的强化和发展，又必然牵动和影响整体系统结构的变化。这种事物辩证法的发展是永远也不会停止的。但是，在一定的发展阶段上，学科本身的理论体系也必须有它相对稳定的结构形态，并在这种相对稳定的形态基础上进行稳步的建设。我们今天提出民间文艺学的体系和结构，目的就是要使人们对这个学科增加了解，关心这门学科的建设和发展。我这里所谈，只是个人的思考和理解，并不是什么确定的意见。但是所提出的却是目前我心目中的民间文艺学的整体形象。我愿意本着这个体系，建设这门学科，并通过这个科学体系和结构的提出，希望得到大家的意见。

歌谣缘起的动因与中介[1]

吴 超[2]

一、关于歌谣缘起的种种动因

多年来，在我国学术界，艺术起源于劳动，民间文学起源于劳动，似乎已成定论。近年来，随着学术思想的空前活跃，已有人对此问题提出疑义。[3]真理愈辩愈明，愈辩愈完善，学术问题只有通过探讨与争鸣，才能提高认识，得到发展。

歌谣，是最古的诗，最古的艺术，探讨歌谣的起源，必然联系到艺术的起源。关于艺术缘起的动因，古今中外的学者们仁者见仁，智者见智，众说纷纭。除了艺术起源于劳动之说外，大致还有以下一些说法，如：游戏说、摹仿说、巫术说、宗教说、天性说、梦幻说、语病说、灵感说、性欲说、美欲说、感情表达说、功利说、精力过剩说、能动说，等等，名目繁多，其中有的说法是派生出来的和互相交叉的，不能一一介绍。现就其中与民间歌谣关系密切者分述于后：

（一）摹仿说

与天性说、本能说有关联。先看亚里士多德在《诗学》第四章中的一段话：

---

1 刊于1986年第2期。
2 吴超，1929年生，安徽桐城人，现为中国民间文艺研究会理事、中国歌谣学会副会长、本刊副主编，近作主要有：《歌谣学与民俗学》《论中国的歌节》《歌谣学概论》等。
3 参见姜庆国《"艺术起源于劳动"说质疑》[《复旦学报（社会科学版）》1982年第3期]、肖瑟《民间文学探源》（浙江《民间文学研究文集》）、黄惠焜《祭坛就是文坛——论原始宗教与原始文学的关系》（《云南少数民族文学论集》）、萧兵《艺术起源与人的能动性》（《文艺研究》1982年第6期）、李景江《歌谣的起源和发展》（《民族文学研究》1985年第3期）、章启群《亚里士多德艺术起源说新论》（《文史哲》1985年第3期）等，拙稿参考了以上诸文，谨记。

> 一般说来，诗的起源仿佛有两个原因，都是出于人的天性。人从孩提的时候起就有摹仿的本能（人和禽兽的分别之一，就在于人最善于摹仿，他们最初的知识就是从摹仿得来的），人对于摹仿的作品总是感到快感。……摹仿出于我们的天性，而音调感和节奏感（至于"韵文"则显然是节奏的段落）也是出于我们的天性，起初那些天生最富于这种资质的人，使它一步步发展，后来就由临时口占而作出了诗歌。

西方学者历来将亚氏的学说概括为最古老的"摹仿说"，我国"五四"以来学界也多沿袭此说。这是不全面的。因为亚氏在谈到摹仿的本能时，同时还谈到了"音调感和节奏感"是诗的起源的两个原因之一。此点很重要，下面将专门论述。

德谟克利特认为"从天鹅和黄莺等歌唱的鸟学会了唱歌"。无独有偶，这种童话般的摹仿说，在我国云南傣族地区近年发现的一部360多年前的理论著作《论傣族诗歌》[1]中也有相同的看法。作者祜巴勐当过32年的和尚，虽出身佛门，但确是一位学问渊博的诗人和学者，他在诗歌起源等许多问题上都有独到的见解。在谈到"摹仿说"时，他首先给我们讲了两则非常动听的传说：一则是一位聪明的姑娘，从山泉流淌声中学会了歌调；一则是一位少女从诺戛兰托鸟的叫声中学会了歌调。她们都是傣族歌调的发明者。祜巴勐说：

> 我们的傣歌，正是按照水流声和诺戛兰托鸟的叫声而成歌调的。所以自古以来，傣歌总是清脆高低、缠绵柔软、婉转动听，波浪式的前进。
>
> 这就是说，傣族歌调的产生，也和语言和诗歌的产生一样，是来自人类大自然通过物质的媒介而产生的，都是遵循着眼见、感觉而后过渡到头脑活动而抒发出来。

这种看法和分析并非凭空而来，带有朴素的唯物主义成分，有一定的科学道理。

著名的德国艺术史家格罗塞（Ernst Grosse）在《艺术的起源》一书中谈到摹仿也有一段精辟的论述：

---

[1] 原是手抄本，见祜巴勐《论傣族诗歌》，岩温扁译，中国民间文学出版社（云南），1981年。

摹仿的冲动实在是人类一种普遍的特性，只是在所有发展的阶段上并不能保持同样的势力罢了。在最低级文化阶段上，全社会的人员几乎都不能抵抗这种模仿冲动的势力。但是社会上各分子间的差异与文化的进步增加得愈大，这种势力就变为愈小，到文化程度最高的人则极力保持他自己的个性了。因此，在原始部落里占据重要地位的摹拟式的舞蹈，就逐渐逐渐地没落了，仅在儿童世界里留得了一席地，在这个世界里原始人类是永远地在重生的。[1]

在这里，格罗塞不仅强调了摹仿欲是人类的一种普遍的特性，也指出了摹仿欲逐渐衰弱的趋向。今天，人们对于摹仿说的态度较之以前的确大为冷落了，因为它对于原始艺术的解释毕竟是有限的。摹仿对于原始艺术来说，尽管是必不可少的手段，然而创作冲动很难仅仅归之于摹仿的本能和天性。

（二）宗教说

此说和巫术说关系密切，中外主此说者有不少言论。如黑格尔在《美学》第二卷中说："从客体对象方面来看，艺术的起源与宗教的联系最密切……在宗教里呈现于人类意识的是绝对……这种绝对最初展现为自然现象。从自然现象中，人隐约窥见绝对，于是就用自然事物的形式来把绝对变成可观照的。这种企图就是最早的艺术起源。"厨川白村在《苦闷的象征》中说："在原始时代的宗教的祭仪和文艺的关系，诚然是姐妹，是兄弟。所谓'一切的艺术生于宗教的祭坛'这句话的意思，也就可以明白了。"

早在19世纪英国著名的人类学家爱德华·泰勒（Edwad Tyloy），在他的《原始文化》一书中就提出了文学艺术起源于巫术论，即所谓"交感巫术"。弗雷泽（Fya-zey）在他的名著《金枝》中也说："从很早的时候起，人类就忙于追求究竟凭借什么样的法则才能使自然现象的规律去服从自己的利益。"为了达到控制自然的目的，先民们就用巫术（包括咒语、头发、指甲以及许多变幻的法术）为武器，对付自然和敌人。这种巫术在许多古老的民间文学作品中都得到反映。

在我国，上古之时，先民们的宗教观念是表现得非常明显的。《礼记·表记篇》云："殷人尊神，率民以事神，先鬼而后礼……周人尊礼尚施，事鬼敬神而远之。"当时巫风

---

[1] ［德］E. 格罗塞：《艺术的起源》，蔡慕晖译，商务印书馆，1984年，第167页。

极为盛行，政治、学术、宗教集于巫官一身。《尚书》言"恒舞于宫，酣歌于室，时谓巫风"。《国语·楚语》云"在男曰觋，在女曰巫"。男觋女巫是担任沟通人神意志的职务，实际上就是以歌舞娱神为职业者。古代诗、乐、舞三位一体，舞必合歌，歌必合辞，这便是诗歌的发端。刘师培在《文学出于巫祝之官说》中说："韵语之文，虽非一体，综其大要，恒由祀礼而生。"鲁迅在《中国小说的历史的变迁》中也曾说过："诗歌起源于劳动和宗教。……原始氏族，对于神明，渐因畏惧而生敬仰，于是歌颂其威灵，赞叹其功烈，也就成了诗歌的起源。"

近年来，有的学者根据我国少数民族的实际情况，对文艺源于宗教说又作了新的发挥。认为"坛祭就是文坛"，"原始宗教不只是原始文学的武库，而且也是它的土壤。正是原始宗教给了原始文学以思想，以灵魂，以活动的舞台，并且给它准备和培养了从事文化活动的精神首领——巫师兼歌手"。原始文学与原始宗教之间"存在着某种渊源关系"。并举出大量事例证明"原始宗教思想即原始文学思想，原始宗教活动即原始文学活动，尤其证明：原始巫师即原始歌手""诗歌的起源也不例外"。[1]

上述各种主张，均有独到的见解，尽管没能取得一致的意见，但通过争论与探讨，对推动学术研究无疑是大有好处的。限于篇幅，这里不再一一作详细介绍，仅就笔者的初步看法阐述于后。

二、"劳动起源说"是主要的，但不是唯一的因素

自从恩格斯在1873年提出具有深远意义的论断："劳动创造了人本身"，劳动使手变得自由，使思维器官发达，使表达意识感情的工具——语言得以产生，使高度完善的手"仿佛凭着魔力似地产生的拉斐尔的绘画、托尔瓦德森的雕刻以及帕格尼尼的音乐"之后，文艺源于劳动说便成为许多学者公认的主张。人，首要的问题是生存、活命；人类为了生存、活命，唯一的或者说最重要的手段是生产劳动，特别是在生产力极端低下的原始社会，劳动几乎占去了人们的全部精力和时间，成为人类社会生活的最基本、最主要的内容，它必然反映在最早出现的艺术形式（包括诗歌）中，成为艺术产生的主要源泉。人类最早的意识形态和任何精神生产，都是和劳动生产分不开的。这是总体上的

---

[1] 详见黄惠焜《祭坛就是文坛——论原始宗教与原始文学的关系》，载中国少数民族文学学会云南分会编《云南少数民族文学论集》，中国民间文艺出版社（云南版），1982年，第23—37页。

观察和基础认识，是最根本的和丝毫也不能怀疑的。

但是，我们认为，劳动尽管是文艺起源的主要因素，但不是唯一的，理由是：

（一）原始人类的生活绝不可能简单到仅仅"劳动"二字。劳动作为原始人类求生存的一种手段，对促进人类发展起了重大作用，但我们只能说劳动是原始人类生活的重要部分，怎能说它是原始人类生活的全部呢？恩格斯在那篇著名论著《劳动在从猿到人转变过程中的作用》中讲到"劳动创造了人本身"那段很重要的话时，全文是这样的：由于劳动"是整个人类生活的第一个基本条件……以致我们在某种意义上不得不说劳动创造了人本身"（着重点是笔者所加）。过去我们在引用时往往只截取那后半段，忽略了前半段，而整段话对我们全面认识劳动与人类生活的关系很有帮助。我的理解是，恩格斯所说的"某种意义上"，是个限制词，指的就是劳动是人类生活的"第一个基本条件"，既强调了劳动的重要作用，又说明了劳动并非人类生活的全部，人类生活除了第一个基本条件外，必然还有第二个、第三个，甚至更多的条件。如果我们只强调"第一个基本条件"，那就正如涅托希文在《艺术概论》中所说的那样："也许我们只能得到问题必要结果的一半。"

原始人类的生活究竟有多少内容呢？人类的机能不光是劳动。马克思在《1884年经济学哲学手稿》中说："诚然，饮食、男女等等也是真正的人类机能。"由此可以推想，原始人类生活还是多方面的，主要是由生存、繁殖、娱乐三方面组成的。我们的人类祖先，随着生产力的发展，大脑的发达，精神世界也是多方面的，绝对不同于一个机械的劳动工具。除了劳动生产、吃喝穿住外，还有繁衍后代、婚丧习俗、爱情生活、宗教信仰，以及在饮食、男女满足之余，搞一些歌舞娱乐活动；也还会有部落间的争夺和战争；等等。这一切都来源于原始人类的社会实践。它们不仅是原始人类生活的组成部分，而且也一一反映在原始艺术中。马克思主义学者认为，一切文学艺术是一定社会生活在人类头脑中的反映，"作为观念形态的文艺作品，都是一定的社会生活在人类头脑中的反映的产物"[1]。因此，我们认为，民间歌谣和一切文学艺术一样，不仅仅起源于劳动，而且起源于人类社会生活的全部实践。

（二）从我们今天可以见到的出土文物、历史文献和口头流传的歌谣作品考察，也可以提出有力的佐证：劳动并非唯一的源泉。

---

[1] 毛泽东：《在延安文艺座谈会上的讲话》。

甲骨文中的卜辞，可算是最早和比较可靠的研究资料了。大量卜辞反映了古代人类在社会生活方面的各种愿望，并非仅仅是劳动。《易经》是我国古老的占卜文献，从卦爻中，也可以窥见当时多种多样的社会生活。如："屯如邅如，乘马班如。匪寇，婚媾。"（屯·六二）"贲如皤如，白马翰如。匪寇，婚媾。"（贲·六四）"乘马班如，泣血涟如。"（屯·上六）多么生动的小诗，真实地反映了古代社会抢婚的情景。又如："明夷于飞，垂其翼。君子于行，三日不食。"（明夷·初九）描写的是行旅之苦。

《吕氏春秋·古乐篇》说："昔葛天氏之乐三人操牛尾投足以歌八阕"，反映了古人操牛尾，以手执杖击拍，以足尖踏地合节，尽情歌舞的动人场面。这虽是一种传说，可以看出无文字以前初民的风谣，其语言（辞）、音乐（调）、动作（容）三种要素混合的关系。可惜，没有留下详细唱词。但从"八阕"的名目看：一曰《载民》，二曰《玄鸟》，三曰《遂草木》，四曰《奋五谷》，五曰《敬天常》，六曰《建（达）地功》，七曰《依地德》，八曰《总禽兽（万物）》。很合乎初民的思想。初民最感到神秘和惊骇的，就是对于自然界的敬仰和畏惧；当然他们也希冀"遂草木""奋五谷"的事情。

有的学者将散见于汉古文献中的古歌谣，一一提出，排列成表，进行考察[1]：

　　神农时代：《蜡辞》（《礼记》）
　　黄帝时代：《弹歌》（《吴越春秋》）
　　　　　　　《有焱氏颂》（《庄子》）
　　　　　　　《游海诗》（《拾遗记》）
　　少昊时代：《皇娥歌》（《拾遗记》）
　　　　　　　《白帝子歌》（《拾遗记》）
　　唐尧时代：《击壤歌》（《论衡》）
　　　　　　　《康衢童谣》（《列子》）
　　虞帝时代：《卿云歌》（《尚书》）
　　　　　　　《南风歌》（《家语》）
　　　　　　　《虞帝歌》（《尚书》）
　　夏　　代：《涂山歌》（《吴越春秋》）

---

[1] 转引自肖瑟《民间文学探源》。

　　　　　《五子之歌》(《尚书》)

　　　　　《夏人歌》(《韩诗外传》)

　　　　　《夏谚》(《尚书》)

　　商　　代:《盘铭》(《礼记》)

　　　　　《桑林祷词》(《荀子》)

　　　　　《商铭》(《国语》)

　　毋庸讳言，这些古歌谣就其辞句看，很可能出于后人的追忆或伪托，其历史年代的排列也不一定准确，但就其反映的内容看还是比较真实的，可供研究参考。其中，仅有《弹歌》:"断竹，续竹，飞土，逐肉。"一首与劳动有关，描绘了狩猎情景，其余反映的都是各方面的社会生活。

　　从我国最早的一部诗歌总集《诗经》看，共辑录160篇歌谣，占《诗经》305篇的52%。其中，内容反映生产劳动的为数也很少，反映其他方面生活内容的却相当广泛，包括宗教、婚姻、爱情、徭役剥削等各个方面，而以涉及爱情、婚姻的最多，约占全部国风的百分之八十以上。为什么反映劳动的如此之少，反映其他方面的又如此之多呢？尽管这有多种原因，这里不能细述，但也从侧面说明歌谣的缘起不仅仅来源于劳动生活。

　　（三）今天，我们决不能以文艺主要起源于劳动这个基本认识为满足。对于古今中外有关文艺起源的种种学说不能采取完全回避和排斥的态度，只要有可取之处就应该加以研究，善于吸收。比如鲁迅在谈到诗歌的起源时，既提到"劳动"，同时又提到"宗教"，过去不少论著在引用鲁迅的观点时，只强调了前者而无缘无故地取消了后者，这样做是不够妥当的。"文艺主要起源于劳动"，是最高层次的认识，它比较原则笼统，应该有其具体的、特殊的、更深层次的东西。

　　列宁曾经说过:"要真正地认识事物，就必须把握、研究它的一切方面、一切联系和'中介'。"[1]这虽然指的是观察社会现象，对于我们探讨艺术的起源也很有启发。我们有没有必要深入更深层次去解剖一下劳动与歌谣以及劳动与整个文学艺术之间的"中介"呢？探讨一下人类的实践本身究竟怎么具体产生艺术活动的呢？要不要从心理学、

1　列宁:《再论工会、目前局势及托洛茨基和布哈林的错误》，《列宁选集》第四卷，人民出版社，1960年，第453页。

发生学等多角度或从方法论上借用自然科学的研究方法把我们的研究深入一步呢？我认为，这都是很有必要，大有好处的。我们是马克思主义者，马克思主义的历史告诉我们，"唯物辩证法不是一诞生就完善、就封闭，而是随着自然科学、社会科学和社会实践的发展不断地加深着层次、开拓着内涵、改变着形式"[1]。马克思主义是发展的，学术研究就怕凝固、僵化、保守，只有勇于探索，才能前进。

在众多的学派中，每一种理论一般都具有坚实的论据，在某一方面有它的独到处，在另一方面又不可避免地有它的片面性或局限性。从现在关于原始艺术起源的研究现象来看，不仅各种学说观点之间有互相融合、互相补充的趋势，而且每一种学说本身包含的思想也是多方面的：有主要因素，也有次要因素；有恩格斯所讲的"第一个基本条件"，也有次要条件。前面提到的亚里士多德关于诗歌起源的"两种因素"说，就给我们很多启示。我们看到，格罗塞的学说中杂有功利说和审美说的因素；毕歇尔说过原始舞蹈无非是一定生产动作的有意摹仿，却又说原始劳动"不论在形式上和内容上都接近游戏"[2]。席勒和斯宾塞的游戏论中明显地有摹仿的内容。卢卡契的观点基本上属巫术说，但他认为劳动所形成的社会内容是推动审美形成和从巫术中分化出去的主要因素，摹仿和激发造成了审美反映方式的主要基础，巫术活动在审美形成机制中只起了一种"中介"作用。[3]

当代美国著名的史前考古学家亚历山大·马沙克认为"由考古学家们所提出的任何一种单独的理论都无法解释多样而复杂的艺术和符号的起源和意义"[4]。普列汉诺夫也认为："人类的进步并不是这样简单，也不是这样公式化，以致一切民族的进展都服从于同一个规律。"[5]卢卡契说得更果断："人类的审美活动不可能由唯一的一个来源发展而成，它是逐渐的历史发展综合形成的结果。"[6]各门艺术都有自身的特殊性，说明了各门艺术的起源也不可能是一种因素决定的。因此，在探讨作为艺术整体的人类艺术起源时，对各个部门艺术（包括歌谣）的具体起源问题作出具体的研究、回答，是一项必不可少的工作。

---

1 李准、丁振海：《马克思主义和文艺理论新方法的探索》，《光明日报》1985年10月31日。
2 《原始文化史纲》中译本，第181—182页。
3 《美学》第4期，上海文艺出版社，1982年，第215页。
4 转引自朱狄《艺术的起源》第170页。
5 《论艺术》第95页。
6 《美学》第4期，上海文艺出版社，1982年，第215页。

三、节奏感、音乐感在歌谣起源中的"中介"作用

普列汉诺夫在《论"经济因素"》一文中说:"应该记住,决不是'上层建筑'的一切部分都是直接从经济基础中成长起来的。艺术同经济基础只是间接的发生关系的。因此,在讨论艺术时,必须考虑中间环节。"[1]这话说得多有见地啊!我们探讨歌谣起源的具体过程,就必须找到它的中间环节。

上古之时,诗、乐、舞三位一体。我认为,歌谣的最初形式同音乐、舞蹈一样,其间起着重要"中介"作用的是节奏感、音乐感。古人云:"诗言其志也,歌咏其声也,舞动其容也,三者本于心,然后乐器从之。"(《乐记》)"在心为志,发言为诗,情动于中而形于言,言之不足故嗟叹之,嗟叹之不足,故永歌之,永歌之不足,不知手之舞之足之蹈之也。"(《毛诗序》)这"本于心""动于中",指的就是"中介",即中间环节。瑞士心理学家和哲学家皮亚杰在《发生认识论原理·引言》中也强调指出:"客体只是通过这些内部结构的中介作用才被认识的。"

格罗塞综合了大量的现代澳洲原始部落的活动资料,通过考察原始民族舞蹈、诗歌、音乐,他认为节奏是"原始民族的特殊感情,在他们的跳舞里,他们首先注意动作之严格的合节奏的规律。……这种节奏的享乐无疑深深地盘踞在人体组织中。……正像斯宾塞所正确观察的,每一个比较强烈的感情的兴奋,都由身体的节奏动作表现出来"[2]。"原始民族用以咏叹他们的悲伤和喜悦的歌谣,通常也不过是用节奏的规律和重复等等最简单的审美的形式作这种简单的表现而已。"如菩托库多人在黄昏以后将日间所遇的事情信口咏唱的歌谣:

今天我们有过一次好狩猎;
我们打死了一只野猪;
我们现在有吃了;
肉的味儿好,
浓酒的味也好。

---

[1] 《普列汉诺夫哲学著作选集》(第二卷),第322页。
[2] 朱狄:《艺术的起源》,第166页。

"他们把这些短短的歌辞,每句吟成节奏,反复吟咏不止。"[1]

"每一个原始的抒情诗人,同时也是一个曲调的作者;每一首原始的诗,不仅是诗的作品,也是音乐的作品。对于诗的作者,诗歌的辞句虽则有它自身的意义,然而对于其他的人们,在很多的地方,都以为辞句不过是曲调的荷负者而已。""在一切科罗簿利舞的歌曲中,为了要变更和维持节奏,他们甚至将辞句重复转变到毫无意义。""在他们的诗歌中,一切东西——甚至意义——都要迁就节奏。"[2]

普列汉诺夫根据马克思主义的基本原理,对艺术起源问题也作过较为细致的考察,他发现,对于一切原始民族来说,"节奏具有真正巨大的意义"。对于节奏的敏感,是原始人类在长期的生产斗争中形成的"心理和生理本性的基本特质之一"。"在原始部落里,每种劳动都有自己的歌,歌的拍子总是十分精确地适应于这种劳动所特有的生产动作的节奏。"[3]

德国美学大师马克思·德索也认为"只有把节奏形式看作是已被固定下来并使它能长久存在,艺术方能开始"[4]。

除节奏外,原始民族对音调也有着特殊的敏感。格罗塞在《艺术的起源》中还这样说过:"斯托克斯自夸其随伴土人中有一个名叫妙哥的,说,只要有一个题目触动了他的诗的想象,他就非常容易而且迅速地作出歌来。但是这种吟咏的天才,并不是某个人物的特殊秉赋,却是所有澳洲人共有的才能。至于某种特殊的诗歌能博得特殊的令誉,并不是因为有诗的价值,却是为了有音乐的价值。"[5]

这种节奏感、音乐感与诗歌的关系,直到我国春秋时期集成的诗歌总集《诗经》中,还有鲜明的痕迹。例如《周南·芣苢》:

> 采采芣苢,薄言采之。
>
> 采采芣苢,薄言有之。
>
> 采采芣苢,薄言掇之。
>
> 采采芣苢,薄言捋之。

---

[1] 朱狄:《艺术的起源》,第176—177页。
[2] 朱狄:《艺术的起源》,第188—189页。
[3] 《论艺术》第34—35页。
[4] 转引自朱狄《艺术的起源》,第112页。
[5] [德]E. 格罗塞:《艺术的起源》,蔡慕晖译,商务印书馆,1984年,第210页。

采采芣苢，薄言袺之。

采采芣苢，薄言襭之。

这篇歌谣，像是脱口而出，把妇女采集芣苢（车前草）的劳动生活写得韵味十足。全诗回环往复唱了三遍。只是将末句的"采"字换成"有""掇""捋""袺""襭""空前未有"诸字而已。可以说，整首诗没有包含多少思想内容，只是在对劳动动作的反复咏叹中，表现出一种轻松愉快的情绪。这里，除了节奏、韵律和它的回环复沓产生的旋律以外，内容则所剩无几。西方搜集歌谣最早的学者赫尔德也说："歌谣最本质的特点不在词句，而在它的音乐，还有舞蹈的成分。"今天，在我国许多民族的劳动号子中，这种音乐、舞蹈的节奏感，还表现得十分明显，即使在一般的歌谣中，也深藏着这种血型和因子。

由以上论述，我们至少可以这样说，原始歌谣的产生，是与原始人的节奏和音调的感觉有着直接的关系。节奏感和音调感是歌谣缘起的"中介"。中外学者对于原始人的这种节奏感和音乐感的形成，论述也是很多的。卢卡契说得好，这不仅有生物学的因素，也有着社会活动的属性。[1] 这种看法是比较公允的。

原始人的生产活动，逐渐培养了人对于节奏和音调的特殊感觉。在这里，客体的自然的节奏、音调，像日月星辰的周期，昼夜的更替，季节的递变，光、热、声的传播，以至鹰在空中的盘旋，风吹树枝的摇摆，江河湖海的波浪起伏，植物的增长变化等，都是不可忽视的外因；主体的内在的节奏、音调，像心脏的跳动，血液之循环，感情的弛张，呼吸的缓急，等等，都是重要的内因。人身体内的节奏、音调，虽然见不着，不太容易意识到，但对人的整个行为是有很大影响的。

毛泽东同志在《矛盾论》中指出："事物发展的根本原因，不是在事物的外部而是在事物的内部……一事物和他事物的互相联系和互相影响则是事物发展的第二位的原因——唯物辩证法认为外因是变化的条件，内因是变化的根据，外因通过内因起作用。"在人体内的这种音调感和节奏感的基础上，人们自然发出一种与一定外在活动合拍的声音，这便是最初形态的诗歌。

1615 年，祜巴勐在他写的《论傣族诗歌》一书中，就生动地描绘了歌谣缘起的动

---

[1] 参见《美学》第 4 期，上海文艺出版社，1982 年，第 207 页。

因与过程，他说，当人类还处在：

> 从吃栗子、果子时期，走向吃麂子和马鹿肉的时期。在这个时期里，我们人天天走进森林，觅食充饥。在手脚不停地拣栗子、果子吃的时候，往往会遇到脚手被刺刺伤、从树上摔下来、或者从悬岩上滚死等情况。受到这样的挫折和不幸时，就会发出呻吟、哀鸣和哭声；有时也比较顺利，拣到的果子多，吃得饱，大家就兴高采烈，拍脚拍手，又喊又笑；在打猎的时候，有时会遭到虎咬熊抓、野猪闯、毒蛇咬，受难者就会发出寒心的呻吟哭喊："疼啊疼！""苦啊苦！"大家害怕，也会惊恐呼叫："害怕啊害怕！"也有顺利的时候，打死了老虎和（或）马鹿，大家就高高兴兴，笑啊笑，跳啊跳的，不住地喊叫："真得的多啊，够我们饱饱吃，啾！啾！啾！"有时为了抬老虎或抬树，为了出力，大家一齐喊："嘿哟！嘿哟！优！"于是，全身就有使不完的力气，直到今天我们抬木料盖房子，一路上都喊："赛罗！优！"这是因为它是力量的声音。这种悲哀和欢乐，发自人们的心田里，这种"发自"是劳动产生思想的过程，思想则又产生语言。从心底出来的语言最美。天长日久，这种悲哀和欢乐的情调，自然地成了人们的口头流传语，逐步演变成了歌。以后在抬虎抬树时，不仅肩抬的众者喊，就是欢迎和随从的老人、小孩、妇女都一齐呼喊，成了全民性的音乐，于是就产生了歌谣。

这也就是汉刘安《淮南子·道应篇》中所说的"今夫举大木者，前呼邪许，后亦应之，此举重劝力之歌也"。也就是鲁迅引申的"杭育杭育派"。开始，这一切不过是外在实践活动的需要，渐渐地，人们对外在自然的节奏和音调的感觉增添了审美意识，又与心脏脉搏的跳动共鸣，于是便出现了脱离直接生产实践活动的原始诗歌活动。当然这在历史上不知要经过多么漫长的阶段和包容多少复杂的因素才能实现。

总之，歌谣缘起的动因与中介是一个非常复杂的问题。由于在今天的文学作品中，歌谣是保留音乐感、节奏感最强的韵文作品了，即使不押韵的诗歌，在字里行间也保留有节奏，否则就不成为诗歌。而这个带有音乐、舞蹈的节奏感，可以说是原始人类在社会实践与诗歌之间架起的第一座桥梁（即"中介"），没有"中介"，就没有诗歌；各种动因起源说失去"中介"，也难成立。这种音乐舞蹈节奏感，正是我们追溯歌谣缘起奥秘的一把重要的钥匙。本文仅仅是一个粗浅的、初步的探索,更深更成熟的认识,还需进一步考察,并结合生理学、心理学、发生学等学科,进行综合的、整体的、多角度、多层次的研究。

1985 年 11 月于北京和平里

民间文学的普查与记录[1]

贾 芝[※]

编纂三套"集成",完成这样一个浩大的工程,现在还是起步,我们要认真地来做好这件事。这次会议开得很好。我在会上听了各地的经验介绍,听了各省同志提出的许多很好的意见。这些从实际出发提出的意见,对我们做好三套"集成"工作是一种鞭策,非常宝贵。

首先说两件事:一、根据同志们的意见,我们要进一步认真地把出版三套"集成"的总方案修改好,提高文件的质量,这不但可以使我们的领导、使各方面的同志能更好地了解我们编三套"集成"工作的重要性,给予我们支持,而且使它成为一个切实可行的有效率的文件。二、有的同志特别提出,希望我们总会做工作不要只从北京出发、从自己的头脑出发,而要从各地的实际情况出发。特别提出要做好这样几件事:(1)总会要搞一两个典型,要亲自抓点,以点带面。(2)早点编印工作手册,作为普查民间文学工作的指导。这样就有统一的要求,统一的标准,便于各地开展工作。(3)层层举办培训班,首先抓培养人才的问题。这样才能保证各省、区能够做到《方案》中提出的工作方针和要求。当然还有其他一些很好的意见,我就不一一重复了。

编辑出版《中国民间故事集成》《中国歌谣集成》《中国谚语集成》,是现阶段民间文学工作的一项重大任务。我们应当把它看成我国民间文学工作的一个新的出发点和系统地推动工作前进的动力,我认为我们今天计划的这项工作应该起到这样的作用。这确

---

[1] 刊于1986年第3期。
[※] 贾芝(1913—2016),民间文艺学家、民俗学家,中国民间文艺家协会名誉主席、国际民间叙事研究会资深荣誉委员。

是千秋万代的事情，像林默涵同志刚才所说的，是要把我们中国民族民间文学的宝藏保留下来，将来子孙后代长期使用。我们参加这个工作的人，每人都有一份光荣。当然，我们工作的出发点首先是为建设社会主义精神文明服务，为现实服务，同时使它在社会主义文化建设中，在社会历史科学、自然科学等方面起作用，也就是应发挥它的多功能性。

下面我说几点意见。

一、性质、范围和指导思想

三套"集成"究竟是一种什么性质的丛书呢？是作为民间文学读物的优秀作品汇编呢？还是提供科学研究资料的科学版本呢？或者是二者兼而有之呢？二者是不是能够完全统一呢？在《中国民间歌曲集成》的编辑工作中也存在同样的问题，有这方面的争论。我也参加了民间歌曲集成的工作，在这个问题上我也写了书面意见。《方案》(草稿)中规定了三性："科学性、全面性、代表性。"这三套书看起来都是要求汇编优秀的作品，同时又要求具有较高的科学性，这个规定是比较明白的。就是说，凡是有代表性的好作品都要收进来，而且集大成同时包含着有所选择的意思。我赞成这个基本意图。同时我认为，作为民间文学读物或作为科学研究资料，有统一的部分，也有不能完全统一的部分。当然，凡是优秀的作品都应该收集进来，优秀的作品也是各族人民口头创作的主流，可是如果把它作为今天的读物，今天有今天的标准和要求，那么就只能选择其中的一部分。"集成"不应担负这样的任务。有一些作品的科学价值很高，但是作为读物，群众不一定有兴趣。因此，二者不能完全统一起来。首先是收入优秀作品，同时也要包括一切有科学价值而不一定能作为读物的作品。它应该是全面地包罗、反映每一个民族社会生活的各种内容和各种形式的作品。过去我们工作有个缺陷，就是受"左"的思想干扰，对待作品总是从反映阶级斗争和社会意义来看，因此只是选了一定范围的作品，好多的作品选不进来。我过去主持编的一些书，就有这样的问题。比如《中国歌谣选》，中间曾经一度有所改正，但也没有做到改得彻底。在1982年的理事扩大会上，提出了要编辑出版三套"集成"并通过了决议。会后，我向乔木同志作了汇报，他表示很赞成，并提了一些意见，特别提出忠实记录这个问题，说不要搞假古董。他也谈到只强调阶级斗争、社会意义，就会使民间文学贫乏化。与乔木同志的谈话我整理了，不知发下去了没有。就是已经发过，现在也有重发的必要。因为他谈了一些重要的意见，特别是要克服"左"的思想，强调全面搜集记录，尤其不要搞假古董。我认为选有教育意义的还是很重要的，但民间文学反映了全部社会生活，选得太狭窄了就不能看到民间文学的整体和变化，许多有历史价值、有科学价值的材料，就看不到了。因此，我们这三套"集成"应该是比较广阔地反映社会生活，反映得尽可能全面一些。这样，也就不能把它完全作为一般读物。但是，既然要公开出版，就应该是可读的，并不是所有的、不管好坏的作品都收在里面。《方案》中规定要全面搜集，不光搜集正面的，反面的也要，这是对的。但有些属于糟粕的东西，不应放入，可另编成册，作为内部资料编印保存，供研究参考之用。就是说，"集成"比一般读物选的范围要宽。因为作为读物，就要按照今天的宣传教育的要求，选好的作品出版，要求精选。"集成"不是精选本，范围要宽，面要广，内容要丰富。这是我个人的看法，也包括了吸取的过去的经验教训。但是，这个"集成"也不完全是资料本。它具有资料性，这些资料又是可供阅读，具有丰富的认识历史的作用。所以"集成"也不等于资料本。什么样的作品是可以入选的，什么是不可以入选的，还要注意一个时代的局限性问题，不应把时代局限性等同于糟粕。社会总是向前进的，有些作品，今天看来内容是不适合于社会主义教育，但是它们具有很重要的历史价值、科学价值。这是一个很重要的问题，选作品的时候，要充分注意才好。其次，什么样的作品属于糟粕，我认为糟粕应是指一些或不利于民族团结或低级、庸俗的有害作品。我们在工作中必须坚持以马克思主义、毛泽东思想为指导思想，坚持历史唯物主义的原则，没有这个指导思想，会有好多过去时代的作品收不进来。恩格斯的《家庭、私有制和国家的起源》中，对如何看待民族的古代作品，作出了马克思主义的历史唯物主义的光辉典范。只有站在历史唯物主义的立场看历史，才能有科学，才能做到"古为今用"。我们还是要按照社会历史发展的实际情况来编选作品，不能以今天的标准、要求来衡量古代作品。（马学良插话：兄妹结婚的神话传说很多，现在很多人就不敢说了，把它改成是自由恋爱，这就是用现在的眼光看原始社会的情况）我们只有用历史唯物主义的观点来分析、处理作品，才能把历史上人民大众的文化创造和历史如实地记录保存下来，发扬人民的高尚品德、民族的优良传统，我们也才能研究历史，认识历史，研究民间文艺发展的规律，才能批判地继承历史遗产。

二、关于民间文学普查和忠实记录

　　三套"集成"的编选出版，按照《方案》的规定是，要求在开展全国民间文学普查的基础上来完成，而不是把我们中华人民共和国成立三十年来已经搜集的东西重新加改编就可以了。所以我刚才说这是一个新的起点，是全面地、系统地推动民间文学普查的动力。从会上大家反映的情况看，尽管我们过去搜集了很多很多的东西，但是因为我国的民间文学太丰富了，很多地方还是没有人去搜集的空白点，还是未开垦的领域。我们要完成集成的工作不开展普查工作行吗？怎么能把我国几十个民族的宝贵文化财富保存下来呢？所以我们要有计划地、系统地开展普查。

我们首先要把资料保留下来，抢救仍然是当务之急。

普查要贯彻"全面搜集"和"忠实记录、慎重整理"的原则。关键是忠实记录。忠实记录是编好"集成"的保证，是使"集成"具有高度科学水平的根本要求。忠实记录人民口传的作品，目的不是为别的，是为了保持历史的本来面目，为了保存人民在艺术创作上的一种特殊成就和艺术特色。民间文学中包含了各民族人民大众创造人类社会历史的全部过程，包含了前人的生产经验和斗争经验，包含了人民的理想和生活的哲学。作家的作品一般地说是比较细致的；民间的艺术作品，一般地说比较粗犷，但很率真。所以说，民间文学是一种特殊的文学，它有口头文学自己的表达方式，它在艺术上有自己的特点，有它独特的艺术价值和美学价值。如果我们不是尽可能严格地忠实记录，那么这些价值就会遭到破坏。假古董毕竟不能代替真正的艺术品。作家、艺术家凡是有成就的，没有不吸收民间文学的乳汁的，民间文学可说永远是常青之树，作家、艺术家不能不佩服，不能不为之倾倒。

如果我们一套"集成"里混进一些任意改编的东西，就必然损伤民族文化的本来面目，必然丧失它的历史价值，也损害了人民的、民族的口头艺术，失去它作为文学的艺术价值。要防止收入假古董，要注意保持民间创作的纯洁性。必须把民间文学的整理、改编和创作这三种范畴不同的工作区分开来。它们各有各的特点和作用，不应混淆起来。

现在出现了一股通俗文学热。通俗文学有它的长处，曲高和寡并不都好，但通俗文学与民间文学是两个不同范畴的概念，不应混为一谈。通俗文学是作家为一定的读者层写的容易被广大群众接受的通俗易懂的文学。民间文学则是人民群众自己的口头创作。民间文学虽然也是通俗易懂的，通俗文学刊物里常常刊登一些民间文学作品，这也是很好的，但是通俗文学毕竟是文艺中的一个独立的范畴。通俗文学不等于民间文学。如果我们把通俗文学拉到民间文学里来，把通俗文学与民间文学的界限混淆起来，再加上本来民间文学的整理与改编容易被混为一谈，这就更易造成使人辨不清什么是民间文学，倒为制造假古董大开了门路。如果我们民间文学工作者在当前通俗文学热流的冲击下，自己把民间文学和通俗文学搅在一起，甚至于认为这两者可以合流，如果我们民间文学工作者也热衷于搞武侠、侦破、言情这类东西，那民间文学的工作就有被引上邪路的危险，就有不能掌握我们的工作方针和要求的危险。我们民间文学刊物、三套"集成"的编纂工作，都应严守阵地，坚持民间文学工作的范围与工作方针。我们不追求刺激，也不能为赚钱而改变民间文学的面目和工作任务。我们要提倡人民的、民族的艺术。民间文学中有大量的引人入胜、受群众欢迎的作品。我们的工作要坚持体现忠实记录和慎重整理的原则，把它看成是编好三套"集成"和建立我们民间文艺学的不可动摇的准则。

对于中华人民共和国成立三十多年来或"五四"以来搜集、出版的作品怎么办？应当把它们编到"集成"里边来，这当然应经过重新审定，或请当地群众审查一下，忠于原作的就收入"集成"；如果是改编的或是再创作的，一律不收。如果有小部分改动而不失为好作品，也不宜轻易舍弃。总之要作具体分析。我们在做这件事情时，要充分肯定中华人民共和国成立以来所取得的伟大成绩。不要什么都重新来。已出版和发表的作品，虽然其中有记录不忠实的，但有很多是忠实的，我们同时还要树立一种观念，就是要看到中华人民共和国成立三十多年来民间文学工作的历史发展过程，容许从没有经验到有经验的认识变化。在我们没有多少经验的时候搜集的作品，有一些不完全合乎忠实记录的原则，不能因此而全盘否定，一概推倒重来。不要轻意否定前人的劳动成果。对现在的搜集、整理要求严格一点，对以前的不要轻意否定，如果否定了，有些作品也不容易再搜集到了。

三、建议采用现代化的科学技术进行调查采录，同时要建立档案，保存原始资料

采用现代化的科学技术设备，像拍照、幻灯、录音、录像、电脑等，这些既是保证忠实记录，又是有利于迅速抢救的最好的方法。既能做到忠实记录，又能够加速抢救。我们中国民间文学之丰富，确实在世界上是少见的。外国朋友听到我们介绍中国史诗的情况，感到震惊，中国有这样多的史诗，这种情况是罕见的，哪个国家都没有这样多的史诗、民间长篇叙事诗，而且好多国家今天都不像在中国还有民间说唱艺人演唱史诗了。史诗在中国还活着，这一点引起许多学者的重视。我们到芬兰开会，把1984年在拉萨开的格萨尔说唱艺人演唱会的录像带去了，在大会上放映，使与会代表感到振奋。我们中国有这样丰富的各民族的民间文学，现在我们搞普查，又处在一个现代化的时代，有条件利用现代化的设备，我们为什么不用呀！现在好多人都有录音机，也有人有录像机，我们要争取条件，使用这些现代化的工具。那年日本的小泽俊夫教授第一次到中国来的时候，就介绍说，他们自从用了录音机之后，搜集了五万个民间故事，以前多少年来只搜集了一万个民间故事。他讲的是搜集的速度加快了，我觉得更重要的是能做到忠实记录。不管你有多大本事，除非是速记，你不可能把故事从头到尾、逐字逐句全部都记下来。用录音机记录下来再整理，就方便多了，好多生动的、古老的地方语言都能记下来。记录民间故事传说，不保留讲述人的当地语言，许多生动的情节就没有了。所以还是用现代化的工具比较好。我也看了芬兰、丹麦、冰岛等几个国家的民间文学档案馆，他们都保存原稿以及图片、录音、实物等。丹麦民俗学档案馆，一是保存原稿，二是保存录音。他们注意搜集民歌。录音资料从最早的卷筒录音保存起。芬兰文学协会的民间文学档案馆还有录像。我们连原稿都还没有建档保存，最多印出资料就算是万事大吉了。但是建立原稿档案是很重要的。芬兰文学协会的民间文学档案馆里，就保存有埃利亚斯·伦罗特记录的史诗《卡勒瓦拉》的原稿，现在看起来是非常宝贵的。我还举一个例子。我们在延安时代，由中国民间音乐研究会搜集的民歌，原记录稿现在还保存着，在民间音乐研究所收藏。当年参加采风的人，许多现在是著名音乐家，他们记录的陕北民歌以及其他地区的民歌手稿十分珍贵。这次我们编延安文艺丛书中的《民间文艺卷》，查阅了吕骥同志从音乐研究所借来的手稿。现在看来这些原稿实在是太珍贵了。什么人搜集的，讲述人是谁，流传地区是哪里，都有。都是用中国民间音乐研究会油印的表格填写的。我们这次搞民间文艺普查，要建立原稿档案，不光要保存记录稿，同时应当有录音资料，因为将来不仅能看到文字材料，看到原稿，还能听到声音。没有录音就听不到歌声或用方言讲的故事了；如果再能有录像，将来就还能看到民间文学的生动的表演了。把这些留给子孙后代，他们能够听到歌声，看到演唱，比文字的东西好得多了。假使我们使用现代化的工具，一次调查就全有了，文字记录有了，背景材料记录了，图片留下了，声音留下了，甚至还有录像，活动的情况也留下了。建立这样一个档案馆该多好啊！国外早都这样做了。我们应不甘落后。在日本大阪的民族博物馆里，你要听哪个地区方言讲的故事，按照墙上的地图一按电钮，红灯一亮，就可以听到了；你要听哪一种乐器的声音，一按电钮，侧耳对着音柱，就听到了；还可以看到各种乐器的演奏录像。最近吉林社会科学院的同志搜集萨满教的神像，说是没钱，只能借几个来研究。在日本大阪的民族博物馆里陈列的萨满教神却有很多，密密麻麻地摆了几排，可是我们连几个都不能搜集，这应当深思。还举一个例子。芬兰民间文学多年来共编了三十四卷，最近他们把这个工作停下来，并派人到意大利学习电子计算机去了。准备改用电子计算机继续编纂工作。我们离改用电子计算机好像还远一点。上海复旦大学中文系和数学系已在合作利用电子计算机编《红楼梦》资料了。看来民间文学方面也并不是完全做不到的。所以我们也可以争取使用电子计算机。采用这些现代化技术，我们就可以使抢救的速度加快，还能达到忠实记录。用手工业的方式进行工作，怎么搞也达不到科学仪器所能收到的效果。

还有一个问题，就是普查工作要和研究工作结合起来进行。将来编出的"集成"，不只是作品的编选罗列，还应带有研究性。《中国民间歌曲集成》的湖北卷就编得很好，我认为是一个可借鉴的范例。它不光是简单的作品分类罗列，而且还带有一些研究性的介绍。比如有湖北民歌情况概述，湖北有哪些歌种，都有简要的介绍，书末还附有湖北民歌歌种分布图。音乐和语言的关系很大。书中还有湖北五个方言地区方言声调的研究及其分布图。因为地方语言的声调不同，构成了音乐旋律的不一样。这种介绍、说明，就可以使人增强对湖北不同地区的民歌形成和特色的了解。我们三套"集成"的编纂，也要和研究工作结合起来。这样，"集成"丛书出版后，它本身既带有研究性，同时也可以在普查过程中把研究队伍建立起来，出一大批研究人才。这样，既出作品，又出人才；既出民间文学搜集家，又出研究民间文艺的学者。

关于忠实记录的问题[1]

马学良 [※]

这次编纂中国民间文学"集成",提出科学性、全面性和代表性。我认为,科学性简言之就是真实性,不是假的,是货真价实的。不管是调查、记录、整理、翻译都要真,不可能全真,但是不能假。

民间文学作品的不真实,有这样几个原因:

一、技巧、基本功不够,往往心里很想真,但能力有限,这一种不是有意识的造假。

二、因为记录水平不高,就断章取义、转述,比如搞民族文学的,往往因为语言的限制,听个大意回来编编,这也算整理,但不是我们要求的整理。这种也不能算行为不对,只是水平有限。

三、无中生有,自己编故事,编歌谣。这种做法的动机与上两种就不一样了。

四、被调查人的编造:一种是听别人说的,一种是自己编。这种人很会编,你出题目他就能做出文章来,这是个调查方法问题,因为调查前你已有成见,已想好了题目。

三套集成的编选要做到科学性,有这样几件事需要注意。

第一点,要做好准备工作。

1956年搞了一次少数民族语言大普查,动员了七百多人参加。记得吴玉章同志主持培训班,周总理还亲自去看望大家,我们都十分感动。那次的培训班共办了三个月的时间:第一个月是掌握基本功,要能记录、能整理,还要学会用国际音标、汉语拼音;

---

[1] 刊于1986年第3期。

[※] 马学良(1913—1999),语言学家、民族语言文学家、民族教育家、博士生导师、终身教授。

第二个月学习基础理论，注重科学性，等等；第三个月是实习工作，动手整理。下去调查之前，我们做了充分的准备工作，不是一哄而起。下去普查，如果事先不培训，随便凑几个人就下去了，那就不能找到好的作品，就不能保证其科学性。

第二点，到田野工作。国外民间文学学者对田野工作很重视，我们都是先在课堂学完学分，然后再搞田野工作。如果这个学分不及格，不管是博士、硕士都不能毕业。我们有的学习方法不对头，往往忽略了学生的基本功训练，就急于让学生到下面去实习。这就影响了调查的质量。

到田野工作，首先要注意选点，这很重要。普查不可能每村、每地都去，要选一个有代表性的地方，能讲故事的人较多的地方，这叫磁石吸铁法，以此点吸引其他地区有关资料。其次是选人，应该组织一个班子。再次是选材，这与普查不矛盾，此地这种类型多，彼地那种类型多。各不相同。

第三点，作品的真实性。民间文学一代一代传下来，像滚雪球，越滚越大。传承中自然地把各个时代特点加进去。如果从这里边求真，要用比较文学方法。苏、美等欧洲的语言学家认为，语言是领先的科学，而其中最主要的又是比较语言学。我们说的掺水也好，滚雪球也好，如果不用比较方法怎么能把水分拿出来？

真实性要和民族特点结合起来，比如韵文的格律、调子，采录中都应拿到第一手材料。如果你不懂少数民族诗歌的音调，而用我们汉族的格律，用《诗经》的格律去套，那就不行。少数民族格律比汉族的复杂多了，有押头韵的、脚韵的，还有押腰韵、押调的，满语押韵与语法有关，很新鲜。

真实性不仅仅是把材料调查来，证明它不是假的就行了，整理、研究也要有个真实性，要有民族特点，比如格律，至少是个很重要的民族特点。为什么有这种形式？决定于语言，决定于语言的特点，这里顺便再提一下谚语问题。有同志说，谚语"集成"可能会重复，这不要紧，内容可能重复，但是语言结构可能不会相同。各种不同的异文都要收，不要放弃，可以做比较用。

第四点，为"集成"作品加注释，这里只谈一点。民族语言加注很难，因为有些作品中保留了古代礼节、习俗古语等等，而这些又无法翻译，只有多用几句话来说明，这种注释的文字往往比正文还要多。因此，调查时就一定要把这些都搞清楚，以便说明。有人说"柯尔克孜"的意思是四十个姑娘，为这个词曾经引起过风波，柯尔克孜族的同志质问我们，为什么只有姑娘而没有父亲？很不满意。同样，有的民族的图腾是狗、有的是狼，也曾引起过不满。像这些，就需要我们从社会发展的情况去做详细的注释，以免发生误会。由此可见，中国民间文学集成不只是保存民族文化遗产，还对加强民族团结起着重要的作用。

解放以后，我们在搜集、整理方面做了很多工作，但是，三套"集成"不能只限于此。听说有些地方已经集起来了，走到前边去了。这是否认为把前人的作品收在一起，一集而成，就叫"集成"？这是对"集成"的重大意义认识不全面。"集成"应该有较高的要求，要严格些。

最后引别人一句话。李政道在安徽大学的一次讲话中有这样一句话："你不要只问前人做了些什么，重要的是要问前人没有做什么。"这话很好，这是开拓型的话。前人没有做过的，我们要做，"集成"是前人没有做过的，我们来做，这是有价值的、千秋万代的大事情。我们一定要把它做好。

民俗学三大学派的异同解释[1]

杨成志[※]

20世纪初,西方民俗学已经形成三大学派,这在学术界是人所共知的常识。下面,我谈谈对西方民俗学三大学派异同的理解,这对于今天重新起步的中国民俗学来说,或许可以起到一点借鉴的作用。

西方各国民俗学有不同的内涵。多数南美洲和许多欧洲国家,通常把公开举行的歌谣、舞蹈、年节庆典当作民俗学的表现。在学术上认为是农民文化的研究。在美国,民俗学名词指留着长头发的民间歌唱家或旧时代善说能唱的纺纱能手,俗称为古老土著的英雄人物。就德国的"Folklorismus"和英国的"Folklore"两个民俗学专词,学术界曾经对真正的民间传统和系统的更生与那些仿造传统的区别有过辩论。

中国的"民间文学""民间文艺""民族文学研究""风俗"和"民俗学"等名词各具内容和特点,但其内涵和外延都是"人民的学问"。

综合上述民俗学不同内涵的产生孕育,归根结底是由三大学派在学术领域上不同观点逐步演进发展起来的。

一、人文学派观点

人文学派看待民俗学大部分资料,出自"口头文学"。凡民间故事、传说和歌谣视为艺术性的表演。他注重说唱、诗词的创造规律,探讨其阐述和格式。密切观察与听众

---

[1] 刊于1986年第3期。
[※] 杨成志(1902—1991),中国民族学家、人类学家、民俗学家。

的互相联系，分析其内容，估价小说家、诗人和戏曲家。在较古代的年代间，一般说来，民俗学家已进入了现代语言和文学或音乐或古典的领域而发生作用。

试举出一些实例，美国哈佛大学斯拉夫文学教授洛德（A.Lord）发表过《故事的歌手》（1960）专著，提出"口头文学"方式的理论，他举出每种英雄史诗的歌手创作他的故事歌谣是由一定的形象、性格和惯例的表现，逐渐改进和修正而完成的。至希腊的"荷马史诗"留传其写述方式已经变成了口传的形式，恰像多种情况与近来斯拉夫史诗的歌谣一样。再从多种不同传统课本，像挪威的通行俗曲，盎格鲁-撒克逊史诗，中古时代的罗马漫谈，中国《诗经》《九歌》以及各种俗文学，等等，都可寻出其由来的痕迹。

国际科学界把学科分为自然科学、社会科学、人文科学等领域。这里所说的人文学派，主要是指文学和历史等学科。回顾近代中国民俗学发生的时代，从文学和历史的角度首先开拓了民俗学研究领域的事实，即可明白人文学派在我国民俗学历史上的重要地位和作用。

二、人类学派观点

人类学的民俗学家是用社会科学的理论来检验民俗学材料的。非文学社会中形成的结合典型看出其文化常态和价值行为准则。在这种社会简直是一种美术成果，贡献出一种设计图景来反映其想法。因此，民俗学的人类学家经常报告一系列的调查研究，正如人文学派对"口头文学"创作的分析和归纳一样。

在英美两国民俗学与人类学发生密切关联以至几乎不可分的发展时代，英国人类学之父泰勒（E.B.Tylor）利用民俗学资料发表了两大名著：一为《人类远古历史研究》（*Research into Early History of Man-kind*，1865）；一为《原始文化》（*Primitive Culture*，1871），他的贡献在人类学、民俗学家的产生。这个学派领袖兰格（A.Lang，1844—1912）是一个多才多艺的文人。发表了许多通达论文和专著，他根据泰勒的学说，从农民和当代野蛮人生存的信仰和风俗创造出"残余物"（Survival）学说，因此，民俗学家能够构拟史前人类的思想。

美国人类学导师鲍亚士（F.Boas，1858—1942）培育了不少取得博士学位的门生，他自己的研究园地很注重民俗的探索。鲍亚士本人研究印第安人部族传统并视之为古老文化的遗迹。他用民族学报告和记载文献资料引导宣扬工作，他发起组成"美洲民俗学会",开展搜集、整理和出版工作。1900—1935年任该会主席,主编《美洲民俗学会学刊》(*Journal of American Folkore*),1907—1942年出版了56卷的《美洲民俗学会学刊》和36种纪念专号。

他的著名门生如本尼迪克特(R.Benedict,1887—1948)女博士指出部族神话描写其违背禁忌,像英雄"脱立克斯忒"与其岳母睡觉,在实际生活中是不能容忍的。

赫斯科维茨(A.L.Herskovits 1895—1963),突破了鲍亚士以美洲为研究的中心,转向对非洲文化的开拓,以民俗学研究精神,发表了《非洲黑人故事传说集》专著并从而训练其学生。

英美两国人类学家利用了文化上民俗学的资料,并使利用社会学资料的民族组织转变了倾向。

在中国,用人类学的方法进行民俗学研究开始于20世纪30年代。比人文科学晚十多年,并且较多地侧重于少数民族民俗方面的研究,对汉族民俗的研究比较少。这方面还有待今后加强。

三、心理学精神分析学派观点

心理学精神分析的民俗学,阐述民俗学资料既非美术性的,又非功能性的,却是行为性的。凡神话、梦兆、笑话和神仙故事等是蕴藏在潜伏意识和恐惧的底层的。弗洛伊德(S.Freud)是这个学派的奠基人和发明者。他出版的《梦的解释》(*The Interpretation*,1899),《笑话与下意识的关系》(*Jokes and the Relation to the Unconscious*,1905),以及《图腾与禁忌》(*Totem and Taboo*,1913),阐释了他的观点。以后,许多民俗学著作曾受到很大影响。民俗学课本被解释为性欲形象,称为"沃地颇斯集丛"(Oedipus Complex)。

弗洛伊德把人分为三部分:他、我和"超我"——经常处在不可调和的矛盾。他特别强调性本能的作用,认为存在于潜意识中的性本能是人的心理基本动力,是摆布个人命运,决定社会发展的永恒力量。他把本能归结为生与死的两种基本范畴:前者是性欲恋爱,建设本能的活动,后者是杀伤、虐待、破坏的动力。本能的活动,特别是性欲活动,由于良心的压抑,不得不采取迂回曲折的途径来求得变相的、象征性的满足。原始社会的风俗习惯等都被认为生与死的两种本能的间接表现;从20世纪40年代起,欧美从社会学观点,强调家庭、社会制度和文化对精神分析的影响,称为"弗洛伊德主义"。

弗洛伊德是一位著名的精神分析学家，它用精神分析的结论，解释文化现象——神话学、艺术学和民间文学的领域。说明民族学家所理解的原始民族的繁复制度、习俗、梦兆、图腾、禁忌等所表现的多种模式和内容，是由现实推求出来的结果。因而西方学术界颇受其影响，认为是一种时髦的理论，越来越多的资产阶级学者使用全面或局部观点，作为自己理论上的根据和智识上的突破。

由于这一学说与中国传统的道德和伦理观念相径庭，因而在学术界虽有影响，但并未形成学派。

近年来，中山大学人类学系开设"民俗心理学概论"课程，采用唯物辩证法分析民俗心理，这是一种新的尝试。

四、简略结束语

上文论述民俗学内容和形式。表现了各种误解和国际各国有不同意义的阐释。民俗学产生的根源可归纳为三个典范——（1）人文学派、（2）人类学派、（3）心理学精神分析学派的不同立场，各具分歧的观点、旨趣和准则，在文化学术研究上包括宏观和微观，非常复杂的交叉，互相渗透、融会和跨部门的场面和图景。

中国十亿人民占全球总人口的四分之一，五千年文化源远流长，地面和地下文物千姿百态时常发现，她是世界古文明国家和民俗发生地之一，具有疆土辽阔富饶、民族众多、团结统一、社会主义国家等特征和特点。仅就民俗学的源流、意义、作用与国家发生密切关系等重要因素来说，我国有关民俗的论说，也是源远流长的。根据古文献记载民俗学的定义："礼，履也。国人所践履，定其法式。大而冠婚丧祭，小而视听言动皆有节文也"，"上所化者曰风，下所习者曰俗"（《周礼》）。汉代应劭的《风俗通义》序语说："为政之要，辨风正俗，最其上也。""是故，先王之治国化民，必须谨其习而已。"清黄遵宪《论礼仪》说道："治国化民必须研究通晓民俗。因为民俗具有难于更易和可以更易之特点。所以古先哲王知其然也。故于习之善者导之，其可者因之，有弊者严禁以防，败坏者设法以救之，秉国钧者其念之哉。"

我们社会主义祖国，尊崇"五讲""四美""三热爱"的教育和宣扬，这是中国式的文化教育特点。我们研究民俗学不是为研究而研究，关键在于应用。因此，在教育和文化宣扬上，千方百计扩大其影响，促使"移风易俗"的目标贯彻实行，才是我们民俗学研究的真正方向！

关于传说学的几个理论问题[1]

程 蔷[※]

我国的民间传说犹如一片浩瀚的海洋。宽广的地域、悠久的历史、众多民族的独特风俗、纷繁复杂的社会生活以及历代层出不穷的英雄豪杰，都是民间传说永不枯竭的源泉。近几年来，民间传说受到了越来越多的重视。研究传说的论文专著不断出现，以传说为探讨对象的学术研讨会的屡屡召开，都预示了建设传说学的美好前景。为了对科学的传说学的建立略尽绵薄，我愿在某些有关的基本理论问题上提出我的粗浅看法。

一、传说的定义问题

无论是外国学者还是中国学者，在讨论到传说的定义时，首先考虑的往往是把传说与民间故事、神话、历史等区别开。在这方面，日本的柳田国男颇具代表性。他在1940年根据讲演稿整理修订而成的一部命名为《传说论》的著作中，就很下了一番功夫把传说与民间故事加以区分，指出两者的不同之处大致有以下四点：

第一，传说与故事相比，在读者与听者的心目中都更具可信性，虽然随着时间的推移和对传说中心点的远离，这种可信性呈现出逐渐减弱的趋势。

第二，传说总是和一定的纪念物关联。"传说的核心，必有纪念物。无论是楼台庙宇、寺社庵观，也无论是陵丘墓冢、宅门户院，总有个灵光的圣址、信仰的靶的，也可谓之传说的花坛发源的故地，成为一个中心。……这比起那放在任何地方似乎都能通用

---

[1] 刊于1987年第5期。
[※] 程蔷（1944— ），中国社会科学院民间文学研究室副主任、中国作家协会会员。

的故事（昔话）来，不能不说是传说的又一个显著不同之处。"

第三，传说的叙述具有"不受形式限制的自由性、可变性"，而故事则有一套固定的语言和顺序，基本不许有所遗漏或颠倒。

第四，传说在其发展过程中，有逐渐与历史远离的倾向。[1]

在日本学术界，柳田国男被公认为是传说学的创始人。他对传说所下的定义和对传说的一系列研究，正是首先基于传说与故事以及其他体裁的这些区别上。这是使传说成为一门独立的学科的先决条件，因此是十分必要的。

但是，传说作为一种客观事物，不可能是"绝对纯粹必然的东西"。它与神话、历史、民间故事相互联系、交错重叠，其间的界限很难划得清清楚楚。给传说下定义、把它与历史以及民间文学其他散文体裁区分开，这主要是出于研究的需要。事实上，除了在某些特殊场合（例如原始部落进行带宗教性的祭祀活动时），民间文学样式，如神话的地位和作用有其特殊性外，更多的情况下，人们讲述传说、神话或民间故事时，常常并不考虑到它们之间的差别。这就使相当数量的叙事性质的散文体的民间文学作品，很难分清它们究竟属于神话、故事还是传说。于是，在不少时候，人们笼统地把某一作品称为"神话传说"或"传说故事"，巧妙地回避了对作品体裁作精确划分的困难。例如，治水的大禹，有人认为他是神话中的神，有人认为他是古史传说人物。有关大禹的故事，就成为神话与传说界限模糊难辨的典型例子。《酉阳杂俎》中记载的《叶限》，是中国灰姑娘型故事，按理说应把它归入民间故事，但在《叶限》中，人物活动的地点明确，有的情节并与当地风物、风俗相联系，这些因素又显示出它带有传说的性质。甚至连流传极为广泛的《白蛇传》《孟姜女》《牛郎织女》《梁山伯与祝英台》，在研究界中，也时而被称为传说，时而被称为故事，至今无法统一。

面对着这样的客观事实，我们在讨论传说的定义时，一方面固然需要相对地确定它与神话、历史、故事之间的界限，而另一方面则必须注意到传说性质的模糊性特点并对这个特点作出科学的论析。[2]

强调传说的模糊性，当然并不是要提倡一种"传说性质不可论定"的观点。只是鉴于上述事实，我们要想更准确地认识和把握传说的本质特征，就不能机械地去找它和其

---

1 参见［日］柳田国男著，连湘译：《传说论》第六章，中国民间文艺出版社，1985年，第26—28页。
2 关于传说性质的模糊性，笔者拟另撰文论述。此处限于篇幅，无法展开。

他样式的外在差异，而应深入其本体内部，抓住它作为民间文学一种特殊体裁的真正特质，从而赋予它一个科学的定义。

二、传说的解释性：推原的思维线索，圆环的故事结构，类型化的人物形象

以艺术的假设和讲述故事的方式对自然和社会一切客观事物、现象的特征和成因进行解释、描述，是民间传说的一大特征。

无论是以人，还是以物为中心，民间传说所讲述的故事绝大部分都具有解释的意味。所谓解释，就是面对着客观存在的事物或现象，探索其特征并推求其来源。例如，端午节为什么要划龙舟，公鸡的鸡冠为何发红，五羊城的名称由来，飞来峰如何形成的，等等，都表现出一种追本溯源的思维过程。传说所表现出来的推原的思维线索，反映了普遍地存在于人类心理中的对世界上万事万物的好奇心和求知欲。但是，值得注意的是，贯穿在传说中的这条思维线索，并不是依据科学的道理和逻辑，而是按人们的艺术幻想来向前推进。例如，有一则名为"五谷为什么头上长穗"的传说。一提出了这个问题后，以下的情节并不是按照植物学家进行科学实验的思路去寻求答案，而是想象出了这样一个故事：在很早很早以前，谷物茎秆上是不长叶子的，那上面结满了丰硕的谷粒。这样，粮食自然就多得不得了啦。就因为粮食太多，人们便不知爱惜，随意糟蹋，甚至用粮食铺路。人间的浪费现象终于引起了上帝的愤怒，他派一个神仙去惩罚人类。神仙来到人间，决心让人们尝一尝饥饿之苦，便拿起谷秆，要把上面的谷粒全部捋完。就在他快要捋到谷秆顶端的时候，人们害怕了，纷纷跪下求情，表示一定悔改，神仙这才住了手，谷秆顶上那点儿穗也才得以保留。这是对于农作物一个特征的有趣解释，其中寄寓着十分明显的劝诫之意，反映出一定的社会道德观念，而并不符合也不需要符合科学的道理。这就是民间传说的解释性的功能。除了部分讲述宇宙及人类本身的起源的神话以外，其他民间文学作品，如在某种程度上具有了解释性内容，那么，人们就会觉得它获得了一定的传说性质。

传说中的解释，虽然只是一种艺术的想象，但它却又并非毫无根据的胡思乱想，而是以客观的现实生活为出发点和归宿的。民间传说在回答种种问题的推原思维过程之中，总是紧紧围绕着人们在现实生活中的情感感受，整个解释过程虽与科学基本无缘却寄寓着每个时代社会人们的思想情感和愿望。表现于传说中的这种推原的思维线索，从一个侧面表明人类渴望认识自然、认识社会的欲望是如此强烈，而这乃是推动人类智慧和人类社会向前发展的重要内在动力。这个动力促使人类在认识史的两条道路上奋进。一条是科学之路，人们通过无数次观察、实验，终于把握了事物的本质特征，探索到了世界发展的客观规律，创立了分科日益精细的自然科学和社会科学。另一条则是艺术之路，人们开动脑筋，发挥想象，用人类社会、人类感情生活和它们的折射来解释和说明他们所观察到的东西。两者同样对社会进步起了推动作用。别林斯基说："人们看出，艺术和科学不是同一种东西，却没有看到，它们的不同，根本不在内容，而在处理这一内容的方法。……这一个证明，另一个显示，同样都是说服，只是这一个通过逻辑的论证，另一个通过图画。……在这里，科学和艺术同样都是必要的，科学既不能取艺术而代之，艺术也不能替科学代庖。"[1]

民间传说推原的思维线索对传说的故事结构有着重要影响，那就是使它常常呈现为一个圆环形的图式。推原的出发点和推原的归宿往往是一回事。出发点和归宿这思维两端的重合，完成了传说解释的过程。

推原思维的出发点，在传说中有时明露，有时暗含。所谓明露，就是指许多传说都是从提出问题开始。例如说，天安门前的石狮子身上为什么会有箭痕？五谷为什么只在茎秆顶端上长谷穗？或者某地的山水为什么有此一景，为什么这一景被叫作那样的名字？等等，由此引出一个故事。故事是这个思维过程的核心部分，故事总是结局于找出原因，解答了篇首提出的问题。原来天安门前的石狮子曾被李闯王射过一箭，闯王的神力使箭深入石狮体内，所以留下了一个洞。而五谷之所以只有头上长穗，是因为上帝惩罚人们的浪费。也有一些传说并不开始就提出问题，而是直接进入故事的叙述。这样的传说表面看来似乎难以找到推原思维的出发点，实际上，这个出发点还是存在的，不过在故事中不明露而已。例如关于杭州灵隐寺飞来峰传说，一开始就从"从前……"说起，但是，如果杭州灵隐寺前没有那么一块突兀孤零、仿佛自成一体的巨石，如果这块巨石不是确实有条可窥青天的缝隙，那么关于飞来峰的传说就无法存在。可见，体现于这一传说的推原思维的出发点，虽没出现于故事本文，却暗含于传说所讲述的景物本身。而且，这样的传说，最后也总是有一个答案，它所回答的正是景物本身包含着的问题。因此，它仍然是一个首尾相合的圆环结构。从提出问题到作出解答的一个解释过程。

---

[1] ［俄］别林斯基：《一八四七年俄国文学一瞥》。

解释性传说所表现的推原思维线索，虽然以有一个明确的出发点和一个明确的归宿为必要条件，但这个出发点和归宿的重要性主要只在于其结构故事的作用方面，而真正使人感到有兴趣和有价值的，却是这个推原的过程，是这个结构中环形的思维轨迹，即传说的故事本身。它是人类好奇心、求知欲与塑造形象的能力的集中体现。人类塑造形象的欲望强烈、能力强大而又起源古老。原始艺术的发达远比成熟的理论思维为早，就是一个证明。体现在传说中的这种欲望凭借着一定的物质媒介（事物的特殊名称、形状、色彩、特殊的景观等等）艺术地表现出来。正因为这是一种艺术的表现，因此就出现了这样的情况：同一事物或现象，往往有多种传说来说明其特征及成因，多种多样的解释同时并存。例如，对于杭州飞来峰，有的说它从四川飞来，有的说它从浙江诸暨飞来，而且山峰会飞的原因和飞来的过程也各不相同。又如各地都流传着关于"墨池"的传说，各地墨池又有各自不同的来历。有的说是汉朝书法家张芝每天临池学书以致池水尽黑。有的说是书圣王羲之每天洗笔砚而染黑了池水。又有的说是诗人李白苦练写诗，涮笔而致。它们都是对于一种近于黑色的池水的解释，而在进行推原的思考时，在思路上有颇多一致之处：大都想到那是因文人洗涤笔砚造成，但具体把这事迹安放在谁身上，却比较自由，并无定见。这种传说中事件主角不固定的现象，必然带来它的人物形象类型化的特征。明明是同一个故事，但主人公可以自由调换，这正证明了这几位主人公名字虽然不同，其实在传说中却是同一类型的人物。他们的出现都是服务于解释的目的，只要完成推原的任务就行，至于他们的个性特征，显然不在传说的考虑范围。

　　人物的类型化特征，首先使这些人物形象只是呈现出单一性格要素。传说的创造者还不会全面、细致地用立体透视的眼光来写出人的多重性格组合，也不大懂得把人物放在性格发展变化的历史过程中来刻画，而作为一种比较粗糙、初级的文学样式，传说往往只是简单化地写出人物一个方面的性格或品质，并把这一个方面强调到极致。于是这类传说中的人物，"必然是十分简单的，从感情到灵魂构成不同的性格类型"[1]。

　　民间传说人物性格的类型化特征以及这些特征在作品中被表现得特别鲜明、突出的做法，实际上已使这些类型化的人物成为某种性格概念的象征，甚至可以说是具有某种特定含义的艺术符号。所谓符号，"不过是某种事物的代号而已。但实际上它的真正意

---

[1] ［挪威］克努特·哈姆逊《论易卜生（1891）》，载《易卜生评论集》，外语教学与研究出版社，1982年。

义所在，是采用一一对应的方式，把一个复杂的事物用简便的形式表现出来"[1]。上面提到的关于墨池的种种传说中，我们并不能看到张芝、王羲之、李白这些人物所具有的生动活泼的个性，他们一律成为勤学苦练这种性格特征（或曰品质）的代指。

传说人物性格要素的单一及其鲜明、突出地被表现，又导致民间传说的另一个重要特征："箭垛式"人物的出现。传说人物身上被表现得异常鲜明突出的性格或品质特征，常常会产生一种不可思议的吸附力、凝聚力，在长期流传过程中，群众很自然地把与这一类性格或品质有关的种种事件堆集到这个代表人物身上，使之成为聚集同类事件之矢的"箭垛"。比如，提起鲁班，就意味着精湛无伦的建筑工艺，于是全国各地许多著名建筑就都这样那样地与鲁班的名字挂起了钩；而审理疑难大案、平反冤狱、铲除豪强一类故事，则往往被附之于"明镜高悬，爱民如子"的清官包公、海瑞等人名下。这就是一些由民间传说塑造出来的"箭垛式"人物。他们的出现，固然与这些历史人物鲜明的性格特征和平生事迹有关，但更重要的是人民的普遍愿望和道德观念所铸成，而且"箭垛式"人物一旦出现，又一定会反过来促使人物性格特征的进一步集中和强化。于是，传说人物的特征，就朝着日益增强、日益突出的方向发展，由大肆渲染、极度夸张而终至于出神入化。传说的内容既离不开解释性，由于推原思维的影响，人物特征往往呈类型化趋势。当然，这是就基本情况而言，并不是绝对如此。民间传说中也有一些不具解释意味，或不以解释为主而着重于描述性的，此类传说的人物形象有的同样是类型化的，但也有些传说（特别是那些大型、内容较复杂、形态发展得比较成熟的传说，如著名的四大传说）的人物已出现了从类型化向个性化发展的趋向。

三、传播者在传说发展演变中的作用

在分析探讨民间传说流传演变的原因时，人们总是习惯于从时间和空间两大因素，即时代的变迁和地域的移动入手。这两个因素对传说流变的影响当然是无可置疑的，但是，时空的因素归根到底是要通过人来起作用的。所谓时间，体现为一代又一代的人的延续；所谓空间，则体现为一地又一地人的扩散。人是世间万物中最有灵性而又最神秘难测的存在。任何文学艺术，民间传说自然也不例外，绝不能离开人而独立生成和发展演进。

---

[1] ［日］池上嘉彦著：《符号学入门》，张晓云译，国际文化出版公司，1985年，第1页。

传说，作为一种口头文学，它依靠传播者的语言符号以及非语言性符合（如手势、表情、姿态等）流传开去。传播者之所以讲述这些传说，既是为了满足周围社会的需要，也是为了实现自己的内心需求。在过去的时代里，讲述传说故事，曾经是一桩具有社会功利效益的事：讲述者宣扬某些道德伦理规范和行为准则。当然，讲传说、故事同时也是为人提供消遣和抒发自己的情感，使自己在心理上得到一种满足和平衡。但是，传说的讲述者是各不相同的，因此，通过他们之口所叙述的传说，在内容和形式上都必然会受到不同的时代、族别、身份（所属社会阶层）、职业、兴趣爱好、审美观、信仰甚至年龄的影响而发生或大或小的变异。

有的民间文学研究家曾做过试验。把一个传说故事讲述给在场的不同年龄、性别的几个人听，然后，请他们一个个单独复述一遍。结果发现，没有两个人是讲得完全一样的。而每个人讲的与那位试验者所讲述的，也都有差异。这样的试验还是在特定环境下，为某一目的有意识地去做的，因此那些复述者（传播者）一定会尽量压抑个人愿望尽量按照原来所听到的样子去复述。即使这样，那结果尚且如此，可想而知在传播者无拘束地自由讲述时，传说会发生怎样的令人难以预料的变化。

传说在流传中的这种变化，有些是出于传播者有意识的改动。他们在讲述一个传说时，往往对那些自己认为最有意义、最有趣的情节，尽量叙述得详尽，甚至渲染发挥，加上自己的推理、想象，生发出一些原先没有的细节。而那些他们认为意义不大，或与自己的信仰、习惯很不一致的地方，则会有意地加以省略或改造。朝鲜族民间故事家金德顺，对作品的讲述就是"有所鉴别、有所选择、有所加工、有所发展"。对有些传说故事，她不愿采用符合封建统治者的讲法，而要选择合乎老百姓"穷人得好"心思的结局；有的地方为了使内容更加合情合理或更加合乎当地群众的欣赏心理，就进行某些修正。例如汉族传说《孟姜女》到了她口中，基本框架未变，但却加上不少朝鲜族的民俗事象。她讲述的作品，开头、结尾以及全篇的语言一般都有她自己别出新意的创造。[1]

即使传播者并没有明确地意识到要对作品加以改动，但由于他本人深层情绪记忆的参与，当他复述某一作品时，也一定会和原本有或大或小的变动。所谓情绪记忆，对于记忆对象的性质而言，它是对于人类生活中关于情感、情绪方面的记忆；对于记忆主体的心理活动特征而言，它是一种凭借身心感受和心灵体验的记忆，体现为主体的一种积

---

[1] 参见裴永镇整理《金德顺故事集》，上海文艺出版社，1983年。

极能动的心理活动过程。[1] 传播者要传播一个传说，首先必须要听、要记，这种记忆绝不是单纯机械的"死记硬背"，而是羼杂着一种为主体自己的需要所左右的情绪记忆，一种基于感受力的识记。黑格尔在论到艺术家时说："一般地说，卓越的人物总是有超乎寻常的广博的记忆。"[2] 这里的记忆，应该是带有主体个性色彩的记忆。这就使得留在传播者记忆中的传说，已是不精确的，甚至是变形的。而当他把记忆中的这个作品复述出来时，就是一种带有个人情感体验的创造，是一次重建。而传说也就又发生了一次演变。

传播者所造成的传说作品的演变，还由于传播者讲述作品的过程，并非只是信息的输出，同时也在接受着反馈。因此这个过程具有双向对流的性质。传播者面对着听众，在整个讲述过程中，他们之间始终保持着一种交流和默契。听众的每一句插话，每一个手势，每一声哄笑，甚至他们面部的表情，都会被传播者视为对讲述的反应，而起到信息反馈的作用，传播者便会自觉不自觉地对传说内容和讲述方式临时作出调整和变动。

传说的搜集整理记录者，是另一种意义上的传播者。他们在记录整理这些传说时，也与讲述者一样，会出自各种原因，对传说有所改动。即使在"忠实记录"成为民间文学工作者一条公认的准则之后，要做到绝对忠实、一字不动，也几乎是不可能的。更不必说那些出于时势考虑与个人偏好对民间传说所作的有意加工了。

四、传说价值的三个特征

在探讨传说的价值时，我认为以下几个方面是不可忽略的。

第一，传说价值的变异性。

在漫长的历史过程中，传说的价值并不是一成不变的。任何事物的价值离不开它的实际功用。而传说在其形成之初和发展过程之中，它对于人类社会的实际功用是有所不同的。事实上，处于不同社会形态中的人们，也总是有着不同的价值观。这两方面因素的交叉作用，便使得传说的价值有了一种随社会而变异的性质。

在原始社会中，传说是先民的一种口头文学，但它同时也是先民的哲学、历史和宗教。那些讲述氏族祖先的传说，与其说具有一种文学的功用，不如说它是整个氏族信以为真的历史，是他们世界观的集中体现。巫师或氏族首领讲述这些传说，实际上乃是在

---

[1] 参见鲁枢元《文学艺术家的情绪记忆》，《创作心理研究》，黄河文艺出版社，1985年。
[2] ［德］黑格尔著：《美学》第一卷第三章，朱光潜译，商务印书馆，1979年，第358页。

进行一种宗教仪式活动。许多时候传说与古代神话有着相似的价值。这时，这一类传说对于民族和部落的形成扩大、内部团结的加强和力量的发展，往往具有极大的精神威力，因而也就往往被视为具有某种神圣性，具有至高无上的价值。

社会在发展，传说与原始神话相似的那种功用，随着生产的发展、人类的开化，越来越减弱乃至渐趋消失，而作为文学作品的那种悦己愉人的价值便越来越明显起来。当然，即使在这时，传说价值的变异过程也并未完结。当不识字的人学会了看书，当各种文化设施发达起来，当原来主要是以口讲传说故事作为唯一的或是最重要的精神食粮的地方出现了书籍、报刊，甚至电影、电视的时候，民间传说也和其他的民间文学样式一样，它的价值处于一种递减的过程之中，而绝不是固定不变的。"村庄的生活从口传文化发展为媒介文化之后，就从空间而不是以时间、以将来可能怎样而不是以过去怎样为中心了。"[1]但是，传说作为一个整体，一方面它原有的价值永远不会等于零，另一方面新的传说又在不断出现，因此，传说总会在人们的精神生活中占据一席之地。

第二，传说价值的多层次性。

任何一个民间传说粗看起来不过是一个简简单单的故事，有的是描述人的，有的是解释风物的，但无论它怎样简单，实质上都无不是一个交织着多层意义和关系的组合体。传说的价值特征与它的这种本质有关，传说的价值必须分别层次来观察。

反映现实和自娱自慰，这是传说价值的第一个层次。马克思主义关于物质第一性，意识第二性，关于任何意识形态产品都是对于客观世界和现实社会的反映的观点，用之于民间传说也同样是合适的。不管民间传说中有多少虚构幻想的成分，归根到底，它是通过语言（文字）艺术地模仿生活，再现生活。因而不管民间传说带有多少浓重的传奇色彩，不管它将生活作了何等样的变形，我们依然能够并且必须透过其离奇的情节和幻想的外表，看出它的生活底蕴，从而使传说成为认识社会、认识历史的一种资料。而从创作者的主观方面来考察，传说还有着一种自娱自慰的作用。如果说现实生活的刺激是人们创造传说的外在动力和必要条件，那么，用文艺形式对外界刺激做出反应以收到自娱、自慰之效，则是传说得以产生的内在动力和另一个必要条件。传说在反映社会现实的同时，通过自娱自慰而对人类的精神和感情生活起了自我调节的功用。

传说价值的第二个层次，在于它是文化史资料的渊薮，并且能够成为文艺创作的营

---

[1] ［美］威尔伯·施拉姆、威廉·波特著：《传播学概论》第一章，陈亮等译，新华出版社，1984年，第16—17页。

养源。当我们进行文化史研究时,离不了传说的宝库。无论是古代科学技术发展方面的资料,还是社会组织形态、哲学思想、伦理道德观念,民间信仰以及各种年节习俗方面的资料,都可在传说中进行挖掘。至于作家的创作要从传说以及其他民间文学作品中汲取养料,则更是为人所公认。

传说价值的最深层次是作为舆论代表塑造、改造民族性格方面的作用。传说是民众的集体创作,一个民族的传说是这个民族集体无意识的反映,而当它一旦形成,又会反过来影响一个民族对于自身性格的改造和更新。传说是民间舆论的代表,这种舆论在社会上不是可有可无的东西,它反映着人心,影响乃至左右着人心,是社会上一股无形而确实存在着的力量。不少传说宣扬勤劳、节俭、助人的美德,鞭挞卖国奸臣、贪官污吏、公子衙内乃至土豪劣绅的罪恶和丑行,这既是我们民族传统的是非善恶观的反映,又对民族的伦理道德观念的形成起了无形的、然而却是强有力的作用。中国传说中有关历史人物、历史事件的传说特别发达,这一方面是中国传统文化中强烈的历史意识的反映,另一方面,这类传说又更广泛地传播了这种历史意识,引起民众对历史的更大兴趣和更高度重视,从而更巩固了历史文化在整个中国文化中的地位,而这对民族性格的影响是不可低估的。民间传说价值的这几个不同层次,并不是简单的并列,而是错综交汇着的。我们在分析时,因不得已才一个一个层次顺序地论述,而实际上,它们是综合地使传说发挥其特有价值的。

第三,传说价值的两重性。

传说价值有其积极方面,也有其消极方面。在它对民众的自娱自慰中就夹杂着一定程度的回避现实矛盾、知足常乐、逆来顺受、麻痹斗争意志等的消极因素。传说作为社会舆论的代表,也并不是一种性质单纯的东西,而是各阶层思想意识、观念观点乃至心绪情感的混合物。例如,民间传说一面对坏皇帝进行批判,另一面又盼望着好皇帝的出现;一面肯定勤劳和苦干的美德,赞美牺牲自己、乐于助人的品质,讴歌忠贞不二的爱情,抒发对于家乡山水的深挚感情,就这样发挥着正面舆论作用,而另一面,传说有时又宣扬愚忠愚孝、夫道尊严、妇女三从四德、轻视体力劳动、封建迷信等落后观念。传说价值的这两个方面混淆夹缠而又聚于一身,因此对民间传说全盘肯定或全盘否定的态度都是不可取的。

在文学表象的背后
——民间文学本体论思考提纲[1]

毕尔刚

一、问题的提出

我认为就目前的民间文学理论现状来说，存在着最突出的一个问题是，对于民间文学本体的认识只停留在初步的表层结构的分析上，对它的深层结构尚未进行深刻的洞察和剖析，还没有真正将民间文学作为一门独特的学科来加以研究。

民间文学既然作为一种文学现象，那么无论在形式还是内容上都必然具备一般文学的普遍结构和特征，如人物、情节、主题、艺术手法以及创作和传播的方式方法等。中华人民共和国成立30多年来形成的民间文学理论正是在这一审视点上来认识民间文学的。但是民间文学绝非一般的文学现象，它不同于作家为了典型化地再现社会生活这个意义上的自觉的文学创作。它不是作为一种纯粹的文学样式而存在的，在文学的内核里，还严严地包裹着历史、信仰、伦理、重要的生产经验以及风俗、人情等内容。因此，我们也可以把它看作一个民族的历史、宗教、民俗以及一切意识的语言符号的记载。从这一意义上来认识，我们说，民间文学较多地保留了原始艺术的混合性特点，在这里艺术和非艺术的界限并不十分明确。因此，民间文学并不是一种具有明确目的的文学创作，它是作为"对原始人实践活动的各种方法的艺术理解、改造和'装饰'而产生"[2]。它的文学价值不容抹杀，但它的社会价值和文化意义更大，要求专门确认、巩固和揭示。这些因素无疑使民间文学具备了双重的结构特点。因此，在民间文学的结构构

---

[1] 刊于1988年第4期。
[2] ［苏］莫·卡冈著:《艺术形态学》，凌继尧、金亚娜译，生活·读书·新知三联书店，1986年，第194页。

成中，就既有文学的一面，又有非文学的一面。通过文学表象的一面，我们可以看到它表层结构上的特点；而作为一种特定的文化现象，我们又可以看到它与众不同的深层结构的特点，唯其在两个方面都有较深刻的研究，我们才能更好地认识和把握民间文学的本体特质。

二、理论上的不足

我国现有的民间文学理论从其形成之初，就存在着两个十分明显的弊端：一是全盘接受，照搬苏联的理论体系；二是简单比拟，套用现成的文艺理论。由于理论上的先天不足，使其在后天的发展中，形成了种种缺陷，具体表现在下述三个方面：

1. 表现在对民间文学个性特征的认识上，往往只是从一个平面来观察民间文学与文人文学，即只看到它们作为文学，具有共同性质的一面，而忽视了民间文学作为一种特殊的文化现象，与文学有着不同性质的一面。民间文学也运用一定的艺术方法来表现一定的思想内容，遵循文学发展的共同规律，因此它与文人文学具有相似的共性。以往我们正是从这一角度来认识民间文学的特征的，如我们通常所说的"集体性、口头性、变异性"，就是从文学的角度，提出的区别于文人文学以个人的、书面的形式创作和以书面的、不变的形式传播的特征，但是民间文学的"三大性"，仅仅是概括了它的文学现象上的特征，停留在民间文学表层结构的分析上，尽管它能够成立，却是很不够的。我们还必须进一步剖析它的深层结构，寻找它作为一种特定的文化现象所具有的独特的结构方式和个性特征。因此，我们必须多层次、多点面、全方位地来观察民间文学。

2. 表现在对民间文学研究方法的运用上，一些基本概念、命题和范畴，大多是借用一般文学发展的规律和理论，用此来规范作为特殊文化体系的民间文学，势必走上形而上学的死胡同，因而也就无法形成切合自身本体特质的理论体系和研究方法。以作品分析为例，无论是文人文学，还是民间文学，往往都是从情节结构、人物形象、主题思想、艺术方法等方面入手，并且结合当时的社会历史背景来分析的，这是两者的共性所决定的。但同时两者也有着不同的个性。文人文学在时空上都有一个定点，对象是一个确定体。而民间文学则不同，它是一个流动的历史过程，作品所包含的思想，如行云流水，在演变发展过程中，各种观念的变迁，历代风俗的沿革，不同文化的积淀，无不在它身上留下一道道印记。因此，同一部作品在不同时代和不同地区的异文所表现的思想倾向是具有各种差异的，作品产生的方式和发展的途径也与一般文学有异。如果按照一般文学作品的分析方法，说这部作品的主题是"这"，或者是"那"，显然都是不符合实际的。因为事实上，民间文学作品的主题，在历史的发展过程中，由于各种因素的影响，是在不断地转化和复合的，体现了各个时代不同的文化层次。

3. 表现在对民间文学概念范围的理解上，通常只是从其表层结构的特征上加以分析、概括和判断，而忽视了作品的内在结构，从学科本身的内部规律中去总结。过去我们主要是从两个方面来理解民间文学的概念。一是从内容上，主要表现劳动人民的思想感情和生活内容；二是在形式上，运用通俗的、大众化的，为人民群众所喜闻乐见的艺术形式。基于这些理解，往往表现出对范围概念理解过宽或过窄的现象。如郑振铎先生偏重从表面形式划分民间文学的范围，把一切通俗的文学、大众化的文学统统看作民间文学。中华人民共和国成立后，代之而起的是阶级分析的观点，强调民间文学在思想内容方面的特点。如我们一般所说，民间文学表现了劳动人民的思想感情，因而在思想内容上具有人民性的特征。其实这种提法，本身的界限就是含糊的。民间文学有人民性，文人文学也有人民性，何以区别？虽然再冠以"直接"两字，但仍然是不明确的。所以问题不在于指出有没有人民性，而在于明确是什么样的人民性，是如何体现的？所谓劳动人民的思想感情，并非一句空洞抽象的言词，而是具有丰富社会内容的。这些内容在深层结构中，如何进行组合，如何加以表达？也有自己的一定规律可循。

三、民间文学深层结构上的特点

"民间文学"最早是从国际术语"FolkLore"发展来的，其含义是"人民的智慧、人民的知识"。在当时，它所包括的内容是十分广泛的。凡是民间的一切信仰、习俗、制度、生产、仪式等都属于它的具体内容，其中也包括民间口头语言艺术部分。在我国，由于受苏联等国的影响，中华人民共和国成立后将民间文学列入文学的范畴，作为一个独立的文学的分支学科来进行研究。尽管如此，作为这一学科的最初本意，即"关于人民智慧和知识的科学"并没有因此而消失。如高尔基，他在肯定民间文学是"劳动人民的口头创作"的同时，仍然指出，"民间文学是劳动人民从其劳动和社会经验中抽取出来的知识的总汇"，"不仅是文学，而且同时，不可分割的也是科学"[1]。高尔基这里

---

[1] 高尔基《谈"文学小组纲要草案"》，转引自刘锡诚《论高尔基的民间文学观》，载中国民间文艺研究会上海分会、上海文艺出版社主编《中国民间文学论文选（1949—1979）》上册，上海文艺出版社，1980年，第118—119页。

所说的"科学"实际上是一个非常宽泛的概念，也就是前文所提出的非文学的一面。文学与非文学的结合，使民间文学成为一种独特的文化现象，因此除文学意义上的一些特点外，它还具有下列一些特点，我们或可称之为深层结构上的特点。

（一）世俗的哲学思想

民间文学是多种社会意识的综合体现，其内容所涉及的领域也更为广泛。它既包括原始先民以及后人们对于宇宙自然的认识，对于社会历史发展的看法，以及他们的基本人生态度、道德伦理观念、宗教信仰和生产经验，也包括人们的情感方式、思维模式和价值观念等等。因而民间文学所表现的内容，实际上是一个由多种社会意识诸方面所组成的有机的总体结构，它与我国历史上的道家、儒家、法家、阴阳家等思想体系一样也是一种哲学思想体系。由于这种哲学思想在原始社会是全民的，在阶级社会是以劳动人民为主体的，我们可以称之为世俗的哲学思想。比如故事中所表现的"诚实为人""扶贫助弱""孝事父母"等就是这一思想体系中属于道德伦理的部分。这些思想是不由某个人（或几个人）总结和概括出来的，而是集体生活经验的体现，表现的是集体的思想，它通俗浅显，易于为世人所接受。因此这种世俗的哲学思想为集体所共有，并为集体所承认。

世俗的哲学思想较之文人的哲学思想具有更广泛、更普遍的内容和意义。世俗哲学思想所涉及的内容几乎包罗万象，我们差不多可以从各个方面对它加以汲取和总结。但是我们也必须承认，世俗哲学思想是原初形态的，缺乏必要的概括和提炼。正因为这样，我们以往的哲学史和思想史的研究，往往就忽视了这一方面的重要价值，而只注意对文人思想家、哲学家的研究。事实上，他们的理论也是在世俗哲学思想的基础上，汲取养分，加以提炼，从而形成自己的思想体系的。

世俗哲学思想于原始社会就已产生，一开始具有质朴、稚拙的特点。进入阶级社会以后，由于受到两千多年封建社会的强烈影响，在阶级社会中，统治阶级的思想始终是占统治地位的。同时由于文人的哲学思想反过来对世俗哲学思想的影响，以及历史发展的自身局限，使世俗哲学思想呈现出非常复杂的情况。它既有代表劳动人民思想的精华部分，也有表现统治阶级意志的糟粕部分。而且两部分融贯合一，很难截然分开。如孟姜女故事，表现出反徭役反封建暴政的民主性精华，但人们在感叹她悲苦命运的同时，对她奇行苦节的称颂，好似抹不掉的影子一般始终存在于作品中。有时候它的精华和糟粕呈现出更复杂的情况，同样的内容，从文学的角度来分析是糟粕的，但以科学的眼光来看，它却是极有价值的研究资料，不了解这些特点，我们就很难理解劳动人民的思想精华。

通过上面的分析，我们可以看到民间文学的人民性与文人文学的人民性具有不同的内容和含义。首先，文人文学的人民性是指作家通过自己的作品表现出来的对社会、对人生的看法，这种看法必须符合劳动人民的思想愿望，与人民的意志和历史发展的总趋势相一致，而民间文学的人民性则是指劳动人民思想本身，是劳动人民哲学思想在作品中的直接体现。其次，文人文学中的人民性，指的是作品思想的精华部分，是与封建糟粕思想相对立的，而民间文学的人民性指的是作品中属于劳动人民的思想，是与非劳动人民思想相对立的。劳动人民的思想基本上是代表时代精神的主流方面，但有时候也具有历史的局限性。如小农经济意识，是中国劳动人民最典型最具有普遍性的一种思想意识。我们并不能因为它的历史局限，而把它排除出劳动人民的思想范畴，从而否定作品的人民性。再次，文人文学的人民性表现的是作家个人的思想，所涉及的内容也是有限的，由于各个作家的生活经历和所处时代的不同，作品所表现的人民性也不尽相同，并且各自的思想是相互独立的。民间文学则不然，它表现的是劳动人民集体的思想，因而它的人民性也表现出更加丰富的思想内容。虽然一部具体的作品只是表现它的一个侧面，但是不同的作品表现出来的人民性是相互联系的，它们共同构成一个完整的思想体系。

（二）原型的表述方法

"原型"一词源于希腊语，意为"原始的或最初的形式"。瑞士的精神病学家和心理学家，并且也是20世纪重要的哲学家和理论家荣格，对原型概念给予重新阐释和发挥，赋予了它心理学和神话学上的意义。他说："原始意象或原型是一种形象——或为妖魔、或为人、或为一种活动。它在历史过程中不断重复出现，每当创造性幻想得到自由表现时，便会有它的存在，因而它基本上是一种神话形象。更为细致的考察将使我们看到，这些形象给我们祖先的无数典型经验赋以形式。"[1] 他还说："我所说的原型——照字面理解就是预先存在的形式。"[2] 荣格的"原型"说是建立在他的集体无意识理论之上的。他认为，人的心理结构的最深层、最隐秘的部分就是集体无意识，它是积聚着几乎从人类

---

[1] 叶舒宪：《荣格及其原型理论》，《民间文学》1986年第7期，第61页。
[2] 叶舒宪：《荣格及其原型理论》，《民间文学》1986年第7期，第61页。

有史以来的所有经验和情感的深层心理层次。这是任何个体都无法意识到的，但又客观地潜存在每个人的内心深处，并且对人的想象、知觉和思维具有先天制约的作用，原型则是其内容得到具体的外化表现的基本形式。荣格的集体无意识理论看似十分玄奥，但骨子里却是对先验论的翻版，所以依然是唯心主义的。然而，荣格对"原型"一词的解释确有他的独到之处，对于我们民间文学的研究具有重要的借鉴作用。

在民间文学中，劳动人民的全部思想并不都是直接地通过作品的内容来表达的；其中相当一部分是通过原型所蕴含的原始意象，回光折射，曲折地表达出来的。这些思想绝非一般的文学分析方法所能体现的。比如《诗经》的十五《国风》以及《小雅》的一部分，大多数学者认为是先秦时期的民歌。古人谓《诗经》有六义：风、雅、颂、赋、比、兴，其中比兴方法在民歌中最为多见，对后世的文学创作具有重要作用。朱熹在解释"比兴"时说："比者，以彼物比此物也"；"兴者，先言他物以引起所咏之词也"。朱熹看到了两者的联系，却不明了其中的深刻内涵。其实在比兴之中，固然有用来作为一般比喻的，如《相鼠》《硕鼠》用老鼠来比喻统治者。但大多数比兴之物，都是作品用以寄托它的原始意象之处。据有人对《诗经》中大量情歌所用的比兴之物进行排列分析，发现它们都属于两个系统：水和林木，这和原始人的渔猎和狩猎生活有关，具有动植物崇拜的思想。属于水一系的有鱼、葫芦等，属于林木一系的有鹿、梅、李、桃等。这些动植物往往都是多子的。可见，这些民歌中所用的比兴与初民的动植物崇拜和多子意识有关，赋予了作品更加丰富的文化意蕴。而这些单靠作品本身是无法体现的，必须通过对比兴物的原型进行解剖，才能对作品所包含的全部思想内容有一个完整的了解。

原型的表述方法在民间故事中更加具有普遍性，在一个故事中往往同时存在几个原型，使故事的思想内容更加丰富博大。如《孟姜女》故事，其表层的情节内容表现的是反封建徭役和暴政，但其深层的内涵就远远不止于此了。劳动人民十分同情孟姜女的悲苦命运，崇敬她的奇行异节，他们用葫芦生子赋予孟姜女以一个超越凡人的气质、性格、外貌，带有祖先崇拜功迹的杰出女性的形象；用裸浴结亲来隐示她对神圣爱情的追求和忠贞不渝的信念；用死后化鱼来表现她的生生不息、自强奋发的顽强精神。这些故事情节看起来是荒诞的，但其原型所体现的原始意象却是合理的。并且由于它具有群体意识的特点，能够起到沟通信息的作用，民众用它来塑造孟姜女的形象，表达自己的理想和愿望，使作品的意义更加深邃，内涵更加丰富。

由于原型凝聚着劳动人民的全部历史和经验，充分表现了他们的感受、思索、欢乐和忧伤，因此它也就具有超个人的深层的思想容量。它往往蕴藏在作品的深层，与作品表层鲜明的内容不尽相同。但是两者并不矛盾，而是相辅相成。表层是通过现实社会生活的矛盾冲突来表现它，深层则是由原型所隐喻的原始意象来隐含它、衬托它、深化它。一旦两者的信息沟通、意向确认，作品内在的思想和深刻的意蕴就会得到新的全面的认识。

（三）历史的文化积淀

大量的事实表明，民间文学在历史的传承中，不仅仅是以口耳、以语言，而更重要的手段是通过与人民生活密切相关的习俗、信仰、生产、仪式、风物以及道德教育等形式来进行的，口耳及语言只是一种工具，而其实质和目的则是各式各样的活动。比如，婚娶时唱的"哭嫁歌""撒帐歌"；丧葬时唱的"哭丧歌"；盖房时唱的"上梁歌"等，就总是与某种习俗和仪式结合进行的。并且由于各地的习俗和仪式不同，演唱的内容和方式也各不相同。它们最初大都是出于习俗和仪式的需要，以后开始有了专门从事这一职业的艺人，并且逐渐发展成为一种民间口头文学样式，其文学的价值也就越来越显示出来。解放前，江南一带有不少山歌班子，成员都是一些唱山歌出名的歌手。由于劳作的需要，唱山歌在江南一带非常盛行，并成为一种时尚。于是到后来，富人家在农闲时，或逢喜庆节日，便邀山歌班子到家里来唱，以撑场面。从这里我们也可以看到山歌从实用发展到后来成为具有娱乐和欣赏价值的文学作品。此外，即便是长辈在家庭中给孩子们讲故事，其最初也不是一种纯粹的文学活动，而主要是作为道德教育活动，或是某种具有特定意义的口头传承。可见，民间文学总是以某种行为目的为第一要素的，如果没有这些实实在在的内容，也就没有民间文学的产生和传播。

因此我们可以说，民间文学不仅是一种文学现象，也不仅与文化有着密切的关系，其实它本身就是一种文学表象的文化现象。明白了这一点，一些疑团就能得到合理的解释。如流传在各地的孟姜女故事，无论是唱词还是故事，其情绪都是十分悲苦的。而唯独湖南的"姜女下池"却充满着喜庆的气氛，其原因就在于与当地的习俗和文化有关。湖南的孟姜女唱词是在"还傩愿"仪式中唱的，目的在于娱悦姜女神，祈求她的保护，并且它的唱词分好几个段子，在不同的场面和仪式中唱不同的段子。"姜女下池"是其中的一个段子，一般在喜庆的场合唱，自然就多喜庆的味道。

由于民间文学形态上的这一特点，使它不断受纵的历史和横的社会两个方面的影响，从而在文化上形成层次感。透过这些文化层次，我们可以同时看到历史和社会对于一部作品的种种影响，可以看到不同历史时期和不同民族、地域文化的积淀。

历史的文化积淀，有时是直接的，有时则是间接的。直接的如：洪水神话所反映的洪荒时代的文化和血缘婚时期的兄妹婚习俗，它们代表着两个不同的文化阶段，是当时社会生产力和意识形态发展的折光。直接的文化积淀是顺序地、历史地发生的。代表不同时期的文化因子随着故事在历史的长河中向前发展，不断地积淀下来，它们的层次是十分清晰明了的。另外还有一种现象，一种文化因子随着故事的发展进入故事中来，但是表现这种文化的观念并不产生于此时。如孟姜女故事中裸浴结亲的情节，它最早出现于初唐时期的《同贤记》，其实这是"天鹅处女"型故事的一种变种，它蕴含着原始先民"因浴行孕"的原始意象，是早期婚姻习俗的遗存。虽然在后世的故事中，这一情节被加上了很多修饰成分，但是我们还是可以看到它与"仙妻型"故事及原始婚姻习俗相一致的基本结构。由于这种原始意象是通过人们的群体记忆保存下来，所以，尽管产生它的母体社会发生了变化，它仍然作为群体意识，在适当的时候进入故事中来，因此它仍然是一种文化积淀现象，是间接的文化积淀。

无论是直接的，抑或是间接的文化积淀，都不是随意地加入故事中来的，它要受到时代、社会、政治、经济等客观条件的制约。每一个被积淀下来的文化层，大多为多数群众所接受和承认，基本上代表那一个时代人们的理想、意志和愿望。

（四）历时性与共时性

民间文学与文学最显著的差异在于，一般的文学是由作家写定，以固定的形态传播于世，而民间文学却从没有一个固定的形态，它始终处于流传变异之中，具有一种动态的结构。这种动态的结构给民间文学带来历时性的特点，使作品在各个时期中表现出不同的思想内容。

我们以孟姜女故事为例。孟姜女故事发展到两汉以后，由于汉儒提出的"三纲五常"进一步完善了封建伦理思想，从而把妇女的命运推向灾难的深渊。故事的内容也由战国时的哀哭丈夫阵亡，一转而为哀哭妇女的悲苦命运。有的同志据此提出"非爱情主题说"，认为与其说孟姜女为丈夫而哭，毋宁说是为自己而哭。因为在"三纲五常"的枷锁之下，妇女死了丈夫，事实上也就是跌进灾难的深渊。这种说法不能说没有道理。但是到了明清，情况就大不相同了。由于资本主义因素萌芽，人民追求个性自由、婚姻幸福的思想日益浓厚，故事中也就更多地表现出歌颂孟姜女与万喜良忠贞爱情的内容。所以有的同志提出"爱情主题说"也是不无道理的。这两种观点虽然都有道理，但由于忽视了民间文学思想内容上历时性特点，造成了相互矛盾的现象。其他如《白蛇传》故事、牛郎织女故事、洪水神话等，也都具有类似的现象，这是民间文学历时性特点使然的。

历时性导致思想内容的变异发展，并不是毫无规律、毫无制约的。民间文学以文化传承的形式传播于世，它同时也具有一定的稳态结构，使作品的思想内容在变异发展中，始终有一条主线贯穿其中，起制约作用。这就是民间文学的共时性特点。

所谓共时性，是指一个故事历史的发展过程中，总是有一个共同的意义（或基调），贯穿于各个时期的异文中，具有共时的意义，它表现了各个时代人民群众的共同愿望。由于它的存在，尽管故事在各个时期的发展中所表现的思想内容有所差别，但都是循着同一主线向前发展，并且相互关系十分密切。我们仍以孟姜女故事为例。先秦时期，封建礼法制度甚严，故事主要表现的是尊礼守法的内容。由于故事与战争死人有关，发展到战国时便与民间盛行的哭唱风气结合，奠定了哀哭丈夫的主调，内容上也表现出反战的情绪。以后，故事便循着这一主线向前发展。无论是《列女传》的杞梁妻，还是《同贤记》中的孟仲业，抑或是明清大量流传的孟姜女故事，哀哭恸天的凄楚情感一直延续下来。在内容上由最初的反战役到反徭役，也是顺乎自然的。因为战争和徭役是封建社会的一对孪生兄弟，都是为统治阶级的政权利益服务的，而对人民所加的压榨和灾难却是相同的，这便是两者之间发展的有机因素。至于故事发展到后来表现出强烈的反封建暴政意识，也是与前面的内容一脉相承的。其中的一条主线，就是内容上表现孟姜女的悲苦命运，思想上表现反徭役反封建暴政的主题。有同志认为，杞梁妻故事是写战争的，甚至具有贞节观念。而唐以后的孟姜女故事，是反劳役的，歌颂纯正爱情。因此"没有理由说孟姜女故事是从《左传》的杞梁故事发展来的"[1]，这实际上就是忽视了民间文学共时性和历时性特点，没有看到两者之间的有机联系。

从前面的分析我们可以看出，民间文学是以流动的形态向前发展的。任何一部作品都处在由历史（时间）的纵坐标和社会（空间）的横坐标所组成的坐标系中。

因此无论是从它的发展还是现时存在看，任何一个异文都不能完全代表这个作品，它们只是故事组成的一个部分。真正能完全代表这个作品的，只能是这个流动的复合整体。因此我们说，共时性使民间文学能够在漫长的历史进程中有所发展。两者的统一则共同构成了一部完整的民间文学作品，这便是它存在与发展的特点。

1　路工编：《孟姜女万里寻夫集》前言，上海出版公司，1957年。

四、结束语

最后需要再强调一下，我们提出民间文学的表层结构和深层结构，并非要人为地割裂它文学的一面和非文学的一面。相反，我们认为只有两者有机地统一，才能构成民间文学真正的本体特质。即便如此，笔者还是认为，民间文学主要地还是应该属于文学的范畴，从文学的角度去进行研究更能体现它的精神实质。这对于繁荣我们的创作，促进文学的民族化、大众化，也更具现实的和深远的意义。但在这之前，我们必须对它的本体特质要有一个总体上的把握，并且在研究时要把它放在整个历史和文化的背景下来加以考察，这样才不至于以偏概全或生搬硬套。有感于此，写下这篇思考提纲，以求教于方家学者。

整体研究要义[1]

刘锡诚[※]

引 言

建设有中国特色的民间文艺学理论体系问题,已经讨论很久了。我国民间文艺学界的同行朋友们都在思考,而且从理论到实践进行了积极而有成效的探索,步伐是坚实的。几年来,在报刊上发表的一些讨论性文章,从不同的角度分析论证了建设中国民间文学理论体系的必要性、迫切性和可能性,论述了它的基本构架和研究方法。这些论述发人深思,具有开放眼光和恢宏气度,贯穿着现代意识和学科意识。但也应当看到,这些讨论仍然是极其初步的,有许多问题或探讨得不够深入或根本没有触及,而在这些问题上缺乏深刻的论述或不能有比较一致的意见,建设中国式的民间文艺学理论体系就始终不过是一句空话。

我们面临着学术研究日新月异、科学技术飞跃发展、社会生产发生深刻变革的新形势。在当代世界的哲学、社会科学领域内崛起了一大批新学科、新思潮、新观点,这些新学科、新思潮、新观点扩大和提高了人类对已知领域和未知领域的认识,从而推动着科学的发展。民间文艺学作为一门新兴的学科,由于它与人类生活的密切关系以及在研究方面所取得的成就,日益受到人文科学有关领域乃至自然科学领域的重视。

作为一个理论工作者,笔者对于建设我国自己的民间文艺学理论体系,曾发表过一些零零星星的意见,近年来也还在不断思考。当"龙"年即将君临之际,不揣浅薄,择

---

[1] 刊于1988年第1期。
[※] 刘锡诚（1935— ）,文学评论家、民间文艺学家,原中国民间文艺家协会党组书记、副主席,国家非物质文化遗产保护专家委员会委员。

其要者分篇写出，以求得同行专家们的批评指正。这一篇的题目叫《整体研究要义》。与其说想要提出什么新见解，毋宁说想把近几年学术界关于这个问题的意见加以梳理、归纳和概括罢了。

整体研究第一义

整体研究是前人早就提出来的一种研究方法。整体研究其实就是在事物的联系中对事物外在特征与内在本质的研究。我们所以提出要在民间文学领域里实行整体研究，是因为我国民间文艺学界长期受到封闭的孤立主义思想的影响，无论在学科建设上，还是对某种现象的研究上，都程度不等地存在着割裂事物之间联系的倾向。比如对民间口头创作的研究，由于这种倾向的存在，就不仅放弃了渊源的研究，致使学术界关于原始艺术、艺术的起源与民间口头创作之间的历史联系的意识薄弱，停留在民间口头创作的描述这一浅层次上，同时对民间口头创作与其他相关领域（比如它的孪生兄弟民间艺术）的关系，也表示了不可容忍的冷淡，更谈不上在形态学和功能学上的理论概括了。这种割断事物联系的状况应当得到改正，这种状况不改正，对民间口头创作的本质及特征的认识，进而对原始艺术和民间艺术的本质及特征的认识也就将是不全面、不科学的。

原始艺术、民间口头创作和民间艺术是人类社会广大成员的三大类精神活动现象，三者构成民间文艺学的研究对象。这三大类精神活动现象既有同质的方面，又有异质的方面，既体现着时间的观念（发展的观念），又体现着空间的观念（有共时的特点）。从民间文学的立场来看，这三者是难于割裂和舍弃其中之一不论的，否则，我们也就不仅不能正确地认识各自的本质和特征，而且也根本无法正确地认识和阐述人类艺术发展的两个截然不同的系统——民间创作和专业艺术——是怎么回事情。

从起源学或发生学的角度来看，原始艺术是史前时期人类艺术（精神）活动的结晶。民间口头创作和民间艺术作为原始艺术的两个发展支脉，与专业艺术和作家文学不同，更多地从它身上继承了和顽强地保持了人类把握世界的混合性的特点，正是这种原始的混合性使这三类精神创造现象同时成为民间文学的三个研究对象，民间文学的任务之一应该揭示它们之间的具体关系。

由于历史的久远、资料的匮乏，对于原始艺术，今天难于窥见其真实面貌。但是，研究者们还是根据考古发掘的古代文化遗存（如新石器时代的彩陶、青铜器上的纹样）和保存在丛山或深洞里的岩壁画、洞穴画，根据古籍中记载的原始歌谣、神话、传说、祭典礼仪等点滴材料，根据从世界各地现存原始民族中间记录下的口碑材料——歌谣、神话、传说——和观察所得的人体装饰（文身、项圈、手镯、耳环、唇塞）以及氏族图腾、神偶等，得出了一些结论。比如：原始先民的艺术具有明显的实用功能；艺术因素与实用物品（武器、工具等）的制作、与技术的发展交织在一起，相吻合；艺术地掌握客观世界的混合性。原始艺术的实用—功利性是为人本身的需要所决定的：生产的需要（为工具和武器的顺手而刻绘的图案，为保证狩猎和战争的胜利而举行的仪式中先民表演的舞蹈与哑剧，岩画中所表现的动物和人具有的祭祀含义，等等）和人类自身繁衍的需要（对火的获得、对生殖的崇拜，等等）原始艺术的混合性是原始思维能力和思维方式所决定的：由于原始先民的思维是一种被列维-布留尔称为不同于文明时代人类逻辑思维的"原逻辑思维"[1]，他们对主客体的认识往往受到互渗律的支配，不能区分物质和精神、自然和人、生产和思想意识、现实和幻想、实践和想象。对于那些创造者来说，原始艺术不能说是艺术构思，而是对真正发生的或正在发生的事情的描写与模仿。

原始艺术从一开始就沿着两条轨道平行发展：一条轨道是通过人本身所具有的表现手段——发出声音、身体动作；另一条轨道是通过人体以外的物质手段——石、黏土、木头、骨、天然颜料等。前者便产生了早期的诗歌、神话、歌曲、舞蹈等艺术，后者便产生了绘画、雕塑、乐器等艺术。当社会生产力的发展把人类带入文明时代之后，原始艺术逐渐演变而为民间口头创作和民间艺术。民间口头创作和民间艺术同原始艺术有本质性的相同，又在许多方面有根本性的差别。

民间口头创作是在阶级对立的社会环境中产生的、由社会下层成员创造的口头作品。苏联著名美学家莫·卡冈在论述原始艺术与民间创作的区别时说："民间创作终究不同于原始艺术，这是因为首先，它是艺术创作最初形式的漫长历史发展、完善和形态变化的结果；其次，它在另一种社会环境中被创造出来并存在着——已经不是在原始公社制和前阶级的社会环境里，而是在阶级对立的环境中，同时这种环境在很多方面得到分裂，在社会方面分裂为城市和乡村，在一般文化方面分裂为城市文化和乡村文化，在特殊艺术方面分裂为民间创作和城市的专业艺术生产。实际上，原始艺术就是前阶级的

---

[1] 列维-布留尔的"原逻辑思维"说，见所著《原始思维》（商务印书馆，1981年）。对列维-布留尔的这一观点，学术界有不同看法。例如，德国现代哲学家恩斯特·卡西尔在其《人论》中，曾引用法国社会学派人类学家涂尔干的《宗教生活的基本形式》和美国功能学派人类学家马林诺夫斯基的《信仰和道德的基础》中的论点，批驳了列维-布留尔的"原逻辑思维"说。

和未形成社会分化的社会的民间创作。"[1] 随着脑力劳动与体力劳动的分工，文学逐渐为知识分子所专有，而民间口头创作则仍然沿着氏族社会中发展起来的原始神话、传说、歌谣发展的道路延续下来，成为广大的不识字的下层社会成员的精神产品。值得指出的是，作为原始艺术的核心内容的原始观念，并未因为社会的历史性变换而悄然遁去，而是依然顽强地保存在大部分社会成员的头脑中，依然顽强地保存在他们的民间口头创作（传说、故事、史诗等）中。即使在漫长的封建时代中创作出来并得以广泛流传的这类民间口头作品中，我们仍然随处都看到灵魂不死、灵魂寄于体外、变形、半人半兽、人神共处等原始观念。不过，在民间口头创作中的这类原始观念多数是与社会现实生活画面交织在一起的，是从属于已经进化了的社会形态和社会理想的，是逐渐与艺术的实用—功利功能疏离的。

民间艺术作为原始艺术经过漫长历史发展的第二个支脉，在阶级对立社会中与民间口头创作平行发展起来。不过，民间艺术与民间口头创作不同：它是以物质为依托，为外壳的，而不像民间口头创作那样，是口头的、语言的；它是由个人创作（大型的岩画、雕塑等作品例外）之后即告完成，而不像民间口头创作那样，在创作过程中即有集体的修改加工参与其间。在民间艺术中，相当普遍地保存着艺术史初期的艺术混合性、原始观念和实用—功利性，尽管艺术所固有的"缪斯"（艺术性）与"实用—功利性"这两重性日益尖锐起来。比如各种民间神码画像起着祈福的作用，各种器物、服饰、窗花的图案多数还具有禳灾辟邪的意义。当然，随着社会形态与社会生活的变迁，文化变迁是不可避免的，比起原始社会初期的艺术来，民间艺术的世俗内容大为强化了，审美功能大为强化了。我国的民间艺术特别发达，反映了人民群众的心理素质和特征，具有浓郁的地域特色，与我国的民间信仰各种各样、历史悠久、在各阶层人民的生活中占有重要的位置不无关系。

这三类人类精神创造是既有区别又有联系的，民间文艺学理论很难，也不应当抛开其中的一类于不顾，而应当把这三者作为一个整体来加以审视。中华人民共和国成立以来，我国民间文学界对民间口头创作研究较多，而对原始艺术和民间艺术研究甚少，即使有所研究，也未能从三者的相互联系中作整体的观照，因而造成民间文艺学

---

1 ［苏］莫·卡冈著，凌继尧、金亚娜译：《艺术形态学》第七章"古代艺术混合性解体的历史过程"，生活·读书·新知三联书店，1987年，第209页。

理论断肢残臂的不正常状态。

整体研究第二义

任何一件原始艺术作品、民间口头创作和民间艺术作品，作为文化的一个小小组成因素，都不是孤立存在的，而是与一定的文化环境相联系的。当我们研究这些作品时，只有把所要研究的作品放到它原初的生存环境中去，才能真正了解它、阐明它。这就是我在这篇文章中所要说的"整体研究"的第二义。

马林诺夫斯基在《巫术科学宗教与神话》里讲述他对民间故事的整体性研究时说道：

> 我们在这里关心的，不是每个故事怎样一套一套地说，乃是社会的关系。说法本身自然十分要紧，但若没有社会关系作上下文，作布景，便是死的东西。我们已经知道，有了讲故事的姿态，于是故事的兴趣也可提高，故事的本质也可明了。讲述人的表演，有声有色，听众的反应有动有静，在土人看来，都是与故事本身同样重要的。社会学家也该自土人之间寻找线索。讲述人的表演，也当放到适当的时间布景以内——那就是一天的某一时，一年的某一季，以及出了苗的园子候着将来的工作，童话的讲述可有略微影响丰收的巫力等背景。我们也不要忘记这种引人发噱的故事的私有制，社会功能与文化使命等社会布景。这一切质素都是同样有关系的，要在故事的本文以外加以研究。故事乃是活在土人生活里面，而不是活在纸上的；一个将它写在纸上而不能使人明了故事所流行的生命围氛，便是只将实体割裂了一小块给我们。[1]

马林诺夫斯基在这里描绘出了土人讲述民间故事的社会文化环境，令人信服地指出："故事乃是活在土人生活里面，而不是活在纸上的；一个将它写在纸上而不能使人明了故事所流行的生命围氛，便是只将实体割裂了一小块给我们。"研究老百姓讲述的故事必须将在什么场合、什么季节（时刻）、当着什么听众（男、女、老、少）、听众反应情况、有无巫力、当地风俗习惯与文化传统等多种因素综合考虑，进行整体研究。如

---

[1] 马林诺夫斯基著，李安宅译：《巫术科学宗教与神话》，中国民间文艺出版社，1986年，第89页。

果置上述诸文化因素于不顾，只将记录下来的故事本文进行一般文艺学的研究，那就会使人无法了解故事本文背后的深层意义，甚至带来错误的印象，因此是绝对不可取的。

这种情况，对于神话尤其重要。因为神话作为原始艺术，大多是与原始人的仪式相伴而生的，除开那些讲述事物来历的推原神话和以世俗生活为核心的神话。神话与仪式的关系是极为密切的，神话作为仪式的观念，仪式作为神话的形式。如果不把讲述神话的小环境和大环境（氏族文化的传统）作整体的考察，那就不仅不能得其要领，反而会堕入五里雾中。卡西尔在上面提到的《人论》一书中说："无论从历史上说还是从心理上说，宗教的仪式先于教义，这看来已是现在公认的准则。即使我们能成功地把神话分析到最后的概念要素，我们也绝不可能靠这种分析过程而把握它的活生生原则。这种原则乃是动态的而不是静态的，它只有根据行动才可描述。原始人并不是以各种纯粹抽象的符号而是以一种具体而直接的方式来表达他们的感情和情绪的，所以我们必须研究这种表达的整体才能发觉神话和原始宗教的结构。"[1] 卡西尔在这里就神话与宗教仪式的结构所发的议论，从一个角度指明了对神话进行整体研究的重要性。

不同时研究表达原始人的感情和情绪的"具体而直接的方式"就无由发觉神话与原始宗教的结构，从而也就无由了解神话的意义。美国民俗学家阿兰·邓迪斯也发表了类似的见解。他在为西奥多·H·加斯特尔的《神话和故事》一文所作的评点中说："就其鼓励文学家研究神话的口头文本而言，神话—宗教仪式的解释对神话研究具有有益的效果。神话研究的目的，不只在其本身，而在于它们存在于其中的文化的其他方面的材料。"[2] 笔者1986年参加中国—芬兰民间文学联合考察队在广西三江县侗族考察时，参加了宣讲"款词"的仪式，款词的内容并非通常所理解的文学性的神话，而是在一种庄严的仪式上由一位德高望重的老者向本族的成员（限于男人）宣读一种包含有民族迁徙历史、事物来历、法律准则等内容的文告。其中多含神话，但这神话确非纯艺术的构思，其作用（功能）也非给人以艺术的欣赏，而是作为仪式的内容，作为不可更易的法规，要听众遵从的。如果不把记录下的神话本文连同宣读"款词"的仪式及其功能联系起来研究，是完全不可理解的。

在考察研究口传民间创作时，除了十分重视作品的演唱环境对作品的关系，将其与

---

1 ［德］恩斯特·卡西尔著：《人论》，甘阳译，上海译文出版社，1987年，第101页。
2 ［美］阿兰·邓迪斯编：《世界神话学理论文集》，加里福尼亚大学出版社，1984年。

作品本身作统一的理论观照外，还必须把民间口头创作与相关的民间艺术品进行参照研究。在我们已知的世界各民族（包括我国有关民族）的岩壁画和洞穴画中，几乎每一幅画面的背后，都隐藏着神话、故事和原始宗教的内容，这些神话、故事和原始宗教的背景，有的在民间流传着，有的业已失传，变成了不可索解的历史之谜。被原始艺术家认为属于古代东夷部族遗留下来的连云港将军崖岩画，以三块主石为中心，在它周围组成三组排列有序、内容不同的画面，雕琢了人面像、农作物、兽面纹、太阳、星象和各种符号。在这幅由三组构成的岩画背后，据研究，是东夷人部族（"人方"部落）"敬天常、建帝功"，全氏族成员向苍天表示最高敬意，歌颂农神的功德，祝愿农神赐福人民、德被人民的祭祀仪式的写照。[1] 广西左江流域花山崖壁画群，形象众多，内容博大，至今学术界聚讼纷纭，莫衷一是。但综观岩壁画画面形象、所处地理位置以及壮族及其先民骆越人的信仰、风习，似可以断定，这些众多的岩画与先民的祖先崇拜、祀水仪式等原始宗教观念不是没有关系的。[2] 要解开花山之谜，除了考古发掘、历史记载、民俗文化可资参证外，流传在民间的那些活生生的传说，也不是无足轻重的。对于判断岩壁画的作画年代这类问题，传说也许不是可信赖的助手，但对于研究岩壁画的题材内容、画面形象、宗教观念、象征一类问题，却未必不是一些重要的参证。[3] 反过来，要研究流传在左江流域的传说，就离不开左江崖壁画。左江崖壁画作为古先民留下的空间艺术，记录的虽然是一瞬间的画面，截取的虽然是生活史的剖面，但由于这一瞬间的画面、这生活史的剖面是由物质手段作依托、所固定的，因而对传说研究有着重要的参证作用。将军崖岩画也好，左江崖壁画也好，它们与民间口头文学有着内容、观念上的互渗，只有作综合的考察，才能接近认识的正确，这正是整体研究的要求。

整体研究第三义

研究原始艺术现象、民间口头创作作品和民间艺术作品，必须超越作品表面所提

---

[1] 参见刘洪石《连云港将军崖岩画》，载《美术丛刊》第26期，上海人民美术出版社，1984年。
[2] 关于左江崖壁画的作画动机、象征意义等问题，论述甚多，素有农民战争宣传画、祭祀水神画、骆越巫画等说。广西民族研究所韩肇明、覃圣敏、覃彩銮作《广西左江流域崖壁画简论》中认为："左江崖壁画的作画动机，无疑是与原始宗教密切相关。……主要是祖先崇拜的表现，同时也夹糅了日月崇拜、山河崇拜、图腾崇拜、生育崇拜和祭祀水神等。"
[3] 1963年由广西少数民族社会历史调查组编、广西民族出版社出版的《花山崖壁画资料集》中收入了17则传说，据说广西民族研究所正在编辑一本内容更为丰富的花山传说集。

供的信息，把目光投注到中国文化的深处，投注到相关学科所提供的丰富的资料和方法，才能全面地把握住所要研究的对象的整体。民间口头创作同原始艺术一样，是漫长历史时代中文化因子的积淀，在同一件作品或同一主题情节的作品上面，同时可见到不同历史时代的文化因子：宗教（神话）观念、象征形象（符号）、比喻等等。离开对历史深处的文化形态的洞悉，就无法进行文化积层的剥离研究，无法分辨何种宗教观念是在何种时期形成又为何能够承继下来，何种象征形象（符号）是在什么条件下出现又象征何种意义，无法弄清不同的观念、不同的象征何以能兼容并存（如道、儒、释的若干观念），等等。河南大学中原神话考察中发现《铁鞭打黄河》（又叫《大禹导黄河》）和《女娲补天》等神话，一种说法是大禹和女娲的故事，另一种说法是老子李耳的故事。[1]这两种神话并存的现象表明了深厚的中国文化传统对民间作品的影响，民间作品中既保存着大禹、女娲等上古神话的原始形象及观念，也有在后世历史发展中被强有力的道教观念异化的表现。这样复杂的问题，任何简单化的研究都是不能奏效的。在民间故事研究中，所以出现一些非此即彼的简单化的结论，盖因未能从文化传统的深层着眼，对其形成、发展作整体研究所致。民间故事的结构中分为稳性结构和非稳性结构两个组成部分，稳性结构包括基本情节和基本人物，非稳性结构包括观念和语言。在发展过程中稳性结构变化较小，或基本不变，而非稳性结构则随着社会生活、社会关系、观念、风尚的变化而发生着或快或慢的变迁。孟姜女传说的演变就是一个典型的例子。1300多年来这个传说的基本情节和人物所构成的核心部分并没有多大的变化，这种稳固性也透露出了中国文化传统稳固性的一些信息，但观念的变化、语言的变化则是何等地惊人呀！要剖析孟姜女传说，就不能不从整体性意识出发研究这1300多年的文化发展，不能不采取层层剥离的办法把积淀在这个传说上的种种观念进行解析。

目前，我国民间文艺学界在神话研究方面考证的方法得到了格外的重视。一方面这是好现象，因为它把神话的文化探源置于一种踏实可靠的基础之上。另一方面又是值得忧虑的现象。因为研究者们抛开了民族学所提供的大量活生生的材料，不能不使这种纯粹书斋的研究走向极端。"五四"以后，我国神话学研究以历史学家们为主干，曾经在考证、训诂的海洋里徜徉了20年之久，直到闻一多先生撰写了《伏羲考》等论文，吸收一批民族学家们在西南少数民族地区考察所得的成果，把考证与运用活材料熔于一

---

[1] 参见张振犁《中原神话考察》，中国民间文艺研究会第四届第二次理事会上的发言。

炉，才打开了神话研究的新局面。与其说闻一多作为学者的贡献是他的学术成果，毋宁说是他在研究方法上的革新。闻一多的方法，实际上就是整体研究的方法、联系研究的方法。民间文艺学理论研究，不能忽视相关学科（包括民族学、考古学、宗教学、艺术学）所取得的资料和成果，更不能忽视现实社会所提供的一切可能的信息，必须把这一切联系起来才能达到自己的目标。

区域文化与民间文艺学
——区域民间文艺学发凡[1]

姜 彬[※]

自从提出建立有我国特色的民间文艺学以来，许多学者从不同的角度对这一问题进行过探索，作者近些年来治吴越文化与民间文学这一课题，深感区域文化与民间文艺学关系的密切，从这个角度对这问题作些探索和思考，未始不是一个值得加以开拓的新领域。作者不揣谫陋，投石探路，提出区域民间文艺学，就教于国内外学人。

一、区域民间文艺学是建立有我国特色的民间文艺学的一个台阶和基石

在我国这个区域广大、人口众多、民族错杂、历史悠久的国家里，文化是分区域的。不说别的，以水系来分，就有黄河流域文化和长江流域文化，而一个水系之内又有不同，以长江流域来说，就有下游的吴越文化、中游的楚文化和上游的巴蜀文化以及滇文化等等。这些不同的区域，由于所处的地理条件、民族构成和历史政域的不同而各具特色，形成不同的文化，使统一的中华文化，从地域上分别了开来，它们既是统一的，又是个别的。每种文化都有自成系统的文化构造。

因此，这种区域文化就被人作为独立的研究对象，从统一的中华文化来说，它有相对的独立性，它是理解统一的中华文化的基础，是统一文化中的一个细胞、一个组成部分。

研究中华统一的文化有纵向和横向两个方面，纵向的文化就是汉民族三千多年的发

---

[1] 刊于1988年第4期。
[※] 姜彬（1921—2004），民间文艺学家、民俗学家、作家，上海文联副主席，上海市民间文艺家协会主席。

展史，它是有文字记载的。在中国历史上，纵向的发展，是比较单一的，它实际上是汉民族的发展史，或者说以汉民族为主体的历史。而横向的文化现象则比较复杂，它是一个板块结构。每一个板块都有自己的民族构成（包括古代和现代的），有自己的历史发展，但除中原地区之外，这些板块的历史则很少被史书记载下来，它在很大程度上只存在于地下的实物资料中，存在于人民的生活习惯和口头流传中。纵的史的研究，历来有许多人做过，而横的分块的研究则还涉及得比较少，在今天它更有挖掘的意义。

现代的科学趋向于综合研究，但国与国之间情况不同，在我国，区域的研究是研究统一文化的基础，它将使我国的文化得到深层的理解。

在我国，文化科学还处在搜集材料的阶段。从区域着手，可以更全面更深入地得到搜集。区域文化是特殊，统一文化是一般。一个带普遍性的科学体系往往从特殊开始，只有对局部给予透彻的理解，它才具有普遍的意义。历史上的民间文学体系往往经历过这个过程。如格林兄弟开创的神话学派，是基于对德国童话的深入研究而产生的，它一经产生，便取得了普遍性，为世界各国的学者所接受，把它作为一种普遍的方法，用来研究本国的童话故事。芬兰学派的类型体系的方法，它的创始人也是从芬兰的史诗卡勒瓦拉和芬兰的民间文学作品的分析研究出发，建立他们的体系的。最早完全是民族的，后来才为外国学者所接受和完善，使它逐渐成为欧洲的，到美国学者汤姆逊，更囊括到美洲的，乃至非洲的民间故事。

所以，区域文化是体系的开端、立足点和基础。区域文化就统一文化来说是一个局部，但就它本身来说，却是一个全局。

二、作为区域文化的吴越文化的历史性内涵

吴越是春秋战国时的两个国家，它的地域是在长江下游，包括江苏的南部、上海和浙江，亦即现今的吴语地区。我们这里所说的吴越文化，不是指这两个国家时期的文化，而是泛指吴越地区，亦即吴语地区的文化。它包括吴越两国之前的古越文化，时间可推到七千年乃至一万年前的新石器时代的文化，也包括吴越两国之后的各个历史朝代在这里发展的文化。

这个地区由于特殊的地理条件和生态环境，以及古代民族的融合、演变和历史发展的过程，造成了独特的文化形态，它是中华民族文化的一个组成部分，又有着与别的文化地区迥异的文化现象，它的生产样式、人民的生活方式以及方言等等，既不同于黄河

流域的文化，又不同于长江中、上游的文化。

从远古时代开始，这里就堆积了大量的文化遗留，现已探明的新石器时代的文化遗址，不下一千处。现已挖掘的最早的文化遗址是宁绍平原上的河姆渡文化遗址，距今约七千年（杭嘉湖地区的罗家桥遗址比它还要早）；以嘉兴地区的马家浜为代表的马家浜文化遗址，距今有五六千年；以余杭县（今杭州市余杭区）为代表的良渚文化，距今约四五千年。新石器时代的这三个系列文化遗址的发掘，表明了在长江下游地区，远古时代的文化发展处在先进行列，如七千年前的河姆渡人，已种植人工栽培稻谷，它的堆积层厚达 2 米。这说明当时的河姆渡人的水稻生产水平已达到了相当的高度，与此相适应的生产工具和艺术品也是很杰出的，这不但改变了我国向来认为黄河流域是我国文化摇篮的单一的看法，而认识到长江流域也是我国文化的摇篮之一，而且在一定程度上解决了国际上争论很久的水稻的产地问题。最近在青浦县（今上海市青浦区）的福泉山发掘的良渚时代的墓葬证明，早在四千年前南方已存在奴隶殉葬的事实，这比我国历史上向来认为的我国奴隶制开始于夏朝的说法，还要早得多。

许多发掘材料证明，南方的古代文化要先于北方。吴越地区不仅是我国文化摇篮之一，而且是许多文化物的传播地。

但是，到了夏、商、周时代，北方经济、文化发展了，南方却落后了。相当长的时期内，南方成了蛮荒之地。这因为中原是众多民族争战之地，战争引起了民族间的交流、融合。以黄帝、炎帝为中心聚合成为夏族，民族的融合带来了经济和文化的发展，中原成了中国先进之地。而此时，在吴越地区正经历着一个历史性的变迁，在七千多年以前，出现了一个全球性的海浸，海水由于冰河的融化而上升了 100—130 米，过了一千多年才稳定下来。东南沿海原来莽林丛生、野兽出没的大片陆地，沉入了海底，就是现在埋在深海里的大陆架。而海水缓慢地一直上升到四明山和会稽山的脚下，当时生活在平原地带的河姆渡人（古越先民），被迫迁到山里去，一直到四千年后，他们才从山里出来，勾践的父亲允常才在诸暨一带建立都城，到越王勾践才在会稽（现在的绍兴）建城，这个时期，吴越地区的居民主要是古越人，在当时这是一个绝域，其他民族是很少能到这里来的。民族的融合还没有开始。这种封闭的格局和自然界造成的艰苦条件，使吴越地区在一个相当长的时期，处在较少发展的落后状态。当然，这并不是说，他们在这么长的时间里，生产力没有得到发展，越族先民利用山里的条件（如有矿物、木材……），发展了有关的生产。越王勾践能够灭吴复国并且称霸中原，没有一定的经济基础是做不到的。据历史记载越族是冶金业、织麻业比较发达的民族，"越王剑"至今仍举世闻名。

华夏族人到吴越地区来，大约开始于商周时代，史书记载：勾践的祖先是夏代"少康之庶子"，是被封到越地来守大禹的陵墓的，但对这个记载，不少历史学家是持怀疑态度的。周太公的长子吴太伯和他弟弟仲雍在周立国前逃到吴地来，似乎可能性大些，但那时来越地的人数很少，不足以改变越居民的基本结构。华夏族人过江来吴越较多的是春秋战国以后，特别是秦始皇统一中国之后，他为了进行统治，把吴越居民强制地迁到浙西、皖南一带，而大量地移入华夏族人以充实之；汉武帝时一次大规模的移民到会稽去，这样，就使吴越人融合起来，在两汉时期，逐渐形成了有浓厚地方特色的吴语，吴语是汉语，它是融合了越语而成的。

随着华夏族的南来，吴越地区逐渐得到了开发，发展了经济。历史上有名的三次文化南移，使全国的文化中心逐渐移到了江南。南宋以后，江南地区成了人文荟萃之地。明朝中叶，发生资本主义萌芽的典型地区就在吴语地区。随着经济文化的发展，江南地区成了文学艺术，特别是俗文学的繁荣之地。

吴语地区的民间文学和当地的地理条件与生态环境，和历史地发展着的社会政治、经济、文化密切联系着，它是吴越文化的一个组成部分。吴语地区由于政治、经济、文化发展的特殊过程，民间文学也有许多不同于别地的独特形态。

三、区域民间文学要求对一个文化区域的民间文学作多学科的综合研究

文化区域是一个多种因素的复合体。它具备了构成一个社会的全部条件，历史地来看，它有组成一个社会特有的政治、经济、文化和自然环境。而这种独特性是历史地形成的。我们在研究今天的民间文学时，不能不看到这种历史因素。

一个地区民间文学的内容、形式、风格的形成，有诸种因素，必须对它作综合的研究，即一个地区的政治、经济、文化、地理等作历史的、全方位的透视，这里需要借用众多的学科成果，例如历史地理学、考古学、民族学、民俗学、宗教学、方言学、文艺学等等，当然，我们不是地理学家，我们也不是考古学家，甚至也不是方言学家、民俗学家，我们只是借用这些学科的成果，来说明民间文艺学的诸种现象，通过多角度的审视，来观照民间文学的诸种内涵，给予比以往更加全面、更加科学的说明。

区域民间文学便于发挥区域的优势，每个文化区都有自己不同于别个区域的历史发

展过程的独特的条件，这就是它的优势。如西南、西北多民族的区域，它的优势在于有处在各个不同社会阶段的民族，解放后虽都已走上了社会主义道路，但旧时的各种习俗和口头文学作品还在民间有较多的遗留，这为研究各个社会阶段的民间文学提供了活的标本和宝贵材料。而吴越地区却有另一种研究上的优势：1.吴越地区在古代是一个民族渊源深厚、文化先进的地区，现在地下发掘的材料丰富，在一定程度上展示了古代社会的面貌、文化和艺术；2.由于南方的地形复杂，现在民间尚遗留有大量的古代习俗和信仰。现在，地处滨海，是我国开放、改革的前哨阵地之一，外向型经济发展的结果，必将出现许多簇新的社会现象，而这些仍然不能脱离这个地区的历史传承的特点。研究吴语地区的民间文艺，应该充分利用自己的优势，把它作为理解民间文艺种种现象的钥匙。以上是关于区域民间文艺学初步的界定，是一个十分粗浅的设想。如果这个设想可以成立的话，关于它的具体的内容则需要作多方面的开展，而这又必须把它放在对这个地区的历史和现状作全面的、深入细致的调查研究的基础之上，我们期待着这一工作能够取得进一步的进展。

民间文艺学流派漫议[1]

许 钰[※]

学术流派是很多人文科学发展过程中都曾出现过的现象，民间文艺学也不例外。回顾历史，如果我们把19世纪以德国格林兄弟为首的神话学派算作科学的民间文艺学的第一个流派，那么，在它之后还有传播学派、人类学派、功能学派、芬兰历史地理学派、结构主义学派等等。这些学术流派的共同特点是它们都有自己独特的学术主张和方法，各有一批学者和学术著作，在一定时间内发生过程度不同的影响，等等。但是，从建设独立的完整的民间文艺学来看，这些历史上出现过的学术流派也有一些不足。第一，这些流派所研究的只是民间文学中散文叙事的神话、传说、民间故事等体裁，严格地说只能算作民间文艺学中某几个分支学科的理论流派（当然，各派涉及民间文学领域广狭各不相同）。第二，除了某些学派（如传播学派、芬兰学派）之外，它们大多是以其他学科的知识、方法为基础，作为其他学科的组成部分出现的。它们一般地只着重研究有关民间文学的某些问题，对于作为文学现象的民间文学的内容、形式等很少全面地探讨（在这方面传播学派、芬兰学派也不例外）。因此，这些流派一方面是民间文艺学史上的一个重要阶段，是我们应该批判地继承的先驱；另一方面我们社会主义民间文艺学及其流派也有自己的奋斗目标和自己的民族传统，这也是不能够忽略的。

我国的民间文艺学一般认为是从五四新文化运动中适应人民大众的民族觉醒而兴起的，它以北京大学搜集歌谣，成立歌谣研究会，出版《歌谣》周刊等活动为标志。这些

---

[1] 刊于1988年第4期。
[※] 许钰（1925—1998），北京师范大学中文系教授，中国民俗学会常务理事、中国故事学会副主席、民间文学三套集成《故事卷》副主编，曾获第一届"钟敬文民俗学奖"。

活动既可以看作民族采风传统的新生,又注入了新兴的民俗学科学的血液。这种情况主要是由于从事这方面活动的知识分子为了建设新文化积极吸收、引进当时国外正在流行的民俗学(主要是人类学派民俗学)的结果。因为西方19世纪兴起的民俗学一向把各类民间文学作为它的重要组成部分,它们又对人们比较困惑的神话、民间故事中那些现代人看来荒诞的因素提出了解释,于是引起有志于此的一些学者的兴趣,因而使得这个时期(20世纪20—30年代)的民间文学研究在民俗学旗帜下展开,并和民俗学混合在一起进行。所以从学术流派的观点来看,这个时期的民间文艺学占主导地位的也是人类学派的神话、民间故事学研究,其他民间文学体裁(如歌谣、谚语、谜语等),则大多是从文艺学的或语言学的角度出发的。

随着研究活动的进展和领域的扩大,同时渐渐地也出现了民间文学研究从民俗学中分离出来的趋势。学者在探讨民间文学作品本文的含义时,也不满于过去民间文学研究只是运用其他学科的理论,作为其他学科附庸的状况,认为应该重视民间文学本身的价值和含义。于是产生一种"独立的愿望",要求建立主要用于民间口头艺术研究的科学的"民间文艺学"(Folkloristics)。显然,这是随着对民间作品本身的重视和语言学、文学研究比重的增加,而引起的一种觉醒。这种觉醒在我国20世纪30年代也曾有人明确地意识到,那就是1936年1月钟敬文发表的《民间文艺学的建设》。

钟敬文这篇文章是专门为了"创设一种独立的系统的科学——民间文艺学"而写的。它认为民间文学和普通的文艺、书本的文艺是有很不相同之处的,因此,有必要在一般文艺学之外,再建设特殊的文艺学——民间文艺学,这正如有总括的艺术学,还需要有以艺术中各个独具范围和特性的种类为对象的绘画学、音乐学、建筑学,等等。为了阐述建设民间文艺学的必要,文章论述了民间文学的特殊性质,提出它在制作上的集团性,以流动的语言为媒介的口传性,以及它在民众生活中特殊的机能,等等。关于建设民间文艺学,该文还从社会条件方面作了考察,认为今日民众已从奴隶的地位,恢复到主人的地位,许多以人类文化为对象的科学从狭隘的范围中解放出来,"这是民众在学术史上光荣的抬头"。文章还论述了民间文艺学的任务和方法,强调借鉴孔德的实证主义方法,并指出要集中注意与民间文学相关的社会条件,等等。[1]作者这篇文章发表后在当时并未引起反响,但从"五四"以来民间文学研究的发展来看,"民间文艺学"

---

[1]《钟敬文民间文学论集》(下),上海文艺出版社,1985年。

建设的提出，却在客观上反映了中国民间文艺学由分散的、分门别类的研究走向总体建设的要求。从此前民间文学研究同民俗学混在一起的情况来说，这一问题的提出，也可以看作在民俗学之外另辟蹊径，把民间文艺学作为一种特殊的文艺学来建设。

对于中外学者企图使民间文学研究成为相对独立的学科这种要求，我们不能作片面的理解。民间文学由于它自身的某些特性，使得人们感到对它的研究有独树一帜的必要与可能。同样，由于民间文学和一般书面文学有某些共同性，并同一般书面文学有着千丝万缕的联系，所以古今许多研究书面文学的人们和文艺理论著作，都不同程度地把民间文学列为自己的研究对象，这种情况尤其是中国文学研究的传统，在民间文艺学建设的过程中没有理由不包容、吸收这方面民间文学研究的成果。就我国"五四"以来的情况来看，胡适的《白话文学史》尽管是从形式主义出发的，但它把民间文学和作家文学联系起来考察，重视民间文学在整个文学史上的作用等，还是值得我们借鉴的。胡适对民间文学这种观念一直坚持着；1936 年北京大学《歌谣周刊》复刊，他在发刊词里改变 1922 年该刊创刊时的发刊词中民俗研究和发展文艺两个目的的提法，表示："我以为歌谣的收集与保存，最大的目的是要替中国文学扩大范围，增添范本。我当然不看轻歌谣在民俗学和方言研究上的重要，但我总觉得这个文学的用途是最大的，最根本的。"这和他在《白话文学史》里的观点是一脉相承的。而且这种新的文学观念在 20 世纪 20—30 年代还是很有影响的，郑振铎《中国俗文学史》大体上是从扩大文学领域的观念出发的。

在一般文学活动中涉及民间文学而且发生了更大影响的，是 20 世纪 30 年代"左翼文艺运动"，它在"文艺大众化"讨论中广泛讨论了运用民间文艺形式的问题（并有一些创作实践），进入 40 年代后，解放区文艺工作者在毛泽东《在延安文艺座谈会上的讲话》指导下，在创作新的人民文艺的活动中多方面汲取了民间文艺的营养，同时进行了民间音乐、民歌、民间故事的搜集活动（尤其注意搜集了具有革命内容和时代色彩的民间文学作品），改造旧的民间艺术的活动，等等。这些活动尽管在民间文学方面的直接成果算不上十分丰富，但它以其鲜明的人民大众的革命立场和新的工作内容，为民间文学工作开辟了新的局面。

中华人民共和国成立之初的 17 年，民间文艺事业在新的历史条件下获得发展，客观上形成了一个比较单一的民间文艺学的阶段或流派，这个流派和 20 世纪二三十年代民间文学研究同民俗学混在一起的情况不同，它的历史功绩在于把民间文艺学建设放在文艺学的基础上，吸收和引进了苏联的民间文学理论，对民间文学的特殊性有一定注意，在文化界树起了民间文学的旗帜。

当然，这个时期的民间文学活动也有它的历史局限，这种局限表现在两方面：第一，由于"左"的思想影响，没有处理好民间文学研究同民俗学及其他相关学科的关系，反而一度出现民间文艺学批判民俗学的局面。第二，还是由于"左"的思想影响，使得民间文学搜集、研究工作把力量主要放在阶级斗争内容和思想意义比较明显的作品方面（这是完全应该的），对于民间文学多方面的题材内容和功能，多种多样的艺术形式和风格等，注意不够，从而大大限制了从文艺学方面研究民间文学的广度与深度。

学术流派和学科发展是密切相关的。作为个别流派来说，它不一定面面俱到地去解决学科所有问题，它以其独到的主张和方法，在学科某些方面做出突出成绩，就可以起到推动学科前进的作用。但从学科全局着眼，在学科建设上尽量考虑到有关的各方面，注意加强薄弱环节，使整个学科各方面得到大体均衡的发展，在我们社会主义国家内也是可能的和必要的。把学术流派问题提上日程，这是学科建设讨论的一个进展，也是对研究工作的进一步要求。因为学术流派不仅以它的学术主张和方法的独创性、科学性、系统性为前提，而且以提出或解决实践上或理论上的重要问题、产生具有相当分量的著作为标志。

在新时期里，和民间文艺学相关的民俗学、民族学、文化人类学等等，得到发展，这种学术环境为民间文艺学运用多种学科知识、理论和方法，发展多角度研究提供了十分有利的条件，因而近年来出现的许多文章异彩纷呈、面貌各异。从发展学术流派来看，这种现象预示着文艺学的研究正在朝着同其他学科相结合的方向发展。在这方面国外同行早已有所注意，比如美国巴斯寇姆在《民俗学和人类学》一文中从人类学的角度著文，为关于民俗（他所谓民俗即民间文学）的文学研究和人类学研究搭桥。他在文章中指出民俗"可以按对其他传统及习俗的同样方法来分析，按形式及功能，或按与文化其他方面的相互关系来研究。……也可以通过民俗来研究文化移入、成型问题，文化与环境之间的关系及文化与个性之间的关系等问题"。同时也提出"人类学家指望得到有关民俗的文学分析方面的指导"等等。另一个美国学者布鲁范德在《美国民俗研究序论》中也提道，"在今天，对民俗进行文学和人类学相结合的研究，也是民俗学研究的一个新的发展。"[1]对于这种要求,苏联学者也早就提出,索柯洛娃说:"要进一步有成效地发展民间文艺学,必须消灭民族学与民间文艺学之间出现的脱节现象。"[2]我想,关于民间文学的文学的研究在同不同学科相"结合"的过程中,一定会产生许多各不相同的流派,这些流派绝不是19世纪国外诸流派的重现,它们以民间文学为主体(不是其他学科附庸),以"结合"为特征,而且是在各门学科新的发展基础上形成的独立的民间文艺学的新形态——复式民间文艺学。

可以设想,随着"复式"民间文艺学的发展,关于民间文学的文学研究同各门人文学科的互相吸收、交叉,从总体上看必不可免地要出现多元化趋势,这就是苏联学者古谢夫所说的:"当代马克思主义民间文艺学,坚持对民间创作进行综合研究,主张民间文艺学家、语文学家、民族志学家、音乐理论家密切合作。这势必为民间文艺学这一综合性学科开拓广阔的前景。"[3]这样,我们就可以有三种不同类型的民间文艺学,一种是以文艺学的研究为主的民间文艺学,一种是文艺学的研究同其他学科知识、理论、方法相结合的复式民间文艺学,一种是综合性的民间文艺学,每一种民间文艺学中又会有若干各不相同的流派。我们社会主义民间文艺学的繁荣,就有待于这些流派的发展,包括它们之间的竞争、吸收、融合,以及进一步完善与提高。

---

1 《民间文学论集》第一集,中国民间文艺研究会辽宁分会编印。
2 [苏联]索柯洛娃等著:《苏联民间文艺学四十年》,刘锡诚等译,科学出版社,1959年,第19页。
3 [苏联]B.E.古谢夫:《民间文艺学》,载中国民间文艺研究会上海分会编《民间文艺集刊》第三集,上海文艺出版社,1982年,第314页。

民间文化：走向复归的第三世界[1]

徐新建[※]

一、符号迷误

中国的民间文化历史悠久，形状多样。对其进行的描述和研究完全能够，也应该自辟途径，自立家门，大可不必拘泥于西语中一个"Folklore"符号之限制。相比之下，可与其对应的倒还有诸如"Popular"（通俗）、"Public"（公众）和"Common"（平民）等一连串近似术语。

Folklore 一词偏重于乡村（农民）和古典（原始），且往往笼统地指相对于欧洲文明而存在的其他民族文化，其含义中的社会分层性并不显著，把它译过来等同于汉语中的"民间"未必恰当，未必准确。以今日眼光看，这只是"五四"先驱们在那场思想革命（"打倒孔家店"，彻底反传统）和符号革命（以白话取代文言，以翻译代替创造）之激情中的附带产物。当时的革命者们在自觉接受西方激进思潮洗礼的同时，深受"欧洲中心论"思维定势的影响而不觉，认为一切出自西方的革命理论都是放之四海皆准的真理，一切出自西方的学术都是最合理的科学，于是忙不歇息地用 Philosophy、History、Literature、Art 等改写全部中国的经、史、子、集……于是出现了"哲学""历史""文学""艺术"等新鲜符号（术语、概念、范畴、学科），若一时找不到合适的，如 science、Sociology、Physiology 等，便连译带造，继而就有了"科学""社会学""生理学"之类的"意译"转换。在这种情形下，Folklore 被吸收进来，成了一专多能的东西："民

---

[1] 刊于 1988 年第 5—6 期。
[※] 徐新建（1955— ），四川大学文学院教授、文学人类学专业博士生导师，四川省比较文学学会执行会长、四川省政府文史馆特约馆员。

俗""民俗学""民间文学""民间文艺学"以及已在今日进入了联合国教科文组织正式文件的"民间文化"等。其实这当中存在着被当代比较文学理论称为"误读"的疏忽现象。人们似乎没把事情倒过来想过：倘若把"民间文化"这样的汉语符号翻译过去，用英语又该如何表示呢？也许得把上面列举过的Popular、Public、Common等都统统叠加起来才行吧。人们的疏忽乃在于忘记了人群与人群的不同和由此而造成的文化与文化之不可比（下文论述），同时还在于忘记了符号（能指）与事实（所指）之间只有松散、脆弱的假定关系，决无等同之可能（言不达意），一旦再经翻译（符号的符号），往往"失之毫厘，差之千里"，乃至"风马牛不相及"都有可能。因此，对于具体存在于历史长河之中而前人又尚未作过系统深入研究的文化现象，与其削己之足去适彼之履，简单生硬地套用外来学科（术语、概念、范畴），毋宁费点工夫来自正其名，自成体系，自创流派，自圆其说。若此，即或有借鉴，有"拿来"，也只是参考、辅佐、点化而已，到不了喧宾夺主而后劲全无的地步。

有了这样的反思前提，便可对中国社会官、士、民三等分层结构中的民间文化作一番别开生面的描述和评价，深入下去还可能构造出具有独立学科意识的"民间文化学"之系统框架。而一旦有了这样的框架，那些已被学者们翻来覆去任意引用的民歌、民谣、民风、民俗等就将由一支支被修剪切割的插花向自己的本貌复归，向生之育之且属之的民间土壤复归，向谁都想说清可也许谁都说不清的自在自为自生自灭的天然境界复归。对此，我们可做的只是符号的还原。

二、文化分层

文化即人对自身和自然的改造。人是群居的动物，亦是文化的动物，人群即不同个体之组合。此组合有多种多样的形式：民族、部落、酋邦、国家等。群与群之间，彼此相异。一群之内，相互有别：男与女，老与幼，上与下，尊与卑，等等。既有天然之区分，亦有人为之割裂。人群的分层决定了文化的分层。通过分层的文化可了解分层的人群。男女老幼上下尊卑……不同的划分得出不同的结果，叠加起来，有助于我们认识和把握那原本是浑然一体的人类文化。

从权力角度看，在中国华夏文化圈内，自西周以降，人群大致以五等而分：天子，诸侯、卿大夫、士和庶民。前三者皆可以"官"谓之，故又可简约为三大阶层：官、士、民。此种分层产生出与之相应的三类文化，即官文化、士文化和民间文化。千百年来，中国文化历经冲击，历经异化，然此种官、士、民三等分层的基本结构经久不衰，至今未改，并不断在地域上以中原为核心、在民族上以汉族为主体向东南西北四方扩散，形成了牢固的社会体系和形、神皆似的文化网络。在这点上可与之比较的有古代印度的"四大种姓"制（分层：高贵与卑贱、占有与奴役）和中世纪欧洲的"政教合一制"（分层：神与人、原罪与君主与臣民）以及中国汉文化之外的"部落酋长制"（分层：巫师与长老与民众）等。

在中国传统社会的三级分层结构中，官为上，民为下，士居中；官为尊，民为卑，士可尊可卑，游移不定。尊卑上下，有强权作后盾（合法武力），有经济为实力（剩余产品），亦有礼仪作约束（规举刑法），不可含混，不可僭越："天子将出，类乎上帝。"[1] "公食贡，大夫食邑，士食田，庶人食力。"[2] 上智下愚，"以贵役贱"[3]……彼此差别，一目了然。虽也曾有过孟子"民为贵，君为轻"之类的理想倡导，却终究改变不了"刑不上大夫，礼不下庶人"的普遍事实。在这种一元化的纵向等级结构中，"官"便是成功与强大的象征和自由与财富的通道，"民"则是失败与弱小的标志和"可使由之不可使知之"的工具。官贵民贱的价值取向从道德上宣判了庶民的有期徒刑，而"成者王侯败者寇"的历史模式则从内在心态上强化了"由民（而士）而官"的人生目标。于是乎，江山轮流坐，万变不离宗。

民与官，作为一种对立存在，既有其稳态的基本内容，亦有相对的转换特征：民可为官，官亦可为民（刘邦、朱元璋……陶渊明、溥仪）；官有官场，民有民间；在官一日，便有一日之官气，在民一天，则有一天之民风。此乃身份使然。用现代术语来说，即所谓角色区别。扩而广之，便见出官文化与民间文化的彼此差异。相形之下，"士"较特殊，其既称不上西方现代意义上的"知识分子"（社会良心），亦不完全就等于"御用文人"（官场帮凶）。作为一种游离的食田的阶层，士既可夹生于官与民之间，亦可超越在二者之上；既可部分地重叠于官，亦可部分地重叠于民，其所代表的是一种中间文化。于是便有孔子的"士志于道"，曾参的"士不可以不弘毅，任重而道远"，乃至范仲淹的"士当先天下之忧而忧，后天下之乐而乐"，同时也不乏范进之流为入仕途苦读八股以致疯癫或为五斗米便献媚折腰的众多儒生。作为从孔子算起延续了近 2500 年而

---

[1]《礼记·王制》。
[2]《国语·晋语四》。
[3]《宋书》。

且"流风余韵至今未绝"的"世界文化史上独一无二的现象"[1]，士的存在，犹如不可或缺的缓冲带，在中国总体文化中起到了调节和疏通官、民对立（对抗）的微妙作用。

与思想层面的儒、道、释之分合互补相似，社会层面的官、士、民构成了中国文化上的某种你、我、他人称结构：若士（我），则有作为"你"的官与作为"他"的民；若官（我），则有作为"他"的民与作为"你"的士；若民（我）则有作为"你"的官与作为"他"的士。一部迄今为止的中国史就是一部官、士、民相互并存、相互渗透、相互转换的历史。不幸，如今众人所言之史多限于"文献"，而官制文，士用文，民者制、用于文；故文献之史遂变为官、士之自传，"精英"之画册。至于民间，即便偶尔提及，则不是挂一漏万便是梳妆扭曲，从而使真正的民间文化失落在戒律森严的宫廷庙堂之侧而复归于生之养之的广阔天地中。如今，不论以科学的态度抑或是以道德的目光来看，中国的历史（从过去到现在，也许还包括将来）都需要重新复原：研究传统不可不研究社会分层，关注现实不可不关注民间；欲知官，须知民，知其民，识其官，知其士，而后知其官、士、民。以文学之例释之：三代以后，秦从政治上统一中原，泱泱大国，不可一世；汉则进一步从思想上一统百家，独尊儒术，内圣外王，一传至今。然由于官民对立，儒家倡导男女有别，授受不亲，在民间却有大谈色情性爱的《金瓶梅》问世；儒家严斥犯上作乱，在民间却有渲染聚众造反的《水浒》传颂；儒家声称敬鬼神而远之，在民间却有"群魔乱舞"的《封神演义》《西游记》；等等。总之，中国文化作为一个整体，自古便由官、士、民共同构成。今日学者非但应当找回被古人有意无意失落了的那些"化石"部分，更应掉转头来，直面现实人生，关注和发掘当代中国的民间文化，亦即具体生动、复杂多样的非官、非士的"第三世界"文化。

三、民间诸形

民间文化作为一种非官非士的现象可说是种类繁多，千姿百态。然究其关键，则可概括为三种构成：民意（民心、民情）、民事（民风、民俗）和民艺（民间文学、民间艺术），亦即"为民之心态""为民之行为"和"为民之表现"。而作为文化分层的表面呈象，其只是在相对意义上与官与士相区别而存在，至于在文化深层结构上同官和士的相似之处（如生、死、食、色等"全民文化"现象），在此就不用多说。

---

[1] 余英时：《士与中国文化·自序》，上海人民出版社，1987年。

民意（民心、民情）乃抽象之物，看不见摸不着，每每要借助于民事、民艺的外化以及官与士的折射方可窥见一二。不过作为民间文化的内核部分，民意的重要性却是显而易见的：身份为民，便生民意，民意生而后民事、民艺出。从"为民之心态"上说，民意包含着双重性质：一是起"律己"作用的自我规范，如"安分守己""听天由命""不在其位不谋其政"等等；另一是起"排他"作用的自我超越，如孟姜女哭长城，窦娥喊冤屈，梁山伯祝英台化蝶以及黑旋风李逵高叫"皇帝轮流坐，今日到我家"！再者，自古民、氓同义，民之范围远大于单含褒义的"劳动人民"，故民意中还包含着既想大发其"革命"横财又动手去摸小尼姑脸蛋同时还念着同吴妈困觉的阿Q式的"底层冲动"就不足为怪。不管怎样，民意的重要实在是被不少有识之士和官时刻记取的，于是就有"得民心者得天下"之类的明智见解，尽管其不过是出于维护"官本位"秩序的一种实用主张而已。民意者，民之魂魄也。改用现代话说，民意即民间文化本体所在。可惜的是，由于多种原因（政治的、观念的和技术的），以往在这方面的研究可说是寥寥无几。不解民意，焉谈文化？纵然谈了，充其量也不过是以"君子"之心，度"小人"之意；隔岸观火，纸上谈兵；井中见月，镜里赏花罢了。若此，岂有不"误读"之理？民意难测，一则因为其为抽象之存在，难以用具象手段把握，再则因为至今之中国文化仍为"官本位"文化，文献之史多为官、士自传，民不掌史，何以述之？可见民意的失落是难以避免的事了。这样的事天天都在发生（此刻亦然）。要想避免失落、减少失落，需要的不仅是搜集和整理，而且是体验和进入，是角色转换，是将第三人称的"他"和第二人称的"你"转换为第一人称的"我"；由"我"出发，揭示"我"之所思所想所欲所愿以及为何思为何想为何欲为何愿；由"我"出发，去阐释"我"之为何不诵经读史而崇拜土地菩萨，阐释"我"之为何不去锤炼"修身齐家治国平天下"的功夫而要高唱"想你想你真想你"的情歌，阐释"我"在讲述"一个鸡蛋的故事"时的种种辛酸以及"我"之为暴民生屠大户时的诸多感受……

相比起来，民事（民风、民俗）作为民意之外化，似乎要容易把握一些。只是以往的研究把民间之"民"与民族之"民"混为一体，把作为某一文化中全民性的东西当作特殊对象，淡化了民与官的对立，失去了"民间"所内含的文化分层性，以至于变为另一种角度（文化人类学？社会学？民族学？）的思考和研究。与此不同，在"民间文化"之意义上的民事（民风、民俗）所突出的是与官相对而存在的底层现象，是体现了"民意"的那些民间行为。如官家有宫廷幕府，民间有集团行会；官家有后宫六院，民间有烟花柳巷；官家有军队将帅，民间有武林拳帮；官家有公审公判，民间有私了私刑；官家有钦定文书，民间有"地下刊物"；官家有经典礼仪，民间有无文规矩……总之，也许是由于有某种共同的人之"原欲"存在，只是因官有权，民无权，官制民，民制于官，故表现为不同的对立现象，此其一。其二，民之为民与官之为官相同，都有着对方未有的东西，表现出来，便是各自的专有行为，如，官家可向异国宣战，可向国民使用"合法武力"，亦可开运河、筑长城、修陵墓等；民间则可打家劫舍、算命卜卦、走私贩毒、游行示威以及搞募捐、办义学、唱"反歌"、演"黑戏"等，不一而足。尽管民与官只是相对的存在，是一种历史的转换过程。

可见民可为官，官亦可为民；此时之官可为彼时之民；此时之民可为彼时之官，反之亦然。如国风之一度升为"诗经"，佛学之一度定为"国教"；又如蓄辫之由非此不可的法规，变为蓄者即宰的禁事；以及显赫一时的满清旗袍之由皇族象征，变为民间遗风和"文化大革命"的对象；等等。尽管如此，所谓民事（民风、民俗），只有置于民间文化之中，置于官、士、民三等分层的框架之内方可见出其特质与要义所在。比如颜色禁忌，一般说来，在中国文化传统中，官家喜"黄"忌"黑"，民间喜"红"忌"白"。然而二者之间在对等关系上却相去甚远。倘若官家定"黄"为尊，民间便皆得回避，违反者杀。又如语言禁忌，除了全民共同之处（如国人皆忌言"死"）外，相比之下，官禁远远压倒民忌——随意道出与帝王之姓氏同音谐音之言辞者杀；书写谋反之言辞者杀；吐露官家认为不顺耳之言辞者杀。民间呢，则顶多不过是说了冒犯神灵祖宗之言辞者将自倒厄运罢了。官民之分，昭然若揭。

民艺（民间文学、民间艺术）亦即民意之升华，是民间的自我表现，自我陶冶，自我创造，是非官非士的民之精神复归。民歌、民谣唱的什么？底层之呼声，原欲之显现也。民画、民戏说的什么？生命之延伸，心灵之还原也。可惜的是，以往对民间文学和民间艺术的研究，忽略了它作为民间文化形态之一的本体特质——民间性，而多局限在其表象特征，如口头性、集体性、传承性和变异性等上做文章，从而非但未建立起确有必要的"学科意识"和"独立体系"，反倒出现了大有被其他学科，如文化人类学、社会学、神话学等肢解瓜分乃至全盘取代的危机。在此意义上，有必要对民间文化之本体特性作进一步探讨。

四、民间诸性

民间文化的特殊性，亦即一般意义上的人类文化原型在民间的变体属性。从结构学意义上说，文化原型就是人类原始冲动与社会整合的重叠、融汇与结合：我即我，我即我及我的创造。"原始冲动"是一种超时空、超个别的"类"的深层结构，而"社会整合"则相当于如今人们常说的"物质文明与精神文明之总合"(文化二分法)或"器物、制度、观念"(文化三分法)等各个不同的具体表层形态。在一般意义上，越是接近"原型"的文化就越是常态的文化，其境界是：表层之整合正是深层冲动的体现，我之为我正与我之意愿吻合，而物质也罢，精神也罢，器物、制度、观念也罢，皆是"我"的工具，皆为我所用，归我所有，由我取舍，任我改变。也许，这境界便是古往今来无数哲学家所论证、向往和追求的"人的自由"吧。也许，这境界尚可在"初民社会"中窥见一斑？可惜在现实中普遍存在的几乎均是原型的变体，是常态的异化，是"我"之不能为"我"(非我)，人之不能为人(非人)的景观。以此作参照，中国文化传统中的官、士、民皆"非我"；官文化、士文化与民间文化都是变态文化，或言之——文化原型的异化，所不同的只是各自的变态与异化的方式和程度而已。识得这点，对于探讨民间文化之本体特性，也就有了深层冲动与表层整合的互补前提。

在一个人人皆"非我"的等级社会结构中，民间文化的第一特性即"非官性"，其表现为对官文化之强权性(合法武力)、等级性(上尊下卑)及规范性(钦定系统)等的排斥和抵制，也就是如今有学者用夸大的语气所表述的"反社会"和"反文化"——反"使民之成为奴仆的社会"和反"使民之活得压抑的文化"。有时，民间文化的这种"非官性"常常以一种有意违抗的逆反心理为支撑："凡是官方拥护的，我们就要反对；凡是官方反对的，我们就要拥护！"于是在民间文化中，时常存在着大量以官文化眼光看来乃属于"违规犯禁"的举动。过去的"阶级论"在相当程度上解释了这种社会对抗现象，但其在分析官、民对立与转换的多变性方面，却表现出诸多局限。如前文所提到过的一度在中国盛行的"蓄辫文化"，为何在清兵入关前蓄者即汉奸，明亡后，不蓄者即反民，而自民国始，蓄者又成了被耻笑的对象；又如，为何许多一度在民间走红的"禁书"，一旦开禁反而失宠，甚至倘若再被官方强定为必读之物则又会为民所不齿？以民间文化的"非官性"来看，确乎可见出其中的"反社会""反文化"倾向，尽管这倾向隐藏着极大的盲目(情绪化)。对这盲目，当视为民间的原始冲动在官方强权"整合"下的一种扭曲。

民间文化的另一种特性是"原生性"。文化作为人对自身和自然的改造,在不断通过表层整合而实现、满足和发展人之深层冲动的同时,已暗含着一种与人之原貌作对和分离的危机。在这点上官文化尤为突出,其变态性比民间有过之而无不及:不是为安抚后宫而阉民为宦,便是为争夺帝位而同胞相杀;不是双重人格尔虞我诈,便是迷恋繁规醉生梦死……与其不同,民间文化要显得生命勃发,活力旺盛得多。这便是民间文化"原生性"之意义所在,其最大特点是使异化之生命向人之原貌复归,来于自然,复归自然,"官火烧不尽,野风吹又生"。在这种自然状态中产生的"下里巴人"不仅是作为对"官文化"的一种反动、一种调节,更是作为使群体文化(民族、国家)避免(或减少)其"种"之退化的一种原生动力,从而使人性永远保持在既有创造发展之能力同时又与自身天然本色相去不远那样一种适度的平衡水准上。"诗言志,歌永言,声依永,律和声,八音克谐……神人以和"[1];"情动于中而形于言,言之不足故嗟叹之,嗟叹之不足故咏歌之,咏歌之不足,不知手之舞之,足之蹈之也"[2]。这里,声、言、歌、舞、诗、情一一述到,乃民间文化"原生性"之最佳注释也。而变"诗"为"经",迫人诵读,乃至于以诗为整人之武器(党派文艺)或罚人之罪证(文字狱)则是"官文化"之变态表现。因此,相比之下民间文化又可说是次文化、半文化或亚文化,其原生性就是质朴性、天然性,就是复归性。

文化出自生命而指向生命、回归生命。历代官家对官与民之差别总爱作一番居高临下的描绘,谓之"文与野",文即文明教化;野即粗野愚蛮。孰不知粗野之"野",正是民间文化之精华与活力所在,正是生命与自然共有的基本标志。相反,失去"野性"的文化和过分知识化(观念化、符号化)的社会,不仅不能促进生命的正常存在与健康发展,反会倒过头来制约生命、窒息生命、扼杀生命——实证之一便是"信息社会"里人们所普遍感到的紧张、焦虑以及相互间的恐慌与孤独。

民间文化的原生性以生命的直觉力(人类可遗传的天资)为圆心,以朴素想象力为半径,产生出简单的语义系统和结构功能,维持着对心灵的浅层次开发,既满足了生命发展的内在需要,又免除了知识重负的外在烦恼——若能在这种近乎民间文化发生学的意义上去体会民歌、民谣、民风、民俗的话,想必会有一番别样的理解。

---

[1]《尚书·舜典》。
[2]《毛诗序》。

五、"精英"分流

古往今来，对于民间、民间文化，"精英"（官乎？士乎？）们的阐释比比皆是，统在一起，可大致分出三个阶段、两种类型。

（一）古典阶段。此期特点有三。其一，官民之分乃有意为之，且官贵民贱；其二，民之风俗，可观可用；其三，官、民文化，可以互补，可以转换。

孔子曰："君子怀德，小人怀土。""君子喻于义，小人喻于利。"并曰："民可使由之，不可使知之"[1]。老子曰："不尚贤，使民不争……是以圣人之治，虚其心，实其腹，弱其志，强其骨。常使民无知无欲。使夫知者不敢为也。"[2] 韩非则曰："不恃赏罚而恃自善之民，明主弗贵也"[3]，又曰："君上之于民也，有难则用其死，安平则尽其力。"[4] 诸子们不仅认可官与民之分和官贵民贱之别，更进一步替"君"阐明了治民之术。在这点上，《商君书》堪称最佳之作，其曰："民弱国强，国强民弱……故有道之国务在弱民。"为什么呢？"民辱则贵爵，弱则尊官，贫则重赏，以刑治，民则乐用，以赏战，民则轻死……民有私荣，则贱列卑官，富则轻赏。"因此，官府的本质正在于与民作对："政作民之所恶，民弱；政作民之所乐，民强；民强国赢。"此其一。

《礼记·王制》记载："天子五年一巡守。岁二月……巡守……命太师陈诗以观民风。"孔子承周礼，集纂诗三百，谓之"诗可以观"（观风俗之盛衰——郑玄；考见得失——朱熹）。至汉代，官方"立乐府而采歌谣……亦可以观风俗，知薄厚云"[5]。何以观之？《毛诗序》云："情发于声。声成文谓之音。治世之音安以乐，其政和；乱世之音怨以怒，其政乖；亡国之音哀以思，其民困"，此乃可以观。然何以而用？"先王是以经夫妇，成孝敬，厚人伦，美教化，移风俗……上以风化下，下以风刺上。"[6] 难怪《诗》会升为《经》，千古传诵，无比庄严。此其二。

至于官、民之别及在"官本位"前提下两相互补且两相转换，"精英"们亦有论述。"发乎情，民之性也；止乎礼义，先王之泽也。"（《毛诗序》，其似乎窥视到了民间文化之"原生性"所在）"盖风雅之述志，著于文字；而谣谚之述志，发于语言。语言在文

---

1 《论语》。
2 《老子》。
3 《显学》。
4 《六反》。
5 《汉书·艺文志》。
6 《毛诗序》。

字之先。"故"欲探风雅之奥者,不妨先问谣谚之涂"。[1]而相比之下,"谣谚皆天籁自鸣,直抒其志,如风行水上,自然成文,言有尽而意无穷,可以达下情而宣上德,其关系寄托,与风雅表里相符。"(刘毓崧《古谣谚序》,此公不但言及民间文化之"厚生性",亦指出了其"优长性"。同时,似乎还阐发了以官为本的"官民无二"思想。)号称"闲斋老人"的隐士以《儒林外史序》为题,在为民间野史正名的同时也大谈若能以"正确读法"去读野史民文,便可感悟其中之忠义道德的"官民不二"看法。其曰:

> 古今稗官(专司搜集街谈巷语,了解民情民俗之职责的小官)野史不下数百千种,而《三国志》《西游记》《水浒传》及《金瓶梅演义》,世称四大奇书,人人乐得观之。……稗官为史之支流、善续稗官者可进于史……俾读者有所观感戒惧、而风俗人心庶以维持不坏也。

刘毓崧亦明确表述出"官(士)民互补"之观点:"谈风雅者,兼诵谣谚之词,岂非言语文学之科实有相因而相济者乎?"此观点在中国文人文学史乐府传统中得到了充分的体现:汉设乐府,命官采诗,于是有"汉乐府民歌"(缘事而发);在其影响下继之而起的是曹操诸君的"古题乐府"(借古题写时事)和杜甫诗圣的"新题乐府"(即事名篇、无复依傍);直至白居易倡导"新乐府运动"(歌诗合为事而作,为君为臣为民为物为事而作);等等。对于"官本位"前提下的官民转换,官民互补,荀子的观点可谓深刻独到:"天地生君子,君子理天地。君子者……民之父母也"(《王制》,此言官之役民,天经地义,官在上,民在下,命之使然),又曰:

> 虽王公士大夫之子孙也,不能属于礼义,则归之庶人。虽庶人之子孙也,积文学,正身行,能属于礼义,则归之卿相士大夫。

其言官民相对,可以互换。接下来则还有"君者舟也,庶人者水也。水则载舟,水则覆舟"等等,皆乃名言,千古传诵,虽有重民思想,却只是出于为巩固君权而识民、治民之权术而已。这样的"官民不二""相因相济"观点乃典型的"士文化"精神。其

---

[1]《古谣谚·序》。

位居中庸，在承认官民之分的同时，有意无意淡化了"唯官独尊"的强权倾向，时常表现出一种矛盾两难的摇摆选择。

值得一提的还有明代冯梦龙的《序山歌》。其主要观点是：（1）"书契以来，代有歌谣"（开宗明义指出民间文化之悠久长存）；（2）"唯诗坛不列，荐绅学士不道；而歌之权愈轻，歌者之心亦愈浅"（指出官方文人对民间的歧视排斥以及由此而产生的民间"非官性"——因权轻势弱而与官方教化相左）；（3）"但有假诗文，无假山歌。"因为"山歌不与诗文争名，故不屑假"（不仅强调民间与官、士各属不同系统，肯定民间之真，更颂扬民间不屑与官、士为伍之特殊气质）；（4）山歌"以是为情真而不可废也"（针对一般文人不以山歌入文坛而大声疾呼山歌可存不可废）；（5）"今所盛行者，皆私情谱耳……若夫借男女之真情，发名教之伪药"（以民间之真性爱，攻官、士之假道德）。

（二）现代阶段。从文化分期意义上讲，中国的现代当萌发于西方传教士的进入。自1601年葡萄牙的利玛窦（天主教）"身穿儒服上北京"，与万历皇帝会见，1814年美国的马礼逊（基督教—新教）在广州用汉文翻译出版《圣经》之后，中国文化便注定了要发生其漫长而艰辛的变革。太平天国——虽然其本身在得势之后照样立帝称王，搞等级分封，照样搞后宫六院，但毕竟高扬"人人皆兄弟"的口号，明确反对"官本位"的文化分层。三民主义——身为农家子弟，曾数次远渡重洋，深受西方文化熏陶的孙中山先生凭借对中国现实社会诸弊端的切身感受果断提出以"天下大同"和"四海一家"为理想目标的民生、民权、民族之系统主张，虽未真正得以实施，却给中国几千年的"君主"文化以致命撞击，开了"五四"新文化倡导"民主"的先声。五四运动——此间"替民请命"之人就举不胜举了。"民主"成为社会风潮，逆之者为世人所不齿。李大钊的《庶民的胜利》以俄国革命为例，大声称赞民众的解放。一时间，国家社会如同翻了个个儿：民间团体、民间报刊、民办学校、民办工厂……乃至民间暴动，此伏彼起，层出不穷，大有誓与官文化决裂之派头。在这样的文化变革背景下，学者们（尤其是"学成归乡的留学生"）开始以新的目光、新的视界关注中国的民间文化。此间，北大创建"歌谣研究会"，出版《歌谣》周刊，何思敬、钟敬文等发起组织"中国民俗学会"，胡适、周作人、顾颉刚、郭绍虞等研究中国民歌，茅盾、闻一多等研究中国神话，鲁迅以古代传说为蓝本"新编故事"，费孝通等则为了"科学地去认识中国社会"而深入民间，分析"乡土中国"。[1]

所有这些无不体现了中国官、士、民三等分层且"唯官为尊"之传统的动摇和一定程度的解体，标志着底层的"民间文化"有可能在不久的将来重见天日，重放光芒。而此"可能"确也在作为一代领袖的毛泽东提出的"为人民服务"口号声中进入了"最佳状态"。料所未及的是，不知由于物极必反之故还是百足之虫死而不僵之因，中国之"官本位"传统不仅未在后来的几十年内退出历史舞台，反倒一度以变本加厉的样式顽强地存活下去。"为人民服务"的口号逐渐异化成狂热虚假的"红旗歌谣"（大跃进），接着是变为对知识分子（士）施以灵与肉的"世界观改造"之借口，继而更是升级为对一切"逆民"实行"全面专政"之根据。此间，民间文化的自身命运未见得就有多大改善，忽而被斥为"四旧"（低级、下流、庸俗），忽而被打入"封、资、修"系列（落后→愚昧→反动），不是横遭查禁便是被彻底铲除。于是，民间无文化，文化无民间，天空中只剩下一个神化了的"太阳"，地面上只余下一首加工了的"民歌"。在一片专政声中，民间尚被打入地狱，还谈得上什么研究？于是在原有的空白上又留下一个阴深的黑洞。中国的历史，反反复复，循环兜圈，到头来还是没有超越官、士、民之分层，没有走出官本位的魔圈。

（三）当代阶段。其勃发于20世纪80年代中国的第二次开放：西方现代化模式引起的挑—应战问题重新提出，"五四"新文化的幽灵再度重现，以文人文学之"寻根"为发端的文化复归浪潮逐一兴起；作为对烂熟而衰败的"官文化"之反动，阳刚、荒蛮、简单、朴素、真挚、豪爽、耿直、仗义……各式各样的民风卷带着热辣辣的野性，冲击着旧有的观念和秩序，冲击着僵化的心灵，震撼着麻木的身躯。

中国兴起了一股向民间复归和民间向自身复归的潜流。刹那间，气功在普及，八卦在复兴，少林高手受到各方崇拜，武侠小说被万众争阅；鸡血疗法，太极养生，耳朵听字，隔墙见人，念经拜佛，出山布道……串讲官场笑话可使人哑然捧腹；传递小道消息可令人瞠目结舌，民间刊物此禁彼出，地下录像到处叫座；等等。真可谓"松绑"之后，无奇不有，日日翻新——被扭曲的民间开始以"扭曲"复施官方，奉还社会。在这样的背景中，中国的民间文化研究得以复苏。学者们以引进翻译为先导，以招出前辈为标旗，开始了艰辛惨淡的营生。然而翻译引进也好，旧梦重温也好，以民歌民谣入手也

---

[1] 费孝通：《学术因缘五十年——编〈云南三村〉书后》，《读书》1988年第2期。

好，以神话图腾拓展也好，始终走不出旧有的套路(甚至达不到旧有的水平)。原因何在？一言以蔽之：中国当代的民间文化(自然包括民间文学、民俗学等)研究没有找到自己的学科生长点，尚不能明确回答有关民间文化的若干本体问题：民间文化是什么？在哪里？从哪来？到哪儿去？为何要研究民间？深一步看，人们的确介绍了不少西方成果(概念、方法、观点、学派)，却不去深究它们的内在生长点，亦即原动力，如早期传教士帮助殖民扩张而了解亚洲文化史，中期人类学家之为了突破"欧洲文化中心论"而阐释非欧模式，又如后期学者之为解决社会冲突而关注大众文化以及为了干预决策而进行民意测验，发表有关民间心态、民间动向的学术专著——《菊花与刀》影响了美国的对日政策，《美国梦寻》改变了美国的自我形象，而"罗马俱乐部"的一系列非官方报告则不断冲击着各国政府的基本决策。此外，人们似乎仅满足于简单地重复"五四"观点却不愿(不能？)踏上新文化运动所铺垫的"民主"台阶，非官非民，上不去，下不来，不痛不痒不明不透……要不就是一旦记起了要"寻根"之后不是进入活形态的民间，而是一头栽进无休无止的文献符号里面，沉没在各说其是的烦琐考据之中……

无论"精英们"如何阐释，民间永远以民间之形态存在和发展。其恰似"测不准"之原子，若不测，便在；若测，便不在——因为那被测过的"在"已不是它自身了。也就是说，经过"精英"们整理、阐释过的民间文化顶多是加了连字符的"精英—民间文化"而已。至于存活于当代世界的民间文化，其全不顾"精英"们是有意还是无意的冷落，照例在那儿生长和变化着：从到处蔓延的"邓丽君"(通俗歌曲)、"琼瑶"(言情小说)到迪斯科、霹雳舞、比基尼到健美赛，从已在大一统汉文化圈内整体地变为民间了的少数民族文化到在漫长的城乡对立中至今仍处于底层的乡村山寨，从刚刚冒头的民办企业到重新复兴各种民间节庆……民间文化似乎正在由计划经济向市场经济变革的潮流中，重新找回自己合适的位置，并力求在未曾全然改变的官、士、民分层传统中，尽可能发挥其第三世界的特殊力量——尽管这种"找回"和"发挥"离真正意义的"以民为本"(from the people, by the people, for the people)还相距甚远。尽管如此，中国民间文化的世代传承及其发展变化已向习惯于研究 Folklore 的专家学者们提出了挑战却是显然的事实。

中国古代民间绘画艺术中的时间与运动[1]

刘敦愿 ※

绘画艺术的特点是以两度空间的平面形式来再现生活,在这方面,与一般摄影技术的功能有些类似,即只能以画面的"一顷刻"来表现所描绘的物象,因此在表现时间与运动方面,必然具有很大的局限性,为此,画家如何"选择最富于孕育性的那一顷刻,使得前前后后都可以从这一顷刻中得到最清楚的理解"(莱辛:《拉奥孔》),便成为绘画创作的一个重要课题。[2] 法国伟大雕刻家罗丹,对于这个问题曾作过专门的论述,他以古今艺术大师们的杰作,发表了许多很深刻的见解。所引用的范例,固然是以单一主题的某幅绘画或某座雕塑品为主,如籍里柯的《爱普松赛马》、吕德的《马赛曲》、他自己的《加莱义民》等等,说明如何使欣赏者从这"一顷刻"的静止的物象中,突破了造型艺术特点带来的局限,想象到与图像有关的时间与运动。与此同时,罗丹也提到了另一种"原始的"表现方法,即在同一张画面之中,使用数个不同场面的描写,表现出时间的进行与事态的发展——或者说是,描写不同时间内发生的情节的多幅绘画,融汇在一个巨大的画幅之中,因而取得了戏剧般的效果,为此他特别列举了委罗奈斯的《欧罗巴》与华托的《发舟爱之岛》的例子,并作了详细的分析。[3]

---

[1] 刊于1990年第5期。
※ 刘敦愿(1918—1997),历史学家、美术理论家、考古学家,曾任山东大学教授、山东大学历史系考古教研室主任。
[2] 参见高等艺术院校《艺术概论》编著组《艺术概论》第五章"艺术的种类",文化艺术出版社,1983年,第131页。
[3] 参见[法]罗丹口述,葛赛尔记,沈琪译,吴作人校《罗丹论艺术》第四章"艺术中的运动",人民美术出版社,1983年,第41—45页。

罗丹的这些卓越的见解，对于我们从事艺术创作，自然可以摄取重大的教益；就古代艺本的研究而论，我们也可由此获得种种启示，从而加深我们对于古代艺术品的分析与理解，因为所言即艺术创作法则，估计在古代，必定也可看到种种原始的、简单的、萌芽状态的迹象，如果加以发掘与整理，从中探索其发生、发展与继承关系的轨迹，未必是不可能的。尤其是中国古代，地下蕴藏的文化遗产，随考古事业的发展，而资料日益丰富，其中许多小型的精美的美术作品，数量相当可观，然而一般由于形体大多细小，或形质古旧（甚至是残破的），出自无名匠师或民间艺人之手，因此隐没在一般生活用具与工艺品中，未曾受到应有的重视，实际上却是小可观大，据之可作多方面理论的研究，还是一个有待作进一步开发的园地。现在便以绘画艺术中的时间与运动为中心，就我个人过去所作某些研究接触到的有限资料，选择一些曾使我印象深刻的例证，作一个初步的尝试。

例一　中国古代的奔马，都是"爱普松"式赛马

罗丹曾举《爱普松赛马》一画为例，认为籍里柯画的那种极力奔驰的群马"像俗语说的那样，肚子碰着地奔跑——就是说马蹄同时前后"，这在现实生活中却是根本不存在的，"若说是发生在同一时间内，那么这样的那便是真实的。既然它是我们见到的真实，给我们深刻印象的真实，而我们认为重要的，就是这种唯一的真实"。他认为这种艺术的真实最可珍贵，"因为实际上时间不会停止"。

根据罗丹一段人所共知的名言，反观中国古代绘画艺术的奔马，便令人十分惊讶地看到，几乎无例外的都是"爱普松"式的奔马。例证自然俯拾皆是：

河北定县122号墓出土一件西汉狩猎纹铜车饰，全形作管状，长26厘米、径3.6厘米，在如此狭小的面积里，分四个区段，用细如毫发的金丝嵌出126个人物与鸟兽。

图1上

在第二区段里，勇士射虎居于中心部位，他的坐骑与尾随扑来的猛虎，都是四肢分张的姿势，显示出马的疾驰与虎的雄健，十分生动。（图1上）

山东沂南汉画像石墓出土的角抵图像，其中马术表演，献技的儿童所驾驭的，也是这种"肚皮碰着地奔跑"的马匹。（图1下）汉画像石的奔马都是如此，写实的与神话的奔兽也同一设想，估计战国时期便已如此了。在日后的中国绘画以至雕塑艺术中，这种"爱普松"式奔马，形成一种传统的格式，长期沿用，甚至到了唐代，画马技术已很娴熟，表现方法已渐复杂的时候，这种画马方式仍然居于主导地位，昭陵六骏中的青骓、什伐赤、特勒骠三骏还是如此，由此可见一斑。[1]

图1下

19世纪杰出的现实主义绘画大师，与公元前后，中国古代无名师匠，彼此不谋而合，也说明这种艺术上的真实，在人们的审美心理方面，竟然具有如此广泛的基础。

例二 弋射场面中动态与静态描写的结合

以风俗画题材用作图案的基本单位，移植于青铜器上，是中国青铜器艺术装饰方法上的一项创新，由于绘画风格写实，具有很高的史料的与艺术的价值。这里只就弋射与舟战作些论述。

弋射是中国古代曾很盛行的一种射鸟方法，系丝绳于短小的矰矢之上，绳末再系以石，射中猎物后，可以从容收回，防止它们带箭飞逃，或坠入草莽之中难于寻找。这种题材常见描写，而以故宫博物院所藏《宴乐铜壶》上的那幅水平最高。（图2）

在壶身肩部不太大的面积中，画沼泽之旁——以群鱼与小舟象征水的存在，一群全

---

[1] 参见刘敦愿《西汉动物画中的杰作——定县出土金错狩猎纹铜车饰画像》（《美术研究》1984年第2期）与《中国古代动物画艺术的细节表现》（《美术》1984年第9期）。

图2

身袒裸的射者除一人立于舟上之外，其余的都伏身于蒲苇之中，仰射被驱赶起来的雁群，虽然应该是"远人无目"，但这些水禽却一一画出目与喙，以显示惊恐鸣叫的刹那情景。天空完全为飞鸟所充满，中箭者在扑打挣扎，有的已在回旋下坠，幸免者则高飞远扬，状写可以说是相当全面的了。然而在画幅的左下部分，却出现了一些"不合理"的现象——一群水禽兀立在水边，尽管天空群鸟惊鸣，中箭者已快坠落到它们的头上，它们竟然无动于衷，应该说奇怪极了。

然而，如果从追求艺术的真实，以这一个角落静态的描写，来补整个弋射场面的不足，完整地标志弋射环境特点，与弋射过程的连续性的话，这又是一幅很成功的绘画作品。这个角落不仅描写出了弋射地点的景色，也说明这正是弋射开始之前，片刻的宁静。以雁群为主的水禽（其中显然包括有涉禽），憩息在水边，或延颈凝望，或互相抚偎；弋射开始之后，才群鸟冲天而起……场面既如此壮观，而弋射的时间程序也表现无遗了。

例三　舟战中桨手的"对撞"行为

舟战也是战国青铜器画像常见的题材，舟战是行之于南方多水地域的一种作战方式，先秦时期用之于楚、吴与吴、越之间。文献记载很简略，图像提供了较具体的情节：战船的结构奇特，舱面形成一个平台，除了旌旗、金鼓、兵仗而外，另无其他设施，这类镌铸在青铜器上的图像，采用的是解剖式的画法，甲板下的桨手，虽然历历可数，实际上是隐蔽于舱中以保障安全，在外面是看不到的。作战方式是敌对双方的船头紧贴，这样既便利两军短兵相接，也可使胜者追击夺船。《宴乐铜壶》上的那幅描写的是鏖战方酣的刹那（其他器上的舟战也是同一格式）[1]，在这种情况下，桨手配合战斗，

---

[1] 参见郭宝钧《山彪镇与琉璃阁》，科学出版社，1959年。

理应放缓运桨活动，有如运船靠岸，仰身反划，使双方船头紧贴；如今见到的相反，双方桨手都在俯身大步，有如龙舟竞渡的姿态，像是在使两船对撞——舟战中这种情况不排除偶然有之，如两方猝然相遇，位置有利的一方以船头撞击对方侧舷；或是情况危急，决心与敌人同归于尽，一般恐怕不致使用这种于双方都很不利的办法。这个问题看来貌似有欠精确，实际上却是画家的匠心独运，所要表现的是接战之前，双方全速前进寻敌求战的心情，把舟战的时间向前作了延伸，把不同时间内不同的动作，"浓缩"在同一场景之中了。（图3）

图3

例四　汉画像石出行行列的公式化及其变通

汉画像石艺术估计大多出自民间匠师之手，不少作品是公式化的，有的甚至是幼稚与粗犷，其中当然也时见高明与深刻之作，反映中国绘画艺术不仅有很大的提高，而且也普及到民间，应用范围更加广泛了。

车马出行是山东汉画像石最常见的题材。画面都作带形，从侧面来展示这个行列，大体总是四种不同身份的人物交相杂错组成：步行的前驱，乘马的导骑，陪同的副车，主车比较靠后，主要是"以文为贵"与"以多为贵"，用来显示墓主生前政治的与社会的显赫，人马车骑的组合，队列的长短，其规格是否与实际相符，情况可能很复杂，但这种题材的使用已成俗套，风格也公式化了；不过有的匠师能超脱陈规的束缚，略加变通，便呈现出了点石成金的效果，他们只须在队列的首尾，添画两所府第的大门，队列未离开这个府门，主人送客，客人道别，而队列的前驱已抵达另个府门，主人已在门前恭候客人的驾临，这样便十分巧妙地既展示出了出行行列的排场，同时也描述出了官场

送往迎来生活的虚伪，不无讽刺的意味。[1]（图4）

图4

例五　汉画像石艺术中有关性文化描写

史前时期男女地位平等，婚恋生活自由的历史传统，往往能够顽强地保存长久，由于时过境迁，后世已难于理解，被看作奇风异俗，这是各国历史中数见不鲜的事。《诗经·国风》中便保存了许多男女情爱，以至欢娱幽会的描写;《周礼·地官》：

媒氏掌万民之判……仲春之月，令会男女，于是时也，奔者不禁；若无故而不用令者罚之，司男女之无夫家者会之。

大约是行之于民间的、习惯性的"婚姻法"，而与贵族阶层繁缛的婚礼有异。20世纪30年代中，学者从文化人类学的角度进行科学的研究，指出这些奇风异俗渊源有自，不过是远古群婚与对偶婚制的一点残余迹象而已，在当时的中国学术界中曾引起巨大的反响。

至于这残余习俗，在中原地区（少数民族地区自然例外）究竟延续到什么时候，便很难说了。春秋战国之际，是中国古代社会经济发生剧烈变化的时期，"礼崩乐坏"，估计种种原始的与较古老的制度与习俗从此急速地消灭掉了。然而出人意料之外，近年在平阴县孟庄的一座东汉画像石墓的墓柱上，发现成组的节庆风俗题材的画像，成群的男女昼以继夜地进行狂欢舞蹈，（地表画有篝火，可知包括夜间）与以往出土的画像石风俗题材不同的是，在这里毫不避讳地直接描绘出男女的性器官，个别地还对男女正在交媾与准备交媾作了表现，简直可以看《鄘风·桑中》《郑风·溱洧》等诗篇的插图而有过之。（图5）古语说："礼失而求诸野"，三代的典章制度，在几百年中可以扫地无余

---

[1] 参见山东省博物馆、山东省文物考古研究所编《山东汉画像石选集》，齐鲁书社，1982年，图56、83，本文插图取后者。

（儒家"遵古改制"，是它的再生态，是个另外性质问题），而种种极为古老的风俗，在"齐鲁礼义之乡"的个别地方，仍然相当顽强地有所表现。

这些表现性文化的描写，有个很重要的特点，那便是无论是交媾中的还是准备交媾的男女，没有一个是画成裸体的，某些个（不是所有的）舞蹈者，衣下画出了性器官，这固然是为了区别男女，同时也表示将借这些节庆祭祀活动"令会男女"。这种人物造型，形象是很滑稽可笑的，不禁令人联想到三国刘备时的一个幽默故事，事见《三国志》卷三十八：

> 时天旱禁酒，酿者有刑，吏于人家索得酿具，论者欲令与作酒者同罚。（简）雍与先主游观，见一男女行道，谓先主曰："彼人欲行淫，何以不缚？"先主曰："卿何以知之？"雍对曰："彼有其具，与欲酿者同。"先生大笑，而原欲酿者。

简雍的巧谏，以免刑法之滥；孟庄汉画像石中人物的"彼有其具"，却确是"彼人欲行淫"，甚至是已经行过淫了，画家正是借用歌舞这个场面，如莱辛所说的，"选择最富于孕育性的那一顷刻，使得前前后后都可以从一顷刻中得到清楚的理解"。

图5

例六　围绕一只狗的生死而展开的晋献公杀太子申生故事

嘉祥县宋山村出土的一块画像石，石近方形，分为四层：第一层画西王母与相关神祇，第二层画周公辅成王，这都是山东汉画像石常见的题材，第四层画导骑与车马更是公式化作品，只有第三层图像很特殊，一群宽袍博带的人物在言谈周旋，画面中心部位，地上仰卧一只死狗。这既不像在屠狗以供庖厨——画像石中常见屠狗场面，都是挂狗井旁桔槔木柱上进行剖剥，当然更无可能是解剖学教授在进行讲课。（图6）这仍是古代的一个著名的历史故事，即春秋时期晋献公听信骊姬之谗而枉杀太子申生的事件，战国秦汉以来盛为流传，统治阶层经常引为鉴戒，因此见于画像石题材也是理所当然的。

图6

这个事件的经过，在《左传》与《国语》两书有详细记载：晋献公宠爱骊姬，并拟废除嫡长子申生，而立幼子奚齐继承王位，骊姬对申生进行了阴谋陷害。《晋语二》记载说：

> 骊姬以君命命申生曰：今夕梦君齐姜，必速祠而归福。（韦昭注"福，胙肉也"）申生许诺，乃祭曲沃，归福于绛。公田，骊姬受福，乃寘鸩于酒，寘堇于肉；公至，召生和献。公祭之地，地坟，申生恐而出。骊姬与犬肉，犬毙；饮小臣酒，亦毙。公命杀杜原款。（韦注："原款，申生之傅也"）申生奔新城。……雉经于新城之庙。

这幅画描写的正是"与犬肉，犬毙"的刹那情景，死狗右侧，躯体雄伟的站立者应是晋献公，身后的"小人"应是也将送命的小臣，小臣身后的妇女，那自然是骊姬无疑的了。死狗左侧,跪而献物的应是太子申生,身后可能便是师傅杜原款,至于再后的两人,大约是一般廷臣与侍卫,就无关紧要了。

第四层的车马出行,看来似是公式化的描写,实际上却与第三层的历史故事有着密切联系,这幅图像不同于一般的地方,便在于宫门前一人捧盾迎候之外,还蹲有一条狗——这条狗很重要,表示晋献公田猎归来时,它还活着,第三层便是这个故事情节的展开,狗的突然死亡,预示着一场骇人听闻的事变马上就要到来了。[1]

例七 "螳螂捕蝉,黄雀在后",臂甲线刻所见"食物链"

云南江川县李家山的一座滇文化早期墓中,出土了一件满布线刻动物图像的青铜臂甲,时代约相当于战国末年至汉武帝之前。

在这件臂甲不及 140 平方厘米、大体呈"凹"字形的画面中,线刻了 18 个大小不同的动物,其中:大虎二、小虎三、野狸一、野猪一、鹿二、猴一、公鸡二、蜥蜴一、鱼一、虾二、昆虫二。除公鸡是家禽之外,其余都是野生动物。

这个臂甲的线刻图像分为两组:双虎及其三子居于正中的部位,大部分的野生动物附属于此,一方面表示所处山林野景,另一方面也表示虎为山林之长,威慑百兽,臂甲画虎,以象征战士的威猛。在这件臂甲展示图的左下角,所描写的则是村居生活的小景:群鸡在室外觅食,一只豹纹的野狸闯了进来,衔走了一只硕大的公鸡。这幅图像非常明确地在表现一个天敌之间弱肉强食的关系,中国谚语所说的"螳螂捕蝉,黄雀在后"悲剧的连续过程。[2](图 7)

图 7

---

1 参见拙作《〈山东汉画像石选集〉中未详历史故事考释》,《东岳论丛》1984 年第 2 期。图见该《选集》图 182。
2 出土情况与臂甲图像见《云南江川李家山古墓群发掘报告》,拙作《古代艺术品所见"食物链"的描写——云南江川出土青铜臂甲动物图像试释》一文亦可供参考(《农业考古》1982 年第 2 期)。

所以如此云云，因为如果是野狸偷袭鸡群，鸡群就不会只是两只公鸡，至少是一公一母，甚至是许多的母鸡，不会恰恰只是两只形态大小完全相同的公鸡——这两只公鸡实际是同一只公鸡，图像说的是它先后不同的遭遇：一只硕大的雄鸡，捉到了一只蜥蜴（蜥蜴的体形有些夸大），雄鸡高冠、长尾、壮趾、利距，体型雄健，态度安详，完全是一副胜利者的姿态；但一只豹纹的野狸对它窥伺已久，这只公鸡顷刻间又成了它的猎获物，鸡颈已被咬住，目瞪口呆，仍然保持着方才惊叫的刹那情景，而身体已被悬起，尾羽与双足低垂，完全丧失了挣扎的气力，这回胜利者该是那只豹纹野狸了，它衔着猎物，弓起矫健而灵活的躯体，高举着有力的尾巴，得意极了。

例八　长沙马王堆棺饰的动物故事与连环图画

湖南长沙一带，自古素称"卑湿之地"，然而战国秦汉以来，墓葬由于封闭与防腐技术特别卓越，不仅极易腐朽的器物，如竹木器皿、丝织品等完整地保存了下来，甚至西汉文帝时的轪侯夫人的鲜尸也被保存了下来，简直不可思议。在她的墓中，出土了许多西汉前期的艺术品，最著名的是那幅作T字形的帛画，体现出了出人意料的卓越水平；其次就是她的第二层内棺上的黑地彩绘图像了——这具内棺，除底面无彩绘之外，五个面满画萦回缭绕的云气，在云气间隙中间，填画了各种神怪与鸟兽（写实的与想象的）116个，分成57组，（单独存在之外，两两组合在一起的最多，三个一组的极为个别）内容复杂，表现方法特异，至今难于作出妥善的解释，为中国古代宗教神话史与古代艺术的研究提出了新的问题。[1]

根据中国古代的传统观念，人的魂与魄是有区别的，魂指人的精神，魄指人的身体，魂附于魄，人死之后，魄归于土，而魂则可以脱离躯体，上下四方地自由遨翔。因此推测黑地彩绘棺饰创作的意图，死者的躯体虽然已经密封在里面了，而她的灵魂却可上升云际，与天上的神、山林川泽的灵怪共徘徊，享受身后世界的欢乐。

这些填画于云际的神怪与鸟兽，看来似乎各不相属，但略加整理，又可看出有些确是连续性的故事，不过没有画在一处罢了。现在可以看出来的有三组：

第一组是羊与鸟相嬉戏：一只羊用套索系住一只鸾凤或朱雀的脖子，后者进行抗拒；抗拒无用，只好跟着羊走了；羊来捉鸟做什么呢？原来是把它用作坐骑，到处游

---

[1] 参见《长沙马王堆一号汉墓发掘报告书》。孙作云《马王堆一号汉墓漆棺画考释》（《考古》1973年第4期）对此作了研究，本文所用插图取自孙氏此文。拙作《论长沙马王堆一号汉墓黑地彩绘图象及有关问题》亦可供参考（《湖南文物》创刊号1986年）。

‧理论探索‧

耍。（图8）内容很滑稽，但在技术上有缺陷，三幅画中的羊画得还算相似，而鸟却各不相同，可能信手画来，不甚经意，下两组也有这种缺点。

第二组是一只怪兽路上看到一只死鸟，如获至宝，偷偷地拿走，还东张西望，怕别人看见，故事到此为止，没有展开下去。（图9）

第三组是一只鸟在寻寻觅觅，它找到了一条蛇，把它衔去送给一个神怪，（蛇画得短小）那个神怪享受美味后，坐下来休息，蛇尾还露在外边。（图10）

其他神怪与神怪、动物与动物相斗相戏的描写，估计都有有趣的故事情节，可惜都是偶然涉及，不得而详了。

这种种描写，当然都是在表示时间的推移与事件的展开，明确无疑地可以看作连环图画的开始，说是最早的童话插图与漫画也未尝不可，资料很珍贵，问题也很复杂。

以上的记述，卑之亦无甚高论，不过是个人读《罗丹论艺术》后的一篇随感而已，所据资料限于先秦汉时期，多是大家所习见，只有山东平阴孟庄汉画像石是新出土的资料，发掘报告尚在整理之中，承蒙济南市文化局文物处惠允引用所需图像，特附此谨致衷心的感谢。

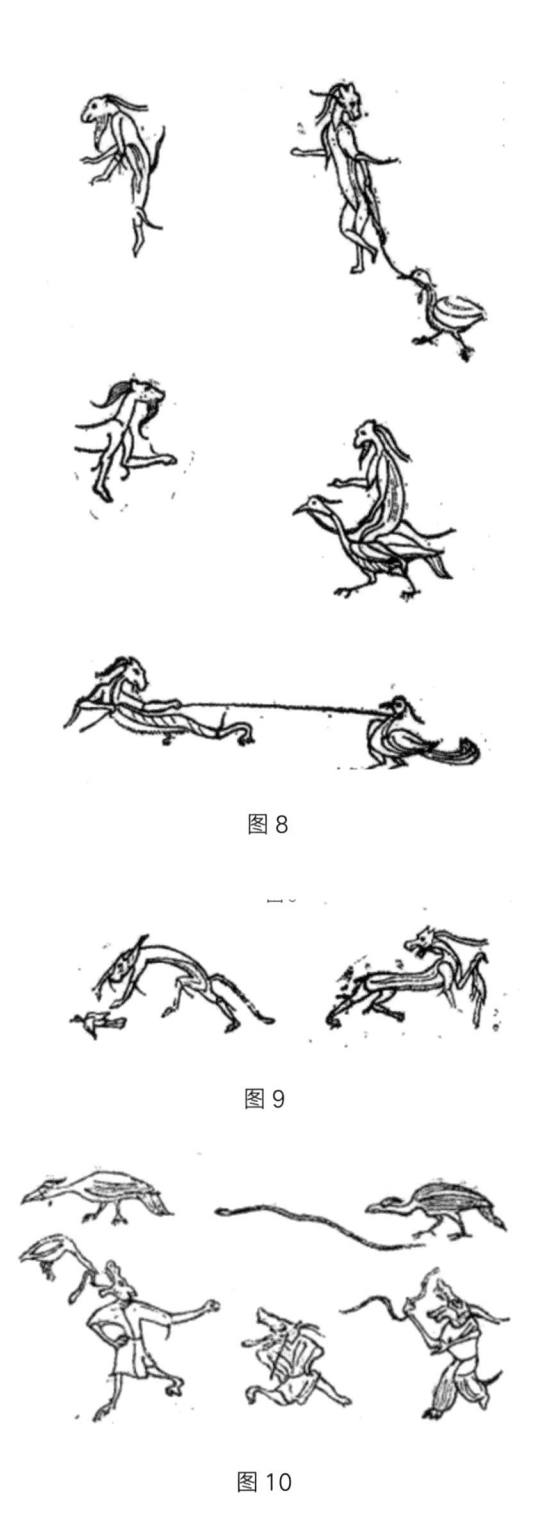

图8

图9

图10

中国民间叙事中的禁忌主题与禁忌民俗之关系[1]

万建中[※]

民间叙事（Narrative）一般包括神话、传说和故事，为民众现实生活的反映。千奇百怪，渗入民众生活诸方面的禁忌民俗事象自然会成为民间叙事表现的内容之一：禁忌主题是民间叙事中一个频发性主题，对此主题，以往民间文学研究者仅仅对其一类禁忌主题进行过系统的分类（只限天鹅处女故事和禁室型故事），而无其他论述。

英国哈特兰德（E.S.Hartland）有《童话学》（*The science of Fair Tale*）指出禁忌主题在童话中的大量存在，并将世界范围的此类童话分两类：一是禁室式，一是丘比特与普赛克式。另外，他对天鹅处女型故事作了精辟分析，认为此型故事是表现禁忌的。赵景深先生在20世纪20年代末出版了《童话学ABC》，可说是迄今为止，我国"从民俗学上立论"（作者序言语），研讨民间故事的唯一专著。赵先生系统介绍了哈氏的成果，但无新的建树。汪玢玲在《天鹅处女型故事研究概观》一文中，[2]尽录了哈氏的观点。并对中国天鹅处女型故事的产生流变及分类作了论述，指出了其中蕴含的禁忌主题"正是古俗遗留的重要表现"。

除此之外，我们很难觅到从禁忌主题入手研究民间文学的文字了。这一饶有趣味主题再无人问津。

目前，我国学者对禁忌的认识仅仅是停留在西方20世纪初的理论水平上。英国弗

---

[1] 刊于1991年第5期。
[※] 万建中（1961— ），北京师范大学中文系教授，民俗学与文化人类学研究所所长，中国文学艺术界联合会第十届全委会委员。
[2] 此文载《民间文学论坛》1983年第1期。

雷泽在《金枝》一书中谈到禁忌的原则时说:"如果某种特定行为的后果对他将是不愉快的和危险的,他就自然要很小心地不要那样行动,以免承受这种后果。换言之。他不去做那类根据他对因果关系的错误理解而错误地相信会带来灾害的事情。简言之,他使自己服从于禁忌。这样,禁忌就成了应用巫术中的消极的应用。积极的巫术或法术说:'这样做就会发生什么什么事';而消极的巫术或禁忌则说:'别这样做,以免发生什么什么事。'"[1]

弗洛伊德从禁忌的对象界说道:"'塔布'(禁忌),就我们看来,它代表了两种不同方面的意义。首先,是'崇高的''神圣的',另一方面,则是'神秘的''危险的''禁止的''不洁的'。"[2]

问题是禁忌民俗最初是如何产生的?通过对民间叙事中一些具体的禁忌主题的根源的追寻,可以勾画出禁忌民俗发生的文化背景。禁忌主题有哪些主要的具体内容?它们对社会发展有何影响?人们对它们的认识有何发展变化?

在回答上述问题之前,需厘清禁忌主题与禁忌民俗的相互关系。禁忌民俗在民间叙事中得到怎样的反映?亦即禁忌主题是怎样反映禁忌民俗的?这是本文的内容。

所有这些问题,皆未被学者们涉猎过,本文试图为民间文学的研究拓宽一个新的领域。

以往研究民间叙事多从"类型"入手。将有相似情节的民间文学归类,进行比较研究,揭示其互相影响和流传变异的轨迹。此法优点是能展示同类型民间文学流变的历史纵深和其在不同地域的变异情况。运用此法研究的学者往往将注意力集中于历史渊源上。有时为了掘出一种类型的共源,作了大量考证,牵强附会在所难免。"主题"涉及的研究范围与"类型"不同。类型着重的是情节,而主题着重的是思想观点。由于禁忌本身内涵的极其丰富性,为我们的研究提供了多种渠道和角度,能够充分展现蕴含于民间叙事中的禁忌主题与民俗、宗教、民众心理等的内在联系。

探讨禁忌主题与禁忌民俗的相互关系,展现禁忌民俗在民间叙事这一特定的文学领域的传播方式和流布情况,就需要对反映禁忌民俗的民间叙事进行分类,禁忌主题在民间叙事中存在的方式不一样,使得它们在民间叙事中所处的位置也不相同。我根据这一

---

[1] [英]詹·乔·弗雷泽著,徐育新、汪培基、张泽石译:《金枝》(上册),中国民间文艺出版社,1987年,第31页。
[2] [奥]弗洛伊德著,杨庸一译:《图腾与禁忌》,中国民间文艺出版社,1986年,第31页。

不同，将此类民间叙事分为"完全式禁忌主题"和"非完全式禁忌主题"两大类，后者又由"故事内的禁忌主题"和"故事外的禁忌主题"组成。完全式禁忌主题是指禁忌主题包含在民间叙事中，在民俗中间同样存在，也即是说民间叙事和民俗皆出现内容相同的禁忌。非完全式禁忌主题与此不同。或禁忌主题仅存于民间叙事之中，民间并无相同的禁忌民俗；或民间叙事中本无禁忌主题，但其表现的主题却与禁忌民俗关系密切。前者我称之为"故事内的禁忌主题"，后者为"故事外的禁忌主题"。

一、完全式禁忌主题

我们先来看一则名为《讳九》[1]的故事：

> 草堰王老九的媳妇很贤惠，说话从不带公公名字的"九"和与"九"同音的字；王老九对此四处宣扬，有两个朋友不相信，愿跟王老九赌东道。
>
> 九月初，那两个朋友去王老九家，老九不在，请他媳妇转告："我们是张老九李老九。手里提的是一瓶酒，特乘今天九月九相约老九去喝酒。"说完去了。
>
> 老九回来，媳妇就对他说："一位名叫张三三，一位名叫李四五，手提一瓶交冬数（江苏为酒的代名），约定今天重阳节来请公公去赴宴。"两个朋友听了，东道输给了老九。

故事中表现了名讳的禁忌主题，民间亦存在此禁忌风俗，故此禁忌主题为完全式的。丁乃通教授编的《中国民间故事类型索引》中的875"避讳"型故事[2]，收录了三十三条，内容皆与《讳九》故事类似，为名讳。

如果说上面的名讳故事说的是一个守禁过程的话，那么还有另一种表现了完全式禁忌主题的故事，它们的情节由一个破禁的过程构成，其破禁的结果是禁忌民俗观念的验证。譬如说下面一个故事：

> （惭愧祖师）建寺的时候是使法术用稻草变的人建筑的，当时没有一个人

---

[1] 载娄子匡编《巧女和呆娘的故事》第16—17页。国立北京大学中国民俗学会民俗丛书，第9辑。东方文化供应社复刊，（台湾）东方文化供应社。
[2] 丁乃通：《中国民间故事类型索引》，中国民间文艺出版社，1986年，第264页。

晓得他，只有他的姊姊去送饭给他吃，后来他的姊姊也很奇怪他，想看看他用的什么法宝。所以有一天早上当她送饭去的时候，她便不对她的弟弟说，慢慢地翟进建寺的场里去，那些稻草变的人看见了她便忽然一概都变成稻草人倒在地下了，可是那时幸得寺也刚刚建好，正在给神像贴金身的时候。[1]

惭愧祖师的姊姊触犯了法术禁忌，致使法术失灵。施法术时，生人是不准在场的。现在一些巫师为保持法术的神秘性，仍遵守这一禁忌，钟敬文先生曾记述了他故乡关于人为什么会死的解释神话，正好印证了这一点：

人类本来是没有"死"这回事，到了老年，只要像虫类一般，脱了一层皮，便又回复少年了。后来，有某人正在脱皮时期，误被媳妇窥见（破坏了他的禁戒），从这以后，人间便永远存在着死神了。[2]

上面二种表现完全式禁忌主题的故事情节皆为一个守禁或违禁的过程，这就将处于相对静态的禁忌民俗化成了时间的艺术。当我们在叙说某一禁忌民俗事象时，几乎尽是这样的结构：某种人不能干什么，否则就有某种危险。如"五月盖屋，令人光秃""喜庆日忌打碎器皿"等等。禁忌民俗事象本身不能证明自己存在的理由，无说服力。另外，民众在实施禁忌事象的过程中，一切言行旨在完成禁忌民俗事象（程序），而不能展示出结果。这就给人造成一种错误认识：违禁的不幸仅仅是想象的。禁忌民俗事象所以能延续下来，主要靠习惯势力的作用。而民间叙事的禁忌主题正好弥补了禁忌民俗之不足。富有幻想色彩的民间叙事可以将禁忌的三个因素：实行禁忌的主体（人）——在一定时间和场合被禁忌的对象——禁忌的目的（结果）一并展现，使禁忌民俗形象化，达到艺术的真实。在我们论及的完全式禁忌主题里，所有的违禁都得到报应。这就为禁忌民俗的实施提供了活生生的例证，加重了人们在一定时间和场合对某些禁忌的恐惧心理，促进了禁忌民俗的流布。民间叙事和禁忌民俗皆为民众生活的一部分，含完全式禁忌主题的民间叙事为禁忌风俗的反映，正是文学的"反映"，使禁忌主题往往成为禁忌

---

1 廖嘉隆搜集：《阴那山的鱼、螺、米》，载《民俗》（国立中山大学民俗周刊）1928 年第 37 期。
2 钟敬文：《中国的天鹅处女型故事》，《钟敬文民间文学论集》（下），上海文艺出版社，1985 年，第 64 页。

风俗的补充和证明。当然，禁忌民俗事象又为确立完全式禁忌主题提供了素材和依据，致使含此禁忌主题的民间叙事得以口耳相传。因此，完全式禁忌主题和禁忌民俗的关系是相辅相成的。

完全式禁忌主题表现的往往是那些生命力最强的禁忌民俗和观念，并非所有的禁忌民俗和观念皆能形象划分完全式禁忌主题的故事。

二、非完全式禁忌主题

（一）故事内的禁忌主题

有的禁忌主题所反映的禁忌民俗和观点只反映在故事之中，而在现实中已不复存在，我称此禁忌主题为故事内的禁忌主题，下面我们来探讨这类具体的民间叙事。

湖南洞庭湖一带流传有渔夫和仙鱼的爱情故事。其梗概为，为报救命之恩，龙女送给渔夫一个宝盒，要他好好保存，什么时候想念她，要她出现，只要冲着盒子呼唤她的名字，就可以如愿以偿，不过，千万不要打开盒子。渔夫上岸后，龙宫一日，人间十年，村庄变样了，好似不认识了，他大为惊诧，急于想见龙王公主，问个明白，便无意中打开宝盒。只见一股浓烟升起，渔夫立刻由一个俊美青年变成一个八十岁的老翁，老死在海岸上。[1]

同类型的还有盘瓠神话，盘瓠原名龙犬，只要罩上金钟，蒸上七天七夜，就永远变成人形。可是高辛王后见婿心切，急于把金钟揭开，因只蒸了六天六夜，盘瓠从足部到颈部已成人形，但头部仍保持着龙犬的原来面目。[2]

两则故事表现的不能揭盖的禁忌主题，可能与图腾的观念有关。主人公看见的不该他们睹的事物，一为龙，一为犬，都曾为原始人奉为图腾，为原始人所崇拜。据闻一多先生考证，在中国古代沿海的初民（如吴、越）曾以龙为图腾。关于犬的故事，民间极多，干宝《搜神记》有"义犬冢"条。《山海经·大荒北经》："有人名曰犬戎。黄帝生苗龙，苗龙生融吾，融吾生弄明，弄明生白犬，白犬有牝牡，是为犬戎。"将龙、犬等物视为祖先和保护神的观念，就是图腾主义。"图腾"（totem）是印第安奥日贝语，原义为"他的亲族"或"他的兄弟"。原始人将图腾物视为自己的同类，因此，盘瓠遭难，

---

[1] 参见李岳南《神话故事、歌谣、戏曲散论》，新文艺出版社，1957年，第27页。
[2] 参见高明强编《创世的神话和传说》，上海三联书店，1988年，第130页。

即是盘瓠氏族成员的不幸。

龙犬作为图腾，尽管与氏族成员关系极为密切，先民们对其极为尊敬，但也会有几分畏惧。闻一多先生曾辩证地指出了人与图腾的这种双重关系，"传说，经过'祝发文身'（在身上画饰龙）的妆饰后，海中蛟龙，就把人看为同类，不加伤害了——这就说明人和龙毕竟是有矛盾的"[1]。对神圣之物，远古人看来，凡人应尽可能地与它们保持距离，敬而远之，这样才能确保它们永远处在神圣和神秘之中，而不致为凡人所侵犯而失去灵气。同时，凡人又可处于一种安全的心态之中，因为对崇拜的对象，人们总怀着恐惧心理，担心它们降祸于人。为消除人与图腾之间的矛盾，不惹恼图腾物，原始人必然会作生种种图腾禁忌观念和禁忌事象。这种不能擅自揭盖，看看里面的图腾物的禁忌很可能就是远古某一图腾禁忌观念和习俗的曲折反映。

从历史发展上看，越是人类早期，生产力水平低下，人们对自然的斗争处于软弱无力的状态，则伴随着宗教观念而俱来，禁忌也就越多。人类在图腾崇拜的年月，会有五花八门的图腾禁忌事象，对此，现代人是难以想象和描绘的。但这并不是说远古的图腾禁忌就无迹可寻。"人们还可能注意到禁忌与其他应遵守的禁条并探问其中的缘由。每一个禁忌的背后必定有，或从前必定曾经有过一种信仰。"[2]不能揭开宝盖（或金钟）及其他类似的禁忌事象，在现代民俗中不能找到，而存在故事之中，按反映论的观点，远古时代大概有相应的禁忌事象。

通过以上分析我们可以知道，叙事内的禁忌主题表现的尽管不是现在仍"活"着的禁忌民俗事象，但它并非臆造的，而反映了距今久远的图腾禁忌观念（有的观念在一些少数民族地区仍有）和禁忌民俗事象，它延继了一些古老的禁忌观念和禁忌民俗事象的"寿命"。因此，故事内的禁忌主题和表现这类主题的故事情节往往成为远古文化研究的极其珍贵的材料。

还有另一类故事内禁忌主题，它们与我们上面分析的禁忌主题关系紧密，亦渊源于图腾禁忌。

世界范围内，皆有动物助人和与人通婚的神话。比如，有一神话说，在近于爱克斯的一个城堡主人叫莱蒙特，他的妻子与他立约永不在赤裸时相见。结婚好几年之后，有

---

[1] 参见闻一多《端午考》，《闻一多全集》"神话与诗"，生活·读书·新知三联书店，1982年。
[2] ［英］C.S.博尔尼著：《民俗学手册》（油印本），程德祺、贺哈定译，中国民间文艺家协会湖北分会印制，1987年，第36页。

一天，他撕开了她沐浴时所用的幕布，因此，她立刻变成了一条蛇，钻进水中不见了。[1]大家熟识的《白蛇传》传说中的一情节与其有共同点。由于法海挑唆，许宣看见了现形为蛇的白娘子，两人关系骤然恶化，酿成悲剧。

这两则故事皆表现了凡人不能窥见化为人与人通婚的神怪之原形的禁忌主题。这类故事的产生，实际上是远古社会的以蛇为图腾的氏族与其他氏族婚姻关系的曲折反映。这种现实中的婚姻关系，到后来便演化为蛇与人联姻的故事。

人类由于惧蛇的缘故，原始人最初奉崇它视它为图腾。英国M.R.柯克士说，"蛇的崇敬，为恐惧所养育着。……蛇的形状一代代地传下来，被视为魔力的伴侣。蛇在世界上的每一地方都有的住着。这个动物时时为人所敬重。它的奇美怪丽与幽灵似的Quietude，它的制克较低动物们的魔力，它的致命毒涎以及蛇的别的性质与作用，可说明它所以被视为超自然者的原因。对于它的自附于人居的习惯，可追迹到它的友情与保护者的观念。"[2]人们产生了对蛇图腾的敬重和恐惧两种心理。敬重，使蛇演化为美女，成为男子追求的目标，而恐惧，使人害怕看到蛇的原形，蛇对自己的原形也竭力掩饰。于是，就有了上面两故事的禁忌主题。

随着人类生产力水平的提高，尽管人类图腾禁忌和图腾禁忌习俗淡漠乃至消失，但图腾物（比如蛇）与人们的日常生活仍有着密切关系。这样，就使人们对这些人兽通婚的传说仍津津乐道。

神圣之物体，在原始人眼里附着一种神秘的魔力，不仅禁视，也不能杀、吃、触摸，甚至不能直称，若违背，就是亵渎，是要受到惩罚的。

彝族的《大雁姑娘》传说中，雁姑娘因丈夫说了"雁毛变的女人"这句话，妻子的原形一经道破，便脸色惨白地在地上一滚，变成一只雁，由窗口飞走了。儿在地上歌唱着呼唤妈妈，雁女飞回来触地而亡。[3]

此故事的禁忌主题中，丈夫已知道妻子为雁化的，只要不说出来，就是守禁。主要表现了对大雁姑娘崇敬的思想，也就是说不能随意伤害雁姑娘。这与上面的禁忌主题不同。在上面的禁忌主题中，丈夫若知晓妻子为兽变的，婚姻关系就不能维持，也即是

---

[1] 参见李岳南《神话故事、歌谣、戏曲散论》，新文艺出版社，1957年，第20页。
[2] [英]M.R.柯克士：《民俗学浅说》，郑振铎译，商务印书馆，1934年，第177—178页。
[3] 参见张福三、傅光宇《原始人心目中的世界——西南少数民族古代文学探索》第十八章，云南民族出版社，1986年。

说，禁忌的约束更为严格，人兽交通的观念已变得不可思议，表现了人们对蛇图腾物的恐惧和反感心理。说明此禁忌主题可能出现的时间较之《大雁姑娘》的更晚。

至此，我们可以认为，故事内的禁忌主题是对远古的禁忌观念和禁忌民俗的再现，它们尽管在民间找不到与之相同的禁忌事象，但仍有着深层的文化内涵。

故事内的禁忌主题与现代民俗中的禁忌现象发生背离，其主要原因是民众的宗教、迷信观念发生了进化。钟敬文先生说："原始的社会不存在了，它遗留在文艺（神话、故事、民谣等）中的事物和思想等，不再适宜于后阶段社会人的理解，所以不能不按照着当时的思考给以变形。"[1] 譬如，在广大的汉民族地区，原始的图腾观念已不复存在，图腾禁忌事象基本绝迹。"鬼"的观念仍有，所以广大农村，普遍流行荒唐的鬼的禁忌风俗。

然而，任何变异皆离不开传统，我们从盘瓠神话中的禁忌主题可以追索古人类的图腾禁忌民俗事象。《大雁姑娘》中的禁忌主题所反映的古俗，我们已无法对其进行描摹，或许是后人想象出来的也未可知。即使是后人所为，那也是建立在雁可化人、人可复变为雁的万物有灵观念的基础上。"如果追溯根源，这种人兽易形还同原始社会里的图腾崇拜有着渊源关系。在原始人的心目中，自己的祖先血统与某种动物有血缘关系，或者某种动物就是自己的祖先，因而人兽可以通婚，人兽可以互变。"[2] 可见这些故事内的禁忌主题可以成为研究古人类文化的一种渠道，在某些方面（比如图腾禁忌事象）甚至是唯一的。

有些禁忌风俗不仅是荒诞的，而且对人的心身健康有害。我们可以举很多事例，文身风俗即为突出一种。随着文明进展，这些片俗逐渐被淘汰，但反映这些风俗的民间叙事并不因此失传，一方面是文学不会直接造成灾害；另一方面是人们欲通过这些叙事文字了解和认识古代社会。这些大概是故事内禁忌主题存在的主要原因吧。

为什么存在故事内禁忌主题和一些图腾崇拜或动物崇拜观念如何被故事内禁忌主题表现出来，应该是论述清楚了。

（二）故事外的禁忌主题

"蛤蟆开叫，禁吹芦笙"是流行于黔东南丹寨排调一带的禁忌风俗，其产生与一则民间故事有关。

---

1 钟敬文：《中国的天鹅处女型故事》，《钟敬文民间文学论集》（下），上海文艺出版社，1985年，第60页。
2 张福三、傅光宇：《原始人心目中的世界——西南少数民族古代文学探索》第十八章，云南民族出版社，1986年，第265页。

> 古时候，人间没有芦笙，只天上有。后来凡人获晓芦笙的制法和吹法后，即使到了春耕季节，仍沉湎于吹笙和跳舞之中，天神非常生气，告诫凡人，春雷响过，吹笙的话，吹笙的人就会变成蛤蟆。第二年开春，几个年轻人偏不听，吹了芦笙，脖子一下变粗了，幸亏他们不敢再吹，身子没有变成蛤蟆。[1]

此故事里没有禁忌，但其结局道出一种禁忌风俗产生之因和实行此禁忌的必要性。因此，故事也表现了禁忌主题，我称之为故事外的禁忌主题。

此类禁忌主题，以节日民俗故事为多。世界上各民族传统节日的起源一般分三大类，即或源于生产，或源于历史，或源于宗教，我国汉族的传统节日，与基本上源于宗教的西方民族传统节日不同，其主要源于生产和历史。因此这些传统故事中的禁忌主题为现实化的，一般留在故事外。譬如关于"牛王节"来历的传说：[2]

> 牛王节，亦称"敬牛菩萨""祭牛王"，是贵州省遵义、仁怀一带仡佬族人民的传统节日，每年农历十月初一举行。
>
> 相传很久以前，某山寨的仡佬族人民奋起反抗封建统治阶级的压迫，遭到残酷的镇压，眼看就要寨破人亡，突然一条老牛，衔住寨头的衣裳，把他引到通往山谷的山洞，这个寨头带领全寨人从洞中撤到后山，免遭杀害。事后，仡佬族人民就把耕牛看成恩人，认为耕牛身上附着神气，养成不打牛，不吃牛肉的习俗，违反者将遭天谴。迄今，有的仡佬族聚居的山寨还流传着"仡家一头牛，性命在里头"的歌谣。

"禁吹芦笙"中的禁忌主题是通过一种严重的警告显现出来的，而"牛王节"中则是通过人们对牛王的报恩，才形成了不吃牛肉的禁忌风俗。含故事外禁忌主题的民间传说故事的内容是关于禁忌民俗来历的，亦即对"别这样做，以免发生什么事"的民俗事象作出解释。这两个禁忌主题典型地说明禁忌民俗的形成一般出于民众的两方面的心态，或由于对某一事物的恐惧，或是对某一事物的崇敬。事实上，任何神圣的事物和物

---

[1] 参见扬鬃编《风俗的起源》，上海文艺出版社，1988年，第171—173页。
[2] 参见李竹青编著《中国少数民族节日与传说》，北京旅游出版社，1985年，第138—139页。

体本身就包含了这两种因素。春耕时节不吹芦笙是因为人们害怕变成蛤蟆；仡佬族不食牛肉，食之，必天理不容，遭天谴。人们恪守不食牛肉的禁忌，是因为牛成为他们崇奉的对象，害怕遭牛的惩罚。

上面两个禁忌母题所表现的禁忌民俗似乎与原始的宗教观念没有什么瓜葛，倒是与现实生活有密切关系。春耕时不吹芦笙和不杀耕牛都对农业生产有利，说明这些禁忌民俗是后来产生出来的，或许就是人们的生产经验和教训的总结。为使这些经验和教训深入人心，才披上了"迷信"的外衣。而故事外禁忌主题正充当了"外衣"的角色。

另一些故事外禁忌主题告诉我们，有的禁忌风俗纯粹是日常生活中一件偶发事件所致的。

黔东南丹寨县流传这样一个故事，其情节如下：

1. 老人进棺材试试大小。
2. 儿子们刚盖上盖，一只野羊出现，他们追赶去了。
3. 老人被闷死在棺材里。

为了今后不再发生类似事，族长规定：凡同宗同姓死了，在未落土安葬以前，一律忌油，不得吃荤。[1]

似乎正是由于有了故事外的禁忌主题，才引发出禁忌风俗，至少当地民众这样认为。当问起"忌油"风俗来历时，当地人肯定会讲述这个故事。可见，故事禁忌主题往往为相应风俗最直接的注脚。这也是许多禁忌风俗难以为人理解的原因之一。然而，并不能说这类禁忌风俗的生存没有社会的、心理的、宗教的等因素，只不过这些因素为偶然事件所掩盖罢了。

有些故事外禁忌主题之所以能产生永久的社会效果，似乎成了禁忌风俗的唯一说明，是古人错误运用因果律，把偶然巧合当作必然的因果关系的结果。泰勒说："当人类的智力还很低下时，人类已在自己的意识中联想那些亲身经历过的事件，并将这些联想与实际联系起来，但是他们本末倒置，错误地得出结论，意识中的联想必然牵涉到现

---

[1] 扬鬃编：《风俗的起源》，上海文艺出版社，1988年，第255页。

实中相似的事物。"[1]法国学者列维-布留尔也说过:"对原始人来说是没有任何偶然的东西。"[2]他还列举了一则刚果朗丹的土著人对帽子的禁忌,能说明这一点:"在朗丹有一次旱灾被归咎于传教士们在祈祷仪式中戴上了一种特别的帽子。"[3]把粗脖子病(甲状腺囊肿)归为立春吹笙,这在还未完全掌握科学的思维方法的人类来说,有时是不奇怪的。可见故事外禁忌主题的产生与原始思维有关。古人为了获求一些禁忌观念和禁忌民俗事象的来源,便借助他们原始性的联想思维,创造了一系列故事外的禁忌主题。因此故事外禁忌主题既是一些禁忌观念和民俗事象(它们仍活在民间)的反映,又是原始思维的产物。故事外禁忌主题与前两类禁忌主题对禁忌民俗反映的方式不同,前两类禁忌主题是通过守禁和违禁的过程体现出来的,而故事外禁忌主题对一些禁忌观念和禁忌民俗之起因的说明显出来的,似乎是先有故事,然后才出现禁忌民俗的观念,故事中并无禁忌。

故事外禁忌主题为不符合逻辑规律思维的结果,为生产力低下的产物。人们在试图对禁忌观念和民俗作出解释时,由于没有唯物辩证的思想方法,无法找到正确的答案,便杜撰了一个个表面看来合情合理的故事。然而,有的故事外禁忌主题是现实生活的真实再现。譬如河南的汲县(今卫辉市)叫卫辉府,这里的各家各户办喜事也不漆红门,有则关于此禁忌民俗来源的故事,梗概为:卫辉府的潞王荒淫无道,准备夜晚抢夺一个要成婚的新娘。他告诉手下人,这家人按传统习惯,大门漆上了红色,闪闪发亮好认。这话被百姓知道了。全街一齐动手,把所有的门都漆成了黑色,从此,这里的人怕引出灾祸,办喜事不用红漆漆门。[4]

我们没有理由认为这个故事是人们为了获得卫辉府办喜事为啥不漆红门的原因而特意虚构的。此故事的禁忌主题的产生与原始的非逻辑思维无关。其产生的经过很可能是这样的:在卫辉府曾发生过故事中所描述的或类似事情,久而久之,不漆红门就成为一种习俗,潞王抢人家新娘的事也就变为故事流传下来。因而此种禁忌主题与前面的故事外禁忌主题不同,带有客观性,是一些禁忌观念和民俗的真正依据。它们同禁忌民俗的关系最为亲密,假若失传了,所反映的禁忌民俗则得不到合理解释。

---

1 [英]泰勒著:《原始文化》,蔡江浓编译,浙江人民出版社,1988年,第54—55页。
2 [法]列维-布留尔著:《原始思维》,丁由译,商务印书馆,1981年,第66页。
3 [法]列维-布留尔著:《原始思维》,丁由译,商务印书馆,1981年,第64页。
4 参见孙捷搜集整理《卫辉府的门为啥是黑的》,《民间文学》1981年第5期。

故事外禁忌主题的出现是为了使一些禁忌民俗的来因有一个合理的解释，但这又分为两种情况，"禁吹芦笙"和"牛王节"表现的禁忌主题对禁忌民俗起因的解释是非科学的，为原始思维的结果，而卫辉府人不漆红门的禁忌主题却真实地揭示了一种避讳习俗的原因，前者虽然没有提供真正的禁忌风俗的起因，却为我们考察原始性思维提供了活生生的材料。

禁忌民俗形成后，人们一般不会对其究根问底，而是一味地恪守，故而民俗中的禁忌事象得以流传有其盲目性和强烈的"惯性"。而故事外的禁忌主题由于对禁忌民俗的起因作了"合理"的解释，便使人自觉地主动地守禁。这便是故事外禁忌主题的社会功能。

以上按禁忌主题在叙事作品中所处的位置将禁忌主题分为完全式、故事内和故事外三种。这为包容性分类，即几乎所有的禁忌主题皆可纳入。因此分类和论证带有普遍意义。通过分析，我们已基本弄清了禁忌主题与禁忌民俗之间的关系，揭示了禁忌民俗和观念是如何在民间叙事中转化为禁忌主题的。然而，这些问题仅仅涉及民间叙事中禁忌主题的外部存在形式。我们知道完全式禁忌主题表现的禁忌民俗和观念往往是生命力最强的；故事内禁忌主题表现的是远古的；故事外禁忌主题表现的是现仍盛行的。一般来说，所有的禁忌民俗和观念都应在民间叙事中有反映，但事实并非如此（这当然与材料的不全有关），这是为何？本文还无力回答这一问题。

我在民俗学研究上的指导思想及方法论[1]

钟敬文[※]

　　研究一种学术，客观上和主观上都必须具备哪些必要的条件，举例来说，如供研究的客观资料，进行分析、综合的主观能力，乃至于表达探索所得结论的能力等。这里，我想谈谈我自己一向在民俗学（包括民间文艺学）探究上所用的观点和方法。因为我觉得这两点在科学研究活动上是非常重要的。

　　先谈观点。

　　五四新文化运动以后，我抛开旧文学，热心于新文学的学习和写作。因此，我比较熟悉当时我所能看到的一些书刊。它大都把文艺只看作个人的产物，换一句话说，就是把文艺只当作作家个人心灵的反映，没有进一步去探求社会的背景。正在这些时候，我又热爱民间文艺，主要是歌谣。我对于它（歌谣）的鉴赏和评价，不免运用上述的这种见解。例如我早期所写的歌谣论之类的文章:《客家的情歌》《疍民文学的一脔——咸水歌》等，就是较好的证据。

　　差不多跟这同时，我又阅读了一些介绍英国人类学派的民间故事理论，特别是那"文化遗留物"的说法。它也影响了我对民间文学的观点，而且延长到20世纪30年代前期。它明显地反映在我那些时期所写的文章上，例如《中国神话之文化史的价值》《天鹅处女型故事》等一系列的文章。这派理论，在我国当时新起的民俗学（特别是民间文艺学）界是占着主导地位的（虽然后来我们也知道，它在欧洲学界这时已经退潮

---

[1] 刊于1994年第1期。
[※] 钟敬文（1903—2002），北京师范大学教授，中国民俗学家、民间文艺学家、现代散文作家。

了），像周作人、茅盾、黄石等学者，都是它的信奉者及宣传者。平心而论，这一派的理论，现在我们看来尽管有些缺点，但它还是有一定的解释能力的，比起那语言学派或极端的传播派来，它的科学价值还可能要高一些。

稍后，我又接触了法国社会学派的理论，并接受了它的影响。我读过这一派的入门书，狄亚的《社会学》（此书中国、日本都有译本，中译本改名《现代法国社会学》，日译本作《社会学入门》）。它使我约略知道这一派的学术要义、体系结构及其学者、名著。在这方面，我继续阅读了居友的《从社会学观点看的艺术》《现代美学诸问题》，迪尔凯姆的《宗教生活的原初形态》《社会学与教育学》，拉罗的《艺术与社会》，莫尼尔的《社会学与经济学》以及葛兰言等汉学家的名著。这种理论知识，使我明白了文学、艺术以及信仰等民俗现象的社会性。它清除了我原来那种认为文艺现象只为个人产物的偏颇见解。作家的创作如此，民众的口头创作、传承作品尤其如此。这种见解在我们的研究中产生作用，大概自 20 世纪 30 年代初到抗战前夜，特别是去日本以后。它不同程度地体现在我那些时期的文章里，而作于 1935 年冬的《民间文艺学的建设》，可能是最有代表性的。它不但在规定民间文艺的性质上，指出了它的社会性，就是所提出的方法论等，也是颇受这派影响的。

法国社会学派对我解放前学术观点的影响是不小的，它对于我后来的进一步接受和运用马克思主义的理论，起到了一种桥梁的作用（这种情形，是只就我自己的实际经历说的，并不一定有什么一般意义）。

我接触马列主义的著作是比较早的。主要是在大革命后期（1926—1927）。当时我生活在革命的旋涡：广州。那里有出版和贩卖红色书刊的专门书店。作为一个知识青年，不可能不与那些书刊接触。我先后阅读了马、恩的《共产党宣言》，布哈林的《共产主义 ABC》和一位英国学者写的《社会主义史》。此外，像郭沫若先生所译的《社会组织与社会革命》（河上肇博士著），大概也是那些时期读的（它曾经在我的脑子里引起了强烈的反应）。上述这些著作，无疑对我的社会观产生了重大的影响，也是后来我的新人生观及学术思想的一块基石。

大革命失败后，一部分进步的知识分子转移到上海，从事国外进步理论的翻译工作，他们介绍了马克思主义的一些经典著作和这一派学者的种种论述。它的内容，有关于哲学、经济学、政治学的，也有关于文学、艺术及其他意识形态的。我当时住在杭州，与上海距离不远，那里新出的书刊大都可以买到。我大量阅读了这类书籍，特别是关于意识形态方面的。例如，除恩格斯的《家庭、私有制和国家的起源》等名著之外，像拉法格的《思想起源论》《财产及其起源论》，波格达诺夫的《社会意识学大纲》，普列汉诺夫的《没有地址的信》《艺术与社会生活》以及梅林、弗里采的美学、艺术学著作等。其中特别像普氏原始艺术论（《没有地址的信》）更是我所反复诵读，并且深受到它的滋养的。

有些学者曾经指出，我在20世纪30年代所写作的《金华斗牛的风俗》的指导思想，是受了历史唯物论的影响的。不错，这篇文章的观点，确是明显地受了普氏等理论的启导。但是，在那同时和以后一段时期，我所写的民俗学（包括民间文艺学）的论文，并不是都有这种影响的痕迹。毋庸讳言，那些文章的指导思想是颇为复杂的，有英国人类学派的，也有法国社会学派的……总之，是有些杂乱的，而不是统一的。直到抗日战争前期，我所写的《民间艺术探究的新展开》，观点上才基本结束了那种杂乱的状态。

上述这种情形，粗看起来，有点不大好理解。但是，稍加探索，道理还是显然的。我早期接触的马克思主义的理论，是偏于社会制度方面的，因此，虽然使我在社会观方面，有了比较清楚的认识，但是，对于复杂的意识形态理论，却知之甚少，不能形成强劲的指导力量，战胜或代替已经先入存在的思想。稍后，虽然大量阅读了关于意识形态的理论著作，但直接关于民俗学、民间文艺学的仍然不多。而更主要的原因，是我长期笼在书斋、学院之中，跟实际的社会生活很少直接联系。因此，对于各种不同的理论失去敏锐的批判和选择能力，对于更合理、更有用的理论，也缺乏积极地去拥抱它的热情。这个问题的解决，只有等待自己生活的重大改变——只有投身到火热的斗争中去才有可能。

抗战时期，日本侵略者想要一口吞下我们祖国这块肥肉。敌人的野心很大，胃口也不小，但是估计却错误了：中国不是一块肥肉，而是一颗炸弹！中国人民都战斗起来了，祖国大地到处火焰高腾，好似神话中的火焰山！像我这样的文静书生，也不能不走出课堂，去尽自己作为公民所应尽的责任。我参加抗日的前线工作，时间虽不长（由于顽固派的作梗），但我得到了极宝贵的东西！它使我的人生观和学术观改变了！因为在那样火热的环境中，在那些进步人士和勇敢的士兵、人民无私的战斗中，我固有的那些学术观，显出了它的苍白无力，而另一些却显出它的鲜红色彩和生命力！我跟祖国和人民的关系更加踏实和亲密了。我的学术，又有什么理由，只能作为一种摆设，而不直接关系到人民的哀乐和生死存亡呢？不错，在这之前，我已经领悟到祖国的危难和人民的痛苦，无权，而在学术（这里是民俗学）的活动上予以一定的关心。但是，跟眼前所感受到的比较起来，那恐怕只是一点冷清的萤火罢了。

总之，前线抗战的实践，使我的马克思主义的社会观跟学术观和整个人生观统一起来了。我深切体会到，我的学术，再也不能是与当前社会和人民没有（或很少）关系的东西。从此，我不管在一般文艺理论上，还是在民俗学的理论上，都要求自己与社会，与人民保持密切的关系。在脑海中，这是一个最重要的真理标准。后来，我虽然被迫回到学院教书，乃至被迫流亡海外，这个标准却始终不能被改变或动摇。当然，由于客观情况的不同，学术为祖国和人民服务的具体做法，也可能有所不同，而直接与间接的服务也会有所差别。但我的基本精神和目的是磐石般不能移转了。

全国解放后，学习和运用马克思主义理论是全民任务（特别是知识分子的任务），我作为一个教育和文艺的工作者，更有责任在固有的基础上加强学习和应用。当时学界的主要倾向是学习苏联，在当时，我不仅专心一意地学习苏联的民间文艺学（用他们的惯语是"人民口头创作"），而且极力鼓吹它。现在平心而论，苏联这方面的理论本身虽然有可以商讨之处，我们的学习方法也存在某些缺点，例如不从实际出发，只是沿袭人家的说法（我自己就曾经有过这种情形）。但是，总的来说，当时那样做，是有意义的，也是有成果的。它普及了一种新的也更高级的民间文艺学见解，清除了过去学界所存在的那些不正确或不够正确的理论。从我个人的学术思想的经历说，在这方面是有所扩大和深化的。

"四人帮"这伙文化发展的障碍物被清除以后，学界流行了"解放思想，实事求是"的新精神。民俗学，在我们学术的共和国中恢复了"公民权"，而且迅速地显露头角。乘着这种强劲东风，我在民俗学的领域里又做了一些应有的开拓工作，同时，在研究观点和方法方面也做了必要的反省和改进。首先，我感到我们过去在学习和运用马克思主义理论方面，多少有些教条化，甚至庸俗化。从态度上说，不是以导师们的基本理论为观察、分析、判断的指导，反之，往往满足于某些成文的引用、演绎，使原来生动活泼的东西变成僵硬的木偶石像。中国民间文艺，有无限巨大、深厚的矿源，有许多宝贵的特殊金属。由于我们在观点运用上的缺点，对于那些特殊的东西，却视而不见，或评价失当；对于那些有普遍性的，也不能深入探讨，抉出精义，而使结论一般化。此时在这些方面，我根据"实事求是"的新精神做了比较符合情理的批评和自我批评。

近年，我根据新精神，参酌学界学科发展的趋势，倡议建立一种名为"民俗文化学"

的新交叉学科。这也是在新的时期里，对马克思主义理论观点的一种合理的发展吧！

以上是我对自己过去学术观点经历的简述。下面稍为谈谈方法论吧。

我跟方法论的关系，说来也颇长久的。记得远在青年时期，就购读过北大王星拱教授的《科学方法论》。胡适之所鼓吹的实验主义的方法论，也曾引起我的兴趣。稍后又诵读过梁启超的《历史研究法》，也留下较长久的记忆。此外，似乎还读过文学研究法一类的书。但是，事实上很奇怪，我从早期开始写作一般文艺论及民俗学（包括民间文艺学）的文章，直到20世纪30年代前期，很少自觉地注意到方法论问题。自然，在实际作业中，是不自觉地使用比较法、溯源法、分析法及归纳法等研究方法的。我的这方面的醒觉，大概是在到了东京之后。在那里，看到各种学科，差不多都有关于方法论的著作（专著或论文），关于我所研究的神话、民间故事及民俗等学问也莫不一样。这就不能不使我感觉到它的重要性，从而增强了这方面的意识。当时，我既注意阅读关于唯物论派的著作，如何德勒的《马克思主义方法论》，也阅读其他学派的名著，例如迪尔凯姆的《社会研究法基准》、李凯尔特的《文化科学与自然科学》。对于民俗学，首先，我披读了柳田（国男）的《民间传承论与乡土生活研究法》，后来，又诵读了柯伦的《民俗学方法论》等。从这些时期开始，方法论问题，逐渐成为我学术活动中的一个"亲族成员"，在理论和实践上，不断加重着它的筹码。

这种情形，在解放后又有所发展。跟着知识界的学习运动，我进一步力学唯物辩证法。马列主义经典作家的作品，也多被译成中文，而苏联学者的解释性著作又大量被介绍过来。这些为我们的学习辩证法开辟了有利的道路。此后，我在写作学术理论文章过程中，经常使用历史法、矛盾法和联系法，这或者是使我后期的学术著作，在方法上颇显出一种特点的原因吧。

十多年来，我们学界的思想有一定的解放倾向（跟过去那些时期比较起来）。我在这方面，跟对于学术思想内容一样，对于学术研究方法论也有一些新的感受和看法。我觉得唯物辩证法那几条规律，是用之有效、不能动摇的。但不能说它就是学术研究、探索方法的一切。在这种优越的方法创生（或者说被发现）的同时，特别是以后，世界各方面的研究者发现、提出了种种的新方法。这些方法，有的主要是以思辨产生的，但不少是以实际的考察、探究得来的。后者即使有它的局限性，但不能否认它一定的有用性。

我们知道，世上许多事物，深究起来都是复杂的。我们所研究的对象：文化事物，如果不说它更是如此，至少也应承认它与别的事物一样具有复杂性。因此，研究它的方法，决不能简单化、一般化。我们在实际进行文化（包括民俗及一般民间文艺现象）的探讨过程中，在正确、有效的观点统率之下，应该根据事物本身的特点，并参照研究的目的，去决定方法的运用。除主导的方法（例如辩证法中的历史法或联系法）之外，可以或者必要兼顾采用其他方法。这样做的目的，是企图能够比较全面地、多层次地、更深入地揭示事物的性质、结构、机能、演变等方面。因此，我们在学术研究的实际作业中，除了坚持辩证法之外，也不排除其他方法的适当采用，像系统论、结构主义、符号学，甚至精神分析学（特别是荣格一派的理论）等。它们作为主导方法，也许是不适宜的（至少，从我们的立场说），但在适当的场合，作为辅助的方法，却未必是无益的。因为许多根据一定事物研究抽象出来的方法（虽然往往被夸张了），总有它的运用方面或层次，它不是毫无用处的"废物"。自然，对它们无限地加以使用，却又是危险的。

对于方法论，我近年有一种新的看法，夸大一点说，是新的主张。在我们研究的活动上，方法大体可以分为三个层次。首先，是世界观或文化观的层次，也可称为哲学的层次。它属于学术活动的最高层，是指导研究者客观地去审察所面对的事物（民俗事象）的根本性质的。例如我们所运用的辩证唯物主义乃至于唯物辩证法（它是一种方法论，同时也是一种世界观）。其次，是一般或大部分科学共同使用的方法，例如分析法、比较法、归纳法以及调查法、统计法等。这些方法，开始时可能限于某种学科，但后来就成为比较广泛使用的方法了。最后，是某种学科特殊的研究方法。一种学科，大都有它的共性和个性（特殊性），后者就要求一种特殊的研究法。例如天文学要用望远镜去观察，考古学（特别是史前考古学）要靠发掘采取地下资料，物理、化学都要应用实验方法。人文科学，也多有自己特殊的方法。民俗学的资料采取方法是田野作业（现在有些外国学者，更进而主张一种"地域性"的调查法）。又如在民俗学的研究上，柳田国男先生提倡"重出立证法"和"方言周边论"。在民间故事学的研究上，有类型研究法、心理学研究法等，而芬兰学派的历史地理研究法，更是赫赫有名的。

以上三种方法，虽然各有性质、范围，实际上大都是互相联系的，在使用上也往往彼此互相协力。它们并不一定是"楚河汉界"、截然分开的。

我又认为，一个研究者，应多留心这方面的知识，在脑海中经常要有"方法论"的意识，像应该有指导思想、指导观点的意识一样。在我看来，研究者越富于这方面的知识，在实际作业时就越善于选择它、运用它，结果可能就会更加圆满（假定其他方面的条件完全一样）。

  我接触方法论的著作不可谓不早，对它比较留心学习，也有半个世纪以上的光阴了。但是在作业实践上，到底情形如何呢？稍为回顾一下，我要坦白承认，我在研究工作的进行中，并非经常自觉地选择和善于运用它。至少，一方面我没有很好地运用所具有的知识，换一句话说，即没有"物尽其用"；另一方面，又没有处处选择恰当的方法，换一句话说，也就是没有做到"量体裁衣"的地步。这种情形，自然要对我的学术成果起到一定的削弱作用。

  我现在已经老迈了，但生存一天，就不能离开学术研究工作一天，同样也就不能离开方法论问题。在这点上，跟其他点上一样，我诚恳地希望与民俗学界的同志共同奋勉！

1993 年 8 月草于八大处

论田野作业和文献研究的辩证关系[1]

叶大兵[※]

1991年3月,在北京大学日本民俗研究中心召开的"中日民俗比较"学术讨论会上,曾发生过一场激烈的争论。会议期间,一位日本学者针对中方某一实际调查情况少、文献研究引用多的论文,提出笼统批评。他认为中国民俗学者所写论文喜欢大量引用文献而忽视田野作业,还说这次会议名称应改为理论探讨会等。与会的中方学者纷纷提出不同看法。我在会上发言,认为这是以偏概全的不够实事求是的观点,它抹杀了中方学者中不少认真进行田野作业后所写的论文。同时,从不同国家的国情出发,在探索民俗学的研究方法中,不能把田野作业和文献研究对立起来。我讲了三个观点:一、田野作业是民俗研究中最基本的工作方法,这是一致的。中日民俗学者都必须而且也都在努力遵循这条原则去做。二、从中国历史悠久、文献丰富这一国情出发,必须认真研究古代民俗文献,从中弄清古代民俗真实面貌,进而搞清现代某些民俗的来龙去脉及其发展变化经过。三、要使田野作业和文献研究密切结合,两者相辅相成。正确引用某文献资料,可以使田野作业的成果,向深处开拓,起着相互补充的作用,其所获得的学术价值会更高。我这篇论文,意在结合本身实践,详细阐明上述观点,请同行指教。

一、谈谈对田野作业的理论认识

田野作业,是一句外来语,指的是到调查对象所在地搜集实际资料的过程。所以亦

---

[1] 刊于1995年第2期。
[※] 叶大兵(1928—),温州市民俗文化研究所所长,辽宁大学民俗研究中心兼职研究员,中国民俗学会常务理事。

称"田野工作""现场调查""实地工作",用我国的语言来说,就是直接进行社会考察、亲自搜集资料的代名词,它是民俗学研究中必须遵循的主要工作方法,也是人类学、民族学、社会学等人文学科所采取的共同方法。因此,每个有出息的民俗家,都应根据自己的情况立志把田野作业作为自己学术生涯的主要组成部分。这是民俗学的性质和任务,民俗学的指导思想和基本理论所决定的。

首先,是因为民俗学属于人文学科,它的研究对象是人类社会各个领域中的民俗事象。这些民俗事象,都活生生地存在于城市、乡村、山区、海岛等广大地区,存在于人民群众之中。同时,它们又受社会生产力的制约,或多或少,或快或慢,错综复杂地在变化着。只有依靠田野作业,才能把这些活着的民俗事象真实地揭示出来,否则就不可能看到"庐山真面目",获得最可靠的活泼的科学资料。因此,田野工作实践的突出特点,是研究人员要长期居住生活在调查现场,和群众一起参加观察当地居民生活,记录当地民俗文化情况。如我国东南沿海的陈靖姑(陈十四)信仰,原发生地在福建,后传入浙南。此信仰已延续一千多年,至今未衰。开始我们只知道在温州市和永嘉县有此习俗。后来,我们又到邻近各县深入调查,发现陈靖姑信仰不仅在平原地区(瑞安)存在,连偏僻的海岛(洞头)、山区(泰顺)都存在;连浙南的丽阳、水松、青田、缙云等均有庙宇。由于不断变化,因此在时间、活动方式上都有不同创造。多数庙宇都在农历正月十五举行庙诞活动,但缙云县处于高山巅上的张山寨献山庙,时间却是七月初七。1994年该日,几万人上山朝拜,并有大联欢、迎罗汉、秧歌队、长旗队、彩旗队、十八狐狸、双狮队等文艺队伍,先后进寨迎舞,以取悦陈十四娘娘。经过实地调查,各地信仰方式都不相同。在青田,叫"吃夫人粽",在丽水,叫"迎夫人",在温州叫"食喜桃",在瑞安叫"乞夫人鞋"等。同时,我们又发现了不少陈夫人事迹的传说、地方戏、曲艺、雕塑、壁画以及章回小说等等。以上调查不仅使我们获得不少宝贵材料,而且大大充实了有关人们对这位女神信仰的传承事实,为我们进行研究提供了翔实的资料。

其次,民俗学的研究目的,是要求真实地反映和再现各地民俗事象,以便进行科学研究,从实践上升到理论,探索社会发展规律。为此,在研究中,不论是采取归纳法还是系统演绎法,共同的一点,都必须到实地中对具体民俗事象进行考察,不断地扩充资料,才能进行研究,逐渐形成民俗学理论。这种理论上的研究,必须以坚实可靠的资料为基础。如果不能掌握第一手资料,那民俗学研究就成为无根之木、无源之水。因此,在调查时，可采用普遍调查的方法，也可采用重点调查法或抽样调查法，有的则采取联合组队的方法，进行田野作业。如 1987 年我们从一个被典妇女出逃到城市当保姆的事实，开始了对典妻婚的调查。当时很惊讶，这种陋俗到 20 世纪 90 年代还存在？我们先追踪到平阳石城村。经调查，6 年前，此妇女因家庭贫困，无力维持生计，其夫将其以 600 元典给本村泮××，典期为 10 年。后因不堪虐待，才逃到城市当保姆。此事引起我们联想，在浙南其他山区是否也有此类陋俗存在？后专程到了永嘉口子村，又发现一桩典妻事件。那是 1987 年 5 月，郑××因病四肢瘫痪，卧床不起，全家五口人生活陷入绝境，后经亲友撮合，郑将其妻典给表山村单身汉胡××。典约写明，典期 5 年。胡××到郑家与郑妻同居，并负担家里的全部生活费用。典期内所生子女归胡××所有。后我们又到临海等地了解，也有类似情况，在海宁有因此触犯婚姻法而被判刑的。以这些田野作业为基础，我们又查阅了《资治通鉴》《京本通俗小说》《寿宁待志》等文献资料，基本弄清了我国典妻婚的历史、特征、性质、民间风俗以及产生典妻婚的原由。

最后，实际上，田野作业是我们中华民族的文化优良传统。我国在公元前 6 世纪进行的"采风"是我国民俗查力法的典范。它的调查人员是"男年六十，妇年五十无子者，官衣食之，使民间求诗"。调查也比较深入，"乡转于邑，邑转于国"。如《豳风·七月》中所记述的生产习俗，《周颂·载芟》中记述的古祭歌，《小雅·斯干》所记述的占梦习俗以及原始图腾崇拜等，都如实反映了当时的习俗。另外，历代学者亲自调查民俗，著书立说的也不少，如唐段成式的《酉阳杂俎》，元陶宗仪的《南村辍耕录》，明冯梦龙的《寿宁待志》，还有清代顾铁卿的《清嘉录》是"每日与父老谈吴越风土，将目之所见，耳之所闻，寄诸笔墨，阅数年积若干帙，成十二卷"。以上都是亲自采录和直接参加活动追述的著作。中华人民共和国成立后对少数民族和妙峰山进行的大规模调查所产生的成果，反映了我国民俗工作者进行田野作业的决心和行动。近几年来，不少民俗学论文都注重以田野作业为基础撰写。

我们认为田野作业的工作方法，关系到唯物主义理论的实践，也关系到我国民俗学科学体系的建立。如果一个国家或民族的民俗工作，没有田野作业作为基础，那么，这个国家要建立具有自己国家特色的民俗学体系是不可能的。即使建成了，也是建在沙滩上的空中楼阁。特别在我国，幅员广阔，民俗众多，如不深入开展对区域文化的"田野作业"，是无法建立起中国民俗学的科学体系的。

二、谈谈对田野作业和民俗文献研究的结合问题

我国古代民俗文献是十分丰富的。在几千年的历史典籍中，记述了大量的民俗资料，这是前人留给我们的一笔宝贵文化遗产，值得我们骄傲和珍视。我在主编《中国风俗辞典》时，曾充分利用了这些文献，在"编纂体例"中强调指出：主要风俗事象，风俗活动尽可能做到追根溯源，可查阅历代文献，经过鉴别，择其翔实的可予引用，如有不同说法，亦可以采取几说并存的方法。在参考书目中，我还做过一次不完整的统计，在收录的286种记述民俗的文献和专著、刊物中，按时代排列，其中秦汉以前28种，魏晋南北朝29种，隋唐33种，宋元48种，明代29种，清代89种，现代30种。这些作品的类型很多，有史志、杂志、论著、丛书、笔记以及章回小说、诗词等等。

我国历代学者确实为我们留下了不少宝贵的民俗资料。在先秦古籍里，如《尚书》《易经》等书中，都记载了大量的民俗资料。其中《易经》大约作于周初，如在殷墟甲骨文中，有我国历史上最早的太阳崇拜记载，有不少向山求雨的记录，还有为河伯娶妇的记录等。《楚辞》中记载的楚歌、楚俗、神话，更是极为宝贵的古代民俗资料。《山海经》大约成书于秦至西汉期间，记载了神话传说、宗教、民族、民间医药以及其他古俗。东汉时期应劭的《风俗通义》则是一部专门讨论风俗的著作，其中也记述了不少古俗。王充《论衡》一书，它的内容涉及哲学、政治、宗教、文化等方面。由于作者王充是一个唯物主义无神论的思想家，他在书中竭力破除对天神、鬼神及其禁忌的迷信，从反面揭露了当时社会上流行的各种巫觋迷信习俗的真实情况，为我们提供了汉代的民间信仰事象。在《史记》中，《日者列传》与《货殖列传》中更有许多民俗资料的记载，前者记载古代占卜民俗；后者讲了财货、物产、衣食等有关民俗。到魏晋南北朝，产生了专门记述地方风俗的专著，如晋周处的《风土记》、梁宗懔的《荆楚岁时记》等。隋唐以来，全部或部分记录风俗习惯的书籍大大增加，如《岁华纪丽》《隋唐嘉话》《桂林风土记》《酉阳杂俎》等。宋元明清更多，如著名的《东京梦华录》《武林旧事》《帝京景物略》《北京岁华记》《云南风土记》《杭俗遗风》等等。特别是新文化运动以来的七十多年中，我国产生了不少具有现代意义的风俗学著作。我国的民俗文献藏量在世界上是罕见的，也是占首位的。这点与日本或其他国家不同，因此，在我们开展的民俗学研究中，要从我国的实际出发来考虑我们的工作方法。

首先，对我国古代文献要有个正确的认识。必须看到，在古代文献中，有些书籍实际上就是古代人们对民俗进行"田野作业"的如实记录，它们都生动地反映了历代各个

时期的民俗风情。如明冯梦龙的《寿宁待志》就是其中一例。崇祯七年（1634）间，冯梦龙曾出任福建省寿宁县知县。在任期间，他编了一部地方志，叫《寿宁待志》。书中记载了不少民俗，都是他深入民间，采风问俗，调查考察所得。书中载："在寿宁，贫苦百姓，如有急需，典卖其妻，不以为讳。或赁与他人生子，岁仅一金，三周（年）而满。满则迎归。也有变典为卖，写了卖券，其妻就归典夫所有。"这不是很好的"田野作业"资料吗？它为我们研究20世纪90年代在浙江、福建等地尚存的典妻旧俗，提供了多么宝贵的材料。今天我们所进行的"田野作业"，正是在古人的"田野作业"的基础上继续进行的。因此，认为古代文献都是属于抽象的空洞的理论和不可信的资料，那是一种误解。今天我们所进行的"田野作业"，在一二百年后，也成了"文献资料"，但我们留给后代的是真正的"田野作业"所获得的成果。

其次，民俗是一种时空文化的连续体，也是极其复杂的社会文化现象。它的产生、发展和传承，经历了漫长的历史过程。从民俗学的传承性、变异性的发展规律来看，古代民俗事象应是今天尚存在的民俗事象的"源"，从"源"里我们更加清楚地看到当今民俗事象（即"流"）的发展轨迹，这也只能从古代文献中可以获得。如在广西灌阳县，每年七月初七有个"香日"风俗。民间传说，是日晚织女将与牛郎相会，白天她梳妆打扮，胭脂香粉撒得满天飘香，故名。届时妇女们取出衣服以及箱笼曝晒，并用脸盆装水，水中放几根青草以示百药，置户外晒温，叫作"晒香水"。据说穿了"香日"晒过的衣服，洗了"香水"可防瘟疫，保健康，促进夫妇更融洽恩爱，如牛郎织女一样。民间有"七月香，晒笼箱"之谚。"七夕"风俗，我们知道较多的是"乞巧"，古代的曝衣习俗后来基本消失。究竟这种曝衣民俗事象是如何传承下来？后在杜甫《牵牛织女》诗中了解到在唐代以前，确有一项"曝衣"的风俗。那诗中描写得十分具体："曝衣遍天下，曳月扬微风。"说的是，普天下的人们都在七月七日曝晒衣服。夜晚在淡淡的月光下，妇女们的衣裙随着微风飘拂。这就与民间传说挂上了钩。但此俗为什么后来消失了呢？很可能因它与"六月六"的晒衣相似，两者时间也贴近，有点像寒食节和清明节的合并那样，把它合并到"六月六"中去了。再以此俗联系到浙江杭州七月七妇女用槿树叶洗发和各地用七夕河中水洗澡等习俗，就不难发现它们之间那种微妙的传承关系了。

再举温州婚俗中现尚保留的送糖金杏习俗为例，金杏即石榴，制法是把糖染成红色，煎成浓汁，然后用模型压出石榴形状，冷却即成。大的一个有三四斤重，小的一个仅几两重。送礼时，一般是大的送一个，摆在新房中，小的则视女家亲属多少而定，有多少家亲友，就送多少个，表示祝贺婚后早生、多生子女，像石榴般的多子。那么，这一民俗的源究竟在何处，这我们可以从《北齐书·魏收传》中获得这样的真正事实：安德王有一次到李妃娘家赴宴，李妃母亲宋氏就送给王两个石榴。当时，王和身边一些人不明白这是什么意思，便把石榴扔掉了。这时，太子太傅魏收说："石榴房中多子，王新婚，妃母欲子孙众多"，王一听，很高兴，命魏收赶快把石榴拿回来，同时赏赐了他美锦二匹。可见当时我国北方已经有这种以石榴预祝子孙多的风习了。到了唐、宋时期，宫庭内外与民间互赠石榴祝愿多子多福之风就更盛行了。解放前后，订婚时聘礼赠石榴或石榴花盆，婚礼中新娘衣藏石榴的风习曾在一些地方流行。温州到今日仍保留这种古石榴风俗，在全国还是比较少见的。

最后，在我国，有不少已经消失或基本消失的民俗，今人不能知道当时的真实面貌。或者一鳞半爪，民俗事象模糊不清，研究起来往往令人茫然不解，无所适从；或者知其然而不知其所以然。这些也只能从古代文献中那些属于古人的"田野作业"的记述中才能获得。如从放风筝这项最普通的民俗事象来看，从理论上推测，在它的前期，应是信仰风俗的产物，但又很难找到具体形象记载。想不到曹雪芹在《红楼梦》中却帮助我们解决了这一问题。如书中多处提到放风筝叫放"晦气"，放风筝时，不管风筝扎得多细致、漂亮，最后都必须把牵线剪断，让它飞走。俗信可放走"晦气"，交上好运，达到"消灾祛难"，它反映了人们朴素善良的愿望。因此书中李纨对黛玉说："放风筝就图这一乐，所以叫放晦气。你更该多放些。把你这病根儿带了去就好了。"（这也是对俗语"放断鹞"的最好注脚）同时，由此又产生了禁忌习俗，即人家放掉的风筝，不能拾来重放，否则会染上"晦气"等。大家知道，曹雪芹在《红楼梦》这本书中，特别注重对清乾隆时代那些五彩缤纷民俗生活的描绘。据不完全统计，全书共记述了岁时、人生礼仪、衣食住行、祭祀等风俗629项。他把这作为特殊的创作手段，创造性地把它们转化为艺术的细胞，使它们成为文学作品不可缺少的血肉，同时，也为我们留下了丰富而珍贵的史料。曹雪芹一生十分注意亲自对民俗的调查，例如对风筝，他就十分认真地进行过详细的考察，他不仅会扎放风筝，而且还写了有关风筝的专著《南鹞北鸢考工志》。他说这本专论扎、糊、绘、放风筝的书，是他"旁搜远招，以集前人之成"和经过无数次"详察起放之理，细究扎糊之方"后才写成。因此，他写放风筝也特别写得出神入化。正因为如此他才有可能在《红楼梦》里为我们保留了许多古俗的原始面貌。

总之，我感到只有使田野作业和古代文献的研究紧密结合，才能更好地完善和加深民俗学的研究。如近几年来，中国防风氏神话研究获得的成果，就是古代文献和田野作业相结合的一个成功经验。防风神话在古籍中记载较多，首见于《国语·鲁语》："昔禹致群神于会稽之山，防风氏后至，禹杀而戮之，其骨节专车。"其他有《楚辞》《山海经》《史记·孔子世家》《述异记》以及《会稽郡故事杂集·贺循会稽记》等书中均有记载。但其容量还比较单薄，留下许多疑问。如"防风氏后至"，迟到了是杀戮的真因吗？防风氏功罪如何？禹诛防风是耶非耶？……经过浙江湖州市民间文艺家协会及有关单位组织人员几次下到"防风古国"（德清县二都乡、三合乡）、"封禺二山"进行采风与考察，获得不少至今还在流传的鲜活的有关防风的传说。这一发现，大大补充和发展了古神话的内容，具有较高的有关古代民俗的研究价值。它被国内外专家高度评论为，是近几年继中原神话、云南岩画、纳西族祭天古歌后我国远古神话作品的又一次发现，我想，如果没有古代文献和田野作业的密切结合，这一成果是不可能获得的。

另一方面，我们也要看到，在古代民俗文献中，也确有一些由于作者受立场观点、方法所限和缺乏深入调查，而出现的错误或失实的作品。因此，我们在运用古代民俗文献进行研究时，也要具体分析，做好三方面工作：（1）古代文献中所反映的资料，是丰富而庞杂的，有些也存在真伪不分的现象，必须做好去伪存真的鉴定工作。（2）从史实中发掘民俗文化及其内涵，必须正确处理好史和俗的关系，不能以史代俗，要注意从历史中收集各类民俗事象。（3）因我国民俗史的断线和缺档情况十分严重，必须进行有计划的发掘整理，才能使之全面系统化（我们温州市民俗文化研究所已建立历代民俗档案，还要不断地充实，使之完善）。

三、结论

综上所述，我们可以看出：田野作业和文献研究相辅相成，缺一不可。从整体来看，它们是一回事，不是两回事。强调一面，忽视一面，都会给我们研究民俗特别是建立具有中国特色的民俗科学体系带来危害，也不利于中国风俗史（志）的编纂。当然，在学者中，可以根据不同情况，做些适当分工，各有侧重。我们也希望日本朋友在深入田野作业的同时，也能和我们一起努力探究中国古代民俗文献，把民俗学研究推向更深层的阶段。因为一切学术研究，必须在前人研究的基础上进行，要尊重人的劳动，这是很重要的。

中国民俗学是一门年轻而富有生命力的人文学科，比之其他某些国家，虽然起步较晚，但它仍然按着自己的规律顽强地向前发展。我坚信，只要有机地把田野作业和文献研究结合起来，一定能开拓学术研究的新领域，加强研究力度，才能有所突破，有所创新，有所前进，有所发展，才能逐步完善我国民俗学的研究，使我国研究民俗史和建立民俗学体系的工作，真正建立在坚实的可靠的科学基础上。

本文的结论是：从我国国情出发，坚持田野作业法开展调查，同时认真开拓文献民俗学研究，从个例到整体，从微观到宏观，使这两者紧密结合，才能完整建立起具有中国特色的民俗学科学体系。"白发上鬓角，私心尚未了；田野加书海，探俗路正遥。"这是我在1989年编完《中国风俗辞典》后写的一首感怀诗。以此和同行们共勉，也作为本文的结束语。

口头文学研究中的程式概念[1]

尹虎彬[※]

关于口头诗歌特别是口头传统叙事诗中的程式这一特殊文体现象的研究由来已久。西方学者，尤其是19世纪的荷马问题专家、语言学家和人类学家，都从各自的研究领域探讨过口头诗歌创作中的程式概念。

其实早在1767年，荷马问题专家、德国学者罗伯特·伍德便提出荷马是一位游吟诗人。在不借助文字的情况下，史诗吟诵者如何记忆如此惊人的长诗呢？这时的伍德已经预见到口头文学的精确度和歌手的记忆力量，暗示了这种记忆力量是与史诗文体结构的复杂性相联系的。另一位德国学者高弗利德·赫尔曼1840年在其《论荷马史诗中的重复》中，提出荷马史诗口头创作的文体风格，它表现为结构的和组合式的创作方式，适应格律的文体以及将特定的语言表述与业已成形的概念结合在一起的排比的方法。[2]

在语言学领域，主要是一些德国古典语言学家更是直接触及了有关程式概念的核心内容。埃伦特在1861年便提出荷马史诗中的某些词形是因格律的需求而产生的，格律决定了诗人的措辞方式。[3]另一位语言学家丁策尔主要研究六音步诗对荷马史诗文体的影响。1864年在《格律对荷马史诗文体的影响》[4]中，丁策尔指出格律对人称代词、形容词、

---

[1] 刊于1996年第3期。
[※] 尹虎彬（1960—2020），曾任中共中国社会科学院民族学与人类学研究所纪委书记、副所长。
[2] John Miles Foley, *The Theory of Oral Composition: History and Methodology*, Bloomington: Indiana University Press, 1988, pp.2-5.
[3] John Miles Foley, *The Theory of Oral Composition: History and Methodology*, Bloomington: Indiana University Press, 1988, pp.6-10.
[4] John Miles Foley, *The Theory of Oral Composition: History and Methodology*, Bloomington: Indiana University Press, 1988, pp.6-10.

动词以及词的一般形式起着决定作用。格律的便利使得诗人在形式的选择上有较大余地，史诗的表达方式已经为自身设定了一定的特权，它甚至可以采用更为古老的形式，以便使诗更为轻快流畅。丁策尔所描述的是一种为史诗诗人提供服务的特定的语言，即与荷马的六音步诗的要求相吻合的诗的语言。维特专攻荷马史诗词与词组形态学。1912年他在《荷马史诗程式的词形变化》[1]中指出，学者们并未足够地说明六音步诗中第四、第五音步之间有规律的行间停顿是格律作用的结果。由此人们开始了解行间停顿这一规律对荷马史诗文体结构的重要意义。自维特起，人们开始强调六音步诗的格律划分，以及这种划分对诗歌形态学的作用，注意到格律与文体彼此之间的历史共生关系。

人类学家的民族志报告提供了大量的活形态的口头叙事文学的经验的现实；人类学的成果直接导致了后来的学者从表演的共时分析的层面上发现并研究了口头程式这一口头诗歌的创作技法。

拉德洛夫[2]1885年在其突厥民族的田野报告中，描绘了吉尔吉斯人的口头诗歌的表演、即兴创作、记忆、基本的叙事单元、听众的作用等现象。拉德洛夫还注意到同一叙事诗的多种变体，从而认识到歌手不是逐句背诵史诗，而是在每一次演唱中都进行一种再创作。此时他实际上涉及歌手运用程式、主题等叙事单元进行创作的问题。他提出"背诵部件"和"意义部件"的概念（类似后来人们所说的"主题"），指出诗人是以不同的方式将这些部件串联在一起。20世纪初人类学者克劳斯调查过南斯拉夫百多位歌手，提出"创作单元"和"简单重复"的概念，指出歌手在创作中使用了一些固定的俗套，它们可长可短，依一定的顺序。另一位学者热内普[3]提出"陈词滥调"的概念，指出歌手的诗由并列一些"陈词滥调"组合而成，其排列顺序有一定规则，可以变化。好的歌手就像一位纸牌高手，能随意驾驭这些"陈词滥调"。

斯拉夫学者穆尔科[4]十分注意民歌的民族志描述。他研究过歌手古斯莱的学习步骤、演唱节奏、歌手的记忆才能、史诗的重复、套语，如描绘女性的美、英雄、衣饰、

---

1 John Miles Foley, *The Theory of Oral Composition: History and Methodology*, Bloomington: Indiana University Press, 1988, pp.6-10.
2 John Miles Foley, *The Theory of Oral Composition: History and Methodology*, Bloomington: Indiana University Press, 1988, pp.6-10.
3 John Miles Foley, *The Theory of Oral Composition: History and Methodology*, Bloomington: Indiana University Press, 1988, pp.10-18.
4 John Miles Foley, *The Theory of Oral Composition: History and Methodology*, Bloomington: Indiana University Press, 1988, pp.10-18.

战争、马、武器、格斗等。

上述分析表明，19世纪许多学者已经在一般意义上提到过史诗的程式化文体，其中最有代表性的是语言学家梅耶[1]。他指出过荷马史诗总体上是由程式所组成的。在荷马史诗中随意抽出一段诗行样本，其所包含的诗行或诗行的一些部分，都能在同一文本的另一段中再次找到。有些诗行虽无重复，但也有程式的特点。

但是到目前为止，学者们还未充分说明荷马史诗中的"重复""固定的名词属性形容词""史诗的陈词滥调""陈言俗语"等现象。这些术语不是太模糊就是太限定了。这时需要用一种精确的概念加以界定，米尔曼·帕里的研究满足了这种需要。而口头程式的概念及其理论延伸遂成为"帕里–洛德理论"的核心内容。

一、程式概念与荷马史诗文体风格

"帕里–洛德理论"，亦称"口头程式理论"，产生于20世纪60年代的美国。作为荷马史诗研究者、口头理论的奠基人，帕里最初的兴趣是想证明荷马史诗在多大程度上属于口头创作的产物。其研究的指导思想为形式主义和结构主义的学术范例，并积极汲取了19世纪荷马问题研究、语言学和人类学的研究成果。由此可见关于程式的概念是有着深远的学术背景的。

口头理论的基本问题：一部史诗是逐字逐句记忆下来的呢，抑或每一次演唱都要重新创作？帕里和洛德通过对南斯拉夫歌手的调查得出结论：史诗演唱者的每一次吟诵都是一种再创作，其主要创作技法即为程式。帕里和洛德通过"同一部"史诗的数次演唱的实验，从仔细的比较研究中发现并归纳了程式这一现象，并确信"口头程式"这一术语的可靠性。

程式，还有主题和故事模式，是口头理论所描述的口头创作的结构单元。

1928年，帕里最早给程式下了一个定义："程式是在相同的格律条件下为表达某一特定意义而经常使用的一组词。"[2] 自此，程式在数十种不同的文学传统领域里被视为口头传统词语的"原子"。程式是传统诗歌的惯用语言，是多少代民间歌手流传下

---

1 John Miles Foley, *The Theory of Oral Composition: History and Methodology*, Bloomington: Indiana University Press, 1988, pp. 10-18.
2 Milman Parry: *The traditional epithet in Homer*, 1928, Paris. Adam Parry, The Making of Homeric Verse: The Collected Papers of Milman Parry, Oxford: Oxford University Press, 1971, p. 9.

来的遗产，对口头创作的诗人来说具有完美的实用价值，还包含了巨大的美学力量。

帕里第一个精确地描绘了程式这种措辞成分的存在和形态，并说明它的诗的建构功能，将传统的词语表达与口头演唱中的创作连接起来。帕里1928年的博士论文《荷马史诗中传统的名词属性形容词》进一步完善其研究方法，以证明荷马史诗的传统特色。他充分利用丁策尔、埃伦特的成就，透彻分析荷马史诗文体的某一方面，由此上升到一种"创作方法"的一般理论。此时，他选择的研究对象是用来描绘神、英雄的"名词属性形容词程式"。这一程式最能反映荷马史诗文体的传统特点。史诗《奥德赛》《伊利亚特》中所有主要角色神和英雄，他们的名字连同各自所拥有的名词属性形容词程式，常常出现在六音步诗行的后半部，它们以简单的辅音开始，填补在第三音步扬抑抑格的行间停顿与诗行末端这一段结构空位中。这些传统的表述方式，涉及对神、英雄出场时的惯常叙述，如"受尽煎熬的奥德修斯""快腿神阿喀琉斯""牛眼王后赫拉""灰眼女神雅典娜""驯马能手狄俄墨得斯""沉雷远播的宙斯"等等。史诗的这种表达方式是因格律的作用而逐渐形成的。荷马的六音步诗是一种复杂的格律结构。它允许一定的词、短语形式处于固定的位置。韵行的作用起着某种选择的机制，它把词语表达的各种成分按具格律特征分门归类。一旦这些名词属性形容词程式进入适当的格律位置之后，那么它们对诗歌创作便具有实用价值，成为歌手们经常使用的特殊语汇并代代相传。

帕里1928年至1932年对荷马史诗的研究表明，口头诗人借助其所继承的全部诗歌用语的能力，使传统的创作成为可能，而这种诗的用语不仅限于名词属性形容词程式，它还包括程式系统。程式系统是指一连串的具有相同格律意义的词组，其内涵和词语本身都非常相似，这使那些使用这些词组的人，不仅把这些词组确认为一些单个的程式，而且把它们作为一种特定的程式类型。换言之，程式系统是一组程式，它们组成了一种可以替换的模式。帕里用下列图示说明其程式系统的概念[1]：

$$\text{autar epie}\ (当……时) \begin{cases} \text{deipnese} & （吃饭） \\ \text{katepausa} & （休息） \\ \text{tarpesan} & （享用） \\ r\ '' \begin{cases} \text{essanto} & （坐下来） \\ \text{eyxanto} & （祈祷） \\ \text{skonto} & （到达） \\ \text{eneikbe} & （进来） \end{cases} \end{cases}$$

---

[1] Milman Parry: *The traditional epithet in Homer*, 1928, Paris. Adam Parry, The Making of Homeric Verse: The Collected Papers of Milman Parry, Oxford: Oxford University Press, 1971, p.276. 原文例句为古希腊文，现转写为拉丁字母。

该图示很简洁地说明，名词属性形容词程式之外的口头传统表达方式也是系统化的。不管你是否要想把这些动作如"吃饭""休息""享用""坐下来""祈祷""到达"等，包括在"当……时"这一词组中，进而你是否要遇到以辅音或无音开头的动词，传统的表达方式都会提供一种程式化的方式去完成那个目标，这是一种以诗的形式去描述特定动作、行为的方法。荷马史诗的语言是一种自由的表达方式，它们具有相同的韵律价值，表达同一种意义，可以彼此替换，这种十分经济的表达方式是口头诗歌演唱过程的产物。1930年以后帕里扩大了程式概念的有效范围，涉及荷马的所有的诗歌用语。帕里对《伊利亚特》和《奥德赛》头25行诗的程式分析，[1]生动地说明了荷马是如何借助于程式和程式系统去创作他的诗。他的这一研究在古希腊史诗语言研究中业已成为典范。

口头程式研究随着帕里和洛德在南斯拉夫的田野工作而进一步扩大了它的学术范畴。洛德阐明了南斯拉夫歌手古斯莱运用一种类似程式的习惯用语和灵活的程式系统，在口头演唱过程中创作他的诗。利用大量的资料，包括同一歌手演唱许多部史诗，洛德揭示出南斯拉夫口头史诗几乎每一行都是程式化的。

二、程式概念的口头传统背景

洛德的程式概念是与活形态的口头史诗的演唱生活紧密相连的。洛德认识到以往的文本分析忽略了史诗文本产生的背景。文本分析有必要考虑到具体的传统和独特的演唱过程。他试图以此揭示程式化用语的强大生命力，以及它们之所以产生的原因。洛德决定从歌手的角度，从传统内部来研究程式。

《故事歌手》表明，洛德的程式研究是从口头诗歌经验的现实开始的。他利用的是田野调查的第一手资料。洛德用专章描述了歌手的训练和成长过程。[2] 歌手的起步阶段从聆听别人的演唱开始。在此期间他不断感受、体验、熟悉了诗的节奏、音律，并逐渐与传统融为一体。当代歌手并不关心故事与诗歌的完美结合是如何实现、何时实现的，他们只是在实践中将答案自然而然地继承下来了。对他们来说，叙事诗的事实是"与生俱来"的。他们真实地感悟了前辈们的经验。在早期的学歌生涯中，歌手从韵律、音乐

---

1 Milman Parry: *The traditional epithet in Homer*, 1928, Paris. Adam Parry, The Making of Homeric Verse: The Collected Papers of Milman Parry, Oxford: Oxford University Press, 1971, p. 276.
2 Albert Lord, *The Singer of Tales*, Massachusetts: Harvard University Press, 1960, pp. 13-19.

中吸收了史诗传统的营养，在实际生活中习得了词语的长度、诗的调式和诗行的停顿。

作为一个南斯拉夫歌手，他经过诗歌句法上的停顿而获得了十音节的感觉，虽然他未必能回答出在这些句法上的停顿中间到底有多少音节。同样地，他从自己的经验中把握了重音节和非重音节的分布，以及这些音节的微妙的变化，而这些变化是由重音、元音长度、富于乐感的诗行引起的。他从听歌中悟出了这些限定的成分。他所认识的格律，从来都是与具体的词语表达相联系的。在这里，韵律与思想是一体。歌手在潜移默化中形成了程式的观念。基本的格律模式、词的界限、曲调等业已融入他的意识里。传统在他身上得以延续。

从幼年起未来的歌手已经开始逐渐体会到叙事诗中的词的顺序是与日常语言不同的。动词可能处在特别的位置，助动词可能被删去了。由句法的平行式、头韵、半谐韵等诸多因素的作用，词与词的顺序呈现出规律性的变化。总之，有关程式的一些要素如韵律、句法、语音模式等已经在歌手的意识里深深扎根。

对歌手而言，程式的形成最终要通过表演来实现。只有在表演中程式才存在，才有关于程式的界定。歌手对程式的积累是潜移默化的学习过程，也是一个不断实践的过程。歌手在聆听别人演唱时只是熟悉了程式，他只有通过表演才能将这些程式转化为自己的财富。诗的语言来自一些习惯的用法，是自然的习得，而非用心记忆。歌手只需掌握最典型、最基本的模式，而不必孤立地死记一些单个的程式。史诗中那些表达常见意义的程式是最稳定的。这些程式包括表示人物称号、典型动作、时间、地点等惯用词语。在南斯拉夫史诗中经常出现下列程式化的诗行。[1]如，Vino Pije Kraljevicu Marko（国王的儿子马尔科在饮酒）。英雄的名字作为固定的程式用语常出现在诗行的后半部分。表示最典型的动作的动词常常是完整的程式，占据诗行的前半部分。如，govorio Kraljevicu Marko（国王的儿子马尔科说道），Pa zasede sovojega dorata（于是，骑上他的栗色马）。动词程式的长度受主语的位置和长度决定。还有一类程式用语专门用于表示动作、行为、事件发生的时间和地点。如，kad je zora krila pomola（当黎明张开翅膀的时候），kad je sunce zemlju ogrijalo（当太阳温暖大地的时候），Na bijeloj od kamena kuli（在白色的石堡里）。上述这类程式是口述文体的基石。

---

[1] Albert Lord, *The Singer of Tales*, Massachusetts: Harvard University Press, 1960, p. 34. 以下例句原文为塞尔维亚语。

歌手在构筑诗行时，常常要考虑到程式化词语的意义、长度、节奏、声音、语音模式等。诗行的平衡主要由头韵、半谐音的声学模式以及句法上的平行式等因素调节。因此，口头诗歌的语言基本上是按照既定的程式化的模式来构筑的，表现出相对的稳定性。这种稳定性使歌手有可能熟悉大量的经常使用的诗行，这些诗行常常一起出现，历经数年而较少变化。

程式化的诗行遵循着一定的节奏和句法模式，其中至少有一个词在诗行中的位置是固定的，并且重复出现在其他诗行中。为说明这种诗歌的程式规律，洛德分析了南斯拉夫史诗《巴格达之歌》中的一个程式系统。这一系统包括动词 zasediti（骑）和一些关于"马"的双音节词，它们组成一种可以替换的模式[1]：

zasednu		dogina	（白马）
zasdem		dorina	（栗色马）
zasede（骑）		dorota	（棕色马）
zasedi		vranca	（黑骏马）
zaseo		menzila	（驿马）
		zasednuo	（牡马）

马，在南斯拉夫传统中起着重要作用。关于"骑马"这一主题的描绘，不同的歌手表现出惊人的一致，即这一主题总是与固定的程式相呼应。如：

"主啊"，她说着，骑上了那匹大白马。
"主啊"，他喊道，骑上了那匹栗色马。
随着一声呐喊，苏卡骑上了那匹驿马。
骑手们一跃而起，骑上了他们的快马。[2]

上述事实表明，程式属于传统，是共同积累的结果。程式是表达主题的手段，歌手的程式积累是其主题积累的一部分，二者密不可分。个人、地域、方言、词汇、语言学

---

[1] Albert Lord, *The Singer of Tales*, Massachusetts:Harvard University Press, 1960, p. 48.
[2] Albert Lord, *The Singer of Tales*, Massachusetts:Harvard University Press, 1960, p. 48.

的、社会政治历史的不同特点都会反映在程式和主题里。不同的歌手，其程式积累不同，同一歌手的程式化表达方式也是变化的。所有的歌手都在利用传统的资料，但各有各的用法，传统不是一个模式。

关于程式，洛德采用了帕里的概念。但洛德的表述更为灵活：程式是一种口头诗歌的语言，强调形式的节奏和格律功能。他提出了一个富有活力的程式概念，它强调一种能动的、多样式的、可以替换的词语模式。此外，与程式相关联的句法上的平行式和语音模式等，这些要素是以程式为基础的，在口头史诗传统中，程式几乎无处不在，程式的主题、程式的故事形式和故事线、程式的动作和场景、程式的诗法和句法等。在诗里一切都是程式化的；程式是口头史诗所具有的突出本质。

与程式密切相关的另一个概念是主题。

熟悉口头史诗的人都了解这样一个事实，即基本事件，描写在许多民族的传统诗歌中是不断地重复出现的。如，英雄的诞生、武器的赞美、战斗准备、英雄战前所说的话语、人和马的描写、人物性格、女人的赞美、宴饮场面、英雄的死以及风景、夜与黎明的描绘。以上这些描绘已经形成俗套即高度程式化了。歌手特别是年轻歌手，逐渐熟悉了这些反复出现的事件，他们像感受和吸收程式的节奏和模式一样熟悉和掌握了主题。歌手对主题的不断积累是从他开始学歌时便开始了。

洛德在说明史诗创作的主题概念时，列举了南斯拉夫著名史诗歌手埃夫朵的演唱实例[1]。埃夫朵仅仅听一遍穆米恩（另一位歌手）的歌，便能把后者的三千行诗再演唱一遍，并扩展到七千多行，唱得更为生动、细腻。仅以史诗中的"集会"主题为例，埃夫朵便由穆米恩的一百七十六行扩充到五百五十八行。可见埃夫朵已经积累了关于"集会"内容的许多范例和模式。埃夫朵并不试图记住固定的文本（实际上也无固定的文本可记。口头史诗是流动的不确定的诗歌形态）。他是用程式和主题在创作。这位腹藏五十八部史诗的歌手，头脑里已经形成了一整套严密复杂的系统结构，这是口头史诗的创作系统，它是由程式、主题、故事模式等结构单元所组成的；由于这种组合系统是能动的、灵活多变的，它能迅速吸收、消化歌手听到的新歌，并将其重新排列组合，实现表演中的再创作。很显然，埃夫朵比穆米恩拥有更多的叙事模式和技巧，他并不需要按照穆米恩的衣钵演唱他的歌，而是在复述别人的故事时融入了自己的创造，这使得埃夫

1　Albert Lord, *The Singer of Tales*, Massachusetts: Harvard University Press, 1960, p.78.

朵在程式和主题以及其他叙事模式的积累上显现出卓越的天才。

通过不同歌手演唱"同一部"史诗的比较研究，洛德发现主题并不像程式那样是由惯用的词语固定下来的，而是由一组意义固定下来的。而一个基本的主题则可以采用多样的形式。当歌手在新歌中听到某个主题时，他倾向于用自己业已占有的材料，将这一主题重新创造出来。主题乃基本的内容单元，它是传统诗歌中以程式化的形式讲述故事时有规律地使用的一组意义。主题的结构允许变化，浓缩或丰富，主题同时具有个人的和文化的两种定位。同一主题的文体有相应的变化，但主要意义和程式化的表达在一定范围内相呼应，而限制了这种变异的程度。与观众相呼应，与自己的才资和目标相一致，一个歌手可以使自己对"全副武装的斗士"或"集合"的演唱或长或短。比主题更大的叙事结构是主题群，传统有一种力量把一定的主题群联结在一起。这种传统的力量使歌手不能轻易地破坏主题群。

在口头史诗的表演中的创作这一过程中，程式用于构筑诗行，常遵循一种韵律—语法上的规则，主题则引导歌手快速创作过程的思考，去建构更大的结构。程式可比之于同词素的异形词：它们是流动易变的，永远处于变化之中，这种变化是与具体情形相联系，并受其约束。因此，口头程式化诗歌语言的基本要素，不是词，而是具有语法和韵律价值的词语模式，一种语法韵律单元。由主题导引，由语法韵律单元即程式化措辞方式的调控，口头诗人以传统的固定的词语为手段进行创作。

三、程式概念与比较口头诗学研究

对活形态的口头传统的共时性分析表明，创作和表演是同一过程的两个方面。口头诗歌的创作不是为了表演，而是以表演的形式来完成的。为研究演唱中的诗歌，田野工作需要这样的共时性的分析，目的在于描述传统的实际系统，如程式、程式系统、主题等叙事单元，正是在共时分析中发现的。

但是，当研究进入传统深层的组织原则时，即文化的持续性现实时，历时分析也是很需要的。语言学重建的方法可以解释现存传统中的语言的诸多方面。否则，这些方面是不清楚的。历时与共时的分析可以互相补充。

程式是一种固定的词语模式，它受传统的口头诗歌的主题的支配。程式之于形式，等同于主题之于内容的关系。这一规定所假定的前提条件是形式与内容在概念上是重合的。设想荷马史诗的意味是由形式上的考虑如由程式和格律决定的，这无疑是误解了口头诗学中形式和内容的关系。历时地看，内容——让我们称之为主题——决定了形式；虽然形式在共时性上影响了内容。程式是由诗人创作中的传统的主题来调节的。

多年来口头程式理论对程式及其传统特点的解释，主要依赖于结构主义的共时性原则。而格雷戈里·纳吉运用印欧语历史比较的方法，探索隐含在荷马史诗表层结构深处的进化的、历时的深刻含义。纳吉1974年出版的《古希腊和印度诗歌格律的比较研究》[1]标志着口头程式历时性研究的新趋势。纳吉认为程式产生了格律，而不是相反。首先，传统的词语表达包含了固定的格律。后来，传统的要素导致了宁要一些格律的词组而不要另一些格律的词组。再后来，被选用的格律具有它们自己的活力，从而成为正在产生的，非传统的词语表达的调节器。格律凭借自身力量成为一种可行的结构。可以独立地形成传统的词语表达方式。新的格律的发展，也可能使传统的词语表达趋于消亡，如果这些措辞要素不再与格律相匹配的话。然而格律的形成最初是由传统的词语表达方式即程式决定的。因此，纳吉认为程式与格律的关系是一种逐渐的转换或优势的调整。

从20世纪30年代至今，口头程式理论的研究领域迅速扩大，从古希腊、古英语、古法语、中古德语、西班牙语、阿拉伯语、非洲诸语言一直延伸到世界一百多种古代、中世纪、现代不同的语言传统。随着学科的形成，口头理论的核心概念程式，在各种不同传统、体裁方式和文本的实际研究中受到不断挑战、修正和发展。

关于程式的实用价值和美学意义。帕里的口头程式概念，早在20世纪三四十年代即受到古希腊研究界的关注。乔治·卡尔霍恩[2]在30年代初最早全面介绍过口头程式理论。后来在关于荷马史诗程式化文体和格律的实用性这一关键问题上他与帕里产生分歧。他认为荷马史诗程式的使用是出于美学的设计和上下的考虑，而不是格律上的便利。自此，关于程式的实用价值和美学意义之焦点在于我们是应该把荷马史诗当成书面诗歌来读呢，还是试图在阅读中得到适合于口头诗歌风格的感觉。谢泼德和巴塞特等人也试图把荷马从帕里的过于机械的概念中解放出来，以恢复史诗的书面文学的本来面目。60年代中后期，在古希腊领域，围绕程式及其概念问题出现了激烈争论。有人认为基于荷马史诗语言总结出的程式概念过于机械和限定。因此，约瑟夫·拉索提出新的程式概念，这种程式在形态上基本是格律的、符号的而非词语的。这种超语言的程式概

---

[1] Gregory Nagy, *Comparative Studies in Greek and India Meter*, Massachusetts:Harvard University Press, 1974.
[2] George M.Calhoun, *The Art of Formula in Homer*, Classical Philology, 1935(30):215-227.

念，排除了程式作为区别口头和书面文本之间差异的试金石的作用。[1] 一些学者力图为"他们的荷马"争得史诗文体的美学意义，另一些人则强调荷马程式化词语的实用性。实际上此争论的核心是很古老的关于荷马史诗独创性与传统性的问题。

基于程式的不变性原则，揭示荷马史诗的美学精神，是亚当·帕里等人的著作的特点。他们认为荷马的诗是程式的，也是有意识地精巧制作的。口头程式概念的意义在于我们通过它可以理解荷马史诗的艺术性。

学者们对口头传统史诗文本的美学意义的浓厚兴趣显而易见。许多学者开始认识到，程式和主题结构没有必要排除语言艺术的可能性。当然，口头或口头派生的文本不会像高雅的书面文学作品如约翰·弥尔顿《失乐园》或詹姆斯·乔伊斯《尤利西斯》那样相同的美学意义，它们也不应具有这种美学意义。口头理论能充分实现那个目标吗？该理论已经用程式、主题、故事模式去描绘了这些作品，我们现在所需要的是在具体的作品和传统中找出这些叙事单元的美学意义。

关于程式与口头性的关系问题。一般认为程式化程度越高，作品便越具有口头性。如果人们理解了程式是传统口头诗歌表述系统的建构材料的话，便没有理由对洛德的程式是完全弥漫在口头诗歌中的观点产生怀疑。程式是传统诗歌口头性的试金石。当然，程式结构和口头性之间的联系并非那么绝对。"所有的程式化的诗歌皆为口头的"在逻辑上不能推出"所有的口头诗歌皆为程式的"结论。为更好地说明程式与口头性的关系，有人提出"程式密度"的术语，指的是程式化诗行在整部作品全部诗行中所占比率。达根1973年在《〈罗兰之歌〉的程式文体和诗歌技巧》[2]中，将《罗兰之歌》置于其他十三部诗歌作品的背景下进行比较，得出程式密度和口头性关系的结论：如果一部古法语叙事诗的直接重复率不到20%，那么它可能起源于书面创作，当程式密度超过20%，那么便有很强的迹象表明它是口头创作。《罗兰之歌》超过35%，很容易以上述标准而被定为口头诗歌。沃尔特·翁则以口头现象学的哲学高度阐释了史诗程式化结构与口述心理结构之间的联系："口头演唱的程式特点对有关套语学说的发展起着决定作用，从口头、听觉的时代直到浪漫主义时代，口头演唱一直受到套语学说的支配。套语

---

[1] Joseph A. Russo, *The Structural Formula in Homeric Verse*, Yale Classical Studies, 1996 (30): 219-240.
[2] Joseph J. Duggan, *The Song of Roland: Formulaic Style and Poetic Craft*, Berkeley: University of California Press, 1973.

是程式化的表达方式，它起源于口头实践和不朽的口头心理结构。"[1]

程式概念并非绝对的、一成不变的，它总是与具体的传统、体裁和文本相联系的。由于传统之不同，语言的特点、格律及其他韵律学的要求各不相同，这必然导致人们对程式的不同理解。唐纳德·弗赖依在20世纪60年代的著作《古英语文学的程式及程式系统》[2]中，对传统的特殊用语展开系列研究。他并未采用帕里的定义，而是取用一种一般性的灵活的程式模式，这些模式依照古英语半行诗的诗体学的策略而建立起来的，伴随着词语、韵律、句法学的三维空间，因此程式系统是一组半行诗，其形式上通常是由彼此相似的两个成分松散地联结起来的，其中一个是可变的词，或一个组合的成分，伴随着非常重音成分大致相同的分布。而单个程式则是一组词，以半行为长度，说明它是程式系统的直接产物。另外，对程式的研究应从口头歌诗入手，但不必停留在那里。程式分析应考虑到口头的、源于口头或模仿口头的以及书面的不同类型的文本之间的区别，这种区别必然反映在程式化的文体风格上。

程式，作为口头诗人的主要创作技法，深刻影响了口头传统诗歌的诗的结构和诗学，它反映了史诗文体结构背后的口述世界的叙事现实，口述的心理结构。程式概念和关于以程式、主题进行创作的问题，以及与之相对应的即兴创作、记忆、演唱背景的研究，是口头诗学的主要内容。因此，那种把程式概念仅仅理解为口头诗歌文体的形式主义的研究，是对程式概念的误解。如果脱离了表演中的创作、歌手、听众、文本、流布这一口头诗歌的经验的现实，那么，程式便是一个标签，传统便缺乏感觉。

---

[1] Walter J. S. J. Ong, *The Presence of the Word: Some Prolegomena for Cultural and Reeigious History*, New Haven: Yale University Press, 1967.
[2] John Miles Foley, *The Theary of Oral Composition: History and methodology*, Bloomington: Indiana University Press, 1988, p.70.

民俗调查中的心理观察问题[1]

刘铁梁 [※]

在民俗学的田野作业当中，我们经常遇到有关心理学的问题。从调查者自身的主观努力来说，我们总要调整自己的心理状态，以适应相对生疏的生活环境，亲近调查地的群众，尽力使自己和他们在思想感情上互相沟通。从调查的对象内容来说，我们会时时关心和注意民间传统文化当中所包含的思维方式、心理需求以及集体或个人的性格特征。就感觉而言，民俗可分有形和无形，但民俗现象其实都或明或暗地显现着社会集体与个人的内心活动，它们或者是心理的物质化表现，或者是心理的言语表达，或者是心理的行动表露，因而可以被我们观察与理解。很难想象在民俗调查中可以有根本不顾及心理问题，对民俗社会中人的内心生活完全不予体验的情况。即使调查研究的课题目标不在民俗心理方面，但要达到搜集资料的目的，并且能够对民俗现象作有机的而不是僵死的、关联的而不是支离的观察，也必须对上述心理方面的问题给予充分注意。也就是说，心理学方法的采用，至少是保证调查取得实效的一种权宜之计。

民俗是充满生气的社会现象，它体现出某种社会群体的共同性心理，同时又是具有普遍社会影响作用的文化规范，给予集体中的个人以不同程度的制约力量。民俗自身的形成演化过程，就群体与个体的关系上来说，必然也是个体心理和群体心理互相适应与调整的发展过程。因此，虽然心理学的解释与历史学、社会学的解释有不同的侧重，但它却可以与后二者互相结合，成为民俗学调查研究的一种有效方法，这在中外学术史上

---

[1] 刊于 1996 年第 3 期。
[※] 刘铁梁（1946— ），北京师范大学文学院教授。

已有不少令人醒目的探索成果。不过，在作为本土文化人类学的民俗学当中，采用心理学方法进行研究，仍是一条正在开拓中的艰难道路，尽管这种方法被认为是必要的和诱人的。

本文旨在讨论民俗学田野作业，如何运用心理学方法的一些理论认识问题。由于论题的性质决定，所参考的理论不限于民俗学本身，但是考虑问题的出发点，还在于如何使民俗调查进行得更加合理与深入。

一、民俗对象中的心理因素

在田野作业中观察和搜集具有心理研究意义的材料，并不是一件简单的事情。虽然我们随时都可能注意到民俗生活中那些属于心意的现象，或者体验到在生产和社会活动过程中人的举止言谈所包含的心理倾向和特点，但是，如果没有特别注意把这类现象细节和自己意识到的问题记录下来的话，那么从实地带回的材料仍不宜于作为心理学研究的依据。这里，首先有一个对民俗对象本身的心理要素如何认识的问题。

普通心理学所研究的心理现象，是指认识、情感、意志等心理过程和能力、性格、气质等心理特征。考察心理过程和特征这两个方面的机制及彼此相互关联的机制，作为心理学研究的基本任务，是从生物学等自然科学和社会科学交叉的领域中提出来的。但在民俗研究中运用心理学方法，也可以看作一门社会心理学，还应该是从民俗社会本身，即民俗社会特定群体与个体的相互关系上提出问题。所以我们所观察的个体心理现象，是民俗社会中的个人与外在群体的民俗活动相联系的内心活动，就其自身的构成来说，它一方面同样包括上述的认识、情感、意志等心理过程要素和性格、气质、能力等心理差异要素，另一方面，所有这些心理要素都已具有社会民俗内容的具体指向性。例如在村落的集体活动"舞龙灯"当中，村民总要担当观众或表演者、募捐人或组织者等各种身份，至于龙灯会内部则更有细致分工，但这些身份的取得和分工的结果，显然与村民集体中各个人的性格、气质、能力等有关系，同时又与村民集体的意志和要求有关系。在龙灯队从村里到村外，从广场到每家院中的行进途中，表演者与观众的心情和想法，已经达到互相感染和理解的默契程度，这中间，每一个人都在群体环境当中发生着认识、情感、意向等心理活动。所有这些心理要素都是我们民俗调查者应该细心观察和揣摩的，因为它们都带有村落集体的共同性倾向，特别是在某种共同价值观的引导之下。这些具有群体意义心理活动要素的总和，就是我们所关切的民俗心理对象。

可见，要想达到对民俗对象的心理方面内容有所认识的目的，我们必须从社会学的角度，认识民俗活动的群体是怎样一种内部组织关系，看清每一个成员在这组织当中究竟处于何种位置。再者，我们必须精细地审视活动的全部过程，把握其时间与空间变化的特点，同时尽量注意对某些有代表性的个人，进行特殊的观察，不放过那些有意味的行为细节和可以感受到的心理信息。这些信息就是人的感情、愿望、意向等心理倾向和能力、气质、性格等心理特征及其关系。这样，我们就介入民俗活动之中，审视了活动主体的心理现象。

一般来说，民俗心理现象是一个群体的现象，需要把诸多个体的心理表现综合起来，以进行整体观察。但是，只要我们意识到所观察的个人不是孤立于民俗群体之外的个人，那么这种对个体的心理观察就仍然具有民俗心理意义。民俗心理观察应该进行许多微观的工作，以得到充分的个案材料，然后据以综合，达到对民俗群体心理活动过程和特征进行完整把握的目的。

我以为，无论我们进行哪一方面课题的民俗研究，都有必要提高对心理观察意义的认识，增强这种观察的自觉性，从而能够比较完整和深入地考察各类民俗现象，使资料的记录变得更为充分、生动、具体，以利于事后从多方面进行研究。

现在，让我们再分析一下采用何种方法和手段来观察民俗心理现象的问题。狭义的"观察"，是指调查者亲临现场，进行包括参与或非参与（即是否成为团体中一成员）方式的直接观察方法。采用这种方法可以把握当时的全面情况，感受现场特殊的气氛和人们的情绪，所以对心理调查来说是有很多好处的。首先，被调查对象的心理是处于自然状态的、完全真实的、基本不受外界力量（调查者等）的干扰。其次，参加特定民俗活动的人在表情、动作、言语等许多方面，都在流露出他们内心活动的信息，可以为我们所接收。最重要的是，这种方法所得的资料可以说是纯粹的第一手资料，它不是从当事人的间接陈述中得来的。有一次，我在黔东南侗族山寨，参加"三月三"的节日活动，有许多细节使我体验到村民当时的心情。例如在"跳芦笙"的现场，我不仅感受到那种热烈欢快的气氛，而且发现当芦笙吹响一段时间以后，姑娘们才由母亲的带领下，陆陆续续从各个方向上来到会场。从身着的新装和含蓄的表情上，我感到她们一定很重视这露面的时刻。当她们走进舞蹈的圆圈队伍时，母亲们便悄然离开人群，但一般都远远地站在高处，注视着自己的女儿，我猜想母亲的心情可能很不同于其他人，因为她们今天的义务，是将女儿体面地带到众人面前。

这种直接观察的方法，确能使我们得到许多新鲜而具体的感受，特别是对村民的心情，有诸多体验。但这种方法也有缺点，例如我的主观推测很可能是不大符合实际的。再有，我不能在同一时间观察许多人，而场景却在渐进变化，不允许我就同一情况作重复观察。观察者不能因自己的需要而对现场施加控制，这也可以说是把自己放到了被动的位置上。

不过，在对日常生活的民俗现象进行观察时，情况将略有不同。我们可以在村里多住几天，反复观察日常的行为过程，因而能多少克服上述两个方面的缺点。直接观察方法之不足可以由访问方法（座谈会和个人访问等）来弥补。访问方法的优点，首先是具有控制的灵活性，如果我们想就一个专项问题进行调查时，可以向一个被访者充分提出问题和重复问题，也可以向数位被访者问同样的问题。例如，如果为了解有关鬼灵信仰，可就梦境、夜晚出门、驱鬼仪式、祭鬼仪式、对落水夭亡者的处理、鬼故事等诸多问题发出提问，从而得到许多互相关联的材料，包括形成鬼灵观念的许多心理活动资料。访问方法的第二个优点是能直接跟被访者见面，交谈中可以发现一些言语之外的信息。特别是被访者对所提问题的兴趣如何、回答得是否自信、对问题中的内容取何种态度等，都是一些很重要的情况。我们必须考虑这些信息反映出的被访者的心理因素特点，因为，第一，被访者心理因素的特点制约着他的回答方式和内容，关系到答案的完整程度、可靠程度等；第二，心理因素方面的问题，由于被我们在访问中予以观察和记录，可能成为日后研究特定民俗群体心理现象的个案材料，或对于课题本身的研究有直接益处。

访问方法亦有缺点。首先，访问现场不是民俗活动本身发生与进行的场合，我们是通过被访者的描述来想象当时情况的，因而这种间接性可能造成我们对实际情况的某些误解，也缺少现场直接观察时能够得到的有关活动整体氛围、人的表情和行动细节等材料内容。其次，访问时的提问与程序可能带有很大的主观性，影响了被访者表达自己本来的认识和看法；或者被访者的回答缺乏代表性，影响了我们对现象作出正确与全面的认识与理解。这种互相干扰的情况，对研究问题是不利的。为了克服这些缺点，我们应尽量体会对方的立场和心理特点，掌握好提问的技术。再次，如何才能选择好有代表性的访问对象，也存在许多问题。在我们初来乍到的头一两天，很不容易遇上合适和理想的被访人。所以在一个村落中进行调查的时间不能太短，同时要设法迅速找到合适的访问对象。说到这里，想起个例子，我在湖州东林乡（今东林镇）东明村调查时，有一次正在农民家里采访两位老人，南方农家的房门白天总是敞开的，冬季也不例外，一位中年农民不知什么时候坐了进来，渐渐地，他成了我提问的主要回答者。他向我介绍了过去村里"抬菩萨"仪式活动的情况，这是许多老人都讲不大清楚的。我对这位中年农民发生了兴趣，以后几天里多次与他接触。我发现，由于他受父亲生前的影响很多，再加之个人经历的原因，所以熟悉许多事情。他没有上过几年学，但喜欢听评书，喜欢听上年纪的人讲老辈子的事。现在，他很羡慕几位进城发财的朋友，但把朋友们提供给他的机会都放弃了，依然每日勤快地干种种农活：种桑，养蚕，养鱼，养羊。我对他的性格多少有些了解了，这样就对他提供的材料有了更深一些的理解。这个例子可以说明，心理观察，特别应该在有某种代表性的访问对象身上进行，这也是我们注意选择访问对象的一个重要初衷，而结合对他们个人生活史的了解，可以比较好地达到我们调查的目的。

　　总之，民俗学实地调查中的心理观察之所以必要，是由于民俗现象本身普遍具有社会性心理因素，不得不察。这种观察是困难的，但又是饶有趣味的。我们不能因为困难而放弃努力，也不能仅凭个人兴趣简单从事，而应该结合对民俗现象本身所包含的心理结构及性质的理解，主动地、合理地进行观察。认真考察民俗事象中群体与个体的相互关系，可以导致社会学的研究，也可以导致心理学的研究，特别是这关系中的行为表现和言语表达，可以给我们带来许多心理学研究的信息材料。具体方法的运用应该和这些信息材料的性质与特点联系起来加以考虑，以取得调查工作的实际效果。

二、心理与传承

　　传承规律的研究是民俗学的基本课题之一。照我看来，传承规律现象分为宏观和微观两个方面，宏观的传承现象可以理解为民俗流变的整体性面貌，微观的传承现象可以理解为民俗社会中人们之间的具体传习行为，如故事的讲述与听取、仪式的安排与参加、技术的示范与模仿、禁忌的要求与遵守等等。但这是可以看得见的微观传承，还有一种看不见的传承，就是心理的传承现象，或者叫心意的传承现象。一般认为，心理现象是普遍包含在一切民俗活动过程中的，但如何观察这种心意现象。则始终是难以说清楚的问题。

　　心意或心理传承现象，曾经是人类学家、心理学家和社会学家极力加以观察与解释的对象。这些解释都试图揭示这种传承是缘于何种心理结构以及它与外部客观环境是怎样相互作用的,为此提出了不同的理论和看法,或者侧重于心理结构的内部方面,或者侧重于社会行动的外部方面;或者强调内因,或者强调外因。由于严格来说,民俗的传承规律应该主要是民俗学家去研究的问题,所以有必要总结已有的各种理论,并根据民俗学实地调查成果,形成民俗心理学或叫心理民俗学的传承理论体系。但这是一项艰巨的工作。下面,暂就如何观察民俗心理传承现象,主要是如何完善这方面田野作业的设计与实施问题,结合以往的理论谈一些自己初步的认识。

文化人类学的进化派,最早从与生物进化规律相适应的角度理解传承现象特别是"文化残留"现象。他们最初并不注意"文明社会"里下层文化的实体,而是专注于研究原始文化当中的心理现象,例如爱德华·泰勒关于宗教起源于"万物有灵观"的假说,实际上已接触到心理现象,但他把"万物有灵观"看作原始人的世界观或哲学观,因而心理学的分析并不明显。弗雷泽对原始巫术中联想原则的分析有了更多的心理学倾向,至今仍有一定说服力,但他依然基本上坚持泰勒的唯理性论,没有从物质与社会外部条件变化的制约方面和心理机制演进方面去充分说明问题,他的"巫术—宗教—科学"的关系公式,主要是指观念形态的进化过程。但是弗雷泽的心理学倾向却深深地影响了他人,例如泰勒的继承人马雷特就称赞弗雷泽对原始心智的研究,"是向心理学——历史方法的当然皇后——表示他的忠诚",并且坚信文化联系本质上是一种心理过程。马雷特提出在社会心理领域中也同个体心理领域中一样,都有法则存在,他把民俗的变化只看作价值取向变化的结果,而人类的普遍情感却是长久存活的。他的"价值取向变化"说,是有关民俗传袭与演变根源问题的一个具有说服力的早期的心理学观点。

精神分析心理学家弗洛伊德,几乎不谋而合地从另一个方向上向心理决定论迈进,他把潜意识结构说和"里比多"本能决定论引入图腾、禁忌等原始民俗现象的解释中,从而开始创立一种特殊的社会心理学理论。他更进一步提出了"伊底""自我"和"超自我"三位一体的人格结构说,以尽力使自己的心理学向社会学靠拢,他认为个体对群体的认同最初是发生在儿童对父母的认同上,而这种认同的发生是解决俄狄浦斯(恋母杀父)情结的需要。弗洛伊德片面强调心理本能对人的社会行为的决定性,把复杂的社会关系简单化,但在我们看来,他开创的精神分析学日后对文化人类学产生了很大的影响,结果是形成了心理人类学,也叫"文化与人格论"。这一理论又正好和心理决定论的看法相反,是主张文化决定论,也就是强调人格的形成由存在的文化环境所决定的。

这多少接触到了风俗习惯何以能够传继下来而不轻易消亡的道理，最重要的是，这种"文化与人格"二元对立的结构，为我们观察民俗心理现象提供了一种分析的工具。但这一理论过分强调人后天环境的决定意义，比较忽视人格形成的其他条件，而且对人格类型的把握也比较笼统，未能说明除了育儿阶段的习俗之外，在其他各种习俗活动中，每个人可养成哪些具体的性格特点。民俗学家如果把心理现象的研究也只停留在"基本人格"受制于文化的被动性上面，可能他们将会把人民群众描绘得过于呆板与落后，也会把民俗传承过程理解得过于机械和缺乏变化，而实际情况远非如此。

现在再来看一看社会心理学家。他们在观察小群体心理现象方面，表现出相当灵活的态度。在他们看来，一方面这些小群体有自己独特的社会及文化特征，一方面群体中的每个人又具有不同的角色和位置。此外，他们对经验性事物的观察也是相当具体的。社会心理学家对小群体的心理现象的认识方法，特别适合于我们对家庭、村落、各种民间团体等进行民俗调查的需要，所以应该引起我们的重视。但一般来说，他们并不太重视群体事件发生发展的过程以及所处自然空间的变化，往往把事件仅当成由人际关系构成的特定情境。而在我们看来，民俗学不仅要观察一般民俗活动的进行过程，而且要研究个人与家庭及团体的生活史，从而具体了解民众的心理过程及其特征。例如在农事生产过程中，可以发现农民的知识经验是怎样积累与运用的，他们对作物生长规律、克服自然灾害的办法、工具的性能特点等是如何形成认识的；他们的劳动技能如何，怎样协调动作来共同克服困难，情绪怎么样；从春种到秋收，有什么仪式活动，是否隆重，态度如何；他们所唱的山歌和号子，都表现了什么感情、愿望；以及在全部劳动过程中体现了他们有哪些性格特点；等等。所以，民俗学的心理观察应该充分吸收社会心理学的社会结构观分析方法和调查方法，但仍应坚持自己重视历史传承过程的传统。当然，社会心理学并非完全排斥历史方法，比如关于心理社会化过程的分析，就是一种历时观。美国哲学家和社会心理学家乔治·米德，提出了心理发生学与动力学的一个著名理论："符号互动论"。他把精神活动放在人的行为背景上加以考察，认为人的心灵表现为外在的社会性姿势上，其中有一些姿势很重要，对社会动作的所有参与者都表现了相同的东西，且比其他动作易于简化。当人们用这些简化的姿势表示出一个含蓄的反应，以配合他人明显反应时，姿势就成了"有意义的符号"，它成为人类语言基础，也成为人类思想的材料。由于在米德社会心理学中，人类动作的社会性和符号性最为重要，所以以他和他影响的一派理论，被称为"符号互动论"。这一理论包含着一个明显的思想，就是认为人的行动是连续不断进行着的，每一个行动过程都有前因和后果，每一个现实都以现在为焦点，但现在包括了对过去的认识和对未来的准备。

对于重视从经验性事物抽取变量的社会学家来说，米德首创的"符号互动论"是对他们方法的冲击。符号互动论者更愿意用个案研究法，更擅长描述社会互通的前后脉络关系。从这个意义上看，这一理论也很值得我们重视，因为它对我们观察民俗传承的具体过程有诸多启发性。

在研究人类文化历史上，不同学科对历史与社会、人类与民族、团体与个人的心理现象，以不同的视角和采用不同的方法，都进行过考察、解释与说明。凡从人的主体方面探索各种文化形成、变异与结构、作用等规律的研究者，就很难不重视人的心理问题。但长期以来，个体心理始终是心理学家所研究的核心现象，这使得其他以社会、群体为研究对象的学科，很不容易直接借用他们的理论和方法，大约这也是许多学问家不主张用心理学方法研究人类历史与文化的一个原因。例如，法国社会学派创始人迪尔凯姆就反对以生物学和心理学的根据解释社会和文化现象，主张人类学者应当以实证和实地调查方法研究社会的结构。他认为许多重要文化现象都与个人的感情或直接经验无关。功能学派大师布朗指出，文化的功能是指社会结构诸要素的内在一致性，认为这才是文化存在的理由。他也反对单纯从心理学的角度解释社会和文化。不过，功能学派另一位代表人物马林诺夫斯基与布朗有所不同，他认为功能"意味着经常满足需要"，一方面是文化性需求，一方面是生物性——心理性需求。晚起的新进化论派亦主张把文化当成独立能自律的现象领域，研究它自身的进化法则，反对把文化学还原为生物学、心理学和地理学等。

但随着社会心理学以及某些应用心理学的发展，我们也似乎增强了从心理学角度研究文化的信心，尽管对这一角度还有许多不同的理解。我个人以为，从当今民俗学的发展趋势上看，有不少课题方向都与心理学发生着联系，诸如关于象征体系、认知方式、空间与时间观、价值观、信仰与仪式结构、传承人现象、群体认同与民俗凝聚力等等。那么，从心理学角度观察和分析民俗现象，是否具有学理上的一致性呢？换言之，当我们研究民俗心理现象时，该怎样解释我们共同关心的总问题，即民俗生活内在统一的心理活动机制呢？这样提出问题，可能还为时尚早，但并非不可以讨论。

对于问题的理解，不可能离开我们这一学科长久以来形成的基本立场。民俗，在我们看来，是一民族或民族中基层群体共同创造和传承的比较稳定的文化现象。民俗的群体性固然同上层专家文化的个性特点不同，也与全人类或跨区域文化的普遍性或相同性不同。但这里还必须进一步指出，民俗文化的群体性是同人们不同结群方式联系在一起的。由于具体的民俗总是生存在具体的人群组织当中，其影响和作用的范围便参差不同。而对于任何一个具体个人来说，由于受其所具备的结群资格和条件（先天赋予的和后天机遇的）限制，严格讲每两个人之间，参与、接受、享用民俗文化的情况也不完全相同。所以，一方面是群体的共有性，一方面是个体之间的位差性，这才是民俗文化群体性的真实含义。

因此，民俗的群体性应该被看作两个方面的表现：一是群体内所有成员对该民俗文化整体的认同；二是各个成员对民俗文化局部的认同，即在民俗活动中对自己行动角色的认同。我们所观察的民俗心理现象，就是这两方面认同的心理表现。

民俗传承过程，就是民俗群体不断吸收个体加入进来的过程。群体对个体加入的心理要求，通过民俗文化的整体符号系统表达；反之，个体把握和运用符号的能力则由少到多地不断发展，并由于角色的限制而受限制，这表现出个体成员向民俗整体认同和向自己角色认同的双重性。群体创造与传承的民俗文化基于群体生存发展的需要，是全体成员共同享用的，其中也包括特别用来传情达意的语言等符号体系。但从通过民俗文化整体的展示和活动的进行来传承自身的角度讲，符号之作为心理交流中介的意义也赋予了群体民俗文化本身。

总之，观察民俗传承过程中的心理现象，可能是理解民俗群体心理活动内部机制、规律及特征的基本途径，而对于这一途径，民俗学家并不应该感到怎么陌生，需要的只是自觉意识和主动探索精神。

中国现代民俗学初创时期的多学科参与[1]

赵世瑜[2]

　　了解中国现代民俗学历史的人都知道，在这门学科的初创时期，其主要参加者和代表人物大都来自民俗学以外的学科。这种多学科参与的性质和特征，对中国现代民俗学的发展历程产生了重要的影响。对这种参与和影响究竟应该作何评价，回首80年的坎坷道路，的确是一个值得深思的问题。

　　如果把1918年北大歌谣征集运动视为中国现代民俗学史的开端，那么刘半农、沈尹默和蔡元培是三位最重要的人物，因为正是刘半农的首先提议，得到沈尹默的响应，最后得到北大校长蔡元培的大力支持，使这场运动开展起来的。但是，刘半农和沈尹默虽是歌谣运动的发起者，却专攻语言文字学，并没有在《歌谣》周刊和以后的其他刊物上大量发表民俗学的、至少是歌谣研究的文章。蔡元培大力支持这项研究，是他的新历史观的必然结果，所谓"新体之历史，不偏重政治，而注意于人文进化之轨辙。凡夫风俗之变迁，实业之发展，学术之盛衰，皆分治其条流，而又综论其统系，是谓文明史"[3]。但他毕竟主要是个教育家，不可能也没有时间去研究民俗学。

　　当然最能代表这批人特点的是胡适。他本身是学哲学的，后来因为倡导文学革命而在新文化运动中"暴得大名"。但正是因为他鼓吹文学革命和白话文运动，使他与民间文艺研究联系了起来，撰写了《歌谣的比较的研究法的一个例》与《狸猫换太子故事的演变》等著名文章。他强调说，"我以为歌谣的收集和保存，最大的目的是要替中国文

---

[1] 刊于1998年第2期。
[2] 赵世瑜，北京师范大学历史系教授。
[3] 高平叔编：《蔡元培史学论集》，湖南教育出版社，1987年，第139页。

学扩大范围，增添范本。我当然不看轻歌谣在民俗学和方言研究上的重要，但我总觉得这个文学的用途是最大的，最根本的"[1]。我们看到，当时推动文学革命的主要阵地《新青年》的编辑们，包括钱玄同和李大钊，也正是《歌谣》的主持者或支持者。因此，提倡新文学的目的是为了进行改造和变革，是推翻旧文化、创造新文化的一个组成部分，而不是要成为新诗人或新小说家。这样，北大的歌谣征集活动最初也许同样只是从文学运动的需要考虑。所以胡适自己曾说："陈独秀、胡适之、钱玄同、刘半农这一班人，都不完全是弄文学的人"，"我们是提倡有心，创作无力"[2]。就民俗学而言，当然就更是如此了。

这批先驱者在中国现代民俗学史上的地位之重要，就在于他们都是本学科的伟大的改革家和创新家。像蔡元培之于教育、刘半农之于语言学、胡适之于文学和哲学，都接受了新的学术立场和方法，他们都试图用本学科出现的一些新观念来改造中国传统学术。他们对于民俗学的作用，并不在于他们本身对这门学术有多少研究，而在于他们以其敏锐的目光和先进的思想，"发现"了这门学科的重要思想意义和学术意义，并且把它告诉中国人。

接下来的一批人则是中国现代民俗学早期历史上的代表人物。就其主要方面来说，周作人应该算是一位文学家，但正如他自己所说，"自己知道并非文人，更不是学者，他的工作只是打杂，砍柴打水扫地一类的工作。如关于歌谣、童话、神话、民俗的搜寻，东欧日本希腊文艺的移译，都高兴来帮一手"[3]。这样，作为一种比较主要的业余爱好，周作人不仅介绍了日本和西方的许多重要的民俗学思想（如柳田国男的乡土研究作品，再如他介绍江绍原编译的《现代英吉利谣俗及谣俗学》等），不仅较早地倡导了儿歌、童话的征集，还写作了大量民俗学内容的短文（见《歌谣周刊》《语丝》等刊物）。更重要的是，他还对民俗学的性质、对象、功能等问题较早提出了自己的看法。虽然周作人确实没有在民俗学领域做出专深的研究，但在当时的国内，他对于国际民俗学发展的了解，可以说是较早和较清楚全面的。加上他的作品的读者群较大，所以在使民俗学受到更多的人的关注和认识方面，他的确具有不可抹杀的贡献。

与周作人同时对民俗学早期发展做出贡献的还有常惠和顾颉刚。常惠是学法文出

---

[1] 胡适：《歌谣·复刊词》，《歌谣》1936年第2卷第1期。
[2] 胡适：《中国文艺复兴运动》，《新生报》（台北）1958年5月5日。
[3] 周作人：《周作人自述》，载陶明志编《周作人论》，北新书局，1934年，第2页。

身，但曾是编辑《歌谣》周刊的中坚力量，所以在1936年曾被胡适戏称为"研究歌谣的'老祖宗'"[1]。尽管他在20世纪20年代中期以后转而从事文物考古工作，但与当时在《歌谣》上发表的其他文章相比，他的文章一方面较具研究性，董依宾关于《看见她》的著名文章实际上就是受了他的文章的启发，另一方面，他比较赞同从民俗学的角度研究歌谣，这与当时多数研究歌谣的人见解不同。这些方面当与他学习外文、熟悉外国情况关系密切。顾颉刚则是公认的史学大师，他是从改造史学的角度进入民俗学的大门的。正是对民俗文化的关注，使他改变了许多以往对历史的看法，使他得出结论说，"这种搜集和研究，差不多全是开创的事业，无论哪条路都是新路，使我在寂寞独征之中更激起拓地万里的雄心"[2]。这位历史学家对于民俗学的贡献至少有三：首先，他总是利用一切机会，为研究民众而大声疾呼、身体力行，从北大到中大，积极创办刊物，出版丛书，率先进行田野调查；其次，他对孟姜女故事演变的研究，对妙峰山的研究、对东岳庙的调查等等，不仅从其历史学家的特长，强化了民俗学研究中对传承特征的重视，而且改变了《歌谣》周刊清一色文艺学研究的特点，使中国民俗学的发展道路大为拓宽；再次，他并没有忽视民俗学研究的社会功能，他总是积极推动挖掘民俗文化的资料，发动对现实社会的改造。

除此之外，从文学角度切入民俗学的还有茅盾、赵景深等人。郑振铎虽也主要从文学方面做出贡献，但他的《汤祷篇》等却与顾颉刚的意图类似，是"应用民俗学、人类学的方法，为中国古史学另辟一门户"[3]。而从史学入手的还有容肇祖，他虽以研究古代经学史、思想史为主，但因较早追随顾颉刚而热衷民俗学，后在中大又主持过民俗学会和《民俗》周刊的工作，使他对民俗学的思考也日趋成熟。他的《我最近对于"民俗学"要说的话》一文中的见解，至今还是站得住脚的。[4]当然，除了上述的这些传统学科以外，对当时民俗学发展推波助澜的生力军还来自人类学和宗教学，这显然是因为他们所关注的研究主题、他们所使用的理论模式和研究方法与民俗学相当一致，因此尤应得到我们的重视。其中，江绍原、黄石、杨成志、林惠祥等人的民俗学作品，无论是专著、译著，还是论文和概论性教材，在当时都具有较高水平。比如江绍原对礼俗迷信的

---

1 《记事》，《歌谣》1936年第2卷第8期。
2 《〈古史辨〉第一册自序》，见《顾颉刚古史论文集》第一册，中华书局，1988年，第38页。
3 《郑振铎文集》第4卷，周予同"序"，人民文学出版社，1985年，第467页。
4 参见容肇祖《我最近对于"民俗学"要说的话》，《民俗》1933年第111期。

研究（典型代表著为《发须爪》）、黄石对于女性民俗的系列论文，都是结合本土文献和国外相关理论的个案研究，杨成志、林惠祥则在介绍国外研究动态和进行田野研究方面贡献很大，像江绍原等在民俗学基本理论方面的探讨，尤其值得大书。这些特点，脱离其独特的学术背景是显然不可能存在的。

最后，需要我们投放目光的一类人——钟敬文、娄子匡、张清水等等——对中国民俗学的发展延续功劳最著，因为他们从一开始踏上民俗学研究之路，就再没有退缩，始终心无旁骛、执着坚定地在民俗学园地中耕耘。张清水家境不好，一直在家乡（广东翁源）生活，常常不顾生计的需要而坚持进行民俗研究，直至抗战期间病逝。娄子匡自20岁时出版《绍兴歌谣》，长期研究民间故事，特别是在《民俗》停刊之后注意建立民俗学的阵地（如《孟姜女》），在抗战期间于后方联络民俗学界的同行，近几十年来还着重注意民俗学研究资料的建设。钟敬文虽自文学切入民俗学，但自1924年开始与《歌谣》周刊发生联系之后，就一直努力把他所同样钟爱的文艺学和民俗学结合起来，至1935年首创民间文艺学，而至1992年又发展为民俗文化学。他力图用民俗学去改造文艺学，创造融入民俗学学科理论的一种新文艺学，也即民间文艺学；逐渐地，他又力图用民俗学去改造文化学，倡导一种注重文化的民间发生以及上下层文化互动的新文化学，也即民俗文化学。这种独特的学术心路离不开钟敬文独特的学术选择，他与胡适、赵景深不同，后者始终用文艺学的角度观察民间材料；他也与顾颉刚、容肇祖等人不同，后者并没有因为对民俗学的兴趣而把自己的研究路向改为社会史。

无论如何，我们所感兴趣的是，尽管这些中国民俗学早期发展史上的代表人物各有专攻，却并不妨碍他们在共同的兴趣之下团结合作，从各自不同的角度为中国新生的民俗学事业增砖添瓦。他们总是谦虚地说，他们只是些业余爱好者，都不是民俗学的专家，但他们总是在为民俗学建设的基本问题热情、激烈地探讨、争论和奔忙。这无疑说明，在当时的那种情况下，民俗学事业需要多学科的合作和互补，需要一种宽容、开放的心态。也正是在这种心态之下，中国现代民俗学才在诸多困难之下发展了起来。

以上，我们对中国现代民俗学史上的一些具有不同代表性的人物进行了简单的介绍和分析，了解了他们是如何从不同的思想观念和学术兴趣出发，走上民俗学研究之路的。在五四新文化运动的民族民主思想广泛传播并深入人心的大背景下，他们也许是为了提倡中国的"文学革命"，但却浇灌出中国的民俗学研究之花；他们也许是为了利用民俗学来改造传统的旧史学，却引发了对中国传承已久的民俗事象的深入探讨；他们当中有的是因受了西方近代学术思想的影响，把西方民俗学介绍到中国来，力图在中国开辟一个新的研究途径；也有的是自幼深受中国乡土文化的熏陶，希望努力开垦这一块长期为人忽视，甚至轻视的沃土；他们或者从不同的学科会聚到一起，开创了民俗学研究的新天地，然后又回到他们各自熟悉的研究领域；或者坚持不懈，始终在民俗学园地中耕耘，把自己的毕生精力贡献给了这个新生的事业。或者殊途而同归，或者同归而殊途，但中国现代民俗学正是这样产生发展起来的。没有用平民文学取代贵族文学的"文学革命"，没有改造帝王将相家史的新史学思想，没有对身边的民间文化的挚爱，没有唤起民众、改造社会的理想，没有对西方民俗学、人类学学术价值的认识，中国现代民俗学的产生和发展都是不可想象的。

中国现代民俗学创始时期的这种多学科参与的特点，究竟给中国民俗学的发展带来什么样的影响呢？首先，几乎没有任何一个新学科诞生的时候，是由这个新学科的专业人员进行催产的，而都是原来从事其他学科专业的人开创，再培养起本学科的专业人员来的。就拿民俗学来说，赵卫邦说"科学的德国民俗学，首先由莫瑟尔奠定了基础，后来由赫尔德、格林兄弟与里尔加以发展，直到民俗学会的活动与斯帕莫教授出版的《德国民俗学》，几乎用了一个半世纪，民俗学才成功地建成一门完整的科学"，[1]其中赫尔德是个哲学家，格林兄弟是语言学家，里尔甚至是新闻工作者或政治家，但他们都在德国民俗学史上占有重要位置。

其次，民俗学本身又是一个新兴的边缘学科，它不像哲学、历史学、文学、地理学等那样从古代就已形成，有自己的明确边界。民俗学的研究内容既可以被分别置于历史学、文学这些古老学科之内，也可以与宗教学、人类学、社会学等新兴学科比邻而居，因此它的产生就在于不同学科的人就研究民间文化的传承而言形成了共识，它的边缘性和学科交叉性就决定了它在诞生时必须依赖多学科专家的共同努力，而在它成熟以后，其专业人员又必须同时是多学科的专家。

再次，20世纪初中国现代民俗学诞生的时候，正是新的学科领域被大量引进，开始在新的教育体制中占有一席之地的时候，也是传统学科分类依然具有巨大影响、对新学科具有较大排斥力的时候，简言之，正是新旧交替的变化时刻。当时从事民俗学研究

---

[1] 赵卫邦《中国现代民俗学史》，王汝澜中译文见《民俗学译丛》第1辑，中国民间文艺研究会民俗学部，1982年。

的人无不感到压力极大，无不感到自己是在披荆斩棘，很难被人认可。如果不是从事传统学术研究的人、比如哲学家、文学家和历史学家从自己的角度出发研究民俗，不是把民俗事象视为传统学术中被忽视了的部分加以发掘，中国现代民俗学将更举步维艰；如果倡导者不是那些已经在学术界有相当地位的人，民间文化研究将仍然是一股学术潜流，而不能成为一种显学，这就是当时的现实。

因此，正如赵卫邦指出的，"这个领域的科学研究工作的起点还是不充分的。主要缺点是，那些民俗学研究工作的创始者们没有一个人充分熟悉民俗学这门科学的性质、理论和方法。……很难立刻拟定出一个恰当的计划""从我们现在的有利地位来观察全部问题，我们可能要责难那些民俗学研究的先驱者，由于当时的条件所造成的错误，但是无论如何我们必须承认他们所取得的十分有价值的成就。"[1] 一方面，我们要了解对西方民俗学理论的引进需要一个消化、吸收和改造的过程，这个过程又必须建立在对中国自己历史和现实中的民俗事象进行了深入研究的基础上；另一方面，我们也要了解在中国现代民俗学开始走上正轨的时候，又遇到了战争和政治干扰的不幸，因此中国现代民俗学体系建立和成熟的相对迟滞，绝不能简单地归咎于早期民俗学从事者的多学科背景。

与此同时，我们还要看到这些背景对中国现代民俗学发展的积极影响，那就是，西方近代学术把学科领域划分得过于细碎、过于明确，到今天已经出现弊病。于是自20世纪中叶又开始了学科交叉、科际整合的新趋势，而中国现代民俗学可以利用其创始时多学科合作的传统，跨过这个调整、纠偏的过程。

在中国现代民俗学早期发展的历史过程中，除了多学科的参与之外，也确实存在像钟敬文、娄子匡、张清水这样从一开始就投身于民间文学和民俗学研究、并一直在这个领域中耕耘的人。在当时，即使是北京大学或是中山大学，也没有设立专门的民俗学系，中央研究院中也没有专设民俗学研究所，因此不可能培养出民俗学的专门研究人才，只有中山大学组织过民俗学的培训班，成绩也不尽如人意。因此这些地方的民俗学组织和专门刊物就肩负起了培养专业人才的责任。钟敬文、娄子匡、张清水等人一方面是具有搜集研究民间文化材料的兴趣，就像中国古代的许多前辈那样，另一方面则是北

---

1 赵卫邦《中国现代民俗学史》，王汝澜中译文见《民俗学译丛》第1辑，中国民间文艺研究会民俗学部，1982年。

大《歌谣》周刊、中大《民俗》周刊等为中心的中国现代民俗学运动培养起来的学生。他们往往没有或失去了进高等学校的某一系科进行专业学习的机会，但却因此而未被束缚在某一学科领域之中，使他们得以根据自己的兴趣，始终在民间文学和民俗学事业中发展，而不会时时兼顾或者最后转回到原来学习的本专业。正因为有了这样一批人，中国现代民俗学才能在历经战争和社会的劫难之后不绝如缕，重新振兴，这也算是中国现代民俗学事业之万幸吧！

论"口头和非物质遗产"的概念与范畴[1]

向云驹[2]

"人类口头和非物质遗产"是联合国在保护世界文化遗产中新提出的项目和概念。2001年,联合国教科文组织公布了第一批"人类口头和非物质遗产代表作名录",立刻在全世界引起巨大反响,迅疾在全球掀起了新一轮的"申遗"热。最近,联合国教科文组织又公布了第二批代表作。但是,什么是"口头和非物质遗产"?它的价值和形态是什么?联合国为什么要对它进行世界性的保护?这些问题,人们不甚了了,甚至学界也多茫然。

口头和非物质遗产这一概念,是联合国教科文组织为完善对世界文化遗产的保护体系作为与物质性、遗址性、建筑性文化遗产相对应、对称的概念而提出的。在这个渊源中,还可上溯至两个起点:一个是1950年日本政府提出的"文化财产保护法"中从"有形文化财"的概念延伸出的"无形文化财"概念;另一个是1989年联合国教科文组织提出的《保护民间创作建议案》。这两个出发点,一个是对法律概念和司法实践的补充和完善,一个是依据某种法律所提出的建议。《保护民间创作建议案》是"人类口头和非物质遗产代表作"行动、条文、法案的直接依据,所以,"口头和非物质遗产"与"民间创作"二者有更直接的关联,甚至是同一事物的不同表述。

联合国教科文组织《宣布人类口头和非物质遗产代表作条例》中明确指出:"根据《保护民间创作建议案》,'口头和非物质遗产'一词的定义是指'来自某一文化社区的

---

[1] 刊于2004年第3期。
[2] 向云驹(1956—),男,土家族,湖南湘西人,中国民间文艺家协会副秘书长,硕士。

全部创作，这些创作以传统为依据、由某一群体或一些个体所表达并被认为是符合社区期望的作为其文化和社会特性的表达形式；其准则和价值通过模仿或其他方式口头相传，它的形式包括：语言、文学、音乐、舞蹈、游戏、神话、礼仪、习惯、手工艺、建筑术及其他艺术。'除了这些例子以外，还将考虑传播与信息的传统形式。"[1]在《保护民间创作建议案》中，所谓"民间创作"即指"传统的民间文化"。此外，"条例"还有这样的表述："口头和非物质遗产（文化场所或民间和传统表现形式）。"

但是，在实质上，"口头和非物质遗产"与"传统的民间文化""民间和传统表现形式"之间还是有相当大的不同的。严格意义的口头和非物质遗产，主要指与"有形的""物质的"文化遗产相对应的那部分文化遗产，即传统的"口头文化"和"行为文化"，其中有非民间的部分。而"传统的民间文化"虽以"口头文化""行为文化""民俗文化"为主体，但它同时也包含着相当多的有形的、物质的内容和形式。事实上，这两种概念只是一种纯理论的差异和区别，在实际生活和实践中，它们是很难区分的。

但是，"传统文化"与"民间文化"却是有很大区别的。传统文化包括民间文化，民间文化是传统文化中的一个有机组成。

在公布第一批 19 个"人类口头和非物质遗产代表作"时，概念的范畴、遗产的性质有一些微妙的差别和矛盾，有些项目是纯粹民间的，有些项目则源于民间又已超越民间；有些项目是"文化"的，有些项目已近于纯粹的"艺术"。正确地认识此中的差异及其原因，在不同差异间和差异内部建立起相关的认识、概念和标准的工作，是现在和将来应不断探索的一项任务。

一、广义的概念

广义的口头和非物质遗产概念，应该包括前人创造并遗留下来的全部口头形态、非物质形态的文化遗产。其中，口头遗产应泛指人类的全部语言形态，无论其语种大小。语言本身以外，便是语言的艺术即口头文学。传统的口头文学就是我们通常所谓的民间文学。口头文学也有当代形态，口头遗产也有一些非文学的形式，如讲演。所以，广义的口头遗产是一个非常宽泛的概念。同样，广义的非物质遗产，除了"遗产"一词要求具有一定的历史价值外，所谓"非物质"一词包容量也是极大的。非物质而系人为者，

---

[1] 钟敬文著，董晓萍编：《民俗文化学：梗概与兴起》，中华书局，1996年，第42页。

除了与人体相关（当然，某种意义上，人体也是物质的一种）外，我们很难再找到别的对象。所以，我们认为，非物质遗产除了特定的口头文化外，就是指人的行为文化或人体文化，即传人文化。

人体的行为的文化可以分为两大部类：

一是艺术类，即由人来操作、表现、传承的艺术。离开现实的活态的既定的人体，这种艺术就不能得到完整展示、演示和保存。例如，人体文面、文身和人体绘饰，就是非物质遗产。它只能在人体上保留，此人一旦死亡，他身上的体饰、蠹痕、绘身、文身、文面或绘面便不复存在。而由艺术家在岩石、木板、画布等物质材料上创作出来的美术作品，则应归于物质遗产（虽然在严格意义上，画家本人所拥有或掌握的绘画技艺、技术、创作天赋等也是标准的非物质遗产），因为画家和他的作品至少是可以分离的。音乐也是典型的非物质的、人体的或行为的艺术。声乐完全依赖人体发音器官，器乐则必须有人来操作。离开人的表演，这门艺术是无以传达也无以留存的。此外，舞蹈、戏剧、曲艺、杂技等表演或表演艺术都是同类。现场性、即兴性是行为艺术或表演艺术的特点，也是其独特魅力所在。

二是文化类，即由人的行为、语言所传达和表现的文化。这类文化离开人体或人群，就无以展现和传播传承。例如，宗教信仰，虽然有经籍书写教义，有寺庙堂观或偶像符号表示信仰的内容、思想和对象，但离开人们的崇信和行为规范，其性质就会大变。宗教信仰只有在活态的或在人们的信仰中才成其为宗教信仰，否则只能转为遗迹。在行为文化中，民俗文化是最引人注目的。民俗文化，也被称为民间文化或下层文化。民俗文化，是广大人民特别是劳动人民的产物，这种文化与劳动者的现实生活、基本生活密切相关，并且主要依靠日常生活所用的语言和实际动作作为主要传播工具。它代代相传，因而是一种传统文化。

首创民俗学或民俗（Folklore）一词的英国民俗学家汤姆斯认为，民俗是在普通人们中流传的传统信仰、传说及风俗，即"民间古旧习俗或民间文学""民众的知识学问"以及"古时候的举止、风俗习惯、仪式、迷信、歌谣、寓言等等"[1]。此后，对"民俗"的定义各说不一。有人认为民俗是旧时代的"遗风"，或现代城市环境中的"残余遗风"，它保留在文明社会内受教育较少的分子中。有人认为民俗是俗民文化的传统部分，

---

1 ［英］威廉·汤姆斯：《民俗学》，载中国民间文艺研究会民俗学部编《民俗学译丛》，1982年。

即包括原始民族和文明民族的传统创造，是指不出确实可信的发明人或造作人而一代一代传下来的那些东西；有人认为民俗是退化的宗教，民间宗教是民俗学中的一个主要部门；也有人认为民俗是指民间故事或者说民俗是一种主要由口头流传的大众文学；还有人认为民俗是文明文化中的俗民文化表现。[1]

英国民俗学家班尼（C.S.Burne）女士对民俗学和民俗的解释、定义，最值得关注。她认为民俗学是一个概括的名词，其内容包括传袭的信仰、习惯、故事、歌谣、俚语等流行于文化较低的民族或保留于文明民族中的无学问阶级里的东西。析言之，例如关于宇宙、生物、无生物、人性、人造物、灵界、巫术、符咒、厌胜、命运、预兆、疾病、死亡等事的原始信仰；又如关于婚姻、继承、成年、祝祭、战争、渔猎、畜牧等事的习惯与仪式；以及神话、传说、民谭、故事歌、歌谣、谚语、谜语、儿歌等。"简言之，'民俗'包括民众的心理方面的事物，与工艺上的技术无关。例如引起民俗者所注意的不是耕具的形状，而是耕具耕田的仪式；不是渔具的制造，而是渔人在海上捕捞时所遵守的禁忌；不是桥梁屋宇的建筑术，而是建筑时所行的祭献等事。"[2] 班尼的这一论述，出自她的著作《民俗学概论》（1914年）。这里有两点值得注意：1. 这一观点是民俗学早中期的观点，如今已有突破和发展：民俗学既研究以上内容，也广及文明社会文明人；民俗学既研究行为、心理、仪式，也研究行为的对象、成果，即同时研究犁的形状和用犁耕田的仪式，研究渔具的制造也研究渔夫捞鱼时的禁忌，研究建筑术、建筑和祭献事宜，也研究建筑的形状和功能等。2. 在以上表述中，可以发现，民俗学一度堪称全力以赴地研究着口头和非物质遗产，旧时的"民俗"概念是十分契合现在的"口头和非物质遗产"概念的。这一点足以使人明白，为什么联合国教科文组织的有关工作是从"民间文化"或"民间创作"派生出"口头和非物质遗产"的说法来的。

与民俗文化对应的上层文化中的礼仪文化也是口头和非物质的。所谓"民间风俗"与"官方礼仪"的搭配，原来也是有其历史渊源的。一般而言，礼节都是从宫廷、官方发源后，以君主帝王为中心，将各种细节逐步向各个阶层传播的。

在中国古代，礼者，理也，泛指奴隶社会、封建社会等级制的社会规范和道德规范。在周代，礼不仅指礼仪，还指规范和礼治思想及"君君臣臣父父子子"的宗法

---

[1] 参见陶立璠《民俗学概论》，中央民族学院出版社，1987年，第7页。
[2] 转引自方纪生编著《民俗学概论》，1934年。另见乌丙安《中国民俗学》，辽宁大学出版社，1985年，第5—6页。

制度。《左传·隐公十一年》曰："礼，经国家，定社稷，序民人，利后嗣者也。"《礼经·曲礼》曰："礼不下庶人，刑不上大夫。"这是礼与俗的区别。实际上，古代中国的礼，对君臣上下、父子兄弟、学宦事师、班朝治军、莅官行法、祷祖祭祀、供给鬼神、婚姻丧葬等都做了具体的规定。仁义礼智信者都唯礼是瞻。"曰仁、曰义、曰智、曰信，礼之别名也。"（北宋李觏《直讲先生文集·礼论第一》）礼和俗还时时发生双向互动。"上以风化下"是礼下传为风俗；"下以风刺上"，"风以动之，教以化之"，是民风影响礼制的表现。礼尚往来，则表明古代中国行"礼"的普遍性。"礼"的传播，造成了几千年根深蒂固的礼文化，成为中国文化最有特色和性格的内容。

在西方，中世纪是礼节盛行的黄金时期，形成了严格的等级划分。只要回想一下当时英国社会的情形，就可领略此时的风尚。到19世纪末和20世纪初，西方上层社会把遵守礼节的最烦琐的要求看作一种消遣，而对妇女来说则是最基本的职责（一如中国妇女要严守妇道，恪守三从四德一样）。迄今，礼节在西方的宫廷、典礼、职业生活与公共生活的各种场合，都还随处可见，如着装的要求、宾主的座次、就餐的规定、称谓的限定等等。甚至已经形成了一整套的国际礼仪。

由上可见，广义的口头和非物质遗产用于对文化的分类，形成一个特殊的认识范畴是可以的，但若用此概念去确定保护范围或划定学术研究范围，就太宽泛并因此丧失科学性。比如，语言中的英语、汉语等，艺术中的交响乐、歌剧、芭蕾舞、话剧等，文化中的礼节、官方典礼等，目前而言，就还没有必要置入遗产名录，虽然它们也堪称"代表作"。

二、狭义的概念

狭义的"口头和非物质遗产"应该指联合国教科文组织所希望予以保护的范畴。这个范畴不是一成不变的，应该具备一定的概念和对象的弹性。一种文化形态，今天可能还是无足轻重的毫无危机的，明天它就可能具有特殊的意义，或者岌岌可危。"代表作名录"的范畴就可能因时而异或与时俱进。

我们先来分析一下联合国教科文组织的有关表述。

在《保护民间创作建议案》中，对"民间创作"的表述有如下内容：

1."民间创作是人类的共同遗产，是促使各国人民和各社会集团更加接近以及确认其文化特性的强有力手段，注意到民间创作在社会、经济、文化和政治方面的重要意义,它在一个民族历史中的作用及在现代文化中的地位,强调民间创作作为文化遗产和现代文化之组成部分所具有的特殊性和重要意义,承认民间创作之传统形式的极端不稳定性,特别是口头传说之诸方面的不稳定性,以及这些方面有可能消失的危险,强调必须承认民间创作在各国所起的作用,及其面对多种因素的危险,认为各国政府在保护民间创作方面应起决定性作用,并应尽快采取行动……"

2. "民间创作"即"传统的民间文化"。民间创作以传统为依据,口头相传,形式包括:语言、文学、音乐、舞蹈、游戏、神话、礼仪、习惯、手工艺、建筑术及其他艺术。所有这些形式都应是指"民间的",如"民间礼仪""民间文学""民间舞蹈""民间音乐"等。

3. "民间创作作为文化表现形式应受到表现其特性的群体(家庭、职业、国家、地区、宗教、人种等)保护。"

4. 民间创作的保护"涉及对民间创作传统及其传播者的维护,因为各族人民有权享有自己的文化,也因为人民与这种文化的结合力常常由于传播工具所传播之工业文化的影响而削弱。因此,必须采取措施,在产生民间创作传统的群体内部和外部,保障民间创作传统的地位并保证从经济上给予资助"[1]。

《保护民间创作建议案》是国际组织开始关注民间文学并采取重大措施的结果。此建议案的缘起,可以上溯至1973年玻利维亚政府对联合国教科文组织总干事提出的要求。当时,他们希望联合国的这一文化机构开始研究民间文学的状况,并就增加国际版权公约条款提出建议。玻利维亚政府认为,补充条款应包括关于保护文化遗产和在保护、支持和传播民间文学过程中产生的版权问题。该建议还对输出传统文化以及脱离原来的背景以一种与生产和保留这种传统文化的人们格格不入的方式表现这种文化的现象表示关切。

自此以后,联合国教科文组织和世界知识产权组织均对民间文学的保护给予了关心、赞助和参与。

芬兰著名学者、文化人类学家、民俗学家、民间文艺学家劳里·航柯先生(不久前劳里·航柯先生不幸病逝。深感痛惜,谨致哀悼与怀念),曾参与了联合国教科文组织的相关工作,以及"建议案"以前的文件的起草。作为当事人和起草文件的学者,劳

---

[1] 冯骥才主编:《中国民间文化遗产抢救工程普查手册》,高等教育出版社,2003年,第214页。

里·航柯先生在 1986 年应中国民间文艺家协会之邀，在中芬联合召开的中芬民间文学搜集保管学术研讨会上作了题为《民间文学的保护》的学术演讲，并细致介绍了相关情况。劳里·航柯特别介绍了由他参与其事并直接撰稿的联合国教科文组织有关文件中关于民间文学的定义问题。此中涉及两个文件：一是教科文组织总干事为 1985 年 10 月索非亚大会准备的文件《关于保护民间文学国际通用规则中技术、法律和行政方面的初步研究》，一是劳里·航柯本人为联合国教科文组织 1985 年 1 月在巴黎举行的保护民间文学政府专家第二次委员会会议所写的工作文件。正是在这两个文件里，确定并使用了现在所见的《保护民间创作建议案》《宣布人类口头和非物质遗产代表作条例》中的"民间文化"的定义和表述。这个定义的最终定形是在 1982 年保护民间文学政府专家委员会巴黎会议上提出，在 1985 年政府专家委员会第二次会议上修改与补充，并成为最终的有效的提法的。

当时的会议文件对此定义表述如下：

"民间文学（更广义地说，传统的和大众的民间文化）是一种集团或个人的创造，面向该集团并世代流传。它反映了这个团体的期望，是代表这个团体文化和社会个性的恰当的表达形式，它的准则和价值观念通过模仿或其他方式由口头流传下来。其形式主要包括语言、文学、音乐、舞蹈、游戏、神话、宗教仪式、风俗习惯、手工艺品、建筑及其他艺术。"[1]

将以上定义与"民间创作"和"口头和非物质遗产"定义加以比较，可以看出基本相同，只有个别字、词的调整。其中最重要的是"民间文学"改为"民间创作"。而"民间文学"即可同时表述为"传统的或大众的民间文化"。这表明，"民间创作""口头和非物质遗产"概念均源自或等同于"民间文学"。

这是一个重要的问题。民间文学—民间文化—口头和非物质遗产，这是三个逐渐扩大外延，而内涵精神基本一致的概念。而且，所有问题的起因，都在于对"民间文学"的保护，并由此伸发开来。

民众集体性的、口头形式的、有传承传统的、在现代传媒的冲击下面临消失危机的、具有重要人类文化价值和群体价值的，这些正是民间文学的最基本的特征，也是民

---

[1] 中芬民间文学联合考察及学术交流秘书处编：《中芬民间文学搜集保管学术研讨会文集》，中国民间文艺出版社，1987 年，第 18 页。

间文化的最基本特征。将这些定义置于"口头和非物质遗产"之上,"口头和非物质遗产"概念的基本精神和本质意义也就一目了然了。

在《宣布人类口头和非物质遗产代表作条例》中,也有一些值得在此一并分析的表述。

在"宗旨"中,条例指出:"宣布的目的在于奖励口头和非物质遗产的优秀代表作品。这一口头和非物质遗产(文化场所或民间和传统表现形式)将被宣布为人类口头和非物质遗产代表作。"[1]

这里的"文化场所"后来还被译为"文化空间"。"'文化场所'的人类学概念被确定为一个集中了民间和传统文化活动的地点,但也被确定为一般以某一周期(周期、季节、日程表等)或是一事件为特点的一段时间。这段时间和这一地点的存在取决于按传统方式进行的文化活动本身的存在。"[2]

以上种种表述有三个关键词:"文化场所""民间""传统"。"文化场所"主要是用人类学(特别指文化人类学)标准界定的,以民间文化的综合性、集体性、周期性、时空合一性为准绳,把"传统"加以适当突出,与"民间"并列。可见此中"口头和非物质遗产"概念向民间以外的突破,扩大了保护对象的范围。

早在劳里·航柯时代,保护民间文学的国际行动就有一个重要出发点,即从"民间文学这一精神财富在世界上大多数国家中是被人们不屑一顾的"[3]转向逐渐重视的过程,并终于提上了国际组织的议事日程;还有一个原因是,民间文学是人类文化遗产的重要组成得到普遍认可,"对于人类的各种文化遗产,人们主要把它们看作一个整体,构成该整体的各个组成部分,正在日益吸引人们的注意力"[4];第三个现象是,民间文学的价值、地位提升,"随着年代的推移,越来越多的表现形式取得了同名胜古迹、文学、艺术及音乐作品相媲美的地位"[5]。

在以上论述中,民间文学独立于名胜古迹、作家文学、高雅艺术和音乐作品之外,最先是不登大雅之堂的,但十几年后,终于可以相提并论。这应该视为人类文化观和价值观的一个重大进步。

---

[1] 冯骥才主编:《中国民间文化遗产抢救工程普查手册》,高等教育出版社,2003年,第218页。
[2] 冯骥才主编:《中国民间文化遗产抢救工程普查手册》,高等教育出版社,2003年,第218页。
[3] [芬]劳里·航柯:《民间文学的保护》。
[4] [芬]劳里·航柯:《民间文学的保护》。
[5] [芬]劳里·航柯:《民间文学的保护》。

在衡量口头和非物质遗产代表作的价值和文化标准时，《条例》特别强调"从历史、艺术、人种学、社会学、人类学、语言学或文学角度来看是具有特殊价值的民间和传统文化表现形式"。在评审委员会的专家构成上，也特别规定各专家"所代表的学科之间的平衡，如音乐、口头文学、表演艺术、礼仪、语言及手工艺和传统建筑专门知识等"。事实上，民间文化最突出的特点和最可宝贵的意义就在于它多功能多价值，既是生活的百科全书，也是多学科的对象。当然，根据理解，口头和非物质遗产有相当一些传统的艺术形式是非民间的或纯艺术的，是美学和艺术学家的工作对象。但"历史学、人种学、社会学、人类学、语言学或文学"这些学科，基本上都是"文化人类学"及其相关学科，而且文化人类学者也必须研究民间文学艺术。所以，口头和非物质遗产保护体系所保护的重点、主体，还应该是民间的文学、民间的艺术、民间的文化。

最后，只要我们看联合国教科文组织对口头和非物质遗产范畴的举例和示范，就能更直观地了解这样一个新颖、少见的概念及其实际所指。

举例如下：

1. 口头表述：诗歌、史话、神话、传说及对文化群体具有重要意义的其他叙事的表演和公开表述。

2. 表演艺术：在文化群体的节庆或礼仪活动中的表演艺术，其中包括肢体语言、音乐、戏剧、木偶、歌舞等表现形式。

3. 社会风俗、礼仪、节庆：人一生中的各种仪式（出生、成长、结婚、离婚和殡葬等仪式），游戏和体育活动，亲族关系与亲族关系的仪式，定居模式，烹调技术，确定身份和长幼尊卑的仪式，有关四季的仪式，不同性别的社会习俗，打猎、捕鱼和收获习俗，源于地名的姓名和源于父名的姓名，丝绸文化和工艺［生产（纺织）、缝纫、染色、图案设计］，木雕、纺织品、人体艺术（文身、穿孔、人体绘画）。

4. 有关自然界的知识和实践：有关大自然（如时间和空间）的观念，农业活动和知识，生态知识与实践，药典和治疗方法，宇宙观，航海知识，预言与神谕，有关大自然、海洋、火山、环境保护和实践、天文和气象的具有神秘色彩的、精神上的、预言式的、宏观宇宙的和宗教方面的信仰和实践，冶金知识，计数和计算方法，畜牧业，水产，食物的保存、制作、加工和发酵，花木艺术，纺织知识和艺术。[1]

---

[1] 参见冯骥才主编《中国民间文化遗产抢救工程普查手册》，高等教育出版社，2003年，第224—225页。

毫无疑问，以上举例，其范围与"民俗学与民俗"是基本等同的。这些举例，也只有在"来自某一文化社会的全部创作""群体表达""口头相传"这些前提下，才是可以理喻和有必要的。否则，一切科学、技术、知识、文学、艺术、礼仪均收入囊中，又有什么意义和必要呢？

至此，我们可以看到，口头和非物质遗产的概念实际上有三个层次：（1）广义的与物质遗产、遗址、遗迹、文物、典籍等对应的无形遗产、口头遗产、非物质遗产；（2）狭义的以民间文学（口头遗产之重要主体和组成）、民间文艺、民俗文化、传统的表演艺术、民间科技、民间技艺、民间知识、民间工艺等为内容的口头和非物质遗产；（3）以狭义的"口头和非物质遗产"之精华为主体，以广义的但处于濒危的"口头和非物质遗产"为补充。此二者中作为人类口头和非物质遗产的代表作被列入"代表作名录"时，它们以"代表性"和"濒危性"为界定标准，要求世界级的形态和全球性的价值与意义。此中，因为"濒危性"原则，囊括了各种自为状态下的"民间文化"、非民间的传统的无形文化、人体的行为的非物质的传统的艺术，如具备全球性意义和世界级价值，一旦濒危，也在"代表作名录"的保护和选择范围之内。

试论民俗学的社会科学化[1]

郭于华[2]

一、重温学术传统

民俗学，作为有着超过 150 年历史的一门学科，正面临着 21 世纪的挑战和自身发展的困境。作为中国民俗学之父的钟敬文先生在 2002 年辞世前的最后一次书写，就是为这门学科的存在和重点学科地位向教育部导的吁求，这是令人感动也令人悲哀的事情。民俗学的前景何在、其未来走向又如何？它在学科体系中应该如何定位、在中国社会转型过程中又该有何作为？这已成为许多同人们殚精竭虑和争论不已的问题。

民俗学的相对边缘位置和学科的模糊性似乎从它诞生之时日就开始了。在《民俗、神话与传说标准大辞典》(Standard Dictionary of Folklore Mythology and Legend，1972) 关于民俗学的多项界说中，其最基本的定义是："民俗的内容是人民——包括原始的和文明的——传统创造。它们是运用声音、文字以韵文和散文形式构成的，同时它还包括民间信仰或迷信、习俗和表演、舞蹈和游戏。进而，民俗学不是有关某一族群的科学，而是传统的民间科学和民间诗学。"其中，还介绍有不同学者的不同定义：

"所有口承文化都是民俗。"

"民俗学或民众的知识，是人类在成长过程中所经历的、习得的和实践所获得的知识积累，这种民间的和传统的知识与所谓科学知识是有区别的。民俗学的材料大多也是社会人类学的材料，它们可以从世界上野蛮的和'非文明'的地区收集，也可以从'文

---

[1] 刊于 2004 年第 4 期。
[2] 郭于华（1956— ），女，北京人，清华大学社会学系教授，博士。主要从事社会人类学、农村社会与文化的研究。

明'国度的乡村和无文字人群中收集。就其特殊性而言，民俗是由信仰、习俗、迷信、谚语、谜语、歌谣、神话、传说、故事、仪式性典礼、魔法、巫术，以及所有其他原始的和文明社会中无文字的普通人的表现与实践形式所构成。"

这部最权威的民俗学辞典还特别关注了学科的体系与区分：

"民俗学是文化人类学的一个分支。"

"在人类学的用法中，民俗一词意指神话、传说、民间故事、谚语、谜语、诗歌以及各种以口头语言为媒介的艺术表达形式。因而，民俗可以被定义为口头的艺术。在人类学家看来，民俗学家作为一个重要的群体，其研究兴趣在于习俗、信仰、艺术和工艺，衣、食、住的形式；但是在他们自己对世界各地土著人的研究中，这些不同的项目都被归入物质文化、图像与造型艺术、技术和经济、社会与政治组织以及宗教等公认的标题之下，即所有这些都被包含在文化的一般概念中。然而，不能落入上述标题的文化的一个重要部分被划归为民俗学范畴，因而在其所有形式中，民俗学可以被清楚地定义为与文学联系在一起。文学是被书写的，而民俗可以在一个有文字的社会中从来不被书写，也可以存活于没有书写形式的社会中。民俗，与文学一样，是一种与音乐、舞蹈、图像和造型艺术相关的艺术形式，所不同的是它所使用的表达媒介。"

许多百科全书类的辞典都将民俗学与神话学列为一个词条。例如，库珀主编的《社会科学百科全书》在人类学栏目下列出"民俗学与神话"词条。它告诉我们：民俗学的起源是从收集古代诗歌和民间故事、传奇、童话、神话等开始的，这些被视为古代人信念的残存物和碎片，具体表现为古代神话"演退"为民间传说。

民俗学的欧洲起源与前浪漫主义，特别是与德国的狂飙突进运动相关联，它分别以《收集自苏格兰高地且译自盖尔语的古代诗歌片段》、德国民间故事、民众歌谣与童话的搜集、芬兰民族史诗的研究和意大利民间故事与民歌的调查等作为其诞生初期的标志。

从世界民俗学早期的实践和上述学科界定中，我们可以大致概括出它的主要内容和特点：一是口述，二是传统。前者是其主要的存在和表达形式，后者则旨在强调其历史传承特性。这并非在理论和方法上，而是在对象特征上它能与相邻学科稍有区分的地方。同时，既然这些对象都可以"被包含在文化的一般概念中"，那么也说明民俗学完全可以作为人类学文化研究的组成部分。

上述学科特性从中国民俗学的发展演变过程也可以体现出来。当然，中国的学术发展又有其独特的"国情"。如果以五四新文化运动影响下北京大学成立歌谣征集处作为中国现代民俗学的起点，我国民俗学也已走过近90年的历程了。1949年以前的学科历史一般被概括为"北大时期""中大时期""杭州时期""战争时期"（包括国统区和以延安为中心的解放区）等几个历史阶段（钟敬文，1998）。概览这一时期的主要学术活动和成果，不难看到歌谣、神话、传说、故事、童话等民间文艺形式构成了研究的主要内容。这与世界民俗学开端时期的"口述""传统"特性相当吻合。值得注意的是，在几个不同的历史阶段，对民间文艺内容与形式的搜集、整理和研究与民族意识觉醒和民主思想的倡导有着密切关联，从而使中国现代民俗学运动带有明显的启蒙、救亡和"翻身""解放"的意识形态色彩。[1]

抗战时期是我国学术文化也是民俗学发展的一个特殊阶段。虽然战争导致战略后方转移、教学与研究偏于一隅、资料图书匮乏等种种不便，但这些也带来边疆开发与边政研究的勃兴，以及与之相关的学术活跃和学科交流互动的局面。这具体表现为：民族意识的空前高涨带来对民族文化的高度重视和广泛探讨，"边疆社会""后进民族""下层民众"成为各个学科关注的对象；学者们迈出书斋走向民间，对田野材料的重视和开掘以及对田野资料与文献资料相结合进行比较研究；借鉴西方社会科学理论对本土文化进行探讨，社会学、人类学、民俗学、历史学、民族学、考古学以及文学等多学科理论与方法综合打通、交叉互补，共同面对社会与文化的实际问题。这样一种学术背景和当时一批学贯中西的研究者如吴文藻、费孝通、闻一多、杨堃、林耀华、芮逸夫、凌纯声、陶云逵、岑家梧、陈国钧等在特殊时期艰苦卓绝的研究工作，为综合各个相关学科的理论和方法面对实际问题的"边政学"打下了基础，也为迈向社会科学的神话传说研究、民俗和民族文化研究铺就了道路。

如果沿着这批学者探索开辟的道路继续前行，如果遵循学科自身发展的规律，民俗学进入社会科学学科体系几乎是顺理成章的事。然而，20世纪50年代初统治意识形态支配下的院系调整和学科整肃中断了社会科学的上述传统，社会学、人类学、民俗学、民族学等重要的学科门类统统被冠以资产阶级学科的头衔而被打入冷宫或干脆取消。稍后，包括钟敬文在内的许多著名学者被戴上"资产阶级学术权威"和"右派分子"的帽

---

[1] "翻身""解放"主要指以延安为中心的革命根据地利用民间文艺形式宣传组织群众的过程，如对民歌、秧歌的搜集、革命化改编和再推广。

子而被迫中断学术研究和学科建设工作。而原本作为民俗学组成部分的"民间文学"却因为与苏联"人民口头创作"接轨而得以保留，并因为还是"劳动人民口头创作"而"受到尊重，甚至于特别宠爱"（钟敬文，1999）。民间文艺学和民俗学原本可以是各自独立又相辅相成的两个学科方向，成为带动这一学科奋飞的双翼，但在这特殊的时期，因学术以外的原因使之折其一翼，只能在文学门类下以边缘和衰微的状态存在。

改革开放之初的1978年，以顾颉刚、钟敬文等为首的七位著名学者联名发出"建立民俗学及有关研究机构的倡议书"。其后，民俗学经历了恢复重建、逐渐壮大、发展中兴的阶段。但是，学科的传统承继、学术定位依然作为问题存在，学术以外因素造成的机构设置、研究人员知识结构、学术政治化等问题绝非一夜之间能够解决，研究成果的积累和对学科自身的社会科学反思也非能毕于一日之功。

诚然，我们没有权力责备前人没有打好这门学科的基础，没能理顺相关的学科关系。以钟敬文为代表的前辈民俗学者们已经做了他们所能够做的一切：在严酷的学术之冬为春天保存了能够发芽的种子，并在春风化雨之时将其培育成花。他们已经做得够多了、够好了。学术的传承要求每一代人承担自己的责任，做出自己独特的贡献。如此，学术事业才能薪火相传，持续发展。

二、面对新时期和新传统

学习和了解一门学科，确定它在学术系统中的位置，重要的是看它的从业者们在做什么和贡献了些什么。正如克利福德·格尔茨所言："如果你想了解一门科学是什么，你首先要看的，不是它的理论或发现，当然也不是它的辩护士对它的说法；你应当看的是它的实践者们做的是什么。"（Clifford Geertz, 1973）从上述民俗学在中国的发展历程来看，不难发现，口述和传统构成的民俗学学科特性，也仍然是当今研究的主要内容。

将民俗学定位为民间的、口头讲述和传承的文化传统的研究当然没有问题，但必须充分意识到传统的现代意涵，以及中国人民曾经历了一个堪称独特的历史时期，而我们当前正面临着一个变化迅速的社会转型的时代。

以探讨现代性及现代社会变迁著称的社会思想家吉登斯（Giddens）把我们当今生存于其中的社会表述为"后传统"社会（Post-Traditional Society），这听上去似乎有些奇怪。正如吉登斯自己指出的："现代性，总是被定义为站在传统的对立面；现代社会不一直就是'后传统'的吗？"（Giddens,1994）在各种"后××"层出不穷的当今时代，吉登斯将"后"与"传统"相结合用以解释现代性，似乎既要告诉人们一种社会形态的终结，又想昭示它与前置社会结构的某种关联，而此关联常常是被忽视的。

探讨现代社会和现代性离不开对传统的思考。这不仅因为我们需在与传统的对比中认识现代性，而且因为二者存在着内在的关联。吉登斯指出，现代性在消解传统的同时重建了传统。在西方社会中，坚守传统和再造传统是权力合法性的中心内容，也是国家把自己强加给相对被动的"臣民"所不可缺少的。现代性摧毁了传统，然而（同时也是非常重要的）现代性与传统的合作对于现代社会的发展又是至关重要的。现代性未能完全摆脱传统，或者说传统在现代社会中依然延续着并按其原有逻辑生长着。而现代性发展的后果，即进入所谓后现代以来，社会才以前所未有的方式呈现出断裂的特性，从而使我们中的大多数人都面临着大量我们不能完全理解更无从控制的现象和过程，同时也使我们的行为陷入无常规可循的境地。这种情形或许是吉登斯将现代社会称为"后传统"社会的主要原因。

通常，人们习惯于把"传统"与古老的事物等同起来，即将传统作为一个"过去"的时间概念来理解。事实上，如果传统仅仅是历史上形成的或曾有过的事物，处心积虑地研究传统就似乎没有必要。传统是一个开放的动态系统，它是在时空中延续和变异的。它存活于现在，连接着过去，同时也包蕴着未来。因此，我们才有可能在现实中研究传统，为现实乃至未来而研究传统。

1949年以后的中国社会经历了在人类历史上都堪称独特的时代。那是一个国家社会主义权力和意识形态治理全方位地重建中国社会的过程：中国共产党动员和领导了由广大群众参与的改造整体社会结构的宏大社会实验（social experiment）与社会工程（social engineering）。"移风易俗，改造中国"的口号和实践，进入千家万户的日常生活和普通民众的精神世界中，改变着人们的社会世界与心智特性。传统被这样一种外部力量重创或改造，而所谓"共产主义新传统"也在这一过程中不断地生成和再生产出来。魏昂德（Andrew G. Walder）教授在1986年出版的《共产主义的新传统主义》（*Communist Neo-Traditionalism*）一书中概括性地指出：国家社会主义代表了一种独特的社会形态，它拥有自己的制度逻辑和发展动力系统。而对这一可以称为共产主义文明新传统的研究，除了必须考虑到其独特的制度安排、政党和国家精英，还必须关注从属群体、大众文化、社会网络等等重要的研究范畴。其中，国家与民间社会、大传统与小传统、上层文化与下层文化、统治意识形态与民众观念之间的联系、沟通和互动过程，构成了我们认识社会与文化及其变迁的最重要角度。

以改革开放作为标记，20世纪80年代以来发生的市场转型（market transition）和与之相伴随的社会转变（social transformation）过程，带来中国社会与文化的又一历史性变迁。这一市场资本主义导向的发生在经济—政治—文化领域的变革或许比强制权力对人们的观念的影响还要巨大和根本。改革开放20多年来文化层面的变化令人眼花缭乱，商品经济、消费主义、文化象征、追星族、网络语言、虚拟空间、白领生活、小资品位、布波族、新好男人、人造美女……带来的震惊和刺激让人应接不暇，而与这些相关联的人们日常生活中行为方式和思想观念的变化体现为种种可以称为"新民俗"的现象。

面对社会主义文明的新传统，面对当前市场转型过程中的新民俗，民俗学应当是做出学术解释和分析的主力学科。然而，在20世纪80年代"文化热"的讨论中，在对当代社会转型过程的文化研究中，却几乎没有民俗学的声音。这种失语和失声是民俗学面临生存危机的主要原因。作为一门学科存在的理由是要能够面对中国社会与文化及其变迁的真实问题，能够在学科背景和特有的知识结构中回答这些问题。在面对重大的社会历史变迁过程中，民俗学研究者应该有所担当。

民俗学生存和发展的必要条件在于超越学科划分和学科归属的无休止的争论，以研究问题为核心进行工作，拿出代表该领域的高质量成果，对社会文化现象做出解释并对学术发展有所贡献。这才是学科、学者安身立命之根本。

三、迈向社会科学的民俗学

从以上分析可以看出，民俗学的研究对象，同时也是其学术资源至少包括三个方面：前现代社会的文化传统；共产主义文明新传统；市场资本主义对传统的改造或重构。这几个维度同时也构成了中国民俗研究的独特性和学术灵感的来源。

当然，上述几个方面也完全可以成为社会学、人类学、历史学、文化研究等学科和领域的研究对象。事实上，以研究对象来划分学科的势力范围已成为一种过时。面对相同或类似的社会文化现象，各相关学科思路贯通、方法共享的研究已经屡见不鲜而且在学术界形成共识。以社会（文化）人类学为例，这门在西方殖民扩张过程中发端的、以原始民族异文化为主要对象的学科在时代和自身的发展进程中已经极大地扩展了研究领域。这门学科的演变有两层含义特别值得民俗学借鉴：其一，人类学在相当一段时期以来已将其"淘金者的眼光与方法"越来越多地应用到对于复杂的民族—国家的研究，使自身具备敏锐的政治和历史感。我们看到它进入的领域几乎可以无所不包——现代经济和金融领地如对股票市场的人类学研究，高科技领域诸如对生物工程、干细胞等实验室和科技人员的人类学观察，全球化过程如麦当劳、转基因技术等跨文化现象的讨论，等等。若提到跨学科特性，人类学本身就是所有学科中最为跨学科的——而使其独特的在于研究方法，即民族志。其二，人类学被赋予的两个主要任务同时也是它面临的两个方面的困境——异文化描述和本文化批评，即从异文化研究引申出对自己的社会与文化的深度反省。学者们认为，只有通过提高传统人类学的异文化描述功能，才能提高人类学的本文化批评功能。而实现这样一种作为文化批评的人类学，须从当代有关异文化的表述性作品的实验风格中抽象出具有重要理论意义的论题（马尔库塞、费彻尔，1998）。这意味着民族志并非单纯描述，而是要提出和回答在理论脉络中可以定位的问题。经验性研究同样应当成为具有高度理论意义和雄心的作品。

从社会（文化）人类学的演变过程可以看出，一门学科的研究对象的范围和界限可以是相对模糊、与其他学科有所交叠的，而其真正的界限在于独立的理论范式和研究方法。钟敬文在"民俗文化学发凡"一文中如此概括这门学科的含义：它是这样一种学问，即对于"作为一种文化现象的民俗"去进行科学研究。而民俗文化的范围，大体上包括存在于民间的物质文化、社会组织、意识形态和口头语言等各种社会习惯、风尚事物（钟敬文，1991）。阅及各类民俗学概论性的书籍，通常将民俗分类为"经济的民俗""社会的民俗""信仰的民俗"和"游艺的民俗"（乌丙安，1985）等，其主要内容无一不可被文化的范畴涵盖，并包容在人类学研究的范围之内。

论及理论范式和研究方法，我们不难发现，社会（文化）人类学发展过程中的理论脉络是清晰明白的；其主要研究方法——民族志（包括田野工作中参与观察和深入访谈等具体方法）更是独树一帜并为学术界众所周知的。而民俗学所缺少的正是这样独特的理论范式和研究方法，这恐怕也是其根本的困境之所在。翻开任何一本民俗学概论性的著作，不难看到"田野作业方法""文献学方法"是其基本的研究方法，更为具体的方法还包括分类法、归纳法、比较法等等。这些其实都未能构成民俗学研究方法的独特性。而其主要的"理论流派"——语言学派、人类学派、心理学派、社会学派、结构学派，实际上又都是属于社会学和人类学理论体系中的。

要通过具体研究抽象出具有重要理论意义的论题，必须首先使研究有明确的问题意识：研究要面对的是什么问题？该问题在学术理论和已有研究中如何定位？如何回答这样的问题？我们在当前民俗学的研究作品中会发现这样的问题意识通常是最为缺少的。可能有人会辩解说民俗学研究就是以描述民俗文化现象而不是以理论建构为主要内容的。那么，我们会问：大千世界，芸芸众生，社会文化现象纷繁复杂、难以穷尽，你为何描述这些而不描述那些？为何如此描述而不如彼描述？重要的还是在于研究的问题意识应该主导研究与表述的内容与过程，这也是提升民俗学学术品质的关键所在。

从上述比较中不难看出，新时期的民俗学要想走出困境，对社会对学术做出自己独特的贡献，必须改变和更新自己的学术品格，其实就是一个社会科学化的过程。否则，其衰微将是不可避免的。以研究"残留物"（survivals）为开端的学问自己却成了残留物，是我们都不愿意看到的结果。而变革与更新需要一代甚至超过一代的学人敢于超越原有的学科架构和知识体系，在不断的反思中进行学术视野的拓展和理论创新。

民俗学可以在研究对象领域中与其他社会科学保持相对的区分或侧重有所不同。以对口述历史和口述传统的研究为例：口述史（oral history）通常作为社会人类学和历史学研究的对象。口述史，是指对某个个体过去经历的口述记录与解释。与口述传统不同，口述史一般关注较近之过去的经验，而不是世世代代传承下来的记忆。它通常表现为老百姓记忆与叙述自身经历的个人生活史、家庭史、宗族史、村落史。口述史可以说是所有历史证据中最为古老和最广为使用的形式之一。它是无文字社会历史记录的主要形式。是自下而上地关注那些被旧有的历史记录贬至边缘的人群的历史。

而作为民俗学研究对象的口述传统（oral tradition），其基本定义是：某一代向下一代或更后一代传承的口头证词。作为民俗学的主要研究对象，它们是比较定型的、程式化的、在民间口耳相传的文艺形式，包括神话、传说、故事、歌谣、谚语等。这样一种对传统之流的追索，即追寻一种未受上层文化沾染的理想的乡土文化，曾经成为欧洲民族文化认同的一项特征。

简而言之，口述史与口述传统，前者是经历，是个人叙事；后者则是记忆，是集体记忆和表述。

我们可以继续保持民俗学与社会人类学的这种分野，但绝不意味着民俗学可以自封于对口述传统的追索中。因为，即使研究口述传统也必须进入社会生活的广阔视野，解读文本（text）必须同时理解语境（context）。文本和语境的关系其实正如口述传统与社会生活之间的关系。领会文本是在重新建构其中被能动地创造出来的意义，而且要在社会生活的实践语境中去解读。这种文本不但是由文字和语言构成的，而且是由行动撰写的。文本的意义不是固有的，而是在特定的社会中撰写它的人赋予它的，发掘出这种意义也是主体间性（intersubjectivity）的产物。因而研究者的任务是追究行动者本身如何理解自身所书写的文本。也正是从这个意义上讲，民俗学应该被涵括在社会学或文化人类学当中。

作为一门研究文化的科学，必须面对中国社会与文化及其变迁的真实问题。民俗学早就应该从那种单纯溯源的问题中解脱出来，"过年为什么放鞭炮""端午为什么吃粽子""×××神的发源地到底是山西、河北还是内蒙古""龙的原型究竟是蛇、是虫还是鳄鱼、蜥蜴"之类的问题不应该再成为当代民俗学的主要话题了。即使追索历史起源，也应关注其社会文化史方面的意义。我们可以对民俗学的作用与意义作两方面的思考：一种是普及文化性的，一些文化历史知识应该成为认识自己民族、增强文化意识的公民教育内容，而作为研究内容，更应该关注民众生活、民间社会和民间思想，特别是它们与这个处于剧变过程中的宏观社会历史过程的关系。民俗学不可因溯源而迷失于文本之中，亦不可因过分强调自己学科的独特性而画地为牢、自闭自封于社会科学世界之外。民俗学本身应该扩展视野、开放思路，从一种本土学问的局限中脱离出来，融入社会科学世界，从中获得自身的发展与更新。

民间叙事的即时性与创造性
——以故事家谭振山的叙事活动为对象[1]

江　帆[2]

民间叙事作为一种口承文学样式，其基本特征是以人为载体进行传承和流动的。对民间叙事的研究离不开对其载体的研究，尤其是对这一传统的积极携带者——叙事者的研究。民间叙事者由于彼此的生存经历不同，个人资质各异，因而在叙事活动中无一例外地体现出各自的风格与特点。这一点很像解释人类学的代表学者克利福德·格尔茨（Clifford Geertz）所说的："人是悬挂在由他们自己编织的意义之网上的动物。"因而，对"文化的分析不是一种探索规律的实验科学，而是一种探索意义的阐释性科学"[3]。从这一意义上看，每一位民间叙事者所展示的"文化之网"都是独特的。因此，我们在对叙事者进行研究时，不仅要对其进行现象的、客观的、直观的意义的研究，即研究他们叙事的文本、类型、数量以及叙事风格、传承线路、听众反应等方面的特点。同时，还应由表及里、由此及彼地转向对非直观的、对叙事者的传承活动具有深层的制约与影响作用的某些相关因素的探讨。诸如：叙事者的知识构架、叙事情境对叙事文本具有怎样的作用与影响？叙事者是依据怎样的文化原则对文本进行重构的？这里，笔者将以追踪研究17年之久的著名故事家谭振山为例，对这些问题作些探讨。

---

[1] 刊于2004年第4期。
[2] 江帆（1952—），女，辽宁沈阳人，辽宁大学文化传播学院教授。
[3] ［美］克利福德·格尔兹著，纳日碧力戈等译，王铭铭校：《文化的解释》，上海人民出版社，1999年，第5页。

一、谭振山其人及其故事讲述活动

谭振山是东北辽河平原上的一位普通农民，是一位在他的家乡一带颇有名气的、能讲述800余则故事的著名故事家。谭振山祖籍河北省乐亭县谭家庄。1799年，其祖上移民关外，定居在东北的辽河平原。谭振山的故事多为家族传承，主要传承人有6位，即祖母孙氏、伯父谭福臣、长兄谭成山、继祖父赵国宝、教书先生国生武以及人称"瞎话匠"的乡邻沈斗山。在他掌握的800余则故事中，有三分之二是听这6人讲述的。

在1986年进行的中国民间文学普查中，谭振山被基层普查者发现，其讲述的故事开始引起外界的关注。1987年，笔者作为辽宁省民间文学集成项目的主持人之一对谭振山的故事活动进行了学术鉴定，随后，对其讲述的故事进行了重点采录，对谭振山本人展开了系列性追踪调查研究，在此后的十余年中陆续发表了一系列研究文章。1988年，《谭振山故事选》被纳入中国民间故事集成系列出版。1989年，谭振山被辽宁省命名为"优秀民间故事家"，同年，他的故事影响已波及国内外，先后有日本、德国的学者对其进行调查与专访。1992年，谭振山应日本昔话学会的邀请，赴日本远野市出席"'92世界民话博览会"，成为我国迄今为止第一个走出国门讲故事的故事家。1996年，台湾民俗学家陈益源加盟对谭振山的追踪调查研究，深入现地对其故事进行了全面采录，对其本人进行深度访问。1998年，"民间故事家谭振山及其讲述作品之调查与研究"专题计划在台湾国科会通过立项。2001年，台湾召开"2001海峡两岸民间文学学术研讨会"，笔者向与会学者报告了对谭振山进行14年追踪研究的成果，发表了专题论文"故事讲述与文本重构"，引起较大反响。

综上不难看出，谭振山这一个案之于民间叙事的动态研究，具有一定的代表性。

二、叙事者的知识构架对文本的作用与影响

以往，研究者对民间叙事者的关注，主要由于他们在文本传播中的作用，因而偏重对叙事者的传播功能、特点的研究。如此的研究视角，容易造成这样的误解：似乎民间叙事者都是具有明确的文本传播意识、自觉地去传承文本的。事实并非如此，根据笔者多年来的田野现场经验，没有哪个叙事者讲故事是出于上述考虑的。人们之所以讲故事，往往出于此外的各种各样的原因。这些原因必定和他们自身的某种需求相关，讲故事也是他们自身的文化属性与文化个性的一种表演。笔者曾对辽宁境内的众多叙事者进行过排查，并有意请他们讲述相同的故事类型，结果发现同一个故事往往由于叙事者知

识构架不同讲述时发生这样那样的变化，出现多种异文。或者说，由于每一位叙事者的讲述都是以其特定的文化构架做内在支持，才使叙事文本永远处于变化之中，难以固定下来。

在对谭振山的多年调查中，我们注意到，与所有的叙事者一样，他在讲故事时总是自觉不自觉地对文本进行某种重构或处理。诸如：根据个人的好恶强调或淡化故事的某一主题；对某些细节进行取舍与调整；将陌生的故事空间处理为他本人和听众熟悉并认同的空间；将故事中的人物转换成听众熟悉的当地人；等等。当然，他对故事文本的这种重构是一般听众及来去匆匆的调查者无法察觉的，只有对其讲述活动进行长期跟踪，并将其讲述的文本与其他叙事进行充分比较后才能发现。对谭振山的调查越深入，其叙事活动的这一特点也就越明晰。可以说，谭振山讲述的故事都是带有其个人文化观念的投射、经过其心灵滤透、具有某种文化印记的精神产品。谭振山对叙事文本的重构主要表现在以下方面：

乡土家园观念的艺术升华 出身于农耕世家的谭振山，在其文化遗传中早已埋植下了"恋乡情结"。他的前辈故事传承人不但向其传讲了大量生动的故事，他们的乡土观念与家园意识也对谭振山有着至深的影响。通过故事的承传，这种内化了的观念便成为他重构叙事文本的原则之一。谭振山讲述的许多故事都与他家乡一带的山水风物紧密关联。这些故事原有的模糊的空间设置都被他转换成了实在的现实生活空间，被赋予了丰富的艺术想象。如在谭振山的叙事中，现居地太平庄东边拉塔湖畔的大塔，本是神人相助一夜之间修建起来的（《拉塔湖的来历》）；[1]庄东南的水泡子也不是平白叫个二龙湾，湾里原是住着精灵的，善良的人曾经得到过精灵相赠的宝物（《二龙湾的传说》《老鼋报恩》）；庄东3里外的石佛寺山非同寻常，早年间，山上不光藏有宝贝，还有狐仙显圣，附近村屯就有人家得到过狐仙的庇佑与施惠（《石佛寺的来历》《七星山黄金游沈阳》《瘸三太爷的来历》《老娄太太遇狐仙》）；等等。可以说，对家园的痴迷与眷恋，是谭振山重构故事文本的心理基础。这种艺术提升的背后，隐含着农耕文化长期浸润下的民众对土地与家园的复杂情感，以及他们与之深刻的精神联系。

人与生态的相生相谐 主张"天人合一"，强调人与自然的相生相谐是谭振山对故

---

[1]《谭振山故事选》，中国民间文学集成辽宁卷沈阳市卷编委会编《中国民间文学集成辽宁卷·沈阳市卷》，沈阳出版社，1988年。本文以下所涉及的谭振山讲述的故事均见此书。

事文本重构的又一原则。谭振山在讲述故事时，注重以生动的情节与场景向人们传递农耕民众素有的那种朴素的生态观念和环境意识。在他的故事中，这一观念的教化往往演示为如下的情节：故事中的主人公对自己的同类、异类以及生态环境中的其他构成要素表现出种种怜惜、关爱和救助，因此他或她获得了意想不到的回报。在中国的民间故事中，这类叙事数量颇多，形式多为童话。故事中，主人公行动的空间多为模糊的、不确切的。童话故事在空间上的模糊性，使得情节的教化具有一定的泛同性，其指向也多为泛化的教育效果。与这类童话在空间处理上有所不同，谭振山故事中主人公的行动空间多是具体的、固定的，一般都定位在他的家乡附近，因而他讲述的这类童话也带有了几分传说的味道。以《老鼋报恩》为例，这是一则精怪故事，表现的是爱护动物者得到好报，残害生灵者遭到惩罚这一题旨。谭振山将故事情节设置在他的家乡一带，故事从"杀生"与"放生"开始，引发出一系列离奇的情节，最终，两个人物得到了不同的回报和结局。谭振山刻意将叙事情节及人物的命运与家乡辽河的生态保护直接联系起来，遂使故事的教化功能有了具体的指向。

区域民风的勾描与品评 从发生学的角度来看，民间叙事本是人们的行为和思维在其所直观感知的生活世界的一种构形，人的行为和所处的时空背景相互作用，相互阐释，才产生叙事的意义。因此，叙事文本展演的一定区域内的民众生活图景便体现为一种文化的行为体系，叙事空间也可以视为区域性"小传统"社会的缩影。

谭振山讲述的故事带有浓郁的中国北方区域文化特色。在他的故事中，人们可以洞悉移居关外的农耕民是如何在东北的黑土地上春种、夏锄、秋收、冬藏的，情节几乎摄入了农耕生产的各个环节；可以了解到一代代的农耕民众是如何克勤克俭地操家度日的，画面几乎囊括了日常生活的全部场景；可以捕捉到弥漫于农耕社会的种种民间信仰及精神制约，领略到区域民众在这些信仰和制约面前，表现出的或庄严、或轻慢、或敬畏、或戏谑的复杂心态。由于这些故事寄托着农耕民众的精神期待，表达了他们理想的人生模式，涵盖了一方乡土的意识形态特点，因而也构成了区域民众用以解释社会与人生的解释学体系。

在谭振山讲述的故事中，人物和情节很少有与他所属的文化相隔的，基本上都带有他所处的那个生存时空的印记，都是东北农耕民众非常熟悉的人物，最多的是和他一样的庄稼人，甚至就是他的村邻乡亲。在故事中，这些人物以其各自的人生角色，在一个讲者和听众都熟悉并认同的空间，展演着北部中国乡间错综复杂的家族关系、宗族关系、圈层关系以及社会关系。表达他们的喜怒哀乐，抒发他们对人生的种种期待和憧憬，同时，也勾描出一方水土上民生百态各色人等的脸谱，揭示人性的善恶美丑，以及叙事者对此的率直品评。

值得提及的是，谭振山还掌握一些只限于乡间深宅内院中隐秘传承的故事。这是一些猥亵及乱伦的故事，典型文本有《母子通奸》、《人狗通奸》、《公公耍掏耙》（东北乡间将公公对儿媳的不轨称作"耍掏耙"）、《媳妇剿婆婆》等。由于笔者曾有专文提及谭振山讲述的这类故事，这里不再赘述。[1] 虽然谭振山平时很少讲这类故事，但恰是这些故事，使我们得以窥见在乡间的日常生活中，确也存在着对文化通则的违例以及叙事者对此的态度。

"闯关东"历史的记忆与体悟　文化的形成和传播与族群在特定生态下的生存策略有着直接的关系。谭振山居住的太平庄位于一个相对封闭的移民聚居区。他从小就从家族长辈以及乡邻那里听到许多闯关东的故事。作为关内移民的后裔，谭振山对这类故事怀有一种特殊的感情，他尤其喜欢那些反映闯关东的人如何历尽艰险最后终于过上了幸福生活的故事。对这类故事，他用情最深，讲起来格外细腻生动，以至有些故事成为他多年来经常讲述的"看家段儿"，如《蓝花宝参》《康大饼子接喜神》《老关头得宝》《新媳妇当家度荒年》等。这些故事讲述了关内移民出关后面临的文化适应与生存挑战，有的直接表现了中原文化与关东本土文化相遇后的冲突。这些闯关东故事，折射出中原地区的农业文化怎样借助移民的播衍，在关外的黑土地上延伸和发展。正是中原农业文化与关东本土文化之间的融合与互动，使关东地区的民间文化在构成上呈现出多元的取向。

从对包括谭振山在内的诸多民间叙事者的调查中，笔者发现，调查者在田野中遭遇的从来不可能是冠以"普通价值"的故事，只能是体现叙事者知识的个性化和地方化的叙事体。如果说叙事者的知识构架是通过故事讲述展开和伸张的，那么，每一个叙事者提供的故事都可以视为一个"地方性知识"的范本。

三、叙事情境对文本的作用与影响

马林诺夫斯基认为，"文本是非常重要的。但是，它保留下来的是一种缺乏环境的非生活的东西……我们还必须记住个体所处的社会环境、娱乐传奇的社会功能和文化作

---

[1] 江帆：《民间文化的忠实传人——民间故事家谭振山简论》，《民间文学论坛》1989 年第 2 期。

用，所有这些因素是相当明显的。它们同文本一样都必须加以研究。故事起源于原始生活之中而不是纸上。当一位专家草率地记下故事，而不能显示它成长的氛围时，他给我们的只是一种残缺不全的真实"[1]。笔者的民间叙事田野调查与研究体验也证实：民间叙事具有即时性与创造性双重特点，民间叙事传达的并非只是文本的内容与意义，叙事过程还附加着许多与文本相关的特殊意义。因此，对叙事文本的分析只有将其还原田野，扼住文本由来的那个特定"讲述情境"，将文本与其存在的"上下文"结合考察，研究才是有效的。或者说，将文本研究与文本的田野诠释结合起来，才是理解民间叙事真正含义的有效途径。

"情境"一般指称特定事件的"社会关系丛"（socialrelation complex），通常包括以下因素：人作为主体的特殊时间点、地域点、过程、文化特质及意义生成与赋予。在叙事活动中，"没有固定文本约束的个人的创作、个人的体验、个人的意志表达，每一个参与者包括讲述者、听者、研究者之间的理解与诠释都是个体行为，他们构成一个多向互动的关系丛，整个口传活动过程中的个人都有演释文化与自我的权力"[2]。一般说来，每个故事在较固定的情节之外都有一定的空间可提供叙事者在不同的情境之下作不同的发挥。这是民间叙事的本质属性赋予叙事者的自由，叙事者可以因时、因地、因人，乃至因个人情绪而定，对叙事文本进行语词、内容乃至主题方面的改动，却不必承担任何责任。瑞典学者卡尔·威廉·冯·赛多（Carl Wilhelm Von Sydow）认为，每一位叙事者的讲述，都可能使故事原有的母题发生一些变化，其中部分是因为记忆的原因，部分则是为了使故事更符合叙事者自己的观点和口味。而"更加彻底的变异均是有意识改编的结果"[3]。叙事者持有的这一权力，不但导致了叙事文本异文的大量产生，同时也引发出许多文本上难以见到、唯有在讲述现场的互动情境中才能体会出的文本的附加意义。

在对谭振山多年的跟踪调查中，笔者曾走访了许多经常听他讲故事的听众。一些听众得悉谭振山能讲800多个故事感到很惊讶，因为有些故事他们闻所未闻，还有一些故事也只有少数人听过。这种现象应该说与故事的讲述情境有很大关系。据谭振山介绍，他讲故事有"三不讲"：一是女人在场不讲"荤故事"；二是小孩在场不讲鬼故事；三

---

1 ［美］阿兰·邓迪斯编，陈建宪、彭海斌译：《世界民俗学》，上海文艺出版社，1990年，第395—396页。
2 黄向春：《自由交流与学科重建——文学人类学的提出》，载叶舒宪主编《文化与文本》，中央编译出版社，1998年，第21页。
3 ［美］阿兰·邓迪斯编，陈建宪、彭海斌译：《世界民俗学》，上海文艺出版社，1990年，第331页。

是人多的场合不讲迷信故事。这些场合，他往往亮出"看家段儿"，专讲那些道德训诫故事。他说，教人学好的故事，给啥人讲都行。

在讲述情境中，与叙事者重要的互动因素就是听众。讲述离不开听众，每个叙事者的讲述都是以听众为出发点展开的；或者说，听众是叙事赖以存在的基础，是听众使叙事的功能成为可能。一般说来，听众与叙事者之间的互动主要表现为以下方面：

刺激叙事者的表现欲望 听众的反应往往直接左右着叙事者的情绪，可以说，讲述的热情是听众刺激起来的。听众对叙事者的评价，不仅写在脸上，也写在他们的行动上。

决定叙事者的表演内容 优秀的叙事者都是先从做一个勤奋用心的听者开始的。正因为如此，他们最了解听众的心态，理解不同听众对叙事的不同需求。谭振山在讲故事时，不但视听众的构成决定讲述的内容，所谓"见什么人说什么话""看人亮活儿"。而且在讲述中善于察言观色，根据听众情绪和面部表情的变化随时对故事内容进行调整。

带给叙事者精神上的满足 对于一些叙事者来说，讲故事不仅可以娱己娱人，同时还可使他们在某种程度上摆脱平庸，获得某种殊荣。许多叙事者都将听众的认同与好评视为最高奖赏和人生价值的实现，正是在故事讲述生涯中，他们获得了极大的精神满足。换言之，叙事的真正魅力并不只限于文本，还包含叙事的过程；对于叙事者和听众来说，叙事过程的意义有时甚至胜于文本的意义。在以叙事为纽带形成的叙事者与听众、社会的多向互动中，传者与受者各自的收获都超越了文本，得到了大于文本的种种满足。这也是有时听众尽管对叙事情节已耳熟能详，却仍然照听不误的原因。

在叙事情境中，除听众对叙事者具有某种制约与影响之外，研究者的因素也不容忽视。研究者在田野中出现，不但使叙事情境中的听众成分发生变化，同时，也对叙事者构成了新的互动，这种互动往往直接作用于文本。主要表现为：

导致叙事者重新设计讲述策略 民间叙事者在与研究者乍一接触时，一般都心存疑虑。这时采录的文本，多是经过叙事者的挑选或做了调整的，准确地说，是专门讲给研究者听的，尽管在场可能还有其他听众。如果将这一阶段采录的文本与彼此熟稔后采录的进行比较，就会发现，同一个叙事者，在涉及对文本的看法方面，前后竟有很大不同。对谭振山调查之初，笔者就了解到太平庄一带有信仰狐仙的习俗。而问及谭是否会讲狐仙故事时，他不但矢口否认，还说从来不信那些封建迷信。在此后的跟踪调查中，笔者进一步了解到，谭振山的几位故事传承人——祖母、继祖父、伯父都信狐仙，他不但从小就听这类故事，长大以后，还经常为村邻书绘狐仙牌位。终于，在笔者与其相处五年之后，再次问及此事时，谭振山坦然承认自己持有这一信仰，并滔滔不绝地讲述了许多狐故事。

叙事者针对研究者而调整讲述策略可能还出于另外的原因。如男性叙事者一般不会对女性调查者讲荤故事，尤其双方属于长辈和晚辈的关系时更为避讳。有时候，即使是同性之间，叙事者也避免讲这类故事，担心研究者会误解自己的人品。由于研究者的介入，有时会影响叙事者的常态讲述，因此，在对具体文本的分析中，必须注意这一因素。

触动叙事者对文本价值有新的体认 研究者不同于普通的听众。在许多叙事者的眼中，研究者都是一些有身份的人。这些有身份的人对民间叙事表现出的浓厚兴趣，对叙事者给予的极大尊重，一般都会触动叙事者对故事价值有新的体认，对原以为无甚价值的"瞎话"刮目相看。进入这一境界的叙事者，往往会由对研究者的被动适应变为积极主动地配合。例如，1992年，谭振山在赴日本出席"国际民话博览会"期间，曾面对数十个国家的学者讲故事；此后，笔者也曾多次陪同域外学者对谭振山登门造访。笔者注意到，每次面对域外的专家学者，谭振山不但不紧张，反而比平时还要兴奋，讲起故事来格外生动。1998年暑期，笔者将谭振山接至家中，与台湾学者陈益源以及笔者指导的硕士研究生一道，对其进行故事采录，一连两天，谭振山的精神都处于亢奋之中，讲起故事来滔滔不绝，话匣子打开就很难收住。用他的话说："和你们这些人聚一块儿不容易，最好的故事就要讲给你们听。"在这种情况下，研究者可能会听到一些叙事者平时认为"讲出来不好"或"不好讲"的故事，因为叙事者已经了解了研究者的工作性质，已将其与一般听众区别开来，将研究者视为其故事的真正欣赏者，是难得的知音。可见，研究者对讲述情境的介入，产生的不完全是负面效应。

四、叙事者对故事程式的把握与活用

日本学者野村纯一将民间叙事者划分为两种类型——纯传承型与创造型。[1] 从叙事

---

[1] 1988年5月5日，日本国学院大学教授野村纯一对谭振山进行专访，笔者陪同前往，归途中野村纯一向笔者谈到这一观点。

风格来看,谭振山不属于那种墨守固有讲法、带有极大转述性质的"纯传承型"叙事者,而属于那种"创造型"的故事家。作为可讲述800多则故事的"大家",谭振山储存故事,并不凭靠对故事情节的机械背诵,准确地说,他是谙熟了故事的结构章法、程式与套路,运用平时积累的大量的"情节素",在讲述中随时进行灵活调用与配置的。在对谭振山多年的追踪调查中,笔者发现,谭振山对民间叙事程式的掌握与运用,已经相当熟练,达到运用自如、天衣无缝的程度。很多时候,即使他对情节动了手脚,听众与一般调查者也无法察觉。有些故事是笔者在不同场合听其讲述过多遍,才识察出他的这种即兴发挥与创造。

需要指出的是,即便是即兴发挥,也并非空穴来风,而是叙事者本人内化了的文化观念和人生经验的自然流露。新加坡学者容世诚认为:"即兴是一种个人的临场即时创作。而这一刹那的决定,由决定到选择、到组合种种程式,都需要以内化的、经过漫长岁月积累沉淀而成的表演传统为基础。"[1]谭振山在讲述中信手拈来的创造与发挥,体现出他在叙事程式方面的丰富积累。"口头程式理论"的代表性学者洛德(Albert Lord)认为,程式的丰富积累会导致更高水平的创造和再创造的变异;主题和故事的积累会导致限度之内产生大量同类变体。[2]在辽宁地区,如谭振山一样富于创造性的故事家很多,他们对民间叙事程式的谙熟与运用,是在多年的讲述传统中,为适应北方地区民众的口味磨炼出来的。据史料记载,辽宁过去"地处荒寒,入冬无所事事,习焉游惰"[3],漫长寒冷的冬季,单调贫乏的夜生活,使辽宁父老不喜欢三言两语式的短故事,认为"不供听"(不过瘾),人们喜欢情节丰富曲折的长故事。这可能也是辽宁在现代为什么会涌现出袁阔成、刘兰芳、陈清远、田连元、单田芳等全国驰名的说书名家的原因。

当然,叙事者在讲述中对程式的把握与活用也不是没有限度的。调查中发现,所有的讲述活动,首先都离不开一个相对固定的、成形的文本。而且在很多场合,文本的基本内容并不是可以随便变动的。在特定的讲述情境中,叙事者若想对文本的某些方面进行调整,或者引入其他附加意义,都必须找到与文本原有的意义与内容的契合点,同时还要适合讲述情境中各种因素之间的互动。如同普洛普(Propp)所强调的:故事内容

---

[1] [新加坡]容世诚:《戏曲人类学初探》,麦田出版社,1997年,第277页。
[2] 参见钟敬文主编《中国民俗学年刊》,上海文艺出版社,1999年,第185页。
[3] 《新民府志·十四》,1909年。

是可置换的，但置换须服从规则。[1]也就是说，特定的知识能否进入既定的规则体制，要视其是否具有相应的品质。民间叙事传统既赋予了叙事者某些自由，同时也存在某些对其的限制。

综上，本文以故事家谭振山为例，对民间叙事者的知识构架、叙事情境对文本的作用与影响、叙事者对文本的重构等问题进行了探讨与解析。这种解析的不同寻常之处在于，没有重蹈传统的民间叙事研究发于文本、行于文本、止于文本的旧辙，而是充分运用对一个有代表性的讲述者进行多年追踪研究的田野实践，将叙事文本还原于田野，还原于叙事者的生存环境、个人生活史，以及特定的叙事情境之中，与文本存活的"上下文"联系起来，进行了一种综合的动态性的探索和阐释。这一动态研究的启示是：如果将民间叙事定位为一种在特定情境中具有互动性的语言艺术活动，那么对叙事者以及叙事过程的研究便具有至关重要的意义。因为，在民间叙事活动过程中，对其起制约和影响的因素很多，而记录下来的文本是无法带出它所存活的那个特定"情境"的全部信息的；何况多数文本在转换成文字的过程中，实际上都与其田野形态拉开了一定距离。仅以文本为依托探究民间叙事的意义，难免不掺杂学者个人的一厢情愿，出现文本的误读。

这一动态研究的另一启示是：文化的一个重要特点，就是人们是以生命的体验作为文化创造的内在驱动力的。不同时代、不同地域、不同民族、不同阶层的民众正是由于各自的生命体验内容和表达形式不同，才构建出了不同质的文化，形成了种种文化间的差异和趋同现象。以民间叙事者来看，由于他们各自的生命体验内容和表达形式不同，因而他们每个人既是传统的承载者，同时又是文化的创造者。也许，这便是对谭振山——这一民间叙事活动的个案进行持续性追踪研究所具有的普遍的然而也是重要的学术意义。

---

1 参见［美］乔治·E. 马尔库斯、米开尔·M. J. 费彻尔著，王铭铭、蓝达居译《作为文化批评的人类学》，生活·读书·新知三联书店，1998年，第81页。

关于非物质文化遗产保护的若干理论反思[1]

刘魁立[2]

一

最近一个时期，非物质文化遗产，或者扩大一点说，民间传统文化遗产的保护问题，成为举国上下全民关注的热门话题。这股热情的高涨，我想不是联合国教科文组织开展了公布世界非物质文化遗产代表作名录这样一项活动可以解释得了的。相反的倒是，因为包括中国在内的世界各国广大民众有了高涨的热情和强烈的要求，才促成了这样一项举措的诞生。

这种热情有它的时空背景和它的历史必然性。这与20世纪80年代以来的文化热是一脉相承的，也可以看成是它的继续、扩展和深入。在我们今天讨论非物质文化遗产问题的时候，特别是对它进行学理分析的时候，就不能不连带地或者说是扩大地涉及整个精神文化问题。非物质文化遗产保护不是一个技术性的、枝节性的、方法和手段性的举措，而是我国精神文明建设的重要方面之一。在这个背景下，谈论文化问题就不能不涉及非物质文化遗产问题；同样地，在谈论非物质文化遗产的时候，也不能脱离开文化建设系统工程的大背景。

——长期以来，对于传统的漠视，不分青红皂白地否定传统，使我们吃了不少苦

---

[1] 刊于2004年第4期。
[2] 刘魁立（1934— ），男，河北省人，研究员、教授，博士。1955—1961年在莫斯科大学及研究生院学习。1985—1994年任中国社会科学院民族文学研究所所长。现任中国民俗学会会长、亚洲民间叙事文学学会（AFNS）会长，中国民间文艺家协会顾问，民间文化遗产抢救工程专家委员会副主任，文化部中国民族民间文化遗产保护工程专家委员会副主任，俄罗斯科学院民间文学委员会学术委员会顾问。主要从事民俗学及民间文学研究。

头。想凭空地从虚无中创造一个新的文化天地的企图，没有结出理想的果实。今天的这种全民的反思和觉醒是用相当的代价换来的。痛定思痛，人们开始以前所未有的热情和理性，重新审视和辨析我们的传统的民族文化遗产。

——在探索社会主义建设和发展道路的过程中，逐渐地明确了全面、科学和可持续发展的建设方向。对于文化问题的关注成为题中应有之义。在精神文明建设的过程中，逐渐认识到发扬优秀的传统文化的意义。甚至在党和国家的许多重要文件中，也一再强调这项工作的作用和意义。

——在全球化和经济一体化、社会生活现代化的大潮中，我们的民族文化受到外来文化的强势撞击。强势的外来文化会被一些人视为时尚，而时尚久而久之会改变越来越多的人的价值观。面对这种趋向单一的文化模式，人们感到极有必要挖掘和发扬中华民族文化的优秀传统。

——近二十年来，世界各国人民，特别是发展中国家，对于民族文化传统特别是非物质文化遗产的关注和珍爱，已经成为一种世界性的时代潮流。这在相当程度上，从外部影响到我们对于民族文化和非物质文化遗产的重视态度。

二

如果从民族文化和外来文化两者关系的视角，来看我们对待自己民族文化遗产的态度，就会发现，我们正在经历着一次具有本质意义的立场转变。中国经历了几次中外文化交融的繁盛时期。但应该说，在相当长的时间里，大体保持着大一统的文化格局。明清以来，先有耶稣会士的传教和某些西方科学技术的输入，后有帝国主义列强坚船利炮的攻击，改变了原有的文化格局。这期间，针对外来文化提出了种种主张，什么全盘西化，什么"中学为体，西学为用"，什么全面复古，不论哪一种态度，总括起来说，都是从民族的立场出发，将民族文化与外来文化相对立。

在长期的大一统体制的理念约束下，我们并不强烈地感到中国以外的世界的存在，我们所面对的世界仅仅是中国，这种"天下观"不可能使我们的民族立场充分地显现出来。只有当国门被情愿不情愿地打开之后，在沦为殖民地的危机面前，为了解决民族的存亡问题，才苏醒了我们的民族自觉意识。

当我们今天提出非物质文化遗产的保护问题的时候，我们正对自己的既往的立场进行着深刻的反思。当我们意识到地球是整个人类家园的时候，我们就不再狭隘地认为保护自己的优秀文化传统仅仅是单纯地涉及我们民族命运的重要问题，同时把这一问题已经提升到一个新的高度，即建设全人类的文化，使人类文化具有多样性的发展基础和前景。我们越来越多地认识到，民族的立场和全人类的立场，或者说民族主义立场和世界主义立场，并不是截然对立的。应该说，民族主义的立场针对曾经喧嚣一时的"欧洲文化中心论"以及"欧洲文化惟一论"等论调，肯定是具有现实和进步意义的。它在今天的现实世界里，在人类文化多样性发展的长期过程中，仍然具有非常重要的和积极的意义。以前，当人们喋喋不休地争论是全盘西化，还是全面复古，或者是中体西用的时候，实际上在他们的心灵深处都自觉不自觉地隐含着一种狭隘的民族自我中心主义的立场，总是把西方文化作为与"我们"相对立的、非此即彼、不能相融相济共同繁荣的"他们"来看待。今天在新的历史条件下，面对世界经济一体化的现实，面对人类文化多样性发展的新课题，这种立场的转变就是非常重要的了，它会使我们在对非物质文化遗产的认识、方针和措施等方面，都有很大程度的观念更新和态度转换。

三

据统计，世界现存的生物物种约为3000万种，但是，人类社会的生活方式仅存几千种，而每一种民族文化，每一种生活方式当中的许多因素正趋消失。如果说生物界这些和那些物种的消失引起了我们深深的忧虑，那么，民族文化传统当中的这些和那些因子消失的速度比生物界还要快，这一点并不是所有的人在所有的时候都有很强烈的危机感。

或许有人会提出这样的问题，人类文化为什么一定要走多样性发展的道路呢？这里还隐含着另外一连带的问题，就是为什么一定要保护宝贵的，但正在濒危的民族文化遗产呢？实际上我们要回答这样的问题就不能不涉及文化的，或者具体说是非物质文化遗产的功能问题。

——文化是为了满足人类各个时代的各种物质的和精神的需求而创造出来的。这里包括生存的需要、生理的需要、情感的需要、相互交往的需要等等。

——文化是人类对于客观世界和人的自身的认知的结晶，它同时还是进一步认知的基础和出发点。

——非物质文化也是一种规范。人都在一定的文化环境中生存，它协调人们之间的关系。人是在这样的规范中成长，被这种规范塑造。

——正因为如此，我们才把处于相同文化环境、在同一文化体系下生活的人看成是"我们"，把相异文化的人看成是"他们"。于是，文化便显示出它的强大的凝聚力。

——人借助文化来调整自己的精神世界，协调家庭关系、族群关系、社会群体关系、人同自然的关系等等。

人们是否对于文化的享用可以不加分辨，只采取某种简单的功利主义的态度，不加区别地对待呢？事实证明，我们在对待各种不同的文化事象时从来都不是混淆在一起、以同等价值对待的。在我们文化的享用中，可能要区分两种情况。一种是消费文化：许多文化事象不论它的来历如何、性质如何，都可以被我们利用和运用，因为有了这种利用和运用，所以，我们才吸纳一切与我们有利的文化事象。另外一种就是认同文化：有许多文化事象不仅具有利用的价值，还可以联系"我们"彼此的情感，密切"我们"之间的关系。也可以说，它们具有丰富的价值内涵，具有丰富的情感的附加值。举例来说，从1912年开始，由孙中山先生首倡，我们改用了公历，把我们的"年"降一格改称"春节"，把所谓旧历年的大年初一的"元旦"，移来称谓公历的1月1日。这项规定实施至今已近百年，然而，成效并不显著。我们说起"过年"，仍然指的是过春节，春节在人们心目里的地位要高得多，而且它的含义也深刻得多，浓重得多。它不仅仅是像新年一样的节日，同时还有一个感情的附加值，即认同的内涵。它成为我们中华民族所有子民彼此认同的一种标志。区分享用的文化或称消费的文化和认同的文化，对于我们保护民族文化遗产具有重要的意义。

文化传统的这种认同价值，对于生活于这种文化中的人来说，就像水对于鱼儿、空气对于鸟儿一样，是自然而然、习焉不察的，只有当一个民族面临异文化的冲击，或者当一个人置身于另外的文化系统中，才会挖掘和体验这种潜在的价值，产生强烈的认同感。列宁曾经在纪念《国际歌》作者的文章中说过，一个共产党人无论走到哪里，即使在异国他乡，只要听到了《国际歌》，就找到了自己的同志。在我看来，这就是《国际歌》的认同功能。同样地，中华民族的子民，无论身处何方，即令是天涯海角，"每逢佳节倍思亲"，到了中秋节，到了春节，一定会在心灵深处升腾起爱国之心、恋乡之情，体验作为中华子民的一种情结和民族的认同感。

四

人的属性是多种多样的，其中，民族的属性应该被看作人的根本属性之一，民族的认同感不仅产生民族的凝聚力，而且也是萌发民族情感的重要基础。然而同时我们也看到，在我们发扬和保持自己传统文化的同时，在不同的时期、在不同的程度上，也有吸纳外来文化的能力和需求。比如说，从明代以后我们对西方的天文学和历法就有很好的学习和引进。在西方，由于地圆说和日心说的提出、望远镜的使用，导致天文观测的精度和历法的准确性大大提高。在中国，建立一种精确的历法一直是"奉天承运"的最高统治者的追求，因此，西方传教士介绍进来的西方天文学立刻受到朝野的欢迎，一时间引发了学习西方几何学和天文学的热潮。

吸纳外来文化和继承原有传统并不是矛盾的，二者所形成的张力对于创造新的文化起着非常重要的作用，于是我们看到，许多文化系统都有着鲜明的多元特点，在我们的民族大家庭里，这种多元特点，不仅有吸纳外来文化的这一侧面，更有多民族文化相互交融尤为重要的侧面。例如在美国，印第安族群贡献了自己的印第安文化，波兰、墨西哥、波多黎各等民族的后裔也做出了自己的文化贡献，美国文化的多元性呈现出杂色的特点，而我们中华民族文化的多元性则更有自己的鲜明特色，它的融汇能力表现得特别强烈。一位古印度净饭王的王子所创立的佛教传入我国，走了一条中国化的道路，演化成为中国化的佛教。这种已经彻底中国化了的、成为自身传统的宗教信仰自隋唐始，对中国的社会生活产生了深远的影响，成为中国传统文化的一个有机组成部分。

从另外一个角度来看，那就是宝贵的文化遗产具有鲜明的共享性特点，可以被不同的社会群体甚至是不同的民族或国家享用。正因为有了这种共享性特点，它才使我们的非物质文化遗产保护具有了重大意义，具有了世界意义。只有世界各国的优秀民族文化得到了充分的健康的发展，只有世界各国的政府和广大民众都对自己的优秀的文化传统加以认真的保护，才有人类文化多样性发展的前提和基础。

当我们谈到"文化遗产"的时候，仿佛是把它看成是一种在时间和空间上都凝固不变的某种对象。而且，说到"保护"，我们在内心中，往往希望它保持这种状态。从学理的角度看，这里有一个本真性追求的问题。应该说，一个事物的本真性既不可能脱离开特定的时空而抽象地存在，同时，也不能脱离开人们对事物的价值判断来认识。非物质文化遗产在多数情况下既是昨天的实录、今天的现实，也是明天的预示。我们往往看到有些文化事象随着历史时代的发展和前进在不断变异，有的由于不再与新的社会生活环境相适应而被淘汰，被送进历史，但同样也还有相当多的事象在继续展示着自己的强大的生命力，或者在变异中获得新的发展。

人类作为智慧的动物有着一种强烈的认知的需求，这种需求并非完全功利的。也许可以说，人类在认知中更增长了自己的智慧，对于那些走进历史的文化遗产的认知，在一定意义上说，也是一种保护，也会给我们创造未来提供有益的启迪。我们尤其要关注那些被人忽视的、宝贵的、濒危的但却隐含着无限发展潜能的文化遗产。从这个意义上说，保护不是要把它封闭在一个既往的历史时空点上，保护并非一种书斋里的历史研究，也不是向博物馆提供某种展品。它是我们文化建设系统工程中的一个有机组成部分，当然，也仅仅是有机的组成部分之一。如果不适当地摆放它的位置，也会带来事与愿违的结果。

　　我们看到，在全国许多地方，尤其是广大的农村和市镇，特别是民族地区，发展民俗旅游，所谓"开发民俗资源"，成为许多人热衷从事的一项产业。依我个人的看法，作为改善贫困地区人民生活的手段，这是无可厚非的事情；另外，从享用者——旅游者的角度来看，它可以满足人们认知世界、认知历史、认知特色文化的需求，也是合乎情理的事情。认知和猎奇、求知欲和好奇心，虽然有联系，但并非一回事。人们要求认知已知文化、已知生活方式，也是发展自身文化的必由之路，所以我们才有所谓"打开窗户看世界""开阔视野"等的提法。但是，从根本上讲，民俗文化同民众生活以及民众的精神世界息息相关。世代相传的风俗习惯，规范着他们的生活，慰藉着他们的心灵，它是民众赖以安身立命的生存依据。而在我所看到的一些地方，并没有认真地思考这样一个具有本质意义的问题，而是采取一种简单的功利主义的并非具有远见的做法。在一些所谓"民俗旅游点"，迁走了世代生于兹长于兹的原住居民，留下了民居，留下了道路，开设了旅馆、饭店和商业网点，卖一些说不准是否具有地方和民族特色的纪念品。这里没有了民俗，只剩下了商品。也有的地方，虽然也一日数场地搞一些民俗展示、民间歌舞表演，以招徕观光客，但实际上这些表演往往是"作秀"，离真正的民间生活渐行渐远。这种做法是将民俗文化传统从现实生活中剥离开来，改变其原有的功能，使之商品化、对象化、舞台化、碎片化，导致原有的传统价值空洞化。我们很难再把它看作民俗。我并不反对通过展演传统文化的方式来满足人们认知的需求和改善民俗主体的生活水平，问题的关键在于如何展演。在展演的过程中，应该充分发挥文化遗产的增强民族情感、热爱民族文化的认同功能。如果一年四季、日复一日地为顾客表演婚礼仪式、送荷包、喝交杯酒、过泼水节，这些活动久而久之就会丧失其原有的意义，就会失去其作为生活方式的意义。很多家庭都有家族相册，亲戚、朋友来家里做客，拿给他观赏，会增进彼此的情感，会重温美好的历史记忆。但是，如果有人把它拿到街上，收费供人观看，那么，这本相册的意义也就不复存在了。还可以进一步说，如果不仅把家庭相册当成商品，而是携自己的妻子儿女、祖孙老小，列队橱窗，供人观赏和照相，那样的话，我们的生活还继续存在吗？

以科学发展观作为指导原则，以文化战略的眼光来审视问题，从全局的、宏观的、历史的和人类文化发展的视角来思考和分析问题，我们所从事的非物质文化遗产保护工作才会获得令人满意的结果。

反思民俗学、民间文学的学术伦理[1]

吕　微[2]

一

近年来，在学科反思的过程中，民俗学、民间文学日益呈现开放的状态，特别是从相邻学科人类学、社会学那里学得了不少东西。但与此同时，我们也要注意从本学科自身的学术传统中努力发掘自我发展的潜力。换句话说，民俗学、民间文学本学科有自己的基本问题或问题意识，有自己的终极关怀，有自己的哲学立场，有自己的理论、方法，一句话，有自己本学科的研究范式。在学科反思、学科开放的今天，这些学科遗产或学科传统仍然值得我们继续深入地挖掘。但遗憾的是，今天从事民俗学、民间文学研究的学者往往遗忘了或者有意无意地忽略了这些方方面面在学科起源时的曾经显现。一句话，缺乏在自我批判的过程中对本学科的深刻的自我理解和自我解释，因而难以实现学科范式的转换和更新。

就个人的本意来说，我极不愿意在相关学科之间"划清界线"。民间文学、民俗学、人类学、民族学都是孪生的姐妹兄弟，至今共享着某些学术经典，"孔子殁后，儒分为八"是后事。自己从事民间文学研究，却始终不认为民间文学学科就比相邻学科有什么特别的高超之处。但我又始终坚持认为，针对民俗、民间文学现象的"特化"了的视角和专门研究蕴含着一些与其他学科不同的思考方式或思想方法，民俗学、民间文学研究的合法性并不只是为其他学科提供了现象描述的资料结集。这个学科完全能够通过其蕴

---

[1] 刊于 2004 年第 5 期。
[2] 吕微（1952— ），男，山东莱芜人，中国社会科学院文学研究所研究员。

含的以及能够贡献的问题意识和研究范式,为其他学科提供启发,为社会问题的诊断和治理提供建议,为克服人类精神的普遍困境、推动人类文化的和谐发展提供本学科的解决方案。我之所以对民间文学和民俗学的未来充满信心,是因为我越来越发现,这是一门"有用"的学问,通过这门学问,我们能够开发出一些相关学科尚未开发的、激动人心的命题。还是那句老话:回到学科的内心深处,学科的内心比我们头顶的星空更广阔、更深邃。

当然,从表面看,目前民俗学、民间文学学科仍然显得理论贫乏、方法陈旧、问题意识和哲学基础薄弱,甚至缺少终极关怀,这些都是事实。但也有迹象表明,民间文学、民俗学内部正在酝酿着新的学科问题意识和理论、观念,只是这些晚近的学术细流目前尚隐藏在诸多学者对于具体现象的具体研究当中,还没有形成学者共同体的集体性纲领。进而言之,当今时代学科范式的创新、转换往往不是由哪个学者个人所能完成的,而是由各个学科的学者共同体通过集体努力换来的结果。因此,对于民间文学、民俗学的新的集体纲领的形成,我们尚需假以时日。但即使如此,我仍想通过对一例"个案"的解读来说明我以上的观点,即指明目前民间文学、民俗学研究的群体作业所蕴含的新的问题意识,以及理论创新、观念更新的可能性。这个案例就是第二届"民间文化青年论坛"。

第二届"民间文化青年论坛"(会议主题:"民间叙事的多样性")于2004年8月4日—5日在北京召开,与会青年学者向本届论坛共提交了39篇论文。会议就民间文学、民俗学研究的文本和语境、叙事与仪式以及民俗学、民间文学学科知识的生产等问题展开讨论。青年论坛是一个缩影,这个缩影反映了目前中国民间文学、民俗学研究的前沿状况:新的学科问题意识和理论、观念的创新正处于蓄势待发的状态,但其破土萌芽尚需本学科同人在朝向相关学科开放的同时不断地进行自我反省,从而开发出自我发展的潜力和能力。

如果拿本届论坛与2003年的"民间文化青年论坛"第一次网络会议相比,两次会议可以说各有千秋。第一次会议提出了不少前沿性的问题,与会者大都是从各自的问题意识介入讨论的,那一次会议提出的问题我们至今记忆犹新:民俗学、民间文学研究是应当告别田野、回到文本,还是应当文本与田野并重或更注重田野?民间文化传统的本真性是被发现的还是被发明的?引进的西方民间文学和民俗学是我们认识客观世界的普遍方法,还是我们建构意识形态的特殊资源?我们如何通过对钟敬文先生的评价把握中

·理论探索·

国民间文学、民俗学未来发展的契机？[1]

本届"民间文化青年论坛"上，有多篇论文在各自的专题论述中延续、隐含了上届论坛的诸多命意，比如文本和语境（田野）的关系，以及本真与建构的关系……但在本届论坛上，与会者则不再是简单地高声疾呼告别田野、回归文本，而是通过自己切实的学术实践强调我们究竟需要什么样的田野研究和文本研究。而那些原本就坚持田野研究、语境研究的学者也不再把田野、语境看作纯粹属于被研究对象的客体性范畴，而是突出地把研究者本人的因素加入田野、语境当中，用民族文学研究所巴莫的话说就是研究者在研究事件中的"在场"。[2]北京师范大学杨利慧也认为，口头文本是进入同一语境的讲述者和聆听者（包括研究者）共同创造的结果；中山大学施爱东在其民俗传承实验中特意安排了邀请被试者对实验进行反馈批评的环节；北京师范大学周春发现了故事村被建构的事实；文学研究所户晓辉进一步追溯了格林兄弟本人的童话创作；而北京大学彭牧则毫不讳言地申明自己对民间图案的意义解读具有鲜明的主体性质。[3]以上这些反思性的研究立场正与上届论坛的问题意识和反思精神一脉相承，即：我们不再坚持一种纯粹的客观主义研究态度，而是已经把我们研究者自己的主观立场摆进了情景语境。从中，我们正可以体味到世界学术对中国学界的时代影响，我们并没有置身于世界和时代语境之外自说自话而不自觉。

但是，问题还不仅仅如此，一旦我们把自己——研究者主体摆进了"研究事件"（这就是"田野"），我们发现，我们研究者主体和被研究者主体的意见并不总是一致的。蒙古族说书艺人齐宝德坚持说他是严格按照本子说唱的，但北京大学陈岗龙认为他在说唱的过程中加入了许多本子之外的东西；北京妙峰山进香的香会人士坚持说曾经有过书面的香会会规——话条子，但河南大学吴效群认为这种说法本身就是一种对于会规合法性的想象；巴莫承认诺苏彝族史诗分黑白、分公母的地方性知识应当享受被局外人接

---

[1] 参见陈泳超主编：《中国民间文化的学术史观照——民间文化青年论坛·1》，黑龙江人民出版社，2004年。
[2] 参见巴莫曲布嫫《史诗传统的田野研究：以诺苏彝族史诗〈勒俄〉为个案》，北京师范大学博士学位论文，2003年，第208页。
[3] 参见杨利慧《民间叙事的表演（下）——以兄妹婚神话的口头表演为例，兼谈中国民间叙事研究的方法问题》；施爱东《故事传播与记忆的实验报告及数据分析》；周春《故事村：一个复杂的社会现象——以伍家沟故事村为个案》；户晓辉《童话的生产：对格林兄弟的一个知识社会学研究》；彭牧、袁博《作为表演的视觉艺术：中国民间美术中的吉祥图案》。以上均为第二届民间文化青年论坛论文，引自 http://chinese.pku.edu.cn/teacher/chenyc，以下引述凡未注明出处者均见该网页。

受、认可的权利。[1]在具体的情景语境中，不同的人持有不同的意见本不足怪。问题是：产生分歧的原因究竟是什么？这些分歧是同一知识背景下人们偶然的不同意见还是具有不同背景知识的人们必然的不同意见？而在不同知识背景下的不同主体之间的不同意见又有哪些是最终能够相互接受的，哪些是双方始终都不会互相接纳的？

二

对于以上问题，援引哈贝马斯的分析性概念也许不无启发。哈贝马斯认为，人们生活于其中的世界可以被进一步析分为三个世界，即客观世界、社会世界和主观世界。与此相应，人们则以三种不同的语言行为指涉这三个世界。这三种不同的语言行为更是根据三种不同的语言应用（语用学）原则，即三种有效宣称：指涉客观世界的真理宣称（truth validity claim），指涉社会世界的正当（规范）宣称（rightness validity claim），以及指涉主观世界的真诚宣称（sincerity validity claim）。借助哈贝马斯的分析，可以认为，启蒙主义以来的时代错误就在于用指涉客观世界的真理宣称完全取代了指涉社会世界的正当（规范）宣称和指涉主观世界的真诚宣称。指涉客观世界的真理宣称是一种工具理性的语言行为，由于完整的生活世界还包括社会世界和主观世界，因此仅仅是真理宣称必然导致工具理性无节制的泛滥。而完整的生活世界只能用更高层次的沟通理性才能够加以协调，沟通理性把工具理性的真理宣称包括在内，同时更突出了正当（规范）宣称和真诚宣称在沟通理性中的主导地位。

由于人们生活于其中的世界是一个复合的世界，因此当人们立足于生活世界的不同空间时，自然就会产生不同的意见。本届论坛的论文发言中所呈现的研究者与被研究者的不同意见就往往是因为研究者针对客观世界的真理宣称与被研究者出于主观世界的真诚宣称的分歧所致。在田野（甚至在文本）中，被研究者不仅仅是被研究的客体，同时也是主体，作为主体的人自然也生活在他自己的主观世界当中，正如研究者首先生活在他自己的主观世界当中一样。由于研究者主观世界的真诚宣称（我们暂且假定出乎主观世界的宣称都是真诚的）会影响其针对客观世界的真理宣称，所以研究者对于客观世界的真理宣称并非绝对是客观的，而是也应当获得被研究者的反观。

---

[1] 参见陈岗龙《口头传统与书面传统的互动和表演文本的形成过程——以蟒古思故事说唱艺人的田野研究为个案》；吴效群《妙峰山：民间社会紫禁城的建立》；巴莫曲布嫫《叙事界域与传统法则：以诺苏彝族史诗〈勒俄〉为例》。

于是，问题变得如此复杂。过去，我们曾经乐观地认为，我们能够通过使用工具理性的合适方法切入客观世界、客体对象；现在，一旦我们"如其所是"地恢复了客体对象以对象主体的地位，我们能否继续使用传统的、经典的客观论、反映论、实证论等真理宣称的"正确"方法"规定"对象就成了一个问题。现在，不仅被解释的对象意义不再是纯粹地内在于对象的，就连对象作为事实的形成或现象的显现也含有研究者主体介入的成分。进而，如果被研究对象的事实生成、意义生成与研究者的主体性介入有关，那么研究者主体对被研究对象的事实认定和意义赋予的效应就应成为研究者必须谨慎考虑的事情。

与工具理性的真理观不同，根据沟通理性的整体真理观，真理不是简单地被从客观世界中发现的，而是客观世界、社会世界和主观世界相互协调的结果。就此而言，真理最终要落实为主体之间达成的共识。哈贝马斯的三个有效宣称之"有效"的意思正是充分考虑了语言行为的共识效果。因此，有效宣称含有宣称者面对被宣称者的"关怀"，含有宣称者对宣称行为结果的关注，含有宣称者应当对被宣称者承担的责任。就此而言，沟通理性体现了一种顾及沟通效果的关怀伦理、责任伦理，[1]即不再是单向度的真理宣称的客体化行为，而是既包括真理宣称同时也包括正当（规范）宣称、真诚宣称等希望导致双向互动的主体间行为。

在客观论、反映论、实证论占据统治地位的方法论时代，我们没有也无须考虑我们的研究结论对被研究对象可能造成的影响。因为，既然我们关于对象的表述是客观真理，而客观真理的根据内在于对象本身，那么研究者主体也就不必因为自己的非主观（客观）性表述而对对象承担起任何表述责任。但是，如今我们，一旦认识到对象生成为事实也事关研究者的主体性介入，特别是当我们已经把客体对象作为对象主体对待的情况下，学术成果的观念效应应当成为我们认真思考的时代问题。换句话说，如今作为研究者主体的我们必须为自己的学科表述承担起应负的知识伦理责任或知识责任伦理。[2]而反观已逝的上一个学术时代，正是由于我们坚持学术观念的纯粹客观性来源而

---

[1] 参见阮新邦、林端主编《解读〈沟通行动论〉》，上海人民出版社，2003年，第52页。
[2] 胡塞尔认为，主、客体分离的科学主义研究是"非人性"的，"这种研究成为一种自由飘浮的、摆脱了责任的行为"，"胡塞尔在他后期著作标题中所说的，欧洲科学的危机，就是一种意义的丧失，这种意义丧失之所以产生，乃是因为一个绝然的、与主体无关的世界——如果它真的存在的话——将会放弃人的责任"。[德]黑尔德著，倪梁康译：《生活世界现象学·导言》。[德]埃德蒙德·胡塞尔著，克劳斯·黑尔德编，倪梁康、张廷国译：《生活世界现象学》，上海译文出版社，2002年，第40页。

不曾予以反思，所以才造就了一代知识的暴政和话语的霸权。

在研究对象被视为客体的时代，客体只能接受研究者主体的言说而绝无拒绝接纳此言说的权利，因为主体的言说被认为纯粹是客体内在本质的客观反映。于是，在单方面主体性的知识暴政和话语霸权的时代，凡与"现代性"知识系统不合拍的异己性知识系统在被"现代性"研究和说明的同时也就被置于被"现代性"宰制却不容其申诉的地位。"'客体'或'对象'是通过'方法'定义的，只有符合方法条件的才能成为对象。这种客体的方法研究的目标本质上是为了解除对象的对抗性并达到对自然过程的统治。"[1] 如何避免这种科学主义、方法主义霸权和暴政在人文学科领域的重演，应当是后现代人文学术必须解决的当务之急。即清理现代性学术与政治意识形态所共享的哲学基础。由此言之，近三十年来中国学术为阻止政治意识形态对学术的"干扰""破坏"只是后现代学术反思的最初成果，而学术反思的脚步却并不能因此而停止，反思必然从权力话语的层面进入哲学基础的层面。

在后现代学术反思的进程中，民俗学、民间文学首当其冲。因为民俗学、民间文学的经典研究对象正是那些被"现代性"知识系统（包括民间文学、民俗学学科知识）异己化、他者化的知识系统下的客体对象。如何恢复这些已经被异己化、他者化的客体对象本应享受的主体地位，这既是民间文学、民俗学在今天面临的最严峻的挑战，同时也是这个学科对人文学科整体有可能做出的最有价值的贡献。为此，民间文学和民俗学学者必须谨慎从事，防止我们那些"自以为是"的陈述（即使真的是真理宣称）对被研究的对象可能造成的伤害。"人类学者的道德故事不能给那些在支配性的文化体系中受到压制的人们带去伤害（没有伤害原则），它们刻画的人物应受到保护。"[2] 今天是我们超越传统的、经典的基于主、客体之间的方法论而将目光集中于主体之间的伦理学的时候了。

据此，后现代学术的核心问题是：研究者主体应当根据哪些责任伦理的知识原则与被研究者主体进行有效的对话。所谓有效对话的意思是说，对话是富有成果的，而富有成果的对话将有助于被研究者主体无论作为承载何种知识类型的主体，都能够在后现代

---

1 ［德］伽达默尔著，夏镇平译：《赞美理论——伽达默尔文集》，生活·读书·新知三联书店上海分店，1988 年，第 155 页。
2 ［美］诺曼·K. 邓金著，周勇译：《解释性交往行动主义：个人经历的叙事、倾听与理解》，重庆大学出版社，2004 年，第 15 页。

知识体系的整体格局中享有与承载其他不同类型知识的主体同样平等或者接近平等的身份、地位。在传统的、经典的方法论视野中，我们的出发点只能是主、客体的关系，而在后现代的伦理学视野中，我们才能够立足于主体间的基础之上。于是，认识论的方法论转变为本体论的伦理学，而这正是民间文学、民俗学学科转向的哲学方向。在本届论坛上，高丙中在他的论文结尾处这样写道：

> 民俗学在今天要关心自己的专业队伍与研究对象的互动，使学科具有自我反思的能力；要使自己的专业活动避免原有的单纯利用调查地点的民众，让作为对象的"民间"有机会在一定的意义上成为追求自己目的的主体，从而奠定本学科适应新的时代的学术伦理基础，我们就有必要尝试把民俗学者的工作过程也纳入观察的范围、对象。作者相信这一立意是符合民俗学进一步发展的要求的。[1]

这也是我所理解的本届论坛所隐含的，但我认为应当明确加以表达的最重要的理论问题。这个问题的重要性是不言而喻的，因此即使是仅仅提出或隐约地提出了这个问题，却也可以说就是本届论坛最成功的地方。[2]

三

学术伦理也是晚近哲学、人类学等诸多学科所共同关注的重要问题，但本届论坛所提出的学术伦理并非指的源于处理日常生活中人际交往关系的社会伦理、生活伦理，而是特指从认识论、方法论转换而来的知识论伦理学，特别是指从现象学方法论的立场经

---

[1] 高丙中：《知识分子、民间与一个寺庙博物馆的诞生——对民俗学的学术实践的新探索》，《民间文化论坛》2004年第3期。
[2] 一次学术会议成功的标志是什么？可以从以下几个方面加以考虑：是否提出了前沿或深度的问题，是否提交了高质量的论文，是否就论文和问题进行了充分的讨论，会议最后的论文结集是否在以后的时日被证明是阶段性的学术成果。这样的标准也许是陈义过高，但应当是学界青年的努力方向，尽管每次会议不可能同时满足上述几个标准的全部要求。

现象学本体论的"格式塔"目光转换而生成的解释学伦理学,[1]因此,是与方法论有着"血缘关系"的伦理学。方法论是主体用来切入客体的工具性原则,而从方法论转换而来的伦理学则是研究者主体借以与被研究者主体进行有效对话的规范性原则。我们都有切身的经验体会:即使是在具体的情景语境中,主体之间的意见也经常难以达成一致,但这并不妨碍主体之间已先验地就对话的规范性原则达成共识,从而为不断地趋向于由对话双方都认可或认同的真理,奠定坚实的对话伦理基础。

如果说中国民间文学家和民俗学家们目前对方法论的反思尚未在整体上上升到伦理学的高度,那么,当代哲学家和人类学家们显然已着先鞭。当代哲学基本问题从主体性到语言性的转向正包含着晚近世界学术的伦理关怀,把语言作为第一性而不是把主体作为第一性的哲学问题本身就意味着"主体间性"。因为从逻辑上说,凡语言都必须以两个以上的主体为存在前提。语言的共时性语法本身就意味着语言交往的规范、原则,主体生活在语言、语法当中就意味着个别主体(个体)已经先验地承认了主体间的语言共同体的交往理性或交往伦理。"我们的第一句句子,已经清楚地表达了我们的意向,就是追求普遍和不受制约的共识。"[2]

在现代性的知识主体看来,异己或他者的知识主体(其实是视之为客体)往往具有非理性(如信仰知识)的性质。然而,一旦认识到不同知识系统下的主体同样生活在语言、语法当中,通过对语言的共时性语法本质的领悟,哲学家们看到了人类理性交往的未来普遍前景。传统的、经典的民间文学、民俗学的研究对象主要是口头的和书面的文本,晚近的研究趋势更是从文本的文学层面深入文本的语言层面,[3]就此而言,民间文学、民俗学正可以通过在语言层面关注不同知识主体之间的语言、语法关系在后现代学术语境中发挥本学科的学术专长。

语言性、"主体间性",或者说主体之间交互为主体的语言关系,的确是晚近世界学

---

1 这是对西方现、当代学术思潮发展脉络之一支的描述,其相应的思想家之间的具体师承关系是:胡塞尔认识论现象学→海德格尔本体论现象学→伽达默尔本体论解释学。至于中国现当代学术思潮的发展尽管也有其内在的学理逻辑和师承关系,但更主要的表现为社会实践对于学术观念的迫切需求从而导致的学术回应以及对西方学术的实用主义理论借鉴。近年来中国学界盛行学术史研究,在一定程度上清理了本土学术思潮的学理脉络。对中国现代民间文学、民俗学学术思潮的学术史反思,参见[美]洪长泰著,董晓萍译《到民间去:1918—1937年的中国知识分子与民间文学运动》,上海文艺出版社,1993年;高丙中《民俗文化与民俗生活》,中国社会科学出版社,1994年;吕微《现代性论争中的民间文学》,《文学评论》2000年第2期;户晓辉《现代性与民间文学》,社会科学文献出版社,2004年。
2 哈贝马斯:《沟通行动论》,转引自阮新邦、林端主编《解读〈沟通行动论〉》,上海人民出版社,2003年,第40页。
3 参见朝戈金《口传史诗诗学:冉皮勒〈江格尔〉程式句法研究》,广西人民出版社,2000年。

术大潮所集中关注的中心问题。主体，可以指个体，也可以指民族主体、国家主体、社会主体、文化主体，如此等等。启蒙主义、浪漫主义企图通过普遍主体和特殊的民族国家主体的途径解决主体与客体以及个体与集体的问题，但由于没有注意到"主体间性"，从而造成了单向度的主体性和集体性独白与独断，近代以来的自由主义实践因此而身陷其中。当代哲学正是从这一"现代性的灾难"中提炼出了"主体间性"的问题意识。

当然，中国民俗学和民间文学研究并非仅仅跟在西方学术的身后，像个嗷嗷待哺的儿童。"主体间性"也是中国民俗学、民间文学学科本身的、内在的问题。只不过在我们还没有发明出更为"上手"、好使的概念工具之前，我们暂时移译了西方世界的理论范畴对我们自己所遭遇、所领会的问题加以反思、加以界定。但，问题首先是我们自己的，即我们这个学科的——即使我们自己的问题并不可能脱离全球性语境而封闭地自我限定——我们所有的反思和痛定思痛都是为了赎我们曾经的启蒙主义和浪漫主义现代性"原罪"。

而且，在我看来，中国民俗学、民间文学学科所面临的"主体间性"问题，要比西方世界（如果有一个统一的西方）更为复杂和难以处理。我们的"主体间性"概念要用来解决国际、国内、不同层次、不同类型，特别是不同的知识共同体之间的问题。过去，我们把民俗、民间文学的研究目的、对象、范围定位于认识与现代知识体系相对立的传统知识体系，或者与上层知识体系相对立的下层知识体系。但是，如今在"主体间性"的伦理要求下，中国民俗学、民间文学学者，显然已经开始倾向于将民间知识系统视为后现代知识体系整体中的一个组成部分。或者说，民间文化的知识传统应当在后现代知识体系的整体中占有其合理合法的位置。这是中国民俗学、民间文学在当前希望表达的学术伦理理想，同时也符合中国民俗学、民间文学学科创建之初的民主宏愿，尽管我们知道这一论证过程将是长期的和艰难的。[1]

传统在现代中延续，而现代则是延续的传统。曾几何时，一部分现代知识（比如"中心话语"）把另一部分现代知识（比如"地方话语"）视为传统，把原本在不同空间

---

[1] 论证过程之所以艰难，是因为在现阶段中国社会，哈贝马斯所说的没有内在和外在压力制约的"理想沟通情境"还是一个有待实现的理想。但是，理想沟通情境既是有效对话得以实现的条件，同时也是有效对话所要实现的目标。哈贝马斯认为，理想沟通情境只有在一个自由和开放的社会里才能够实现。但是，如果没有理想沟通行为自身的努力也就谈不上理想沟通情境本身的实现，而学术研究所实践的理想沟通行为且试图营造的理想沟通情境，恰恰应当也可以成为社会实践的先行试验。理想沟通情境和理想沟通行为，二者之间具有一种互为因果的关系。参见阮新邦、林端主编《解读〈沟通行动论〉》，上海人民出版社，2003年，第28、77页。

中分布的现代知识置于时间序列当中。于是，不同的现代知识就被表述为现代知识和传统知识的对立，遮蔽了被视为传统的那部分知识的现代性质。而这部分所谓的传统知识其实原本就是现代知识体系的"有机构成"，即现代性知识中的地方性知识，或者说是"现代性的民间表述"。[1]

四

中国民俗学和民间文学应当以自己的学术思考更广泛地参与社会性的学术实践。学术实践有各种层次，包括理论的层次和应用的层次。而理论其实也就是应用，因为理论建设就是通过观念的生产参与到社会实践当中。当然，民间文学、民俗学的理论建设、观念生产不是只能使用哲学语言，民俗学、民间文学研究有自己经典的学术语言，有自己传统的学术问题。比如当民间文学家、民俗学家用"主体"一词来重新界定"民间"的时候，民间文学家、民俗学家也就丰富了书斋中或摇椅上的哲学家们对于抽象概念的"主体"的感觉（本届论坛上，北京师范大学岳永逸就对作为被调查对象的主体"范庄人"的同一性提出了质疑）。当然，具体到每一位民间文学、民俗学家，作为学者个体并非一定要时时事事都对学科理论的基本问题有所言说；但是作为学者群体，我们不能不对学科的基本问题、终极关怀、哲学基础等理论问题有所自觉。我们更不能不对世界学术的基本走向心中有数，并随学术前进的时代脚步而不断自省，以期在向其他学科开放的同时不断地加深学科自身的自我体验。这样，民俗学、民间文学学科一定会通过自己独到的学术语言并在使用自己的学术语言表述自己的学术问题时，对社会也对其他学科贡献出自己的影响力。

一门学科的理论所关注的基本问题（终极关怀）并不是在其起源处就一劳永逸地被固锁住的，学科理论的基本问题需要该学科的学者不断地追问。就此而言，学科问题是学科的先驱者和后来人不断对话并通过对话得以解决的结果。本届青年论坛的论文发言能否开发出对于理解和解释本学科基本理论问题的更多的有益成果，还望与会学者和学界同人进一步参与讨论。

---

[1] 刘晓春：《现代性的民间表述——当下民间造神运动的一种阐释》，载饶芃子主编《思想文综》第 7 辑，中国社会科学出版社，2001 年；《仪式与象征的秩序——一个客家村落的历史、权力与记忆》，商务印书馆，2003 年，第 237 页。

克智与勒俄：口头论辩中的史诗演述[1]

巴莫曲布嫫[2]

《慕莫哈玛拉波》（代引言）（口头诗歌的来历）

我家的慕莫哈玛，[3]是祖辈亲口咀嚼后吐传给子辈的，是父辈亲口咀嚼后吐传给儿辈的。白纸写成的书是祖辈的遗产，黑墨写成的书是父辈的遗产。没有什么书卷能比得上它，即使有某一卷与它相似，另一卷也不能和它相比。就像荞株长得一样，荞粒结得不一样。

我们的慕莫哈玛很神奇，坐着像猫大，站起像虎高，卷起像背桶粗，展开比路还要长。这或许有点夸口，这或许有点夸张。我们就是这么说，我们也是这么赞，请不要听话不听音。

我想来说说慕莫哈玛的来历，又怕吓得青年人连滚带爬；如果不说它的来历，又难投合贤达者的心意。

你可知道我们这家人，祖祖辈辈都有名望！有的人世代都隐姓埋名，越是隐埋越湮没无闻，越发不敢和亲家论辩。

慕莫哈玛是从哪里来的呢？在瓦曲来勿是从色达毕惹的口中出来的；在史

---

[1] 原稿分上、中、下，分别刊于 2005 年第 1、2、3 期。本文系首都师范大学中国诗歌研究中心规划项目"诺苏仪式生活与口头叙事传统研究"的课题成果。
[2] 巴莫曲布嫫（1964— ）女，彝族，四川凉山人，法学博学（民俗学），首都师范大学中国诗歌研究中心兼职研究员，中国社会科学院民族文学研究所研究员，口头传统研究中心执行主任，中国社会科学院研究生院教授，中国民俗学会副秘书长，世界民俗学者组织（FF）通讯会员。
[3] 这是流传在义诺彝区的一首克智辩说词。"慕莫"（mupmop）泛指文学，"哈玛"（hxamat）直译为"舌头上的话语"，泛指口头语言。"慕莫哈玛"可以理解为话如珠玑的美妙辞章，主要指口头传颂的诗歌和辞令，相对于书面文学"慕莫布尔"（mupmop bburlu）。

觉拉达是从拉多勿哈的口中出来的；在勒着甲谷是从达祖史拉的口中出来的；在拉巴果俄是从尔哈迪曲的口中出来的；在勿合来勿是从史赫果吉的口中出来的；在三河依达是从合勿利合的口中出来的；在阿居博勿是从久博涅尼的口中出来的；在车之尔拖是从则体沙蒙的口中出来的；在尔吉来勿是从瓦尔达仁的口中出来的；在布布乃拖是从尔哈日和的口中出来的；在拉古依达是从朝波拉铁的口中出来的；在久都来勿是从木利依莫的口中出来的。[1]

我们这家人，在阿嘎迪拖牵着马笼头套，首次将它传播；在兹兹普吾骑上马背，再次将它传播；在洛俄嘎比集会处策马驰骋，三次将它传播。[2]

一、"克智"论辩：史诗的口头传播载体

"克智"，作为民间的口头论辩，是一种对话关系中的言语行为。"言语行为"（speech art）理论是英国语言哲学家奥斯汀（J.L.Austin）提出的。[3] 这种理论认为，当人们说出一串话语的时候，他就在完成一种行为。论辩这种言语行为是要在一定的语境中有效地使用语言，以达到辩胜对方的目的。因此，口头论辩必然涉及语用学（pragmatics）[4]的问题。论辩，通常亦称作辩论，作为一种独特的人际交流方式，它与社会互动中的口语传播有密切关联。在中国、印度和古希腊，历史上都出现过规模宏大的

---

1 这段"克智"（kenre）论辩词所引均为地名加人名，即某某地方的某某人，实际上是口头程式表达中的一种范式。除"拉巴果俄"（latbagoo）这一地名无考外，"瓦曲来勿"（vatwulivut）在越西县境内；"史觉拉达"（jjijolatda）在甘洛县境内；"勿合来勿"（vutholivut）在昭觉县境内；"三河依达"（sahoyyda）在美姑县境内，即今巴普镇三河村；"阿居博勿"（apjjubbovut）即美姑境内的狐狸山（汉语称为龙头山）；其余的"勒着甲谷"（lerrojiepggu）、"车之尔拖"（cezhilurtot）、"尔吉来勿"（lurjjilivut）、"布布乃拖"（bubuplitot）、"拉古依达"（lagguyyda）、"久都来勿"（juddurlivut）等地也都在美姑县境内。由此可以看出，美姑是口头传统得以保持与传播的主要地区，而论辩词中所列人名均为历史上著名的克智能手。这段辩词出自凉山州文化局编印的《克智》资料本，经巴莫尔哈和笔者仔细推敲，重新翻译。但在彝汉两种文字之间，依然难以传达其丰富、深刻的原初语义与文化内涵。
2 "阿嘎迪拖"（apgandiptot）泛指云贵高原；"兹兹普吾"（zzyzzypuvut），云南昭通一带；"洛俄嘎比"（hnewoggabi）在雷波和美姑交界处，是过去头人集会断案的地方。其实从云贵高原到昭通再到美姑，正好是诺苏彝族先民由滇迁徙进入今天凉山的历史路线。
3 在口头传统研究的一个平行方向，奥斯汀（J.L.Austin）于1962年在牛津大学开始关注于探讨表演性演说的句法（speech art）。其代表作是 *How to do Things with Words*, Cambridge, Mass: Harvard University Press, 1962. 这是美国高校民俗学专业的必读书之一。
4 pragmatics，语用学。有关语言使用于社会环境和语言对使用者及其行为之影响的研究。语用学（pragmatics）这个术语是莫里斯（C.W.Morris）最早提出来的，他将符号学（senniotics）分成三个学科，语用学即是其中之一。语用学家着重探讨以下四个问题：(1) 言语行为的类型及其进行的条件；(2) 如何从语用的角度去解释话语；(3) 使用语言的人所起的作用；(4) 如何建立必要的交际准则；(5) 语用学的研究在于帮助我们深入地了解语言功能，更精确地掌握话语的含义，提高我们理解和运用语言的能力。

论辩思潮,形成了世界古代三大辩学体系。在我国少数民族本土文化中孕育出来的论辩传统则有藏族的辩经传统、维吾尔族的论辩诗歌和哈萨克族的阿肯弹唱。前者出于佛教经院的教育制度,后二者则与民间口头传承相关。诚然,对不同族群文化中的论辩传统作一些对比分析,当有助于对口头论辩实质的认识和理解,也当有助于对彝族源远流长的"克智"论辩作进一步的研究,但基于本文的主要工作方向,我们对此不作过多涉及。

需要指出的是,我国学界研究的辩论、口头辩论或辩论术,一则多属逻辑学、修辞学范畴,二则往往忽视民间口头传承中的论辩传统。在西方当代的口头传统研究中有人开始关注这个问题。为区别于逻辑学、修辞学中的辩论术,[1]他们往往使用 the ritualistic flyting 或 verbal-dueling(舌战)一词来取代 dialectic(论辩术)一词,值得我们借鉴。笔者多年前开始搜集彝族民间口头论辩的资料,后来在哈佛大学访学期间也注意到平行学科的相关研究,比如近年来国外史诗研究界已有学者专注于探讨古代希腊史诗与口头论辩的关系。[2]本文探讨的克智论辩作为民间口头传承事象,与国外民俗学界采用的术语 the ritualistic flyting 或 verbal-dueling 侧重于强调的口头言语行为更为接近。这里,我根据田野观察资料,先就"克智"论辩的口头民俗情境与口头传承特点提出一些看法,以期说明诺苏彝族口头论辩的民族特色与史诗演述的文化语境。

(一)"克智"释义:口头论辩

在诺苏彝族的口头语言民俗中,独具一格的"克智"论辩以民间口头传承的方式广泛流传在四川大凉山彝区的村村寨寨,成为家喻户晓、老幼皆知并深为民众所喜爱的口

---

[1] 对于什么是辩论,至今似乎并无精确而全面的界说。根据当今有关著作的论述,通常所说的辩论,是指立敌双方,即辩论者,围绕某一事物或问题展开论争以形成关于该事物或问题的正确认识,并以对该事物或问题的支持者和反对者的胜负为终结的一种直接对话。(崔清田,1990:201)然而学界关于"辩论"的探讨,集中关注于世界三大辩学体系(中国古代的名辩学、古代希腊的论辩术及印度的论辩传统),大都无涉于民间口头辩论。彝族"克智"口头论辩有自己的规程与胜负判断的标准,上述定义不完全适用于这种论辩活动。
[2] 美国学者沃德·帕克斯在这部专著中,从荷马史诗中援引了大量的口头论辩场景(flyting scenes)来分析史诗叙事中的"论辩范型"(contest paradigm),在《伊利亚特》中主要是战争中的武士舌战,如阿基里斯与阿伽门农,阿基里斯与赫克托;在《奥德赛》中则是主—客双方(on the guest-host relationship)的口头论辩。由此出发,他从比较研究的角度对《贝奥武甫》、《摩诃婆罗多》、《罗兰之歌》、《高文爵士》(亚瑟王圆桌骑士之一)、《绿衣骑士》等作品中的口头论辩进行研究,并与当代美国黑人社区青年人的口头论辩,乃至政界的论战和学术界的辩论相联系,揭示出口头论辩既是人类言说的普遍现象,也因各自的文化传统而具有特殊性。因此,彝族口头论辩的比较研究如能展开,当能为国际学界提供生动鲜活的当代案例。
Ward Parks. *Verbal Dueling in Heroic Narrative: The Homeric and Old English Traditions*. Princeton University Press. 1990:240.

承文学事象。克智论辩活动的长期盛行,产生了众多的克智辞赋(kebur hxaxjo)。正如论辩手在比赛中说:"天上千颗星,克智数不清;地上千棵草,克智数不完。克智要用箩篼装,箩篼下面有漏洞,说了三天三夜,说的没有漏的多;克智有如牛毛多,说了三年零三个月,没有说完两个牛耳朵。"至今诺苏彝人在赛歌时还有用筛子来装歌的风俗,即唱一首歌就插一草秆在筛子眼里,插满筛子但歌还没唱完。沿传至今的这一古老的歌俗在《西南彝志·人文志》中就有相类记载:"歌师宣雅颂,歌师讲论文,雅颂与论文,筛子眼样多。"

在大小凉山,以美姑县为中心的"义诺"方言区,因"克智"活动长期盛行,"克智"能手代代辈出,被人们公认为"克智的故乡"。"克智"不仅是一种带有竞赛性和娱乐性的口头论辩活动,也是史诗演述的形式载体,它不仅造就了一批批崇尚口头艺术的辩才,也为一代代史诗演述人提供了天然的舞台,为史诗传统的世代相承拓展了广阔的文化空间。正是在"克智"论辩得以弘扬光大的义诺地区,史诗"勒俄"的演述作为一种鲜活的口头表演艺术一直经久不衰。从另一角度看,史诗演述本身也是论辩活动的有机构成部分,在整个表演过程中占据着攸关胜负的重要地位,因而成为众多论辩能手较量传统知识与口头表演技巧的一个关捩。

> 彝族在西南各族中是最富有历史知识的民族之一。他们自己创造了彝文,其经典,主要由巫师(毕摩)掌握。彝文经典虽然是为祭祀祖宗和鬼神服务的,但有许多经典或祭祀经典里的若干章节记载了历史的事实。经典以外,彝族中还有一种能说会道的"说客"。他们的历史常识特别丰富,每当婚姻、丧葬、过节、过年,或集团会议之时,这些说客们便在群众面前举行"口赛"。我们可以在其间听到许多古往今来的生动史实。[1]

20世纪30年代,马长寿先生就到凉山彝区进行实地考察。上述文字是其箧中遗著的开篇,他回忆了当时"克智"活动及其论辩者群体的一些基本情况。该书手稿大约完成于1960年前后,其间提到的"说客"与"口赛"无疑就是今天依然活跃在民间的"克智"能手与他们的表演活动。要正确认识克智论辩的口头本质,关键要明确"克智"

---

[1] 马长寿遗著,李绍明整理:《彝族古代史》,上海人民出版社,1997年,第1页。

一词的含义。"克智"是彝语 kenre 的音译，"克"（ke）意为"口""嘴巴"；"智"（nre）意为移动、搬迁、退让。"克智"即一种"口之为言达"的言语行为的综合表述，具有灵活性、机动性。然而，"克智"这一术语历来有多种汉译，比如"斗嘴""舌战""辩论""夸口""赛说""比口才""盘古""赛诗会"等等，人们往往莫衷一是。实际上，"克智"作为一种口头表演活动也好，作为一种口头传承也好，本身就包含着多重意蕴，在民间话语中还有以下多种约定俗成的说法[1]：

1. "克斯哈举"（kesy hxajju）："克斯"即娴于辞令、巧于言谈；"哈举"即舌头灵便、巧舌如簧。"克斯哈举"可直译为口才敏捷、舌绽莲花。

2. "克格哈查"（keggie hxaxcie）："克格"意为耍嘴皮、说笑；"哈查"直译为用舌头阐述、舌辩。"克格哈查"可直译为口角生风、口若悬河。

3. "克博哈险"（kebot hxaxxie）："克博"，辩白、辩驳；"哈险"，以舌头啃。"克博哈险"可直译为论辩交锋、舌剑唇枪。

4. "克博哈里"（kebot hxalyt）："克博"，辩白、辩驳；"哈里"，以舌锋论理，谓言词犀利。"克博哈里"可直译为相互辩诘、辩难质疑。

这些词汇已经成为民间谈论克智的俗语、套语，皆是从克智论辩活动中发展出来的专门语汇。它们以彝语传统的四音节骈俪词为构词法，每一种"说法"都离不开"克"（ke 口）和"哈"（hxa 舌）。彝语中的"克哈"（kehxa）指的就是"口才"。正如克智能手在论辩中所说：

木史火普地方，有驰名的九舌羊。舌头分九叉，九叉发出九种音响。你搬得弯这叉搬不弯那叉，等会儿我们借来接在舌头上，舌头灵活话语强；等会儿你们借来接在舌头上，玩不转九根舌头开不起腔。

安宁河畔，有四个大石礅，稳固在四方。我用两个来垫脚，愈站愈发显高强；我拿两个给你来垫脚，说不定你会滑跌到石礅下。依木所洛地方，有四只鹦鹉，鸣啭在四方，叫声不一样，等会儿借两只来代替我的舌头，另两只会把

---

[1] 这里参考了阿鲁斯基老师的相关研究，见阿鲁斯基、阿鲁金乐《彝族"克哲"翻译》，自印本《序》。

你们辩驳得口难张。

这些强调"口""舌"的惯用词语，不仅表现出"克智"这种民间表演活动的口头特质，也从各种角度反映出"克智"论辩的创作过程与论辩技巧。可以说，我们在汉语中很难找到一个与"克智"原义完全相符的词汇。本文在汉译上采用"口头论辩"，旨在从整体上总括这种民间言语行为与对话艺术的竞赛性、对诤性和辩议性。

（二）"克智"论辩的民俗传统

彝族先民十分崇尚辩论，好辩与善辩也是各地彝人的特点。历史上发生过许多著名的论战事件，也出现了许多名载史册的辩才与辩士。据老人们讲，过去每逢有战事发生、有血族复仇或是冤家械斗，开战在即或相遇交战之时，彝人武士"惹阔"（sakuo）往往要先与敌方进行一番舌战，以鼓舞士气，压制对方。而且，舌战也有相应的规矩，禁止"骂阵"，认为"断不了案的头人，成不了真正的德古；骂阵的勇士，成不了真正的英雄。"（克智论辩词）

彝文古籍也有相似记载，彝族默部后裔中出现的英雄人物俄叔必额，曾向武部暴君武阿那宣战，并攻取武部十个城池，俘虏武阿那及其大帅们。武部武阿那在强大的攻势下不得不在最后的危城城墙上与俄叔必额展开辩论。舌敝唇焦之后只得喊降，表示愿以"九匹宝马""银龙宝座""金鸟金花""布帛彩缎""戈戟甲胄""青枣骝马"等奉献，让俄叔必额退兵。俄叔必额的回答是："给天上的太阳，我也不要的。要你的住处，作我的地盘；所有的荒土，我们都要开。"这段论战使这两个彝帅的人物性格跃然而出，也反映了彝族古代部落之间频频发生的战争往往伴随着口头论辩的舌战之风。（贵州民族研究所毕节彝文翻译组，1982：202—216）《西南彝志》卷八也有记载，默部后裔德施支系中的黑彝阿于德部（世居云南东川的阿于部）与白彝家支阿佐赤（世居云南东北部的沾益）发生了土地纷争。阿于德家四方召请，最后选派了三位善辩者已本阿娄、德初阿孟和阿朔益密与阿佐赤家的九十骑勇士展开论辩。初战失利，部族君长默阿德（慕齐齐的第11世孙）不得不亲自出战。妙辩敏捷，终于转败为胜，"赤家九十骑，无言可答对，服德额之论，杀牛而议和，理实勺根柢。德额的文才，非人所能及"。因两部都是远古部族实勺的后裔，论战结束后，两部议和，杀牛叙谱，清理共同的根谱，不再相互为敌。默阿德由此成为后世颂扬的一位英才和先哲，被人们尊称为"德额"。[1]

在毕摩文化发展史上，也出现过名毕论战的历史事件，它发生在毕摩大师木毕史楚和体毕乍穆之间。争论起于先祖兹敏为母亲做安灵祭仪式"玛都果"（maddumgo，直译为做灵牌），双方就仪式用牲、祖灵灵位质料及神枝种类发生对诤。当时木毕史楚是"木哈毕"（muhxatbi）即上界毕摩，他坚持要用金银来插神枝，麂獐来作牺牲，锦鸡来作供品，天鹅来作卦卜；体毕乍穆是"木机毕"（mujjybi）即下界毕摩，他反驳了木毕史楚的做法，认为应该用牛羊作牺牲，猪鸡作供品，用鸡骨作卜，用杉柳插枝，不然的话，"父辈能办到，子辈做不到"。这场争论以体毕乍穆获胜而告终，先祖兹敏请他来执祭，"颂（诵）经来超荐，祖灵挂家中"。从此以后，彝人作毕的方法按体毕乍穆的建议来进行。实际上，这是毕摩发展史上主张仪式从重从隆或从约从简的两大学派之间的辩讼，同时也反映了彝族祭祀牺牲、卜筮、仪轨等方面的历史演变。在今天的毕摩仪式活动中，我们依然能看到以对话为言语行为的仪式论辩。

关于民间"克智"论辩活动的由来，于史无考，但凉山流传着种种说法。比如，在"克智"比赛的考问辩诘中双方对手也会设问对答。如果一方问及："克智是哪个先哲创造的？"另一方将会回答："是金沙江对岸的阿尔比日创造的。"阿尔比日确有其人。中央王朝自元代起在川、滇、黔、桂彝区建立的土司制度，一直延续到清代。在这些土官中，以沙马宣抚司、邛部宣抚司、阿都长官司和雷波千万贯土千总为最大，号称凉山"四大土司"。这里提到的雷波千万贯土千总，即今义诺地区雷波县千万贯乡。元明时期，金沙江对岸的彝区以乌蒙[2]宣抚司为最大，其下辖的地区叫大关巡检司（今大关县），而这个司就是彝族阿尔家支的地盘。阿尔比日当时在大关巡检司里任"莫魁"（mopko，总管事）之职，协助土司调解纠纷、处理案件，是土司的左右手，其职事与民间的德古相当。由此可以推论的是，克智论辩活动至迟在元朝兴起高潮，到清初形成了比赛论辩的体系，而阿尔比日可能是当时杰出的论辩手和雄辩家，也有可能对克智论辩程式作过规范，因而人们将这一创造发明权赋予了他。还有的传说认为他还是天下无

---

[1] 贵州民族研究所毕节彝文翻译组：《西南彝志选》，贵州人民出版社，1982年，第202—216页。
[2] 乌蒙宣抚司，即彝人乌蒙部，在今云南昭通地区，彝语称为德卧濮卧。在恒部慕雅卧到第八世恒雅妥之前的八代内，与"濮人"的征战十分频繁，并与滇部落发生接触。第八世恒雅发，又作赫阿通，汉文记作阿统（《蜀中广记》），相当于汉武帝元封年间（前110—前105），势力强盛，创下300年的基业。十一世孙德赫隆，汉文记作乌蒙《蜀中广记》，有兄弟两人，其父爱弟德赫辉，欲传位于辉；辉让位于隆，乃东渡白水，后为扯勒部（今四川境内）。隆世守德卧濮卧，后为乌蒙部。

敌的大论说家。而据云南和贵州的彝文古籍记载，这种基于传统婚丧仪礼的口头竞赛活动起源于彝族父系始祖阿普笃慕[1]时代的歌场制度，距今至少有2000多年的历史。[2]

口头论辩的勃兴、传承与长久不衰，与彝人的民俗生活与社会生活有着直接关联。彝族的婚丧嫁娶习俗及其仪礼活动是由一整套相互衔接、相互配合的仪式、习俗、观念、信仰构成的体系，与以血缘为基础的家支社会结构是分不开的。彝族是山地民族，由于耕地、水源、牧场以及山地的地形地貌的限制，人们一般散居在山半坡上。村落规模不大，大多二三十户人家，小的村落由三四户、四五户人家构成。平日为高山深壑所阻隔，人际交流并不频繁。而忙于劳作的人们，相互的往来一般以家支仪式活动为契机，尤其是像婚丧嫁娶这样的民俗生活仪式颇受人们重视，只要得知亲友家中有丧事或喜事，不论多远人们都会跋山涉水前往参加。

> 云朵汇集在山头上，白雾汇集在山谷里，风暴汇集在山梁上，雨水汇集在吉觉火哈，河流汇集在大河的尽头……老虎汇集在石沟里，骏马汇集在金曲拉达，五谷汇集在安宁河畔，羊群汇集在黑果洛莫，耕牛汇集在阿嘎迪拖，你我两亲家汇集在姑娘的婚礼上。

——《克智·说相聚》[3]

这样，民俗仪礼活动通过特定的时间和空间聚合起一定范围的社群。仪式的参与者按血缘、亲缘、地缘等关系都会出现在这样的社会公共生活里。仪式使人与人、个人与群体、群体与群体之间发生互动，就像黏合剂把人们连在一起，成为社会聚合、人际交往的重要场合。在仪式上，人们为了共同的目的同悲欢，共唏嘘，一起舞蹈，一起歌唱，一起祝福，一起祈祷，相互表达良好的祝愿，吐露心曲，交流感情，分享信息，增进相互的认同，加强团结与和睦。仪式生活成为人们之间的亲合力，从而在彝族山民的

---

[1] 阿普笃慕，凉山彝语称之为"居姆吾吾"，在史诗"勒俄"中也有详细记载。
[2] 巴莫曲布嫫：《鹰灵与诗魂——彝族古代经籍诗学研究》，社会科学文献出版社，2000年，第260—290页。
[3] 文中引述的"克智"辞赋，主要有以下的文本来源：(1) 阿鲁斯基、阿鲁金乐：《彝族"克哲"翻译》(上、下)，自印本；(2) 美姑县民间文学三套集成资料（油印本）；(3) 凉山州文化局编印《克智》(油印本）；(4) 曲莫伊诺口头演述资料与"克智"辞赋写本（勒格扬日初译，笔者审定）；(5) 已故彝族青年学者吉觉王铁生前提供给笔者的相关资料；(6) 美姑县语委搜集整理的《克智》彝文资料。有关"克智"的研究则主要参考了马拉嘎、阿委、王昌富等学者的论文。在此向以上的机构和个人致以由衷的谢意。

社会中起着社会交往和族群凝聚的作用。克智论辩正是在这种浓厚的民俗生活氛围中产生的，成为彝族社会公共生活的一个显著特征。

以美姑为中心的义诺彝区，民间社会对克智这种论辩活动及其语言艺术一直保持着浓厚的兴趣。长期以来，克智论辩也得到人们普遍的喜爱与高度重视。克智论辩的进行方式是由参赛的双方临场说唱即兴创编的诗歌或辞赋，互相辩驳、褒贬，盘古论今，引经据典，颂唱史诗，以能够达到"穷百家之词，困众人之辩"者为胜。通常整个"克智"活动气氛活跃而紧张，双方的较量犹如龙争虎斗，扣人心弦，引人入胜，听众云集，给仪式活动增添了热烈的民俗氛围。正如克智能手往往在比赛开始之际都要说的一段静场说白，生动地道出了民众对传统口头语言艺术的热爱之情：

> 头发灰白的老人，鬓发长长的老人，前额宽似晒坝的老人，耳垂大如竹筛的老人，耳圈粗若手指的老人，腰佩麂皮肚兜的老人，手握白玉烟杆的老人，请你们上方端坐。头绾英雄髻的长者，鬓发黑黑的长者，头帕能遮荫的长者，额宽能耕七头牛的长者，大裤脚拖地的长者，宽袖口迎风飘的长者，穿着白袜子的长者，请你们安坐。鬓发九拃长的壮年，手臂九抱粗的壮年，腿脚似小船的壮年，请你们安坐在下方。
>
> 发辫粗又粗的妇女，头帕展鹰翅的妇女，披毡蓝悠悠的妇女，彩裙飘曳曳的妇女，衣袖赛花簇的妇女，身材修长的妇女，牙齿雪白的妇女，手掌簸箕大的妇女，手指九庹长的妇女，眼珠似酒杯的妇女，眼窝似明月的妇女，睫毛黑又翘的妇女，脖颈细又长的妇女，美丽贤惠的妇女，请你们安坐。
>
> 迎接客人似锦鸡奔走的年轻人，能言会道似云雀欢歌的年轻人，传盏敬酒似蜜蜂穿梭的年轻人，举刀剐肉似冰雹溅落的年轻人，前后照应似骏马奋蹄的年轻人，所有忙碌着的年轻人，请不要高声喧哗，请不要叽叽喳喳。
>
> 天欲放晴阳光出，河要涨水泛浪花，春天来临雏鸟唱，我们来说克智先道两句静场白。
>
> ——《克智·莫嚷》

在彝族本土社会，"克智"作为口头论辩活动，既是一种言语行为、一种对话艺术，也是人们讲述传统、探求知识、明辨事理、叙述历史的一种口头交流和传播方式。这是

"克智"论辩既有别于演说、日常谈话等言语行为,也有别于"阿普布德"(apubbudde,神话、传说、故事)、"呀嗬"(yithxo,歌谣)等其他口头文论的显著特征所在。

如果没有不同思想观点之间的对抗,就不能产生论辩。在实际的论辩过程中,论辩者双方都要确立自己的主张,并促使对方和听众承认并接受自己的观点,方能获得论辩的胜利。这就要求"克智"能手不仅要提出充分的论据、理由证明自己的观点,并尽力使之完美、无懈可击,而且要就对方的认识、话题做出及时回应,给予破击,以确立己方论点。击中对方要害、破斥"斯确"(syquop,论友)[1]的主张是论辩的核心所在,直接关系到论辩的胜负。因此,"克智"作为诺苏彝族的口头论辩,与我国古代的"辩",与古希腊人对"论辩"的理解及今人所论及的辩论或论辩,是大致相当的。但是,由于"克智"始终植根于山地社会,"克智沃布苏"(kenre obbusu,论辩手)始终来自民间,"克智"论辩活动始终与彝族山民们的仪式生活融为一体,这种极富民族特性与地方色彩的口头艺术,就有其深厚的文化土壤与鲜活生动的民俗情境。尤其是,其中的史诗演述攸关论辩竞赛的胜负,由此更张扬出彝族口头论辩的传统风格与民族形式。

二、"格比"和"玛子":即兴辞辩与史诗演述

"克智"作为诺苏彝族文化传统中的言语艺术综合体,涵括了众多的口头文类样式与传统表达方式,迄今尚未在学界得到充分的认识和深入的研究。就笔者读到的四五篇专题论文而言,也反映出人们对"克智"一词的界说,对论辩文学传统的认识,以及对口头艺术的理解都流于现象的表层,而不深究过程与细节,更无本质性的学理阐发。大家往往以一般民间诗歌的评价尺度来框定这一特殊的口头竞赛活动,在"克智"的语言艺术与表现手法方面虽有一定的见地,但缺乏符合民间论辩表演程式的细描与分析,对口头对话艺术及其言语行为的民俗学阐释尚未展开。尤其是将"克智"辞辩与史诗传承截然分开来对待,成为一种普遍的观照态度。同时,也有学者在研究"克智"文学的过程中提到了凉山彝族两大文学传承,即史诗"勒俄"与训喻诗歌"玛木",但一则没有将口头论说与史诗演述视作一个连续性的口头文学过程来加以同步的研究,二则将"克

---

[1] 辩友,有的译为"话友""论友",彝语为 syquo,直译为"论说的伙伴"。此外,两个论辩人相互还以"木嘎""木基"相称,"木嘎"直译为"第二大的星星","木基"则是"小星星"。彝族常常称能人、英雄为"木嘎",因此在克智比赛中,主方为尊敬客方并表示谦让,就称对手为"几西木嘎协"("亲家那边的木嘎",与"火塘上方的辩友"换用),而客方则称主方为"几西木基协"("亲家那边的木基",与"火塘下方的辩友"换用)。

智"活动中的"勒俄"演述视为一种基于史诗文本的"背诵"或"复述"。这两种取向，无疑都忽略了史诗活形态的口头表演特征，也抹杀了史诗传承人在口头演述过程中的主体能动性。本文无意对以上研究进行具体的概括与评价，这里仅根据田野研究的工作方向，来具体探讨嵌入"克智"口头论辩活动中的史诗演述流程及其叙事原则和口头演述特征。

在以美姑为中心的义诺地区，"克智"论辩活动一直按照当地的表演规范传承在民间的婚丧嫁娶活动中。不论是婚礼、葬礼还是送灵大典，"克智"论辩都有相对稳定的论辩原则、论辩技巧和论辩程式，以及胜负评判的民间规约。在进入表演传统的阐述之前，我们结合史诗演述场域的不同，先将美姑地区口头论辩的基本表演程式作一简明扼要的图示（见图1）：

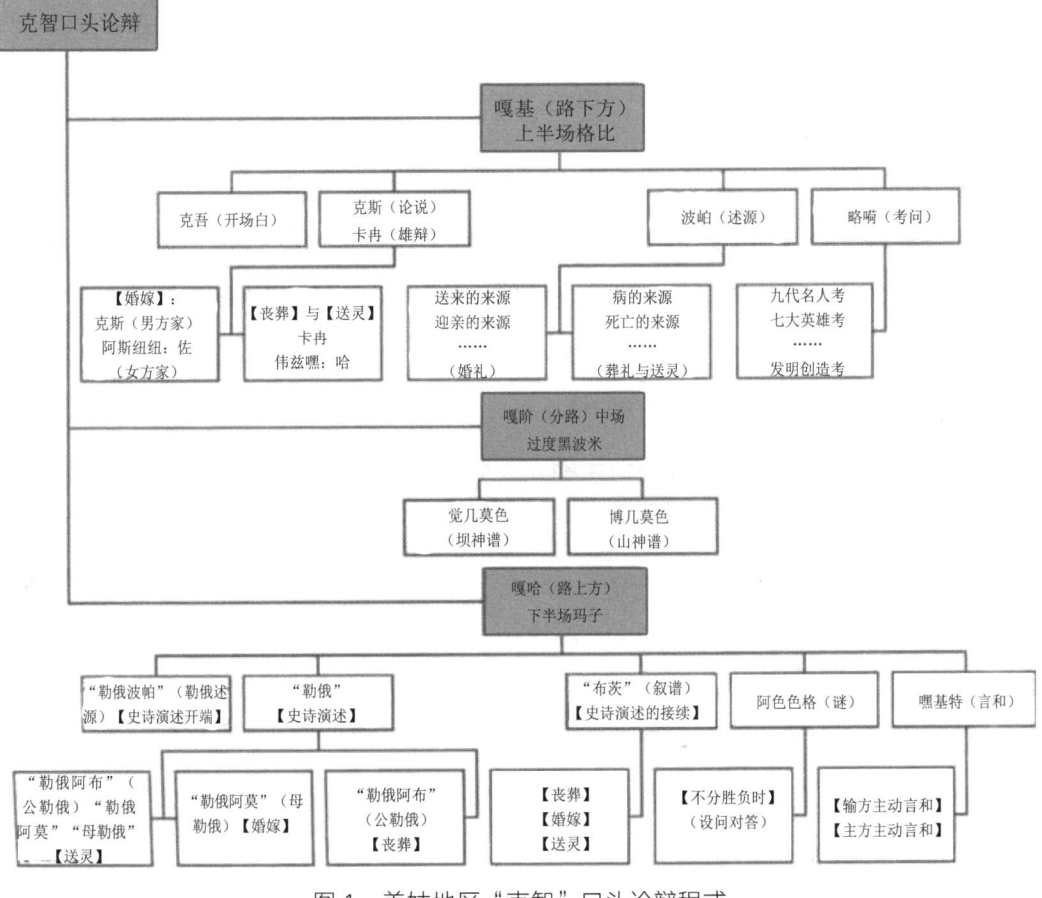

图1 美姑地区"克智"口头论辩程式

这里先对这一图示作如下说明：（1）由于"克智"论辩在大小凉山的三大次方言

区（义诺、圣乍和所底）都有基本相似的民俗传承表现，其中"义诺"地区最为盛行。但各地的方言有较大的差异，论辩程式也有程度不同的地方性色彩，这里的图示仅以笔者在美姑的田野观察为述例。(2)从这一图示可见，"克智"论辩活动由上下两场组成，上半场彝语称为"嘎基"（ggajjyx，路下方），为即兴辞辩比赛；后半场则称为"嘎哈"（ggahxat，路上方），即史诗演述比赛；两个半场之间有一个小回合，称为"嘎阶"（ggajjie，分路），嵌入"黑波米"（hxepbbomit，去看呀）以完成中场过渡。(3)这个图示只是一般意义上的"克智"比赛程式，我们称之为口头论辩的"常式"；针对不同的仪式、仪礼背景与具体的表演情境，比赛过程还会出现内容不同、细节不同、论辩人角色不同的即场变化，我们称之为口头论辩的"变式"。作为田野研究的观察者，在面对具体表演事件时，必须在"变"与"不变"之间悉心关注史诗演述的即场变化，这主要取决于对"演述场域"的把握和确定[1]。

（一）"嘎基"和"嘎哈"：路下方与路上方

"嘎基"（ggajjyx）与"嘎哈"（ggahxat），直译为"路下方"和"路上方"，在义诺彝区是一种传统的分类方法。例如，毕摩的宗教仪式及其经书就归纳在"嘎基"和"嘎哈"两个基本范畴之中，用之于论辩活动则可理解为"上半场"与"下半场"，"中场"过渡则称为"嘎阶"（ggajjie，分路）。克智论辩者在自己的辩说词中，将"路下方"的即兴辞辩与"路上方"史诗演述，或比作一棵大树上的"树叶"与"枝干"，或比作一条江河中的水滴与主脉。"我方重视的是点滴，点滴才能汇江河。"也就是说只有涓水成河，才能进入激扬飞溅、汹涌而来的史诗演述大潮。正所谓"大房的下面，我和话友同口径，语翼却在转弯子。半夜以前呢，辩辞宛如木屑碎石飞；半夜以后呢，诗语恰似滔滔大江流"。对克智比赛中的辩手而言，"路下方"是通往"路上方"的必经之路，只有顺利赢取了"路下方"的比赛，辩手才能进入"路上方"以决出最终的胜负。这是问题的一个方面。另一方面，"路下方"与"路上方"在论辩方式与话语关系等方面也是有区别的，这是我们考察史诗演述为何长期"栖踪"于"克智"论辩活动的一个关键。

……在座的无数青年，不会有哪个闲坐：要么品尝美酒，要么倾心聆听；
要么叙说历史，要么赛说"克智"。这里比"克智"的人，没有哪个在说空话：

---

[1] 巴莫曲布嫫：《叙事语境与演述场域：以诺苏彝族的口头论辩和史诗演述为例》，《文学评论》2004年第1期。

前半夜颂诗论理，像走不完的山路；后半夜讲述"勒俄"，像不停的滚石。

这段诗体辩词出自"克智"论辩中的赛说，以"走不完的山路"与"不停的滚石"形象地说明了论辩过程中上下两场之间的连续性。其间以中场过渡"黑波米"（hxebbomix，去看呀）为嘎阶（ggajjie，分路）的分界点，由此引出论辩过程的转折。进入史诗演述后，双方的对话方式与话语关系也随之出现截然不同的言语行为。用本土的口头语汇来进行表述的话，"嘎基"（路下方）总括为"格比"（ggebi）——即兴辞辩；"嘎哈"（路上方）总括为"玛子"（mazyt）——史诗演述。正如"克智"论辩手曲莫伊诺在下半场开场时的一段辞辩所说：

> 会讲的就讲，会唱的就唱，爱听的就听。老人不传授，中年少见识，青年如蒙童。不调节纠纷成不了德古，不舞刀弄剑成不了英雄，不擅长格比玛子成不了克智阿莫。[1]

显而易见，"路下方"与"路上方"之别，也就是"格比"（即兴辞辩）与"玛子"（史诗演述）之分。虽说都是特定时空范围内的一次性口头竞赛活动及其事件序列的连续迭出，但其间的口头表演从内容到形式都出现了不同的反差："路下方"部分的比赛主要通过即兴发挥的论说、辩议来完成，而"路上方"部分则主要是基于史诗叙事的即场演述。因而，对"克智"的论辩原则、要求、技巧和方法等问题的探讨，关乎史诗演述的具体流程。

为总括口头论辩的整体风貌，以彰明史诗演述的口头情境与叙事特征，下文我们根据此行田野调查的多次实地观察，以"嘎阶"（中场过渡）为界，通过分述嘎基（路下方）与嘎哈（路上方）两个赛段之间的言语行为表现和论辩双方的话语风格，在两相比较中讨论"格比"（即兴辞辩）与"玛子"（史诗演述）之间的区别与联系。这是我们正确理解史诗演述之所以嵌入口头论辩的一个重要角度。

（二）"格比"：即兴辞辩

从论辩方式上看，彝人将论辩的"路下方"（上半场）概括为"格比"。"格比"既

---

[1] "阿莫"在这里意味"大"，"克智阿莫"即大辩论家。

是一种论辩方法，也是一种修辞手段，采用这种修辞辞格，或通过这种论辩方法产生的口头辞赋，同时也被人们视为一种地方口头文类。其论说程式由"克吾"（kevu，开场白）→克斯（kesyp，论说）/卡冉（Katssat，雄辩）→波帕（bbopat，入题述源）→略嗬之（nyohxo nzyr，设问辩诘）四个环节构成。论辩者会根据不同的表演情境，分别在不同场域采取说/唱两种方式来驾驭各自掌握的口头文类与传统曲库，因而是克斯（论理说明）、波帕（述源释原）、尔比尔吉（lubytluji，谚语格言）、玛木（hmatmu，训喻诗歌）、略嗬（nyohxo，设问辩诘），乃至阿色色格（apsytsytgie，猜谜）等口头样式的即场发挥与综合运用。论辩者除遵循一定的论说程式外，还要善于运用彝族传统的口头表述方式与修辞技巧，有时说理，有时反诘，有时相讥，风格恣肆，语言犀利。因此，论辩的技巧和方法成为辩论中取胜的要诀。通观上半场的论辩过程，可以见出双方往往通过论与说、辩与议、释与原等方法，充分发挥自己的口头论辩技巧，扬己之长，克彼之短，确立自己的主张，破击论友的观点，以达到取胜的目的。以下我们按这四个论辩程式进行分述：

克斯卡冉：论说与雄辩。"克斯"kesyp，直译为"论与说"，ke 意为口、嘴；syp 为说、谈论、传述。"论说要有章节，像山边云雾整齐，像河水有起有伏，像悬崖层层叠叠。"（克智辩论词）也就是说，在说理时，要有条有理，娓娓道来，逐层推进；论则重论理、剖析，说则重说明、申释。而"卡冉"直译为"雄辩"，"卡"kat 是 ke 口的音变，"冉"ssat 意为"嚷"，高谈阔论也，在说理时体现为以激烈的言辞、跳跃的节奏和高亢的声调进行辩论，甚至可以加上身体、姿态的剧烈动作。"克斯"与"卡冉"是两种约定俗成的论辩方式，二者之间的区别主要取决于仪式语境，前者用于婚礼，论辩者必须坐下来以文雅、稳重的姿态与对方较量；后者用于丧葬和送灵，雄辩者随着辩论的白热化可以采取站或坐的姿势进行论辩，甚至走动几步，跳跃几下，或加上夸张的手势、动作和表情也不算违规，总之是以气势压服对方。所谓"克斯哈举"（kesy hxajju）、"克格哈查"（keggie hxaxcie）都指的是论说时的伶牙俐齿，口角生风、口若悬河。论是论断事理，而说却有不同，用口舌以说动人，令人心悦诚服，说明性、解说性较强，同时调动敏捷的文思来加强语言的动听效果，使自己的陈述富有说服力。因此，当辩论人采取"克格"（耍嘴皮、谐趣语）、"克依"（说大话、夸张）等语言技巧时就有不少绚烂、耸人听闻的言辞。

克智辩论中的论说部分，除了对事物认知的程度、辩论技巧和方法的运用等多种要素而外，还往往采用高度的夸张、形象的比喻、生动的拟人、连续的排比等语言修辞手段，说理之外，也兼具抒情色彩。例如，"比"作为一种论辩方法，不仅能表现辩论者的机智，而且能起到启悟的作用，给论友及听众以更加深刻的印象。因此，譬喻称物、摹略万物、类取比附在论说中经常出现："克智矛杆似森林，克智矛头似星星，克智盾牌似岩石。""绵延的山梁，再长有尽头，克智没尽头；长长的山谷，再长有尽头，克智无止境。""不知东西方，察看日与月；不知南和北，细看雁儿飞；不识亲和戚，详看姑娘走哪家。""比"的逻辑论证性不强，却是提高说服力的重要论辩手段。再如，反复使用排比，也是推进论说的一个手段：

> 山上白雪有多厚？派了三只狐狸去探测，三只狐狸回来说，积雪并不厚，还看得见兔子的脚印；山前河水有多深？派去三只水獭去探测，三只水獭回来说，河水并不深，还淹不过獭的脊梁骨；天空雷神有多凶？派了支格阿鲁去探测，支格阿鲁回来说，雷公并不凶，雷公最怕的是铜铁；天空星星有多亮？派了月亮去探测，月亮回来说，星星并不亮，星星眨眼忽隐忽现；约而乃阿牧场有多少头羊？派去三只老虎去探测，老虎回来说，羊儿并不多，一只虎也能破羊群；玛史居列竹林有多少根竹子？派去三头黑熊去探测，黑熊回来说，竹子并不多，熊搬竹笋都不够吃；辩友有几多知识？派去三首克智去探测，三首克智回来说，辩友知识并不多，一首克智他都难回答。

这段辩辞充分体现了"格比"的风格，连用了七个排比段，使论说一环扣一环，层层深入，逐次加码，反复强调，行云流水，气势雄浑，流畅自如，以音节的和谐和句式结构的整饬，容易引起人们的联想，既能打动听众，也能压制对手，具有民间口头话语的言谈色彩。

克博：辩与议。"克博"kebot 即辩驳、质疑。辩即辩论、辩驳；议即驳议、辩论。辩议合契，重在见解深刻，既要合乎道理、事理，也要合乎义理、情理，以达到言之有物、以理服人的辩胜目的。正所谓"草木千万种，有根才发芽；言语千万句，有理才能辩"。辩论既要变化多端，又要把道理讲得完满通达。所谓"克博哈险"（kebot hxaxxie）、"克博哈里"（kebot hxalyt）都指的是论辩交锋、舌剑唇枪，强调相互辩诘、辩难质疑。辩与议的目的都是教给人们以基本道理，因此，在论辩中，双方赛手为论证自己的主张或观点，常引经据典，借古义以明理，援用先贤之言、祖训遗范，强调品德、情操、行为等方面的修养和提高，为其立论推类辨物，夹叙夹议，明辨对错，其间曲折抑扬，与论说互为表里。实质上论辩中的训谕言论，是彝人数千年来汰选而得的生产生活经验的总结，认识自然、认识社会的心灵结晶和哲思集粹，言迩近而义深远，通常援引《玛木》（训谕诗歌）和《尔比》（谚语）。主客双方皆善于在说理和辩论的同时，"以近论远，以小论大"，通过剖析事理，以浅显易懂的道理来说明自己的论辩主张，其说理的明晰和深刻寓于对一般事物的普遍规律的高度概括和总结之中：

主方——

火塘上方的亲家辩友：为何这般言？忠言三年铭记于脑海，恶言三年臭味熏心底。赖账会伤人，赖理会害人……晒坝有坑伤扫帚，扫帚粗蛮吓飞那粮粒；人狠便绝宗，狗猛便短命；恶言不过夜，善言行千里……骏马能否慢慢骑？

贤能的亲家木嘎：依我想，我俩应像一对竹蝗并着跳，跳进草林去遨游；应像一对蝴蝶并着飞，飞进山野去采蜜；应像一对猛虎并着奔，去分享惹夫峨吉地的绵羊；应像一对老鹰并着翔，去分享阿依子觉地的崖鸡，我俩应像高山杉木并着长……

贤能的辩友：愿你不是迷路的大雁飞进那云层，愿你不是迷路的鱼儿游进那石缝，愿你不是迷路的羔羊自投那虎口，愿你不是迷路的雏鹰落下那悬崖……

客方——

火塘下方的亲家辩友：依我想，马驹奔不上高坡，牛犊耕不开地埂，少年作不出长诗，这不知是与否？……有人手握斧子自劈脚，有人手握镰刀自割手。有人好似黑乌鸦，落在树梢观全景；有人好似癞蛤蟆，蹲在池里思万千……

火塘下方的亲家木基：荨麻蓑衣越披越刺人，沃则呵曲山的冰棱越晒越见小，狗熊苦胆越吃越苦心，那可怎么办？尺库山脚下的姑娘一人一口弦，一样拨动奏法却不一；瓦岗所舍地的少年一人一竹笛，一样吹奏调子却不一；加子依达地的姑娘一人一红裙，一样身穿美丑却不一；贡哈所克地的武士一人一把剑，一样佩带使法却不一。

贤能的辩友：愿君莫要拉扯黄蛇的舌头，愿君莫要抚弄猛虎的胡须，愿你莫要无弓去打熊，愿你莫要无粮去跋涉……

这段论辩的主旨是在论述双方应当采取的辩论方式，较量中双方各执己见，分毫不让，相互贬抑，不甘示弱。尤其是客方为驳斥对方，言辞犀利，扼要简明地引用了"尔比"之后，用了一个设问转折"那可怎么办"为发抒己见敞开了广阔的议论天地。下文则有叙有议，采取排比引证进行推理，针对对方提出的"一对"（实则强调双方并进），紧紧围绕"不一"（坚持不同意见）二字发挥，就如同劈柴一样，能够顺着纹理下斧头，使之顺理成章，一语破的。其间揣情度理，有驳有论，气势纵横，顿挫有节。

波帕：释原。"波帕"（bbopat）即述源。进入这个阶段后，论辩风格开始有了张弛间的变化，走向舒缓、迂回。凡以"波帕"开头的论说，大都根据一个起源问题，做简明扼要的推原，重在叙述事物的来源，通幽发微，释决有关婚丧嫁娶、文化传统、发明创造的疑难。正所谓"溯原于本始，致用于当今"，因而也要求论辩者"贤明人乃知识广，知识广而言谈深"。述源进入口头论辩，也在一定程度上反映了彝人对于知识的重视，也反映了论辩能手作为彝族社会的智者，他们也在通过自己对事物发生、发展规律的认识和求解，在仪式上给人们以符合"逻辑"的解释。这个"逻辑"就是人们能够理解、认同、信服的"述源"，即叙述事物的起源。由于波帕述源大都涉及起源问题，所以这个环节的论辩包容着许多神话和传说。

述源与仪式背景有着密切的关联，论辩双方都必须根据仪式场合的不同来选择述源的论题，并按主方与客方来进行分述。一般婚嫁场合大多要叙述有关婚姻制度、婚嫁礼仪、姻亲关系的来龙去脉，也要涉及诸如新娘的头盖、胸佩等物品的来源。丧葬仪式上则以叙述疾病与死亡的由来为主，还要叙述"马的起源"（给亡灵归祖的乘骑）、"牛的起源"（祭祀亡灵的牺牲，聚餐的牺牲）等。而送灵仪式则以叙述措毕（送灵）大典的由来为主，还要叙述铠甲、剑、矛等古代武器（与为亡灵归祖开路有关）的来源，还有"水的起源"（给祖灵献水）等。也就是说，有一些特定的述源问题必须依循仪式的传统，不能混淆仪式之间的界限，而这种界限是民间约定俗成的"节威"（规矩），比如"马的起源"和"牛的起源"就不能在婚礼上说；除此之外，大部分的述源问题是各种仪礼活动都可以涉及的。[1]

略嗬之：考问。"略嗬"（nyohxo）直译为"对答"，"之"（nzy）意为"考"。论辩双方采取主客设问对答的方式，考量彼此的传统文化知识，如一方的回答出现了某种疑问或疑惑，另一方可以提出质疑，并进行辩难与诘问，如若对方理屈词穷则败。如本文跟访的史诗演述人曲莫伊诺所颂的"九代名人考"：

> 九代建大房的，是玛卡哈诺的约嘎格达家；九代驰名马的，是金曲拉达的格鲁机几家；九代作德古者，是格峨勒武的果哈石格家；九代养百牛者，是纳策拉达的拉格洛洛家；九代收百石荞者，是色牧布约的舍图嘎嘎家；九代牧百双绵羊者，是诺古拉达的杜夫拉铁家；九代放百双山羊者，是木兹旁边的阿尼几黑家；九代出兵征战者，是阿孜依觉的达莫尔铁家；九代穿锦鸡毛蓑衣者，是大街下方的瓦则比尼家；九代驯老虎者，是义史伟洛的依合果果家；九代驯狗熊者，是特子山下的迪子惹依家；九代驯养大象者，是施合地区的苗子苗瑶；九代收百石包谷的，是三河依达的萨史乌铁家……

这个环节的论辩往往都借一问一答的形式来推进相互间的论辩，其间的设问论题都是民间普遍知晓的历史知识、人文传统，涉及面非常广，有的问历史人物，有的问历史事件，有的问名山名水，有的问名产名物……比如"九代名人考""七大英雄考""出生地考""发明创造考"等等。"略嗬之"要求提问者要言简意赅，对答者要反应敏捷。原则上双方都不作展开议论，大有短兵相接、速战速决的意味。

（三）"玛子"：史诗演述

在诺苏彝族文学传统中，"玛子"（mazyt）是一个特定的术语，学界的理解和阐释一向较为混乱，也在某种程度上造成人们对史诗演述的误读。我们在田野调查中经反复向头人德古、祭司毕摩、"克智"能手、地方学者征询意见，现解释如下："玛子"（mazyt），直译为"竹节"，取义为茎秆有节之竹，本义是指竹干间坚实结节的部分，引申义为节次，即依次、陆续，或程序、规程，其喻指义是关键的环节或时机。正如彝

---

[1] 美姑毕摩文化研究中心的吉尔体日先生搜集的各类"述源"诗歌已近百种（首），除去同题异文者，共计82种。笔者这些年整理、汇集的述源诗歌也有200多种（含川、滇、黔彝文经籍诗歌）。

谚所云："破竹要破竹节，听话要听结尾。"在民间我们还了解到，"克智"论辩进入口头叙述中的"勒俄册古阶"（hnewo cixggujjie，勒俄十九枝）与布茨（谱牒）都叫"玛子"，如若辩者不胜，则于整个竞赛的大关节不利。显然，"玛子"一词用于概括史诗的口头叙事，一是指不能随意更改、擅作的史诗叙事；二是指论辩胜负的节骨眼，关键所在便是史诗演述。因此，也要求辩者要应节而述，将史诗作为一个整体的叙事，而各个"章节"的分述则是由史诗整体分成的"阶"（jjie，枝、枝节）构成，并延伸为史诗叙谱"茨沙"（cytsha，按代叙述）。[1]

通观"克智"论辩，"路下方"的基本程式主要由以上四个环节构成，而"路上方"则以史诗演述为核心，其论辩线索须按"勒俄波帕"（hnewo bbopat，史诗的来源）→"勒俄"（hnewo，史诗演述）→"布茨"（bbucyt，史诗叙谱）三大环节进行。作为论辩比赛的整体性过程，上下两场是紧密相连的，都兼纳了"克智"一词的基本义项，即皆以言语之间的对抗为特征，通过论说、争辩、驳议、诘难、考辨等方式决出最后的输赢。这里，我们从比较的角度来分析和阐释即兴辞辩与史诗演述之间的界分，具体来说，"路下方"与"路上方"至少存在如下一些主要的不同之处。

第一，要求不同。

"路上方"部分的论辩比赛紧紧围绕史诗"勒俄"来展开，因此也就与"路下方"的即兴辞辩有了不同的要求。"玛子"这一特定的口头论辩术语告诉我们，史诗演述强调的是叙事的"此果阿册卓直苏"（cykoapce rrozhisu，原原本本）与"觉波基俄"（jjobbo jjio，原本的述说），我们概括为史诗演述的"原典性"。"原典性"主要表现为论辩话语与思路必须合乎史诗本身的叙事逻辑，按史诗的叙事程式进行推演与表述，这为我们探讨史诗这种神圣性叙事"变"与"不变"提供了一个基本视角。史诗叙事的"原典性"，具有两个层次的含义：一是指作为史诗的口头演述，对民间传承的史诗传统而言必须具有"原典性"，主要是指史诗本事与叙事程式必须符合"勒俄"的传统规定性。二则指在论辩活动中，双方辩者的史诗演述必须符合原典叙事的真确性，即在相互竞赛的过程中如果出现争议，要求双方在辩谬、推演的环节上具有不能辩驳、无法推倒的真确性，以防止擅作或诡辩。可以认为史诗演述的"原典性"准则是我们探讨史诗异文现

---

[1] 彝族学者马尔子在访谈中认为，"玛子"在"克智"论辩的语境中也引申为"言如子弹"，因此，史诗演述在竞赛中出现争论、质疑、辩谬时，辩者的持论要"言如子弹"，才能击中对方要害，此言深中肯綮。

象的一个基本前提，尤其是针对"史诗"这一重大文类来辨考异文现象的话，"原典性"对维系民间叙事传统及其口头表演规程有着强固的约束力。

史诗演述的原典性，是下半场论辩是否具有说服力的一个重要因素，叙事的章法与演述的娴熟，可以增强其论辩的说服力。但是，上下两场的说服力是有区别的。"路下方"辩论中的说服力，除了辩者的论说、驳议、释原等因素外，还包括语言修辞、对事物认知的程度、辩论技巧和方法的运用等多种因素。因此，辩者在调用自己的修辞技巧的同时，其说服不仅可以采取名副其实的证明方法，也可以采用作用于对手与听众意识的其他方法，去影响人们的感情与联想、利害关系等等，如高度的自夸与他贬，只要这些方法能产生心理效果，辩者就非常自信地掌握了对手与听众的心理状态。进入"路上方"之后，辩论中获胜的一方，主要是凭借自己对史诗内容的全面掌握，运用娴熟、流畅的史诗语言，疾徐应节，使自己的叙事行为有据可依，同时发挥自己的口头创编能力，使之在符合史诗叙事法度的前提下，不露任何破绽，不出任何脱节，才能说服对方，也才能最终取得论辩的胜利。

第二，内涵不同。

总的来说，"路下方"部分，双方开展论辩，目的在于区别事物，明辨事理，弄清是非，达到对客观事物的正确认识；"路上方"部分则以史诗演述为主，即依据史诗本事进行叙事，其目的在于为人们唱述史诗，提供一套行之有效的回忆图式并映射人们对史诗传统的"预期视野"。因此，史诗叙述的竞争必须按史诗传统所规定的叙述规则来传达，论辩双方应按史诗本身的叙事结构去建立由一"枝"过渡到另一"枝"的演绎和推导。至于一种具体环节究竟是属于对史诗的正确认识，还是错误认识，演述当中双方都可以予以追究，甚至出现辩论。如果说，"路下方"阶段人们论辩的目的在于"明是非"，在于求得"事实"，在于推论的"合理"；那么"路上方"阶段则主要在于求得映证史诗叙事是否符合史诗传统的"原典性"。因此，双方进入这个阶段以后，论辩活动本身也为人们重温史诗、回忆历史和获得教育，提供了一种途径与氛围。

"路下方"阶段的论辩是各种知识的综合运用与阐扬，涉及的论题和因素很多。除按基本的论说程式来调用特定的传统文类外，论说中还要具体涉及婚丧嫁娶仪礼、道德伦理规范、历史地理知识、社会人际关系、文化发明创造等众多传统领域的问题，大有别天地之行，具天下之物的特点。论辩者享有相当的自由，无须先虑，也无须早谋，发之当发，成言即出，应变不穷，或以辞胜，或以理胜。"路下方"论辩中的许多问题在

"路上方"阶段是不作涉及的,而"路上方"的史诗演述内容有一部分为"路下方"所共用,但采取的方式不同,往往只作为援用历史叙事,或引经据典,只点到为止,不作更多的展开。进入"路上方"阶段之后,基于史诗演述强固的规范性,论辩双方必须围绕史诗本身进行即场演述。因此,史诗的叙事程式也就是这个阶段的论辩程式,双方涉及的内容相对比较固定,叙述性强于论说性,竞赛过程也要显得单纯一些。由于史诗演述不能为个人判断、价值观念、好恶取舍、辩题选择、命题态度等方面的因素所左右,因而论辩双方与听众更关注的是史诗叙事的主线及其史诗各个段落之间的逻辑联系,其叙事演绎的有效性、原典性与娴熟程度是获胜的关键。

第三,话语方式不同。

从论辩的"对话"关系上看,"路下方"阶段主要通过双方轮流的对诤、互相之间的论辩体现为论证与反驳,质问与回答、争辩与反诘等方面,其最佳的接续形式一般是诗行结构尽可能对称,一方的尾白要把论辩的话题从己方引向对方,这样双方交替辩论,就会产生出更加强烈的戏剧化对话效果。此外,各个分段的尾白则常常求其变式,即每段说词的最后一句要有变化,一般无一定式,双方都要善于引出不同的话题,以推进论辩的发展。"路上方"阶段则不同,论辩双方必须根据史诗"公勒俄"的"七枝"或"母勒俄"的"十二枝",按史诗本事的先后顺序"一枝一枝"或"一双一双"地进行比赛。在每一枝结束之际,论辩者往往会以"这是母勒俄的第 × 枝"来作一段比赛的尾白。因此,在彼此的接续过程中,不能加入其他话题,更不能在史诗叙事主线上横生出其他的枝节来。

从对话者的"说话"角度而言,在"路下方"阶段,由于论辩是在双方的直接对话中即兴展开的,常常使用第一人称"我"(有时换用"我们""我们这一家人")和第二人称"你"(有时换用"你们""亲家那一边");在"路上方"阶段的史诗演述中,以上的第一人称、第二人称都不复出现,论辩人双方都隐退到了叙事的背后,也就是说话全依循史诗本事来进行叙述,或用史诗人物的口吻来进行分述,比如石尔俄特与兹尼史瑟两人的长篇对话。也就是说,论辩实际场景中乃至现实生活中的人物关系一概不能进入史诗叙事中,论辩人必须保持严格的叙事界限。实际上,这个阶段的对话关系已经发生转变,双方的叙事角度基本趋于同一,也就是以史诗演述人置身于外的角度进入叙事。这种话语关系的转变受制于史诗演述的语境,也是史诗叙事情境化的直接产物。

第四,辞辩形式不同。

"路下方"阶段的论说常常使用大量的"格比"来进行辩论的推演,因此,上半场的论辩活动往往又被视为"格比"。仅从论辩方法与辩辞形式上看,"格比"实际上是一种基于论辩推理而采纳的连珠体辞辩,往往为彝人所喜闻乐见。在论辩活动的具体开展过程中,双方的进言方式对于以辞胜为特点的对诤而言,"格比"的辞辩效果起着极为重要的推进作用。"格比"有两段、三段,乃至四段,至十数段,甚或数十段论式,有的"克智"能手往往能够一连使用"格比"进行长达几个小时的论说与推理。各种论式中,又各有简单与复杂的区别,但总体上在进行推演时又无一定式。例如《克智·说能人》:

> 亲家木嘎哪,木嘎有三种,名叫木嘎的不都是木嘎。有手臂细如竹笋的木嘎,有腿脚细如树枝的木嘎,有英雄髻细如草茎的木嘎;有眼睛大如木碗的木嘎,有耳朵大如竹盘的木嘎,有舌头像豪猪刺的木嘎;有人前应酬自如的木嘎,有赛马场上骑技超群的木嘎,有手舞刀矛冲锋杀敌的木嘎;有从不弯腰谄媚的木嘎,有见了朋友热忱关怀的木嘎,有见了仇敌从不手软的木嘎;有随身带着九背篼诗歌的木嘎,有说"克智"滔滔不绝的木嘎,有说"勒俄"流利酣畅的木嘎。今晚当着大家的面,不说几段"克智"的,也能叫他木嘎?

这一论式包含前提与结论两个部分,是一种类比性质的七段连珠。第一段是论题的提出,由此推演出五个排比段,以辞句的连续,如珠结排的逐层推演,最后推出第七段,即为本连珠的总结论。这种推理论式,往往综合了演绎、归纳、类比等方法于一体,展现了"格比"的文采风貌,体现了"克智"论辩的逻辑性结构。

"路上方"阶段的史诗演述以双方"证明"各自的史诗叙事艺术水平为辞辩竞赛的外在形式。所谓证明,指彼此的史诗演述能证明辩者的史诗知识、叙事能力与语言技巧,其前提必须要合乎史诗传统的原典性,因为史诗本事已先于演述结果而存在,并为听众所熟悉。要达到对史诗传统的正确演述,论辩者应当依据史诗本事之所然和所以然,而不能离开"史诗的根谱"而擅作、妄说。在论辩过程中,双方必须依据史诗本事与仪式场合的类属关系(婚礼、葬礼、送灵),按史诗章节的顺序进行,不能模糊"黑勒俄"与"白勒俄"的界限,否则就要产生悖谬和混乱。因此这个阶段的论辩形式,首先体现为单纯的史诗叙事,双方要善于抓住叙事的主线,也就是史诗的本事,不能舍本而理末,更不能本末倒置。力求脉络清晰,以枝带叶,叙事饱满,语言生动,否则难逃对方的挑剔与听众的哗然。然而，这个阶段也是论辩过程的一个有效阶段，也同样具有竞争机制，也同样会出现对诤。主要体现为史诗演述中双方展开的辩谬，此方在考察和审度彼方某一"枝"的史诗演述的基础上，对其叙事中的谬误和缺点进行及时破击，双方也可展开具体的辩论。在判断谬误、错置、遗漏、删减的标准上，听众一般都主张视双方的叙事演绎得当与否，故事性完整与否，"原典性"程度把握得如何，总的说来要以是否与史诗本事相符为断。

第五，胜负判断不同。

辩论是以对话双方的胜负为终结的，没有胜负也就不存在论辩。"路上方"的史诗演述也同样有胜负之别，这与"路下方"判定辩论胜负的标准通常是不一样的。它不仅与听众所能接受的史诗观念、叙事规程紧密相联，而且与辩论者在辩论中的表现，如演述方法的得当，语言的灵活运用，对史诗的认知程度等密切相关。不过，不论依凭何种标准，对最终辩论的胜负判定，都要落到听众的评判与大多数人的观点上来。

一般来说，如果双方水平悬殊较大，在"路下方"的论说阶段就可能淘汰出负方。在此阶段以能炫耀自己、抬高自己、贬低对方，并使对方陷入自相矛盾、理屈词穷者为胜。如若双方均是高水平，在上半场就会出现不相上下的局面。进入"路上方"的史诗演述阶段后方可定输赢。在下半场必须以史诗演述为论辩的主要内容，词忌枝碎，能洋洋洒洒、酣畅淋漓、声情并茂地进行演述，没有错漏，同时也能对答如流、辨出对方谬误与跌失者为胜，否则断续不接、凌乱芜蔓，或擅作妄说、对答不上，或答非所问的词穷者（hxapgo apssop）为负。通常，在论辩活动即将结束的阶段，双方相互敬酒，输方或主方赛手诵说一些谦和之词，彝语称为"嘿基特"（hxipjjite 言和），表示来日方长，后会有期，有握手言和的意味。

需要强调指出的是，义诺彝区长期以来论辩之风盛行，克智活动的实际开展都是基于传统的婚丧嫁娶仪礼活动的需要而出发的。而"路下方"与"路上方"之分，一则与具体辩论过程的推进相关，二则与考量论辩者的知识构成相关，三则与传统社区通过仪式活动进行文化认同、历史教育、知识传播，以及促进家支与家支之间、人与人之间的互动交流相关。实际上，将史诗演述纳入口头论辩，也是彝族民间根据对历代传承的论辩经验，对各种实际论辩的反思和总结，对各种论辩程式做出的规范。由于婚丧嫁娶活动一般持续两到三天，而口头论辩比赛通过对话的时间与空间，成为沟通人际交流、活跃仪式气氛、传播知识礼仪的重要方式，其间史诗作为宏长的口头叙事，往往都是深夜时分开始，这是吸引仪式参与者坐夜倾听、观看表演，甚或积极投入的一种磁力场。因此，"路下方"的激烈论辩作为铺垫与渲染，对"路上方"的史诗演述有着直接的引发和推力作用。

三、论辩能手与史诗演述人

诺苏彝区的史诗演述与口头论辩活动始终是融为一体的，始终是在主方与客方的对话关系中进行的，史诗"勒俄"的音声传达，不是高坡上行吟诗人的自我独白，更不是山风中飘来的一阵咏叹，用史诗演述人曲莫伊诺的话来讲，"勒俄"从来不是一个人的"之波嘿"（zzytbbohxip，独说）。脱离"克智"论辩去讨论史诗的口头传播，无疑就割裂了史诗传统与其文化生态的内在关联。正是义诺彝区的"克智"论辩活动———一种建立在对话关系中的口头艺术表演形式——使我们在美姑的田野研究中得以对"克智沃布苏"（kenre obbusu，口头论辩能手）和"勒俄沃布苏"（hnew oobbusu，史诗演述人）进行同步的实际观察，并建立了进一步的追踪线索，基本实现了这次史诗田野的预设目标：从一位演述人的发现去关注一个演述群体的存在；既将田野跟访的史诗演述人视为一位独立的表演主体来进行重点观察。同时，也从他与他所属的那个史诗演述人群体的关系中来加以考察。换言之，我们通过重点跟访曲莫伊诺这位优秀的史诗演述人及其参与的口头论辩比赛活动，发现了史诗演述人这一特定的传承人群体。而对他们各自的观察和初步的访谈，也逐步深化了我们对史诗传承人群体及其内部的互动、史诗演述者个人的表演能力、创造性潜能，以及对史诗演述的"变"与"不变"，乃至史诗异文等方面的认识和理解。

（一）"克智沃布苏"：口头论辩能手

在义诺彝区，几乎各村落、各家支都有自己出色的"克智"能手。凡遇婚丧大事和送灵活动，人们便选派声誉最高的"克智沃布苏"（kenre obbusu）出面应战。作为赛手，论辩人各自代表着姻亲双方，有一种特殊的使命感和责任感。"克智"论辩作为竞赛，往往以对抗为前提，以立破为核心，以胜负为终结。虽然论辩比赛通常是作为两个具体主体之间的一种直接对话，辩者的言语行为与表演技能却往往关乎到家支与家支之间的社会互动，关乎到家支的荣誉、家支力量的显示，成为彝人自古相尚的社会风气，而论辩之风也与彝人历来崇尚知识和传统，重视声名与威荣，敬仰贤哲与智者等社会文化心理紧密相关。

论辩是一种独特的言语交际方式。因此，基于这种对话的艺术的史诗演述就有其特定的表演形式。赛手的素质、修养、机智、幽默、知识、仪表、风度、技巧等，也在每一次口头论辩的回合中经受众人的检验和评判，胜者或潜在的胜者往往可以收到立言功成、声名远扬的社会效应。因而论辩成为彝族男子获取美名与殊荣，立身正名于社会的利机。实际上，口头论辩蔚成风气，也与彝人传统中崇尚家支的威荣（onyit bbuuop luow）与追求个人声名（hmindit hmisot）的社会心理有关；获得荣誉与保持荣誉始终是"克智沃布苏"（论辩能手）活跃在民间的内驱力。吉克老毕摩在自己的回忆录里就以"学史文，比技艺"为题，生动地叙述他年轻时参加"克智"论辩的一些经历，从中可见当时民间崇尚论辩的某些社会心理，同时也说明史诗"勒俄"在其掌握论辩技巧、赢得比赛的经历中显得十分重要。[1]

一般说来，"克智"论说过程中有一套俨然如"进攻—防御—进攻"一样的战略战术，有进有退、有攻有防者方能百战不殆。进攻时，论辩的基调须高亢激昂，气势磅礴，有气吞山河、叱咤风云的气魄，犹如风驰电掣般长驱直入，迫使对方防不胜防，无处逃遁。防御时，论辩的调子则须凝重含蓄、深沉精练，稳如泰山，严阵以待，并要注意旁敲侧击，抓住对方的弱点，出其不意而攻之。因此刚柔相济、以柔克刚是赢得胜算的基本技巧。"克智"论辩在其传承过程中，对论辩者提出了较高的要求。我们的观察与田野访谈中人们对"克智"能手的普遍评价基本一致。通常来讲，能够出面代表家支参赛的论辩手必须具备以下几个方面的条件：口若悬河、对答如流、巧舌如簧的口辩之才；语言幽默而含蓄、风趣而诙谐；声音洪亮、从容不迫、抑扬顿挫、吐字清晰；知识渊博、博古通今、熟知彝族传统文化中的典故和成语，能够准确地引经据典，善于运用比喻、夸张等艺术手法；思维敏捷、判断力强，善于在瞬息之间抓住要害，随机应变，破击对方。此外，还需"诙谐而旷达"，以开阔的心胸、平和的心态面对激烈的竞争，力免出现恶语伤人的失礼之举。因此，在德艺两方面，民间对"克智"能手们都有比较一致的要求。

从语言技巧上看，克智论辩有着异常丰富的修辞格式。据不完全统计，大体上经常使用的有夸张、比喻、对偶、顶针、对比、比兴、比拟、双关、排比、反复、移就、映衬、层递、拟声、设问、白描、押字、谐声、叠韵、回环、错综、拆嵌、摹绘等，共

---

[1] 吉克·尔达·则伙口述：《我在神鬼之间》，云南人民出版社，1990年，第153—155页。

计 20 多种辞格。因此，论辩活动本身堪称是彝族口头艺术的荟萃之园，反映了"克智"能手生动、鲜活的口头语言技巧：他们时而平铺直叙，时而设问对答，想象与写实结合得天衣无缝，论说与辩驳浑然无迹，描写奇谲不羁又淳朴厚重，体现出彝族口头传承粗犷、雄奇的民族特色，显示出独特的美学风格。正如"克智"论辩词所说，"到山里去搜寻，或许会猎得成百的獐麂；到水里去搜寻，或许能捕到成群的鱼儿；到泥土里去搜寻，或许能够收获成囤的荞麦；到亲家那里去对说，或许能够听到优美的音词……"这些都说明"克智"论辩能手善于学习、传承、创作和传播本民族的特有言语表达方式、积累了丰富的口头创作经验，并借鉴各种口头韵语歌唱艺能的种种表现方式，进而将民间诗风传统所给予的歌诗禀赋引入自身的即兴表演和史诗演述中。正是"克智"这一口头论辩传统的长期发展，深刻地影响了史诗"勒俄"的口头传播，也不断酿造出甘醇的史诗琼浆，培育了一代代的口头辩才和史诗演述人。作为民族文化的重要传承人，他们在诺苏世代相承的口头艺术活动中的当下角色，也折射了史诗演述人这一群体的历史传承与发展状态。

（二）"勒俄沃布苏"：史诗演述人群体

史诗传承人往往是从"克智"论辩者群体中脱颖而出的；而"克智"论辩手却并不一定能成为史诗演述人。这是田野过程中，根据对史诗演述人群体及其各自的表演能力进行现场观察得出的结论。而有关这一结论的推理细节，在某种意义上说，也是随着跟踪曲莫伊诺的参赛活动而逐步变得丰盈起来的，同时也是我们在与上一代"克智"能手的访谈过程中体会出来的：[1]

> 曲布嫫：……嘎基到嘎哈，一步一步进行比赛。那么不晓得啥子原因，不晓得是不是懂得勒俄的人不多了吗，婚礼上只说两段三段……就不说了，我现在调查的呢，嘎基那部分还可以，还说得起走；嘎哈那部分，能说的就少了，那么是否"克智"的传统在衰落，你觉得传统是不是在走向衰落？
>
> 伟几：他说的时候一知半解，不完整他就说下来，有些么不适用现在，但是他伪装，说假的，说他知道。但真正说起来，又说不起，有些他又不知道。你说了嘎基是克斯，克斯你家说你家凶，我家说我家凶，克依（keyy，大话），

---

[1] 以下对话引自笔者于 2003 年 1 月在美姑县人大进行的《"勒俄"访谈：恩扎伟几、恩扎颧也》。

说大话耍，你家才行，我家才行，才厉害，说大话，吹。说起来又好听，克斯一般说来是好听的一种。克智有尔比尔吉（谚语格言）的，有克斯（论说）的，我看会耍的呢耍起来时，这种克智还是好听的一种啊。唉，到了嘎哈时说勒俄、布茨，并不那么容易，两个人同台叙说起来，一人说你这是不对的，一人说我哪不对？所以说"勒俄"里面就有柴火子[1]了，两个人就叫起来了，互相辩起来，就像要打架的样子。以前没有解放的时候，我在许多地方说过、赛过，我一般不太同别人争论，我说的同别人说的不知道谁的才对，你说的和人家说的不一样，我把自己说的向人家说清楚后，人家也就清楚了。但说起波帕（述源）时，他不清楚，你说清楚了是怎么回事后，他也就懂了，所以他就主动承认自己输了。有的人赖账，（事后）还说我不如他，怕他，打罐酒请他喝。现在最重要的是，过去我们写的、收（藏）的也没有了，还有我们这些善于口辩的人，跟着政府走后，也要忘记完了。

达夫：过去是依次一段一段地从嘎基说到嘎哈，刚才听曲布嫫说来，现在随便说说，嘎基说两段、嘎哈说两段就没有了。

伟几：现在问：你们克斯不？有的一家一家说会说，有的家说不会说，就算了。过去在特觉洛莫，我和一个名叫木坡苏博（muposubbo，史莫）的，我们两个婚礼上辩，从头天晚上到第二天早晨，新娘都背到很远很远的高山上去了，我俩还在岩底下说……（笔掉到地上发出响声）

伟几：我捡给你吧？

曲布嫫：没关系，我自己捡得到，你继续说就是了，没关系。

伟几：我们两个后来又回到家门口，到院里继续说辩啊。过去在合姑洛，上上下下的人们见我都说：听说你克斯很厉害的嘛！有一次我们在合姑洛杀牲，在那里克斯，说了一天一夜，吴奇家轮流换了九个人同我说辩，九个都干不过我，我那时最厉害。吴奇家的苏易、德古阿莫们为处理和调解一起民事纠纷也聚在那里听我们克斯辩说，都赞扬我说："啊，没有见过这样聪明睿智的后代！"

达夫：你年轻的时候，人家都说你一表人才，长得高大英俊出了名，说你

---

[1] "柴火子"，指烟火味道，比喻竞争激烈，同时也是说双方争辩起来时出现过抓起火塘中的柴火灰撒向对手的无礼行为。

是个美男子，有些姑娘还从老远老远专门背上干粮来看你呢（曲布嫫笑）。

伟几：是，是，过去可能人家也（那么）说……吴奇家的头人们，不是同我说克智，而是一句一句地问我玛（hma）[1]家的根是和哪个家相连的？用这些来问我。我说：玛，古侯说是古侯家的，曲涅也说是曲涅家的，你说你的，我说我的。我说，我也不怕你，我认为哪家的都不是。他是从"斯惹色惹"（syssesisse）[2]那里飞出来的。古时，一个红色的娃娃被行猎的人发现后得来的：当时娃娃嘴里还咬着一根竹子，[3]猎人发现他时，往上一看，上面只有一个"必俄"（biwo）[4]在飞翔，再往空中看只有一只鹰在飞翔。这是"茨沙"（cytsha，叙谱）：祖俄、迪朴、迪涅、必俄、乃扎、马尔、马扎、马楚、吉西、俄帕、俄马……（以上都是人名）这样叙的谱。他们听后有个名叫吴奇史土格合的老人感慨地说："阿波！你怎么知道的呢？""史博"（shybo，古史）经书上这样记载的，人家跟我争论，那的确是真的了。是这样的，经书是接近汉区雷波的嘎哈土司家，也是作毕的，经书都是从他家那里出来的，他家还有"顶字洛萨"（dizilosta，皇帝封的官印顶戴）。经书上什么都有，毕摩的法器……

曲布嫫：你就利用"谐音"取胜了？！

在史诗演述人及其群体的考察中，我们注意到一个比较突出的现象：民间确实有不少高水平的论辩能手，在嘎基（路下方）的竞赛中表现得非常突出，然而他们中间出类拔萃的史诗演述人并不多见，有的从未正式进入过嘎哈（路上方）的史诗演述竞技。像曲莫伊诺这样杰出的论辩能手往往在中场过渡的时候才发现自己找不到对手，而当论辩按听众的要求还得继续时，双方只好跳过史诗基干情节的叙事，直接进入"布茨"（叙谱）比赛去跟对方论高低。换言之，当论辩比赛进入下半场的实质性阶段之后，如果双方派出的论辩人之间不能形成相互匹敌的竞争机制，史诗演述则无可能得以完整地展开。因此，我们在田野追踪的过程中对这一群体的关注，也直接关系到对史诗传承与发

---

1 玛（hma）：彝族黑彝家支的姓氏，凉山彝族除"双姓"现象中有单姓外，这种彝族的传统单姓情况很少，比如还有甘（ggat）姓。
2 "斯惹色惹"：天上的众神灵。
3 竹子之竹（ma）与姓氏之玛（hma）是谐音字。
4 "必俄"：一种鸟的名字。

·理论探索·

展、史诗演述与异文现象等问题的认识和理解。除了尔口村两位年轻的史诗演述人之外，与曲莫伊诺直接在论辩赛场相遇的"克智"能手（不含仪式经颂中的毕摩），一共有10位，分别来自美姑、甘洛、越西三个县的乡村，年龄在23岁至67岁之间。从他们各自的表演能力和史诗演述水平来看，我们大体上对这些擅长口头技艺的论辩能手，进行了初步的评估。[1]这里我们不妨讲讲其中三位"克智"能手的"小故事"，以期通过实地的调查资料和具体的表演事件，对这些民间艺术表演者的个人背景、成才道路和表演能力予以呈现与彰明。[2]

故事一：海来惹机（33岁）

没想到，这次史诗田野调查中的第一场实地观察会发生在县城机关的宿舍大院里。2003年1月23日晚上，曲莫伊诺应邀前往县林业局的家属院参加沙马夫铁家的席莫席（xymopxi，迎亲）仪礼。在主人家楼下的院坝里，他代表客方（ddipvi，女方，即吉克家，住峨曲古区炳途乡石普村，因吉尼曲莫家与吉克家为姻亲关系）与主人家（vipsi，男方，即沙马家，原住新桥区地堡乡）请来的克斯能手海来惹机展开了克斯口头论辩。这也说明美姑地区，不论是县城还是乡村，不论是机关干部，还是一般的普通民家，人们都一直沿传并恪守着传统的婚嫁仪礼。在史诗演述开始后，伊诺作为客方赛手，从史诗述源说到"白勒俄"第一枝后，停了下来，轮到主方赛手接续。结果，惹机有不同看法，提出"勒俄阿曲"只有四枝，双方辩论起来……大家见势也议论开来，大多数人认为客方正确，德古沙马曲比依夫（47岁）出面评断说："勒俄十九枝，黑的七枝，白的十二枝，客人家是对的。"众人依然兴致勃勃，不愿意就此停止比赛，主人家沙马夫铁出来圆场说："既然意见相左，不如跳过'勒俄'，直接比赛'布茨'（谱牒）。"

2月14日，曲莫伊诺又在觉洛乡典阿尼村的婚礼上与海来惹机相遇，"克斯"开始后，曲比拉哈与海来惹机先进行了一番比试，我发现惹机这回却说到了第六枝。下来，我问他为什么上次他坚持说只有四枝，他回避了我的问题，

---

[1] 笔者对"史诗演述人"的界定和本文述及的史诗传承人现状调查情况，请参见拙文《口头论辩与史诗演述——从吉尼曲莫家支的传承系谱看史诗传统的文化生态》，载张庆善主编《中国少数民族艺术遗产保护及当代艺术发展国际学术研讨会论文集》，文化艺术出版社，2004年，第435—469页。
[2] 以下三则"故事"摘自笔者2003年1月田野研究笔记：《田野观察：史诗演述人和他们的故事》。

而径直提到他小时候也学过毕摩，原来家里也有"勒俄"抄本。我估计是那次比赛"刺激"了他，回去之后大概是重新温习了史诗本事，20天之内他的这番"变化"足以说明问题。同时，惹机是美姑县城范围内有名的"克智"能手，史诗演述技艺的"退化"也与他遇到的对手大多不会史诗演述有关。如果一位演述人长期没有受到过挑战，他的演述能力和水平自然是今不如昔。但惹机很快从上次的失败中找到重新开始的起点，让我也颇为他感到高兴。此外，他的演述风格与伊诺大相径庭，我曾把他们俩比作一头勇猛善斗的黑虎（惹机）与一只机灵却又温文尔雅的岩羊（伊诺）的相遇。在上半场的即兴辞辩中，惹机往往发挥得非常出色，而且相当投入，他的那双眼睛也充满着对抗的神采。但一进入下半场的史诗演述，伊诺却会不费吹灰之力地就占了上风。比赛结束后，我向惹机初步了解到以下基本情况：

海来惹机，33岁，属狗，牛牛坝乡基伟村人，现受聘于美姑县公安局城关派出所。他7岁开始跟着父亲海来伍惹学毕，8—9岁开始学习彝文，13岁时出师；他家的毕摩职业传承已经6代，但"克智"论辩传承却有10多代了，祖传的《勒俄》抄本也同时传了10多代，原本已部分破损，后来重新抄过。9岁开始学"克智"论辩，一是在婚丧仪礼活动中观察，二是跟着父亲学习；第一次正式参加比赛是在子威乡依子觉村的婚礼上，代表其兄弟海来尔洛家出任辩手，赢了对手狄狄格加（30多岁），开始"出名"，此后专心致志地学习口头论辩技巧，名声也大了，白彝、黑彝都来请他。

故事二：沙马曲比拉哈（23岁）

我很多年前就认识了拉哈的哥哥尔日毕摩（现年33岁），并跟他成了好朋友。这次田野研究跟访对象——曲莫伊诺的"发现"，就归功于这位年轻有为的毕摩。后来尔日告诉我说，他父亲曲比拉果收藏有一本祖传的《勒俄》抄本，如果算到他和拉哈这一代已经20多代人了。但这个"古本"在"文化大革命"期间上交了，家里的"今本"则是其父请人从曲比依足那里"抄回来"的，到现在也有30多年了。为什么说是"抄回来"的呢？因为曲比依足小时候是其父亲的毕徒，在学毕过程中抄写了他家的"古本"，因此"今本"可以说是"古本"的失而复得。据美姑毕摩文化中心的嘎哈石者先生说，尔日父亲

·理论探索·

的抄本大概在美姑也算得上是最好的本子了。尔日还讲道,"文化大革命"时期,他的叔叔曲比拉克和一位名叫阿侯瓦尔的黑彝在一起读《勒俄》,被红卫兵发现后,他们将拉克毕摩的《勒俄》抄本拴在这位黑彝的椎髻(俗称"天菩萨")上点火烧毁了。这个抄本同样是从尔日父亲的"古本"上抄下来的。

为参加2月14日在典阿尼村举行的迎亲活动,曲莫伊诺提前一天让尔日毕摩把他的弟弟拉哈从拖木乡的库合莫村叫到了县里。见面后,我们几个在一起聊了起来。拉哈自幼跟爷爷和父亲学习《勒俄》和"克智"。爷爷曲比张家(现年93岁)老毕摩年轻时曾到过越西、雷波、昭觉、甘洛、峨边、马边等地去主持很多次祭祖送灵活动,因其作毕水平很高,经常在外游毕,足迹遍及凉山各地。同时,他还是个多才多艺的人,年轻时既会做生意,又会调解纠纷,成为跨家支的德古。他也擅长"克智"的说唱技艺,并一手培养和教育了尔日、尔布和拉哈三个孙子。三兄弟的父亲曲比拉果在美姑也是出名的大毕摩,在张家之子中作毕水平最高,现年59岁,已经主持过多次祭祖送灵活动了,对幼子拉哈的栽培更是倍加用心。拉哈与尔日都擅长"克智"论辩,但尔日认为自己的"夫必"(fubbi,声音)不好听,所以学到一半多,就没有再坚持下去,而全力以赴去发展毕摩的技能了。拉哈认为"勒俄"好听,也好记,熟悉内容之后,甚至比记忆毕摩的"口诵经"还要容易,而看着书本去记忆容易掉句、忘段,在仪式、仪礼活动中跟着父辈们学习,则是水到渠成的事。尔日接着说,25岁以前他记住的"勒俄内容"(即史诗本事),大概七老八十也不会忘记的。

但记忆与遗忘可能并不能完全说明史诗演述能力的掌握。在婚礼的克斯比赛中,曲比拉哈作为主方赛手,与临场替换海来惹机的曲莫伊诺成了对手,在伊诺演述完"白勒俄"第九枝时,拉哈没有再接续下去,只见他起身一边向客方辩手敬酒,一边说"孜莫格尼,孜莫格尼!"(zzymoggehni,吉祥如意),随后巧妙地将话题一转说:"现在我来给大家说说《汁波汁帕》(nrybbonrypat,酒的起源),酒的起源呢,要从史木木哈(shamusmuhxat,上界七地)开始说起……"我正在纳闷,"勒俄"还没说完,怎么就跳到《酒的起源》上去了呢?伊诺显然是比我"老到"多了,他赶紧附和着说:"说吧,说吧,今晚是个吉祥的夜晚,说说'酒的起源',给主人家庆贺庆贺。"这时我恍然大悟,拉哈大概知道自己只能说到"第八枝",不能再往下接续。所以借敬酒服输之际来说《酒的起源》,以免演述突然中断的尴尬。而伊诺他们本来就是同乡,拉哈也是他专门约来的,事先也没想到自己会跟拉哈作对手,所以也帮着圆场。拉哈说完后,听众也在一边说"好听,好听"。伊诺也端起酒碗回敬了拉哈。这时,一位中年妇女开口说话了:"好多年没听到这么好听的'克智'了,两位小伙子都不错。火塘上方的年轻人,我看你还能说,就接着把你的'勒俄'说完吧,大家想听不想听?"在众人一致叫好的声音中,伊诺接着说起了"第十枝",中间没有再停下来,一直说到"勒俄十二枝到此结束"为止。人们也没有再去论谁输谁赢了,我想这是在婚礼上赛说,双方的亲友也会表现得比较随和、谦让一些。

比赛结束后,我问拉哈为什么只演述了"八枝勒俄"就停下来了呢?而他事前跟我在聊到"白勒俄十二枝"时,明确地告诉过我,虽然他尚未完全掌握,但他肯定能演述出其中的"十一枝","布茨"(谱牒)以下则一点问题也没有。拉哈看我跟他较真,有些不好意思,想了想解释说,一则是好久都没有说过"勒俄"了,有些"口生";二则他在伊诺演述时,专心地听了,发现伊诺说的好像与他说的不太一样,特别是在"枝"的顺序上有明显的不同,他知道伊诺是高手,怕自己再说下去就会"出错",所以干脆"换"个话题。的确,后来我反复听了比赛的录音,发现他们俩的演述确实不太一样,或许是因为他们学习的"底本"本来就有不同,或许是个人的发挥起了作用。

故事三:阿洛克古(43岁)

阿洛克古是县里有名的"歌唱家"和"克智"能手,声音非常特别,有一种磁性。更准确地说,他是一位多才多艺的"艺人",能歌善舞不用说了,还会弹月琴和口弦,马布(mabbu,类似唢呐)和笛子也吹得很好。他从小接受了汉语教育,1977年毕业于凉山州布拖师范学校,此后的14年一直在美姑的一所乡村小学任教;1991年至2001年在县里的城关小学任教;2002年调到美姑毕摩文化研究中心工作。他自幼擅长歌艺,与其爷爷和父亲的熏陶有关。他的爷爷是美姑一位有名的民间歌手,同时也会摆弄各种民间乐器。克古9岁时就学会了月琴和马布的演奏,10岁开始学习"克智"和民歌民谣的演唱,15岁学会吹笛子、吹木叶、弹口弦等。他还多次在县里和州里的民间文艺调演中获得各种奖项,也经常被请到各地去参加"克智"比赛,到过雷波、盐源、峨边等县。总之,克古的民间演艺水平是为人们所公认的,在美姑经常听到大家夸他。

但意想不到的是,他只会"唱克智",不会"说克智",这是我们这次史诗田野中遇到的比较"蹊跷"的事儿:在典阿尼村的婚礼上,"阿斯纽纽"转唱进入下半场之后,伊诺和拉哈(当时还是搭档)开始演唱史诗"白勒俄十二枝"。一枝唱毕,对方的赛手阿洛克古明确表示他不会"勒俄",由于史诗的古词古语很多,即使他跟着海来惹机复唱也肯定要出错。看来他是真不会了,只见他转过身去问"线木"(男方家来接亲的小伙子们)有没有能上场接替他的,那些小伙子都摇着头说"不行,不行"。这样,客方就不能接续史诗演述的比赛了。克古不愿意"尝试"着跟唱,大概也可以理解为绝对恪守史诗的演述传统吧?其实,当时我在想,以他的水平,应该能够与惹机配合的,但看他非常坚定的样子,大有不会就是不会,绝对不能贸然上场的意思。

以上几位"克智"能手的"故事"传达给我们的基本信息,远比这些讲述性的文字更为丰富和深刻。实际上,关于演述人群体的考察,又回到了口承与书写之间的交互关联上来。并且他们个人的背景及其在实际表演过程中的诸多细节,消除了悬置在二元对立观照中的根本分歧。基于这一群体的实际状态与整体表现,我们还是应当强调彝族史诗传承集口承与书写为一体的基本特征,同样有其历史文化的传统规定性。与其他一些少数民族的史诗传承人群体有所不同的是,书写文化在诺苏彝族史诗演述人的成长历程中发挥着重要作用。在他们基本掌握了史诗本事与相关知识之后,口头表达能力与叙事技巧的提高渐渐取代了书写的地位,进而在表演实践中完全隐退为史诗叙事的记忆链条,成为一种航柯所说的"大脑文本"(mental text)。而这种"大脑文本"能否在竞争性的对话过程中被激活,进而转换为一种泉涌般的口头叙事资源,则同时取决于多方面的因素。不论怎样,对这些有彝文书写能力的演述人而言,文字的掌握无疑是他们解读古雅深奥的史诗文本,掌握大量古代语汇的前提和条件。同时,在史诗的习得、传承与演述能力的提高中,民间的歌诗传统、各类口头艺术形式如叙事长诗、抒情长诗、谚语格言、仪式歌调等,尤其是口头言语技巧的娴熟掌握与综合运用,也产生了不可低估的影响。因此,从史诗的传播—接受的动态过程来理解口承传统与书写传统的二重统一,乃是极为重要的一个视角。

（三）史诗传承人与异文研究

这里，我们再回过头来看看曲莫伊诺——我们的跟访对象。在一系列的对赛活动中，除我们对这位优秀的史诗演述人所作出的基本评价一次次得到了印证之外，他的每一枝的史诗叙事都呈现出一种个人化的口头演述风格。而他的即场发挥、应变能力、胸有成竹也给我们留下了深刻的印象。而且令人惊讶的是，在他的表演中，我们发现他非常善于用简明易晓的言词来替换一些常人一下听不明白的古词古语。他常常采取的方法就是拆句或者拆词，以重新组构诗行，同时使用叠声、叠韵的辞采和一些富于节奏的衬词、虚字将自己的叙事装饰一番。因此，他的史诗演述，在叙事的色彩——风格、语调、选词、润饰等方面，在义诺彝语特有的地方格调中不断深化笔者对表演个性与临场发挥的体会和认识。后来，我们将其演述本与其写本进行对照，也同样验证了观察中对其表演的直觉感受并没有错；进而在叙事过程的变化上也找到了某种规律性的"痕迹"：在支格阿鲁、阿略举日、石尔俄特、居姆吾吾、合侯赛变、阿都尔普和阿苏拉则这种以人物为主线的情节基干和故事母题上，他的口头演述往往比写本更为丰满，然而在关于天地开辟、人类起源的古事纪与相应的场景描写上，写本却比演述本更详细。而他在一次访谈中无意地总结了自己在竞争中的演述经验：史诗叙谱发展至"阿苏拉则之谱系"（ap su lat zzi cyt）时，有一故事母题要涉及这位毕摩大师的种种神绩。一般论辩过程中，对手往往只叙及他的一些基本事迹，至多数十行，而伊诺说，如果比赛那天他情绪比较高昂，也想与对手多周旋几个回合，他的演述就可能要延伸为几百行。说到这里的时候，他确实洋洋洒洒地说起阿苏拉则的"故事"来了。事后笔者根据录音作了统计，这次演述的诗行一共为296行，确属一独立完整的叙事性演述，而其现场演述的59行中仅有9行为故事情节，其余均为谱牒的连续叠出。而类似的现象则出现在其"黑勒俄"的在场演述中，"天地的谱系"（开天辟地）的口头演述在两次表演事件中分别为第190行与第150行，相差了40行，而这40行之差则是因为"丢"了西方的开辟所致。

问题纷至沓来：史诗传承人对史诗本事的掌握、在演述能力上存在的个体差异，以及他们在实际表演情境中的即场发挥、个人情绪、心理状态，尤其是在对话关系中形成的竞争机制，在相当大的程度上，就是从表演——这个文本发生的基础环节上就决定了史诗异文的产生和变体的出现——而这正是我们解释异文现象和重新开掘异文研究的意义所在。

"异文"[1]本身既是民间文学的一个核心现象,也是口头传承的一个重要特征。人们已经达成一种基本共识,认为变异性或流变性是口头传承的生命力所在,异文也被视作区别口头文化与书面文化的主要特征:口承"作品"是流动的,而书面著作却有着一种长期稳定的载体形式。尽管异文是民俗学和民间文艺学的一个基本概念,但实际上人们对异文或变体的普遍接受程度可谓"不假思索",因而在民俗学理论研究中"异文"成了一个长期被忽略的概念,没有得到更深细的界定与考察。正如劳里·航柯(Lauri Honko)教授指出的那样,正是基于异文比较的文本批评模式,芬兰历史—地理学派的民间故事类型研究曾经面临的诸多困境及其方法论的再三检讨,已经表明民俗学者或许尚未完全理解什么是口头民俗传承中异文的基本特质。他进而指出:在口头传统中,一个叙事主题的单独存在,不可能取得一种"杰作形式"的位置而取代这种叙事主题或母题的其他所有的变体形式。因此口头文本不具备"权威本"或"标准本"这样的属性,当然这也是来自口头理论的启发。由于表演本身不具备同一性,每一次表演都会产生不同的异文,在口头创编本身的过程中变异不断地呈现,既分又合。即使这种变异现象对外部观察的分析者而言依然是一个值得研究的学术问题,而对史诗演述人而言,变异却是再正常不过的事儿,只是在发现变异之前他自己并没有在意。

在笔者与史诗演述人曲莫伊诺的访谈中,我们会看到,在其表演的生涯中,在他自己将自己的史诗演述录制成盒带之前,他一直确信自己没有改变什么,因为"一切都在我自己的脑袋里"。当我们在一起记录他的口头演述时,开始他非常坚定地认为,自己的记录肯定不会写错,顶多丢掉一两个字。没一会儿我们重新放录音来一行一行地进行对照时,他只好吐舌头了。而当我们将他的演述本与其写本进行比较时,他更是吃惊地认为自己犯了比想象中还要多的"错误"。[2]此前他对"变异"也还谈不上什么理解,变异却一直潜伏在表演本身持续的链环上。或许他当时就认为自己每一次的表演就是史诗本事的"全部事实"的最佳实现,尽管他已经或多或少、或大或小地改变许多地方。航柯认为,这主要是因为表演者不会去频频回顾自己过往的表演,而是让自己径直走向

---

[1] "异文"是民间文艺学术语。我国学界的相关定义和理论探讨,大都基于民间文学的"集体性"或"历史—地理学派"的文本解析观点来对待"异文"问题的研究,取得了相当的成就。与此同时,我们还应高度关注某一个传承人(个体)在"这一次"表演与其"每一次"表演之间出现的"异文"现象,以及传承人之间的不同表演导致的"异文"现象及其变体。因此,"异文"的当代研究,需要考虑表演与文本之间的关系,并纳入文本化的具体过程中来加以辨考和阐释。
[2] 引自笔者2003年1月的《田野访谈:史诗演述人曲莫伊诺谈其学习艺经历》。

下一次的表演。表演者是否去设想自己每一次表演中的变异，大多数时候这完全是一个值得探寻的问题。[1] 按笔者对其看法的理解，民俗学意义上的异文应当来自当代的史诗口头演述活动，既可来自同一位演述人的不同表演，也可来自不同演述人的表演。只有当我们积累了大量口头文本的"忠实记录"之后，史诗异文的比较研究才能在"这一次"表演与"每一次"表演之间，同时在"这一位"演述人与"每一位"演述人之间，在上一代与下一代演述人之间逐渐走向深入。

与此同时，除了必须从表演者个体及其表演环节来进行深细的考察、辨析之外，对于今天的史诗传承研究而言，我们还需要从哪一方面来高度关注史诗的异文现象及其学术阐释的伸展方向呢？笔者认为，异文研究还应该针对不同的口头文类来设定不同的研究对象。对于神圣性叙事的史诗传统及其阐释而言，异文研究的目的不仅要告诉人们口头演述的差异性特征，更要彰明口头叙事的稳固性特征。因为史诗演述毕竟不同于故事、传说，在诺苏的口承传统中，其轨范性要大大地高于"阿普布德"（appubbudde，散体讲述）[2]。建立在既有写定文本基础上的史诗解读与批评模式值得我们深思，这与民间口头传承同时具有的流变性与稳定性是脱节的：一方面，写定文本中出现的变异并不等于口头史诗在演述实际中的变异；另一方面，不论是书面文本还是口头文本，民间记忆与民间技艺的变异性与强固性应当同时得到关注。尤其是像史诗这样重大的传统口头文类，其文本乃至口头演述的神圣性、轨范性到底在多大程度上制导了史诗传统的"变"与"不变"，都需要我们去做更深细、更审慎的考察与辨析。与此同时，古籍整理工作中的各种《勒俄》文本，连同民间流布的"勒俄"抄本，作为业已定型的异文对我们今天的史诗研究依然有着重要的参照价值。在史诗传统历时性的维度上，通过这些文本与史诗演述本的比较，我们能够看到"勒俄"作为诺苏彝族的口头传承，其叙事的"变"与"不变"有着极其清晰的轨迹，因而史诗叙事的"流变性"与"稳定性"也当能够通过具体的比较而得到呈现。

在我国的民间文艺学研究中，过往的异文比较，使人们将流变性而非稳定性当作口头传承得以持续的一个关键。实际上，研究任何异文都应该充分考虑具体文本的口头文

---

1 Lauri Honko. *Thick Corpus and Organic Variation*. Finland: Turku University, 1999:1-4.
2 "阿普布德"，散体讲述形式的总称，包括神话、传说和故事。在诺苏社会，神话讲述也并不具备神圣性，在火塘边、在大树下、在山野里都可以进行"阿普布德"的讲述活动。"阿普"意为老人，指的就是老人讲的故事性较强的叙事文类。

类性质。比如说，史诗这种重大文类在口头传承中就有强固的"不可变性"，史诗传统内部的法则，包括本章讨论到的史诗叙事的原典性原则等，阻止着史诗演述离开表演的传统规范，或出现叙事的无序与混乱的可能。因此，史诗传统的研究，应当将源文本、异文和各种口头演述本一同纳入史诗的实际表演语境中来进行思考。不能从文本到文本，就异文研究异文。离开表演者与听众、离开演述人之间的即场互动，也就脱离了叙事语境、表演事件和叙事意义等口头交流与传播的基本环节，如此去研究异文将会离传统事实更加遥远。而一旦将民众表达形式及其文化蕴涵与其表演传统割裂之后，就会出现似是而非的文本混淆，并在很大的程度上不能阐释异文出现的原因。我们必须尝试在其文本衍出的表演情境中，在文本得以呈现的演述场域中去捕获口头叙事的"变"与"不变"等本质性的规律。

【作者鸣谢】在论文的田野研究与写作过程中，我得到了家乡多位学者和前辈的大力支持和无私帮助。在此要特别地向吴奇果果、恩扎伟几、吉尔体日、马拉嘎、阿鲁斯基、冯元蔚、曲比石美、摩瑟磁火、吉觉王铁、马尔子、勒格扬日、阿于铁日、嘎哈石者等老师和同人表达我心中久有的谢忱与感恩，他们的热心扶助是怎样评价都不过分的；向父亲巴莫尔哈、母亲刘玉兰、姐姐巴莫阿依及我的家人长期以来给予我的关爱与支持表达我无时或释的亲情与思念；向我的田野跟访对象、史诗演述人曲莫伊诺、曲莫尔日、曲莫布古、海来惹机、阿洛克古、曲比拉哈等才艺杰出的"克智沃布苏"表达我由衷的钦佩与敬意。我还要特别向前年溘然辞世的阿鲁斯基老师遥致我永远的爱戴和怀念，尤其是文中引述的"克智"辞赋大多出自他和他的女儿阿鲁金乐搜集整理、自费出版的《彝族克智》，这是要特别申谢的。最后，我想在此向我的两位导师钟敬文教授和刘魁立教授，向美姑的毕摩、德古和乡亲们，以及那些为此项研究做出了这样那样的贡献而又无从具名的人，表达我深深的谢意。这篇研究报告及学位论文的完成，与其说是"我"的文字表述，更毋宁说是"我们的"合作成果——是众多民间智者和彝族学者共同劳作的结晶。

因此，在行文中，"我们"一直在沿着研究的推进而不断出现，也将沿着我今后的工作而贯以我学术生涯的始终，我将以自己加倍的努力来从事本民族口头传统的研究，来回报大家给予我的鼎力支持，来报答家乡大小凉山的养育之恩。

民俗地图小论[1]

何　彬[2]

在今日的民俗研究论文或田野作业报告里，常常可以见到运用各种表格、照片、示意图等对文字表述进行辅助性提示。运用这些辅助方法可以使民俗记述视觉化、条理化。表格与照片、示意图类可统称之为"民俗图表"，地图、分布图、变迁图等则一般归入"民俗地图"类。"民俗图表""民俗地图"都是民俗论文经常使用的辅助性论述方法，它不仅仅是帮助读者清晰地理解理论论述或民俗记述的工具，更重要的是民俗图表和民俗地图首先是辅助研究者整理、分析民俗资料，构建民俗理论的重要工具、方法。在欧洲以及日本学界，几十年的学术实践证实，民俗地图法作为一种研究方法是十分有益的。

近20年来，我们的民俗学科无论在田野调查方面还是在个案分析、理论论述方面都的确有了长足的发展，积累了丰富的资料。但是，在完善具体调查方法、研究方法方面，我们尚有不完备之处。如民俗调查方法里的询问法与观察法、民俗记录方法的声音记录、图像记录、形状记录、生活实态记录以及民俗资料的整理、民俗物品的收集保存和研究等尚未形成完整的系列式的调查和研究方法，运用民俗图表法和民俗地图法表述、诠释民俗的文章也尚不多见。构建21世纪民俗学科宏观理论体系是我国民俗学界面临的一项急迫的课题，同时各种具体的民俗调查、记述及诠释的方法亦需要及时完善。本文参照日本民俗学运用民俗地图的成败事例，从方法论定位、分类以及具体运用

---

[1] 刊于2005年第1期。
[2] 何彬（1956—　），女，北京人，日本东京都立大学人文学部副教授，博士，主要从事中日民俗研究、墓制及灵魂观他界观研究、都市民俗学研究。

等角度概述作为民俗学一种方法的"民俗地图"。

一、地理学与民俗地图

在今日欧洲及日本民俗学界，民俗地图已经是比较司空见惯的民俗记述手法之一。欧洲民俗学界首先于19世纪开始将地理学的地图标志方法导入民俗学科，而后日本民俗学于20世纪20年代开始出现使用民俗地图的民俗学论文。由于初期民俗地图的运用与日本民俗学史上著名理论的建树紧密相关，民俗地图在初始阶段就获得了较高评价。于是，民俗地图在日本民俗学界的普及比较顺利。50年代以后，民俗地图被普遍用于日本民俗学界一般民俗调查记录和论文。

将地理学方法导入其他学科，从而开辟该学科新的研究领域或形成该学科新的研究方法的学术实践，在语言学、历史学、经济学等学科领域里早已实行并被证实确有成效。人文地理学和方言地理学、历史地理学、经济地理学等就是各个学科分别在各自的学科领域内成功地运用自然地理学方法的结果。

19世纪中期，德国的W.曼哈尔特（W.Mannhardt）将15万份印有围绕农耕民俗的33项设问的民俗问卷发往数个欧洲国家，计划把收回的问卷数据整理后标示在地图上，以此把握农耕民俗分布变迁的规律。这个实践开拓了民俗学科的视野，自然地理学科的地图标示方法被民俗学界接受，于是产生了"民俗地图"法。这是地理学与民俗学相关联的发端，也是民俗学在接受其他学科方法论影响时未失去学科自我独立性的一个成功事例。

然而，自然地理学方法导入民俗学领域后，并没有拓展为民俗地理学之类的新领域，而是形成民俗地图法这一辅助性民俗研究手法。这是地理学方法转用于民俗学科时与转用于其他学科时的不同之处，可以把它看作民俗学科吸收其他学科理论或研究方法时的特征之一。作为一门独立的学科，不盲从于所谓的人云亦云，而要在坚持学科自我性的前提下处理民俗学科理论的自我与他者的主从关系。只有这样，才能在不断汲取相关学科理论时保持本学科的个性，从而最终形成本学科独立的理论系统。

二、民俗地图的性质与定义

民俗地图，指从民俗学记录及研究的角度出发，运用各种符号标示民俗事象的类型、数量、形态以及某种民俗的特性、变迁规律等信息数据及研究内容的地图。民俗地图是自然地理学与民俗学方法论链接的结果，是地理学方法在民俗学科的延伸。

民俗事象被标示于地图，可以向人们展示某个空间范围内民俗事象的地域相关性即民俗事象的横向关联。强调民俗事象具有的较强的历史连贯性，则可以在地图上展示某个时间段范围内民俗事象的历史相关性即民俗事象的纵向关联。利用地图的平面可视性和广域可显示性等特性，可以观察、分析民俗传承的地理性分布，认识民俗现象在空间与时间上的存在表象。把握民俗的地域特性，进而分析、认识民俗的本质，从分析中抽取民俗事象的深层特性或某种规律性、象征性等，最终达到通过民俗图示读解出民俗文化本质规律的终极目的。这是民俗地图法具有的重要作用。

同时，依据精密的记录数据标示出的民俗地图，可以在相对长时期内保持其民俗资料的精确有效性，从而为民俗研究以及其他学科的研究提供有效的科学性的研究资料。在文字资料之外，借助于民俗地图进行某个社区或某项民俗的研究，有助于使我们既避免陷入狭隘地单纯关注某个"点"的民俗的弊端，同时又不再停留于泛泛地观看"面"上民俗的浅表性研究。

在日本民俗学界，民俗地图标示法被定位于民俗学研究辅助方法之一，具体属于民俗资料整理方法类。民俗地图标示法首先作为客观显示民俗分布、表示民俗存在、变迁、移动的记述性手段出现于民俗调查报告或民俗现象记录中。当民俗研究者把它作为揭示某种民俗规律、阐述民俗理论的方法，在论文里用它标示自己的某种思维或某种民俗研究结果时，民俗地图标示则从记录、整理民俗资料的记述性手段升华、转变为研究性手段。作为记述性手段的民俗地图制作简单，因此在日本民俗学界其制作率和使用率都比较高。作为研究性手段的民俗地图法学术性高、影响力大，但要求制作者首先具有科学分析民俗资料、洞察被民俗表象覆盖着的民俗文化真髓的能力。而这种能力非一朝一夕可以具备，它需要长期民俗调查训练与研究实践的经验积累。由于研究型民俗地图的要求高、制作难度大，因此，在日本民俗学界运用研究型民俗地图阐述理论者虽然有之，并且其运用民俗地图阐述的理论亦成为日本民俗学史上著名理论之一，但毋庸讳言，运用研究型民俗地图补充阐述自我主张者虽有之，但成功建树起研究理论者为数并不多。运用记述型民俗地图标示民俗事象的论文著述众多，具体制作、运用手法亦比较成熟，这是该学科可资以夸示的特征或曰成果之一。

三、日本"民俗地图史"简述

"民俗地图"作为一种用于各种民俗记述与分析研究的方式，今日已经成为日本民俗学常见的辅助方法之一。柳田国男1927年绘制的、标示民俗方言词汇分布规律的地图，在日本民俗学学术史上一直被奉为是日本第一张用于民俗研究论文的民俗地图。1950年出版发行的《民俗学辞典》附录了三张民俗事象分布图，是日本民俗辞典收录民俗地图的首创，同时也是民俗地图法在日本民俗学科正式立足的证明。

1927年，柳田国男在《人类学杂志》上发表的民俗方言论著《蜗牛考》一文里，附录了为阐明他发现的方言分布规律而绘制的方言词汇分布图。柳田国男将日本全国各地对蜗牛的不同方言称呼标在全国地图上，根据图上分类标志所显示的特征指出对同一种生物的不同称呼可归纳为数类，这数类称呼在地图上呈有规律地两端对称相似形分布形态。通过对方言地图标示的分析，柳田国男得出的结论是古方言分布与变迁规律的"远方一致性"，即这种规律性分布恰恰与该方言从边缘地区到文化中心地区的从古老形式到最新形式的变迁顺序相吻合。由此，柳田国男得出空间性差异反映时间性差异的结论，指出民俗地图标示的空间性差异所反映的是该方言历史变迁过程中的各个不同历史阶段。柳田从分析方言称呼变迁引导出了方言周圈论理论，这种方言周圈论日后又被扩展成诠释日本文化分布规律的文化周圈论。这篇著名论文里的民俗地图被称作最成功地用于阐述理论的民俗地图，即本文所指称的研究型民俗地图。

民俗学者小野氏依据他本人周密调查的民俗数据在地图上呈现的圈式图形，提出了一项关于民俗分布、变迁规律的新见解。他提出，民俗的变迁并非由某个文化中心开始逐渐向四周扩散的，民俗从文化中心向外发展、传播的过程中逐渐变化，在到达文化边远地区时同时形成为新的民俗。他运用自己制作的圈式地图得出的结论与柳田国男"方言周圈论"提出的方言传播、变迁的方向正相反，因此命名为"逆周圈论"。

需要在此提及的是，其后几十年日本民俗学科的理论实践过程里，有一些学者根据各自调查研究的实例，提出柳田的理论虽然在研究方言的领域里获得成功，但它并非适用于诠释一切民俗事象。尽管如此，它并不影响民俗地图法作为一种记述和阐述方法完全进入日本民俗研究的世界。

20世纪30年代，学者们开始逐渐尝试运用民俗地图法。民俗记录和民俗研究论著里散在式地出现人们各自制作的民俗地图，但并未形成民俗学科把这些地图作为一种方法整体认识的动向。1950年出版的由柳田国男监修、民俗学研究所编制的《民俗学辞典》第一次收入了三张民俗分布地图："海女分布图""头顶搬运分布图""两墓制分布图"。这是词典类收入民俗地图的第一次尝试，也表明日本民俗学科开始关注作为民俗学科一种表述、诠释方法的"民俗地图法"。

20世纪60年代，随着日本社会经济进入急速发展阶段，传统的生活环境急剧变化。记录尚存的民俗文化成为文化部门的当务之急，文化厅开始策划绘制、发行全国性分类民俗地图的庞大工程。第一阶段首先在全国选定30个调查点，用三年时间在30个调查地点就20个调查项目做同样的定点式"民俗资料紧急调查"，记录下了大量即将变化或消失的民俗资料。第二阶段的工作内容，是分类处理调查数据和将各种数据用符号标于地图并编写该民俗地图的讲解资料。1969年出版了第一卷民俗地图之后，至2004年才完成第十册最终卷的编写和出版工作。费时近40年，才终于完成了一套由30个基本调查地点的数据代表的基本覆盖日本全国各个地区的10卷本分类、系列民俗地图集——《日本民俗地图》。10卷本各卷的具体分类题目如下：

第1卷　　年节习俗1

第2卷　　年节习俗2

第3卷　　信仰与社会生活

第4卷　　交易与搬运

第5卷　　生育与育儿

第6卷　　婚姻

第7卷　　葬制与墓制

第8卷　　衣着生活

第9卷　　饮食生活

第10卷　　居住生活

每卷民俗地图围绕一个大的分类题目，用十或十几幅大开张的民俗地图标示出全国30个调查地点的民俗数据或分类民俗事象等。例如第10卷《居住生活》，用10幅民俗地图、分10个大项目描述日本民居。这10幅地图为：1. 屋顶；2. 主房的形态与名称；3. 厩·隐居处·分离式炊事间；4. 房屋布局；5. 房间名称其一；6. 房间名称其二；7. 灶与地炉；8. 地炉主位和客位名称；9. 地炉主妇座位；10. 屋内神灵名称·牌位龛位置·房柱名称。每卷民俗地图都附有一册厚达数百页的民俗地图讲解资料。这册讲解资料的写作难度远远高于标志民俗地图，也正因为每卷民俗地图附有民俗地图讲解资料，才使得民俗地图更加具有科学性和学术性，甚至有学者评价作为民俗地图附录的讲解资料的学术价值远远高于民俗地图。这从另一个角度告诉我们，民俗地图的制作、使用难度不在于绘制地图而在于对民俗地图的诠释。

在上述30个民俗点的定点调查之外，相当于我国省级行政单位的43个都道府县的有关行政部门也在各自的行政管辖范围内选出150个点，在国家财政支援下开展民俗调查，实施依据调查数据和调查资料绘制各地民俗地图集的工程。这个全国范围的分头行动式的民俗地图制作工程的结果，是于20世纪70年代基本完成制作、出版的日本各地的《民俗地图》。这样，20世纪六七十年代的民俗生活得到多角度的调查、记录和图表标示，为学界日后认识、研究日本文化提供了一套系列性的资料。

20世纪七八十年代以后，基本上是各级行政部门制作、发行民俗地图与民俗学者根据个人调查结果或研究需要制作并在各自的论文里运用民俗地图。这两种层次的民俗地图呈并行存在的状态。其他社会科学的学者们在认识、分析日本文化时，也会常常根据各自的需要借助民俗地图的资料，甚至中小学生们会在完成认识家乡的课题作业时也查阅、使用民俗地图，依据民俗地图和附属的民俗讲解资料论述本乡本土文化或开展与他乡民俗文化的比较研究。

大规模的、以绘制民俗地图为目的的民俗普查以及随后陆续绘制出版的民俗地图集，提高了日本人文科学界以及民俗界本身对民俗地图的认知度。行政的参与和行政的资助促进了民俗地图法在民俗学科的普及，并及时记录下处于时代转折期的民俗文化、民众生活各方面的许多珍贵数据。通过民俗调查积累下认识民俗文化的第一手资料，同时把民俗事象、民俗生活数据用规模不同的民俗地图逐项表现，这是日本民俗学科完成的对本国、本民族民俗文化全面调查、记述的一大工程。日本民俗学科由此在学界独树一帜，以其拥有的丰厚的民众民俗生活第一手资料得到其他学科的注目和相当高的学术评价。

四、民俗地图的类型

将某种民俗事象用作者设定的符号标在一定范围的地图上就构成一幅民俗地图。民俗学者用民俗地图向人们展示某项或者某类民俗现象的分布、变迁，或者运用民俗地图阐释自己对民俗研究、分析的结果。在同一幅地图上，可以用不同的符号同时标示出不同种类的民俗事象或同一事象的不同类型或变异型。这种方法可以广泛用于民俗田野作业的各种资料的整理、归类，也便于研究者不单纯依靠文字记述，还可以借助民俗地图的符号表述把握民俗的分布范围、分布形态、传播方向、特定区域内同类民俗的存在与否、民俗的变异特征等等。

由于民俗地图在民俗记述和研究方面可以多样化制作、灵活运用，其分类则难免细碎烦琐。下面，试将民俗地图按制作、使用的目的加以分类叙述。

a．从其作用分类，有记述民俗现象的记述型（又可以称为资料型）民俗地图和表述民俗研究结果的研究型（又可以称为理论型）等民俗地图；

b．按标示的目的，可分为民俗现象分布图、民俗现状记述图、民俗变迁记述图、民俗行为时期时间图、民俗事象分类图、民俗事象数量图、民俗传播路线图等；

c．从一张图内所标示内容的一元化或多元化分类，则有单项民俗地图、复项民俗地图、单项多元民俗地图、复项多元民俗地图；

d．从地图的数量分类，有常见的单幅民俗地图（即用一张地图达成某一目的）、多幅民俗地图（即运用具有连续性的数张民俗地图达到说明或记述、阐述目的）；

e．从所制地图的范围分类，有单一村落范围的民俗地图、小社区（联合村或镇、住宅小区）范围的民俗地图、行政地区（区、市、县）范围的民俗地图、全国范围的民俗地图；

f．从地图制作主体分类，可分为个人制作的民俗地图、社区行政为主制作的民俗地图和国家行政制作的民俗地图、各级行政与民俗学者共同制作的民俗地图等几类。

在日本民俗学半个多世纪的学科发展历程里，属于上述 a 类里后一类型的、被公认为成功地记述了民俗研究成果的研究型、理论型民俗地图为数极少。柳田国男的《方言周圈分布图》几乎是唯一成功的例子。除去少量的理论型民俗地图之外，其他大量存在于民俗调查报告书或个人论著里的民俗地图，基本都可以归属于上述"b"至"f"类型。然而，这并不妨碍民俗学者继续在各自的民俗学田野和民俗学研究的案头工作时继续灵活运用民俗地图法。同时，我们也期待在不远的将来，在后钟敬文时代的 21 世纪中国民俗学调查与研究的广阔沃土上，早日出现民俗地图类型从大量的资料型向大量的研究型转换，同时期待着对这个方法的进一步研究、论述以及建立在研究型民俗地图基础上的民俗研究理论的出现。这正是借助外来研究方法的根本目的所在，亦是笔者的心愿。

五、民俗地图的编制与运用

前面已经讲述过，日本民俗学科制作和使用的民俗地图分两大类，即记述型・资料型民俗地图和研究型・理论型民俗地图。此处附录的是柴田武绘制的理解柳田民俗地图的示意性民俗地图。（见图 1 ）（柴田武，1980：223）

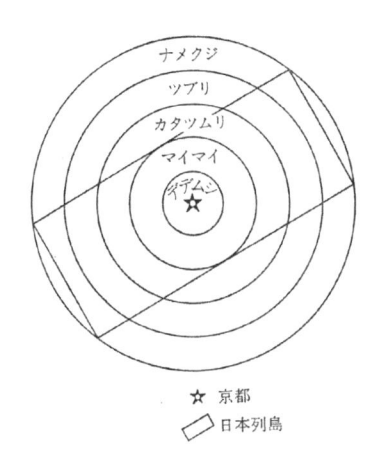

图 1 柳田方言分布理论示意图

图中心的五星符号是当时的文化中心京都，长方形代表日本细长的国土地形，五层式的同心圆每层代表一段使用相同方言的地区。柳田国男根据民俗方言分布的图表显示的形状，论证方言从古老的形式变化为新形式的规律恰如一石投水会激起层层由里向外荡漾的波纹一样，新的方言不断从文化中心地产生并向外扩展、传播。某一个时间点记录下的全国各地的某一个方言的状态，其实反映出的是从文化中心向外传播的方言的不同时代的形状。距离文化中心近的方言，是产生年代较近的新方言，距离文化中心最远的方言一般是产生年代相当古老的方言形态。

从他绘制的图里可以清晰地看出，文化中心的周边地区向国土两端相同的方言分布地区呈对称形状，并且超越日本国土细长形状。按照柳田理论，图示出方言分布的自然同心圆状态。柴田绘制的这个图表目的是解释柳田国男根据第一手民俗资料绘制的民俗地图，本文将这种民俗地图或图表命名为二次性图表。

对于柳田国男通过方言周圈论提出的另一个理论概念，某一个时间点记录下的全国各地的某一个方言的状态，反映出的是从文化中心向外传播的方言的不同时代的形状，即空间变化显示出方言的时间变化、空间距离表现时间（历史）距离这一理论阐述，民俗学者福田运用另一幅二次性图表进行了形象的诠释。这幅抽象性的模式图形象地阐释了柳田国男提出的"方言周圈论"对时间与空间关系的文字论述。（见图2）（福田亚细男，1984：196）

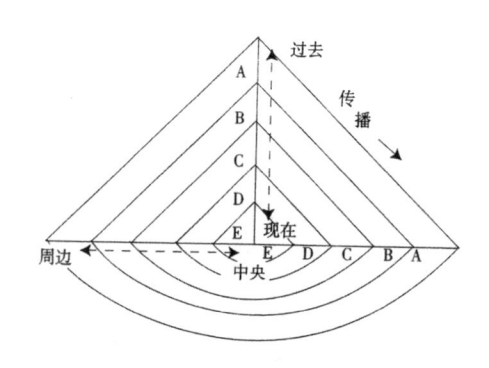

图 2　周圈论模式图

以上事例是日本民俗学运用二次性民俗图表阐释一次性民俗图表的事例。它说明民俗地图不仅可以制作成第一次性的研究型·理论型地图，还可以成为第二次性的、用于诠释、阐述其他研究型·理论型民俗地图的手段和方法，即为解释民俗地图而绘制的民俗地图（或民俗图表）。民俗图表（包括民俗地图）当然也可以用于分析或阐述记述型·资料型的民俗地图。总之，恰当地使用民俗地图法或民俗图表法可以辅助文字表述，使文字论述条理清晰，更易于被他人理解。

由于篇幅所限，有关民俗地图的具体制作与运用问题将另文论述。下面仅提示几点制作民俗地图时应当予以关注的具体操作事项。

　　a．民俗数据的收集与处理（目标设定、田野作业、数据分类、数据分析）；

　　b．标记符号设定（符号选择、符号定义、符号标示）；

　　c．地图的选择：地图比例、地图处理、地图命名（标示目的）、地图篇数（单幅或多幅地图的选定）；

　　d．民俗地图的运用——注意图表与记述文字或论述内容的衔接，不能单纯作为地理学地图使用；等等。

六、当前存在的一些问题

民俗地图乃是以民俗调查的数据标示于图而成的。如果民俗田野调查第一手资料的基本数据不足，则无法标示制作出具有立体表现力和说服力的图表。民俗学研究要求其田野作业要做得细致，民俗地图的制作则要求田野作业更加周密，民俗数据更加精确。日本民俗学科的民俗地图法的问题之一，就是民俗地图数据不够精确，从而使民俗地图显示有时十分模糊，减弱了使用民俗地图的意义。

例如，有些地图出于各自民俗记录或记述某个单项民俗的目的，只单纯标示出某项民俗事象在地图上某个"点"上的存在，但没有显示出那个"点"所在的社区整体范围内该民俗事象的存在与否以及存在形态的异同与否。还有一些地图只满足于单纯用数据填空式的制图作业，缺乏对民俗资料作细致分析后，再次用带有作者本人分析结果的数据标示民俗地图的做法。日本民俗学界，民俗地图法的普遍运用还基本停留于记述民俗资料的阶段。由于思维没有试图透过民俗表象深入洞察民俗的深层规律及本质，因此思维呈平面型，在这种思维下做成的民俗图表自然也是平面式的。这使得论文或田野记录里的民俗地图的说服力显得单薄，民俗地图应当具有的可在相对长期时间内保持的有效性、可反复供他人使用的资料性能也减低，不可能达到（至少数十年之后的今日还没有达到）民俗学科效仿欧洲民俗学科导入地理学的方法、制作和使用民俗地图的目的。这是中国民俗学科引入民俗地图方法时应当注意避免的。

另外，还要注意民俗分布图不能停留和满足于单纯在地图上标示某种民俗现象，还应当关注该项民俗事象的地域环境因素。民俗是与每个社区的地域生活紧密相关、在社区环境里生息演变的文化现象。单独抽取民俗数据标示的民俗事象地图，容易诱使人们在观察分析民俗文化时忽视各个区域文化的人文生态因素，脱离周围环境单独认识民俗。在这种状况下做出的民俗研究结论，显然不能全面、正确地反映该社区民俗文化的特性和本质。要避免这种倾向，则需要在调查阶段注意收集、记录民俗文化环境各个方面的信息，在民俗地图制作阶段尽量采用"多幅连贯式民俗地图"或"复项民俗地图""多元民俗地图"等立体表述民俗数据的方法。

结　语

民俗研究应立足于细致的田野作业的基础和系统化的基本理论之上。在对民俗资料作精密分析时，民俗图表有大显身手的机会。民俗地图或民俗图表是辅助记述、论证民俗事象、比较研究民俗文化的一种方法，是将活生生的民俗事象立体化再现于纸端的有效方式。它可以帮助我们梳理出民俗事象的相同点或相异点，明示特定范围内某一民俗事象的存在特征、继承特征或分布特征、变迁特征等等。但是，在地图上标示民俗数据不能替代基本的民俗分析和民俗研究，民俗地图法亦不是研究民俗的万能之法。在我国民俗学科迫切需要确立本学科独特的系统化研究方法时，更应当客观、冷静地分析民俗图表的功能与运用民俗图表的利弊，不应夸大也不应缩小其在民俗学科的作用。

我国目前正处于传统型生活向现代型生活急剧变化的过渡时期，许多民俗会在时代潮水的冲击下急速变形或消失。记录现存民俗生活资料应当是一项紧迫的课题，其中也应当包括制作记述型·资料型的民俗地图。日本民俗学科通过半个世纪以上对传统民俗生活长期的调查、记录，为研究日本传统文化、认识日本社会积累下巨大的历史民俗资料数据，使日本民俗研究以及相关学科的日本社会研究都获益匪浅。日本民俗学科的这一成功经验值得我们参考。

日本的国土面积大约相当于我国国土面积的二十五分之一，日本制作和出版的覆盖整个国土的民俗地图，乃是历时三年在选定的30个调查地点上调查了20个项目之后花费了近40年时间才最终完成了描绘地图和编写说明的。为了21世纪民俗学科研究的深入和研究理论的完善，为了给各个民族的子孙后代留下认识先人们传统生活的线索，我国民俗学科亦需要制作科学性的大型、广域的民俗地图。这是一个紧迫的课题，也是一个艰巨的课题。本文仅在此提出这个题目，介绍一些可资借鉴的做法。希望能有机会和学界同人们进行如何设计和展开这个课题的进一步讨论和实践。

非物质文化遗产"保护"的本质与原则[1]

贺学君[2]

当前关于非物质文化遗产保护的讨论与实践中,经常出现"保护"与"保存"这样两个概念,并且往往在它们之间画上等号,认为"保存"即"保护",或者说"保护"的主要途径在于"保存"。我以为这是一种误解,在行动上很容易导致有害的结果,需要认真加以辨析。

在我看来,所谓"保存",重点在"存",实际针对的更多的应是那些在现实中已濒临灭亡又无法继续传承的民俗事象。它的做法应该是,调动一切现代科技手段,尽可能把那些残存的活动内容全景式地采制下来,归类存档,最终是要为后人留下一份可资记忆的资料。这部分传统,从内容来看,从被记录保存的那一刻起,就同自己赖以存活的生命机制以及相关的生态环境相脱离,由动态转为静态,从而结束了生命流程。此种做法当然属于"保护"中的一项措施,而且也自有其必要,不这样做将会对某些特定的遗产造成无法挽回的损失。但这实在是一种不得已而为之的办法,其对象和效用都是有限的。倘若任意扩大它的适用范围,将之视为"保护"的主要途径,甚至以此代替"保护",那就不啻抓住芝麻丢了西瓜,而且必将累及无辜,使那些本来还有生命力的民俗事象受到损害,从而事与愿违。

而"保护",从根本上说,是针对对象生命系统生态整体的保养与呵护。它以"养"为目标,着眼于对象的生命活态,意在推动传统的延续与发展。这才是非物质文化遗产

---

[1] 刊于 2005 年第 6 期。
[2] 贺学君(1945—),女,浙江宁波人,中国社会科学院文学研究所研究员,研究生院教授,中国民俗学会副理事长。

抢救的主攻方向。一个民俗事象，如果没有继续发展的可能性，那么它的消亡也是时代和历史的必然，并不需要感到可惜和悲伤（当然对此还是需要用科学手段将其作为资料加以保存和保留）。正因为如此，联合国将是否有持续发展的可能性列为世界非物质文化遗产申请保护的重要条件。但限于认识的偏颇，我们一般在审视传统保护的时候，对对象是否具备持续发展的可能性这一点，常常缺乏足够的重视，疏于研究和挖掘，只是习惯性地将目光盯住那些濒临灭亡的对象，以为对它们的"保存"就是"保护"。即使对于那些目前尚具生命力仍在继续的传统，也仅以维持旧制原貌"保留"为满足。应该说，这种理解与"保护"的实质还有一定的距离。

我认为，"保护"，实际上是人类面对当今非物质文化遗产的现实危机所提出的一个拯救性的"关键词"。由于非物质文化遗产本身的多样性，保护的手段、措施也不尽然一致，"保护"也就包含着丰富的内涵。这里仅就其本质及其基本原则，略陈管见。

上述分析表明，关于"保护"的本质（即究竟要保护什么），实际存在着两种思路。一种把对象视为单纯的静止的存在，把"保护"理解为对这种存在的具体保存和维护。这种认识，引出就地修补、易地转迁、圈隔固守、采集保存等常见措施，有些正在造成消极性后果。另一种，基于对非物质文化遗产的定义与特征的深入把握，将对象视为有生命的活态存在，认为"保护"的本质要义，在于维护和强化其内在生命，增进其自身"可持续发展"的能力。联合国教科文组织可视为持这一认识的代表。它在《保护非物质文化遗产公约》中明确指出：所谓"保护"，就是"指采取措施，确保非物质文化遗产的生命力，包括这种遗产各个方面的确认、立档、研究、保存、保护、宣传、弘扬、承传（主要通过正规和非正规教育）和振兴"。这里不仅揭示了非物质文化遗产保护的根本目标——"生命力"，确定了保护的具体内容，而且特别强调要"确保"其实现，表现出真正的远见卓识和对人类文化建设高度的负责精神。这才是当今人类非物质文化遗产有效的固本求生之道。

为实现这一目标，有六项原则需要注意。

其一，生命原则。任何非物质文化遗产，作为人类特殊的精神创造，都是一种生命的存在，有自己的基因、要素、结构、能量和生命链，在这里蕴含着生命的全部秘密。因此，要确实维持和增强一种非物质文化遗产的生命力，必须首先借助调研，探寻它的基因谱系和生命之根，找到它的灵魂和脉搏，即贯穿其中由特定民族精神（心理）凝铸的核心价值观，从而在源头和根本上准确认识，精心保护。这应该成为整个"保护"的基础工程。只有这一点做好了，守住了对象的生命之本，其他的保护措施才可能是积极的、有效的。联合国规定，申报世界非物质文化遗产代表作的条件之一，是要求这一文化必须深深扎根于一个地方的传统文化历史中，能够作为一种手段，来体现一个地区的文化特质和价值，对社会团体起到促进作用，正是体现了这一原则。倘若不顾于此，舍弃对核心价值观这一灵魂的发掘与保护，也就等于从根上肢解了它的有机生命，文化也就不再是活的文化，所谓抢救和保护，也就会徒具形式。

其二，创新原则。从逻辑上说，这是第一项原则的必然延伸。既然非物质文化遗产是一种生命存在，它就不可避免地在与自然、社会、历史的互动中不断发生变异。这种变异，有正负两个方向：负向为畸变——走向扭曲变形，导致自身基因谱系的损伤以至断裂，目前为数不少的在市场炒作下出现的伪民俗即是；正向便是创新——它是非物质文化自身生命在面对新的生存环境时，吐故纳新，顺应同化，自我调节变革的结果，是传统价值观与现代理念交合转化的新生态，尽管外形已有所不同，其内里始终保持着基因谱系的连续性。这种积极创新，促使保护对象得以应时而变，推陈出新，生生不息。细观非物质文化的生命史，贯穿其中的正是人类过去、现在和未来的创造力。因此，确保非物质文化遗产的生命力，就其自身而言，最关键的是保护和激发它的创新能力。这样，保护才具有了本质性的意义。对于任何生命来说，创新能力都是自我发展的主动力。非物质文化遗产也是如此。

其三，整体原则。有两重意思：一是生态整体。这是由非物质文化遗产的生态性特征决定的。它要求在对某一具体事象进行保护时，不能只顾及该事象本身，而必须连同与它的生命休戚与共的生态环境一起加以保护。当然，这个环境也是在不断发展变化之中的，但那只是自然选择的结果，依然保持着自身的生态平衡。否则，无异于切断水源，将活鱼晾成鱼干，而走向愿望的反面。可以想象，假使把一个原本活跃于民间生活中的故事家，从"民间"提取出来，人为地"推向世界、推向市场"，割断其同生活、同民众的联系，他的故事活动一定会失去原有的生命，蜕化变质。二是文化整体。一个具有悠久历史的民族（社群），它所创造的非物质文化，都是多种多样丰富多彩的。但是，尽管具体内涵、形式、功能上有所不同，却又都是该民族精神情感的衍生物，具有内在的统一性，是同源共生、声气相通的文化共同体。我们所要保护的，正是这样一个文化整体。整体固然可以是众多局部的有机整合，但任何局部（即便是最杰出的代表）都不可能完全代替整体。倘若忽略这一原则，在"保护"实践中，只重代表性事象，轻视乃至割弃其他相关事象，也会造成不应有的损失。目前，各地争相申报世界非物质文化遗产的背后已隐藏着这样的倾向。

其四，人本原则。非物质文化遗产"保护"实践中，经常碰到一个问题：当某一特定事象需要及时保护甚至抢救时，与所在地民众对于经济利益的追求发生矛盾。这时候，就需要以人为本的原则。这里也有两重意思：一是必须关注和尊重人（相关民众）的现实需求。这是因为，追求经济发展和生活，是人类天然正当的要求，不然便违反了人性，也违背了社会发展的根本目的。保护遗产绝不能以妨碍经济发展、降低人的生活质量为代价。不然便是本末倒置的愚蠢行为。二是必须明白，只有（特定民族社区的）人，才是（特定）非物质文化遗产保护的无可替代的能动主体，要相信他们的聪明智慧和守护民族文化的责任感。因为说到底，无论"生命"也好，"生态"也好，"创新"也好，一种非物质文化的全部生机活力，实际都存在于生它养它的民族（社区）民众之中。一个特定的社群，作为一种非物质文化遗产的创造、享用和传承主体，绝不会在满足经济物质生活需求的时候，忘记自己的传统文化。因为那是他们的精神之根。他们一定会想方设法积极参与，在困境中努力寻求两全，找到有效保护和弘扬之策。反过来，也只有依靠这些与对象相依为命的真正主人，"保护"才能有可靠的保障。他们最知道保护对象的饥渴冷暖和发展需求。中国民俗学会理事长、中国非物质文化遗产保护专家委员会副主任刘魁立先生在一次关于非物质文化遗产保护的国际研讨会上指出：从根本意义上说，无形文化遗产的保护，首先应该是对创造、享有和传承者的保护，同时也特别依赖创造、享有和传承这一遗产的群体对这一遗产的切实有效的保护。这是很有道理的。联合国教科文组织深知这一点，在《保护公约》中明确强调要"努力确保创造、保养和承传这种遗产的群体、团体，有时是个人的最大限度的参与，并吸收他们积极地参与有关的管理"。如果把传承主体视为消极甚至破坏性力量，恐怕是失之肤浅的。当然，必须看到他们也有一个在实践中学习和提高的过程。只要尊重该事物自身发展的规律，尊重民众自身合理的选择，相信保护能够获得切实的效果。

其五，主体协调原则。参与非物质文化遗产保护的主体，主要有四种：政府、传承者、工商界、学术界。一般说来，由于地位、动机的差异，他们会各有自己的立场与诉求，各有自己的长处与短处。政府的介入以权力为依托，具有某种强制的功能，处于决策、组织、统筹的地位，构成一种主导力量。也因此，如果认识或措施上出现偏失，将会酿成大面积损害。民众（传承和享有者）置身实践的中心位置，是"保护"最终能否成功的关键力量，也是最焦虑、最矛盾，因而意见、建议、诉求最多的一方。如何保护、发挥好这支关键力量，成为一个焦点和难点。工商业者的作用具有两面性：首先，作为有远见的爱国公民，他们主动投资，给保护工程以有力的资金支持，这是积极的一面。同时，作为投资商，他们很自然地要考虑经济的回报与利润，如果只图急功近利，加之自身缺乏必要的关于非物质文化遗产保护的知识，弄不好又很容易将"保护"引入歧途，结果事与愿违。他们既需要热情支持，也需要有效的协调与引导。无论从政府还是学术方面来看，这都是目前需要关注和探索的一个很现实的课题。学术界情况比较特殊。他们不求政绩，远离利润，地位相对超脱，是一支可靠的科学力量。但他们一无权，二无钱，三不具体参与，虽然资源（智力）丰富，却力量分散作用有限。所以，必须把四种力量协调整合为一种最佳合力，才能避免能量内耗，兴利抑弊，创造出良好的保护机制。

其六，教育原则。由于非物质文化遗产具有活态性、民间性和生活性特征，它的保护就不只是哪一个时段、哪一个部门、哪一部分人的事，而是一个全社会经常性的事，尤其是一代又一代后来人的事。这就需要教育——向全社会尤其是青年人进行保护非物质文化遗产的教育，提高整个民族的保护意识，使人人都懂得保护的重要性，明了为什么要保护，以及如何保护，从而造成强大的社会舆论，让"保护"进入人们的日常生活，代代相继。教育还有一个任务，就是加强管理和科研人才的培养，努力提高他们相关的理论、方法和技能方面的能力。这样才能兼顾普及与提高，形成上下互动的良性循环，促使非物质文化遗产保护在实践中不断扬长避短，走向科学和完善。

需要特别指出，判断一个具体的民俗事象（传统）是否可持续发展，关键看其是否还具有新的生长点。而正确认识这一点，首先需要找准它的"根"，因为这是决定其所以是此而非彼，所以得生而非亡，所以这样发展而非那样发展的生命根据。这种根，于事象外部，表现为最基础的核心结构；内在精神，则凝为最深层的核心价值观。仔细观察，任何历史悠久的民俗事象，都有一个复杂的生命系统，至少可以分为初生态、次生态和复生态。初生态即其生命落地生成的初始形态；如果把民俗事象比作一棵大树，那么它就是最底部的"根"。相对来说，次生态、复生态则是树干和树冠。树根最终决定着树的性质与命运，必须保持安全和基本稳定；树干、树冠由于直接生存于现实之中，需要与环境不断进行信息能量交换，因之显出更多可变的一面。这种可变性聚成新的生长点，正是从这里透出、传出发展创新的生命之力。可以发现，凡能延续至今的任何一个传统，必定具有适应时代要求的新内容，不然便只能作为古董被保存。因此，"根"的识别与守持和新生长点的发现与开拓，便成为民俗保护的两项关节之点。这可以说是传统保护的关键之关键。

如果"保护"工程能在这样的原则下进行，可以肯定，保护力度越大，就越有益于对象生命力的恢复与发扬，同时避免新的破坏，真正实现"有效保护"。

下面，以北京妙峰山庙会和韩国江陵端午祭为例，略加说明。这两个传统民俗事象都是至今保护得比较好的例子。它们的共同特点如下。

1. 保持了独特的民间信仰，守住了生命之本。

妙峰山庙会是因为山顶有碧霞元君庙（俗称娘娘庙）而生成的：娘娘信仰是它的精神之魂，独特的朝顶进香活动是它的生命（结构）之本。这种信仰和拜神仪式至今依然是整个活动的基础内容。江陵端午祭的"根"，是贯注着该地区民众共同信仰的那些基本的祭祀礼仪。对此，他们也始终坚守不移。世代以来，不管环境与时代变化有多大，其儒教祭礼和巫祭，均虔诚地按原来程序进行。在民众心目中，这是该项祭祀的灵魂和生命所在，只有行此仪式才是江陵的端午祭。这种认识与守持，有力地维护和传递着活动的原始生命力。相反，如果放弃这种守持，则必将导致自我毁灭。

2. 实行开放态势，吐故纳新，与时俱进。

在守持生命之根的同时，两者都不守旧。他们很善于把所发现的生长点一一打开，为有效嫁接引进相关的内容搭建通道。这样可持续发展的可能，就转变为生动的现实。新的生长点，在初生态环节并不明显，但也不是根本不可能。韩国端午祭神活动中那些离核心意义较远的娱神仪式，就逐渐附加了民众自娱的成分。北京妙峰山庙会在保持娘娘信仰的同时，又融进佛、儒、民间神等其他诸神信仰，使自己的根基变得多元化。当然，新的生长点主要还是表现在次生态和复生态环节——这些环节本身潜含了更多可变的基质，其中尤以风物游艺类活动最具开放性，已臻古今内外交融的佳境。韩国端午祭以此为契机，积极从国内外引入相关的其他民俗表演及文化活动，融入新时代的文化因素，使之内涵更为丰富，成为"由来最为长久，规模最为庞大的'综合性'庆典活动"。北京妙峰山庙会在活动中，也在花会表演环节打破旧规，大胆地吸收一些后起的花会甚至近年新涌现的民众表演团体（包括秧歌队、管弦乐队等）加入，使内容更为丰富和贴近现实。活动中，人们除了浸染于传统文化，还可以从新的层面找到共同的感觉和体验，增强有效的集体归属感，在新价值观的认同中促成民众新的和谐一致，从而实现传统的自然蜕变与创新。

3. 政府的有效管理。

任何一项民俗事象，它的主体虽然是广大的民众，但是政府的意识或意志将会给民众主体以重大影响。这种影响可能是符合主体本身意愿与民俗文化演进规律的，也可能不完全符合，甚至相反。如果符合即正向有效管理，将产生促使进化的功能；反之，则为逆向管理，必会造成元气损伤，带来或轻或重的负面效应。韩国"江陵农乐"从濒临灭亡到复兴繁荣的变化，即一个政府有效管理的成功例证。"江陵农乐"曾深受民众的欢迎，却由于种种原因，几度陷于困境。后来，政府采取了如下干预：起初，为增强其内在活力，积极组织全国性的民俗艺术竞赛，并颁发各类奖项。1977年，江陵农乐获第18届农乐部门最高荣誉文化公报部长官奖，引起极大反响；1979年，江陵市长鼓励江陵市19位洞长，派农乐义务参加江陵端午祭的风物游艺演出，使五位来自中央的农乐专家惊叹不已；1985年，该地农乐被指定为国家"重点无形文物第11-4号"，给予更大的激励和推进。目前，它已是每年江陵端午祭指定的风物游艺，参与者兴趣越来越浓，乐此不疲。在那个年代，中国政府关注民间文化保护的自觉度显然没有韩国政府那样高，但也不是毫无作为。例如，1984年在北京胡同里表演的花会得到区政府的认可，次年进入龙潭湖庙会。此后，庙会活动一年比一年大，全国各地的花会以能参加北京春节庙会表演为荣，由此带动各地花会的恢复。1992年，当妙峰山庙会遭遇极大困难时，市领导的一句话："城里请花会要出钱，人家送上门来你们为什么不要？"就使之化险为夷，从此年年举办一直至今。另外，作为政府一级基层机构的妙峰山管理处，也为庙会的正常举行、传统的积极传承做了大量有效的工作。每年庙会前他们首先召开花会会首联谊会，对上山会档进行安排，并依花会上山年头的不同赠送不同旗子，以示精神上的鼓励。可以说没有政府的有力支持，这些古老的民俗活动是很难坚持下来的。

4. 民众的自主参与是民俗事象"活着"的主体保障，也是其根本标志。

妙峰山庙会和江陵端午祭至今还生机勃勃地传承着，根本原因在于它所传递的文化精神依然扎根于现代民众的心里。那些传统的祭祀仪式、风物游艺，依然是他们当下生活的一部分，精神和信仰的一部分，彼此朝夕相处，须臾不离。因此，人们不需要任何命令、要求，都会自觉参加。如妙峰山庙会，每年四月初一至十五，各文会、武会均自己掏钱，献米舍粥、舍馒头、舍菜、舍缘豆，免费提供茶水；自己出车费上山献艺。2001年后，公交车不能进山，私家车、出租车以及翻山越岭者仍每日不断。三十至初一晨，山路上的汽车通宵达旦，一夜约四五千人。2005年，石景山区古城秉心圣会会众将断档60年的花会表演项目恢复，冒雨进山朝顶，其精彩的献艺让山上的人们大开眼界，大呼"难得"！

妙峰山的庙会，可以说是在特定时间由庙宇、文会、武会、会众、香客、游客共同形成的一个非物质文化生命场，人们在这样的时空中充分表达自己的信念，展示自己的才艺，达到敬神娱人、娱乐休闲、强身健体、陶冶情操等多重目的。

这样的祭祀活动，沟通着神与人、信仰与现实，既令古老的传统融入今日之生活，又使今日之生活汇通古老的传统，从而在古与今的交汇、碰撞中，推动传统自然地传承与演变。在山上做了十多年考察的法国汉学家范华先生，称妙峰山庙会期间行香走会的花会表演，"把朝山进香的活动演绎成了北京郊区最大的民间戏剧节"（龙巴尔、李学勤，2002：274）。的确，妙峰山庙会为民间花会表演、民众自娱自乐提供了一个很好的大舞台。

5. 民俗学者的积极参与，在文化遗产保护传承中起着不可替代的作用。

"江陵端午祭"是韩国民俗学会前会长、中央大学教授任东权先生，于20世纪60年代初期，首先发现并热心关注的。经他的提议，1967年，韩国政府将其列为国家重点文物第13号。从此，这一活动有了制度的保护，获得传承与创新。北京妙峰山庙会所以连续不断，也与中外民俗学者的关心有着密切关系：1925年，北京大学顾颉刚先生带领一批学者上山考察，并发表文章，引起极大反响。1995年，召开纪念妙峰山考察70周年学术研讨会，93岁高龄的民俗学泰斗钟敬文亲自带领大批学者、学生上山考察，此后多位学生以妙峰山为题完成博士、硕士论文。同时，美、法、日、韩等国也有不少学者以此为研究对象，发表论著。2004—2005年，中日学者联合组织学生进山考察，详细追踪春季庙会全过程。2005年又召开了纪念妙峰山考察80周年研讨会并立纪念碑。"中国民俗学田野调查纪念碑"揭幕仪式即在2005年春季庙会的第一天举行。这种学术的参与，为传统文化保护注入有益的智力支援，促成其积极健康的发展。

日常生活[1]的现代与后现代遭遇：中国民俗学发展的机遇与路向[2]

高丙中[3]

王子成青蛙，仙女变田螺。

所幸故事并不就此结束。

梁祝化蝶，蝶会化回梁祝吗？

那要看是否处于"后现代状况"。

引论：寻找把握中国民俗学路向的学术框架

中国的社会科学是因应中国的现代化问题而产生的，它被建立的动机是解答现代化问题。事实上，中国的社会科学在解答现代化问题的过程中得到自我发展的同时，也制

---

[1] "日常生活（everyday life）"是现代哲学社会科学的一个核心概念，是自胡塞尔以来学术能够指向普通人、生活常态从而让凡人琐事具有意义的研究取向的出发点。赫勒把"日常生活"界定为个人再生产自身时使社会再生产得以实现的要素的集合（赫勒著：《日常生活》，衣俊卿译，重庆出版社，1990年，第3—8页），也就是使个人仍然是自己的活动及其过程和发生条件。通俗地说，日常生活是过日子的平常、通常的过程与状态。围绕这个概念有两个相反相成的立场。一个是追求现代化的"日常生活批评"，如衣俊卿所说，"我们面对的则是如何消解自在自发的传统日常生活世界对于现代化进程的文化'阻滞力'"（衣俊卿：《现代化与日常生活批判》，人民出版社，2005年，第3页）。另一个是对日常生活受现代化影响的反思，海德格尔和列菲伏尔致力于批判现代工业文明条件下日常生活世界的深层异化，应该已经是反思性的立场。批判老百姓的日常生活，是近代以来的思想定势，它在相当长一个时间仍然会是有实践的工具意义的。但是从知识创新的角度考虑，我们来反思这种批判并不一定是彻底终止它，而是要把另一个可能性呼唤出来：批判造成了批判者与被批判者的紧张和被批判者的被动状态，结果批判所追求的结果反而难以达到；如果知识分子对批判所造成的问题加以反思并改弦更张，改由创造条件让被批判者具有自我反思的能力和条件并自愿采取优化日常生活的态度，则会有一个更优的结果。让被批判者能够进行有效的反思，就必须保证他是思想和行动的主体（而近代以来的日常生活批判恰恰是破坏了他成为主体的条件）。民俗学者要积极参与使"民"成为社会行动的主体的思想过程和社会过程。这就是本文的起点。

[2] 刊于2006年第3期。感谢吕微先生对本文的审读和评议。我会接受他的建议进一步思考中国人的日常生活的现代问题与中国现代学术的复杂关联。

[3] 高丙中（1962— ），男，湖北京山市人，北京大学社会学系、人类学与民俗研究中心教授。

造了中国社会的许多问题。当然，它承诺继续解答这些问题。我们从民俗学的学科史就能够清晰地看到这种内在的紧张关系和诡异局面。民俗学是中国社会科学的核心学科，不仅因为民俗学的知识生产在形塑普通中国人的日常生活的社会过程中发挥过关键的作用，并且有机会在今后相当长一个历史时期在重塑中国社会的思想与日常生活现实的关系上做出可能具有决定性意义的贡献，而且因为民俗学所研究的"俗"是以民族立国的现代国家的文化根基，而"民"是民主政体的政治根基。民俗发生于其中的日常生活应该是整个社会科学的知识兴趣的出发点和立足点，民俗学与日常生活最直接、最密切的联系内在地注定了它在社会科学中应有的位置。有鉴于此，我们今天对民俗学事业拥有更加乐观的预期。

回顾中国民俗学的历史，展望它的发展前景，我们不能不联系到普通中国人的日常生活在过去150多年不断被批判、反复被否定的遭遇。普通人的日常生活和日常心理都被持续的冲击扭曲得颠三倒四。一种可以心安理得、泰然处之的日常生活，或者至少不受外部力量强制介入的日常生活，对于平民百姓来说，多少年来都是可遇而不可求的了。普通人的日常生活在近代以来不再具有不受干预的正当性，这在过去是民俗学参与制造的后果，这在现在也是民俗学要参与解决的问题。当我们的社会发展到人民可以奢望一种自在、自得、自由的日常生活的时候，原来可以轻易被牺牲的日常生活领域正在成为重点关怀的对象。相关的许多问题的提出与探讨，因其成因与解决之道都与民俗学纠结在一起，所以也为中国民俗学的发展提供了契机。

我们要在中国的社会科学的格局中，在中国人的日常生活的历史遭遇中看待我们的民俗学，"遗留物"（survivals）是一个很有用的概念。"遗留物"是西方人类学和民俗学在学科初期广泛采用的一个关键概念，但是它失去运用价值已经许多年了，因为它在理论上所归属的进化论在20世纪20—50年代受到了功能论的有力冲击而难以自圆其说，学者们不再有强烈的兴趣通过"遗留物"获得古代乃至原始社会的信息。但是，"遗留物"概念在中国的遭遇却是另一个故事。虽然它在中国学界不再流行的时间也有十多年了，但是我在这里想把它重新激活，让它具有新的理论意义。我还是把它放置在时间的维度之中，不过，不是把它作为一个重建历史的概念，而是作为一个观察社会过程的工具。

中国民俗学两次从文化"遗留物"的社会遭遇得到发展的灵感和机遇：一次是日常生活成为文化遗留物的过程，一次是文化遗留物反过来成为日常生活的过程。作为现代学术之一种的中国民俗学在1920年前后受欧洲学术的影响而产生，它是得益于"遗留物"概念的，因为民俗学的基本思想是关于历史的现代化信念和关于文化进化的遗留物理论。这是中国民俗学界看待中国民俗学的这段历史的一个常识。我在这里想谈的一个论点是，在后现代理论的帮助下，我们才有一个新的视角看待民俗，于是我们发现，民俗学所研究的遗留物改变了"注定死亡（灭绝）的命运"，改变了与时间的关系的方向。时间不再是使遗留物衰老的因素，而是使遗留物增加活力的因素。我们在当下的中国社会看到，时间使已经成为遗留物的民俗枯木逢春，并且欣欣向荣。在此基础上，我想谈的另一个论点是，承认自己是民俗之"民"的群体正在快速地从可怜（从主流社会看）而无奈（从"民"自己的角度看）的农民扩展为公众（the public），民俗正在逐渐被承认不仅是边缘群体的文化，而且也是整个社会的日常生活的公共文化（public culture），甚至是民族国家的立国之本。例如，"传统节日是农民的风俗"的观念正在向"传统节日是公共的节日"的观念和相应的公共政策转变；作为不能充分享受现代文化生活（如电视节目、音乐会）的边远农村居民劳动之余的娱乐的民间文艺现在一跃成为国家乃至人类的非物质文化遗产。

　　民俗与日常生活是联系在一起的。民俗存在于日常生活之中。在民俗学的意义上，民俗是被民俗学家发现并表述出来的那部分日常生活，它们被选中是因为它们符合特定的体裁（genre）或文化形式。[1]无论是否见诸写出来的文字，民俗学的研究通常是从界定"民俗"开始的。学者先要确定谁是"民"，才好选择找谁做调查；先要确定什么是"俗"，才知道调查什么。我们把民俗学工作的这个开端与"日常生活"概念联系起来，就会注意到，界定"民俗"的学术活动内在地具有选择性，许多人（群体）事先就处于"民"的概念之外，他们的日常生活是不受民俗学打扰的。这是民俗学学科的常识。我的问题就想从这个常识开始。民俗学是调查日常生活的，我们的思考有必要在"民俗"与"日常生活"之间来回游走，而不应该在日常生活中发现民俗之后就置日常生活于不顾了。

　　民俗所对应的共同体与它被研究的时候接受调查的对象并不总是同一的。"中国民

---

[1] 一些关于民俗学田野作业方法的著作直接就教导研究生怎样从日常生活中发现民俗，而在田野作业当事人之外的角度或从田野作业的结果来看，民俗就是从日常生活中生发出来的。Schoemaker, George, ed. *The Emergence of Folklore in Everyday Life: A Field Guide and Sourcebook*, Bloomington: Trickster Press, 1990.

俗"从来就不是通过对随机的中国人的调查来描述的。学者们用探究的眼睛盯住那些生活在当下却被认为在文化上不属于这个时代的"民"（folk），记录他们对仪式和语言的表演和日常活动，再把自己的记录视为一个更大范围的人群或共同体的民俗。民俗的实际表演主体和声称的名义主体常常是有差别甚至是大有差别的。这种差别的存在，这种差别的大小及其程度的变化，都是值得思考的问题。谁被认定为民俗的主体而被学术之眼盯住，即谁的日常生活成为民俗学的调查研究对象，这种知识对象的地位对他们的日常生活有何影响，这些也都是有意义的学术问题。[1]

在德国（Grimm 格林兄弟的时代）和英国（William Thoms 的时代）等西方国家开始出现民俗学的学术的时候，传统社会遗留下来的民俗正在成为国民的日常生活的一个较小的部分，所以很容易被视为在现实生活中出现却在实质上不属于现实的"遗留物"；民俗的实际主体只是共同体的一个部分，主要是指教育程度比较低的农民。

就民俗与日常生活、民俗的实际主体与名义主体的同一性而言，中国的民俗学在现代的出现与西方很不相同。如果说民俗是传统社会的日常生活，那么，中国的民俗在 20 世纪第一个十年几乎就是中国人的日常生活，因为现代工业化都市的日常生活在这个时候并不占重要的地位，与工业和城市联系在一起的人口规模还很小。如果以 1918 年北京大学的师生开始搜集歌谣在校刊发表作为民俗学在中国发轫的标志，当时被归入"民俗"的，不是已经失去原有功能的过去时代的文化遗留物，而是人们的现实生活的有机部分。在当时，几乎每一个人都实际上是这些所谓"民俗"的主体，其实"民俗"就是人们的日常生活，而不是日常生活所退化的遗留物。学者们当时无须跑到一个偏远的乡村找老人才能发现民俗。当时的日常生活在整体上退化为民俗尚需时日，尤其需要等待革命运动的降临。以"遗留物"观念为基石的民俗学不是在 20 世纪第一个十年而是在 20 世纪 80 年代引入中国学界，在学理上可能才是顺畅的。民俗学来"早"了，它是强行进入中国社会的。所以说，民俗学与中国社会的关系是不同于它与西方社会的关系的。这种差异是刺激我们独立思考的推动力。

---

[1] 这里又造成了一个诡异的局面：采风的"文化人"到村民家通常受到热情接待，已经习惯在冷漠的陌生人社会中生活的文化人深受感动。可是，这些人的成果，尤其是该群体的成果的总体效应，造成了村民群体极其不利的话语地位，他们成为太多否定价值的代表，他们也没有申辩的回应机会。被观察的对象成为价值否定的对象，成为社会运动的对象，而作为主体的机会越来越渺茫。对伴随现代化过程的民俗学的反思要反思到这个层次，民俗学者的职业伦理才会提升到这个时代的制高点。

民俗从日常生活到遗留物再到日常生活的历程

确确实实，从"遗留物"这个概念来看"中国民俗"这个范畴及其相关研究在现代的发生和演变过程，我们看到一种非常有意思的现象。在中国学人从西方引进民俗学的那个时代，民俗学在工业化的西方是研究文化遗留物的学问。汤姆斯（Wiliam Thoms）在1846年创造folk-lore这个概念的时候，它的范围基本上是指"曾经流行的古老遗存"（popular antiquities）——这个概念在更早的时候被学者们采用[1]，学者们也时常使用remains、relics来指同一种研究对象。受泰勒（Edward Tylor）的影响，（文化）遗留物的概念后来更为流行一些。他在《原始文化》（Primitive Culture，1871）的第三章中用文化遗留物的概念把野蛮人的信仰和行为与现代社会的农民的民俗联系起来，认为各种类型的民俗都是原始文化留存在现代社会的残余。安德鲁·兰（Andrew Lang）继承了泰勒的遗留物学说，在1884年出版的《风俗和神话》（Custom and Myth）的第一章"民俗学的方法"中说，"有一门科学，考古学，搜集并比较古代种族遗留下来的实物，如斧子和箭簇。另有一门学问，民俗学，搜集并比较古代种族的非实体的类似遗物：遗留下来的迷信和故事，以及那些见之于我们的时代却又不具有时代性的思想观念"（Dorson，1968：219）。1914年版的代表英国民俗学会观点的《民俗学手册》由班恩女士修订并扩充，她在"引言"中说，"民俗"这个词取代了"大众古俗"，流行于落后民族或遗存在发达民族的不文明的阶级中的传统的信仰、风俗、故事、歌谣和谚语都被包括在它的名下[2]。

"文化遗留物"应该是已经不能够发挥完全的功能的文化事象，或者是重要性大大地减缩了，或者是形式不完整了，或者是意义变得不明确了。总之，文化遗留物概念要表达的意涵是，本来是基本组成部分的文化要素现在从实际的功用上说处于可有可无的地步了。

当中国人也有了表示文化遗留物概念的"民俗"的时候，民俗可以指向的对象不是遗留物，而是现实的日常生活。"民俗"在1920年前后的中国还没有在现代化的冲击下蜕变为所谓的文化残余，而是社会普遍通行的日常生活。从民间信仰、节庆活动、个人

---

1 Dorson, Richard. *Peasant Custom and Savage Myths*. The University of Chicago Press, 1968:6.
2 Burne, Charlotte Sophia. *The Handbook of Folklore*. London: British Folklore Society, 1914.

人生的通过仪式，到（衣食住行的）生活方式、口头文学，人们看见的不是一种文化的遗存形式，而是一种文化的完整形态和正常状态。

在随后流逝的岁月里，民俗学者，当然不限于民俗学者，在中国发现"民俗"，形成"中国民俗"的概念，由此使民俗学在传统日常生活向遗留物转化的过程中发挥了关键的作用。本来中国人自在地生活在日常世界里，以遵循日常生活的规则和逻辑，保持对日常生活的认同为常态。尽管实际的生活在家庭之间、社区之间相比较是会有雅俗、繁简等形式和风格上的差别的，但是人们对于日常生活的理念、态度是心心相印的。然而，民俗研究的知识生产与其他因素一起造成了一个社会后果：日常生活的社会分野和价值分档。在同一个社会和同一个时代，一些人有意识地在日常生活上把自己与其他人区隔开，并由此形成先进甚至高人一等的自我感觉。

"一部分人先……"，表达了中国自近代以来的多种社会变化的模式。我们熟悉"一部分人先富起来"，告别贫穷。我们在历史上也看到，一部分人先信仰无神论，告别迷信；一部分人先摩登起来，告别旧俗。民俗学者并不一定有意造成民俗的消亡，但是民俗学把民俗从现实的日常生活中界定出来，实际上发挥了一种为社会成员提供告别对象的作用。

现代的民俗知识的社会后果是在时局中产生的，是思想和政治的精英为了寻求解决中国的现代困境而采取的策略的一个环节。本来是共同的、公共的日常生活方式，但是他们在知识领域把中国在西方世界面前的落后性托付给"农民"群体来代表，并让"农民"典型地代表中国民俗，[1]结果造成农民的落后形象把本来是"普通而正常"的日常生活转化为公认的具有落后性的民俗，而让受到较多现代学校教育并能为国家的现代部门工作的人口逐渐脱离对所谓落后的"中国民俗"的认同，促使他们学会生活在或者想

---

[1] 民俗学在特定社区中通过观察日常生活而进行研究。生活世界（life world）是一个人们习以为常的、理所当然的世界（胡塞尔著：《欧洲科学危机和超验现象学》，张庆熊译，上海译文出版社，1988年，第58—70页），而民俗是其中的组成部分。日常生活成为观照的对象、反思的对象，这在中国是现代性发育起来并扩充开去的过程的一个环节，代表着这个过程的广泛性（涉及普通百姓）和深刻性（渗入日常生活）。这个过程造就了"先进"（现代）与"落后"（传统）的概念，并形成了运用这组概念去进行社会空间分类（等级排序）的权力关系：城市是先进的，农村是落后的；市民是先进的，农民是落后的；接受现代学校教育越多的人越先进，其典型代表是知识分子，而接受学校教育不够的普通民众是落后的，其典型代表是农民。诚如孔迈隆多年以前就洞察到的，背负着各种标签的"农民"范畴在中国是现代知识分子结合政治力量创造出来的（Cohen, Myron. Cultural and Political Inventions in Modern China: the Case of the Chinese "Peasant", in Daedalus 122, no.2, 1993:151-170），认识到这些，我们就不会把农民问题放在客观、自在的历史中看待。

象地生活在一种被界定为"现代生活"的日常现实里。在民俗学的定义和分类的知识与中国的现实建立深入的关联的过程中，知识生产和时间政治（politics of time）使社会主流或社会主体（尽管它可能仍然占人口的少数）习得了对现代性的想象和对中国民俗的不认同。现代的知识话语和政治使"民俗是处于社会下层和边缘的农民的生活方式"成为共识，即使是农民本身也接受这种说法，如果可能，也想早日摆脱民俗，证明自己进入了现代。随着现代化在中国的发展，人口中能够与现代性的指标（居住在城市，受现代教育较多，直接受雇于政府部门）发生直接联系的人越来越多，他们对现代性的想象越来越多地成为现实或者具有更多的现实性。他们对民俗的不认同使只要是与民俗不同的生活方式都容易被认同为现代生活而被接受。作为这种社会过程的结果，原来的日常生活逐渐失去了普遍性，成为与现代性相对的传统，最后真的在社会生活中向文化遗留物退化。

生活中的部分活动被界定为"民俗"乃至"旧俗"，被社会逐渐从生活中放逐出去，这是一个持续的复杂过程。一些人先行一步，在思想观念、行为方式上先进入"现代"。查阅鲁迅日记中关于"旧历新年"的记录，再参照年俗在整个社会的变化，我们能够得到一些生动的认识。

鲁迅日记中所记的第一个旧历新年是癸丑（1913）新年[1]。他在大年三十和正月初一都在教育部上班，国家机构没有过年的概念，作为国家机构的工作人员，他们能够放弃旧有的过年方式。但是，从他提到店铺在三十开门而在初一不营业来看，社会上还是在过年。

在接下来的甲寅年（1914），国家在西历新年放假三天，在旧历新年放假一天。在西历新年的假日里，鲁迅和众友人、同事往来，饮宴，第一天上班，"上午九时部中开茶话会，有茶无话，饼饵坚如石子，略坐而散。午后汤尔和来部见访，似有贺年之意"[2]。他在旧历大年三十有八个朋友来访，有的还送了食品；在初一的假日只有一个朋友来，他自己的主要时间在睡觉；他初二到教育部上班的时候，办公室只有一个同事在，其他的都已经散去了。可见，官方重视西历新年，工作人员也真把它当作年过；官方也开始把旧历新年算作"春节"放假一天，工作人员也配合，但是一些人还是要兼顾

---

[1] 参见鲁迅《鲁迅全集》第14卷，人民文学出版社，1981年，第43页。
[2] 鲁迅：《鲁迅全集》第14卷，人民文学出版社，1981年，第96页。

过年的旧俗，以迟到早退挤时间。

鲁迅丁巳年（1917）的相关记载有这样一段："春假。上午伍仲文、许季市各致食品。午前车耕南来。下午风。晚许季上来，并贻食品。旧历除夕也，夜独坐录碑，殊无换岁之感。"[1] 也有国家假日，也有几位亲友来拜年，但是他自己意识到他与过年的习俗活动和心态已经相当隔膜了。

鲁迅日记从 1912 年 5 月到 1936 年 10 月的记载里，只有 1920 年（庚申）的文字提到他举行了旧历新年的基本仪式："晴。休假。旧历除夕也，晚祭祖先。夜添菜饮酒，放花爆。徐吉轩送广柑、苹果各一包。"[2] 祭祖活动，在日记里此前没有提到，此后也没有再提。

壬申年（1932）初一的记载是："旧历元旦。昙。下午全寓中人俱迁避英租界内山书店支店，十人一室，席地而卧。"[3] 日本军队进犯上海，鲁迅的寓所处于战火的范围，不得不举家躲避。这次冲击使他在下一个年节写出了过年的家庭喜庆气氛："旧历除夕也，治少许肴，邀雪峰夜饭，又买花爆十余，与海婴同登屋顶燃放之，盖如此度岁，不能得者已二年矣。"[4]

从日记来看，鲁迅在旧历年节的除夕和初一都仍然在案头工作，写书信，忙着译。再就是收寄邮件，光顾书店和文物市场，也偶尔提到买点心、玩具、酒饮、烟花爆竹。总有亲友来访，其中一些人会带食品作为拜年的礼物，但是他绝少在这个时间造访别人家。他有一次写到自己遵循包括祭祖的主要年节习俗，有一次过年（1924）喝多了酒。[5] 总体上说，他熟悉过年的礼节和习俗，但是通常都没有积极性去依俗过年。像他这样的国家公务人员和知识分子，从 20 世纪初就不再认真看待传统的新年礼俗了。尽管在行动上他们还偶尔应付一下过年的故事，但是在心态上已经拉开了显著的距离。

鲁迅的心态典型地反映了新兴的现代学人对于传统日常生活的态度。中国现代思想和学术的主要人物大都著文参与了把日常生活界定为"旧俗"并促使它成为文化遗留物的知识生产和思想运动。陈独秀、李大钊、胡适等其他的代表性人物都曾经激烈批判中国人日常生活的制度和价值。受他们的影响并在西方民俗学的框架里研究民俗的学者从

---

1 鲁迅：《鲁迅全集》第 14 卷，人民文学出版社，1981 年，第 263 页。
2 鲁迅：《鲁迅全集》第 14 卷，人民文学出版社，1981 年，第 382 页。
3 鲁迅：《鲁迅全集》第 15 卷，人民文学出版社，1981 年，第 4 页。
4 鲁迅：《鲁迅全集》第 15 卷，人民文学出版社，1981 年，第 60 页。
5 参见鲁迅《鲁迅全集》第 14 卷，人民文学出版社，1981 年，第 486 页。

事的一个主要工作则是把日常生活批判的关注点或热点作为民俗事象向学界呈现出来。许多民俗事象本来都有它们很"自然"的日常生活,但是经过民俗学爱好者作为民俗单挑出来,就成了多少有些奇怪的现象。

民俗事象被界定出来了,它们并不会只是作为趣味读物停留在知识状态,而是必然会纠结在整体的社会过程之中。毫不奇怪,政府会选择其中一些民俗事象作为思想和政治运动要消除的对象。我们仍以旧历新年的遭遇为例。1928年5月7日内政部呈国民政府,要求"实行废除旧历,普用国历"的社会工程,原因是"考社会日常状况,十余年来,依然沿用旧历,罔知改正……一般民众之赛会、休沐,益复寻朔计望,蒙昧如故,于一国行政制度之下,百度维新之际,而政令与社会现状,如此悬殊,若不根本改革,早正新元,非惟贻笑列邦,抵牾国体,核与吾人革命之旨,亦属极端背驰"。于是,"拟办法八条,冀从根本上谋彻底之改造"。[1] 其中,第二条办法是严禁私售旧历、新旧历对照表;第三条办法是严令京内外各机关、各学校、各团体,除国历规定者外,对于旧历节令,一律不准循俗放假;第四条办法是通令各省区市妥定章则,公告民众,将一切旧历年节之娱乐、赛会等一律加以指导改良,按照国历日期举行,例如将旧历年节元旦日应有之一切热闹娱乐举动移至国历新年元月内举行。从20世纪20年代到40年代,民国政府和知识分子倡导了层出不穷的"民众教育""乡村建设"的运动,反复用"民俗""旧俗"或"陋俗"来操作改造农民所代表的生活方式的方案。

先是"先进"的知识分子、政党尽管身处固有的日常生活之中,但是不认同(温和)或者鄙弃(激进)那种生活;随后是这种"不认同"成为普遍现象,成为时代的思想潮流,尽管相当多的人实际上还得无可奈何地那样生活;时间和社会运动接着造就了新的现实,旧的日常生活形式真的在现实生活中向破损、残缺、次要的"遗留物"蜕变。

在社会主义中国建立和发展的过程中,民俗加快了成为遗留物的速度。国家不断地对每一个普通人进行社会主义教育运动,在1958年之后逐渐造就了这种形势:每个人都被纳入单位或人民公社的制度之内,不再有自由的时间、空间和自主支配的资源开展民俗活动。学者们从中国人的日常生活中界定出了"中国民俗",并在此时目睹了民俗

---

[1] 中国第二历史档案馆:《中华民国史档案资料汇编》(第五辑第一编文化类),江苏古籍出版社,1991年,第424—426页。

在社会主义中国成为遗留物的结果。在"文化大革命"期间,在传统的日常生活真的成为遗留物的时候,民俗学却成为被限制乃至被取缔的学科。其中的原因总是被说成它被贴上了资产阶级反动学术的标签,但是我们未尝不可以说,这是因为民俗学已经完成了它的现代使命:配合现代化运动,用"民俗"把中国人原有的日常生活转变为"遗留物",从而使中国原有的日常生活形式被清理出现实的日常生活。

我们再以巴金日记对春节活动的记载来看"四清"前后"遗留物"在知识分子生活中的最后消隐。在1963年到1965年的三个春节期间,巴金在家里和在文联所做的事情大致相同:亲友聚会,在家里看电视节目;同事拜访,在文联参加联欢和聚餐。大年三十有一顿比较受重视的晚饭,巴金在1963年和1964年的日记中都写明是吃"年饭"[1]、吃"年夜饭"[2],而在1965年的日记里写的是"吃晚饭"[3]。他在1963年多次使用"拜年"指亲友之间的走动,而在此后两年的记录里一次也没有使用"拜年"二字。在"四清"之前,他们知识分子还在过年,虽然已经不沿袭旧俗,但是还用加引号的方式沿用旧俗"年饭""年夜饭"的说法。显然,经过"四清"的洗礼,他们很自觉地全部放弃了旧俗的说法。他们虽然过春节,但是要把春节当作一种全新的文化活动。这还不够。春节本身就是旧俗范畴,更彻底的做法是取消春节。果然,"文化大革命"兴起不久,国务院在1967年1月30日发出通知,说是为了适应革命形势,根据群众要求,春节不再放假。第二天,全国的报纸发出一片响应之声。传统新年一变为旧历(废历)新年,再变为春节,到此似乎要销声匿迹了(最起码是民众不能名正言顺地"过年"了)。一种生活方式就是这样蜕变为文化遗留物了。

过去二十多年,中国民俗学界习惯用"民俗事象",有时也混用"民俗事项"。民俗是"事"(儿),"事"(儿)过去了,还有"象"留在人们的记忆里,"象"还可以活在人们的语言文字里,作为"遗留物"。民俗作为文化,既在日常生活的意义上以活动的方式发生,也在社会记忆的机制中以抽象符号的形式存在。民俗在日常生活的意义上消逝,成了文化遗留物,但是如果不出三代,并不难还魂入世。何况,中国社会重新开始改革开放的时候,传统日常生活的亲历者整个一代人都在世。遗留物甚至都不用借体就能还魂回到人世间。

---

[1] 参见巴金《巴金全集》第25卷,人民文学出版社,1993年,第208页。
[2] 参见巴金《巴金全集》第25卷,人民文学出版社,1993年,第351页。
[3] 参见巴金《巴金全集》第25卷,人民文学出版社,1993年,第476页。

在1978年前后，随着开放政策的落实，民俗学也在全国的高校和研究机构得以恢复起来。民俗学关于中国民俗的研究基本上是关于文献和记忆中的"遗留物"的搜寻和发掘工作。此时的中国民俗学，才更像是20世纪20年代以前的英国民俗学，也就是关于遗留物的学术。我的前辈大都是在几千年的古籍里、在1920—1950年的报刊所刊登的调查报告里、在对老人的询问里获得关于中国民俗的资料。十多年不具备社会能见度的文化遗留物再次出现在新出版的学术书刊上了。我在这个时候开始成为民俗学专业的学生。我现在无意隐瞒我当时对民俗学研究取向的失望。我在1990年写作博士论文的时候，我的一个主要的意图就是批判民俗学的遗留物研究。但是，后续的历史却证明，这个时期让文化遗留物在知识上重新成为可见的（visible），对于中国社会在后来的变化中重新建立与自己的传统的连续性具有关键的作用。当时对"遗留物"作为文化现象的发掘，对"遗留物"的言说作为合法话语的呈现，实际上奠定了中国社会后续发展的文化基础，凝聚了中华民族的文化认同的集体意识或集体无意识。当代社会有一种奇妙的机制，个别或少数现象要较快成为常见的社会现象，必须把它说出来（不管是从正面说还是从反面说），成为众所周知的事情。不管民俗学者（当然不限于民俗学界）在那个时代对作为遗留物的中国民俗说了什么或者怎么说过，我们今天感到欣慰的是，他们的述说本身开启了遗留物重新成为日常生活的有机组成部分的可能性。他们的论说曾经被中国社会科学的兄弟学科忽略、轻视，事实是他们的学术活动参与改变了中国社会的文化现实，最起码是呼应、催生了一个新的文化中国的问世。

中国民俗学在恢复起来之后所谈论的作为日常生活退化的结果的遗留物，在过去近30年里逐渐地从历史文献和老人记忆中回到了现实的生活中，成为了日常生活实践。寺庙的遗址上盖起了寺庙，传统的节日习俗又成为人们的生活的一个部分，民间歌舞又以传统的形式出现在仪式和庆典活动之中。这些昨天的遗留物成为今天的现实，这种现实在中国知识界已经被通称为"民俗复兴"。按照我们这里的线索来说，民俗复兴是指民俗从遗留物转变成为日常生活，或者表现为文本被实践，或者表现为记忆在现实中复活，或者表现为功能萎缩、形式残缺、位置边缘的传统文化活动在社会中重新传播开来并活跃起来，成为可以被完整地认定的生活民俗。我们清醒地看到，30年的民俗复兴并不会把日常生活带回到150年前，其间一些原本复出过的民俗后来又失传了。但是不可否认，30年的民俗复兴把一度彻底断裂的日常生活传统接续起来了，例如，在大的时空范畴，寺庙的重建和传统节日的复活恢复了中国社会的空间景观和时间框架的中国性；在衣食住行的细节上，红色的衣服和腰带、补气祛火的食品、接风的饺子送行的面、住所的朝向和环境，都或多或少包含传统民俗的要素，体现或强或弱的传统生活价值。民俗的复兴不能把当下的生活变成传统的生活，但是民俗的复兴绝不是当下生活的无关宏旨的点缀，而是使当下生活在整体上具有独特的文化身份的药引或点睛之笔。

民俗学顺应民间文化复兴的发展路向

传统生活的文化遗留物再现实化已成大势。我们当下的日常生活已经是接续了中国生活传统的现代生活。以国家的名义、以意识形态的名义说话的人对这个演化过程的评判也一直在转向。从大骂死灰复燃、沉渣泛起，到作为统战和经济的考虑加以容忍，再到称赞良俗复兴，有话语权的各色人等对这个过程的评价确实发生了巨大的转变。最近几年国家把非物质文化遗产的保护列为国家的文化事业，知识分子群体也在这段时间因为形成推动文化自觉的共识而看好民俗。于是我们满心欢喜地看到，民俗学在多个层次都能够找到自己的发展机会和路径。去田野发现已经复兴的民俗并大张旗鼓地张扬其中的良俗，自然是民俗志的基本工作；投身到火热的发掘并保护非物质文化遗产的事业当然也是民俗学界建功立业的正路。前一个机会是老百姓的历史选择造成的，后一个机会是联合国和政府的决策带来的。仅止于此，中国的民俗学就已经拥有了宽广的发展空间，我们就能够有一个时不时地在媒体上热闹起来的民俗学。

民俗学界还有更富于挑战性的工作。从"日常生活"的概念入手，我们还应该承担起一个十分艰巨的使命：在中国造就公共知识，说明普通人的日常生活具有自我选择的正当性，从而促使整个社会对他们的生活予以应有的尊重。国家和知识分子不要再以一直以来的方式过分地把符号暴力施加于普通人的日常生活，不要再把他们的日常生活强行模铸在"先进—落后"的框架里，而要让普通中国人的日常生活重新保有生活世界的理所当然。民俗学者要发挥自己的专业优势，以服务于自己的研究对象的职业精神，促成这些观念成为中国社会的共识、常识和基本道德价值。

非物质文化遗产保护项目也可能最终影响社会对普通人日常生活的评价和态度，不过，那还要看保护项目在什么思想指导下操作。执行保护项目的人可以有两种心态，一种是淘金人洗沙的心态，一种是百花仙子采花献礼的心态。淘金人眼里只有金子，把沙子看作完全不一样的废物。百花仙子眼里都是鲜花，被选中的固然是好花，没有被采摘的也可能是好花。保护项目的推动如果是以沙里淘金的观念来做，则不会对普通人的日常生活带来多少正面评价；如果是以花中摘花的观念来做，则会把具体项目所得到的肯定扩大到整个日常生活领域。是否把项目所从出的日常生活也纳入关怀的视野，这是需要所有同人认真对待的大问题。

我们可以从非物质文化遗产保护项目顺势关心相关群体的日常生活，我们又何尝不可以直接进入"正确对待普通人的日常生活"的主题。民俗之"民"已经在近30年里复兴了日常生活的中国性，我们现在营造让他们的日常生活成为完全被正常看待的知识氛围，可说是正当其时。我们在此试着从三个思路来探寻达到这个目的的路径。

我们可以更多地投入关于民俗的公共性的知识生产。我们把民俗与日常生活概念结合起来的一些看法可以转换为民俗与公共性的关系的认识。民俗不是个人现象，公共性恰恰是民俗所内在地具有的基本属性。在150年前，民俗在地方社区和国家层次都具有充分的广泛性即公共性，民俗在那个时期就是生活中的公共文化。在新文化运动造就了国家的新的主导文化之后，民俗被认同现代文化的新社群否定、排斥，成为边缘文化（边缘群体和边缘地位的文化）。它作为文化的公共性被销蚀了，精英阶层甚至极端到不允许对它抱残守缺的民众主张它有任何公共性，因为精英占据了所有重要的公共空间和公共话语，它的公共性就演变为弱势的群体性。这也就是民俗之"民"从民族全民变为民间之"民"，再变为农民之"民"，三变为先民之"民"（遗留物的主人）的过程。在过去的近30年里，民俗经历了一个反向过程，从遗留物到农民之"俗"，再到更广泛的民间习俗，现在部分民俗已经是全国性的公共文化。几大传统节日在社会流行面和媒体关怀程度上都算得上是国家的公共民俗，非物质文化遗产国家名录的建立也可以说是在承认它们在国家层次的公共性。这些代表着民俗复兴运动的最高发展水平，但还不是民俗整体的社会处境。如果我们借助知识界关于文化自觉的思潮，用专业优势做好公共民俗的文章，让国人认识到民俗是中国立国的文化根基，改正历来对于普通人的日常生活的扭曲态度就会顺理成章。

改变现代化运动以来对于民俗的态度在思想上还是要借助后现代的理论方法。在中国学术界，对后现代思想的适用性有两种对立的说法：一说"中国还没有充分的现代性，何以奢谈后现代性"；一说"世界学术在总体上浸入后现代氛围不止20年了，我们的观念停留在过去又如何能够有新思想"。我个人认为，社会发展的现代与后现代并不必对应思想的现代与后现代。对于民俗学界来说，我们无意于成为后现代思想在中国的继承人，我们根本就不可能加入那个知识谱系，但是我们要清醒地意识到，我们不得不在后现代的思想方法发挥重要作用的知识氛围[1]里从事学术，并且后现代学术资源对于解放"民"与"俗"具有独到的知识创新的效力。

现代思想的利器是科学和理性，知识界借助专业化垄断性地使用这两把利器，为世界造就了意想不到的成就，也使世界形成了按照距离科学和理性的距离而划定的等级结构。这个后果恰恰是违反民主、人权的价值的。就民俗学所关心的基本问题而言，科学和理性的作用被过分夸大乃至神化，民众的日常生活被过分压制而无冤可申，才有民俗一度成为文化遗留物的遭遇。现在，生活中复兴起来的不仅是传统节日习俗，还有民间宗教、民间歌舞、民间医药、民间工艺，等等。其中那些能够直接与市场和政府的经济建设衔接的部分，比较容易证明是有积极功能的。但是，表现信仰的仪式活动却因为与无神论的国家意识形态和科学相矛盾而不能被国家认为是正确的或正当的，各种手艺的价值也只能依据物质性的功用而非对于人的内在意义被评价。

我们并没有必要把后现代性当作反对科学与理性的武器，但是后现代主义对于科学与理性的质疑最起码让我们有理由重新思考科学、理性与日常生活的关系。后现代的思想观念对科学、理性在社会中实际上以科学主义和理性神话发挥作用的历史事实的批判，对科学的实践主体与民俗的实践主体的关系是先进与落后的关系的现代意识形态的批判，将给普通人在日常生活中自由运用民俗的正当性提供思想的空间和知识的条件。要拯救生活世界不被意识形态彻底殖民，让普通人有一个自在的日常生活，我们所能够做的是建立知识的防火墙，不让一些人为了自己的生活而借助科学与理性作为工具干预他人的日常生活。在具体的论题上，后现代思想对于重新理解民俗及其主体在当下的地位具有支持作用。例如，在后现代时间观对于单线进化历史观的批判中，我们很好理解生活中的民俗的当代性而避免用历史性围困民俗及其主体，我们也容易剥下民俗的"封建"标签。后现代思想诉诸改造既定的知识、权力的等级结构，这无论如何对于处于上下关系的底端、中心与边缘关系的末端的民、民间、民俗都是机会。

在改革开放的政治运动和后现代的思想运动的过程中，中国社会正在形成一种以现代技术和财富支撑的混合古今中外的文化要素的日常生活，民俗学者也当然应该主动投

---

[1] 感谢杨春宇从澳大利亚发来批评意见，他提醒我对民俗与民俗学的后现代遭遇要有明确的定位。我们确实难以把自己定位于后现代（性）思想，我们实际上真正能够做的是在从事专业工作的时候自觉意识到自己处于后现代（知识）氛围，可以借助后现代思想光辉看见原来的盲点、盲区。也就是说，我们不是像后现代思想家一样思考，但是我们是在他们的启发下思考。

入对于这个过程的追踪调查研究。这些是日常生活的问题，是民俗的问题，也是这个国家在这个时代的主要问题，因此中国的民俗研究可望在中国成为越来越重要的学术。像中国这样的后发现代化国家经历了日常生活的创痛，现在有必要也有机会探寻"太平日子"所包含的关于日常生活的古典理想。这是我们自己的社会向民俗界提出的重大知识需求。中国民俗学界受时代和社会所赐的这个发展机会将使它的知识生产处境不同于英美国家的民俗学，因此，这个学科在这个国家具有广阔的发展空间。

中国民俗学在现代参与日常生活批判，顺应现代化的潮流，那是那个时代的知识使命。我知道也完全能够理解，我们之中的许多人仍然愿意继续近代以来知识界所开创的未竟之业。这里面永远都有很好的学问。但是今天我们面对的是另一种局面，另一些问题更具优先性和紧迫性，我们要同时承担起另外的角色。让普通人有一个更多正面意义的日常生活，是中国的经济（小康）、政治（民主）的大政方针的目标，民俗学界也能够从文化上参与其事。我们大家的经历就证明，民俗学正为普通民众在日常生活中"享太平"创造文化和学术的知识条件，这个社会也正在新的时代成全民俗学。现代与后现代，对于一些人来说是前赴后继的关系，对于另一些人来说是并驾齐驱的关系。如果不是处于后现代的思想氛围，民俗的复兴是不可理解的，也是不可原谅的。但是在物质和技术层面，现代化仍然是中国人的未竟之业，国家和知识分子对于普通人的日常生活仍然要有所作为。现代与后现代，同时都是日常生活的处境；现代与后现代的思想，同时纠结着日常生活。因此，不管个人采取什么路径做文章，结果都会是民俗学群体更有能力应对更复杂的社会知识需求。与十五年前的情绪低落相比，我们今天越努力，我们就越乐观。

"民俗主义"概念的含义、应用及其对当代中国民俗学建设的意义[1]

杨利慧[2]

本文将在以往相关介绍的基础上,针对目前国内民俗学界存在的问题,对民俗主义概念的内涵进行进一步的梳理,同时适当补充相关个案研究成果,进一步阐明这一概念对当代中国民俗学建设的意义。

尽管对民俗主义的理解存在诸多歧义,但大部分民俗学者都认为民俗主义并非一种理论,而是指一种现象。

较早提出这一概念的德国民俗学家汉斯·莫泽(Hans Moser)在1962年发表的《论当代的民俗主义》一文中,提出应当把民俗应用的迹象(the evidence of the use of folklore)称为"folklorismus":"这是一个宽泛的术语,它大体说明了两部分内容:导致了对'民间'事物的日益增长的兴趣的、不断高涨的文化平均化(cultural levelling),以及满足、强化或者削弱这一兴趣的实践。通过各种策略,向观众展示感人的、将真实与伪造的民间文化素材相混合的产物。其中的民间文化尤其指那些生活似乎依然散发出创造力、力量和色彩的文化领域。"[3]他进而区分出民俗主义的三种形式:1.由传统上和功能上所决定的民间文化的要素,在该文化的地域或阶层共同体之外进行的表演;2.另一社会阶层对民间母题的嬉戏性模仿;3.在任何传统之外对"类似民间

---

[1] 刊于2007年第1期。
[2] 杨利慧(1968—),女,四川旺苍人,北京师范大学文学院民俗学与文化人类学系教授,博士。主要从事民俗学、民间文艺学的研究。
[3] 参见Moser, Hans. Vom Folklorismus in unserer Zeit, 转引自Regina Bendix, *In Search of Authenticity: The Formation of Folklore Studies*, The University of Wisconsin Press, 1997.

的"（folklike）要素的有意发明和创造[1]。另一位对民俗主义讨论做出了至关重要的贡献的德国民俗学家赫尔曼·鲍辛格（Hermann Bausinger）也认为：民俗主义指的是那些引人注目的对民俗现象的运用（the observable use of folklore）和表达性的民俗表现（expressive folkloristic manifestations），用他的话说就是"对过去的民俗的运用"（applied volkskunde from yesterday）。民俗主义是现代文化工业的副产品，它表示了民俗的商品化（the commodification of folklore），以及民俗文化被第二手地经历的过程（the process of a folk culture being experienced at second hand）[2]。挪威民俗学家玛格纳·沃留尔（Magne Velure）在1972年的著述中也写道："我们所谈论的是这样一些现象：它们曾经与我们称之为乡民社会的社会相关联，并具有特殊的功能。但是这些文化要素在今天与其原本的、自然的语境相分离，继续被培养、存活，具有新的功能，通常也具有新的内容。对于乡民社会文化的某些方面的再生产在今天的欧洲遍布各地。这些现象就叫作民俗主义。"[3] 而作为在英语世界里介绍和讨论民俗主义最多的民俗学家之一的本迪克丝，在其为一部1997年出版的民俗学百科全书撰写的"民俗主义"词条中，非常简明扼要地指出：民俗主义即"脱离了其原来语境的民俗（folklore outside its primary context），或者说是伪造的民俗（spurious folklore）。这一术语被用来指涉那些在视觉和听觉上引人注意的或在审美经验上令人愉悦的民间素材，例如节日服装、节日表演、音乐和艺术（也包括食物），它们被从其原初的语境中抽取出来，并被赋予了新的用途，为了不同的、通常是更多的观众而展现"[4]。1999年，美国华盛顿大学的叔密汉兹（Guntis Šmidchens）写作了《再论民俗主义》一文，在检讨了有关民俗主义的各种界说之后，认为最好从功能上对民俗主义进行界定，而该词表示"将民俗作为民族、地区或者国家文化的象征而进行的有意识的运用"[5]。

与这些西方民俗学者的界定一脉相承，日本民俗学家河野真也将民俗主义界定为

---

1 Moser, Hans. Vom Folklorismus in unserer Zeit. 转引自 Regina Bendix, *In Search of Authenticity: The Formation of Folklore Studies*. The University of Wisconsin Press, 1997: 177.
2 Bausinger, Hermann, *Folk Culture in a World of Technology*, Trans. by Elke Dettmer. Bloomington: Indiana University Press, 1990: 127.
3 Velure, Magne. "Levande dansetradisjon eller stagnasjon og kopiering: folkedans som folklorisme-fenomen". Tradisjon, 1972, (2): 4.
4 Bendix, "Folklorismus / Folklorism". In *Folklore: An Encyclopedia of Beliefs, Customs, Tales, Music, and Art*. Edited by Thomas A. Green. Santa Barbara, California; Denver, Colorado; and Oxford: ABC-CLIO, 1997: 337.
5 Šmidchens, Guntis. "Folklorism Revisited." Journal of Folklore Research, 1999. 1 (36).

"是指民俗节庆祭典和民俗学性的要素已经不像过去那样在历来固定的场所和以原先的意义及功能进行和发挥作用，而是在其原先所由生根的场所之外，以全新的功能，为了新的目的而展开而发挥作用的情形"[1]。因此，民俗主义一词所指的是将传统民俗从其原初的语境中移植出去的现象（the transplantation of folklore out of its original context），而并非一种理论。正因如此，德国民俗学家科斯特林（Konrad Köstlin）才有些不满地指出：民俗主义只不过是一张标签，任何表现了对"旧的民间文化"的变更，都可以被称为民俗主义。这张标签并不能使任何人相信，研究这一现象的合适的理论框架已经存在。这个术语本身并非理论，但是一些民俗学家，那些从"民俗学缺乏理论"的普遍看法中饱受打击的民俗学家，却将之视为理论。本身缺乏理论性的建构，这或许是民俗主义概念的一个局限。正如河野真深刻地认识到的："民俗学主义作为学术概念，其功能所能生效的范围仍有限度……它在简括这些现代社会的构成部分之后，无法进一步地剖析现代社会之所以需要民俗文化的原因，也无法继续深入这种构成部分的系统深部。它只能向民俗学者大概地指示现代民俗文化的去向，让他们看到'从此开始下一个问题和考察的起点'。"[2] 不过，从《日本民俗学》的"民俗学主义"专号中可以发现，日本学者正积极努力，力图进一步探索民俗主义概念成为分析框架和研究本土现象、反思现有范式的有效工具的可能性。我们衷心地期望他们可贵的探索能够取得丰硕的成果，也期待今后能在当代社会民俗文化的研究方面能与他们进一步加强交流与合作。

由于民俗主义指的是现象而并非理论框架，所以许多有关民俗主义的文章，大都集中在对有关"新民俗"或"伪民俗"事象的描述上，或者集中从比较宏观的理论基础上反思民俗学的学科范畴、性质和研究方法，使用民俗主义概念进行深入、细致的个案研究的成果较少。这或许从另一个方面说明了民俗主义概念的局限。这里仅就作者有限的视野所及，对英语世界里的两个个案研究做一点介绍。

美国民俗学家琳达·戴格（Linda Dégh）在1984年《民俗研究杂志》（*Journal of Folklore Research*）举办的"民俗与民俗主义"专栏中，发表论文《文化认同的表达：

---

[1] ［日］河野真：《Folklorism 和民俗的去向》，周星译，中国民俗学会秘书处编：《中国民俗学会成立20周年学术研讨会论文集》，2003年，第80—81页，内部资料。

[2] ［日］西村真志叶：《民俗学主义：日本民俗学的理论探索与实践——以〈日本民俗学〉"民俗学主义专号"为例》，《民间文化论坛》2007年第1期。

新旧国家中的匈牙利人对民俗的运用》[1]，认为民俗的循环过程（the circulation of folklore）中有三个方面：一是民俗的研究，二是民俗的应用（民俗学者利用其知识，使民俗可以为其他职业中介人例如艺术家、作家、政客、教育工作者、社会工作者、商人等所把握），三是民俗作为娱乐资源回归民众，并重新受到保护和重建。其间存在着学者、使用者、外行、创造者、小贩和消费者等的共生关系。因此，学术界对"民俗"（"纯粹的""原生的""真实的"）、"伪民俗"（"伪造的以及取材于以往文学和新闻记者的素材的合成物"）与"民俗主义"（将民俗从其原生语境中剥离和移植出去，并进行商业性的运用）三者生硬地加以区分，对于界定当今社会中的民俗并无助益。如果对民俗被用以表达民族和国家认同的情形进行考察，会发现情况尤其如此。戴格运用她十分谙熟的匈牙利资料，详细地梳理和分析了在匈牙利国家独立和发展的过程中，其国内的学者、诗人、剧作家、小说家、建筑师、设计师、音乐家等利用和重新建构"农民的"民间文化，以表达其作为匈牙利人的民族和国家的认同的情形，并将此与生活在美国的美籍匈牙利人在运用民俗来表达其文化认同上的差异进行了比较，发现在创造、再创造以及维护民俗即农民的艺术的过程中，无可否认地存在着民间与精英、都市与乡村的合作，而其中知识分子扮演着重要而积极的角色。

在民俗主义的讨论者阵营中，东欧民俗学者不容忽视，他们讨论的民俗主义现象往往与社会主义意识形态及文化政策密切相关。爱沙尼亚民俗学者克里斯汀·库特曼（Kristin Kuutma）在撰写的几篇论文中都显示了对民俗主义现象的关注。她在1996年发表的《文化认同、民族主义与歌唱传统的变迁》[2]中，细致地描述了1994年夏天在爱沙尼亚举行的两场歌节。其中一场是在塞图人[3]社区举办的社区歌节，另一场则是在首都塔林举行的国歌节（National Song Festival）。作者考察了歌唱传统在前工业时期以及以后随着社会、经济和政治环境的变化而发生的变迁，特别是在民族国家兴起的过程中，民间音乐也被赋予了能够封装和特化文化认同的作用。塞图社区的歌节力图显示的是塞图人的文化认同，由于塞图王国（Setu Kingdom）在当天宣布成立，所以此歌节还力图公开彰显这一处于爱沙尼亚和俄罗斯边境的少数族裔复杂的社会和政治处境。而国歌节

---

[1] Dégh, Linda. "Uses of Folklore as Expressions of Identity by Hungarians in the Old and New Country," *Journal of Folklore Research* 1984, 2/3 (21): 187-200.
[2] Kuutma, Kristin. "Cultural Identity, Nationalism and Change in Singing Traditions". Folklore, 1996(2).
[3] 生活在爱沙尼亚和俄罗斯交界处的一个少数族群，其文化和生活习惯多继袭俄罗斯传统。

则是对爱沙尼亚高涨的、群众性的文化民族主义的继续展示，其中歌唱传统依然对有组织的群体演唱产生着影响。歌节充满了民俗主义现象（例如歌手们所穿的传统服装：塞图妇女穿着传统风格的服装，来自农村的唱诗班穿着传统的地方农民服装），它们既是娱乐，也是对地方和文化认同的展示，同时具有强化群体意识和组织的作用。作者在结语中总结道，歌节是对文化和国家认同、国家和民族统一的展示。在社会文化语境发生变化的情况下，歌唱依然是重要的途径，它可以被用作表达国家独立愿望的文化反应。

此外，本期介绍的日本民俗学主义专号中发表的加原奈穗子的文章《作为地域意识创造源的桃太郎——以冈山桃太郎传说为例》，也是对民俗主义现象进行研究的一个比较成功的个案（见西村文）。作者在此文中集中讨论了著名的"桃太郎"传说如何被编织到冈山县的时空中，又如何成为当地地域意识的象征，揭示了这一民俗主义现象形成的复杂过程，并把它视为该传说所具有的创造能力的一种表现。该文还进一步引发了对柳田国男有关"传说"的界定的反思。

民俗主义概念的兴起以及相关讨论对于民俗学的学科建设曾经起过重大作用。本迪克丝认为，相关研究和讨论，"推动了对民俗学原则的彻底修正，拓宽了相关学科间的范畴以及民俗学学科的实用性"。尽管这一概念如今已经很少再被使用，但是它所指涉的那些现象和问题，例如在舞台上表演的民间舞蹈，为旅游者举办的民俗节日，对民俗的政治利用（比如民族主义、共产主义，以及利用民俗以谋求民族独立），以往被民俗学家排斥为虚假、因此不被重视甚至完全忽视的东西，如今却成为民俗学研究的重要内容（Kuutma，1996）。西村真志叶和岳永逸在《民俗学主义的兴起、普及以及影响》一文中还指出：

> 在那些过去民俗学不容置疑的"民"和"农民"被"居民"和"市民"取代，"传承文化"与"民俗"被"日常文化"取代的过程中，民俗学主义概念带来了一种认识论上的转变。一方面，有关民俗学主义概念的讨论颠倒了以往民俗学所固认为的诸如传承的连续性、稳定的共同体、从而生发且维系的民俗等前提；另一方面，它也使得民俗学者意识到了把握动态的文化过程的必要性。随着讨论的深入，民俗学者开始把目光转移到了近现代事象难以预料的多样性。他们把民俗文化正在发生的变异方向作为课题，从众多现实现象中探究了现代社会的基本机制。至今，民俗学主义概念所唤起的问题意识，仍然在德

国民俗学的脉搏中跳动，尤其在其惯例研究领域发挥着决定性作用。[1]

需要指出的是，民俗主义一词并非德国民俗学家创造和发明的产物。这一用语（folklorismus）在20世纪初即已出现，作为与"原始主义"（primitivism）相类的语汇，被先锋派艺术家用以表述其对既"原始"又具有西方民间文化特点的视觉和音乐形式的兴趣（Bendix，1997：337）。在20世纪30年代和40年代，法国民族学者已开始使用"neo-folklorism"作为对表达文化的一种新观点。但是，是德国民俗学家莫泽在20世纪60年代初最早使此词引起了民俗学家的注意，20世纪70年代到80年代，民俗主义成为德国民俗学界讨论的热门话题之一，并影响到了欧洲尤其是东欧的一些国家。1990年，民俗主义正式传入日本。经过河野真、法侨量等人的不断努力，民俗主义成为当今日本民俗学界"富有生机的亮点"（见西村文）。2003年刊行的"民俗学主义专号"，就是日本民俗学者近年来对民俗主义研究实践的集中展现。直到20世纪90年代末，在英语世界中还能偶尔见到讨论民俗主义的文章（Šmidchens，1999：51—70），但是对民俗主义讨论的热情已经日趋淡漠。王霄冰在梳理民俗主义在德国民俗学史上的出现以及影响的文章中指出："今天的人们已经很少在研究中使用这个词汇，而只有在研究旅游文化时才会提到它。"更有意味的是，在纪念莫泽逝世的纪念论文集里，没有一篇论文专门谈及民俗主义[2]。另一个插曲也可以说明民俗主义在当今世界民俗学界的位置。2004年冬，我趁安德明博士访问芬兰和德国有关民俗学、民族学机构的机会，请他帮助询问有关民俗主义讨论的情况，结果发现时过境迁，人们对民俗主义已经失去了索解的兴趣。2006年，我们参加美国民俗学会年会时，也向不少人咨询民俗主义，但是许多人都表示此概念已成过眼云烟，大多数专业研究生也从未读过有关民俗主义的著述。

实际上，本迪克丝1997年的文章中，已经指出此一术语已经越来越被弃置不用，"因为它缺乏特别性（lack of specificity）"（Bendix，1997：339）。它所指涉的那些现象逐渐被以后出现的其他探索性词汇取代，比如将表现了更加健康的生活方式的、对民俗素材的象征形式的预备和呈现称为"文化治疗"（cultural therapy），而用"复兴"或者"传统的发明"来描述那些利用或操纵民俗素材来推动的政治运动，等等（Bendix，

---

[1] 西村真志叶、岳永逸：《民俗学主义的兴起、普及以及影响》，《民间文化论坛》2004年第6期。
[2] 王霄冰：《民俗主义论与德国民俗学》，《民间文化论坛》2006年第3期。

1997: 339)。

在此情形下，了解和讨论这个目前在世界民俗学界已经过时的概念对中国民俗学建设是否有必要？我以为有必要。

对于民俗主义概念对中国民俗学建设的意义，西村真志叶和岳永逸在文章中已经有所讨论：

> 既然在社会骤变的今天，存在第三者对民俗利用和再造的事实，民俗学界也在始终如一地反思自己的研究对象，并有相类似的实证研究，对于民俗学主义的介绍和引入也就显得十分必要。作为当今世界民俗学发展的潮流之一，民俗学主义不但能冲击大部分中国民俗学者仍然固守传统的民俗学观念，激发对民俗新的思考，它或者也能使民俗学者正视当今社会现实和已经部分既成的民俗事实，从而使对各类民俗事象的研究有新的突破。民俗学主义的引入或者能将研究真正地与当今的旅游业、社会发展、经济发展和民间文化的保护有机结合起来，从而改变在一定意义上中国民俗学仍然固步自封的局面，改变理论建构与实证研究和应用研究的断裂、凝望。同时，对于民俗学主义这一术语的使用和对其所指的研究，也将会加强中国民俗学与国际民俗学研究以及相关人文社会科学研究的交流与合作。（西村真志叶、岳永逸，2004）

这些话都很中肯，我想在这里再做一点补充。尽管目前民俗学似乎受到了比过去更多的重视——民俗学家在电视和网络媒体上频频露面，畅谈春节的来历、端午节的演变等，特别是在当下的"保护非物质文化遗产"的运动中，民俗学家的作用更是举足轻重，甚至在很大程度上能够决定某一民间文化事象能否够得上成为"遗产"——所以许多民俗学者欣喜地感到，中国民俗学的又一个春天已经来临。但是，需要警醒的是，民俗学学科依然是和"过去""遗产""即将逝去或已经逝去的传统"相联系，民俗学者也依然是"救亡者和保存者"的形象，民俗学并没有从内部和根本上改变鲍曼（Richard Bauman）批评的那种"向后看"（backward-looking perspective）的学科特点[1]。面对目前国内各种如火如荼的民俗旅游、古建筑重修、民族风情表演、民族服装展示、民歌新唱

---

1 Bauman, Richard. *Verbal Art as Performance*. Waveland Press, 1984[1977]:48.

等，许多人依然嗤之以鼻，不屑一顾，许多新的现实生活领域，比如网络、影视、手机短信、流行歌曲和音乐、商业或者政治性展览会等，也较少见到民俗学者探索的身影。这使中国民俗学无法从根本上融入现代社会科学的对话中，也无法对当代社会研究做出重大贡献。

郭于华在不久前发表的《试论民俗学的社会科学化》一文中，曾经非常深刻地指出了目前中国民俗学存在的问题：

> 面对社会主义文明的新传统，面对当前市场转型过程中的新民俗，民俗学应当是做出学术解释和分析的主力学科。然而，在80年代"文化热"的讨论中，在对当代社会转型过程的文化研究中，却几乎没有民俗学的声音。这种失语和失声是民俗学面临生存危机的主要原因。作为一门学科存在的理由是要能够面对中国社会与文化及其变迁的真实问题，能够在学科背景和特有的知识结构中回答这些问题。在面对重大的社会历史变迁过程中，民俗学研究者应该有所担当。[1]

这是原本出自民俗学的营垒，但又走出了民俗学樊篱的学者对当代中国民俗学的恳切批评和热忱期待，应该引起民俗学者的认真反思。我想，有关民俗主义的讨论，某种程度上正可以充任当代中国民俗学转型的媒介。它能够拓宽民俗学者的视野，使大家从"真"与"假"的僵化教条中、从对遗留物的溯源研究中解放出来，摆脱"向后看"、从过去的传统中寻求本真性的局限，睁开眼睛认真看待身边的现实世界，从而将民俗学的研究领域大大拓宽，也可以促使民俗学直接加入文化的重建、全球化、文化认同、大众文化、公民社会等的讨论中去，从而与文化人类学、民族学、社会学等社会科学更好地对话，加强民俗学与当代社会之间的联系，并对当代社会的研究有所贡献，对当前重大而剧烈的社会历史变迁过程有所担当。如此，民俗学才能摆脱与所研究的对象一同成为"遗留物"的阴影，以更加开阔的视野、更加积极活跃的姿态，更加富有生机地走向新的时代。

还必须说明一点：关注当代，完全不意味着抛弃历史。恰恰相反，没有一种民俗主

---

[1] 郭于华：《试论民俗学的社会科学化》，《民间文化论坛》2004年第4期。

义现象不是根植于过去的民俗传统中，只不过是在新的社会、文化、政治、经济等语境中，被赋予了新的形态、内容和功能。因此，研究民俗主义，必须将文本和语境结合起来，将历史和当下结合起来。这样，民俗学才能更好地实现钟敬文先生生前多次谈及的设想：它既是古代学，又是现代学，但归根结底还是现代学。卡舒巴教授在讨论鲍辛格的学术思想时，有一段精彩的话：民俗学"必须行进于历史当中，它必须面对当代，它不可以将自身的认识兴趣秘而不宣，而是将其置于现实的社会和政治当中。如果民俗学走这样的路，它就将自身置于社会科学的知识理论与科学理论的背景之下，那么，无论是从研究角度还是研究题目上看，它都成为一门从历史出发的当代科学"。民俗主义或许能够成为连接民俗学的历史性与当代性的很好的桥梁。

最后，我还想略微谈谈有关民俗主义一词的翻译问题。读者肯定会发现，在这期专栏中，译法并不统一。对于Folklorismus/Folklorism，西村真志叶、岳永逸直接借鉴了日本学者的译法，将之译为"民俗学主义"；王霄冰主张译为"民俗主义论"[1]；宋颖、王杰文等主张译为"民俗主义"。我比较赞成"民俗主义"的译法，以为既然这一概念主要指的是民俗脱离了原初语境而被移植和再利用的现象，似乎译为"民俗主义"更好些，否则很容易使人误解为这是民俗学领域里的一种理论。但是，我也主张对此词的翻译采取开放的态度，如何翻译更妥帖，还可以继续讨论。

---

[1] 不过在文章中，她的译法并不统一，许多地方还是译为"民俗主义"。参见王霄冰《民俗主义论与德国民俗学》，《民间文化论坛》2006年第3期。

活形态神话研究与中国神话学建构[1]

李子贤[2]

无论国内外，神话研究的格局都应当是多元的。中国神话研究多元化格局的形成，是神话学走向健康、科学发展之路的前提。每个神话研究者由于专业背景的不同，对研究对象的理解和把握，以及研究旨趣各异，其神话研究势必从不同的视域与角度切入。这样，就有可能将这些多元化的研究汇入中国神话学建构这一大框架之中。多元化神话研究的格局，可以为从不同视域与角度切入的神话研究者提供更多的相互启迪与借鉴，从而提升神话研究的整体水平。

然而，在中国神话研究领域中一个不可回避的问题是，由于神话具有的多学科性质，神话研究涉及的学科涵盖面十分广泛，而且神话又是一个在学术界至今仍然难以最终界定（或仅仅是神话研究者各自界定）的聚合性概念，加之汉文献神话一直被置于正统地位，许多神话研究者的关注点都被吸引到对汉文献神话叙事文本含义的解读上，往往忽略了对何谓神话的深入思考，因而容易形成对神话研究的对象、理论和方法各执一端，"创造性"似乎可以在此发挥到极致。这种状况对于神话学之外的其他学科而言，也许是一件好事，但对于神话学自身而言，却易导致对神话学学理探讨的忽视，甚至会偏离其学理及学科命题，因而不能看成是中国神话学欣欣向荣、蓬勃发展的标志。这一点，只要我们认真对我国百年来冠以"神话研究"的一些著作和论文加以审视，便可明白。朝戈金先生在 2006 年为《西方神话学读本》写的"译者的话"中准确地指出："中

---

[1] 刊于 2010 年第 3 期。本文为 2004 年度国家社科基金项目"少数民族活形态神话研究"阶段性成果（项目编号：04BZW061）。
[2] 李子贤（1939— ），男，云南建水人，云南大学教授，主要从事神话学、民间文艺学研究。

国神话研究,经过数十年的发展,神话研究的各种著述在国内已蔚成大观。相比而言,中国的神话学及其理论研究则略显寂寥。"(阿兰·邓迪斯,2006)于是,神话学的研究对象究竟是什么,在哪里?以及神话学理论如何建构,田野调查是否是神话学的重要方法论等这些最基本的老话题,不得不被重新提起。笔者十分赞同吕微在《"神话""历史"与其他——2006年神话研究的"关键词"》一文中的结论:"在经过了新时期整整30年的探索和追问之后,中国学界的神话研究和神话学实践似乎又回到了它的起点,这就是重新提问:神话究竟是什么(也许我们本不该用'是什么'这样的方式提问)?以及:我们研究神话的最终目的又是什么?而如何从思考神话和神话学的自身存在状况的途径重返学科的基本问题,以及如何给出这些基本问题以一代人新的答案,将决定着我们的神话研究和神话学实践的未来发展方向。"(刘守华、白庚胜,2009)

我们首先讨论神话学研究的对象。就中国百年来的神话研究而言,神话研究的对象是什么?神话研究的对象主要在哪里?似乎一直存在着疑问。1982年,袁珂先生在其《神话论文集》的《〈中国神话辞典〉题记》中就已提出了中国神话研究的对象问题。他自谦地认为自己为什么写不出"几篇广博深厚的、具有学术价值的论文来"的原因时讲道:"一个很重要的原因,那就是,我们还没有充分掌握住一个既丰富而又可靠的研究对象。我认为,在现阶段,我们的神话研究,仍须努力用在奠定基础上面,有了坚实的基础,从这个基础上才能去攀登高峰。"(袁珂,1982)担心中国神话学这座大厦之基础不牢的,还大有人在。张京华就坦率地指出:"我国的'神话学'(或称'中国神话',或称'古代神话',或称'中国神话学')的基石实际上仍奠基在疑古派的观念之上,甚至于是奠基在对《山海经》一书的性质判断之上。假设《山海经》不再被判断为神话书,那么'中国神话学'的'合法性'是否依然存在,寔所难知。"(张京华,2007)那么,中国神话学研究究竟有没有"丰富而又可靠"的对象?如果有,它又在哪里?可以肯定地说,中国神话学的研究有着极其丰富而十分可靠的神话资源,它们主要续存在民间,当然有些也保存在古文献里。乌丙安先生在《中国神话学百年反思(上)》对寻找路向的失当做了明确的回答:"在我国的神话研究中从一开始便产生了一种研究思潮,那就是离开了神话本体的调查研究,在搜寻原始神话材料方面缺乏应有的努力和有成效的方法和途径,相反的却以中国神话的零散、断片为课题,展开了饶有兴趣的探索和争论。许多学者以中国神话资料散碎为共识的定论,进而对其散碎的形成原因做了追究性的学术探讨。"(乌丙安,2009)这样一来,就对中国多民族神话多样化的存在形态以及仍在民间续存的神话视而不见，使许多研究者一直在古文献堆中兜圈子。其实，作为中国神话学研究的对象——神话资料是极其丰富的，它不仅仅被笔录在古文献中，而且大多数仍在续存于各个民族传统民俗生活之中的活形态神话。然而，作为神话最典型的存在形态之活形态神话，却长期未引起中国神话学界应有的关注。在这里有必要指出，至今被一些学者使用的中国神话这一概念，往往还局限于汉文古籍中记载的神话。笔者在发表于《民间文学论坛》（1984年第4期）的《中国神话内涵简论》中就已经指出：中国是一个统一的，多民族的国家。因此，我们在理解中国神话之内涵时，必须充分考虑到这个总的特点。中国神话大致应包括以下四个组成部分。第一，汉文古籍中所记载的神话。第二，现在还活在我国各民族人民口头上的神话。第三，用少数民族文字书写的文献中记载的神话。第四，已被融汇进各少数民族的史诗中去的神话。本来，对中国神话内涵的理解并不是一个多么深奥复杂的学术问题，值得学界思考的问题倒是："我国神话学界从20世纪初以来，几乎半个多世纪的时间内不承认这种多民族特征，一味地坚持汉族单一文化正统观，或公开或隐蔽地否认周边少数民族文化与汉文化的多元一体性，包括对多民族神话的多系统性特征也并不认可。因而排斥少数民族神话与史诗，不认为他们是可以代表中国的文化因素。"（乌丙安，2009）

在中国神话研究的起步阶段，引进、借鉴、吸收国外相关的神话学理论，是一种必然的学术取向。即便到了今天，关注和借鉴国外神话学的相关理论，亦当是一种正确、明智的学术取向。神话学是一门国际性的学科，神话研究者如果没有国际视野，必然闭门造车，更何况我们处在当今全球信息交流频繁和便捷的文化语境之中，了解当代同行在关注和思考什么，显然是研究者一种必然的自觉要求。然而，百年来中国神话学界的实际状况是：对于神话学理论，引进的多，主创的少；对具体之神话个案研究的多，对神话学之学理探讨的少。满足于应用外相关理论"描红"者有之，真正将外国相关理论在借鉴、消化过程中化为自我的意识，有待加强。客观地说，西方神话学理论对中国神话学的建构的借鉴、参照作用是不可低估的，但绝对不能取代我们自己的理论创造。从对我国神话资源的深耕细读、精研中，去提炼、概括、抽取出理论，逐步形成由我国神话研究者主创的神话学理论，应当是我们努力的方向。这不仅需要学者有一种宽容的心态，去冷静地对待他人提出的与自己的见解相左的理论，而且更需要有一种在不断的争论中去探索、创新、完善我国神话理论的学术勇气。从中国神话研究百年的历史中看，围绕神话学相关议题的讨论，显然太少了。近20年来，在中国神话学界似乎仅仅开展过一次关于"广义神话"的讨论，但由于各种原因，这一讨论并未深入展开，尚未取得预期效果。令人欣喜的是，乌丙安先生的《中国神话学百年反思》，对中国神话研究百年的得失提出非常尖锐且富启迪性的批判。他从两个反思为主轴，直击中国神话学长期发展滞后的深刻原因，即"如果说对于'中国神话材料零散、断片'这个所谓的'定论'是本世纪中国神话学值得反思的一个重要方面的话，那么，关于'造成中国神话材料零散、断片的原因'的广泛论争，就应该说是值得反思的另一个更为重要的方面了"（乌丙安，2009）。学科发展的障碍，往往来自学科本身，即某种似乎已成定论的"理论"共识在左右着人们的头脑，乃至于陷入某种误区而不能自拔。乌丙安先生以冷静的思考及一位真诚的学者应有的良知和学术勇气，一语中的地指出："我国神话学在20世纪的发展实践中，从一开始就打下了一个较为贫弱的先天不足的基础，以后又在徘徊不前的摸索中转入误区，渐渐形成了一系列支配作用的似是而非的神话学理论，以致误导了将近半个世纪多的几代神话学者，使他们在非科学的或伪科学的研究中停滞不前，甚至险些将神话学的研究引向歧途。幸亏在神话学举步维艰中，有一支健康的、科学的神话学队伍，沿着人类学、民族学、民俗学、神话学的正确道路，运用前所未有的田野作业的科学方法，对存活在各族人民中间的口传神话系统进行了成功的采录与编集，调查与研究，才使得中国神话学摆脱了旧学的束缚，取得了划时代的重大研究成果。"（乌丙安，2009）笔者期待，中国神话学界能以乌丙安先生这篇文章为起始，引发一场对中国神话研究百年的得失以及今日中国神话学向何处去的大讨论。可以预期，不论学者们的观点有多大的差异，并由此引申出多少新的问题，这场讨论必将对新世纪的中国神话学的建构起到积极的推动作用。

综观国内外，神话学研究的方法都是多种多样，并且与某一学派的学术观点、视域密切相关。例如：语言神话学派，主要用语言分析的方法；比较神话学派，以比较研究的方法为主；结构主义神话学派，则以结构分析为主要的研究路径。一般来说，由于神话学的形成、完善与发展是与文化人类学（或民族学）相结合以后才得以实现的，所以文化人类学研究的许多方法，特别是田野调查，都被神话学者或作某种选择，或综合应用。然而在中国百年神话研究史中，尤其是20世纪90年代以前，考据学、"小学"一度占上风，甚至被视为神话研究中具有主导性地位的方法。似乎不这样，其成果就算不上是神话研究的上乘之作。然而，这一中国旧学中的传统方法，与神话学的学科性质及其相应的方法论并不完全协调，在有的情况下甚至是相左的。谢选骏在《神话与民族精神》中对"小学"方法在神话研究中的应用曾提出过质疑。在谈及后代理解用古文记载的神话时，他刻意引用了杰克·波德在《中国的古代神话》中的一段文字："文词的残缺不全所造成的困难，由于中国古代语言的特性所决定的语言学上的困难而大大加深。……文献 A 中的象形文字 X，在文献 B 中，看起来像是象形文字 Y；而 Y 在文献 C 中看起来又像是象形文字 Z；那么，X 和 Z 便可以互相替代。许多中国学者用这种寻求方法，在解释古代文献方面创造了奇迹。但同时，这种方法的滥用，却使他们得出了完全不可靠的结论。"（谢选骏，1986：173）对这一方法在神话研究中的应用提出尖锐批评的是申江。他说，从事语言文字考据的"小学"，"是一个非常容易产生谬误的研究方法，特别对于汉语这样一种以表义为主的语言符号，姑且不说大量所指汇聚于同一个语音能指、字形能指的语言现象，使'破读''通假''共名'变得非常方便，成为古籍研究中的家常便饭，就是在对语言符号能指的字形生成、字音变迁的考据中，都潜藏着丰富的阐释可能，成为相当多的学人赖以治学的主要手段"。"在经历了最初的惊奇后，头脑开始冷静者会对这门号称'神话学'（有时亦会以'文化学'面目出现）的后代学问产生不胜其烦的感觉：层出不穷的冠以'求原''新考''新解''新探''拾沉''破解''破译''揭秘'名目的学术成果，除了留下一堆自说自话、翻云覆雨的文字游戏外，不仅没有带来该领域学术真正的繁荣，反而让人对该门学科的严肃性、真理性、客观性、科学性发生质疑，最后不是别人、是自己将自己边缘化。"更值得注意的是，"到了现代学术，伴随着符号学、文化学研究的兴起，它终于找到一个大显身手的空间，颇有如鱼获水之感，却让自己天生疏松的土壤资质暴露无遗，基本仰仗它建立起来的学术楼台，更是经受不住哪怕只有四五级的地震"（申江，2007：187—188）。

国外很多神话研究者从事文献神话的研究，例如圣经神话的研究，印度吠陀神话的研究，日本"记纪神话"的研究，似乎都不主要在语言文字的考据上下功夫，而是应用了文化史、文化人类学、宗教学、考古学、民俗学等多学科的理论和方法进行研究。近二十年来，一些从事"记纪神话"研究的日本学者，非常关注云南少数民族神话，他们通过对云南少数民族活态神话及其相关文化语境的调查与研究，试图还原"记纪神话"的原始面貌及时代特征，取得了有相当分量的学术成果。[1] 令人欣喜的是，萧兵、叶舒宪、吕微、陈建宪、杨利慧等学者对古代汉文献神话的研究，在方法论上也取得了相当

---

1 例如［日］工藤隆教授的研究，其成果主要是《YUMATO 少数民族文化论》《对歌与神话溯源》，1999。

的进展。一个重要的原因是，他们或者都有田野调查的经历，或者十分关注其他神话研究者田野调查的成果或资料。在当今的中国神话学界，应当说这是一个可喜的转向。

西方神话学史表明，从19世纪末到20世纪初，神话研究一个重要的转向，就是从文献神话中解放出来，走向田野，关注仍在世界各地续存的活形态神话，其研究理论和方法逐步与文化人类学交叉、融合。其成果不仅体现在对世界上许多民族存活在民间的神话的大发现，进而充实、丰富、完善和提升了神话学的理论，而且还体现在神话研究非常重视田野调查这一方法论的转向。显然，这是对神话学这一学科性质的认识逐步深化而做出的一种学术取向。笔者很赞同这样的见解：作为民俗学、民间文艺学、神话学的田野调查，与文化人类学所倡导并持续沿用的田野调查，应当有什么区别？这确乎是一个值得深入探讨的问题。吕微在《民间文学——民俗学研究中的"性质世界""意义世界"与"生活世界"——重新解读〈歌谣〉周刊的"两个目的"》一文中提到："如果民间文学—民俗学学者坚持认为田野是本学科的安身立命之本，那就必须提出民间文学—民俗学的田野作业与其他学科的田野作业的不同之处。""把田野视为民间文学—民俗学的安身立命之本本身就意味着，田野绝不是方法，或者说绝不仅仅是方法。对于其他学科来说，田野或许只是'方法'，但不是'前提'，不是'起点'；而如果民间文学—民俗学视'田野'为本学科的起源（安身立命之本）即'生活'本身，那么'田野'对于民间文学—民俗学来说就是任谁也夺不去的。……如果你企图追溯学科的起源，那么，就一定不是把田野视为方法，而是视之为学科所赖以开启的基地。"（刘守华、白庚胜，2009）应当指出，我国学者把神话研究与田野调查结合起来，是有学术传统的。在20世纪三四十年代，凌纯声、芮逸夫、马长寿、陶云逵、马学良等学者就已开创了神话研究田野调查的先河，并把文化人类学与神话学研究结合起来，取得了一系列重大研究成果。遗憾的是，到了20世纪五六十年代，由于众所周知的原因，这一传统未能延续与发扬。在这一段时期，人们对神话的田野调查仅仅满足于"忠实记录"，只注重收集神话的文本叙事内容，而对于该神话存活的文化语境，该神话如何演变、发展，神话讲述者和传承者对于神话的态度是什么，则很少关心。笔者在20世纪80年代以前就曾经历了这一过程，只是到了80年代以后，才将神话之叙事内容文化语境结合起来做综合调查。笔者相信，在我国神话研究者的共同努力之下，一定会寻找到神话研究田野调查的最佳路径和行之有效的方法。

纵观中国神话研究百年，应该说在起始阶段就已经出现了某种积极的让后人值得骄傲的征兆。梁启超、王国维、鲁迅、胡适、周作人、顾颉刚、茅盾等当时国内许多著名学者，其中不少是学术大师，都参与到了神话研究中来；神话研究呈现出了文学、历史学、文化史等多学科交叉、参与的态势。20世纪30年代以后，又有了与文化人类学之邂逅与结合。而且，在20世纪二三十年代就出版了以介绍西方神话理论，详介古希腊、埃及、印度、巴比伦、北欧乃至大洋洲、非洲、北美洲、南美洲等世界各地神话，并结合中国神话（主要是汉文献神话）研究的四本奠基性之神话学专著理论。其中有黄石的《神话研究》（开明书店，1927年），谢六逸的《神话学ABC》（世界书局，1928年），玄珠（茅盾）的《中国神话研究ABC》（世界书局，1929年），1933年商务印书馆又出版了林惠祥《神话论》。照理说，应当说开局良好。不过，诚如乌丙安先生所指出的那样，我国的神话研究，从初始阶段起就认定了中国神话材料零散、断片，并把研究重心转向了造成中国神话材料零散、断片原因的讨论，之后不止一代的中国神话研究者仍然置存活在民间的各民族神话于不顾，把恢复中国上古神话系统的尝试作为首要的追求目标，渐渐走进了神话研究的误区。（乌丙安，2009）

笔者以为，中国神话研究之所以一度进入某种误区，似乎还有更深刻的原因。直到20世纪90年代以前，有许多似乎已成定论却具有很大的片面性的观念，在左右着人们的头脑。首先是黄河文明（中原文化）中心论，否认中华文化的多元一体性，否认中华文化自古以来就是多元一体、多源一体、多元共生、多元并存的总体格局，其中特别是忽略了长江文明的存在及意义。既然以黄河文明、中原文化为中心，势必就引申出神话研究中的汉文献神话正统观。这样一来，必然就会忽视中国神话重要组成部分之一的少数民族文化及神话。由于上述两点的作用，以中国神话中之汉文典籍神话为正统，就成了一种必然的思维定势及心理定势。哪怕到了20世纪三四十年代，特别是五六十年代以后，大量少数民族神话被发掘出来之后，许多神话研究者仍然对其充耳不闻、视而不见，有意无意地将其排斥在中国神话研究的选项之外。还有一点值得特别指出：从我国神话学最初的四本奠基性著作及早期的神话研究开始，就将希腊神话视为神话范式，总是以希腊神话作为标准和参照系来看待中国神话。可以说，至今希腊神话范式论仍然在起着某种支配作用。与希腊神话范式论相连属的又一个问题，就是神话学理论、学术视野取向中的欧洲中心论。以上这些似是而非的"定论"左右着人们的头脑，势必忽视或限制了自己的创新意识及主创精神的发挥，因而导致在中国神话研究的对象、研究方法以及相关理论的判断与选择上出现各种问题。

那么，新世纪之中国神话研究究竟应该如何选择未来的朝向？如何选择和确认研究对象？如何选择和确认研究方法？如何对中国神话资源进行再认识，在深耕本土文化及神话的基础上，建构中国神话学？这一切，应当从对中国神话研究百年的深刻反思中去寻找答案。笔者以为，既要重视我国各民族文献神话的研究，又要关注在各个少数民族中续存之数量极大且丰富多彩的神话，并把二者有机地结合起来，将其视为一个整体进行综合审视、整体把握及系统研究。肇始于20世纪30年代的我国神话学田野调查，在经过了50年代、80年代大规模的田野作业之后，中国各民族神话尤其是活形态神话的丰富多样性，已呈现在世人面前。事实已雄辩地证明，中国不仅是一个神话资源极其丰富的国家，而且有其鲜明的民族和地域特色。这大概可以概括为以下几点：第一，至今仍存活在中国各民族中的活形态神话，其分布面非常的广，从中原地区、东北地区、江浙一带、两广直至整个中国西部都有分布，当然数量多寡、形态差异则在各地呈现出不同的状态。其中，包括云南、四川、西藏、贵州、广西以及湖南西部在内的西南少数民族文化圈（李子贤主编，2001：3），是中国少数民族神话及活形态神话保存最丰富最完整的区域，这一点也为众多的国内外学者所公认。第二，在上述广大地区续存的各民族神话，都有着存在形态多样化的共同特征。试以云南为例：这里既有丰富的可直接观察、感悟的外显神话，又有只为族群内部成员（或部分成员）知晓的潜隐神话；既有用彝文、藏文、傣文、东巴文等文字记载的文献神话，早已载入汉文典籍中的文献神话（如九隆神话、竹王神话），又有许多存活于民间的活形态神话；既有以文本叙事形式传承的神话，又有凝固、内化于某种象征物之中的神话；既有与宗教祭仪圆融、作为仪式祭辞由祭司吟诵的活形态神话，又有已脱"神圣性的灵光"而可以在世俗性场合讲述的口承神话；既有以韵文形式吟诵的神话，又有以散文形式讲述的神话。第三，从神话的古老、"原始"的角度来看，北方一些少数民族的萨满神话、云南怒江大峡谷各少数民族的神话，就很具代表性。此外从氏族神话、部族神话、民族神话发展为国家（地方政权）神话，诸如南诏、大理国开国神话的脉络十分清晰。从与原始宗教联系的角度来看，既有与宗教意识、宗教祭仪紧密联系在一起的神话，如图腾神话、始祖神话、地方守护神神话、谷魂（神）信仰神话以及大理的白族本主神话等，又有业已与宗教意识、宗教祭仪渐渐分离，具有世俗性倾向的神话；既有产生于较古老阶段、内容较单一的独立神话，又有产生于相对晚近、叙事内容较丰富的复合型神话。第四，就文本叙事而言，几乎世界上所有的各种神话母题、神话类型，在我国少数民族神话，尤其是云南各少数民族神话中，大多可以找到，其中有不少被认为是神话母题中的古（祖）型，如混沌、世界树、卵生万物、圣洞、独身神、偶生神等。值得一提的是，也许云南是世界上拥有最丰富的创世神话的地区之一，除了蒙古族、回族之外，居住在云南的每个少数民族都拥有多种类型或形式的创世神话，且各具特点。各民族创世神话的特点，都与该民族的族源、历史发展进程、与异文化的交流互动、经济文化类型、特定的文化心理结构和信仰体系密切相关。创世神话的形成及其丰富多样性程度，以及创世神话在该民族神话系统中的地位，是形成创世史诗的重要前提之一。除了回族、蒙古族之外，云南分属于氐羌系、百越系、百濮系（南亚语系，孟-高棉语族）、槃瓠系等原始族群的各少数民族都拥有自己的创世史诗。这一文化现象，除了中国西南少数民族地区及两广、海南之外，在中国乃至世界其他国家和地区均属罕见。第五，在云南少数民族以不同载体传承的神话中，存活于某种特定文化生态系统中的活形态神话，在云南少数民族神话中曾经一直居于主导地位。不仅数量居多，而且涵盖面广，几乎囊括了云南各少数民族神话的各种文本叙事类型和形式。笔者始终坚持认为，从形态学的角度审视，神话虽有多种多样的存在形态，但活形态神话则是神话最初之自然形态，也是神话最典型之存在形态，是诸种神话存在形态的本体（或者是正体）。理由很简单，神话之源在民间，源于民众之民俗生活。如果上溯到神话开始产生之古代社会，神话是发生于特定历史条件下的生活状态之中，从属于最古老、最底层的基层文化，而非任何历史文献。古往今来，不知有多少神话研究者，远涉重洋，长途跋涉，不畏艰苦，去寻找最佳的神话研究单位，去捕捉、挖掘可直接考察、研究神话的"风水宝地"。既然我国的神话资源如此丰富，像云南乃至西南少数民族地区这样的神话王国就在眼前，我们有什么理由不去深耕这块丰厚的沃土，深入开掘这一神话宝库，并引申出相关的神话学研究论题来呢？

神话研究是一个常论常新的论题，神话学是一门永远不会终结的学科，并极富魅力和挑战性。神话学发展的内驱力之一，是在对某一地区、某一民族神话系统乃至于某一神话进行深入研究的过程中，发现了新的视域和论题，有可能为神话学的发展找到了新的契机或新的研究路向。正是众多的神话研究者分别对不同国家、不同地区、不同民族、不同形态、不同类型的神话系统的深入研究，才推动了神话学的发展、完善与提升，不断创新了神话研究的多维视野和独特思路。我们相信，深入开展对我国活形态神话研究，不仅能逐步改变这一领域既资源丰富而研究又相对薄弱的局面，而且其研究成果也必将对我国神话学的建构做出应有的贡献。

民间手工艺的知识产权保护与文化传承问题[1]

潘鲁生[2]

民间文艺的权益保护既是一项复杂的法律命题,也是重要的文化命题,我国关于民间文学艺术的保护条例历经二十多年制定论证,仍存在不确定性和复杂因素。目前维护国家文化安全、建立优秀传统文化传承体系的形势和任务摆在面前,需要切实加以推进。就民间手工艺而言,加强知识产权保护以促进文化传承,具有重要的现实意义。手工艺是我国民间文艺的重要组成部分,广泛涉及纺织、印染、刺绣、缝纫、编结、彩扎、装潢、造纸、印刷、雕琢、髹饰、錾锻、冶炼、木作等诸多品类。作为中华民族数千年延续不断的一条造物文脉,通过最广大的民众的创造,以"技艺"的形式、"物"的形态,融会时代的、民族的、地域的文化讯息,包括自然观念、造物哲学、材料工艺、审美情趣和价值观念等,涉及人与自然关系的深层把握,以及具体的工艺技法和艺术语言。尤其在工业化之前,手工艺几乎为人们提供全部生产生活用品,寓无形于有形,遍及日用民间,不同于历史上延续在经典中的精英文化,也与当前数字化、复制化时代的大众文化有别,在最广泛的意义上,集合体现民族的、民众的创造力,体现了民间艺人的个人创造力,也因为手工生产方式、生产业态及文化形态遭遇机械化、标准化的工业生产方式及文化观念冲击,面临保护、坚守与转型和重生。

当前,当非物质文化遗产越来越受到国际的、国家的以及公众的关注,并积极从法律制度的、机制的层面解决其保护与发展的权益问题、内在动力问题,也为我们进一步

---

[1] 刊于2012年第3期。此版本为此文完整版(未删节)。
[2] 潘鲁生(1962—),中国民间文艺家协会主席、山东省文联主席、山东工艺美术学院名誉院长。

把握民间手工艺的生存现状、解决其保护与传承问题,提供了新的视野。如果说产权实质上是一套激励与约束机制,那么在发达国家推进强势文化战略,国家文化主权弱化和传统文化边缘化的形势下,我们不仅要通过知识产权保护和激励具有独创性、首创性的新作品、新技术、新知识等"智力创新"成果,还应切实保护和发展包括民间手工艺在内的作为"智力资源"的传统文化权益。

```
                    知识产权
                   /        \
          "智力创新"       "智力源泉"
            成果           的传统文件
                            权益
         /    |    \
      新作品 新技术 新知识
```

因为民间手工艺等传统文化在当代社会面临的传承与发展难题,固然有社会、文化现代化转型冲击的根本原因,同时应该看到,国际化、信息化、知识经济、创意经济等为之提供了新的发展空间,作为一种民族性、集体性、地域性、历史积淀的文化智慧,其文化权利如何得到充分保障,即在国家层面上维护文化安全,在地域的群体的层面保障品牌权益,在传习者、传承者、劳动者个体层面保障传承权益和公平贸易,是我们需要深入思考和解决的问题。尤其当前,民间手工艺自身的文化特点和生存现状,使这一系列与其保护传承发展密切相关的问题越来越突出,亟待确立可行的方案和举措。

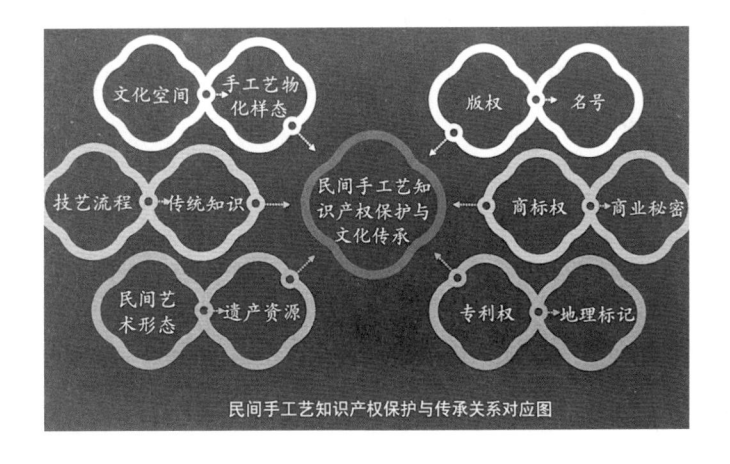

民间手工艺知识产权保护与传承关系对应图

一、民间手工艺的文化特点与生存现状

社会的进步与人类的发展从根本上说应该落脚在文化，文化既是一个具有广泛包容性的概念，也可以最具体地理解为生活方式，其中包含了价值观的选择取舍、技术信息的应用，还有物与事的丰富形态。当资本、信息、技术的"全球化"流动导致文化天然的地域分野消失，文化的"趋同化""同质化"不只带来文化生态意义上的危机，还导致多样化的智慧、创造力以及凝聚力的消解。如何认识和发展自身的文化，是一种自觉，也需要在开放的视野中更深入地认识和发掘传统的、本土的文化内涵和发展动力，认识到文化多样性的意义，既不守旧，也不盲从，既不自卑，更应自信。

也是在这个意义上，我们关注我国的民间手工艺。因为手艺文化是一条延续不断的文化脉络，对我们这个有着悠久历史并经历社会转型的民族来说，手艺传统的延续和发展其实勾连着许多深层次的问题，包括如何认识我们的民族心理结构、如何把握当前的文化建设以及如何以一种具体的文化形态为切入点，建立造物传统与当代设计、农村与城市、传统文化与创意经济的有机联系，在经济、文化、民生的意义上发挥切实作用。因此，民间手工艺的传承与发展不是一个孤立的问题，关系到文化生态的建构、民族文化心理的培育、着眼于当代生活方式、生活空间的创意设计转化等等。同时，还要把握手工艺在文化精神内涵之外，作为一种物质文化的内在特点。

可以看到，手工艺区别于其他民间文艺样式的一个根本点，在于其生产性、生活性和生态性。其技艺有别于艺术创作，有一定程式，往往可意会又可言传，可以模仿和批量生产，可在技术层面加以发掘和丰富，具有规模生产的潜质，同时也只有在生产和日用的层面上存在和发展，才能更大程度上葆有其民间的、创造的审美活力和应用价值。因此，在世界范围内手工艺已成为不可忽视的产业，据21世纪初相关统计，一些国家手工艺品的生产和销售占其GDP的主要部分，如在布基纳法索占70%，在秘鲁占50%，在摩纳哥占10%。仅在拉丁美洲，大约2500万人从事手工艺品的生产。在新墨西哥，印第安工艺已经成为年收入达80亿美元的产业。在印度，手工艺产业也构成印度经济的重要组成部分，2000年至2001年期间，雇工数量约860万人，产品产值约61亿美元，收入约33亿美元。

在发达国家，传统手工艺在向高端艺术市场发展的同时，另一个主要的发展方向是作为时尚产业、设计产业、旅游文化产业不可忽视的重要资源，甚至以其本来的形态融入，成为时尚产业、设计产业、旅游文化产业的重要组成部分，成为显著的文化标识。

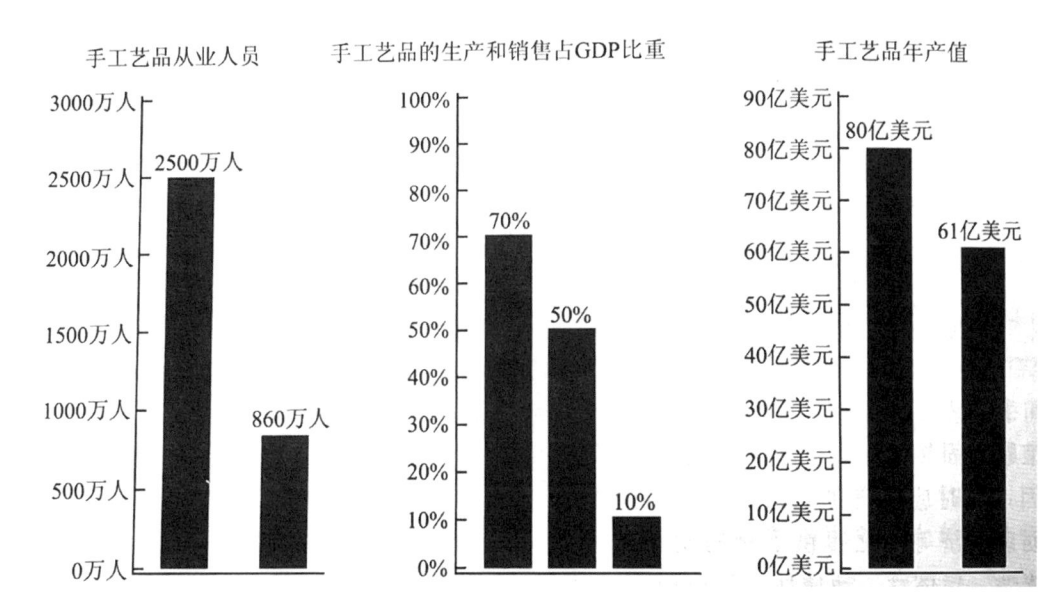

手工艺品从业人员	手工艺品的生产和销售占GDP比重	手工艺品年产值
2500万人 / 860万人	70% / 50% / 10%	80亿美元 / 61亿美元

手工艺因此也成为现代产业运作中的一种知识资产，能够创造更大的附加值，在其他投入不变的情况下，使边际收益不断上升，提升文化价值。因此，手工艺既是在传统农耕文明中孕育发展的，也以其固有的生产性特点、突出的产业价值，在当代社会呈现出新的发展轨迹。所以，当传统手工艺无人问津、"人亡艺绝"、后继无人的危机出现的时候，要反思和解决的不只是文化生态、文化建构的问题，还有与产业发展紧密相关的权益保护、激励与约束机制问题，涉及知识产权保护等法律制度和工作机制建设。

就我国现代民间手工艺发展而言，经过两次大的转型，一是相对于传统手工艺发展而言，新中国成立后，在计划经济体制下，手工艺作为重要行业纳入轻工体系，由以往分散的、作坊式的生产走向集中，在规模上具备了现代工业组织化、产业化的特征，形成了以集体所有制经济形式为主体、城乡结合、专业生产与副业加工结合的生产体系。特别在20世纪50年代和80年代，两度承担出口换汇重任，以国家统购统销及外贸为主，趋向于特种工艺。二是在市场经济体制建立过程中，大量手艺企业改制，手艺产业的发展要素转移到农村。20世纪90年代以来，一系列手工艺生产专业村和新一代民间手工艺人成长起来，形成"经销公司＋加工公司＋中间人＋农户"的产销组织形式，主要由经销公司承接订单，委托加工，农民利用农闲时间制作，计件收费，作为一种农业副业形成了一定的产业基础。全国工艺美术行业总产值超过6000多亿元人民币，广东、山东、江苏、浙江、福建、湖南、四川、河南、陕西等地区成为工艺美术产业的重点生产区。

具体来看，我国民间手工艺发展具有以下几个特点：

一是品类丰富。截止到 2009 年，传统手工艺入选国家、省、市、县四级非物质文化遗产保护名录体系的项目达 8600 余项。在非物质文化遗产保护名录体系中，传统手工艺品类丰富，涉及 9 个门类 180 多个品种。

二是长期以来外贸为主。新中国成立以来，我国手工艺产品主要以外销为主，且外销产值始终处于上升趋势。1952 年外销产值 0.33 亿元人民币，1973 年外销产值 14 亿元，占当年全行业工业总产值的 87.6%；1979 年为 26 亿元，占当年全行业工业总产值的 69%；2004 年为 789 亿元；2006 年上升至 1420 亿元人民币。

直到 2004 年，我国工艺美术产业内销开始超过外销，具有传统文化内涵的工艺品，如紫砂壶、木雕、硬木家具、玉器、首饰、艺术陶瓷等国内市场的需求不断升温。2006 年工艺美术内销产值 2185 亿元，占总产值的 60.6%，外销产值 1420 亿元，占总产值的 39.4%。

三是手工艺的文化自觉、传承与产业创造力不足。相当长一段时期里，伴随工业化、现代化发展，人们的生产方式、生活方式、消费意识和生活观念发生改变，手工艺的传承和应用受到冲击。加之文化生态破坏严重，工艺资源流失加剧。据统计，我国 764 个传统工艺美术品种中，52.49% 的品种陷入濒危状态，甚至已经停产。这也是手工艺发展以外贸为主、内销不足的重要原因。而由国家统购统销、特种工艺为主的发展模式进一步影响了手工艺在日用和文化传承层面的发展。从根本上说，内在发展的不足，首先与手工艺文化的自觉程度有关。

从立法层面看，我国于 1997 年颁布实施《传统工艺美术保护条例》，规定了国家保护传统工艺美术的原则、认证制度、保护措施、法律责任等，对作为民间文艺重要内容的传统工艺美术进行保护；2006 年出台《国家级非物质文化遗产保护与管理暂行办法》；于 2011 年颁布《中华人民共和国非物质文化遗产法》，对包括传统技艺、传统美术在内的非物质文化遗产做出界定，对非物质文化遗产的调查、代表性项目名录、传承与传播等做出规定，体现了法律制度建设的逐步完善。但也应当看到，我们的立法工作相对滞后，以近邻日本为例，日本于 1950 年颁布《文化财保护法》，对有形文化财、无形文化财等提出了明细的界定和保护要求；并于 1974 年出台《传统工艺品产业振兴法》，指定传统工艺品条件，责成开展全国性的工艺品产业调查，设立相关协会组织开展振兴工作。1998 年出台《传统工艺士认定事业实施办法》。应该说，这样重视传统文化，将历史传承的工艺造物精神融入现代设计，是其奠定经济大国地位的原因之一。如何为传统文化传承发展提供更好的法律制度基础，是我们需要加紧探索和解决的问题。目前，我国出台的相关法规对手工艺的保护多数局限在物化样态，对与手工艺相关的传统知识、遗产资源、民间艺术形态以及文化环境和空间的保护相对空缺，亟待完善。

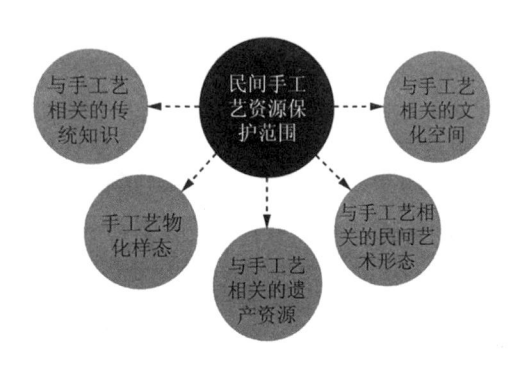

从教育角度看，20世纪50年代，手工艺为国家承担重要换汇任务的时期，全国各地手工艺研究机构、工艺美术院校纷纷建立，新工艺、新产品、新门类不断产生。但就此展开的专业教育并未提升到自觉层面。1956年中央工艺美术学院成立，各地相继成立工艺美术院校，自1958年到1964年六七年间，即成立有北京市工艺美术学校、上海工艺美术学校、苏州工艺美术专科学校、青岛工艺美术学校、河南工艺美术学校、福建工艺美术学校、河北工艺美术学校7所工艺美术学校，山东工艺美术学院前身为1973年成立的山东工艺美术学校，主要为工艺美术行业发展输送人才。但伴随工艺美术产业转型调整，以1999年中央工艺美术学院并入清华大学为标志，早期成立的工艺美术院校大多转型发展踪迹难觅。在1998年颁布的《普通高等学校本科专业目录》中，"工艺美术"被二级学科"设计艺术"取代。直到2011年，《普通高等学校本科专业目录（修订二稿）》中，"工艺美术"再次被提升为"设计学"一级学科下的二级学科。从初步建立、被取消到恢复发展，专业教育结构的变化，反映了几十年来我们在学术层面、专业教育层面对手工艺的认识情况。从这个角度看，我们关于手工艺文化的自觉经过了一个较为漫长的过程。在专业教育、学历教育相对滞后的同时，在新的生产结构中，传统手工艺传承的"师徒制"逐渐弱化消解，加之从父到子、从子到孙的传统生活方式、生活意识、生活习惯等弱化，民间传承机制很大程度上被消解，部分传统手工艺因此面临后继无人、人亡艺绝的危机。据统计，1979年至2006年，我国共评出365位中国工艺美术大师，已有1/5去世。目前，我国共有3025名高级工艺美术师，仍从事传统工艺美术的仅有20%。

从产业机制看，经过20世纪90年代市场化洗礼，大量手工艺企业改制，生产要素转移到农村，一方面，农村是中国传统文化、民间文化的母体，转移回归本身获得了更深厚的文化基础。另一方面，农村手艺文化产业很大程度上仍处于自发状态，广大农户处在产业链末端，来样加工，分散经营，设计和营销能力不足，经济发展空间有限，在贸易公平方面得不到有效保障，而且手工艺向设计产业、时尚产业以及当代生活空间的延伸、融合不足，没能在当代成为一种标志性的文化样态和产业形态。由此也进一步凸显出我国民间手工艺保护与传承亟待解决的问题。

二、民间手工艺的保护与传承问题

民间手工艺保护与传承最深的危机莫过于无人问津，因为应用需求和生产的减少而边缘化甚至遗失、断裂。更深层的原因，不只在于从农耕文明到工业文明的大的转型和冲击，还有我们自身传承与创新的自觉程度、创造力等原因。这些具体因素导致的传承和发展不足，使民间手工艺进一步面临国家文化安全，地域、团体权益和个体权益三个主要方面的问题，而且能否有效解决还将影响民间手工艺的保护与发展动力。

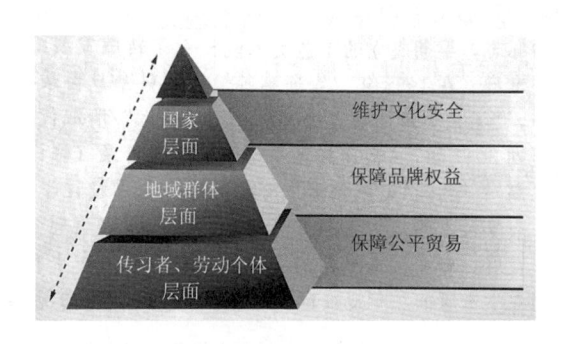

第一，传统手工艺资源流失，危及国家文化安全。从国家层面看，由于本土保护和发展不足，造成手工艺资源流失，不仅使手工艺本身包含的民俗、审美等文化凝聚力被消解和替代，甚至可能使本土的文化样式沦为其他价值观传播的媒介和工具，导致传统文化样式的"空心化"，危及国家文化安全。所以，问题不在于花木兰、功夫熊猫等中国文化元素经美国影视再创作赚取了多少票房，而是经过其创意和传播，原本经典的中国传统文化形象已经被置换植入的是美国的文化价值观。西方的、强势文化的生活方式、消费方式、生产方式以及社会心理、价值判断植入传统的、经典的文化样式，发挥其教化、审美、消费功能，在表层的娱乐传媒之后实现的是一种心理渗透，并进一步导致弱势文化的自我边缘化。

因此，除了对传统手工艺涉及的制作工艺、流程、配方等符合商业秘密构成要件的技术信息，实施保密措施，从国家层面，通过《反不正当竞争法》有关条款进行保护，维护国家文化安全外，更关键的是加强本土文化资源的应用和核心价值理念的传播、推广。

知识产权贸易是 WTO 三大贸易支柱之一

从手工艺的角度看，近年来，较为成功的是"中国结"的符号创新，虽然编结吉祥物一直流传在祭祀、典礼和节庆空间中，但人们结合精神需求对编结工艺加以创新，把"中国情结"加以放大，运用传统图形并使之符号化、典型化，广为运用，成为一种具有中国文化内涵的标志性符号。所以，保持、弘扬优秀传统文化，切实加强应用和推广，是对国家文化安全的维护。但就目前总体情况看，我国手工艺行业的整体素质和创新能力仍然堪忧，根据调研，行业从业人员的政治、经济、社会待遇偏低。主要表现在大师政治、经济待遇低，传统工艺美术企业人员待遇整体偏低，农村社会加工人员的收入也较低，40 岁以下人员不愿意从事这个行业。一项数据表明，专业院校毕业生加入传统工艺美术领域的不足 1%，高级工艺师仍在从事传统工艺的不足 20%。真正从核心层面、从创新发展的意义上、从民族精神高度发展传统手工艺，参与国际竞争，需要教育、研发、创意人员共同参与并切实壮大手工艺从业者实力，维护国家文化安全势在必行，任重道远。

第二，缺乏品牌意识和品牌保护，影响手工艺原产地手工艺群体的权益。从地域、团体权益的层面看，手工艺具有较强的地域性，与所在地域的自然条件、传统工艺、人文风俗有紧密联系，缺乏由工艺质量体系监管、地理标志认证等组成的品牌建设和保护，导致假冒伪劣和虚假宣传，破坏传统手工艺的原生性、真实性，损害相关地域手工艺生产者、手工艺团体的品牌权益，制约了手工艺发展。

就我国手工艺现状看，品牌意识极为薄弱。早在2009年，传统手工艺入选国家、省、市、县四级非物质文化遗产保护名录体系的项目已达8600余项，但到2011年，我国传统手工艺类地理标志保护产品专用标志仅有13项、地理标志保护产品仅有31项。

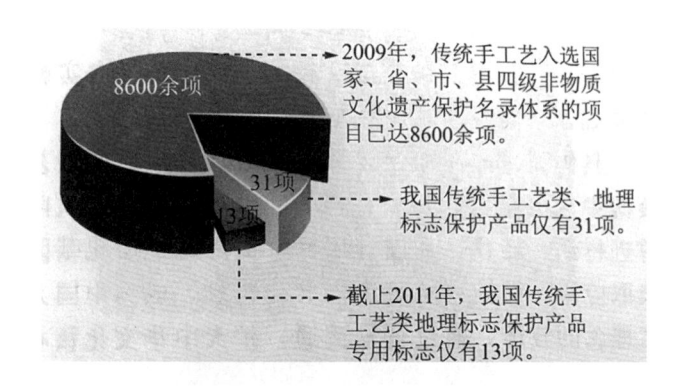

由于品牌意识薄弱，缺乏保护和监管，往往伴随假冒伪劣和虚假宣传，一种质量上乘的手工艺品出现，往往有林林总总的假冒产品，而且充斥全国各地的民俗旅游地、风景名胜地甚至远离其原产地，工艺流程相差甚远，不仅有贵州省外生产的"贵州蜡染"、非原产地生产的新疆冬不拉和苗族小芦笙，即使原产地，材质、工艺也并非达到体现手工艺文化内涵和工艺水平的标准。不良竞争对手工艺核心工艺及文化的传承、创新、传播发展等造成影响，并且保持其本真性生产者的权益。

第三，民间手工艺生产者主要处于产业链末端，贴牌代工现象普遍，以农民为主体的手工艺个体的经济权益未能得到有效维护。一个普遍的现象在于，传统手工艺持有者往往是经济地位上处于弱势的群体，传统知识利用者往往是经济实力雄厚的跨国公司，国际上针对印第安手工艺的统计显示，在现行民间手工艺利益分配机制中，虽然创造该民间工艺的群体或土著艺术家也能获得部分利益，但是"本土居民取得回报的百分比相当小。1989年《工艺产业述评》估算表明，本土居民每年从销售其工艺的利润中仅获取了7000万美元多一点的收入。《战略》杂志称，本土艺术家所获取的经济利润已经有所增长，现在每年已经达到大约5亿美元，但销售利润的主要部分由工艺商而非艺术家们取得"。

工艺品设计　加工制造　物流运输　订单处理　终端零售　经营批发

手工艺农户

我国当前手工艺生产也存在这一问题，由于贴牌代工等原因，手艺农户获利微薄，亟待争取公平贸易，维护手艺人的利益。

三、民间手工艺的知识产权保护与发展建议

民间手工艺可持续发展必须坚持走自主创新的路子。如何通过实施创新和知识产权战略并重，解决市场不对等的交易现状，是整个行业必须认真思考的问题。就此应进一步完善市场法律保护机制，组建产权交易执行机构。

第一，应进一步加强民间手工艺知识产权保护与利用。对于具有"难开发、易复制"特点的手工艺产业而言，只有用更加完善的知识产权制度确认和保护文化产品组织者和创造者的合法权益，才能增强文化创意产业的核心竞争力。具体要加强地方行政立法工作。尤其要重视针对手工艺特定行业知识产权保护的立法，重视立法对手艺产业知识产权利用链条形成中的促进作用。要在国家知识产权制度框架下，进一步理顺知识产权管理体制，改变知识产权局、专利局、工商局、版权局等各职能部门条块分割的现状，提高针对农村文化产业体系的知识产权管理效率。完善政府知识产权公共服务平台，加强法律援助，提升针对农村手艺产业信息服务的质量，同时注意建立知识产权服务托管平台，为中小企业服务。同时要促进中介服务机构发展，利用制度培植为农村文化产业知识产权保护和利用服务的中介机构。此外，还应采取积极措施破除行业垄断，减少创意、生产和销售的中间环节，开放手工创意产品发行传播通道。

第二，加快国家级手艺技术标准和设计规范制定，实施产权保护和产权贸易。众所周知，一流企业卖标准、卖规范，二流企业卖品牌，三流企业卖产品，四流企业卖劳力。未来很长的一段时间，中国的手艺产业必须加快培育一批具有自主知识产权的主导产品和核心技术，尽快形成一批国家关于民间技艺的技术标准，形成"手艺产权"。进而开放在产权交易、产权国际交流服务、产权成果转化、资质认证、产权托管与拍卖、产权评估等方面的产权贸易，为农民增收提供新的交易渠道。

原创和原生态是手艺的生命，知识产权是民间手工艺产业的核心资产。要鼓励设计原创、技术创新，加强设计市场保护，严厉打击侵权盗版行为，鼓励设计产权评价机构发展，制定设计产权成果转化机制，激活设计产权交易市场。具体在手艺"产权银行"交易方面，可以在有条件的地区尝试建立以手工艺品为核心的"产权银行"，先行先试。通过工艺流程交易、非物质遗产作品交易、工艺技术标准交易、创新专利及产权交易、出版交易、艺术授权等服务内容的设立，改变手工行业的经济增长方式，最大程度地传承、保护和发展传统手工艺术。

四、产权银行交易内容

传统文化的保护归根结底是为了传承和发展，落脚点在于动态可持续利用上，所以就民间手工艺自身而言，还需加强设计转化和产业提升，并在这个过程中，提振品牌，健全行业协会组织，夯实教育基础，全面促进提升发展。

具体而言，在加强设计转化方面，将民间手艺资源中相关精神、知识、符号、自然元素等产权内容进行创意转化。在设计层面，促进传统文化基因汲取应用，使设计承载中国文化精神，成为中国人文理念的载体，通过贸易流通，扩大中华文化核心价值的感召力和影响力。建设文化强国，强化国家文化软实力的重要举措之一，就是要在不断扩大的对外开放中，通过文化产品和商品流通交流，扩大中国文化核心价值的全球感召力。在产业层面，促进传统工艺美术产业升级，带动新兴产业发展，激活传统手工艺在时尚产业及城市创新和品牌创新中的重要作用。同样，设计转化后又形成新的产权保护内容，在保护中创新，在创新中传承，形成民间手艺设计与自主知识产权保护的良性循环。

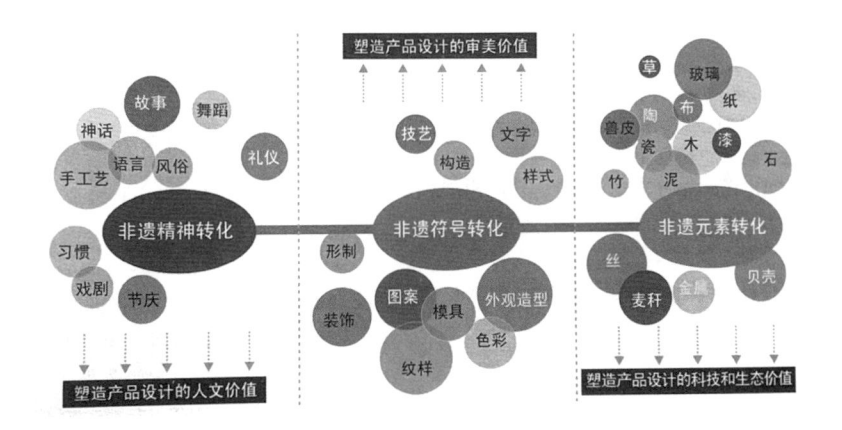

在促进产业提升方面，将民间手艺资源知识产权的运用从传统文化贸易拓展到文化创意、文化会展、文化旅游、数字内容等产业领域，挖掘价值链，提升产业层次和市场竞争力。鼓励民间手艺产权评价机构发展，制定工艺美术产权成果转化机制，激活包括工艺流程交易、工艺技术标准交易、传统知识版权交易、手艺原创作品交易、创新专利产权交易、艺术授权等工艺美术产权交易市场。

在提振手艺品牌方面，完善手工艺项目的质量和行业标准，出台相关品类产品的工艺规范、质量要求，以完备的质量体系为基础，推出具有自主知识产权的文化产品或产业品牌，加强商标注册，开展"原产地保护""地理标志"和"非物质文化遗产名录"等申报工作，推动产品品牌、企业品牌向区域文化品牌转移；以质量体系为基础，以自主知识产权为核心，以商标注册和保护为重点，形成若干各具特色的"贴牌"产品和更多"创牌"产品，全面实施手工艺产业的品牌战略。

在健全协会组织方面，进一步建立健全从中央到地方的民间手工艺促进发展组织。由行政主管部门与专业的非政府组织、非营利组织、农村自组织以及各种市场组织一起成立专门机构，共同承担管理民间手工艺事务、提供公共服务的责任，推动民间手工艺高效、健康发展。其中，特别要加强"农村手艺产业合作社"等基层协作组织建设，发展龙头企业和农民专业户合作经济组织。通过基层协作组织争取"集合贷款"、信用贷款，化解融资难题；实现资源共享，规避恶性竞争；配合编制地方标准或产业集群联盟标准，规范生产经营行为，维护质量和品牌形象，并进一步争取公平贸易，维护手艺农户利益。我国少数民族众多，地域辽阔，民间手工艺资源丰富，建立一套以政府扶持和指导、能代表和维护特定民间手工艺群体利益的团体、协会或其他各种管理机构网络体系，作为民间手工艺权利主体是可行的选择。

在夯实教育基础方面，首先要加强专业教育，以学科建设为重点，构建中国"手艺学"学科，对数千年传承发展的"手艺"进行专门化、科学化、系统化的研究。"手艺学"的构架需从理论研究、实践研究和历史研究三个层面展开，既围绕手艺本体进行历时与共时、原理与实践、历史形态与文化形态的综合研究，同时建立"手艺学"与相关学科的交叉联系，从手艺在社会文化体系中的功能、价值、内涵出发，进行多元视野下的共同观照，深入应用民俗学、人类学的研究方法，关注手艺与日常生活及社会文化空间的深层联系，把握手艺与整体文化格局的联系，解释其发展、变化的社会学、人类学根据，在宏观架构中把握手艺的本质、实践以及历史变迁。在这样的学科建构基础上，培养高层次理论研究人才和创意研发实践人才，充实提高手艺人才队伍水平。

同时，促进民间手工艺传习与推广。组成以传统手工艺传承人为主的传习主体，实施短期与长期传习计划，面向公众开展普及教育，以相关博物馆、讲座活动为基地，并在社会公共文化空间里举办展览和现场传习活动，利用参与性教育方法以及游戏、见习培训等实用方法，促进人们体验传统手工艺文化。

具体要持续推进代表性传承人的保护和培养。一是在现有的资助和补贴基础上，完善荣誉方案。从日本、韩国等国家对代表性传承人保护的经验来看，保护传承人并非仅限于提供一点资助和补贴，更重要的是作为一种荣誉提高传承人的社会地位和文化影响力。二是针对部分手工艺项目既有个人家族的传承，也有村落集体传承的特点，完善关于集体传承的规定。就此也可参考日本在指定"人间国宝"时对集体传承认定的经验，避免将集体传承个人化而改变原来的形态和意义。

当前，民间手工艺的保护与发展是每个历史悠久、文化丰厚的国家在现代化进程中必须面对的课题。在深入分析我国民间手工艺发展现状及历史成因的基础上，尤其要从法律保护、行政扶持等方面促进民间手工艺发展，以知识产权为切入点，解决在国家文化安全层面，地域、群体权益层面以及手工艺生产者个体层面存在的具体问题。就此还应加速立法保护中国民间文艺的资源权益，在国际交流上有法可依；积极提倡地方申报民间文艺地理标志，促进民族民间文化交流传播；鼓励允许民间艺人申报家传知识产权，保护濒临灭绝的民间绝活的艺人权益。采取切实措施，从各层面、多角度保障文化权益，形成文化发展的保障和激励机制。我们认为，从文化产业的核心要素上划分，我国文化产业包括创意文化产业、版权文化产业和资源文化产业。其中，资源文化产业是中国传统的、民间的、本土的文化资源转化发展的产业，涉及保护文化权益，增进对其价值的认同和建立在尊重、维护基础上的弘扬、传播。我们希望，真正从文化自觉和文化自信的高度，从法律保护的基础意义上，从其内在的动力机制着眼，实施可行的措施和方案，增强创造活力，促进中华优秀传统文化健康可持续发展。

传统村落的困境与出路

——兼谈传统村落是另一类文化遗产[1]

冯骥才[2]

2012年中国正式启动了传统村落的全面调查,同年进行了专家审定与《中国传统村落名录》的甄选工作。这应是文化上一个意义重大而深远的事件;我深信它必将用黑体字记载于中国文化史上。

在这空前的传统村落调查启动之前,大量出现在媒体上的信息与文章,表达着学界与公众对这一关乎国人本源性家园命运的关切;在传统村落调查启动后,人们关注焦点则转向这些处于濒危的千姿万态的古老村落将何去何从。

这里,想对有关传统村落现状与保护的几个关键问题表述一些个人的意见,以期研讨。

一、传统村落保护的必要性与紧迫性

如果说中华民族历史五千年,这五千年都在农耕文明里。村落是我们农耕生活遥远的源头与根据地,至今至少一半中国人还在这种"农村社区"里种地生活,生儿育女,享用着世代相传的文明。在历史上,当城市出现之后,精英文化随之诞生,可是最能体现民众精神本质与气质的民间文化一直活生生存在于村落里。

我国幅员辽阔,民族众多,地域多样,气候迥异;在漫长的岁月里,交通不便,信息隔绝,各自发展,自成形态,造就了中华文化的多样并存与整体灿烂。如果没有了这

---

[1] 刊于2013年第1期。
[2] 冯骥才(1942—),中国文学艺术界联合会副主席,中国民间文艺家协会名誉主席。

花团锦簇般各族各地根性的传统村落，中华文化的灿烂从何而言？

可是，最近的一些村落调查和统计数字令我们心头骤紧。比如：在进入21世纪（2000年）时，我国自然村总数为363万个，到了2010年，仅仅过去十年，总数锐减为271万个。十年内减少90多万个自然村。对于我们这个传统的农耕国家可是个"惊天"数字。它显示村落消亡其势迅猛和不可阻挡。

如此巨量的村落消失的原因是多方面的。

一是城市扩张和工业发展突飞猛进，大批农民入城务工，人员与劳动力向城镇大量转移，致使村落的生产生活瓦解，空巢化严重。近十年我们在各地考察民间文化时，亲眼目睹这一剧变对村落生态影响之强烈与深切，已经出现了人去村空——从"空巢"到"弃巢"的景象。

二是城市较为优越的新的生活方式，成为越来越多年青一代农民倾心的选择。许多在城市长期务工的年青一代农民，已在城市安居和定居，村落的消解势所必然。

三是城镇化。城镇化是政府行为，拆村并点力度强大，所向披靡；它直接致使村落消失。这也是近十年村落急速消亡最主要的缘由。

在由农耕社会向工业社会的转型中，村落的减少与消亡是正常的，世界各国都是如此；城镇化是农村发展的重要方向与途径，世界也是这样。但不能因此，我们对村落的文明财富就可以不知底数，不留家底，粗率地大破大立，致使文明传统及其传承受到粗暴的伤害。

进一步说，传统村落的消失还不仅是灿烂多样的历史创造、文化景观、乡土建筑、农耕时代的物质见证遭遇到泯灭，大量从属于村落的民间文化——"非遗"也随之灰飞烟灭。

自2006年我国已公布三批国家级非遗名录，包括民族与民间的节日、民俗、戏曲、音乐、舞蹈、美术、曲艺、杂技、口头文学等，凡1219项，被列入了国家重点保护的历史文化遗产的名单中，其中26项被列入世界非物质文化遗产保护名录中。这些文化遗产大部分活态地保存在各地的村落里。正如联合国教科文组织对"非遗"评定的标准是：它必须"扎根于有关社区的传统和文化史中"。如果村落没了，"非遗"——这笔刚刚整理出来的国家文化财富便要立即重返绝境，而且这次是灭绝性的，"连根拔"的。我们能叫一项项珍贵的国家遗产得而复失吗？

传统村落还有另一层意义——它是许多少数民族的所在地。不少少数民族没有文字,没有精英文化,只有民间文化。他们现在的所在地往往就是他们原始的聚居地。他们全部的历史、文化与记忆都在他们世袭的村寨里。村寨就是他们的根。少数民族生活在他们的村寨里,更生活在他们自己创造的文化里。如果他们传统的村寨瓦解了,文化消散了,这个民族也就名存实亡,不复存在。我们有权利看着少数民族从我们眼中消失吗?

面对着每天至少消失一百个村落的现实,保护传统村落难道不是一件攸关中华民族文化命运的大事逼到眼前?

二、传统村落是另一类文化遗产

当今国际上对历史文化遗产分为两部分。一是物质文化遗产,一是非物质文化遗产。在人类历史的转型期间,能将前一阶段的文明创造视作必须传承的遗产,是进入现代文明的标志之一;这时间并不久,不过几十年,而且是一步步的。从国际性的《雅典宪章》(1933)、《佛罗伦萨宪章》(1981)到联合国教科文组织的《保护历史城镇与城区宪章》(1987)和《保护非物质文化遗产公约》(2003)可以看出,最先关注的是有形的物质性的历史遗存——小型的地下文物到大型的地上的古建遗址,后来才渐渐认识到城镇和乡村蕴含的人文价值。然而在联合国各类相关文化遗产的文件中,我们只能见到一些零散的关于传统村镇保护的原则与理念,没有整体的保护法则,更没有另列一类。至今还未见任何一个国家专门制定过关于传统村落保护的法规。可是,传统村落却是与现有的两大类——物质与非物质文化遗产大不相同的另一类遗产。

第一,它兼有着物质与非物质文化遗产,而且在村落里这两类遗产互相融合,互相依存,同属一个文化与审美的基因,是一个独特的整体。过去,我们曾经片面地把一些传统村落归入物质文化遗产范畴,这样便会只注重保护乡土建筑和历史景观,忽略了村落灵魂性的精神文化内涵,最终导致村落魂飞魄散,徒具躯壳,形存实亡。传统村落的遗产保护必须是整体保护。

第二,传统村落的建筑无论历史多久,都不同于古建;古建属于过去时的,乡土建筑是现在时的。所有建筑内全都有人居住和生活,必须不断地修缮乃至更新与新建。所以村落不会是某个时代风格一致的古建筑群,而是斑驳而丰富地呈现着它动态的嬗变的历史进程。它的历史不是滞固和平面的,而是活态和立体的;对于这一遗产的确认和保护的标准应该专门制定和自成体系。

第三，传统村落不是"文保单位"，而是生产和生活的基地，是社会构成最基层的单位，是农村社区。它面临着改善与发展，直接关系着村落人民生活质量的提高。保护必须与发展相结合。在另两类文化遗产——物质和非物质文化遗产中，显然都没有这样的问题。

第四，传统村落的精神遗产中，不仅包括各类"非遗"，还有大量独特的历史记忆、宗族传衍、俚语方言、乡约乡规、生产方式等等，它们作为一种独自的精神文化内涵，因村落的存在而存在，并使村落传统厚重鲜活，还是村落中各种"非遗"不能脱离的"生命土壤"。

综上所述，从遗产学角度看，传统村落是另一类遗产。它是一种生活生产中的遗产，也是饱含着传统的生产和生活。为此，对它的保护一直是个巨大的难题。

难题的原因：一方面是它规模大，内含丰富，又是活态，现状复杂，对它的保护往往与村落的发展构成矛盾；另一方面是它属于地方政府的行政管辖，若要保护，必然牵涉政府各分管部门的配合，以及管理者的文化觉悟。再一方面是无论中外可资借鉴的村落保护的经验都极其有限，而现有的物质与非物质文化遗产保护的法规、理念与方法又无法适用。这是传统村落保护长期陷在困境中的根由。看来，它的出路只有我们自己开拓和创造了。

三、找到了出路

近年来，随着传统村落的消亡日益加剧，不少大学、研究单位和社会团体频频召开"古村落保护研讨会"和相关论坛，以谋求为这些古老家园安身于当代的良策；不少志愿者深入濒危的古村进行抢救性的考察和记录；一些地方政府在"古村落保护"上还做出可贵的尝试。比如山西晋中、江南"六镇"、江西婺源、皖南、冀北、桂北、闽西、黔东南以及云南和广东等地区。尽管有些尝试颇具创意，应被看好，但还只是地方个案性和个人自发性的努力，尚不能从根本上破解传统村落整体身陷的困局。

2012年有了重大转机。

2012年4月由国家四部局——住房和城乡建设部、文化部、国家文物局、财政部联合启动了中国传统村落的调查，并把盘查家底列为工作之首要；表明了这一举国的文化举动所拥有的气魄、决心与科学的态度。这项工作推动得积极有力和富有成效。半年后，通过各省政府相关部门组织专家的调研与审评工作初步完成，全国汇总的数字表明我国现存的具有传统性质的村落近1.2万个。随即四部局成立了由建筑学、民俗学、规划学、艺术学、遗产学、人类学等专家组成的专家委员会，评审《中国传统村落名录》。进入名录的传统村落将成为国家保护的重点。评定的着眼点为历史建筑、选址与格局、非遗三个方面。

每一方面具体的评定标准都是经过专家研究确定的；其标准除去本身的专业性，还要兼顾整体性和全面性。比如，在乡土建筑与村落景观方面，不但要看其自身价值，还要注重地域个性与代表性，不能漏掉任何一种有鲜明地域个性的村落，以确保中华文化的多样并存。再比如，如果某一个传统村落以"非遗"为主，其"非遗"首先必须已列入了"国家非物质文化遗产名录"，以使国家"非遗"不受损失，不致"皮之不存，毛将焉附"那种毁灭性的悲剧发生。

由于传统村落保护与村落生产生活的发展密切相关，任何部门无法独自解决，因而这次由四个相关的国家一级政府主管部门联合开展与实施——包括主管乡村建设与发展的住房和城乡建设部，分管着物质和非物质文化遗产的国家文物局与文化部，担负财政支持的财政部。四个国家主管部门联合推行，不但可以统筹全局，推动有力，并使工作的落实从根本上得到保证。这是一个符合国情、符合实际的创造性的办法；它体现了国家保护传统村落的决心。这样，传统村落便从长期的困惑、无奈与乱象中走了出来。

它的一个重要标志是将原先习惯称呼的"古村落"，改名为"传统村落"。

"古村落"一称是模糊和不切确的，只表达一种"历史久远"的时间性；"传统村落"则明确指出这类村落富有珍贵的历史文化的遗产与传统，有着重要的价值，必须保护。

传统村落一名还像是表明这项工作深远的意义——为了文明的传承。

四、必须做好的事

当国家传统村落名录确定下来，其保护的工作不是已经完成，而是刚刚开始。要防止以往申遗时出现的谬误——把申遗成功当作"胜利完成"。其实，正是历史文化遗产被确定之日，才是严格的科学的保护工作开始之时。尤其传统村落的保护是全新的工作，充满挑战，任重道远。

我以为，必须认真对待和做好下面几件事：

（一）建立法规和监督机制

传统村落保护必须有法律保证，有法可依，以法为据，立法是首要的，还要明文确定保护范围与标准，以及监督条例。管辖村落的地方政府必须签署保护承诺书，地方官员是指定责任人。同时，必不可少的是建立监督与执法的机制。

我国现在的物质文化遗产的保护有《中华人民共和国文物保护法》(1982)，同时有监督和执法机制，比较健全；"非遗"保护有《中华人民共和国非物质文化遗产法》(2011)，但缺乏监督和执法机制，问题较大。如果没有监督与执法，法律文件最终会成为一纸空文。由于传统村落依然是生活社区，处于动态的变化中，保护难度大，只有长期不懈地负责任地监督才能真正保护好。

（二）必须请专家参与

我国村落形态多，个性不同；在选址、建材、构造、形制、审美、风习上各不相同。因此，在保护什么和怎么保护方面必须听专家的意见。传统村落保护与发展应制定严格规划，由专家和政府共同研讨和制定，并得到上一级相关部门的认定与批准。传统村落能否保护好的关键之一，要看能否尊重专家和支持专家。只有专家才能真正提供专业意见和科学保障。

（三）传统村落的现代化

保护传统村落绝不是原封不动。村落进入当代，生产和生活都要现代化；村落中的人们有享受现代文明和科技带来的便利与恩惠的当然的权利。村落的保护与发展完全可以做到两全其美。那种认为这两者的矛盾难以解决，非此即彼，正是一脑门子赚钱发财所致。在这方面，希腊、法国、意大利等西方国家在城市历史街区保护中所采取的一些方法能给我们积极的启示。比如他们在不改变街区历史格局、尺度和建筑外墙的历史真实的前提下，改造内部的使用功能，甚至重新调整内部结构，使历史街区内的生活质量大大提高。民居不是文物性古建，保护方式应该不同，需要研究与尝试。传统村落的保护与发展不但不矛盾，反而可以和谐统一、互为动力。其原则是，尊重历史和创造性地发展，缺一不可。

只有传统村落生活质量得到提高，宜于人居，人们生活其中感到舒适方便，其保护才会更加牢靠。

（四）少数民族地区的村落保护

在少数民族地区，村落就是民族及其文化的所在地，其保护的意义与尺度应与汉族地区村落保护不同。对于少数民族一些根基性的原始聚居地与核心区域，应考虑成片保护，以及历史环境与自然生态环境的保护。

（五）可以利用，但不是开发

一些经典、有特色、适合旅游的传统村落可以成为旅游去处，但不能把旅游作为传统村落的唯一出路，甚至"能旅游者昌，不能旅游者亡"。传统村落是脆弱的，旅游要考虑游客人量过多的压力，不能一味追求收益的最大化。更不能为招徕游人任意编造和添加与村落历史文化无关的"景点"。联合国对文化遗产采取的态度是"利用"，而不是"开发"。利用是指在确保历史真实性和发挥其文化的精神功能与文化魅力的前提下获得经济收益；开发则是一心为赚钱而对遗产妄加改造，造成破坏。坦率地说，这种对遗产的"开发"等同"图财害命"，必须避免。

（六）细细收寻，不能漏网

尽管全国村落的普查初步完成。但我国地广村多，山重水复之间肯定还会有一些富于传统价值的村落，没有被发现与认知。更细致的收寻有待进行。十多年来的非遗普查使我们明白，中国文化之富有表现在它总有许多珍存不为人知。我们不能叫于今尚存的任何一个有重要价值的传统村落漏失。

（七）推荐露天博物馆

在确定保护得较为完整的传统村落之外，还有些残破不全的古村虽无保护价值，却有一件两件单体的遗存，或院落、或庙宇、或戏台、或祠堂、或桥梁等，完好精美，颇有价值，但孤单难保，日久必毁。现今世界上有一种越来越流行的做法叫作"露天博物馆"，就是把这些零散而无法单独保护的遗存移到异地，集中一起保护。同时，还将一些掌握着传统手工的艺人请进来，组成一个活态的"历史空间"——露天博物馆。近些年来，这种博物馆不仅遍布欧洲各国，亚洲国家如韩国、日本和泰国也广泛采用。露天博物馆是许多国家和城市重要的旅游景点。这种方式，可以使那些分散而珍贵的历史细节也得到了妥善的保护与安置。

（八）提高村民的文化自爱与自信

传统村落的保护不能只停留在政府与专家的层面上，更应该是村民自觉的行动。

如果人们不知自己拥有的文化的价值，不认同，不热爱，我们为谁保护呢？而且这种保护也没有保证，损坏会随时发生。所以接下来一项根本的工作是提高人们的文化自觉和自信。就像在阿尔卑斯山地区那几个国家的山民家里，他们人人都会对来访的客人自豪地大谈家乡的山水花鸟和祖辈留下来的一砖一瓦，还穿上民族服装唱支山歌欢迎你。

文化首先被它的拥有者热爱才会传承。

提高村民文化自觉是长期和深入的事，但如果只让人们拿着自己的"特色文化"去赚钱是不会产生文化自觉的。

在这方面，鼓励和支持志愿者和社会各界投入、参与和帮助传统村落保护，也是推动全民文化自觉的好办法。

现在可以说，中国传统村落从困境中走出来了。它独有的价值终于被我们认识，并在物质文化遗产保护和非物质文化遗产保护之外另列一类，即"中国传统村落遗产保护"，纳进了国家的历史文化遗产的"谱系"中来。

十年前我国只有文物保护，经过近十年的努力，拥有了物质遗产、非物质遗产、村落遗产三大保护体系，从而使中华民族的历史财富得到全面和完整的保护。这是我们在文化建设上迈出的重大一步。

如今世界还没有哪个国家对传统村落进行过全面盘点，进行整体保护。我们这样做，与我们数千年农耕历史是相衬的，也是必需的。它体现我国作为东方一个文化大国深远的文化眼光和高度的文化自觉与自尊，以及致力坚守与传承中华文明传统的意志。

中华文明是人类伟大的文化财富之一。我们保护中华文明，也是保护人类的历史创造与文明成果。

当然，传统村落保护刚刚开始，它有待于系统化、法治化和科学化；它需要相关的理论支持和理论建设，需要全民共识和各界支持，需要知识界的创造性的奉献，以使传统村落既不在急骤的时代转型期间被甩落与扬弃，也不被唯利是图的市场开发得面目全非。我们要用现代文明善待历史文明，把本色的中华文明留给子孙，让千年古树在未来开花。

关于古代民间故事从口头到文本的讨论[1]

顾希佳[2]

《中国古代民间故事长编》(以下简称《长编》)是中国古代民间故事文本的资料汇编，它不仅可以供广大读者阅读欣赏，而且可以为文学艺术创作提供丰富的素材，至于在民间故事史的研究领域，《长编》的史料价值更是明白无疑的。

古代民间故事是我国传统文化的重要组成部分，它又是我们的祖先日常生活的一个有机组成部分，它的流播还对我国古典文学、古典戏曲的发展产生过不可低估的影响，在文化史上的重要地位不言而喻。但是古代民间故事的口头流传方式又有着较大的不稳定性和无法保存性，在对它们进行历史研究时就又不得不依赖于文本。文本和口头，是两种不同的传播方式，既对立又互动，这就给《长编》的编纂带来一系列困难。借着《长编》出版的机会，有必要说一说古代民间故事从口头到文本的一些情况。

一

通常认为，民间故事的创作和流传，都是以口头方式进行的。也就是说，这是一种口耳相传的文学活动，一个人说，许多人听，然后又有人把听到的故事讲给别人听，这种过程不断重复，于是这一则则生动活泼的故事才会在相当长的历史时期里，在相当广的地域里获得流传。在这整个流传过程中，需要语言作为媒介，并不需要文字媒介。民

---

[1] 刊于2013年第1期。本文为《中国古代民间故事长编》中《引言》，见顾希佳编著《中国古代民间故事长编》，浙江大学出版社，2012年。

[2] 顾希佳（1941—2023），男，浙江嘉善人，杭州师范大学浙江省非物质文化遗产研究基地常务副主任、研究员。主要研究方向：民间文学、民俗学。

间文艺学主张研究者亲自到人们讲故事的生活环境中去听那些活生生的故事，因为只有在这种场合，才能真切地感受到讲述人和听众的真情实感，才能真正理解这些故事本身。在许多时候，人们把民间故事称为口头故事，以此与作家的文本创作相区别，是很有道理的。

在文字尚未发明的远古时代里，人类的文学活动都是一种口头文学，这当然不必怀疑。在文字发明之后，口头传播依旧十分重要，这主要是因为在相当长一个历史时期里大多数民众还不识字，还不具备使用文本的物质条件，所以他们中间的文学活动只能是口头形式的。不仅如此，即使在识字的阶层里，人们也并非事事处处都使用文字传媒。事实上，在许多场合，许多时候，人们依旧十分乐意使用这种十分古老而又十分简便易行的传播手段——口头语言。在传统社会里，士大夫阶层尽管都会使用文本，但在他们中间同样有口头故事在流播着。在现代社会里，几乎所有人都可以使用文本了，然而口头传播这种方式却不会消失，因此口头故事这种文学形式也还不会消失。

但是，我们在另一方面又不能完全排除文本——文字和印刷术在民间故事的保存和传播过程中所起的作用。因为语言的传播毕竟有它的弱点。在传统社会里，在电话、广播、录音、录像等先进科技还没有发明和使用之前，口头语言总是稍纵即逝的，无法长时间保存，它只能面对面传播，传播速度和力度也都不如文本。由于各种人为的原因，民间故事口耳相传的"链条"很容易中断。尽管在总体上说，人类社会的民间故事活动始终保持着活泼的态势，世代相传而不会中断，但就一个个故事作品而言，情况就不一定了。我们应该承认，从传播手段的角度看，文本比口头先进得多。文本可以长久地保存下去，特别是印刷文本，还可以在相当大的地域范围内产生影响。口头方式是做不到这些的，至少在传统社会里，是做不到的。于是，历史上的许多口头故事，往往要凭借文本才得以保存下来。文本在故事的流播过程中发挥着的巨大作用。

欧洲民间文学研究中的流传学派就十分重视文本的作用。这个学派的创始人德国东方学家本菲认为，在欧洲10世纪之前，故事的流传并不活跃，而且大都是通过口头方式（通过商人、旅行家等等）流传。而自10世纪始，从东方传来大量故事体的文学作品，书面形式的流传逐步代替了口头形式。印度的各种故事集传到波斯和阿拉伯，于是在伊斯兰世界中广为流布，继而通过回教徒又传到拜占庭、意大利、西班牙，进而在整个欧洲流传开来。本菲还指出了另一条传播途径——从印度经过蒙古而到达欧洲。他在将印度古典文献《五卷书》译成德文出版时，为该书写了长达五百多页的序文，详细阐明了他的这一观点，并且还为读者清理出了一个颇具说服力的关于《五卷书》文本从东方逐步向西方辗转流传，经过若干世纪的历程而最终成了法国寓言家拉·封丹笔下的作品的谱系。显而易见，在这一系列的传播环节中，文本，而不是口头传播，发挥了重要作用。

诚然，正如许多学者已经指出的那样，流传学派把自己的印度起源说和情节流传说过于绝对化之后，势必会漠视人民群众在创造和传承口头文学作品中的重要作用，于是也就背离了口头文学的实际。事实上，除了文化交流之外，由于各地民众所处的境遇相似，心理状态相似，导致他们不约而同地产生出十分相似的口头故事来。不过，我们在这里仍然应该客观地评价流传学派的功劳。确实有这样一大批故事，它们是通过文化交流的方式，这中间既有口头传讲的途径，也有文本传递的途径，从某个地方产生，而辗转传播到了遥远的异乡。

这种情况不仅出现在欧洲，也出现在东亚。对于中日民间故事之间所存在着的惊人相似，日本和中国的不少学者都认为，这是文化传播所致，而且主要是中国故事传入日本所致。关于此中的传播方式，除了因人口迁徙而导致的口头传播之外，许多人也都认为：历史上日本遣唐人员多次来往于中日之间，双方的高僧为了传扬佛法也频繁地来往于中日之间，这些文化使者曾将大批汉译佛经和汉文典籍带到了日本。在这些弥足珍贵的文本中间，则包含了丰富的民间故事。

比如，日本学者今野圆辅就认为，近现代日本民间的巫女在祭祀蚕神马头娘的仪式中所吟诵的《白神祭文》，就来自中国古代的志怪小说《搜神记》。他在《马娘婚姻谭》一书中就此做了认真的比照，从而肯定了他的这一论点。

在我国历史上，文本介入口头传播的例证也很多。比如我们考察《水浒》故事、《白蛇传》传说这样一大批历史上比较著名的民间文学作品的流播轨迹时，就常常会发现其中有文本的踪迹。一开始，它们往往是以口头方式在民间流播，后来被一些文人发现，便用文本把它们记载下来，有时候还会因此扩大了故事的知名度和影响力，使之在更大的范围里得以流播。直至今天，我们一方面可以在许多地方的讲故事场合听到人们对上述故事的生动讲述，从而确认这是地道的民间故事；另一方面又可以读到在不同时代被记载下来的有关这些故事的不同文本。这中间存在着口头与文本的互动、民间故事与作家文学的互动，这是早已为许多学者所指出过的。尤其是当我们需要对民间故事进行历史研究的时候，就不得不借助于典籍文本了。

也许有人会说，我们今天所听到的民间故事里，都有着历史的影子，这些故事所讲述的内容本身就是一种"历史",难道不可以凭借今天我们所听到的口头讲述去研究民间故事史吗?我们说,仅仅用今天听到的口头讲述去研究民间故事史是很不够的。就像长江、黄河,今天的河床里积淀着不同时代的沉积物,固然有十分古老的成分,却也必然还会有新近产生的成分。我们要研究长江、黄河的历史,当然需要考察今天的长江、黄河,但是还必须依靠古地理所提供的材料,才能得出科学的结论。同样的道理,今天我们所听到的民间故事讲述只是"传统的",却不是"古代的"。古代的民间故事,限于当时的物质条件,已经无法保存当年口头讲述的原貌了。我们研究古代民间故事,虽然也可以参照今天的口头讲述,但更重要的是要获得当时的记录。这种记录哪怕是有所残缺,也比没有要好。在这种情况下,典籍文本就显得格外珍贵。

1985年岁暮,钟敬文先生在《中国民间传说论文集·序》中指出:"我国是文化事业开始比较早的国家。我们有三千年以上的文献业绩。古代的许多学术先辈,对于民间传说这种人民口头创作,尽管各人观点和态度有所不同,但是大都对它有一定的注意和认识。在许多史书和子书里不同程度地记录了古代的人物传说或地方传说。例如南北朝有名的地理书《水经注》里,就丰富地保存了这方面的材料。自魏晋以来,我国学界不断出现的地方风土记、地方志、地方史及笔记等的大量著述,记录了各时代的民间传说。这些散在各种书本上的材料,是相当丰富的,有的还是非常有价值的。但我们还没有系统地加以收集、整理。而为了推进这方面的研究活动(特别是历史的研究活动),这种工作又是十分需要的。"在这里,钟敬文先生对于历代典籍中有关民间传说的文本记载给予了很高的评价,认为这些文本尤其对于历史的研究,是十分需要的。

随后,中国民间文学集成全国编辑委员会在《中国民间故事集成·总序》中又进一步肯定了这一观点。《总序》说:"中国民间故事作为民族文化的一个组成部分,经历了漫长的历史发展过程。在这个漫长的历史过程中,民间故事口头讲述和流传的许多具体情况今天很难追寻,但在长期历史过程中也保存了有关这方面的许多文字记载和其他资料,这些资料反映了各种民间故事的基本内容和某些形式特点。因而,我们就有可能根据这些资料,对中国民间故事源远流长的发展作一些简略的推测性的追溯。"[1]

当然,使用这些文本去对民间故事进行历史研究也会遇到许多困难,因为这毕竟不是古代人讲述故事的录像带。一般而言,口头讲述一旦被记录成文本,就会丢失掉许多

---

[1] 中国民间文学集成全国编辑委员会:《中国民间故事集成·总序》,中国文联出版公司,1992年,第2—3页。

极珍贵的东西，即使在今天，用较为科学的方法将口头故事记录成文本，阅读它的人也还是无法体味故事讲述时的生动情境，更不可能把握故事所产生的文化功能。再加上历代文人记述这些故事的动机不一，他们的文学主张、审美情趣和行文习惯又是千姿百态的，他们还不可能用科学的方法去记录口头故事，所以他们留给后人的那些文本也必然呈现出各种各样的风貌，离口头讲述的原貌会有一定的距离。我们在使用这些文本时，就必须有一个辨析、考证、比较、研究的过程。有必要审慎地对这些文本作出鉴别，弄清楚哪些是历史上的人们曾经口头讲述并得以广为流播的作品。对于那些认为可能是口头故事的文本，还要弄清楚当初被记载成典籍文本时，有否被做过一些删改、增补、润色或加工。这是个很艰难的工作，有点儿像考古发掘。迄今为止，也还没有出现在这方面为学界所公认的完善的鉴别方法。

然而，这种工作又是有可能进行的。许多学者都认为，民间文学具有类型性、模式化的特征，这是它与作家文学的重要区别。"一部民间文学作品历经岁月的淘洗和磨砺，母题、情节的置换都难以破坏其结构的稳定，仍能保持基本模式的原始形态。"既然如此，我们就有可能在典籍中进行钩沉和爬梳。一方面，我们可以在大量的典籍文本中发现某一类型的民间故事曾经被不同的作家反复记录过，因而出现了不少异文，倘若将这些异文放在一起比较，就可以大致看出该类型民间故事的流变轨迹。另一方面，许多民间故事至今还活在人们的口耳之间，我们对这一类故事的"资格"自然是不必怀疑的。如果将那些相关的典籍文本与当代记录文本放在一起作比照，典籍文本中那些民间故事的"资格"岂不是可以被确认或被否认了吗？

早在20世纪20年代，顾颉刚先生进行的孟姜女故事研究，就是对口头故事作文本追寻和系统研究的典范。正如钟敬文先生所说，"他把这个流传两千多年，扩布差不多及于全国各省的民间传说，从纷纭复杂的形态中，整理出秩序井然的系统——历史的系统和地理的系统。他搜集了大量文献上的记录和活在当代民间的各种文学、艺术材料。他对这种过去不为一般学者士大夫所重视的街头巷尾的口头传说，当成庄严的学术对象，用狮子搏兔的劲头去对付它，并取得炫眼的成绩"。

在顾颉刚的影响下，我国早期的民俗学家和民间文艺学家大都做过类似的工作，比如钟敬文的天鹅处女型故事研究、植物起源神话研究，都曾经就某一类型的作品在典籍文本中进行过艰苦的钩沉、辨析和比较，获得了可喜成果，并且产生过较大的影响。新中国成立以来，更有学者就某种民间文学体裁为专题，进行大规模的典籍钩沉，从而在此基础上进入历史研究。比如袁珂的神话研究、王利器的笑话研究、魏金枝的寓言研究，成绩卓著，一向为学界所瞩目。

与此相关的还必须提到两本中国民间故事类型索引的著作。一是德国学者艾伯华在中国学者曹松叶的协助下完成，于1937年用德语在芬兰出版的《中国民间故事类型》，一是美籍华人学者丁乃通于1978年用英语在芬兰出版的《中国民间故事类型索引》。这两本书不仅搜集了大量在当代直接从口头采录的故事文本，而且也都十分注意从典籍文本中搜寻异文，从而使得他们的故事类型研究具有历史研究的性质。尤其是丁乃通的类型索引，将中国民间故事纳入国际通用的AT分类法，给研究者带来了很大的方便，功不可没。

1999年先后出版的《中国民间故事史》和《中华民间文学史》，都主张从典籍文本中钩沉、爬梳，以追寻古代民间故事的历史轨迹。这两部著作在典籍钩沉方面所做的工作极具开拓性，在前人的基础上又大大前进了一步。特别是《中国古代民间故事类型研究》，在中国古代民间故事类型研究领域做出了重要贡献，有关的典籍钩沉极具价值。

然而，中国古代典籍浩如烟海，又几乎是无法穷尽的。我们今天已经发现的不少材料，固然可以用来说明某个类型故事的生活史上有过这个踪迹，但对于许多尚未被发现的材料，却不可断然认定它的不存在。从这个意义上说，这个工作需要几代人的努力，需要在更大的范围内开展工作，需要更多的学者参与，方能取得较为理想的结果。笔者关注这方面的工作大约已有二十多年。1985年与我的老师刘耀林先生合作，曾编写《中国古代民间故事选》，由江西人民出版社出版。在此前后，我还对《搜神记》《搜神后记》这两种笔记小说做过选译，并由浙江古籍出版社出版。这也可以说是从古籍中钩沉出古代民间故事资料来加以研究的一些尝试。此后，这方面的工作一直没有停止过。迄今为止，我曾经查阅过大约两千多万字的典籍资料，把大量的业余时间都泡在了故纸堆里，披沙拣金，陆续积累，不断从中钩沉出自以为是古代民间故事的文本资料。对于其中一些重要的故事文本，还随时撰写附记，搜集相关的异文，以寻找其滥觞、定型、发展、流变的种种轨迹。我曾使用这些材料作民间故事史和民间故事类型研究，发表了一些学术论文。新近出版的《浙江民间故事史》，则是我运用《长编》材料作民间故事史研究的一次尝试。我还利用这些典籍文本，将部分改写成白话，作为通俗读物，出版《东方夜谭》三册，由东方出版中心在1998年出版。后来又有《中国历代典藏故事精选》的中英文对照本，由广东教育出版社在2007年出版。现在将这些故事文本的古籍材料经过整理，编纂成《中国古代民间故事长编》，希望能作为一颗铺路石，给别人在这方面提供一些方面，减少他们直接从典籍里查找所遇到的诸多麻烦。

神话、寓言、笑话这三种民间故事体裁（样式）的古籍钩沉工作，已有前辈学者做出了很好的成果，为避免重复，《长编》将主要辑录传说和狭义的故事（不包括寓言、笑话）这两方面的材料。俗文学，包括白话小说、戏曲曲艺，亦往往含有丰富的民间故事材料，一则篇幅过长，二则这方面的鉴别更加困难，故而一概不收原文，只在附记文字中提及该类型故事流变轨迹时，指出与此相关的俗文学作品篇名。据此，本书所收材料基本上限于用文言文写作的典籍。

二

典籍中的古代传说故事材料分布并不平衡，寻觅和钩沉有诸多困难。一般而言，在诸子散文、史书方志、文人笔记、宗教经典和民间抄本这些门类中间，传说故事的蕴藏量都相当丰富。先秦两汉的典籍，尤其是诸子散文中，有着极其丰富的神话和寓言的材料，早已为学界所公认，不再赘述。其实，诸子散文中的传说故事材料同样十分丰富。《墨子》中，记载了《杜伯射宣王》《庄子仪击简公》等一批鬼魂复仇故事，在当时大概是颇具影响的。一开始，它们很可能只是依附在某个历史人物身上，虚构出一则具有荒诞情节的传说来，广为流传，用来表达人们对历史人物的某种评判。类似的说法也进入了《左传》一类史书，可见影响之广。在民间口耳相传的结果，这些传说故事的情节就变得越来越丰富。以《杜伯射宣王》为例，在北齐颜之推《还冤记》中，这个故事的情节被讲述得非常曲折有致，很明显已经加入了另外一些情节因子。尤其值得注意的是，这样一种情节结构后来成为一种重要的故事类型，在历代典籍中反复地被记载。这个类型的结构型式大致是"某人被冤屈致死，临死声称要复仇——死后若干年，此人的鬼魂在阴间上告获准——鬼魂现形复仇，加害此人的元凶终于死去"。六朝时，有稗海本《搜神记·段孝直上告》，殷芸《小说·王武子左右人》，颜之推《冤魂志》中的《魏辉俊》《弘氏》《太乐伎》等篇，情节各具风采，而结构形式则惊人地相似。这样一种叙事模式一直绵延到了清代蒲松龄的笔下，出现了脍炙人口的名篇《席方平》。诚然，《席方平》已是一种作家的文本创作，但其间对口头传统的继承则显而易见。

傻子故事是生活故事中的一个类别，至今还在人们的口耳之间广为流播，它的源头也可以在先秦诸子的文本中找到。诸如《揠苗助长》《郑人买履》《守株待兔》《刻舟求剑》等，很可能起初也是一般的生活故事，不过经先秦诸子采纳，用它们来设喻，以阐发某个哲理，其寓意深刻而又显见，故而历来均将其作为寓言的范例。而收入《韩非子》的《卜子妻》二则，则仅在叙述蠢事，似乎看不出它说理的痕迹，故而可以视为傻子故事。其中《亡鳖》一则，说卜子妻买鳖回来，"过颍水，以为渴也，因纵而饮之，遂亡其鳖"。类似情节一直流传到近现代。民间口头讲述时，大都说是呆女婿所做蠢事之一，情节叙述也愈趋活泼多变。在世界通行的 AT 分类法中，它的编码是 1310D。

在《韩非子》中，类似的例子还可以举出不少。比如《涸泽之蛇》，说蛇群在搬家时，一条小蛇让大蛇与它"相衔负"而行，人们看见了，以为是"神君"，便纷纷避开。这个故事讲述动物的聪明，可以看作较早被记录成文本的动物故事。还有一则《宰人自辩》，则是机智人物故事中的一个重要类型。故事说某厨师向国王进献炙肉，国王发现上面绕着头发，大怒，要杀厨师。厨师主动认罪，说他有"三罪"：一是切肉肉断而发不断；二是用木棒穿肉时居然没看见头发；三是炭火把肉都烧熟了居然没把头发烧焦。明是认罪，其实是巧妙地为自己辩护。这一说，国王恍然大悟，知道他是被人陷害的，就赦免了他。在这里，《韩非子》同时记录了二说，一说为晋文公时事，一说为晋平公时事，情节有所不同，但结构形式却是一致的。到了唐代，又出现了一种异文，这就是李亢《独异志·陈正"三罪"》，故事变成了汉光武帝时的一段趣闻。这正是口头传说流变的一大特征。此外，该书还记载了不少人物传说，如果将它们与同时期一些典籍的记载作比照，会发现其间歧异甚多，无疑也是口头流播所致。有关这方面的情况，后文还将专门讨论。

在《庄子》中，有一则人物传说不得不提到，这就是后来成为典故的《尾生守信》。顾颉刚先生对此有过研究，认为这个故事在《战国策》《淮南子》《论语》《史记》等典籍中都有类似记述，估计在当时颇具影响，而绵延至后世，则有杂剧、鼓词等俗文艺的搬演，可见它在民间一直有着很强的生命力。

先秦诸子的散文重在说理，讲故事只是举例而已，凡是道听途说，皆可信手拈来，因而采纳口头文学的可能性极大。有时候为了行文紧凑，往往会把故事说得很简练，用今天的话来说，就是少了些血肉，描绘不细，不够生动。但反过来说，他们倒不会像后世的文学创作那样，在情节结构上做过多的变更和藻饰，从而更加显示出这些文本材料在民间故事史研究中的科学价值。

三

史书方志是一种历史性的文献，因此很有可能将一些民间传说采纳进去。我们知道民间传说一般都具有一定的历史性特点，或者称之为民众口传的历史，它们不一定如实反映史实，却又往往是艺术地反映了历史的本质方面。正因为如此，历代史家在撰写史书时往往也会自觉不自觉地把一部分民间传说当作历史写了进去，出现真假难辨的局面。因此，总会有人出来指责、考辨，认为传说不是信史，两者不可混淆。在史学界里，我们常常可以听到这种声音。当然，有一些伪史是史家作伪，有着特定的目的，这与民间传说无关，也不必进入我们的视野。而在另外一些文本中，则往往是史家将口传历史当作信史写进了史书，因而引起争议。这种"伪史"恰恰就是民间传说的材料，这也正是我们需要从典籍中钩沉的那一部分文本。

不妨以《尧舜禅让》这个文本为例。这个文本最早见于《尚书》。《尚书》是我国传世古文献中最早的一种，一般认为它具有史书性质。后来这个文本又被司马迁《史记》采纳，这又是十分权威的一部史书。顾颉刚曾认为尧舜禅让的传说是战国时期墨子为了顺应当时的时势和提倡尚贤主义而创造出来的。有关尧舜禅让的故事究竟是古代人们口耳相传的传说呢，还是一些文人凭空编造出来的，围绕着这个问题，史学家、文化人类学家、民俗学家曾经展开过热烈的讨论。今天我们固然还拿不出确凿的证据来证明历史上确实发生过"尧舜禅让"这个史实，但是文化人类学的田野作业和一些民族志、民俗史材料却可以证实，在原始社会晚期的军事民主主义时期，部落联盟的首领确实并非世袭而由选举产生。于是，许多人都认为"尧舜禅让"绝非空穴来风，换言之，它完全有可能是人们对远古历史的一种追忆。

借着这个话题说开去，早期的史学家撰写历史，当他们感到缺乏史料依据时，就会采纳人们口耳相传的神话、传说材料，以弥补那段历史的空白，这几乎成为一种惯例。这也是大量口头故事进入文本的一个途径。换言之，当时的文人记录口头故事是为了写历史，这和今天的民间文艺家记录口头故事的动机是很不相同的。司马迁对于这种做法有过一段自白，文云："学者多称五帝，尚矣。然《尚书》独载尧以来，而百家言黄帝，其文不雅驯，荐绅先生难言之。孔子所传《宰予问五帝德》及《帝系姓》，儒者或不传。余尝西至空桐，北过涿鹿，东渐于海，南浮江淮矣，至长老皆各往往称黄帝、尧、舜之处，风教固殊焉，总之不离古文者近是。"他觉得那段历史实在太遥远了，所以到全国各地去采集口头传说，又对照他所能看到的古史文本，经过斟酌取舍，才写出了《五帝本纪》。所以说，这段历史记载里有着不少口头文学的内容，本不必怀疑。

不仅仅是在找不到史料或史料缺乏时要采用口头传闻。有时候，即使已经掌握了足够的史料，史家也还是喜欢采纳口头传闻。仍以《史记》为例，司马迁在给张良写传记时，就曾经颇为详细地记述了一则《圯桥纳履》的故事。这个故事后来成为典故，它本身有着鲜明的口头文学特征，是毋庸置疑的。

还有一种情形也宜引起我们的注意。我们往往在不同的典籍里读到对同一个故事的不同文本记载，其故事结构框架不变，而说法却有较大出入。如《战国策·楚策四》有一则《不死之药》，说有人献不死之药给楚王，侍卫夺过去吃掉了。楚王要杀他，他说，我吃了这药而被杀死，岂不说明它不是不死之药吗？楚王只好不杀他。这个故事的构思很巧妙，不妨称之为机智人物故事。类似的说法又见《韩非子》。在《列子》中，却被说成是有人要进"不死之道"给燕君，情节有异而旨趣相同。到了《汉武故事》中，该故事则又被附会到了汉武帝时代的奇人东方朔的身上。东方朔以滑稽著称，许多机智人物故事都会集中到他的身上。

在《汉武故事》中，说的是有人向汉武帝进"不死酒"，被东方朔喝掉了，接下去的情节则与《战国策》所说相似。这种说法很有些市场，《博物志》和《湘川记》都有类似记载。

这样的例子可以在早期典籍中举出许多来。比如见于《左传》等书的《祁奚荐人》，见于《韩非子》《史记》等书的《一鸣惊人》，见于《史记》的《李广射石》和见于《新序》等书的《熊渠子射石》等，都是如此。我们知道，秦汉时期的文人将这些故事写成文本，是把它们当作历史看待的，这和后世的文学创作不同，所以一般不会对内容擅作修改。之所以出现上述情形，只能理解为是这些故事的传播原本是口头方式，由于口头文学的变异性特征，使它们在流播过程中出现种种变异。人名、地名都变了，而故事情节的大致结构却一直没变。不同的作家在不同的时空里听到了这些不同的说法，进入文本之后，就出现了我们今天所看到的情形。

正史尚且如此，在那些野史里，传说的成分就更多些。诸如《晏子春秋》中的晏子、《吴越春秋》中的伍子胥、《汉武故事》中的汉武帝，都属于这种情况。

如果说在各种史书中我们常常会读到一些人物传说，那么在大量的方志中我们则会接触到丰富多彩的风物传说。一般说来，方志的作者之所以采纳风物传说，倒并不一定信以为真。因为有许多风物传说中的幻想手法是十分明显的，也就是说这样的事并不可能真的发生过，作者是明明知道的，但是许多方志也还是把它们不厌其烦地写进去了。对于这种现象，不妨以北魏郦道元《水经注》为例来加以说明。

《水经注·沔水》记载了有关"五女激"的三个传说，用来说明这个地名的由来。此文分别用"或言""亦云""又云"来引出，可见作者只是把从民间听来的三个说法都如实地记录了下来，而无意辨别其真伪。这里第三种说法很耐人寻味，大意是说子女不孝，总是违逆父命。父临死，怕葬入水中，便故意说要葬水中。谁知子女说，我一向不听话，这次可要听话了，竟把父亲葬在水中。这个说法颇具文学性。后来，唐段成式《酉阳杂俎》、宋李石《续博物志》都有类似记载。直至近现代，类似的口头故事仍在各地流布。而在韩国民间，则把这样的情节结构说成是一个动物故事，用来解释青蛙在天下雨时总要大叫的缘由。

《水经注·江水二》记《女观山》，是一则"望夫石型"的传说，文前有"古老传言"几个字。在另一则记《逃石》的传说前，也冠以"耆旧传言"。这都说明，作者是在如实记录民间的口头传说。

尤其值得提到的是，《水经注·浊漳水》记载了一则动物报恩故事，说一人收养一条小蛇，取名"担生"。蛇长大后要吃人，当地将此人逮捕入狱。蛇来救此人逃走，这一带便因此而陷没为大湖。文前也有"耆宿云"三字。这个故事的流传是很广的，晋干宝《搜神记》有《邛都老姥》。此后，唐戴孚《广异记》、宋乐史《太平寰宇记》、金佚名《染庄社记》、明朱国祯《涌幢小品》、清蒲松龄《聊斋志异·蛇人》，代有记述。直到近现代，在民间还可以听到此类型故事的生动讲述。追寻这个故事的传承历史，《水经注》这个文本可能是较早的踪迹。

风物传说往往是有类型的，诸如望夫石型、马跑泉型、龙潭型、龙子望娘型、出米洞型、烂柯山型等，在各地的方志中也有大量记述。如果仔细搜寻，往往会发现上述一些地名几乎到处都有。以《烂柯山》为例，这个故事在AT分类法中的编码是471A，查阅方志和其他一些典籍，可以知道至少在浙江衢州，广东肇庆，四川西昌、达县，陕西延安等地，都有类似的文本记载。如果再联系到当代的采录文本，在辽宁、山西、河南等各地也都发现了这个故事的踪迹。从这一点上说，各地方志在保存口头故事方面是功不可没的。当年顾颉刚做孟姜女故事研究，在整理地理系统时，曾经大量搜集方志中有关孟姜女的材料，这在学界也早已传为佳话。

四

在历代文人笔记中，民间传说故事的蕴藏量更为丰富。文人笔记在历史上是个很宽泛的概念，难以划出明确的界限，我们在此不作展开。一般来说，在志怪、传奇、杂录等门类中，都会发现与传说故事相关的文本材料。

对于志怪，鲁迅有过论述，认为"六朝人之志怪，却大抵一如今日之记新闻，在当时并非有意做小说"。这种写作态度在客观上比较接近于我们今天对采集民间故事的要求，所不同的只在于文言文与当时人的口语之间还有一定的距离。晋干宝《搜神记》是六朝志怪的代表作，其中就保存了不少传说故事材料，诸如《董永》《三王墓》《东海孝妇》《韩凭妻》《女化蚕》《李寄》等一大批作品，都是今天研究民间故事史的重要文献。干宝在《搜神记序》中表白他当初的写作动机："虽考先志于载籍，收遗逸于当时，盖非一耳一目之所亲闻睹也，又安敢谓无失实者哉。……况仰述千载之前，记殊俗之表，缀片言于残阙，访行事于故老，将使事不二迹，言无异途，然后为信者，固亦前史之所病。……若使采访近世之事，苟有虚错，愿与先贤前儒分其讥谤。及其著述，亦足以发明神道之不诬也。"[1] 可见干宝当年是以一种十分虔诚的宗教情感，把这些故事当作真事记录下来的。非但自己深信不疑，写下来正是为了让别人也相信。他是像写历史那样认真地做着这些怪诞故事的记录，唯恐出现"虚错"。干宝当年这种写作心态在客观上为他的"忠实记录"提供了保证，使他不敢随意改动听来的故事，于是也就在无意中为后世保存了如此之多的民间故事材料，这实在是很值得令人深思的一种文化现象。

在六朝志怪中，像《搜神记》这样的文人笔记还很多，诸如曹丕《列异传》、王嘉《拾遗记》、祖台之《志怪》、荀氏《灵鬼志》、陶潜《搜神后记》、刘义庆《幽明录》、刘敬叔《异苑》、东阳无疑《齐谐记》、任昉《述异记》、吴均《续齐谐记》、殷芸《小说》、颜之推《冤魂志》等，大都保存了许多当初曾活跃于人们口耳间的故事。像《搜神后记·白水素女》，即为后世田螺姑娘故事的原型，这个故事的各种异文至今仍在许多地方流布，在 AT 分类法中的编码是 400C。又如《宋定伯捉鬼》《笼中道人》《刘晨阮肇入天台》《烂柯山》《牛郎织女》《神人驱石》等，都堪称古代民间故事中的佼佼者。

对于传奇，鲁迅也有过精辟的见解，他说："小说亦如诗，至唐代而一变，虽尚不离于搜奇记逸，然叙述宛转，文辞华艳，与六朝之粗陈梗概者较，演进之迹甚明，而尤

---

[1]（晋）干宝撰，汪绍楹校注：《搜神记》，中华书局，1979年，第 2 页。

显者乃在是时则始有意为小说。"这是在小说创作的范畴里对志怪和传奇的主要区别作出的评述。以后的学者大都持这种观点。唐传奇作家不管素材是来自口头，还是来自书面记载，一旦到了他们手里，便要"有意为小说"，或改编，或再创作，必熔铸进作者的主观意愿，艺术地表达出作者对现实的评价，这正是小说创作趋向成熟的标志。但另一方面却往往无法保持口传故事的原貌。当然，一部分传奇作品毕竟是在采录口头故事的基础上进行改编或再创作的，所以在民间故事史的研究中仍有一定的价值。

不妨以沈既济《枕中记》和李公佐《南柯太守传》为例，来看其写作特征。《枕中记》主人公卢生在邯郸旅店遇见道士吕翁，吕翁给他一个枕头，他枕在上面做了一个梦，梦中度过眼花缭乱的一生，醒来时一炊黄粱都还没煮熟。卢生问："岂其梦寐也？"吕翁则说："人生之道，亦如是矣。"卢生终于幡然大悟。《南柯太守传》主人公淳于棼没有凭借幻术，只是偶然做了一个梦，也经历了二十多年，最终依旧落魄，一觉醒来，才知道是在树下的一个蚂蚁窝中度过了一段经历。故事结尾称："生感南柯之浮虚，悟人生之倏忽，遂栖心道门，绝弃酒色。"训诫意味更为直露。

这两个文本均取材于口头故事，是毫无疑问的。六朝志怪已有对此类故事原型的记载，称《柏枕梦》，可参见《列异传》《搜神记》《幽明录》。志怪记述极简朴，全文不足两百字，但故事结构已成形。丁乃通先生认为这是个世界性的民间故事，按 AT 分类法，将其编为 681"黄粱梦型"，并对亚欧黄粱梦型的大量异文做了比较研究。[1] 这个类型在中国的口头故事中也一直十分活跃，不仅晋唐时期有文本传世，宋元明清的文本也屡见不鲜。戏曲作家对它有浓郁兴趣，明汤显祖"临川四梦"中有两梦是对这个类型故事的敷演，也是众所周知的。但是这两篇唐传奇不是严格的口头故事记录，它们的情节与六朝志怪《柏枕梦》相比，有了极大的扩展。正如鲁迅所说："神仙人鬼妖物，都可随便驱使；文笔是精细、曲折的，至于被崇尚简古者所诟病；所叙的事，也大抵具有首尾和波澜，不止一点断片的谈柄；而且作者往往故意显示着这事迹的虚构，以见他想象的才能了。"《南柯太守传》结尾处，主人公命仆人掘树根洞穴，一一探寻，追究根源，居然都能与梦境相符，前呼后应，显得结构细密，独具匠心，更不是一般口头故事所能完成的布局。至于这两个文本都表达了强烈的佛老思想，并非民间故事的自然流露，也

---

[1] 参见［美］丁乃通著，陈建宪节译《人生如瞬梦——亚欧黄粱梦型故事比较研究》，《民间文艺季刊》1990 年第 3 期。

早已为学者所指出。

尽管如此，传奇作家在间接地保存古代口头故事方面，也还是功不可没的。诸如陈玄祐《离魂记》、李朝威《柳毅传》、白行简《李娃传》，以及牛僧孺《玄怪录》、李复言《续玄怪录》、裴铏《传奇》、薛渔思《河东记》、皇甫氏《原化记》、张读《宣室志》等一大批作品集中的部分篇章，都与历史上的一些口头故事有着某种密切关系，就不一一列举了。在宋元以后的白话小说中，甚至在许多古典戏曲中，我们仍然可以发现当年广为流布的一些口头故事的影子。鉴于《长编》体例，我们的钩沉不在这两个范畴里展开。至于说到在民间故事的基础上进行改编或再创作这样一种文学现象，传奇与白话小说、戏曲则是十分相似的。在使用这一类文本进行历史研究时，应该承认这类文本与口头故事原貌之间的差异是比较大的。

我们还注意到这样一种现象，尽管在唐以后，许多文人都开始倾向于"有意为小说"，但仍有一部分文人坚持用志怪笔法写作。虽然这样做的结果往往会使他们笔下的文本作品显得比同时代作家笔下的传奇逊色，他们却依旧乐此不疲。此中原因，以往学界较少探讨，有人还将其看作代表了保守没落的势力。然而我们今天研究民间故事史，却觉得这种现象很值得重视。

宋洪迈《夷坚志》就是这样的一部巨著。鲁迅称其"偏重事状，少所铺叙"，"独以著者之名与卷帙之多称于世"。书中留下不少作者自序，可以看出他当年写书、编书的情形。他说："《夷坚》诸志，皆得之传闻，苟以其说至，斯受之而已矣，聱耳畔负，予盖自知之。"(《夷坚支丁序》)说明他强调向民间采集，有闻必录，而不计较有些故事的粗糙或不合情理。又说："盖每闻客语，登辄记录，或在酒间不暇，则以翼旦追书之，仍亟示其人，必使始末无差戾乃止。既所闻不失亡，而信可传。"(《夷坚志庚序》)"一话一首，入耳辄录，当如捧漏瓮以沃焦釜，则缵词记事，无所遗忘，此手之志然也。而固有因循宽缓而失之者。"(《夷坚三志己序》)意思是说他一听到别人说故事，就要动笔记录，有时候当场记不方便，事后补记之后，也还要设法请人复核，力求不出差错。倘若一时疏忽而没能记下，则会耿耿于怀，追悔莫及。凡此文字，活画出一个古代文人喜爱口头故事并想方设法要记录口头故事的生动情景。

洪迈晚年编撰《夷坚志》，卷帙浩繁，单靠一个人的力量不够，就发动门生、亲友，通力合作，"群从姻觉，宦游岷、蜀、湘、桂，得一异闻，辄相告语"(《夷坚支乙集序》)。这就形成了一定的规模。这在当时是难能可贵的。当然，参加的人一多，也有弊端。据说,洪迈"晚岁急于成书,妄人多取《广记》中旧事,改窜首尾,别为名字以投之;至有数卷者,亦不复删润,径以入录,虽叙事猥酿,属辞鄙俚,不恤也"[1]。有人从《太平广记》等典籍中抄袭一些文字,改头换面,伪托采自何处,洪迈不辨真伪,一一收入,固然不妥。不过,这里的情形也较为复杂。研究民间故事的人都知道,一个口头故事被记成文本,并不意味着它的生命已经结束,一方面它仍会在口头流传着,所以就有可能被别人一次次地记成文本。在不同时空里记录下来的不同文本都有一定的研究价值。当时洪迈收到一个文本,如何辨别,不是一件很容易的事。这种情形其实即使在今天也是常常会遇到的。至于批评洪迈"不复删润,径以入录",就更可以商榷了。对于口头故事的记录文本,编纂者不删润当然也是可以的。如果把《夷坚志》放到小说创作的范畴里去检视,我们可以称这种做法是弊端;但在民间故事文本采集编纂的范畴里,则另当别论。这部巨著中保存的古代民间故事材料,一向是被学者们称道的。

明清时期,在白话小说空前繁荣的同时,文人笔记仍然十分活跃,志怪和传奇这两种文体都有人在继承发展。明清笔记小说与口头故事也依旧保持着千丝万缕的关系。由于作家的文学主张和行文习惯的种种差异,这个时期的口头故事进入文本后所呈现的状态也是千差万别的。

不过归根结底,仍以志怪和传奇这两种文体为主。今以其代表人物蒲松龄的《聊斋志异》为例,来讨论明清笔记小说与口头故事的关系。

《聊斋志异》是在广泛搜集口头故事的基础上进行的文人创作。笔法主要继承唐传奇,也有些短文则沿袭六朝志怪。鲁迅指出,"至于每卷之末,常缀小文,则缘事极简短,不合于传奇之笔,故数行即尽,与六朝之志怪近矣"[2]。纪昀对此也有过议论,他说:"《聊斋志异》盛行一时,然才子之笔,非著书者之笔也。虞初以下,干宝以上,古书多佚矣。其可见完帙者,刘敬叔《异苑》、陶潜《续搜神记》,小说类也;《飞燕外传》《会真记》,传记类也。《太平广记》,事以类聚,故可并收。今一书而兼二体,所未解也。"

学界认为纪昀对蒲松龄的批评没有道理。有人说:"纪昀只是被以往小说的体例束缚了手脚,僵化了头脑,而根本不懂得早已发展了的小说特点和艺术创造。"认为这种批评"是代表了文言志怪小说创作中的一种保守、落后的倾向"。有人说:"这表明他完

---

[1] (宋)陈振孙:《直斋书录解题》(第十一卷),载(宋)洪迈撰,何卓点校《夷坚志》(第四册),中华书局,1981年,第1822页。
[2] 鲁迅:《中国小说史略》,人民文学出版社,1973年,第182页。

全不懂文学创作需要丰富的想象和集中概括的艺术手段。"从小说史范畴讨论，上述观点颇为中肯。问题是对于笔记小说的认识不能仅仅局限于今天所谓的小说创作范畴，它当年其实还担负着学术研究、著书立说一类的任务；采录民间故事，使口头文学进入文本，也应该是它的任务。如果在采录民间故事的范畴里讨论，区别志怪和传奇这两种文体仍然十分必要，纪昀的话也就值得重视了。

《聊斋志异》中，如《王六郎》《骂鸭》《鹿衔草》《元少先生》等篇用志怪笔法，叙述简朴，不加修饰，可以断定它们比较接近当年民间故事口头讲述时的原貌。其中《王六郎》所记，为著名的"水鬼渔夫型"故事，早在宋代成书的《新编分门古今类事》中，就已有它的雏形被记载下来。明清笔记中，此类型故事的不同异文屡屡出现，至少已见到过十多例。至于在近现代口耳之间的流播，就更加生动活泼。[1] 卷二《义鼠》仅一百多字，开头云"杨天一言"。卷二《鸲鹆》也不过三百字，开头云"王汾滨言"，结尾又云"毕载积先生记"，把口述人、记录人都交代清楚了。卷六《乱离二则》结尾称"惜言者忘其姓字，秦中或有能道之者"。说这是听来的，讲述人姓名忘了，到陕西一带去了解，或许还有人能说这两则故事。这和今天的采录民间故事何等相似。

不过，这种风貌的作品在《聊斋志异》中并不太多，更多的并且给人印象更深的，则是蒲翁用传奇笔法写作的那一大批作品，诸如《画皮》《促织》《小翠》《蕙芳》等篇，学界多有研究，认为虽然采自民间，但作者已有较多加工，应属作家创作范畴。又如《种梨》《续黄粱》《织成》《席方平》等，则可能是根据前人的文本加以改编再创作而成。

蒲松龄的同时代人王渔洋也是十分推重蒲翁的，然而他也曾心平气和地指出，《聊斋》中"《金和尚》一则绝非杜撰，余尝与家兄傲公论《聊斋》记事，多有所本，不过藻饰之，点缀之，使人猝难辨识耳。夜雨联床，曾历举之，然已多不记忆，著'陆判''金和尚'事以概其余云"。这就是说，王渔洋当年也从口头上听到过类似的故事讲述，蒲松龄将这些口头故事写入文本时曾经"藻饰之，点缀之"，也就是我们今天常说的改编或再创作，至使旁人"猝难辨识"。再说纪昀当年对蒲松龄的才华也从未贬低过，他说"留仙之才，余诚莫逮其万一"，便可证明。

再来看纪昀《阅微草堂笔记》。虽然在小说创作范畴里，《阅微草堂笔记》不如《聊

---

[1] 参见顾希佳《清代笔记中水鬼渔夫型故事的比较研究》，《杭州师范学院学报》1997年第2期。

斋志异》，但在采录口头故事并注意保存原貌方面，仍有其独特之处。鲁迅称它"叙述复雍容淡雅，天趣盎然，故后来无人能夺其席"。所说"天趣盎然"正指其文本中所流露的民间气息。《阅微草堂笔记》中较多篇章都写明讲述人姓名，交代故事来源。卷七《京师某观》，述一老道士吞没造庙捐款去玩女人，被住在梁上的狐精当场揭穿。全文仅两百字，不加修饰却依然传神，结尾处云："剃工魏福，时寓观内，亲闻之。言其声咿咿呦呦，如小儿女云。"说明此故事是一理发匠所讲述。卷一八《瞽者报仇》开篇即点明："瞽者刘君瑞言"，述盲人复仇，故事不长，却能震撼人心。该书中指明刘君瑞讲述的故事有好几则，都颇有民间气息，可见这个盲人在当年是个小有名气的民间故事讲述家。纪昀身居高位而能放下架子，向盲人、理发匠一类底层民众采集故事，难能可贵。

据此，有必要重新理解纪昀对《聊斋志异》文体的议论。历史上的志怪作家习惯于广搜材料，对材料不加改动或少作改动，一概予以直录，以强调其真实性。诚然，古代志怪作家尚不可能对民间故事有非常清醒的认识，但他们却已经意识到口碑也有某种史料价值，觉得志怪笔法比较适宜于记述口碑。这也就是纪昀心目中的"著书者之笔"，也有人称之为"史笔"。而从唐传奇开始，传奇作家则发现这种史笔在文学创作上的局限性，开始注意创新，有意识进行小说创作，这就是纪昀心目中的"才子之笔"。至于"著书者之笔"与"才子之笔"孰高孰低、孰优孰劣，纪昀本人在这里未作评判。限于时代局限，他不可能用今天的学科意识来指出两者的区别，但他毕竟意识到两者是有区别的，用处不同，效果不同，不宜"一书而兼二体"。

《聊斋》之后，有一大批作家群起模仿，如沈起凤《谐铎》和邦额《夜谭随录》、长白浩歌子《萤窗异草》、王韬《遁窟谰言》、宣鼎《夜雨秋灯录》等，颇具声势。这些作品集中也各自保存了一批当年的民间故事，只是大多已经过作家的改编或再创作。另一方面，清代作家中坚持用志怪笔法写作的也有很大势力，除《阅微草堂笔记》之外，袁枚《新齐谐》、乐钧《耳食录》、许秋垞《闻见异辞》、许仲元《三异笔谈》、许叔平《里乘》等在记录和保存古代民间故事方面也都做出了一定贡献。尤其值得一提的是俞樾的《右台仙馆笔记》。俞樾有《春在堂全书》二百五十卷传世，以文字训诂见长，晚年结集《右台仙馆笔记》，却志在采集民间故事。他在《春在堂随笔》卷六中自称："余著《右台仙馆笔记》，以《阅微》为法，而不袭《聊斋》笔意。"在《右台仙馆笔记序》中又说："笔记者，杂记平时所见所闻，盖《搜神》《述异》之类；不足，则又征之于人。"序后所附《征求异闻启》云："而所闻所见，必由集腋而成；予取予求，窃有乞邻之意。伏望儒林丈人、高斋学士,各举怪怪奇奇之事,为我原原本本而书,寄来'春在草堂',助作秋灯丛话。"俞樾向社会公开征集故事,而他的友人、学生又遍及各地,一旦响应,颇具声势。这种局面和洪迈撰《夷坚志》有相似之处。俞樾要求别人"原原本本而书",颇有"忠实记录"之意,致使《右台仙馆笔记》中不少故事都很地道。卷一《染工纠纷》,说某店染工之间开玩笑,引起一染工发怒,误以为其妻不贞,连夜回家杀妻。次日发现其妻无恙,家中观音塑像上则留下刀痕。这种"神灵保护无辜型"故事是世界性的,丁乃通《中国民间故事类型索引》将其编为AT770A。其他如卷二《元宝压死人》、卷四《嘉定玄坛庙》、卷五《童元发》、卷六《捉鬼罗大》、卷一〇《岳庙铁人》等,也都是至今仍在各地口耳相传着的好故事。该书卷一二还收录日本民间故事十三则,是俞樾的一位日本学生记录后托人辗转交给他的,这或许是向国内读者最早介绍日本民间故事的书籍。

除了志怪、传奇这两种笔记之外,还有一种杂录类的笔记,往往也会为后世保存较多的民间故事资料。《山海经》中有着大量的神话传说,早已为学界所重视。以往将《山海经》归入地理类,《四库全书总目提要》将其移置子部小说类,则更为稳妥。有关《山海经》的研究,前人已有较多成果,不再赘述。受《山海经》影响,历代有一批杂录类笔记,以搜集山川风物、特产民俗方面的知识见长,这中间往往包含着丰富的传说故事。汉代,有托名东方朔的《神异经》《海内十洲记》,杨孚《异物志》,郭宪《洞冥记》;六朝,有王浮《神异记》、张华《博物志》、嵇含《南方草木状》;唐宋以降,类似的笔记仍然绵延不绝,代有佳作。这中间,晚唐段成式《酉阳杂俎》的成就,尤其令人瞩目。鲁迅说的"所涉既广,遂多珍异,为世爱玩,与传奇并驱争先矣",正说明了该书体例上的这一特征。

《酉阳杂俎》中传说故事甚多,尤以续集卷一《支诺皋上》所记《旁兄弟》《叶限》二则为最珍贵。《旁兄弟》说:新罗国有旁兄弟分居,弟富。兄穷,向弟求蚕种和谷种。弟蒸熟后给兄。兄养蚕,得一巨蚕。弟嫉妒,伺间杀之,四方百里内的蚕都飞集兄家,四邻帮助缲丝而缲不完。兄又种谷,亦只生一谷穗,被鸟衔去。兄追鸟,巧遇精怪,得一宝物,遂大富。弟羡慕,学样,却遭精怪作弄,鼻子被拔长如象而归,惭恚死去。这是个世界性的故事,按AT分类法,被列为613A。后半部分通常称之为"偷听话型",前半部分则可以称之为"龙蚕型",在后世口头流传都十分活跃。

《叶限》说吴洞洞主之女叶限受后母虐待,女得一宝鱼,被后母杀死。鱼骨有灵验,助女穿上翠衣金鞋去参加洞节。女归来时慌乱中丢失一只金鞋。洞人拾鞋交给陀汗国王。国王令一国女子皆来试鞋，无人合适。后派人搜罗另一只金鞋，才找到叶限，遂娶其为王后。这是典型的"灰姑娘型"故事，AT分类法编码为510A。《酉阳杂俎》所载，是迄今所知世界上最早的文本记录。段成式在记述此故事后，又云："成式旧家人李士元所说。士元本邕州洞中人，多记得南中怪事。"指明故事来源，记下讲述人的姓名及其大致情况。这种做法无疑增强了文本的科学价值。

五

宗教经典与民间故事之间的密切关系，也是个世界性的话题。世界各国的宗教经典都十分注意吸收民间文学，借故事设喻，用来宣传宗教义理，我国也不例外。在中国古代，尤其应该注意的是保存在道教和佛教经典中的那一大批传说故事材料。与此同时，还应该注意到宗教在历史上曾经对各民族的精神、文化、科技、道德、风俗以及生活方式都发生过不同程度的影响。也就是说，宗教理念常常渗透进各民族的口头文学之中，使得许多民间故事都或深或浅地打上了宗教的烙印。考虑到《长编》的体例，我们对此不作展开，主要讨论宗教经典中的民间故事文本。

道教是中国土生土长的宗教，它形成于东汉末年。老子、庄子是先秦哲学家，他们的著作不是道教经典。但历来道教都将老、庄拉入他们的体系，道教与道家也混淆不分。《老子》又称《道德经》，被奉为道教主要经典，与民间故事史关系不大。然《庄子》中的《姑射山神人》，则堪称古代神仙传说之滥觞。讲求长生不死，得道成仙，既是道教的一大特征，同时又很早就构成为古代民间故事的重要主题。

《姑射山神人》所反映的神仙不死思想，在先秦时期颇为盛行，因而在当时势必产生一批相应的传说故事。在神仙不死思想的基础上产生神仙信仰，在神仙信仰和中国本土巫文化的基础上逐渐发展成道教。鉴于这样一种文化背景，历代以宣传道教义理为己任的著述里也就顺理成章地要吸收反映神仙不死思想的那些传说故事。前面我们提到干宝《搜神记》，历来称其为志怪小说，然而作者在自序中确也说过他的写作动机是"发明神道之不诬"。以此类推，许多采集神仙传说故事编纂而成的典籍，大都有这样的写作动机。这些书中较为重要的有汉刘向《列仙传》，晋葛洪《神仙传》，佚名《洞仙传》，五代杜光庭《墉城集仙录》、沈汾《续仙传》，南宋陈葆光《三洞群仙录》，元赵道一《历世真仙体道通鉴》、佚名《三教源流搜神大全》等。在这些典籍中，我们可以读到一大批神仙、方士的传记。这些典籍的情形比较复杂，这里既有对古代民众中广为流传的口头故事的采录，也有在采录基础上的改造，当然也有宗教人士出于宗教宣传的意图而特意编造出来的情节。今天我们要逐一甄别，已经十分困难。不过如果用故事类型的学说来加以观照，还是可以发现这里的许多文本正是研究民间故事史的珍贵材料。

比如，近现代民间广为流传的"神仙考验型"故事，在东晋葛洪《神仙传》中就可以找到好几种异文：卷一《魏伯阳》、卷二《李八百》和卷四《张道陵》，都较为典型。尤以《张道陵》篇为最著名，故事说张道陵设计七个难题来考验他的弟子赵升，赵升一一通过。明冯梦龙编纂《三言》时又有所敷演，即为《古今小说》卷一三《张道陵七试赵升》。南朝梁陶弘景《真诰》卷五《甄命授》也有好几则"神仙考验型"故事。其中说太极老君给傅先生一根木钻，让他去钻五尺厚的石盘，"穿此盘，便当得道"。傅"昼夜穿之，积四十七年，钻尽石穿，遂得神丹"。这个故事在《搜神记》《酉阳杂俎》中也有记载，可见当年的流播是很广的。故事里所赞扬的那种为了达到某种人生追求而不懈努力的精神，和民谚"只要功夫深，铁杵磨成针"所阐述的哲理一脉相承。宋元以降的吕洞宾传说中，也往往有"神仙考验"的情节，著名的《云房十试吕洞宾》，载明洪应明《仙佛奇踪》卷二，又见于《吕祖志》卷一，比张道陵还多了三试。

据钱锺书研究，这种"难题考验"故事在基督教和佛教中也普遍存在。我们知道，早期人类的生存方式常与考验密不可分。在原始社会里，部落首领必须经过一系列严峻考验，才能取得首领资格；对于普通人来说，每个青少年也都必须在成年礼中通过种种极其严酷的考验仪式，方能被部落承认；在劳役婚习俗中，人们向求婚者提出难题加以考验，也甚多见。于是，"难题考验"成为一种原型，活跃于人们的心灵之中。进入口头故事范畴，便又成为故事中一个常见的情节单元。在我国古代，神仙信仰弥漫，也就必然导致这种"神仙考验型"故事在民间的流播。而这种至今依然活跃在人们口耳间的故事类型，它的早期文本却可以在一些道教经典中找到。

八仙传说的情况也是如此。不妨以八仙中最为著名的吕洞宾传说为例加以探讨。

吕洞宾是否实有其人，历史上一直是有争议的。浦江清先生认为："吕洞宾的传说，是先虚后实，先有传闻，而后有身世的记载及著作出来。所以记载不可靠，而那个传说倒是史料。"此说甚是。大约在北宋初年，吕洞宾传说已经开始形成，最初出现在一些文人笔记中，如《杨文公谈苑》《闻见近录》《岩下放言》《蒙斋笔谈》《默记》《东轩笔录》《鸡肋编》《夷坚志》等，都有所记述。其中王铚《默记》还提到北宋庆历年间的一段笑话,说朝廷镇压王则兵变,下令搜捕吕洞宾甚久,后来才知道没这个人。说明吕洞宾传说那时还只在民间流布,朝廷及地方官员都还不清楚究竟是怎么回事呢。不过,许多文人都在他们的笔记里记述吕洞宾逸闻,正可以证明这是个在当初是十分活跃的口头故事。事实上,直至今天,吕洞宾传说依旧在民间盛传不衰,这也是众所周知的。

然而,吕洞宾之所以在后世有如此大的影响,在民间,甚至可以与佛教的观音、儒家的关公相提并论,成为中国古代民众最为崇拜的三大神灵之一,则和道教的大力提倡有着密切关系。起初,传说中的吕洞宾只不过是位云游四方的隐士、落第文人而已;由于宋元以降,有许多著名道教活动家一再宣称自己是吕洞宾的弟子,于是吕洞宾便名正言顺地进入道教谱系,被尊奉为金丹派祖师。从此之后,吕洞宾的威望大大提高。元代道士苗善时撰《纯阳帝君神化妙通纪》七卷,共辑录宋元间民间早已广为流传的一百零八则吕洞宾传说,又对其中一部分传说有所修改,称为一百零八化。这个文本凸显了宗教伦理的训诫意味,但作者对吕洞宾传说的系统整理和保存,应该说是有功劳的。收入明万历本《道藏》的还有《吕祖志》六卷,也辑录了一大批吕洞宾传说,除了承袭宋元典籍外,还有些文本则记嘉靖、隆庆间事,因而也值得重视。

此外,在戏曲和通俗小说范畴里,有关吕洞宾乃至八仙题材的作品也相当多。在历史上,无论是以吕洞宾为题的作品,还是以八仙为题的作品,都有着口头与文本之间的双向交流,相互影响,愈趋丰满,这中间,道教典籍的作用自然应该受到重视。

关于佛教经典中的民间故事,情况和道教有所不同。佛教是外来宗教,佛教经典中当然不可能记载中国本土的民间故事。不过据陈寅恪、常任侠、季羡林等前辈学者研究,认为释迦牟尼和他以后的许多佛教徒为了宣扬佛教教义,曾经将古代印度、尼泊尔、锡兰、大月氏等地的一大批民间传说拿来,多方比喻,随时讲说,并写进了佛教经典。随着佛教传入中国,大量的佛教经典被译成汉文,又由佛教人士广为宣传,这些故事便进入了中国百姓的口头。中国百姓在接受这些外来故事时,又有个消化吸收和融合改造的过程。随着佛教的本土化,这些通过佛教经典介绍进来的印度民间故事也就实现了中国本土化。久而久之,人们几乎都已经分辨不出来,原来这些故事当初是"外来户"。这个看法如今已被学界普遍接受。在这里,有一大批故事经历了从口头到文本,又从文本到口头的历程。原先的"口头"是在印度,后来的"口头"则已经转移到了中国本土。汉译佛教经典在这中间起了很好的桥梁纽带作用,理应受到中国民间故事史研究者的重视。

对于佛教经典中的民间故事的传播和流变，学界在此前已有不少研究成果。刘守华《中国民间故事史》中有集中叙述。诸如《佛本行集经》中的《虬与猕猴》，在近现代中国各民族口头故事中有着众多异文，AT 分类法编码为 91 型"猴子把心忘在家里"。《摩诃僧祇律》中的《龙女报恩》，后来被唐传奇作家写成《柳毅传书》，直至近现代，仍有许多口头异文在各地流播。《杂宝藏经》中的《四姓害子》，后来进入傣族的阿銮故事，便融入了傣族地区的风土人情，题为《阿銮吉达贡玛》，AT 分类法编码为 930 型"富翁及其女婿"。《贤愚经》中的《檀腻》是个精彩的长篇故事，其中包括"巧断连环案""两母争子""代人问事获好报"三个故事类型。这三个故事类型进入中国民间故事大家庭之后，又与中国本土故事融合，不断滋生，终于形成了近现代十分活跃的三个故事群。这样的例子还可以举出许多来。

在汉译佛教经典中钩沉那些至今依旧活在中国百姓口头上的民间故事文本，同样很难穷尽，这里还有大量的工作需要我们去做。我们不妨再以"宋定伯卖鬼型"故事的流变轨迹为例，来加以说明。

《宋定伯卖鬼》见于三国魏曹丕《列异传》，20 世纪 60 年代因为收入《不怕鬼的故事》一书而在全国范围内产生过较大影响。毛泽东在与该书编者何其芳谈话时，对该故事有过一段评论，他说："还有《宋定伯捉鬼》，鬼背他过河，发现他身体重。他就欺骗它，说他是新鬼。'新鬼大，旧鬼小'，所以他重嘛。他后来又从鬼那里知道鬼怕什么东西，就用那个东西治它，就把它治住了。"这样一种叙事结构确实十分巧妙，很具有传奇色彩，它的成功之处，在于故事不仅表现了主人公藐视鬼的大无畏气概，而且在具体情节的设置上充满了智慧和乐观幽默的情调。笔者对这个故事类型的各种文本有过收拣，迄今已发现它在古代典籍中的三十多例异文、六十多例当代记录文本。追溯其历史上的衍变轨迹，三国魏曹丕《列异传》是较早的文本，此后，宋洪迈《夷坚甲志》卷八《金四执鬼》、元《异闻总录》卷一《王羊买鬼》、明陆容《菽园杂记》卷八《曾孟源夜行》、清乐钧《耳食录》卷三《田卖鬼》等，都有着大同小异的表述，可见代有流传，绵延不绝。这个故事的当代采录文本分别来自陕西、浙江、河北、湖北、广西、四川、云南、河南、西藏等地，分布面之广，也令人瞩目。据此，我们称这一类型的故事为"宋定伯卖鬼型"。

值得注意的是佛教经典中也早已有类似的文本记载。南朝梁僧侣撰集的《经律异相》卷四四引《譬喻经》卷四有《有人张鬼免害十九》一则，文云："昔有一人，行于山中，逢一啖人鬼，辄欲食之。其人求哀，假命须臾，请问一事，却乃见啖，为不恨也。鬼信其人，谓是诚事听其所欲？即问鬼言：'何故面白、脚膝腹白，其余处尽黑？'鬼即答言：'我之为物，性恶日精，背日得行，不得向日，以是故尔。'其人向日而走，鬼但空恨，不能得也。"将此故事与《列异传·宋定伯卖鬼》作比较，情节结构十分相似是毫无疑问的。查《旧杂譬喻经》为三国吴高僧康僧会译写。我们还不能断定《宋定伯卖鬼》一定是从佛经故事转变过来，但两则故事如此相似，还是值得研究的。

《西游记》主人公唐僧的生活原型，是唐代著名高僧玄奘。西行取经归来后，由他口述，弟子辩机笔录而成《大唐西域记》传世。此书被称为稀世奇书，其中保存了古代西域各国大量的民间故事，也早已为学者所指出，本文不再赘述。值得一提的是，该书卷一二《瞿萨旦那国》有《蚕桑传入之始》一节，便是弥足珍贵的流传在少数民族地区的古代史事传说。故事说新疆和田一带，早先没有蚕桑，派使者向中原请求传播，遭拒。中原国君又严令边关不许桑蚕种出口。于是他们的国王请求通婚。中国公主出发前，使者对她说："西域无丝绵桑蚕之种，你要穿好衣服就自带种子来。"公主便将桑种和蚕种藏在帽子里带出关。从此那里开始有了蚕桑。据蒋猷龙先生研究，有许多史料证明，中国古代的蚕桑种子就是通过类似的办法，陆续传播到印度和欧洲各地去的。当然，记入《大唐西域记》的这段传说已有所艺术加工，不能视作史实，称之为颇具史料价值的民间传说则毫无疑义。

六

古代民间抄本，较之经过印刷后出现大量复本的典籍更难以保存，今天还能见到的已是凤毛麟角。保存在少数民族中的这一类手抄本自然更应引起重视。只是限于条件，我们目前还无法大量地利用这一类文献来钩沉古代民间故事。我们知道，民间抄本的作者比士大夫更为接近民间，使得这一类文献中所保存着的口头文学也更加具有研究价值。

在这一类文献中，现在我们比较容易读到的当首推敦煌变文。这是19世纪初在敦煌莫高窟发现的藏书中的一部分。这些文本绝大多数是手写本，尤以变文令人瞩目。1957年，王重民等先生合编的《敦煌变文集》面世，使得这批一千多年前形成的文本重新又与广大读者见面，并且推动了对敦煌变文的研究。

在这批文本中，有一部题作句道兴撰的《搜神记》残卷，其实不是变文，它的体例较接近于晋干宝《搜神记》，行文则更加接近口语。这个文本中所保存的古代民间故事大都十分精彩，如《南斗北斗》《孙元觉劝父》《段金之交》《王子珍》等篇，直至近现代都还活跃在人们的口头上。《田昆仑》一篇，则是典型的"天鹅处女型"故事。这个故事的雏形，干宝《搜神记》和郭璞《玄中记》已有记载，不过都很简单，而在句道兴《搜神记》中，却得到了充分的展开。早在20世纪30年代，钟敬文、容肇祖等先生就对这个文本发生浓郁兴趣，并进行过深入研究。这个手写的文本在中国民间故事史上的重要地位是不言而喻的。除了句道兴本《搜神记》和《孝子传》是散文体之外，其他敦煌变文的情形就比较复杂了，虽然也有一部分是散文体，只说不唱，但较多的则往往散韵相间，有说有唱。按《长编》体例，是不宜收入的。但考虑到敦煌变文在民间故事史中的特殊地位，我们还是酌情收录了几则。其中的《韩朋赋》，是著名的"相思树传说"流变轨迹中十分重要的一个环节；《前汉刘家太子传》是后世广为流传的"王莽追刘秀"故事的早期形态，《伍子胥变文》《孔子项橐相问书》《孟姜女变文》《茶酒论》等作品也各具特色，值得关注。

七

综上所述，历代作家在将他们所辗转听到的口头故事转换成文本形式时，由于在写作动机、文学主张、审美情趣、行文习惯等方面的不尽相同，导致他们手下的文本出现很大差异，其中一些文本离当今民间文艺学所提倡的科学记录有较大距离，但是对他们在保存民间文化遗产方面筚路蓝缕、开启山林的工作，则应给予充分的尊敬，对于这种由于历史局限所带来的缺憾也应该有足够的理解。

借着这个话题说开去，即使在今天，当我们将依旧活在人们口头的故事写成文本的时候，同样也应该允许有不同的做法。而这不同的做法则又取决于不同的目的。比如说，为了挖掘和保存民间文化遗产，为了学术研究的需要，我们应该尽可能忠实地记录，设法保持口头故事的原貌，而为了给人民群众提供通俗读物，让今天的读者，尤其是少年儿童也能够喜欢这些口头故事，我们不妨做些改写的工作，把传统故事中明显不适合当今时代的内容去掉，尽可能从故事的内涵中挖掘出能够引起今天读者共鸣的思想感情和审美情趣，把故事写得更加精彩一些。再进一步，为了能够将优秀的传统文化发扬光大，使得一些优秀的口头故事能够更上一层楼，进入文学名著的行列，我们还应该欢迎今天的作家们能利用这些口头故事素材进行再创作。以上三种不同的目的所导致的三种不同做法，最终必将在文本的风貌上出现种种差异。如果我们认为这种状况是正常的，那么对于在历代典籍文本中所出现的如此复杂的状况也就完全可以理解了。

　　典籍浩瀚，汗牛充栋，奉献的这部《长编》难免有管窥蠡测、挂一漏万的缺憾。希望得到学界和广大读者的批评指正。如果有可能的话，我还想在听取了各方面意见之后，把《长编》做得比现在更好些。

数字民俗搜集理论[1]

董晓萍[2]

在全球化信息时代到来的前后，民俗学的搜集工作可分为两个阶段，即全球化之前的同质社会搜集阶段与全球化之后的异质社会搜集阶段。两者的区别，有全球化文化传播方式变迁的原因，有多元文化交流的原因，有现代民俗利用网络化趋势的原因，也有民俗学的文学性特征的内在需求；总之不能一概而论，但现在需要统一思考。

首先要思考人类社会两种文化的交替变化，这是我们从事这项研究的背景和研究问题的起点。以全球化为界，人类社会有两种文化，一种是同质文化，一种是异质文化。什么是同质文化？它是国家社会内部传承的民俗文化，神话、故事、歌谣、珠算都是。以珠算为例，它是中国人发明的口头文学"九九歌诀"与古代运算智慧结合的运算器具。在相当长的时间里，无论怎样复杂的数字，只要打算盘，在人的手和心上一过，就出结果。过去中国人从小背"小九九"，背熟了，会用了，还能把数字和身体打通，做到加减乘除、乘方开方各种运算准确。那些打算盘的高手还能与计算器的速度 PK，把算盘打神，做到在数字运算与人脑和人手的调动之间没有开关，做到两者随时流通。打算盘的人对过手的数据还能同时进行财会分析，从中发现数字以外的社会问题。连拨打算盘的飞速动作本身也能变成一种高级传统技艺和一种美妙的节奏音乐。电视剧《暗算》中就有一个军旅精英打算盘的浩大场面，那简直就像一场珠算技艺文学音乐会。但

---

[1] 刊于 2014 年第 5 期。本文是作者为北京师范大学民俗学专业研究生开设的"数字民俗学"课程讲义的一部分，本次应中国社会科学院文学研究所安德明研究员之邀在刊物上发表。作者未对讲义内容做任何修饰，也保留了原有讲课的口语语体，以反映作者的想法和做法，希望能广泛征求同人的意见，一并借此机会向安德明致谢。
[2] 董晓萍（1950— ），北京师范大学民俗典籍文字研究中心教授。

是，在数字记账发明后，珠算濒危了，一代神算人物退出了历史舞台。人们开始用带电池而不需要技艺的计算器记账，不再用背口诀的民俗传统和人体文化了。然而，一旦停电，又什么都没有了：没了数字，人们连基本的心算能力也退化或丧失了。

我国是盛产没有开关的文化的国家，用口讲神话，用脚踢足球，用信仰念佛经，用手打算盘，本来人体的频道是条条相通的，很多杰作是浑然天成的。把这种文化运用得流转自如，还能产生很多天下第一绝、天下第一算、天下第一唱，足以让从国王到老百姓都为它疯狂。在全球化之前的同质社会中，它的存在是人类一个绵长的知识系统，甚至连工业化的大机器也没有限制到它。它只受本土的文化、社会、地域、民族、民俗和资源类型的限制，它是人的身体会思想的文化。

另一种是异质文化。它是全球多元文化交流传输时代的民俗文化。在这个时代，人类在信息网络思维和技术的控制下推行利用民俗文化。在21世纪初，它的发展走高登峰，进入被分学科、分专业、分理论派别、分方法、分资源支配的话语权力系统，这些划分都成了影响民俗发展的各种新开关。

对两种文化的区别，我和一些同行有共同的看法，那就是不能简单地用工业化、雅俗文化和网络开放去解释，也不是"阶级斗争，一抓就灵"。因为人类社会早在20世纪初就有关于城乡文化的同质或异质的差异，以及相关研究，而有话语权力、要文化霸权的西方大国更喜欢利用异质文化。当然，各国社会本身也会对这两种文化的运用比重进行调整。在进入网络信息时代后，电脑、手机、互联网、计算器遍布人类生活的各个角落，没有它们的人类几乎不知道怎样生活，多元文化空间下的人们都在不经意间对两种文化资源自我进行再度分配。

在这里，我要强调，异质社会本身无辜，计算器本身无罪。人类只有在两种文化调整中整体反思，在开放中保持自我，在异质社会交流中保护同质社会积累的好东西，才能走向文化成熟。人类终有一天会认识到，两种文化都要，而不是死一个、活一个。民俗文化和计算器，经过改造维修，可以同时为两种文化服务。人类只让它们为一种文化服务，它们就成了另一种文化的杀手。人类让它们为两种文化服务，它们就是全人类的好帮手。全球化时代把人类带入了新的异质社会，其宏观规模和多元冲撞程度前所未有，将之与同质社会产生的民俗文化都加以改造、加工和提升，便可能产生人类的奇迹，这就好像把嫦娥故事与航天器结合的神舟飞船一样，让人类的好梦成真。这就是我们谈数字民俗搜集理论的背景和研究工作的出发点。

今天讲的题目，是我近十一年带领我的同事和研究生从事的一个研究方向，也与非专业的读者都有关系。你会用电脑和手机，你就和数字化沾边，你就容易了解我的问题。

开头谈过，数字民俗搜集理论是数字民俗学的基础部分，在这方面的探索中，要确定理念、建立概念、文理科交叉研究的衔接点、个案对象和方法，以下简要讨论。

一、数字民俗搜集的理念

确定数字民俗搜集的理念，在于基本民俗学研究在全球化时期的发展状况，观察民俗搜集的迫切性与数字化转型的必要性。主要有以下三点。

（一）认识外部异质社会结构与数字化建设并行的时代

在全球化时期，特别是进入21世纪之后，民俗学的文学性部分，由于世界各国民间文化交流的加强，不但没有减弱，反而更加增强，但是交流的介质和理念需要转变，即要从单向传播转为双向传播。

同质社会中的民俗学搜集方法是单向式的，是在一国范围内搜集的，这里姑且叫作"母语标准搜集"或"窄口径搜集"。它的搜集理念是由芬兰民俗学者创造的，即民俗学者"不深入实地搜集是无法进行研究的"[1]，后来我国学者又通过学苏联搜集理论发展了此点[2]。

新时期要求双向式的搜集，即在世界多元文化开放交流的异质环境中做搜集，这里姑且叫作"母语标准与目标国语标准的共同搜集"或"宽口径搜集"。

（二）认识内部异质社会建设与数字化形势的变迁

自20世纪90年代中期起，我国推行农村城市化战略，农村消失迅速，城市化进程加快。与此同时，网络媒体流行，手机通讯发达，改变了人们的行为方式和日常生活面貌。在同质社会中产生的民俗文化与本民族的思维模式相关，不会轻易改变，但民俗的

---

[1] ［芬］马尔蒂·尤诺纳霍：《民间文学的实地采集方法》，载中芬民间文学联合考察及学术交流秘书处编《中芬民间文学搜集保管学术研讨会文集》，中国民间文艺出版社，1987年，第55页。此著未标明芬兰作者的原文姓名，故暂缺。
[2] 参见［苏］A.M.阿丝塔霍娃等著，连树声译《苏联人民创作引论》，东方书店，1954年。刘魁立《谈民间文学搜集工作》，原作于1957年；《再谈民间文学搜集工作》，原作于1990年，收入刘魁立《刘魁立民俗学论集》，上海文艺出版社，1998年，第157—183页。［苏］B.M.希捷里尼可夫和B.IO.克鲁宾斯卡娅编著，马昌仪译《民间文学工作者必读》，作家出版社，1958年。［苏］索柯洛娃等著，刘锡诚、马昌仪译《苏联民间文艺学四十年》，科学出版社，1959年。

传承行为和日常使用工具是必然要发生变化的，民俗学是搜集民俗事象的科学，不是搜集整体思维的科学，它是通过搜集民俗事象，再开展研究，分析和描述出思维模式。所以，民俗学的搜集理念，就要随之变化，从同质社会下的原料仓库化，转为异质社会下的信息藏品化。

我国以往同质社会条件下的民俗搜集工具是属于纸介系统的。民俗学者在本土文化内部搜集地方民俗和民族民俗，再按照一定的专业理论框架记录，形成书面资料，钟敬文先生将之命名为"记录民俗志"。

我们现在全球化异质社会背景下搜集传统民俗和现代民俗，并在国际先进同行已经发展电子民俗志的形势下，抓紧建设数字民俗搜集理论，应该说势在必行。它的基本理念是在民俗学理论指导下，在纸介和音视频资源、传输与模拟系统、再现文化空间要素诸方面，运用数字信息理论和数字化技术，改进和延长纸介保存资源的利用寿命，建立新的数字民俗搜集资源，进行整体民俗文化搜集和整理工作，在此，我们姑且叫作"纸介本的数字升级和多媒体数字民俗资源共建"或"数字民俗志"。

（三）认识政府非遗保护与数字民俗搜集的机遇

在21世纪，联合国教科文组织对于非物质文化遗产保护的政府工作框架理念得到广泛推广和执行，民俗中的一部分优秀代表作已获得国家认证的新身份，或被列入世界非遗名录。这类民俗搜集的署名方式，也正由同质社会环境中的生态系统归属，转为异质社会传播环境中的文化权利归属。不仅如此，在全球经济一体化侵蚀多元文化的形势下，民俗事象的传承越发需要政府公共资金的投入，这样就更强化了民俗搜集成果的国别文化属性。

在民俗搜集资料属性的界定上，要针对这种转变，制定适当的策略。民俗学的搜集理念，需要在国别文化的属性下，由民俗知识系统、专家研究系统和国别代表作系统组成，而对于此点，除了数字化，根本做不到。

二、传统搜集理念的正负观分析及其与数字化的衔接点

民俗学的传统搜集理念，指以纸介形式搜集、整理和分类管理资料的全过程及其理论与实践。从数字化的角度反观这一历史过程，它有以下几个主要特点值得注意，然后我们可以讨论它与数字化的衔接点。

（一）纸介化与数字化

我国农业社会曾发明了最早的纸介文明，堪称世界之最，但纸介文明的功能是将物质民俗与非物质民俗分开传承。它保管了历史民俗文献，却省略了古代民俗的物质依托，结果在原地社会、原地历史、原地地理地点和原地人群变迁后，这些纸介文明与其物质形式却成了两不相认的隔离物。这种情况，还让现代人失去对以往民俗的认知渠道，也让历史民俗事象失去了被再价值化的利用空间。

在我国这个文献大国，数字化是离不开对民俗史料的处理的。前面说过，数字搜集理论的一个目标，就是要改进和延长纸介保存资源的利用寿命。与此同时，建立新的数字民俗搜集资源。前人积累的民俗搜集纸介化成果与数字化的衔接，应该是一种互补再造。在20世纪晚期，中国民俗学的最重要成果之一，是搜集和出版了中国民间文学集成。开展数字民俗搜集工作，将这套集成纸介著作数字化，已成为一种必要的转换。它可以为这批纸介读物提供现代异质社会传承的条件，可以搭建现代研发利用的新氛围，还可以生成民俗资源的物质财富与非物质财富一体传承的现代格式，然后加以展示利用，在21世纪的信息化社会中广泛传承。

（二）分层搜集与层级权利

我国民俗资料的搜集，从中央到地方，分国家级、省（市）区县行政级、村庄或社区级、传承人级，分四层，四层资料的整理性质和结果权利归属也不同。

1. 国家级、省（市）区县级政府资料，属于行政资料。它的主管部门既是发布者，也是数据管理者，还是一定保护资金的评估投放者，对这层资料，可向政府直接搜集。

2. 国家级、省（市）区县行政级的"档案"和地方史志等。它介于行政管理和非行政使用之间，提倡社会公开利用。很多民俗学者已成为它的搜集利用者。对这批资料，可到国家和省市档案馆、图书馆搜集。

3. 村庄或社区级的资料。它是民间资料，是民俗学者大量搜集利用的对象，一些有课题的民俗学者还将之处理为个案。但它的情况比较复杂，大致有四种情况：一是村志或社区志，从概述、沿革、大事记到人物传记，古往今来面面俱到，主要是写给别人和后人看的；二是村或社区的民俗史，抢救记录当地民俗资料，目的是为了保留村庄或社区的历史；三是村史或社区史的个案研究成果，附带提供搜集整理资料，这种搜集资料都相当具体，覆盖面小，但资料的活力与研究的风险同在；四是带有传统生产技术流程、民间会社和作坊技艺规章制度性质的资料。

4.传承人资料。大都是同质社会中的口头讲述或演唱资料,传承人没有受到现代学校教育,属于同质社会成员,本身既是传承人,也是同质社会整体文化的信奉者和实践者。这批资料中的少部分曾以纸介载体保存,但口传资料更多。对其展开数字民俗搜集,可以将民俗与其传承人的人生口述史放在同一文化空间中共同搜集。

总之,注意我国民俗资料有多层级性,这是数字化要面临的基本问题,我们目前的处理办法是:①纸介资料电子本升级(扫描和录入);②制定资料权属合同与分层署名;③数字化专题民俗资料的分类与保存。

(三)混合整理与简单化利用

由上可见,我国民俗学者使用的资料,在性质、来源和原地利用上,存在着很大的差别。但以往民俗学者对这些资料大都是混合整理的,然后将不同性质和不同属性的资料一律按时间顺序加以整理,然后进行宏观研究。这类工作,在民俗学发展的初期阶段,产生了积极的意义,取得了历史性的成绩,但从严格的科学意义讲,它是单一纵向化的资料整理,导致了民俗资料系统建设的简单化和研究成果的单一化,看似占有资料目录庞大,但研究风险不小。

如何处理民俗资料的历史过程兼容与属性差异性,这是数字化要面临的一个关键问题。

(四)文理分科与改革趋势

21世纪的民俗学搜集工作研究,还要反思20世纪高校文理分科给民俗学造成的影响。

第一,在全球化时期,"空间"的概念被学者翻新使用,被各国各民族重新诠释,大家都强调多元文化生存发展的地理地点和历史传统,用以维护国家文化主权形象,反对超级大国对中小国家或发展中国家的文明模式与经济建设的强权控制,这正是21世纪民俗学搜集的大环境变化,它与20世纪不搞异质空间信息的民俗学搜集工作是有区别的。

第二,现代社会对传统能源和不可再生人文资源的过度采掘和消费,已引起高度的关注。自然科学与人文科学联手,加强人类地球资源共同保护,推行国家政府可控背景下的资源保护利用,将学者搜集资源与开展资源的保护教育相结合,已形成广泛的共识。在高校的教学科研中贯彻这种意识,也是一种社会责任。

第三,在专业领域内,民俗学与数字信息学的交叉术语最多,涉及人文文化、历史景观、地区特征、区域差异、生态环境和气候变迁等各方面，反映了民俗文化对整体文化、生态环境和经济社会建设的多重影响。研究这些术语透镜所呈现的现代全球文化变迁中的复杂现象，提出有针对性的具体问题，有助于发展民俗学的深层研究，同时推动应用民俗学的发展。这种环境大背景也是数字搜集理论建设的重要氛围。

三、传统民俗搜集方法的正负观与数字化改革

（一）文字搜集的分类与范围

传统搜集方法包括资料搜集、资料登记、资料整理、资料分类、资料保存、资料利用六个环节。以往民俗学都是使用搜集文字资料和实物资料的分类，所产生的资料大体可描述为以下范围：

①调查点的文字资料；

②调查点的自然、社会、经济、历史资料；

③调查点民俗环境与民俗标志物资料，包括周围环境、祖先祭祀地、寺庙、集市、共同民俗公共地、生态资源走廊集散地、风水建筑的排列秩序资料（可能按其社会地位重要性排列，或按历史顺序排列，或按建造时间先后的排列等）；

④调查点的家族组织、社区民间组织与地方社会关系和民俗文化传承资料；

⑤调查点的传承人人名、传承地名的知名度与国家政治、经济和军事关系的资料；

⑥调查者的学术准备资料。

这类资料纸介形式分类搜集，但缺少多媒体资料的补充和多学科合作研究的验证。

（二）实物搜集的方法与范围

以往配合纸介资料的实物搜集也有相当成绩，这里以照片为例说明：

①无比例尺的地点照片；

②无正统文献记载的历史照片；

③不属于正统家族规范的家庭合作或分家照片；

④属于日常建筑的政治隔离或军事防御碑照片；

⑤没有固定社会分期的原地社会发展变迁照片。

这类资料曾是民俗学搜集资料的组成部分，但它们的含义指向性有时是不确定的。

（三）传统搜集方法的再生属性与数字化的关键问题

传统民俗搜集方法在应用环节中，其资料产生了三个再生属性：一是纸介属性，指

在使资料系统化的过程中,一律变成纸介记录稿或整理稿,或称纸介化;二是时间属性,指按照时间顺序,登记、贮存和使用这些资料,并附加时间性说明,将之时间化;三是深度属性,即在个案调查中,挖掘个案的深描含义,却忽略了民俗资料的整体性。这三个属性依次完成,形成一个周期。每次搜集工作都按这个周期形成一个资料属性的循环生成系统。这个循环系统被认为是合理的。

传统搜集方法所产生的再生属性偏差提醒我们,数字民俗搜集要解决的问题,是要找回被这三化所排斥的东西:①被纸介化排斥的声音图像资料;②被时间化排斥的空间信息资料;③被深度属性排斥的民俗文化整体脉络资料。

四、数字搜集民俗研究

在数字民俗搜集中,有哪些问题是需要通过研究解决的,以下做简要讨论。这种讨论也许是不全面的,但都是我们遇到的问题,希望能够抛砖引玉。

(一)数字民俗搜集研究的信息类型

数字民俗搜集信息有三个基本类型,即时间信息、空间信息和专题信息。鉴于民俗学者对时间信息比较熟悉,这里重点讨论空间信息和专题信息。

空间信息,是衡量民俗文化空间研究程度的基本尺度。数字民俗搜集的空间信息,包括民俗的空间统计信息、地理集成信息和音视频实时传输信息,这些都是民俗信息的重要资源,是民俗资料数字化的基础。它要解决的问题是,采纳空间信息,与原有的时间信息放在一起,会发生新的难题,如纸介民俗资料与数字信息异构的难题,多元民俗文化与统一统计数据异构的难题,技术标准与文化分类异构的难题,等等。解决这些问题,才能避免散乱、复杂和多变民俗事象与数字信息集成之间不可克服的矛盾。

专题信息,指数字民俗学搜集获得的人文属性信息和文化分类信息,它是使用GIS、GPS技术,建立民俗专题数据库、编制数字民俗地图等工作不可或缺的基本内容。它不是时间信息和空间信息的简单附属,而是在民俗学研究基础上提取出来的结果。这种多元化的民俗专题数据是最具意义的人文信息,其时空组织方式和社会结构特征,应该是数字民俗研究的重要内容。

(二)异构性结构是民俗信息系统的高层结构

我们应该认识到,民俗学者使用的历史文献和口头资料已在以往的方法中生成多种属性,对这些资料,以往学者统统使用"民俗文献"一词去概括是危险的。建立数字民俗信息的异构结构，可以帮助民俗学者研究从简单到复杂的民俗事象在不同社会历史时期和不同种类的文献传统中所应用、所反映的不同思想观念、组织结构、具体劳作和社会运行系统，观察政府与民间社会运行的有效方式。它能告诉我们，"民俗文献"一词所承载的历代社会文化变迁现象，不是一条线贯穿的，也可能有多种社会政治经济条件下的多民族、多地区多元文化融汇问题；它还能帮助描述政府与民间运行的双向渠道，提供多元语言环境和民俗知识的兼容方式，展现民俗所渗透的社会、文化与自然界整体性的环境文化景观特征，恢复可视化的民俗传承途径，再现民俗事象变成文化权利资源的过程。

第一，异构性的概念。我国是一个多民族、多地区、长历史、富于文献的国家，建立数字异构结构，是要建立数字民俗搜集和研究平台所共同需要解决的关键问题，这在数字民俗搜集的第一步就要想好和设计好。

异构性，是计算机应用科学的词汇，原指信息系统有异构性，包括系统、语法、结构和语义的异构，并由此引起数字网络环境、数据分析类型、数据传输格式和数据模拟模型的差异。在理工科，随着近年各类硬件和网络设备的标准化，系统异构的现象逐渐消失，但语法、结构和语义的异构却很难解决，因为它们的本质不是技术问题，而是文化问题。民俗文化是同质社会中的同构与异构合成体，这个特征造就了它在同质社会和异质社会都能生存的适应性。民俗学与计算机应用科学交叉，合作开展异构理论的研究，从理论上说，会有互补的前景。其中，在解决系统异构方面，可以借鉴理工科的成果，发展民俗学的方法；在解决语法异构方面，可以利用民俗学基础研究成果，对理工科的成功之处加以改革和创造；在结构异构方面，可以通过建立民俗信息集成数据、专家系统数据、专题信息数据的途径，完成兼容性的数据传输系统和数据再现模型。

第二，建立数字民俗异构信息集成，是成功建立数字民俗搜集理论的关键。它能指出数字异构信息的分布特征，即分析和描述民俗异构数据在不同历史、不同社会、不同地区和不同民族中分散存放，但彼此又能互相沟通的空间单元或客观因素。它能保证数字异构信息集成系统不影响各具体异构单元的主观认知和自身运行，使原具体微观数据源在进入集成系统之后，仍能按照自己原有的文化模式运行，能保持一定程度的独立性。它还要具备包容差异的特征，能体现一国多民族民俗信息的异构性和统一性两者，这种数字民俗搜集信息系统才能具有良好的扩展前景。

第三，异构的难题。首先是技术与文化异构的难题。技术信息异构与文化内涵异构是当代任何学科的数字信息系统建设都要面对的问题,民俗学也不例外。具体如:一是不同数据库中相同的标识存在同名异义的问题;二是各类数据之间的隐含关系难以体现,如故事类型与民俗的关系,我们现在把故事类型放在一个数据库中,把讲述人和流传地信息也放在同一数据库中,意在体现数据之间的内在联系和说明我们有有效的表达手段;三是相同范畴的民俗在不同地区、不同民族中,有时会采用不同的时间单位、自然色彩和词语表达方式,这直接造成了理工科的所谓数据不可比,必须进行语义标准化处理,但在民俗学看来,必须要体现这些差异,这样才能保证民俗信息对比分析的正确性。近年我们一直没有跟着"标准化"的标准走,而是坚持建设兼容、链接和桥接异构的数据搜集信息系统,保持各地区、各民族、各专题民俗数据文化内涵的差异性,同时也在继续探索解决以往纸介民俗异构资料与民俗数据异构信息的内涵复杂性与多变性问题。

(三)数字时空信息是民俗信息系统的方法论核心

数字民俗搜集理论是现代人文科学与技术科学结合的研究分支。由于全球化背景下时空理念的改变,使用新技术带来的处理时空综合信息能力得到发展,它的时空信息观是大尺度的历史时间与实时传输的现实时间的超逻辑对接体,是国家政府行政空间与微观民俗空间对话。它更强调从多元地方社会的微观社会现实出发,补充国家政府行政空间运行的意义和价值。它可以用于民俗学的时空信息处理,也能用于民间文艺学的时空信息处理。当然,没有一定的高科技手段,这些目标是达不到的。

与纸介民俗资料的时空信息观相比,数字民俗搜集理论在时空信息观上,借鉴现代民俗学、历史民俗学、比较民俗学的成果,在民俗学与数字信息学综合研究的基础上,按一定专题,实现古今中外资料的异构和查询,增强民俗学研究提炼问题和处理资料的质量与速度;在空间信息观上,与地理学结合,在保持纸介空间信息合理性的基础上,产生四个新的空间信息含义:①公认共享遗产化地点;②综合生态空间;③多元价值化的地方社会空间;④可视化社会共同体的动态文化空间。

数字民俗搜集理论有助于增强民俗学理论与方法的活力。

对象化的乡愁：中国传统民俗志中的"家乡"观念与表达策略[1]

安德明[2]

中国历代民俗志，大多都是作者对其故乡或长期居留之地民俗文化的记录和描述，其中，有不少是作者因战乱等原因与故土离散之后的一种回忆式书写。这种借助记忆构建的民俗志，在保留当时生活文化方面珍贵资料的同时，也集中表达了作者浓厚的乡愁以及对故园美好生活的理想化想象。而这两方面的特点，又清楚地体现在这类民俗志的叙述策略上：家乡与家乡民俗，在其中既是作者倾注了强烈感情的对象，又被作者自觉或不自觉地以一种对象化的方式呈现给读者——包括与他具有相同文化背景的同乡人，以及可能超出其家乡范围的更多的异乡人。本文将以《荆楚岁时记》《东京梦华录》和《梦粱录》为例，对这类民俗志所表现出的有关家乡民俗的观念、态度和表达策略，以及由此而形成的中国古代民俗志书写传统进行讨论。[3]

一、基于乡愁的家乡民俗志

需要说明的是，本文所谓"乡愁"，主要是指"家园文化与离散现实的冲突……所触发的带有悲剧意味的情思与感触"，是"一种血脉亲情、故园意识，是时空距离导致的人的怀旧感伤情绪，以及人生不能自主、不能预料的有关生命时光的咏叹等"。[4]民

---

[1] 刊于 2015 年第 2 期。本文为国家社会科学基金项目"家乡民俗学的理论与实践研究"（项目编号：12BZW123）阶段性成果。
[2] 安德明（1968— ），中国社会科学院文学研究所研究员。
[3] 本文曾在台湾东华大学中国语文学系主办的"2014 海峡两岸民俗暨民间文学学术研讨会"宣读，衷心感谢论文评议人中国社科院宗教所叶涛研究员的精彩点评和给予的修改意见。
[4] 张叹凤：《中国乡愁文学研究》，四川出版集团巴蜀书社，2011 年，第 43、44 页。

俗志，与民俗学和人类学研究者所熟知的"民族志"属于不同概念。后者既是一种基于现代学科理念对特定社会文化进行观察、记录与解释的综合研究方法，大体等同于"田野作业"，又是一种成果展示形式，即在田野作业基础上对调查与研究结果的书写和报告，其对应的英文是 ethnography；而前者则是指有关某个地区一类或多种生活文化传统的描写和记录，其中并不必然包含现代学科的理念和方法要求，却往往因资料价值以及所体现的特定语境下书写者有关民间文化的态度而受到民俗学研究者的重视，英文大体可以译为 folklore record。就中国古代的情形而言，各种民俗志的资料，有的来自作者的实地调查与搜集，也有的来自对不同文献中相关民俗材料的辑录。本文所谓"家乡"，既包括民俗志作者从小生长、生活的地方，又指其成年后移居其间并长期居住和生活的地方，即"第二故乡"；它所涉及范围的大小，也因作者写作时所处环境参照的不同而有所变化，对那些因各种原因离开自己家乡的写作者而言，它往往至少是一座城市，或者是包含了诸多城市和村落的更广袤的地区。以此推之，作为本文主要概念之一的"家乡民俗志"，指的是作者以其家乡生活文化传统为主要内容而做的记录和书写。

《荆楚岁时记》是较早出现的由当地人书写家乡民俗的专书。学界一般认为，它是作者南朝梁的宗懔在国破被俘至北朝之后所作，"他在北朝里面生活，是很不习惯的。他在自己身处异乡的感受中，在通过新朝看旧朝的不同经验中，撰写《荆楚岁时记》……"[1] 也有研究者否认此书乃作者被掳往北朝之后的思乡之作，而认为它作于作者在梁朝为官之时，甚至"有很大可能是为定都荆州而作的文化宣传"[2]。本文在此遵从前一种看法。而即使就后一种推论而言，《荆楚岁时记》也具有明确的家乡人写家乡生活的特点，其因特定政治事件刺激而把所在地区生活文化对象化的处理，以及由此体现的特殊乡愁——虽身在故园又"因分离牵挂之情或土地人民乃至天地人际关系而产生的种种忧患意识与现实诉求"[3]，同本文所探讨的主要问题并不矛盾。

相比之下，《东京梦华录》和《梦粱录》因有作者自序交代，写作背景相对明确，都是作者在其长期生活的城市——汴梁和临安——为他国所破之后回忆往昔生活之作。虽然《梦粱录》作者自序所署写作时间"甲戌"，按推断当属南宋度宗咸淳年间，但据其序中所云："矧时异事殊，城池苑囿之富，风俗人物之盛，焉保其常如畴昔哉！缅怀

---

[1] 钟敬文：《建立中国民俗学派》，载钟敬文著，董晓萍选编《钟敬文文选》，中华书局，2013年，第12页。
[2] 李道和：《民俗文学与民俗文献研究》，四川出版集团巴蜀书社，2008年，第198—201页。
[3] 张叹凤：《中国乡愁文学研究》，四川出版集团巴蜀书社，2011年，第43页。

往事，殆犹梦也，名曰《梦粱录》云。"学界一般均认为这一时间标记可能是由于传抄失误所致，有人甚至认为这是作者别有深意的处理结果："序无纪元，而但书甲戌，若在咸淳，则故都尚无恙也。阅一甲子，则当在元顺帝时，斯时元之为元，不犹夫宋之季世也哉？汴亡而《梦华》作，其地已沦异域，孟氏特仿像而得之；今兹所纪，则皆耳目所素习者，钟虞不移，井邑如故，凡夫可欣可乐之事，皆适成可悲可涕之端，作者于此，殆有难乎为情者焉。"（卢文弨《抱经堂文集·〈梦粱录〉跋》）

二、求同存异的观念基础、记录遣怀的宗旨和对故园文化对象化的处理

这类志书的写作目的，在《东京梦华录》作者序中有十分清晰的表述：

> 一旦兵火，靖康丙午之明年，出京南来，避地江左，情绪牢落，渐入桑榆。暗想当年，节物风流，人情和美，但成怅恨。近与亲戚会面，谈及曩昔，后生往往妄生不然。仆恐浸久，论其风俗者，失于事实，诚为可惜，谨省记编次成集，庶几开卷得睹当时之盛。古人有梦游华胥之国，其乐无涯者，仆今追念，回首怅然，岂非华胥之梦觉哉。目之曰《梦华录》。

可以看出，作者写作此书，一方面是为了追念当年盛况，抒发对离散家园的深切怀念，排遣和表达挥之不去的浓郁乡愁，另一方面，也是为了使过去的生活传统得以记录和保存，而不至于亡佚。同时，可以推断的是，作为身处异乡的避难者，作者通过展示自己的生活经历和故园文化传统，客观上也能够起到促进与所在地区人民及其文化相融合的作用。

具体而言，对自己故乡风俗的书写，在很大程度上是基于同作者当下所居住地域文化的对比而展开的，这体现了作者在"我"与"他"的差别中显示"我"的特殊性，以及通过这种特殊性来与他者进行沟通、并争取融入他者的努力和追求。而这种努力的一个前提，源于一种被普遍接受的认识或信念，即"百里不同风，千里不同俗"。这种对于不同地域文化差异性的认识和承认，是中国古代十分重要的思想，也构成了不同地域、人群和文化相互之间共存、共处的基本原则。尽管具体表现各有不同，每一个地区、人群的具体生活实践和文化现象，却都可以被纳入"风俗"这个更大的分类范畴，因而都是可以容忍和理解的。对各种有关异乡风俗习惯的著述来说，承认风俗差异性，也为更大范围的读者接受、理解和欣赏相关记述、进而接纳作者及其文化传统奠定了基础。而像《荆楚岁时记》这类由前朝遗民在新朝所著的回忆之作，尽管有寄托故国情思的目的，却也由于所述风俗符合有关文化差异性的认识以及基于这种认识的政治统治思想而得到了新朝统治者的允可，因为，"古者百里而异习，千里而殊俗，故明王修道，一民同俗，上爱民为法，下相亲为义，是以天下不相遗，此明王教民之理也"（《晏子春秋》内篇·问上）。同时，"《尚书》：'天子巡守，至于岱宗，觐诸侯，见百年，命大师陈诗，以观民风俗。'《孝经》曰：'移风易俗，莫善于乐。'《传》曰：'百里不同风，千里不同俗，户异政，人殊服。'由此言之：为政之要，辨风正俗，最其上也。"（《风俗通义》序）也就是说，民俗被统治者当成了解社会和治理国家的重要资源来对待，而承认民俗的差异性，又是正确对待这种资源的前提。以此为基础，才能进行不同区域、不同层级文化之间的沟通、交流和相互影响，最终达到更大范围文化的融合与统一。

或许正是由于本着记录和保留文化传统的目的，尽管家乡与家乡文化寄寓着作者丰富的情感，但相比于直抒胸臆的诗文创作，家乡民俗志中作者深厚、浓烈的乡愁，往往是隐匿在客观、冷静的描写当中，被对象化为看似客观呈现的岁时仪式和市井活动。"四十年来家国，三千里地山河。凤阁龙楼连霄汉，玉树琼枝作烟萝，几曾识干戈。一旦归为臣虏，沈腰潘鬓消磨。最是仓皇辞庙日，教坊犹奏别离歌，垂泪对宫娥。"李后主词作中有关离散情怀的这种悲怆表达，除了在《东京梦华录》和《梦粱录》自序中有所体现之外，在风俗志的本体部分，几乎丝毫不见痕迹。这大概同"述而不论"的传统史观影响不无关系，一定程度上具有强化所写内容真实可信性的作用，而由于这类文字并不明确表现强烈的怀旧情感，无论是对身为"前朝遗民"的部分写作者的政治安全还是对新朝王权的稳固来说，它都成了可以接受的稳妥的表达形式。

由于贯穿其书写始终的叙事策略，是把作者所熟悉并曾参与其中的故乡风俗，以及基于这种风俗的乡愁加以对象化的处理，因此，以冷静、客观的态度来呈现故国风情，成了这些著述的主要取向。为了达到这样的目的，这些作者在根据个人经历实录或广泛搜罗文献资料加以疏证的基础上，对文字采用了相似的处理方式，即保持"语言鄙俚，不以文饰"的特点，从而使得"上下通晓"。（《东京梦华录》序）尽管由于这种追求，《梦粱录》受到了一些诟病，认为它"用笔拖沓，不知所裁，未若泗水潜夫《武林旧事》之简而有要也"，（朱彝尊《曝书亭集·〈梦粱录〉跋》）但大多数的评论者，还是读懂并接受了它充分注重并着意表现民俗语言特征的做法，如《四库全书总目提要》所云："是书……详于叙述,而拙于文采,俚词俗字,展笈纷如,又出《梦华录》之下。而观其自序,实非不解雅语者,毋乃信刘知几之说,欲如宋孝王《关东风俗传》,方言世语,由此必彰乎。"

在书写中注重民俗语言特征的做法,以及《东京梦华录》作者在自序中所表现出的求真精神("然以京师之浩穰,及有未尝经从处,得之于人,不无遗阙。倘遇乡党宿德,补缀周备,不胜幸甚。")无意中表现出了与现代民俗学所强调的田野记录原则相吻合之处。或许我们可以说,这些先辈民俗志作者所开创的传统,构成了我们后世研究者所遵循的规范之一。

三、家乡民俗志的记述与表达策略

从具体的记述和表达策略来看,这类家乡民俗志又都具有这样一些特征:按照时间顺序或以时序与空间秩序相结合的方式来展开;概括描述与个人经验记录的融合;冷静描写与热情歌咏的结合;对官方礼仪与民间生活实践的一视同仁。

按时间或时间与空间分布相结合的顺序来展开记述,是古代许多民俗志书共有的特征,家乡民俗志的写作也都体现了这一特征。《荆楚岁时记》作为一部岁时民俗专书,[1]其记述体例即遵循时序,细致记录、疏证了从正月元日至十二月除日的二十余项重要节俗。这种以时序为脉络的写法,是对中国一向重视的时间记述传统的延续,也开创了后世岁时著作以时序为线索来展开的叙事方式之先河。[2]《东京梦华录》和《梦粱录》中,就都有大量篇幅,是按照时间线索对重要节俗的描述。除此之外,这两部有关帝都民俗的志书,还对都城一般的市井习俗、商贸活动和宫廷、官府的重要礼仪,按照城市布局,进行了详细描写,极力渲染和描绘了故都的繁盛,客观上又衬托出对繁华不再的无比怅惘。

在记述各种风俗之时,作者往往是以概括的笔法,来追忆过去家乡的生活文化,从中可以看出力求客观的、把自己的生活传统对象化的努力。例如:

> 正月一日是三元之日也。《春秋》谓之端月。鸡鸣而起,先于庭前爆竹,以辟山臊恶鬼……立春之日,悉剪彩为燕戴之,帖"宜春"二字。
>
> (《荆楚岁时记》)

---

[1] 参见张紫晨《中国民俗学史》,吉林文史出版社,1993年,第185页。
[2] 参见萧放《〈荆楚岁时记〉研究:兼论传统中国民众生活中的时间观念》,北京师范大学出版社,2000年,第122、154页。

每日交五更，诸寺院行者打铁牌子或木鱼循门报晓，亦各分地方，日间求化。诸趋朝入市之人，闻此而起。诸门桥市井已开，如瓠羹店门首坐一小儿，叫饶骨头，间有灌肺及炒肺。酒店多点灯烛沽卖，每分不过二十文，并粥饭点心。亦间或有卖洗面水、煎点汤药者，直至天明。其杀猪羊作坊，每人担猪羊及车子上市，动即百数。如果木亦集于朱雀门外及州桥之西，谓之果子行。纸画儿亦在彼处，兴贩不绝。其卖麦面，每秤作一布袋，谓之"一宛"，或三五秤作一宛，用太平车或驴马驮之，从城外守门入城货卖，至天明不绝。更有御街州桥至南内前趁朝卖药及饮食者，吟叫百端。

（《东京梦华录》卷三）

仲春十五日为花朝节，浙间风俗，以为春序正中，百花争放之时，最堪游赏，都人皆往钱塘门外玉壶、古柳林、杨府、云洞，钱湖门外庆乐、小湖等园，嘉会门外包家山王保生、张太尉等园，玩赏奇花异木。最是包家山桃开浑如锦障，极为可爱。此日帅守、县宰，率僚佐出郊，召父老赐之酒食，劝以农桑，告谕勤劬，奉行虔恪。天庆观递年设老君诞会，燃万盏华灯，供圣修斋，为民祈福。士庶拈香瞻仰，往来无数。崇新门外长明寺及诸教院僧尼，建佛涅槃胜会，罗列幡幢，种种香花异果供养，挂名贤书画，设珍异玩具，庄严道场，观者纷集，竟日不绝。

（《梦粱录》卷一）

但由于这些著作，均是在个人经验基础上的实录，其中又无可避免地带有个性化体验的色彩。例如，《荆楚岁时记》在记述正月初七习俗时提到："正月七日为人日。以七种菜为羹；剪彩为人，或镂金箔为人，以贴屏风，亦戴之头鬓；又造华胜以相遗；登高赋诗。"其中的"登高赋诗"，显然是作为文人墨客的作者个人或相关群体经历的体现，而并非普遍流行的一般习俗活动。这种个体化的经验记述，在《东京梦华录》中尤有突出的表现：

冬至前三日，驾宿大庆殿……是夜内殿仪卫之外，又有裹锦缘小帽、锦络缝宽衫兵士，各执银裹头黑漆杖子，谓之"喝探"。兵士十余人作一队，聚首而立，凡十数队，各一名喝曰："是与不是？"众曰："是。"又曰："是甚人？"众曰："殿前都指挥使高俅。"更互喝叫不停。或如鸡叫。又置警场于宣德门外，谓之"武严兵士"。

（《东京梦华录》卷十）

与该书大多概述性的文字不同，这段生动描写具有明显的个人特殊体验痕迹，尤其是在警卫口令中明确提及"高俅"的名字。实际上，综合全书来看，作者孟元老在述及各种民间习俗的时候，往往都是概括性地描述，而每当论及宫廷礼俗，却大都表现为对一个场面或一次特殊事件的记录，这或许同他对这些事件的了解不够有一定关系。如赵师侠在该书跋文中所指出的："幽兰居士记录旧所经历为《梦华录》，其间事关宫禁典礼，得之传闻者，不无谬误，若市井游观，岁时物货，民风俗尚，则见闻习熟，皆得其真。余顷侍先大父与诸耆旧，亲承謦欬，校之此录，多有合处。"

相比之下，《梦粱录》对同类活动的描写，则更为概括，尤其是其中的"殿前都指挥使"，由《梦华录》中特指的"高俅"变成了泛指的"某某"：

更有裹绿小帽、服锦络缝宽衫兵士，十余人作一队，各执银裹头黑漆杖子，谓之"喝探兵士"，聚首而立，凡十数队。各队一名，喝曰："是与不是？"众声答曰："是。"又曰："是甚人？"众声应曰："殿前都指挥使某人。"及喝五使姓名，更互喝叫不停声。或作鸡鸣，是众人一同喝道。自初更至四更一点方止，此谓之"禁更"。前人诗咏之曰："将军五使欲来时，停箸更筹问'是谁？'审得姓名端的了，齐声喝道不容迟。"又置警场于丽正门外，名为"武严兵士"，以画鼓画角二百，其角皆以彩帛如小旗脚装结其上。

（《梦粱录》卷五）

《梦粱录》不仅对各种风俗的记述都极为概括，书中还引用了大量的诗词、谣谚和典籍等，对相关习俗进行综合的疏证。例如，"五日重午节……兼之诸宫观亦以经筒、符袋、灵符、卷轴、巧粽、夏橘等送馈贵宦之家。如市井看经道流，亦以分遗施主家。所谓经筒、符袋者，盖因《抱朴子》问辟五兵之道，以五月五日佩赤灵符挂心前，今以钗符佩带,即此意也。杭都风俗,自初一日至端午日……或士宦等家以生硃于午时书'五月五日天中节,赤口白舌尽消灭'之句。此日探百草或修制药品,以为辟瘟疾等用,藏之果有灵验。杭城人不问大小家,焚烧午香一月,不知出何文典。"(《梦粱录》卷三)对一些习俗,作者往往试图通过文献来解释其来源;有些习俗,无法清理出相应线索的,则说"不知出何文典"[1]。这使得该书已超出一地民俗志书的性质,更像一部综合的区域风俗考证著作。

"直陈其事"的客观记述方式,显然有益于加强书写的客观性和可信度,然而,即使是在《梦粱录》这样一部看似冷静描写和考证的著作中,我们也可以看到字里行间跃动的个人好恶,以及对故土人文的自豪与难以抑制的赞美之情:

> 自淳祐年来,衣冠更易,有一等晚年后生,不体旧规,裹奇巾异服,三五为群,斗美夸丽,殊令人厌见,非复旧时淳朴矣。但杭城人皆笃高谊,若见外方人为人所欺,众必为之救解。或有新搬移来居止之人,则邻人争借动事,遗献茶汤,指引买卖之类,则见睦邻之人,又率钱物,安排酒食,以为之贺,谓之"暖房"。朔望茶水往来,至于吉凶等事,不特庆吊之礼不废,甚者出力与之扶持,亦睦邻之道者,不可不知。

(《梦粱录》卷十八)

类似的情绪,在《东京梦华录》中表现得尤为突出:"凡百吉凶之家,人皆盈门,其正酒店户,见脚店三两次打酒,便敢借与三五百两银器。以至贫下人家,就店呼酒,亦用银器供送。有连夜饮者,次日取之……其阔略大量,天下无之也。以其人烟浩穰,添十数万众不加多,减之不觉少。所谓花阵酒池,香山药海。别有幽坊小巷,燕馆歌楼,举之万数,不欲繁碎。"(《东京梦华录》卷五)特别是其中所谓"其阔略大量,天下无之也",自豪与赞美,溢于言表。而由于这些著述总体的风格是客观化的描述和抽绎,因此,这种偶然的情感流露,显得既自然又格外真挚。

《东京梦华录》和《梦粱录》两书,又均有这样的特点:既记述皇宫官宦礼仪,又

---

[1] 在这里,作者似乎显示出一种偏见,即认为所有风俗皆产生于某一重要文献的影响,却忽略了不少文献实际上往往来自对习俗的总结。

记述民间礼俗，二者在著述中处于同等重要的地位。这同作者过去的官宦人家身份的影响有关，客观上也体现了对文化规律的遵循，即一种文化传统往往是为民族内部所有成员共同遵守和传承，尽管其具体活动形式会有所差异。作为前朝遗民，这些作者通过记录作为前朝重要标志的皇室礼仪来表达对前朝的留恋，似乎是他们义不容辞的责任。另一方面，对于皇宫种种礼仪的津津乐道，或多或少也体现了他们自高身份的心理——尽管成为离乡背井的"遗民"，但他们曾经是有地位的人，熟知过去的上层礼仪。这对处于陌生异地、深怀乡愁的作者而言，不仅具有精神安慰的作用，也可能成为他们适应新的社会环境与人际关系的资本。当然，尤为重要的是，它还具有通过上层阶级的活动来规范节序仪式的意义，也就是说，通过细致描写皇室的一系列活动，使有关时间规律的仪式化行为得到更为明确、更为强化的认识。

以上特征的存在，使得这些著述在表面客观、冷静的呈现当中，总是带有个人体验的色彩，带有或深或浅的主观情感的印记。就像有的文学评论者所指出的："故乡的原型意象，情感的物化，如日月星辰、井泉山河、雨雪雷电、田园花木、门窗庭除、禽鸟牲畜、家具摆设、酒食酿器、稼禾炊烟、器乐歌舞乃至祭台墓冢等等，'一箪食，一瓢饮'，一草一木，无不构成中国乡愁文学作品内容中的常态原型意象。"虽然没有直抒胸臆地言愁、言恨，但是一草一木总关情，在对故乡生活文化传统极力克制的描写和对象化的处理当中，乡愁与离散之情反而沉淀得更为深沉，更为隽永。

与故土的离散，为身为离散者的民俗志作者提供了一个在对比中反观自己家乡的不同视角，进而使家乡成为一个"对象化"的存在，一个可以从一定距离之外加以观察、描述和表现的客体。这种对比的视角和相应的叙述策略，成为了中国历代民俗志所沿用的一种书写模式。在现代民俗学兴起之后，许多中国民俗学者自然而然地采用了以家乡民俗为研究对象的做法，并由此形成了这个学科中的一个长期而连贯的重要流派，究其根源，可以说，同古代民俗志中有关家乡书写的传统，有着不可分割的关系。

传统村落与乡愁的缓释

——关于当前保护传统村落正当性和方法的思考[1]

张 勃[2]

进入20世纪80年代以来,伴随着深刻的社会变迁,大量村落面临着消失或走向衰败的命运,而保护传统(古)村落的呼声与行动也从无到有,并表现出日益高涨的趋势。2002年,《中华人民共和国文物保护法》开始将历史文化村镇保护纳入法制轨道,2003年我国公布了首批中国历史文化名村,迄今已公布6批共276个中国历史文化名村。2012年4月16日住房城乡建设部、文化部、国家文物局、财政部联合发布了《关于开展传统村落调查的通知》(建村〔2012〕58号),标志着传统村落保护正式提到了政府的工作日程。此后,住房城乡建设部、文化部等部门多次联合发布专门针对传统村落保护的文件,并分别于2012年12月、2013年8月、2014年11月公布了三批列入中国传统村落名录的村落名单共1561个(建村〔2012〕189号、建村〔2013〕124号)。2014年,国家加大了对传统村落保护工作的力度:住房城乡建设部、文化部、国家文物局、财政部等部门出台了《关于切实加强中国传统村落保护的指导意见》(建村〔2014〕61号)和《关于做好中国传统村落保护项目实施工作的意见》(建村〔2014〕135号),部署了传统村落的补充调查工作;制订了传统村落保护档案的制作要求、保护与发展规划要求,编辑刊行了第一二批传统村落名录图册;开展全国性的传统村落保护发展工作培训;并经规划评审、实地核查等程序后确定了列入中央财政支持的两批传

---

[1] 刊于2015年第2期。本文系北京学研究基地项目"门头沟传统村落民俗文化传承模式创新研究"的阶段性成果。
[2] 张勃,北京联合大学北京学研究所研究员,博士。

统村落名录，研究、布置了近几年传统村落保护发展要做好的基础性工作等。而第三批中国传统村落名单也已于 2014 年 11 月正式公布（建村〔2014〕168 号）。伴随着国家层面传统村落保护工作的迅速展开，中国大地上正在兴起保护传统村落的热潮，而"传统村落"也取代"古村落"成为一个拥有特定内涵的专有名词，即指"拥有物质形态和非物质形态文化遗产，具有较高的历史、文化、科学、艺术、社会、经济价值的村落"[1]。

为什么保护传统村落？这一问题实际涉及三个层面的内容：第一，当前为什么掀起了保护传统村落的热潮。第二，传统村落具有怎样的价值需要对它们进行专门的保护？第三，从更深层次的角度追问，保护传统村落的正当性何在？即基于怎样的理念要在当前对这种文化产物采取保护的行动？

一、传统村落保护兴起的原因

（一）传统村落的危机及其价值的新发现

第一，传统村落的危机。

村落社会的巨大变迁是 20 世纪 80 年代中国社会变迁重要的组成部分。村落作为"以地缘关系把一个家族或不同家族、亲族集团组合起来的生活共同体""固定在特定地域、较大范围的社会构成单位"，[2] 是乡村社区生活的基本单位，是中国传统社会的基础。但进入 20 世纪 80 年代以来，伴随着城市的扩张、村落的转型、撤并和农民的易地扶贫脱贫，村落数量急剧下降，而旅游业的过度开发和新农村建设中对文化传承的忽视，也对传统村落造成了巨大的甚至是毁灭性的伤害。据统计，1985 年中国村落有 940617 个，2001 年锐减至 709257 个。仅 2001 一年就比 2000 年减少了 25458 个，平均每天减少约 70 个。[3] 其中许多是历史悠久、有着丰富文化内涵和较高保护价值的传统村落。根据中南大学中国村落文化研究中心的调查，近年来，长江流域、黄河流域等地颇具历史、民族、地域和建筑文化价值的传统村落正以"平均约 3 天 1 个"的速度快速

---

1 《住房城乡建设部文化部财政部关于加强传统村落保护发展工作的指导意见》，中华人民共和国住房与城乡建设部官网，http://www.mohurd.gov.cn/zcfg/jsbwj_0/jsbwjczghyjs/201212/t20121219_212337.html。
2 王秀文、徐晓光：《日本村落社会组织及其传统特征——兼谈村落文化传统对现代日本社会的影响》，《日本学刊》1991 年第 3 期。
3 李培林：《村落终结的社会逻辑——羊城村的故事》，《江苏社会科学》2004 年第 1 期。

消亡。[1]

　　与传统村落迅速消亡相伴的，是仍然存在的传统村落绝大多数衰败迹象十分明显。这一方面表现在许多民居无人居住，年久失修，杂草丛生，不仅外观残破，倾圮倒塌者亦有之，村落中原有的一些公共空间如寺庙、学校等也破损严重；另一方面表现在村落的空心化、人口的老龄化和村落文化传统的断裂。近年来，村落人口尤其是青壮年劳力不断"外流"，造成常住人口大量减少，出现"人走房空"现象，并由人口空心化逐渐演化为人口、土地、产业和基础设施整体空心化。与此同时，青壮年劳动力流向城市工作，造成人口在年龄结构上的极不合理分布，传统村落中老龄化问题严重。而村民对村落及其文化传统缺乏认同、自信和热爱，致使村落文化传统也处于困境。

　　第二，传统村落价值的新发现。

　　传统村落的当代命运引起了有识之士的深深忧虑，传统村落的价值开始得到认知和表述。传统村落本是村民的生活空间，生活价值本来是它最重要的价值，但自20世纪80年代起，一些学者陆续从乡土建筑、历史文化地理、景观资源等多个角度对传统村落进行研究（当时叫古村落），从不同方面发现和强调了它的历史文化价值、旅游开发价值和科学研究价值等。[2] 1997年，刘沛林在《古村落：亟待研究的乡土文化课题》一文中通过阐述"古村落研究的意义"，比较系统地说明了古落的价值，主要包括：古村落具有民族民间文化的代表性，是产生中国风土建筑的沃土，是培育中国本土文化的温床；古村落形态不拘一格，充分体现出中国传统哲学关于人与自然和谐的文化理念，它所具有的那种温暖、亲和、舒适、充分体现人性的特点，给今天城乡建设和环境设计以极大的启迪；古村落在空间形象和构景方面独具风格，成为发展旅游业和设计旅游文化村落、弘扬民族文化精神的重要素材；等等。[3] 事实上，将一些村落称为"古村落"（传统村落）本身，就已经包含对它们特殊价值的认定。目前，传统村落是"另一类文化遗产"的看法几成共识，而在《关于切实加强中国传统村落保护的指导意见》中，传统村落的价值更得到官方明确的肯定，被认为"传承着中华民族的历史记忆、生产生活智慧、文化艺术结晶和民族地域特色，维系着中华文明的根，寄托着中华各族儿

---

[1]《特别关注：如何保护好传统村落》，新华网，http://news.xinhuanet.com/politics/2014-10/31/c_127161923.htm。
[2] 如陈志华等《楠溪江中游乡土建筑》（汉声杂志社，1993年）、彭一刚《传统村镇聚落景观分析》（中国建筑工业出版社，1994年）、刘沛林《传统村落选址的意象研究》（《中国历史地理论丛》1995年第一辑）、刘沛林《论中国历史文化村落的"精神空间"》[《北京大学学报（哲学社会科学版）》1996年第1期]，等等。
[3] 刘沛林：《古村落：亟待研究的乡土文化课题》，《衡阳师专学报（社会科学）》1997年第2期。

·理论探索·

女的乡愁"[1]。

(二)从城镇化到新型城镇化:对中国城市化道路的深刻反思

中华人民共和国成立以来,城镇化发展大体经历了顺利与超速、倒退与停滞、快速与稳定等6个阶段,[2]总体上实现了城镇化的快速发展。但是也出现了一些问题,比如城乡差距问题、生态环境问题和社会公平公正问题等。[3]中国应该走怎样的城镇化道路,是广受社会各界关注的话题。2012年以来"新型城镇化"代替"城镇化"成为新的治国方略。这一转变,伴随着对城市化进程中城乡关系之应然、三农命运之应然等重大问题的思考。

有人明确质疑:"在未来,是不是城镇化建设就意味着村落社区的必然瓦解?"[4]

有人激烈地批评:

一方面认为城乡统筹即将农村变为城市,主张城市是村庄发展的唯一目标和样板,进而盲目地实施"村改城"计划,导致村非村、城非城和乡村风貌丧失;另一方面,认为城乡统筹即将农村集体用地转为城乡建设用地,进而通过规划区划定、行政区调整等方式将农用地转为工业和居住用地,导致农村传统生活方式遗失、自然环境遭到破坏并侵占基本农田,以致威胁生态格局及粮食安全。再有甚者可能激进(地)赞同"去农村化",认为城乡统筹即将城乡用地统一按照城市发展模式开发,将农民就地变为市民,其结果将激化城乡建设与生态基底保育的矛盾乃至造成严重的社会问题。[5]

有人深刻地反思:

---

[1]《住房城乡建设部 文化部 国家文物局 财政部关于切实加强中国传统村落保护的指导意见》,中华人民共和国住房与城乡建设部官网,http://www.mohurd.gov.cn/zcfg/jsbwj_0/jsbwjczghyjs/201404/t20140429_217798.html。

[2] 参见方创琳、刘晓丽、蔺雪芹《中国城市化发展阶段的修正及规律性分析》,《干旱区地理》2008年第4期。

[3] 参见单卓然、黄亚平《"新型城镇化"概念内涵、目标内容、规划策略及认知误区解析》,《城市规划学刊》2013年第2期。

[4] 参见李松《城镇化进程中乡村文化的保护与变迁》,《民俗研究》2014年第1期。

[5] 单卓然、黄亚平:《"新型城镇化"概念内涵、目标内容、规划策略及认知误区解析》,《城市规划学刊》2013年第2期。

可能是由于城市化浪潮的强大冲击力,人们产生了一种误解,城市化就是消灭农村。现代化就是消灭农民,其实这是有违科学发展观的。……从本质上讲,城市化的目的不应仅是土地房屋的城市化,更重要的是人的现代化。……或许,我们不应把建设城市的规律照搬到农村,不能按照城市人的逻辑理念想当然地规划改建农村,而是协调农民自己建设新农村,尽可能多地保留农村的历史文化积淀和地方文脉。我们应当把好的教育、好的医疗等现代文明送到农村,让农业现代化,让农村现代化,让农民现代化。让大多数中国人依然生活在祖辈们生活的乡村里,不受堵车、就业、就医、污染的困扰,享受比城市更宜居的富有诗意的田园生活。保护好古村落不会阻碍现代化的发展,反而可以成为可持续发展的后劲和动力。[1]

有学者引用 Sir Alec Guinness 的话,描述未来城市与村落的关系说:"现代人的梦想是从乡村迁往城市,这样他以后就有机会,再从城市迁回乡村。"[2]

无论是质疑还是批评,抑或反思,都让人们重新审视城市化到底是什么,对于乡村意味着什么。越来越多的人认识到城市化并不是消灭乡村,在未来,乡村不但不会消失,还可能成为比城市更优良的栖居之所。在这种逻辑脉络中,对遭遇破坏的传统村落加以保护便成为必然的选择。

(三)有识之士的努力推动和官方介入

目前传统村落保护工作的蓬勃展开,与有识之士的努力推动分不开。早在官方介入传统村落保护之前,他们已经对传统村落的价值进行思考,并开始进行相关保护工作。而面对着村落迅速调零的状况,一些人忧心忡忡,并大声疾呼。比如 2011 年 9 月在中央文史研究馆成立 60 周年座谈会上中国民间文艺家主席、政府参事冯骥才就向国务院总理温家宝"为紧急保护古村落再进一言"。正是这次进言受到国家领导人的高度重视,温家宝指出:"古村落的保护就是工业化、城镇化过程中对于物质遗产、非物质遗产以及文化传统的保护。"为了贯彻温家宝总理的讲话精神和加强保护工作的指示,中央政府立即行动起来。自 2012 年到 2015 年短短三年多的时间,成立组织,颁布文件,设立名录,划

---

[1]《古村落的现代文明之路》,罗杨主编:《守望古村落》,中国文联出版社,2012 年,第 288—290 页。
[2] 王路:《村落的未来景象——传统村落的经验与当代聚落规划》,《建筑学报》2000 年第 11 期。

拨资金，开展培训工作，迅速在全国范围内掀起了保护传统村落的热潮。可以说，如果没有有识之士的努力推动，没有政府主导作用的发挥，目前这种局面是难以形成的。

二、传统村落的多种价值

首先，传统村落具有重要的生活价值。村落"在与外界市场、国家政权发生联系以及受婚姻圈、灌溉系统等影响的同时，自身内部基本上形成经济上和社会文化上的自我满足的生活格局"，是居民"自足的生活空间"。[1]人们生于斯，长于斯，葬于斯，在村落里播种收割，娶妻生子，嬉笑怒骂，感受人间悲喜。村落是人们共同居住、生产、生活的空间，是其居民的人生出发点和最终归宿。

其次，传统村落是文明存在的一种方式，传承着不同地方、不同族群的历史记忆、是中华文明代代延续的根基。一般认为，城市的出现是文明出现的标志，然而，村落同样是文明存在的方式。我国是拥有悠久农耕文明史的国家，传统村落是农耕文明的产物，也是农耕文明的生发地。传统社会，绝大多数人生活在村落之中。村落不仅是有着地理边界的空间坐落，同时也是由内部成员有机联系起来的生活共同体，有其共享的知识体系、宗教信仰、历史记忆和道德伦理观念。通过日常生活的重复性实践，共同体成员将其加以应用并在代际间进行延传，从而使得村落成为传统文化的重要载体。

再次，传统村落是现代乡愁的消解地。在《现代汉语词典》里，乡愁是"深切思念家乡的忧伤的心情"。传统社会的中国人虽然安土重迁，但也有人因为经商、读书、仕进、戍防、战乱、灾疫等背井离乡。在交通不便的情况下，音讯难通，担心与想念共存，"独在异乡为异客，每逢佳节倍思亲"，自然会生出一些愁绪。中国古代有许多抒发乡愁的文学作品，李白的《静夜思》、杜甫的《月夜忆舍弟》、崔颢的《黄鹤楼》、范仲淹的《苏幕遮》都是其中的名篇。台湾诗人余光中直接以乡愁命名的诗歌，更是脍炙人口的佳作。现代社会，交通和通讯方式便捷，已经在很大程度上消解了空间距离所带来的思念之苦，但近来一句"让城市融入大自然，让居民望得见山、看得见水、记得住乡愁"，仍然引起社会的广泛共鸣。一时间，乡愁成为人们津津乐道的话题，乡愁也似乎成为一种应该刻意保存的美好情绪。然而，"乡愁"本质上是由于情感孤独、心灵失依而自内心生发出来的一种忧伤，无须刻意记起，该在时自然就在那里。现代人也有乡

---

[1] 刘铁梁：《村落——民俗传承的生活空间》，《北京师范大学学报（社会科学版）》1996年第6期。

愁，只是它是一种有别于传统乡愁的新型乡愁，大致可以概括为故园之思、自然之想与传统之恋。

当代中国，随着科技水平的进步、社会生活方式的变革、城市化进程的迅速推进以及社会流动的加速，传统社会那种普遍存在的生于兹、长于兹、劳作于兹甚至埋葬于兹的现象已经在很大程度上消失了，取而代之的是出生地与就业地的分离，在村落中长大的青壮年人口到城市中寻找就业机会是普遍现象。中国现在大约有两亿农民工。他们因为生计每年在乡村与城市间奔波。一方面，故乡家园里有他们留守的父母、爱人和孩子，是他们放不下的牵挂；另一方面，他们在城市中艰难谋生，不能享受与市民同等的待遇，难以感受到家庭和城市的温暖，往往独自品尝孤独无依的滋味。对于他们而言，乡愁里的"乡"就是故乡，就是家乡，就是亲人所在（生活或埋葬）的地方，乡愁就是故园之思，是对家乡亲人的思念和由此而来的忧伤。

城市和乡村是人类生存的两种基本聚落。两相比较，乡村更多是人类因地制宜、利用自然的产物，自然是乡村的母体，乡村与自然共生。一个人置身于乡村就是置身于自然之中，就可以更好地感知自然的韵律和气息，真切地体会到融入自然、与自然和谐相处的亲密。城市更多是人类在超越自然条件的基础上改造自然的产物，城市让人远离了大自然。由于城市化的推进，越来越多的人已生活于城市之中。人是自然之子，却常年栖居于非自然的环境之中，城市的喧嚣令人向往乡村的宁静，与自然的疏离催生了回归大自然的念头。近年来乡村旅游的迅猛发展已经清晰地揭示了这一点。"自然之想"是另一种现代乡愁。这里的乡是乡土，是大自然的象征。

城市与乡村的差别不仅在于人和自然关系的不同，也有人际关系的不同。乡村社会是小尺度的熟人社会，生活于其中的人通过日常生产以及日常生活建立起密切的交往和互助关系，乡村中保留着更为丰富的传统文化，公共的节日庙会、个体的婚丧嫁娶等仪式活动令乡村生活充满了活力、温情和稳定感。城市是大尺度的陌生人的社会，人与人之间的关系相对淡漠疏离，生活节奏快，充满变数，尚未建立可以共享的文化传统，生活于其间的城市人经常会产生强烈的孤独感和漂泊感，"传统之恋"成为他们的乡愁。这里的乡，是指一种亲密交往的社会关系，一种富有亲和力、安定感的精神生活方式。

城市化的快速发展已不能让人们的身体久居乡土，人们的心中却为它留有广阔的空间，故园之思、自然之想与传统之恋共同构成了现代乡愁。而传统村落在很大程度上成为乡愁的消解地，成为城市人的精神家园。

此外，传统村落还具有重要的艺术、科学、历史、文化等多种价值。传统村落不是一般的村落，是依据一定标准从众多村落中遴选出来，有着特殊内涵的特殊村落。根据目前通用的《传统村落评价认定指标体系（试行）》，传统村落主要通过村落传统建筑的久远度、稀缺度、规模、比例、丰富度、完整性、工艺美学价值、传统营造工艺传承，村落选址和格局的久远度、丰富度、格局完整性、协调性、科学文化价值以及是否拥有较为丰富的非物质文化遗产资源等加以评价和认定。能够被认定为传统村落的村落，总是保持着一定规模、数量和种类的传统建筑，而现存传统建筑（群）所具有的造型（外观，形体等）结构、材料（配置对比、精细加工、地域材料）、装修装饰（木雕、石雕、砖雕、彩画、铺地、门窗隔断）等又往往具有典型的地域性或民族性特色，建造工艺独特，建筑细部及装饰精美，具有较高的工艺美学价值；或者村落选址、规划、营造具有典型的地域特色、特定历史背景或民族特色，村落与周边环境能明显体现选址所蕴含的深厚的文化或历史背景，具有较高的科学、文化、历史、考古价值；或者村落中有活态传承的非物质文化遗产。[1]传统村落的特殊性使其具有非同一般的价值，它们分布于不同地域，形制不一，各具特色，是重要的文化遗产，也是另一种形式的史书。它凝聚着前人的生存智慧，是中华文化多样性的具体表现。

三、保护传统村落的正当性

当前的传统村落保护工作，是由政府主导的以挽救迅速衰落的传统村落为目的的大型行动，其实质是一种外在力量对于传统村落命运的强制性干涉。那么这种干涉的正当性何在？大致说来，主要体现在以下四点：

第一，保护传统村落是对之前城市化进程和新农村建设中一些错误做法的纠正。

在城市化的进程和新农村建设中，许多人根本意识不到传统村落的价值。乡村以及乡村传统文化不断遭遇污名化，成为落后的象征和被改造的对象，大量的传统村落正是在这种观念中被人为推倒永远消失的。如果因为认识不到其存在的价值与意义而造成了破坏的话，要埋怨其目光的短浅、认识的低下；如果认识到了其价值和破坏的危害性而继续如此，那么就是不可饶恕的罪过。如今开展保护村落的国家行动，实际上是一种纠

---

[1] 参见《住房和城乡建设部等部门关于印发〈传统村落评价认定指标体系（试行）〉的通知》（建村〔2012〕125号），中华人民共和国住房和城乡建设部官网，http://www.mohurd.gov.cn/zcfg/jsbwj_0/jsbwjczghyjs/201208/t20120831_211267.html。

错行为。

第二，传统村落的价值是开展保护行动的前提，也是正当性的重要源泉。

正如前面已述，传统村落具有多种价值。保护传统村落，使其免于消亡，就是保护中华民族优秀的文化遗产，就是为人类和子孙后代保护文化多样性，留住历史记忆，保存精神家园，同时也是为世代居住在那里的人们留住他们美丽的生活空间。

第三，传统村落的稀缺性和不可再生性赋予保护行动以一定的正当性。

物以稀为贵，现存传统村落数量已经十分稀少。根据全国经调查上报的情况，我国仅有 1.2 万多个传统村落，占行政村的 1.9%、自然村落的 0.5%，其中有较高保护价值的村落已不足五千个。这些村落形成年代久远，清代以前的有 80%，元代以前的达 1/4，包含两千多处重点文物保护单位，有三千多个省级以上非物质文化遗产代表项目，涵盖了我国少数民族的典型聚落。[1] 它们具有不可再生性，一旦推倒，就永远地失去。

第四，保护行动的有效性是保护行动正当性的又一个来源。

当前的传统村落保护工作，是由住房和城乡建设部、文化部、国家文物局和财政部等政府部门领导，自上而下开展的政策行动，在很大程度上保证了行动的有效性。一方面，传统村落保护工作的开展必然伴随着多种媒体利用多种形式对传统村落价值进行推广和宣传，这可以加深人们对于传统村落价值的认知和理解，使少数人的主张变成大众共识，从而在社会上形成保护传统村落的文化自觉和舆论力量。另一方面，这项工作是由国家公共权威部门领导的，有着明确的目标、主要任务、基本要求和保护措施[2]，并动用大量的人力、物力和财力，也必然会产生一定的效果。此外，近几年传统村落保护工作的开展已经显示了它的有效性。

四、修复与提升：如何保护传统村落？

关于如何保护传统村落，学者们仁者见仁，智者见智，近来媒体上多有报道，而

---

[1] 陆娅楠：《我国传统村落比例不到 2% 将建立濒危警示制度》，转引自《人民日报》2013 年 10 月 18 日，人民网，http://politics.people.com.cn/n/2013/1018/c1001-23243105.html。
[2] 根据《住房城乡建设部 文化部 国家文物局 财政部关于切实加强中国传统村落保护的指导意见》（建村〔2014〕61 号），中国传统村落保护工作的目标是："通过中央、地方、村民和社会的共同努力，用 3 年时间，使列入中国传统村落名录的村落文化遗产得到基本保护，具备基本的生产生活条件、基本的防灾安全保障、基本的保护管理机制，逐步增强传统村落保护发展的综合能力。"主要任务是：保护传统村落的文化遗产；改善基础设施和公共环境；合理利用文化遗产；建立保护管理机制。基本要求是保持传统村落的完整性、真实性和延续性。

《关于切实加强中国传统村落保护的指导意见》中也已在传统村落保护的指导思想、基本原则、主要目标、主要任务、基本要求、保护措施、组织领导和监督管理以及中央补助资金申请、核定与拨付等方面做出了明确的规定。在笔者看来，目前最重要的是在修复和提升两方面着力。

（一）修复

主要包括以下三方面的内容：

第一，修复全社会尤其是村民对传统村落的珍视态度和发展信心。

作为一种基本生活空间，村落总是为它的文化主人所珍视，其存在合法性在中国传统社会从来没有受到质疑。但近几十年来，伴随城市地位的提升，城市化、现代化的快速推进以及城乡二元体制下市民与农民权益方面的不公平分配，城市日渐成为人们心目中的文明之地，村落则沦落为人们心目中的落后之所，成为被改造、被抛弃的对象。人们错误地认为，现代化就是用城市取代乡村。与此同时，城市人鄙视农村、鄙视农业、鄙视农民成为普遍现象；而农村人也产生了严重的文化自卑心理，他们自我鄙视，向往城市，认为村落没有前途。中央电视台的一次选秀节目中，一位在北京某个天桥下做小生意的父亲痛哭流涕，说砸锅卖铁也要让儿子离开自己的小山村，可谓一个典型代表。离开村落，是许多农民的迫切愿望和实际行动。而这，正是村落近年来迅速衰落的重要原因。如今要保护传统村落，首先就要修复全社会尤其是村民对传统村落的珍视态度和发展信心。只有这样，才能形成全社会保护传统村落的文化自觉。

而要真正实现修复，就必须重新认识城市化，必须重估城市、村落和传统村落的价值及其对人类社会的意义，认识到虽然城市化必然让一些人离开乡土，但并不意味着村落没有未来，其实乡村与城市一样，都是人类文明的重要成果和人群居住地，未来仍然有许多人会生活于村落之中，村落也许比城市更适合人类诗意地栖居。而传统村落作为传承久远的文化创造和文化载体，更具有多重价值。无论是从传承优秀中华文明的角度，还是从维护文化多样性的角度来看，它们都值得倍加珍视。当前需要充分发挥报纸、广播、电视等传统媒体以及网络平台、移动触屏、数字传媒等新兴媒体，广泛开展社会宣教，将先进理念变成社会共识，增强全社会对传统村落文化与自然遗产的保护意识和责任感，营造全社会重视传统村落保护的良好氛围，尤其是让村民形成以在传统村落中生活为荣的心理，珍视自己的文化，珍视自己的文化身份。

第二，修复传统村落中受损的建筑、院落和村落肌理。

我国传统村落的选址、乡土建筑与居住环境的营造，一般都因地制宜，择吉而设，布置合理，尺度适宜，风貌独特，格局多样，往往根据独特的空间形态，创造出合理的建筑形式和空间布局，而这既是传统村落的外显标志，也是传统村落的特色所在。比如位于北京房山区南窖乡西南部的水峪村，依古商道建成，巧妙地顺应山势形成八卦格局。水峪村为石灰系硅质岩类山地，板岩矿体储藏丰富，遂成为当地的主要建材。古商道均由石板铺成，部分路段两侧还有石砌的挡土墙；而建于明清时期的百间古宅多以石块垒墙，石板封顶。[1]这构成了水峪村特色的重要方面。由于自然损坏、年久失修、商业开发等因素的影响，许多传统村落的整体空间形态、村落肌理、建筑、院落等都严重受损，保护传统村落，首先就需要对它们进行修复。

由于各村落受损情况不同，具体修复时当然要因村而异，但无论哪个传统村落，都应该立足本村落的风貌历史和风貌现状进行修复，注重村落空间的完整性，保持建筑、村落以及周边环境的整体空间形态和内在关系，严格限制核心保护区的改建、扩建、室外装修，严格限定建设控制区改造区域、拆迁范围、建筑风格、高度、密度、色彩等控制指标，严格保存传统村落的原有肌理。由于传统村落自身的特性，如果修复保持了传统村落固有的特性，就能有效防止全国范围内"千村一面"的情况发生。

当然，修复并不意味着完全的"修旧如旧"，而应将其与"改善基础设施和公共环境"结合起来进行，使传统村落保持原貌的同时引入现代化成果，从而变得更加宜居。同时注意保留不同时代的历史遗迹，使其成为承载丰富历史信息的重要载体。比如，在许多传统村落的建筑墙壁上，我们都可以看到20世纪五六十年代书写的标语，它们是特定历史时期的产物，保留着特定历史时期的村落历史和国家历史，修复时完全可以保留，而不必刻意抹去。

第三，修复传统村落中散落的文化传统和历史记忆。

由于村落生存环境以及村落自身在当代发生了巨变，村落中的文化传统和历史记忆也变得支离破碎，一些原本与村民生活密切相关、世代相承的非物质文化遗产项目面临着人死艺亡的生存困境。然而，村落的文化传统和历史记忆乃是村落的灵魂，是一个传统村落能够持续发展下去的精神动力。保护传统村落，必须修复散落的文化传统和历史

---

[1] 参见袁方《构筑基于文化价值梳理的古村落保护体系——以北京水峪古村为例》，载《城市时代，协同规划——2013中国城市规划年会论文集（11-文化遗产保护与城市更新）》。

记忆，而这部分可以从梳理、书写村史，建立村落档案和博物馆入手，由此引发村民关注村落的历史人物、历史事件、文化传统、日常生活和历史变迁，形成对于一个共同体的文化身份感。

格外值得一提的是，修复文化传统与历史记忆，可以与传统村落的当代文化建设乃至产业发展结合起来考虑。修复文化传统与历史记忆，正是村落当前文化建设的重要内容。而在当前旅游业尤其是乡村旅游蓬勃发展、方兴未艾的情况下，那些散落的文化传统正是村落可以用来发展壮大村落经济、增强村落知名度的文化资本。当前，不少村落正是凭借自己独特的文化传统吸引他者"凝视"的目光，进而获得经济和文化身份上的增益。以贵州从江岜沙村为例，它被誉为"中国最后的枪手部落"。岜沙村的芦笙舞、成人礼、婚礼等文化传统都是风情表演的重要内容

（二）提升

主要涵盖以下三方面的内容：

第一，提升传统村落居民的生活质量。

在笔者看来，传统村落的危机直接缘起于村落人口的大量流失，村落人口的大量流失则主要根源于村民日益增长的物质文化需求及其难以在村落空间中得到满足二者之间的矛盾。因此，要挽救传统村落的危机，就必须留下原住民；要留下原住民，就要解决上述矛盾；要解决上述矛盾，首先就要改善村民的生活条件，提升村民的生活质量。

我国现存的传统村落大多位于偏远地区，生存条件恶劣，经济发展十分薄弱，天然气、热力管道、污水处理、垃圾处理等现代化基础设施的普及率低，医疗、文化、教育、交通等公共服务设施落后。生活太苦，是不少人选择离开村落的重要原因。例如坐落在吉林省长白山密林深处的木屋村，是"长白山最后的木屋村落"，近年来居民流失严重，村里的木屋多数已是"空壳"。一位随丈夫在木屋村定居的女子说："上级光说保留这个村子，可是却不知，村民们出门十分不便，在这里生活虽然有乐趣，但也是太苦了，反正我不愿意在这儿——"[1] 提升传统村落居民的生活质量，就是不要让传统村落的居民生活"太苦了"。为此，一方面需要加大资金投入力度，加强传统村落公共基础设施建设，改善村民日常生活条件。另一方面需要完善农村的各种社会保障制度，并适当建立针对传统村落居民的政府补贴机制，保障和提升居民生活品质，使他们共享经济

---

[1] 曹保明撰稿：《木屋村》，中国文史出版社，2014年，第212页。

社会发展的成果。

第二，提升传统村落原住民就近就业的机会。

要留住原住民，还需要提升他们就近就业的机会，使他们在传统村落或者周边就能够获得比较稳定的收入。如此，他们便不必抛妻舍子、背井离乡地到远处刨生活。当然，由于传统村落的自然条件、文化传统有异，传统村落所在区域的发展策略也有其个性，因此，如何为原住民提供就业机会并没有普遍适用的方法，而是需要群策群力，在分析各种优劣条件的基础上，充分发挥传统村落的既有特色，运用传统村落的自有资源，找寻出合适的发展之路，增强内生发展动力和"造血"能力。目前在传统村落保护方面已经出现了博物馆式保护、集散为整保护、历史街区保护、分区式保护、原生态式保护、旅游开发式保护、景观设计式保护、特色产业式保护等多种保护模式，可以为传统村落发展道路的选择提供若干参考。但无论选择怎样的道路，都有必要考虑原住民的就业问题。

为原住民就近创造就业机会看似与传统村落保护工作较远，却具有根本性意义，它是保持传统村落生活完整性的必备条件，应该妥善解决。从目前来看，旅游业是不少传统村落未来发展的方向。旅游业的发展可以带来很多就业机会，如果旅游从业人员和旅游纪念品、旅游消费品的生产都能够实现本土化，将可以很好地解决原住民的就业难题。而伴随着传统村落保护修缮、基础设施建设以及公共环境改善等工作的推进，也会出现大量的就业机会。这些机会也应该优先向村落原住民提供。如果他们资质不够，可以由政府出资进行资格培训。

第三，提升原住民在传统村落保护发展工作尤其是决策环节中的参与度和主体性，充分尊重其利益诉求。

伴随着国家层面传统村落保护工作的深入，传统村落将普遍进入规划发展阶段。一个传统村落应该如何保护，如何发展，需要听取多方面的建议和意见，应该在多种相关群体真诚协商的基础上加以约定，其中原住民在传统村落保护发展的道路选择、利益分配等方面，理应有最高的参与度和充分的话语权。这一方面是因为传统村落是其原住民的文化产品和生活空间，原住民是传统村落的主人，是传统村落保护工作最直接和最重要的利益相关者，没有他们参与的传统村落保护，既不合情也不合理。另一方面，原住民参与传统村落保护工作，有助于加深对传统村落价值和意义的认识，从而形成保护传统村落的文化自觉意识，对传统村落的可持续发展产生积极而深远的影响。

而事实也证明，那些基于社区参与的传统村落保护往往能走向和谐发展之路。比如位于安徽省黄山市黟县的西递是 2000 年被联合国教科文组织世界遗产委员会列入《世界遗产名录》的传统村落，所采取的就是基于社区参与的保护之道，并取得了很好的效果：

> 西递旅游开发的主体是村办旅游公司，实行村民自治的治理模式，把村级事务的决策权和处置权交给村民。旅游管理与民主选举、民主管理、民主监督、民主决策等四个民主紧密相连。能较好地处理各利益主体与村民间的利益分配问题。[1]

而与西递同时被联合国教科文组织世界遗产委员会列入《世界遗产名录》的黟县传统村落宏村，由于采取了外部企业介入的开发模式，则存在不少麻烦：

> 这种模式较易忽视村民及其基层组织的利益，并且容易出现难以理清的产权配置问题，产生较高的利益主体间的交易成本，从而使旅游开发难以达到预期的效果。[2]

当前传统村落保护发展工作中，宏村模式并不鲜见，而因为原住民失语和利益分配失衡引发的矛盾仍不时显现。2013 年 7 月，笔者在贵州从江一个传统村落考察时，曾亲眼目睹了村民（同时是旅游项目的表演者）因为利益诉求没有得到充分尊重而拒绝表演以致引发矛盾的乱相（象）。重视原住民的利益诉求和主体性发挥，是当前传统村落保护工作中值得深思和认真对待的重大问题。

结语

投入巨大力量挽传统村落于式微，考量的不仅是一个国家的经济实力，同时也是一个国家的文化眼光。在我国，从国家层面重视和开展传统村落保护的工作刚刚启程，在树立正确的传统村落保护理念以及方法选择方面，仍需要做大量工作。当传统村落保护

---

[1] 蒋海萍、王燕华、李经龙：《基于社区参与的古村落型遗产地旅游开发模式研究——以皖南古村落西递、宏村为例》，《华东经济管理》2009 年第 8 期。
[2] 蒋海萍、王燕华、李经龙：《基于社区参与的古村落型遗产地旅游开发模式研究——以皖南古村落西递、宏村为例》，《华东经济管理》2009 年第 8 期。

的正当性成为社会共识，人们普遍将那些散布在中华大地上的传统村落视为珍珠而不是敝屣，视为我们永久的精神家园而不是可以朝夕赚钱的利器，保护传统村落就会成为一种自觉的社会行动，传统村落也会焕发出夺目的光彩。

生活革命、乡愁与中国民俗学[1]

周 星[2]

20世纪80年代至21世纪的前十多年间，中国的社会、经济及文化均发生了结构性巨变，导致普通民众的日常生活也发生了急剧的变革。某种意义上可以说日常生活发生了革命，亦即"现代都市型生活方式"在中国大面积地确立和普及，这为一直以来始终是以乡村的传统与民俗作为对象的民俗学提出了全新的课题。

本文拟在揭示当代中国社会已经和正在发生的极其深刻的生活革命的基础之上，指出当下弥漫全国的乡愁情绪正是由不可逆转的生活革命所引发，进而对中国知识界过度礼赞传统、耽溺乡愁，以及在抢救、保护和传承等话语表象之中将乡愁审美化的趋势进行一些必要的批评，以促请民俗学界同人明确自身更为重要的学术使命与可能性，亦即直面现代中国社会的日常生活及其变革的历程，记录和研究无数普通的生活者是如何建构各自全新的现代日常生活并在其中获得人生的意义。笔者认为，中国的现代民俗学应该超越朝向过去的乡愁，对当下正在发生并已成为现代中国社会之基本事实的生活革命予以高度关注。

生活革命在中国：持续的现在进行时

近一个多世纪以来，中国社会、文化的持续变迁以及中国人生活方式多彩的变化，始终是中国诸多社会及人文学科关注的大课题，其中最常见的描述或解说便是"转型"

---

[1] 刊于2017年第2期。
[2] 周星（1957— ），日本爱知大学国际中国学研究中心教授。

说。转型理论的基本要义是认为中国社会及文化变迁有一个既定方向，亦即从封建到文明、从封闭到开放、从集权专制到民主共和、从农耕社会到工业信息社会、从计划经济到市场经济、从传统到现代化等等。该理论形象、易懂，似乎无所不能地被用来解释几乎所有的变化，却又令人感到意犹未尽或解释乏力。导致如此状况的原因可能是中国社会及文化太过庞大和复杂，其演变进程也是漫长曲折、反反复复且岔路丛生，转型似乎总也不能完成。如果将问题意识单纯化并局限于日常生活，关于普通百姓如何"过日子"，笔者认为可以采用"生活革命"这一概念来归纳改革开放以来，因经济持续高速增长和大规模的都市化等所引发的百姓日常生活的全面改善，以及都市型生活方式在全国的普及过程。

在汉语文献中，"生活革命"一词主要是一个媒体广告用语，它一般是指因为某种技术的发明、制度的创新或商品的推出而为生活者、消费者带来生活上极大的便利。例如，有人把21世纪初汽车在中国作为代步工具的普及视为新的生活革命的开始，考虑到中国作为曾经的自行车王国，如今汽车保有量的大幅度攀升的确堪称一场革命[1]；有人从公共卫生和健康医学角度讨论生活方式的改革，希望推进民众生活习惯方面的行为革命以及"膳食革命"和"厕所革命"[2]。有的学者从国际贸易的大格局，把中国加入WTO之后获得的经济实惠解说为推动了中国民众生活的革命[3]；也有学者把基于经济的发展所导致的生活观念的转型理解为生活革命的一部分[4]。还有人把某些新的消费动向扩大解释为中国人的生活革命，例如，某些人士主张回归自然、重过种花喝茶的生活，并说这是一场生活的革命[5]。更有人指出，新近发明的"保洁机器人"有可能引发家居生活的革命。有的作者强调初步富足之后日常生活审美化的趋势，把当今中国的生活革命定义为"日常生活的审美化以及审美活动日常生活化"[6]；有的作者从科学技术革命来解释生活方式的变迁，指认是科技革命导致了生活主体、生活资料、生活时间、生活空间等均发生变革，促使自然经济状态下的生活方式向现代生活方式演化[7]。例如，说IT

---

1 参见杨东晓、李梓《消极运动时代的积极生活方式》，《新世纪周刊》2007年第20期。
2 王陇德：《中国人需要一场生活方式革命》（一）（二），《中老年保健》2008年第7—8期。
3 参见刘重《生活的革命：WTO——中国百姓"入世"后的日子》，百花文艺出版社，2000年。
4 参见刘朝《追求生活新概念——20年人们观念变迁扫描》，《决策与信息》1999年第2期。
5 参见三联生活周刊《生活革命》，三联书店（香港）有限公司，2012年。
6 陶东风：《日常生活审美化与新文化媒介人的兴起》，《文艺争鸣》2003年第6期。
7 参见岳伟《科学技术革命与社会生活方式变革》，《贵州民族学院学报（哲学社会科学版）》2006年第3期。

·理论探索·

技术引发革命，使全世界变成地球村，使人们对社会的认知方式和交流方式等很多方面均产生革命性飞跃。上述表述各有其理，均反映了中国知识界对日新月异的变化试图从各自不同的教育背景或学科专业立场出发所做的归纳。

在此，笔者将"生活革命"视为民俗学的一个专业用语，并把它溯源至日本民俗学的相关研究。需要指出的是日本民俗学虽有"生活革命"这一概念，但它同时也在媒体广告中广泛应用。在日本民俗学中，生活革命主要是指第二次世界大战之后，伴随着经济高速增长期（1955—1975）和全国规模的都市化、现代化而发生的日常生活整体的革命性变化。日本民俗学者一般认为，经济高速增长和都市化促成了彻底的日常生活革命，他们较多采用"今昔比较法"，通过对生活革命之前和之后的状况进行比较，对民众的生活文化进行细致、系统的观察与分析，这同时也被认为是重视"传承论"和"变论"的日本民俗学比较擅长的基本方法。在经济高速增长期以前较为传统性的日常生活里不曾存在的各种导致生活便利化的商品，诸如以 20 世纪 50 年代的"三种神器"（黑白电视机、洗衣机、电冰箱）和 60 年代的"新三种神器"（彩电、空调、轿车）为代表的一系列家用电器和新型、耐用的生活必需品迅速普及[1]，曾在生活革命的相关研究中尤其受到重视。民俗学者透过它们意识到日常生活的急速演变，也深切感受到民俗文化传承所发生的断裂以及民众生活意识的巨大革新。除了对新近诞生并逐渐成为现实的新岁时习俗、新人生仪礼和新的娱乐、艺能等积极予以关注外，日本民俗学还必须同时面对"消失"的民俗、"变异"的民俗以及它们与"新生"的民俗之间复杂的相互关系。

日本民俗学研究生活革命，积累了许多重要的成果，诸如生活革命与都市化的关系，团地社区（小区）与生活革命的关系[2]，都市化和故乡意识的变化[3]，衣食住行、婚丧嫁娶、生老病死等在日常生活的革命过程中发生的诸多变化，以及农村生活的变迁与

---

[1] "三种神器"是把历史上历代天皇视为传世珍宝的"三种神器"（铜镜、勾玉、剑）作为比喻，日本当代广告媒体用来渲染新商品之重要性的用语。后陆续又有 21 世纪初的数码"三种神器"（数码相机、DVD、薄型电视机）。2003 年 1 月，时任日本首相小泉纯一郎在施政演说中把洗碗机、薄型电视机和具有摄影功能的手机命名为"新三种神器"，作为自己想要推广的时代新商品。
[2] 参见［日］岩本通弥・篠原聡子・金子淳・前田裕子・宮内貴久『基幹研究「高度経済成長と生活変化」ワークショップ 3「団地暮らしの誕生と生活革命」報告・討論記録集』、国立歴史民俗博物館、第 197 集，2009 年。
[3] 参见［日］真野俊和『「ふるさと」と民俗学』、『国立歴史民俗博物館研究報告第 27 集―共同研究「日本民族学方法論の研究」―』、第 303—328 頁、国立歴史民俗博物館、1990 年 3 月。

开发[1]、都市居民的田园憧憬[2]等。也有不少学者致力于对生活革命之前那些传统生活方式的追忆、缅怀乃至于复原。除对全国规模的生活变迁通史予以关注外，日本民俗学还注意到生活革命这一过程中的地域差异和阶层差异等问题，试图对生活革命予以动态性的把握。通过研究，学者们提出了一些重要的理论观点。例如，新谷尚纪提出近现代日本民俗传承的"三波并行展开论"[3]，认为"传统"（如农渔业生计中的人力和畜力；婚丧仪式的家族办理和互助等）、"创生"（如机械；婚丧仪式的庄严化与商品化）和"大众化"（如机械的普及；大众文化等）在近现代的日本是并行展开、相辅相成的，所以，民俗学观察到的现实极其复杂。文部省重点课题"关于高度经济增长和生活革命的民俗志追踪研究"（2013—2015，负责人：关泽），不断追问高速经济增长意味着什么，并从多学科交错的视野，重新审视农村人口向都市的大量流入、都市化导致山村大面积消失、大众消费社会的出现、衣食住行等生活方式日新月异的变化以及生活用具电器化、汽车的普及等多种基本的变迁进程[4]，其结论认为除了经济的高速增长，促使日常生活朝向都市型生活发生变化的根本动力，还有水力和电力的安定供应。日本国立历史民俗博物馆的陈列，对战后的高度经济增长与生活革命等主题也予以高度重视，可视化地反映了生活革命的研究成果。不过，在日本，生活革命这一用语有时也用于指称其他时代急剧变迁的文化现象，例如，针对战前大正时期（1912—1926）的东京，也有所谓"中流生活革命"之类的表述[5]。此外，今和次郎的"考现学"亦曾致力于研究日常生活的当下[6]，在生活革命的现场进行彻底的观察与描绘，他因此在"服装论""居住论"等方面，均取得了曾引起广泛关注的成果。

本文采借生活革命的概念，除保留其基本含义外，还想补充指出以下几点。首先，在中国，生活革命的指向是都市型生活方式的确立和普及，构成其根本内核的是除了卧

---

1 参见［日］好本照子「変貌する農村生活の実態をみる」（進む農村の生活革命・特集）、『農業と経済』35(9)、富民協会、1969年9月。
2 参见［日］富田祥之亮「むらの生活革命—暮らしの都市化」、新谷尚紀・岩本通弥編：『都市の暮らしの民俗学①—都市とふるさと—』、吉川弘文館、2006年。
3 ［日］新谷尚紀：「儀礼の近代—総説」、『都市の暮らしの民俗学③—都市の生活リズム—』、吉川弘文館、2006年。
4 参见［日］国立歴史民俗博物館編『高度経済成長と生活革命—民俗学と経済史学との対話から—』、吉川弘文館、2010年6月。
5 参见［日］松田久一『日本の消費社会の起源と構造—江戸・明治・大正の酒造産業を中心に—』、第4章「消費社会の誕生と酒類産業—大正期東京の『中流生活革命』とは何か」、『月刊　酒文化』1998年6月号。宇都宮美術館：『近代デザインに見る生活革命：大正デモクラシーから大阪万博まで』、2000年1月。
6 参见『今和次郎と考現学：暮らしの今をとらえた目と手』、河出書房新社、2013年1月。

室和客厅，还配备有厨房、卫生间（抽水马桶）、浴室（浴缸或淋浴）以及上下水、煤气和电源等系统的单元楼房日益成为最大多数人们日常起居的生活空间。岩本通弥在《现代日常生活的诞生》一文中，从现代民俗学的立场出发，借助官方的统计资料，对日本现代社会之日常生活的形成过程进行了考察。他把高层集合住宅密集的团地（小区）、仅由夫妇和未婚子女构成的核心家庭以及清洁卫生的室内生活视为现代日常的基本要点，认为此种都市型生活方式的普及与水、电、煤气的稳定大量供给密不可分。[1] 岳永逸认为，以抽水马桶、单元房为基本表征的都市生活方式，眼下已是绝大多数中国人都在实践或向往，并不遗余力、背井离乡要去追逐的生活方式。[2] 笔者认同上述见解，认为中国已经和正在发生的生活革命和当年日本的情形具有一定的相似性，所以，日本民俗学对生活革命的研究成果很多可以为中国民俗学所借鉴。要维持上述那样的现代日常生活，必须有完善和稳定的基础设施和公共系统的存续，这也正是近三十年来中国社会的都市化进程所致力于大规模建设的。以单元楼房的日常起居为基础的都市型生活方式已在中国大面积地普及开来，目前仍处于现在进行时，仍在持续的延展之中。

其次，生活革命在当前的中国要远比当年在日本的进程来得更为复杂、不均衡和曲折。它还可以分解为温饱问题的初步解决[3]，补丁衣服彻底退出日常生活和穿着的时装化，厨房革命（以煤气或电力为能源，上下水系统，冰箱、微波炉、电饭煲等厨房用电器的逐渐普及，餐厨用具精美化），厕所革命（配备抽水马桶和沐浴设施[4]），电视、洗衣机、吸尘器等家用电器的日益普及，以及伴随着电话、手机、网络的普及而日新月异的信息通讯革命，交通革命（村村通、高速公路、高速铁路等）和初步进入汽车社会（包括乡村的摩托车和微型农用车）等很多彼此关联而又相对独立的层面。越来越多普通民众的日常生活，因为上述诸多层面的革命性发展而被彻底改变。德国民俗学者鲍辛格所说的"科学技术世界"，其实就是由科学技术支撑的生活用品一般化了的"生活世界"，它们构成了理所当然的生活环境。[5] 尽管由于中国社会的复杂性，生活革命的进

---

1 参见［日］岩本通弥「現代日常生活の誕生－昭和三十七年度厚生白書を中心に－」、載［日］国立歴史民俗博物館編『高速経済成長と生活革命』、第20—40頁、吉川弘文館、2010年7月。
2 岳永逸、张海龙（访谈）:《都市中国的乡愁与乡音》,《兰州晨报》, 2015年2月28日。
3 中国现仍有为数不少的贫困人口存在，这凸显了中国式生活革命的非均衡性。
4 此处所谓"厕所革命"，仅指以抽水马桶为基本形态的室内卫生间的普及，尚难以涵盖"公厕"在内。
5 参见［日］岩本通弥《"理所当然"与"生活疑问"与"日常"》（宗晓莲译）,《日常与文化特集日中韓・高層集合住宅の暮らし方とその生活世界》2015年第1期，第113—124页，日常与文化研究会，2015年3月。

程和所达到的程度并不均衡，存在着明显的地域性和社群性等各种属性的差距，但生活革命的总体方向和基本趋势却基本上一致。近年媒体大肆炒作的中国游客在日本抢购电饭煲和马桶盖的"新闻"，其实就是中国波澜壮阔的生活革命浪潮中几朵小的浪花，只是因为它溢出国境才成了新闻。即便是较为偏远的乡村，由于政府强力推进的"村村通"工程和全国规模的新农村建设等，其与距离最近的大中小都市或小城镇的联系千丝万缕并日趋便利化，这意味着包括衣食住行等在内的都市型生活方式，在各地农村也都取得了程度不等的进展，生活革命在广大农村也是正在展开的现实。农村以各种方式程度不等地卷入了都市化的浪潮，例如，进城打工者回乡盖房，大都模仿构成都市型生活方式之基础的单元楼房，并尽可能地设置燃气灶台、抽水马桶和淋浴等，这其实就是一种"在地城镇化"。当然，另一方面，人去楼空、村落的空心化和农村过疏化也正在成为一个普遍的现象。

再次，伴随着上述各层面的革命进程，事实上是有无数多的实用性技术的引进、开发与革新，以及能源革命、全球化和网络世界的膨胀等因素，正在日甚一日地促使中国现代社会的日常生活呈现出令人目眩的"加速度"的变化。除了层出不穷的新科技、新产品日新月异地令日常生活更加方便、快捷与洁净之外，伴随着电脑在家庭和职场的普及和手机人手一部的普及，各种全新的生活习惯、消费行为，以及人际相处、交流与沟通的技能或方式等，正因此持续地发生着前所未有的革命性变化。迅速膨胀的互联网提供了全新的媒体生活环境，"淘宝控"将一切居家所需的生活用品均能网络上搞定，"无所不能"的网购、网聊、网恋、网读等正在成为很多居民日常生活的一部分[1]。在某种意义上可以说，中国目前正在发生由新的电子商务模式O2O和C2B[2]以及"电商下乡"等引发的线上购物与线下生活更为紧密结合的生活革命。这意味着生活革命在中国，一直是持续不断的"现在进行时"。这其中还包括很多观念、理念、信念以及表述的语言和行为方式的变革。

上述生活革命，部分中国民俗学者并未熟视无睹，但他们主要采取了社会转型及文化变迁之类的描述。关注在中国社会转型过程中民俗文化的变迁，可以说是中国民俗学者的一个基本共识，但由于长期以来，民俗学主要是把日常生活中的特定事实与现象作

---

[1] 参见杨婧如《淘宝引发"生活革命"》，《深圳特区报》2014年6月6日。
[2] O2O模式即Online To Offline，是将线下商务与互联网结合，使互联网成为线下交易的前台。C2B模式亦即Customer To Business，指由网络消费者的个性化需求引起企业的定制化商机。

·理论探索·

为民俗或民俗事象来认识和把握的，反倒无法处理类似上述那样整体性的革命过程。截至目前，中国民俗学几乎还没有对经由生活革命所形成的现代日常生活有任何深刻的研究。早期或曰传统的民俗学热衷于把当代社会中某些特殊的事象作为过去时代传承下来的遗留物，后来则把民俗事象的变迁过程也视为重要课题，由于先入为主的问题意识或执着于特定的事象，故在田野调查的现场往往可以感受到民俗的"变异"或生活的变迁，却很容易对那些"非民俗"现象（例如电视、电饭煲、塑料用品之类的存在与应用）无动于衷、熟视无睹地予以排除。

民俗学通常主要是从具体的民俗文化事象入手讨论变迁的。也有学者指出，民俗的变迁既表现为具象外显的形态变化，也表现为抽象潜在的结构调整，可以从主体的空间流动、民俗事象的更新和生活需要的增长等方面去认识。[1] 还有学者关注到都市化带来的文化变迁，从都市化的角度分析民俗及其传承形式与途径的变迁，指出都市化意味着一种新的生活方式，首先就表现为衣食住行等日常生活的变迁。他们认为民俗学应该研究在大众媒体和消费文化影响之下的都市民俗，而都市民俗眼下正在朝向大众文化的方向发展；在都市生活中，"民俗"已经成为时尚和消费的对象；等等。[2] 应该说这些见解均非常重要并值得借鉴。之所以仍有必要采借"生活革命"这一概念，是因为它可以指出现代日常生活的整体性诞生，这个过程如此急速地发生，故其得以区别于一般性的变迁、发展或演化。

需要澄清的是，本文所谓的生活革命，总体上还是属于现代化、都市化进程中的日常生活方式的革命，它以物质的极大丰盈为基本内涵，就此而论，其与一些发达国家在已经实现了现代化和普及了现代日常生活模式之后，因为环保意识高涨、应对可持续发展的需求，以及追求节约、低碳、实现物质与精神均衡的新生活方式，亦即所谓"绿色革命"[3] 有着较大的不同。在目前的中国，后一种具有后现代属性的生活方式变革尚未真正发生，基本上也不具有发生的条件。如果说它不无意义，也只是在局部的人群中主要是作为一种理念尚处于传播当中。此外，这里所说的生活革命也与现代哲学家阿格妮丝·赫勒和列斐伏尔等人理论中的"日常生活革命"有所不同。匈牙利学者赫勒的理

---

1 参见陶思炎《论当代民俗生活的变迁》，《东南大学学报（哲学社会科学版）》2002年第3期。
2 参见徐赣丽《城市化、民俗变迁与民俗学的"空间转向"》，载《城市社会与文化研究论文集》，第78—93页，2015年打印稿。徐赣丽：《当代民俗传承途径的变迁及相关问题》，《民俗研究》2015年第3期。
3 诸大建：《从环境革命时代到生活方式变革》，《世界环境》2001年第1期。グレッグ・ホーン著：『あなたが地球を救う：グリーン・ライフ革命』（安引宏訳）、集英社，2008年6月。

论，忽视日常的物质性基础，她描述的日常生活是并非彻底自觉且依赖于重复性的惯例，其主张的"日常生活革命"是要抑制过度的重复性实践或思维，经由日常生活主体自觉性的培养，实现日常生活在理念和方式上的人道化，进而实现好的社会建构[1]。法国学者列斐伏尔虽然重视日常生活领域的基础性地位，但将其视为一个已经被异化了的领域，也因此，其"日常生活革命"是指通过对资本主义社会的现代日常生活的批判，指出其已被生产和消费的资本主义全面异化，再由此设想一种日常生活的革命，进而实现人和社会的全面发展。[2]在某种意义上，此类哲学意义上的"日常生活革命"恰好是对本文所谓的以物质从贫困到充盈为特点的生活革命的批判，但在中国，目前谈论这种批判性的意义虽不无必要，其对眼下的现实却也不会产生太大的影响，尤其是和民俗学的立场及视野关系不大。

乡愁弥漫中国

伴随着急速和大面积的都市化、现代化和剧烈的生活革命，乡愁作为一种礼赞传统、缅怀旧日往事的情绪，大约自20世纪90年代以来，开始迅速地弥漫于中国的几乎所有角落，成为90年代以来中国社会文化最显著的时代特征之一。全社会怀旧思潮和乡愁情绪的蔓延，与不可逆转的都市化及生活革命正日益成为眼下的现实有着直接的关系，这些乡愁不仅是个人情绪与趣味的表达，更是渗透于当前社会生活及大众文化中的集体趋好。

"乡愁"（nostalgia；homesick，亦称怀旧感或怀乡病）[3]一词，通常是指身在他乡异国而怀念故乡祖国的情感，同时也被用来指称对过往的旧物陈事缅怀或感念的情绪。很多时候，它还被用来特指身处现代都市生活的人们对业已逝去的乡村生活的伤感回忆，这种回忆往往伴随着痛苦和或多或少的浪漫愁绪。作为古今中外最具普世性的人类情感，涉及乡愁与怀旧的描述及表象，在各国文学艺术中均屡见不鲜。中国的文学艺术自古以来也以表现乡愁见长，乡愁不仅丰富了文艺的蕴涵，提升了作品的品格，也成为文艺创作的基本母题。但它除了作为文艺批评的关键词之一频繁出现，还很少被中国的人文社会科学认真地研究过。

---

1 参见［匈］阿格妮丝·赫勒著，衣俊卿译：《日常生活》，重庆出版社，2010年。
2 参见吴宁《日常生活批判——列斐伏尔哲学思想研究》，人民出版社，2007年。
3 参见赵静蓉《怀旧：永恒的文化乡愁》，商务印书馆，2009年。

乡愁如今主要用为褒义，但其缘起却曾被视为一种病态。该词最早由瑞士军医约翰内斯·霍弗（Johannes Hofer, 1669—1752）于1688年新创，他将希腊语的返乡（nostos）和伤心（algos）合成一个新词，特指伴随着返乡愿望难以实现的恐惧和焦虑而伤心、伤感甚至痛苦的情绪。他曾搜集不少这类心病的案例予以研究，试图从生理学、病理学去解释。18—19世纪的前线士兵被认为多有此类症状（想家、哭泣、焦虑、失望、忧郁、厌食、失眠、情绪变化无常、原因不明的消瘦、心律不齐等），尤其在战况不利时较为明显，军事上被认为是应予排除的负面情绪。19世纪，乡愁的概念在欧洲各国传播并成为临床医学研究的对象，后来则逐渐把它视为精神抑郁或消沉的一种表现。20世纪前期，乡愁概念逐渐"去医学化"并开始流行，被理解为一种与损失、不幸和沮丧相关且盼望回归的心理；20世纪后期，乡愁的内涵被定义为回归旧时的渴望或对昨天的向往，但过往的旧时是被理想化和浪漫化了的。现在人们谈论乡愁没有早期那种消极或病态含义，反倒具有了美感、超（穿）越、情感寄托、感动、满足、理想主义和流行时尚等多种褒义的内涵。

无论如何定义乡愁，它都是因为时间和空间的错位、隔绝而引起的情绪性反应。"时过境迁"是乡愁生成的基本机制。或关山阻隔（空间），或往日难追（时间），乡愁是对无可挽回、不可逆转、无法亲近之时空阻断的人和事的眷恋、遗憾之情。置身于都市的人们对于乡村，生活于现代社会的人们对前现代甚或古代，异国他乡的游子对于家乡故国，实现了富足小康的人们对于以前那种艰苦朴素的生活，以及步入人生成熟阶段的中老年对于自己的童年所持有的情愫等，便是乡愁最典型的几种表现形态。无论乡愁有多么丰富的内涵和多么特异的表现形态，它都有两个共同点：一是没有实现回归的现实可能性，二是多根据现在的需求而对缅怀和念想的对象予以理想化的想象。乡愁可以是个人的情绪，如游子对故乡、故土的怀恋，对于返乡的痛苦渴念，也可能以"集体记忆"的形式表现出来，如近些年以互联网为媒体而风行的"80后"晒童年现象[1]。在很多情形下，乡愁不必依赖当事人的亲身体验，仅根据第二、三手信息，经由联想、想象和互相渲染，便可从他者的表象中获得类似感受。乡愁对过往旧事的理想化同时也是一种审美过程。这种理想化和美化既有可能在合理、适度的范围之内，也有可能走火入

---

[1] 参见朱峰、杨卫华、刘爽、刘伟《集体记忆情境下"80后"晒童年现象的社会学思考》，《山西青年管理干部学院学报》2008年第4期。

魔、失却理性。

乡愁对旧时人事或故乡他者的美化和理想化，往往潜含着对现实当下的失望、不安、不满、不快、没有归宿等感受，以及对当前不确定性的焦虑。乡愁总是伴随着当代或现时下的某种缺憾、缺失、空落感或所谓"断零体验"[1]，它尤其在激荡、剧变和快速流动的时代与社会中高发、频发。在中国，乡愁时不时蕴含着对于急速推进的都市化和生活革命的逆反情绪，或对于现代化进程的某些抵触。乡愁可能暗含批评意味，基于乡愁而对现实的文学描述，往往是萧条、阴冷、丑陋、疏离、贫瘠、灰色、无望、无意义等[2]。乡愁经常导向对旧时过往的正面评价。乡愁美化过去，把过去视为失落的和谐，暗示着从复杂的现实逃避或重回朦胧记忆中熟悉而单纯的过去。乡愁经由情绪化渲染而对旧时的想象，总是幻想的、浪漫的、比现在更加英雄主义、更有魅力。此种回到过去的冲动是后现代的特征之一[3]。

乡愁需要物化的载体作为情绪寄托的对象，例如，通过一些过去的人工制品作为标志物或象征的符号才比较容易得到表象。乡愁追寻回到美好旧时的虚幻感觉，并需要一些遗留物（旧物、古董、民俗文物、老字号、旧品牌、个人纪念品等）来营造令人伤感、满足或愉悦的特定氛围。也因此，乡愁总是被商业化，并成为当代社会的重要补偿，成为装饰或点缀当下日常生活的路径之一。当一些旧的器物被用来点缀当下的生活时，除了它们可能承载的乡愁情感之外，还能酝酿出某种特定的氛围。乡愁消费对象的符号化，主要就是用于营造消费者追求的此类氛围。

1996年年末，山东画报出版社出版了《老照片》丛书，获得空前成功，掀起了堪称"老照片热"的怀旧现象。[4]《老照片》以"一种美好的情感"引发很多效仿，这股热潮直至21世纪初才逐渐回落，但其实也只是从纸质媒体转向了网络媒介。大约同时，老房子、老街道、老城市、老家具、老字号、老新闻、老古董、旧器物、古村镇等等，举凡陈旧之物或带有过往时代遗痕的事物全都开始走俏，乡愁和怀旧作为一种风潮开始

---

[1] 王一川：《断零体验、乡愁与现代中国的身份认同》，《甘肃社会科学》2002年第1期。
[2] 参见［美］张英进著，胡静译《影像中国——当代中国电影的批评重构及跨国想象》，上海三联书店，2008年，第329—330页、第321页。
[3] 参见［英］贝拉·迪克斯著，冯悦译《被展示的文化——当代"可参观性"的生产》，北京大学出版社，2012年，第136页。
[4] 参见巫鸿《"老照片热"与当代艺术：精英与流行的协商》，《作品与展场——巫鸿论中国当代艺术》，岭南美术出版社，2005年。

席卷整个社会。位于北京市东三环的潘家园旧货市场，自20世纪90年代以来，从早期一些民间自发的易货地摊，逐渐演变成为全国最大的旧货市场、收藏品市场、仿古工艺品集散地，并影响到全国各地民间旧货和收藏品的汇集和流通，成就了一个巨大的产业。乡愁和怀旧趣味不仅表现为古董热和旧货市场的勃兴，还表现为怀旧餐厅、怀旧旅馆、怀旧建筑、怀旧电影、怀旧歌曲、怀旧出版物、怀旧专卖店里各种各样的怀旧商品，以乡愁为主题或基调的小说、诗歌、美术，还有"农家乐""红色旅游""民俗旅游"和"古村镇自助游"等等，大都在相同的时代潮流中得到大肆渲染，甚或成为消费文化的时尚和新兴中产阶层的集体嗜好。世纪交替之际，中国社会的乡愁氛围更加浓郁，它毫不掩饰地反映在无数出版物中，对于那些已经和正在消失的物品、器用、职业、词语、艺术、游戏、服饰和民俗[1]，人们表达出如游子怀乡般迷离的乡愁。

继多次认定"历史文化名城"之后，2003年11月，首批中国历史文化名镇（村），经由建设部（现住房和城乡建设部）和国家文物局认定了山西省灵石县静升镇和北京市门头沟区斋堂镇爨底下村等22个历史文化名镇名村；2005年11月又公布了第二批，有河北省蔚县暖泉镇和门头沟区斋堂镇灵水村等58个历史文化名镇名村入选。这些名镇名村固然有其作为"文物"遗产的历史价值、风貌特色以及原状保存程度等方面的标准[2]，其与民间文化领域或知识界的美学标准有一定的差异，但政府的姿态的确带动了以传统村落为载体，追寻"美丽乡愁"的社会性热潮。古村镇在当代中国的"再发现"，并不只是基于政府文化遗产管理部门对其文物价值的认定，同时也是乡愁使然[3]。冯骥才把"传统村落"视为"中华民族美丽乡愁"的归宿或寄托[4]，他在为图文并茂的画册《守望古村落》所写的代序里感慨，看到太多"非常优美和诗意的古村落，已经断壁残垣，风雨飘落"，而新农村建设和城镇化正在加深这一进程。鳞次栉比的"水泥森林"唤醒了人们对古村落的重新认识，保护和"前往古村，就是前往我们曾经的家园，前往我们曾经的生活，我们永远依恋的自然，世代仰慕的历史文化"[5]。这些不满现实的乡愁感受，某种意义上为当代中国知识界所共享。最近，正在热播的中央电视台中文国际频道百集大型纪录片《记住乡愁》，则是新一轮对乡愁的渲染。这部由中宣部、住房和城

---

[1] 参见齐东野、鲁贤文著，赵姝、罗晓梅绘图《远去的乡情：正在消失的民俗》，中华工商联合出版社，2003年。
[2] 参见方明、薛玉峰、熊燕编著《历史文化村镇继承与发展指南》，中国社会出版社，2006年，第32—36页。
[3] 参见周星《古村镇在当代中国的"再发现"》，《温州大学学报（社会科学版）》2009年第5期。
[4] 参见周润健《冯骥才：传统村落是中华民族的美丽乡愁》，《中国艺术报》2014年1月17日。
[5] 罗杨主编：《守望古村落》，中国文联出版社，2012年，第25、121页。

乡建设部、国家新闻出版广电总局、国家文物局联合支持的大型系列纪录片，以弘扬中华优秀传统文化为宗旨，以乡愁为情感基础，以生活化的故事为依托，选取了100多个传统村落进行拍摄，现已引起了颇为广泛的关注与共鸣。

乡愁不仅促生了诸多的怀旧产品乃至于产业和市场，还成为推动当下社会的一种重要的动力。乡愁并不完全是被动的情绪，它也可能是积极的选择。乡愁通过选择性地对旧时印象的建构，能够在现实生活中催生新的仪式、生产新的认同。就此而言，乡愁也是一种文化实践。21世纪初以来全国范围内兴起的非物质文化遗产保护运动，无论有多么复杂和重要的国内外政治及时代背景，到处弥漫的乡愁和怀旧情怀都构成其不容忽视的推动因素。因为有形和无形的文化遗产，归根到底，均属于"求助于过去的现代文化生产模式"，也是当代社会人们热衷于追寻"归宿"的表象，文化遗产的生产同时包含着挽救过去和将其表现为"可参观的体验"[1]。

完全不用怀疑当代中国的现代化进程、都市化和生活革命与上述怀旧情绪和乡愁审美之间的因果关系。此种相关并不只见于中国，日本在实现都市化过程中，也曾经历过公众的心理和文化从"都市憧憬"向"归去来情绪"的变化[2]。事实上，中国的都市化进程始终伴随着"记住乡愁"的呼唤，由于与都市型生活方式相伴生的传统乡土社会的解体，以及人际关系的疏离，乡愁甚至成为批判现代性的工具。20世纪90年代正是中国的都市化进程和生活革命取得决定性、实质性进展的年代，1995年中国的城镇化率为29.04%，到2008年便达到45.68%，2013年达到53.73%，2014年则为54.77%，这意味着亿万农民就是在近些年才刚刚变身为市民，他们和回不去的家乡之间自然会有藕断丝连的情感纠葛。不仅如此，很多乡民都愿意把孩子送到城里读书，全国范围内出现了明显的教育城镇化现象，现在，全国义务教育阶段在校生的都市化率和全国义务阶段学校的都市化率（学校设在城市地区的比例），已分别达到83%和66%[3]。据专家推算，未来20年，中国农村人口还将减少三分之一以上，有大约3亿人将实现都市化的生活。都市数量不断增加，都市面积日趋扩大，房地产多年持续高速发展，越来越多的农村居民可以通过购买商品房而直接获得都市型的生活方式。不久前刚刚进城、成为市民并住

---

[1] ［英］贝拉·迪克斯著，冯悦译：《被展示的文化——当代"可参观性"的生产》，北京大学出版社，2012年，第124页。
[2] ［日］岩本通弥:「都市憧憬とフォークロリズム」，载新谷尚纪、岩本通弥编『都市の暮らしの民俗学①』第1—34頁、吉川弘文館、2006年10月。
[3] 参见盛梦露、汪苏《八成农村孩子进城上学 学者忧乡村学校边缘化》，财新网，2015年12月1日。

进高层楼房里的人们,对于都市生活的不安、不适和对于家乡的留恋、回望和怀想自不待言;就连那些出身中小城市,后来在大都市里追梦、打拼或生活的人们,对故土的乡愁也是分外浓烈,这一点在电影导演贾樟柯的作品里已有颇为到位的描述[1],其中不仅突显了对现代都市生活的质疑,还有对小城镇慢节奏生活的留恋。

即便是在国际化的大都市上海,怀旧与乡愁也与新的城市开发密不可分。20世纪90年代的浦东开发和大规模的内城街区改造,促成了各种以怀旧为卖点的商业营销场所如雨后春笋般涌现,较为代表性的有新天地、衡山路酒吧街、百乐门、苏州河沿岸创意产业区等等,均是借助乡愁、怀旧和集体记忆所想象的"老上海"风情规划的。[2]事实上,政府重建上海大都市形象的策略之一,便是有意识地对"老上海"文化资源进行开发,于是,便出现了一方面大肆拆除老朽的石库门民居建筑,另一方面又不断推出以石库门为风情元素、为外貌风格的新建筑群,并对其进行拼接、混搭、置换等多种民俗主义手法的改造。曾经作为普通市民生活空间的石库门里弄区,摇身一变而成为现代中产阶层的消费场所,但其中弥漫着的乡愁所指向的对象,却是对"老上海"的虚幻印象。

近些年来,几乎在国内所有的大中城市,均有对老街区的大规模开发或重建,诸如北京的琉璃厂、天津的古文化街、广州的西关、成都的锦里、重庆的磁器口、苏州的山塘和平江老街、西安的回民风情街等等。虽然各个城市对其历史街区和传统建筑的开发、保护与重建各有说辞,也各有特点,但它们无一例外均以市民对乡愁怀旧的消费为卖点。无论都市郊外的古村古镇,还是市内的"老街",均是慰藉市民乡愁的设施。这其中,上海或许比在中国其他任何城市都更为明显和突出的是,伴随着高速经济成长而形成的中产阶层或准中产阶层,正是以乡愁和怀旧的消费来彰显自身的品位和品味。

当下的中国正在强力推进"新型城镇化",除了乡村空间和乡村人口的迅速城镇化,接着还有"人的城镇化",包括人们的衣着、举止、言行,以及观念和思维模式的城镇化[3]。新一轮的都市化进程如此迅猛,已经引发很多担忧和不安。新型城镇化的核心已被确认为人的城镇化[4],也因此,2013年12月中央城镇化工作会议明确提出要"让城市融入大自然,让居民望得见山,看得见水,记得住乡愁",这意味着新型城镇化之"新"

---

1 参见孟君《"小城之子"的乡愁书写——当代中国小城镇电影的一种空间叙事》,《文艺研究》2013年第11期。
2 参见朱晶、旷新年《九十年代的"上海怀旧"》,《读书》2010年第4期。
3 参见岳永逸《城镇化的乡愁》,《民间文化论坛》2015年第2期。
4 参见张帅《"乡愁中国"的问题意识与文化自觉——"乡愁中国与新型城镇化建设论坛"述评》,《民俗研究》2014年第2期。

在于以人为本，必须对人居环境和传统文化有更多的观照。于是，感性的乡愁用语成为新型城镇化的基本理念[1]，不少专家开始从如何在新城镇的规划设计中保护传统文化以满足居民的乡愁，或者如何在新城镇建设中保留"乡愁符号"等方面予以探讨[2]。不久前，在山东大学召开的"乡愁中国与新型城镇化建设论坛"上，有学者提出新型城镇化之所以强调"人的城镇化"，乃是对此前"物的城镇化"的"拨乱反正"，这意味着该进程同时应是中国人重构心灵故乡和精神家园的过程。也正是为了响应中央城镇化工作会议的精神，中国民间文艺家协会联合住房和城乡建设部等部门，于2014年6月在北京启动了"留住乡愁——中国传统村落立档调查"的大型项目，同时正式开通了中国传统村落网[3]。

"家乡民俗学"与乡愁

乡愁之风也吹到了学术界，推动和程度不等地影响到相关的学术研究。例如，学术界对消费者怀旧消费行为的研究，近些年取得了长足进步。[4] 乡愁与怀旧被认定为消费者的一种心理倾向，与情绪及情感的需求密切相关。台湾学者蔡明达、许立群提出了一种测量怀旧乡愁情绪的量表，认为人们对"地方老街"的印象中包含了温暖、精美、感触、休闲和历史感五种情怀[5]，但量表中没有涉及负面情绪，这可能是因为被调查对象在回答问卷的设问时倾向于过滤了自身的负面情绪，如失落感等。中国知识精英大都意识到乡愁与现代化进程相互纠结，是人们对现代生活的一种"反拨"，因此，也大都赞成用乡愁的理念来校正都市化进程带来的一些弊端。邹广文指出，在现代性的逻辑风靡世界，生活日益标准化、理性化的大背景下，乡愁是对已经逝去的文化岁月、生活方式的追忆、留恋和缅怀。文化乡愁是指一种具有人文意味、历史情怀的文化象征。它传达的是一种文化认同与归属，故具有凝聚人心的作用。通过乡愁，我们可以找回自己的"身份"[6]。

---

1 参见杨智勇、曾贤杰《新型城镇化进程中传统乡村文化的保护、传承与创新——基于"乡愁"理念的视角》，《中国文化产业评论》2014年第2期。
2 参见李枝秀《新型城镇化建设中"乡愁符号"的保护与传承》，《江西社会科学》2014年第9期；刘沛林：《新型城镇化建设中"留住乡愁"的理论与实践探索》，《地理研究》2015年第7期。
3 参见安德明、祝鹏程等《记住乡愁守望家园——2014年中国民间文艺发展报告》（摘编），《中国艺术报》2015年6月8日。
4 参见张莹、孙明贵《消费者怀旧的理论基础、研究现状与展望》，《财经问题研究》2011年第2期。
5 参见蔡明达、许立群《建构怀旧情绪量表之研究——以地方老街为例》，《行销评论》2007年第4卷第2期。
6 参见邹广文《乡愁的文化表达》，《光明日报》2014年2月13日。

社会学比较关注乡愁的社会性背景以及怀旧对当事人或相关群体的社会文化身份，亦即认同建构的意义。贺雪峰主编的《回乡记》中《我们所看到的乡土中国》一文[1]，作者均具有社会学教育背景，均在乡村出生成长而在城市求学生活，他们在家乡之外有不少农村的田野调查经历，再次回到家乡，研究迅猛变迁的中国农村。该书记录和呈现了一个充满焦虑和乡愁的乡土中国。作者们对家乡当下的各种问题和难以令人满意的现状深感遗憾，提出很多质疑，同时，也都对自己幼少年时期的乡村生活予以正面评价。这些以理性的学术研究为己任的人们，在其批评和内省中却难免有复杂的情绪、情感，他们某种程度上也都属于乡愁或怀旧的"患者"，因为远离家乡和家乡的巨变所导致的焦虑与失落，从一个独特侧面反映了当代中国都市和农村某些局部的现实[2]。他们一时难以适应剧烈变迁带来的眩晕，虽说是返乡调查，事实上只能是作为旁观者，因为那是再也回不去的"乡土社会"，早已不再是记忆所能印证的存在。

中国民俗学者也对乡愁有所反映。既有民俗学者的著述被以"乡愁"来评论的，[3]也有民俗学者把"乡愁"作为解释中国民俗的关键词，例如，说"年与家"是十三亿人的乡愁[4]等等。曲金良在评论新时代的"寻根小说"时指出，对于已经习惯了的民俗文化流失，对于昨天产生的无法排解的"怀恋""回溯"的情感，促成了当代文学的"民俗化"倾向[5]。笔者在解释户县农民画时也曾指出，"即便是当年那些具有很强意识形态属性的作品及其描绘的场景，今天也已经成为'怀旧'的对象：农民画里的集体主义精神、奋斗的热情、社会主义情怀、乡村氛围和简朴的生活气息，经由朴素笔触和鲜艳色彩的描绘（或复制），成为人们对特定时代'记忆'的载体和后现代'乡愁'的寄托"[6]。

但是，和社会学等其他学科相比较，民俗学更多地得益于、当然也在一定意义上受困于乡愁的弥漫。不可逆转的生活革命和都市化带来的大面积乡愁和怀旧氛围，对中国民俗学而言，首先是难得的机遇。一向备受冷落的小学科，一夜之间成为显学。因为当

---

[1] 贺雪峰主编：《回乡记·我们所看到的乡土中国》，东方出版社，2014年。
[2] 参见雪堂《挥之不去的怀乡病》，《新京报》2014年7月19日。
[3] 参见吴琪《两代人的乡愁——评〈忧郁的民俗学〉》，《民俗研究》2015年第6期。
[4] 参见刘晓峰空间《十三亿人的乡愁》，中国民俗学网—民俗学博客，2015年12月2日访问。
[5] 参见曲金良《中国民俗文化论》，青岛海洋大学出版社，1995年，第67—69页。
[6] 周星：《从政治宣传画到旅游商品——户县农民画：一种艺术"传统"的创造与再生产》，《民俗研究》2011年第4期。

代弥漫着乡愁的中国社会对过往"民俗"及相关知识（例如民俗文物、民俗艺术、民俗文化遗产、民俗旅游等等）产生了颇为广阔的市场性需求，这极大扩充了民俗学在现代中国社会的用武之地。诸如民俗文化的观光化，各级政府发掘民俗文化或民俗艺术资源以重建地域认同的渴求，全国范围的非物质文化遗产保护运动，等等，都无一例外地浸润着乡愁并为民俗学提供了绝好的机遇。这一切并非偶然，民俗学也乐在其中，因为民俗学从它诞生的第一天起，就天然地和乡愁有着难分难解的关联性。

以英国为例，民俗学的起源曾经受到"古物学"的一些影响，当时的人们对那些"古物"的嗜好，其实和今日中国的怀旧和与乡愁对老器物、旧家具、古董品以及民俗文物等的迷恋并无二致。19世纪中后期的英国，也是由于近代化导致乡村生活变迁，不少传统习俗逐渐成为正在消失的遗迹，从而引起人们研究的兴趣，并试图在它们彻底消失前予以记录，这便是汤姆斯首创"民俗学"这一用语的背景。他指出，民俗学的对象是那些民间古旧习俗和民众的相关知识，亦曾感慨有多少令人惊奇而又深感趣味的古俗已经湮灭，就是说，民俗学从一开始就执着于遗留物，并热衷于丧失性叙事。

在德国，民俗学的早期发展也是由于近代化导致乡土民俗文化的流失，人们对那些即将消失的传统怀有一种浪漫主义的情怀和憧憬，这导致民俗学成为当时民族主义思想和情感的一部分重要源泉。19世纪后期的德国浪漫主义醉心于乡村，知识分子崇尚乡间的生活与文化，试图从中体会田园诗歌一般的境地，其乡愁明显具有审美化倾向。事实上，这在德语国家是具有共同性的价值追求，基于民族主义理想而对乡村文化传统予以浪漫主义的理解和想象，可被看作一种向国家所宣称的乡村根基的回归。[1]

在日本，自明治维新以来直至高速经济增长时期，传统文化的流失和未来命运始终是日本知识精英的焦虑，民俗学在其中扮演了非常重要的角色：或者是必须及时启动抢救行动的危机感及使命感，或者是感慨曾经有过这种美好生活之类的乡愁，通过对"乡土"的理想化描述，表达日本社会尤其是地域社会理应存在的状态。事实上，日本大量地方史志中的民俗编或民俗志，往往就带有过于强调"故乡"或"乡土"传统之美好的倾向。[2]

---

1 参见［挪威］弗雷德里克·巴特等著，高丙中等译《人类学的四大传统——英国、德国、法国和美国的人类学》，商务印书馆，2008年，第90—91页。
2 参见［日］真野俊和「『ふるさと』と民俗学」、『国立歴史民俗博物館研究報告第27集—共同研究「日本民族学方法論の研究」一』、第303—328頁、国立歴史民俗博物館、1990年3月。

中国民俗学之与浪漫主义和乡愁的关系也几乎不用特别论证。《歌谣》周刊的发起人和早期参与者们大都怀有把家乡浪漫化、审美化的情怀；他们对家乡特别关注，后来被安德明归纳为中国民俗学的一个特征，亦即"家乡民俗学"[1]。但谈及家乡，民俗学者们自然就难免有绵长的乡愁[2]。刘宗迪指出，民俗学者其实有两种态度：一是在讨论"民俗"时，似乎自己不在其中，而是其观察者、记录者、研究者、欣赏者或批评者，与自己的生活无关；二是当说到"过去"的风俗时，却似乎就是自己曾经的生活，或虽然消失了却仍旧让人怀念、牵挂，仍然活在我们身体和心灵的记忆中的事[3]。岳永逸认为，中国的乡土民俗学关注乡土日常生活，试图在认知民众情感世界和生活世界的基础上，开启民智，改造民众，移风易俗，从而强国强种，它有着浓厚的乡愁，或表现为对乡土的改造，或是频频回首的浪漫的怀旧[4]。曾经在家乡或乡村民俗（歌谣）中追寻文学（诗歌）创作之源和民族文化之根的早期的中国民俗学，至今依然没有改变礼赞传统和回首过去的趋向，眼下在非物质文化遗产中寻找和认证"民族的根基与灵魂"[5]，亦无非是此种特点的当代延伸。

上述国家的民俗学均程度不等地有或曾经有过突出的丧失性话语表述，受惠且纠结于特定时代的乡愁，其民俗学的正当性和重要性恰恰来自它宣称能够应对传统文化失落的局面。所谓丧失性叙事，主要就是对已经、正在或即将失去的传统大声疾呼，表示惋惜和焦虑，认为伴随着现代化进程所失去的将是国家或民族的精神之根，因此，亟须抢救、保护和传承等等[6]。显然，在丧失性叙事表象中，总是饱蘸着怀旧心态和乡愁情绪，不加掩饰地怀恋"过去"的美好时光，宣示要重建传统道德、重归和谐家园。

在包括民俗学、人类学在内的中国知识界，目前仍然是丧失性叙事框架占据着主流。以涉及传统村落的抢救性保护这一话题为例，据说2000年中国的自然村总数为363万个，2010年则减少至271万个，因此，有关方面在2012年启动了传统村落的全

---

1 安德明：《家乡——中国现代民俗学的一个起点和支点》，《民族艺术》2004年第2期。
2 例如，周作人对家乡儿歌长达数十年的执着。参见周星《生活／平民／文学：从周作人的民俗学谈起》，『日常と文化』第1号、第125—138頁、2015年3月。
3 参见刘宗迪《古典的草根》，生活・读书・新知三联书店，2010年。
4 参见岳永逸、张海龙（访谈）《都市中国的乡愁与乡音》，《兰州晨报》2015年2月28日。参见岳永逸《都市中国的乡土音声：民俗、曲艺与心性》，中国人民大学出版社，2015年。
5 刘魁立：《非物质文化遗产及其保护的整体性原则》，载邢莉主编《民族民间文化研究与保护》，世界图书出版西安公司，2010年，第1—15页。
6 参见刘正爱《谁的文化，谁的认同？——非物质文化遗产保护运动中的认知困境与理性回归》，《民俗研究》2013年第1期。

面调查,并开始进行"中国传统村落名录"的专家审定与甄选工作,这被说成是一项"关乎国人本源性家园命运"的任务。此种丧失性话语所要宣示的是传统村落的消亡趋势锐不可当,被指出的原因主要就是都市化和工业化,新一代农民越来越多地选择"较为优越"的都市型生活方式。但如果没有了传统村落,不久前刚刚列出清单的国家文化财富(非物质文化遗产)将"皮之不存,毛将焉附"[1]。或说在全国依旧保存与自然相融合的村落规划、代表性民居、经典建筑的古村落已由 2005 年的 5000 个,锐减到 2014 年的 2000 个[2]。极端的甚至还有"村落终结"之类的描述[3]。应该说,这一类表述或许并非耸人听闻,它所揭示的过程也是真实存在或正在发生着的,当执着地追求本真性的民俗学宣告某一种文化形式已经失传或濒临消亡而使得"真作"的数量变得稀缺,自然也就能够促动人们进一步去追寻那些尚未被发现、属于原汁原味的民俗[4]。但问题或许在于它价值取向有时是向后看的。

伴随着诸多乡愁的丧失性叙事,其实是和经不起推敲的文化纯粹性以及本质主义的民俗观互为表里。把乡土社会描述为和谐的、道德的、诗意般栖居的,把传统文化描述为优美的、纯粹的、正宗的、富于本质性的精神价值,是丧失性叙事的基本表述。然而,文化的可变迁性、文化的流动性及越境性,还有文化所曾经受到过的那些外来的影响等等,则被有意无意地忽视、忽略了。伴随着乡愁的丧失性叙事,内含着一些"原生态""本真性"或"原汁原味"之类的价值判断。在这样的民俗学里,看不到对乡民们何以要迫切地努力进入都市型生活方式的渴望的兴趣与同情心,甚或没有起码的理解及尊重。民俗学者和人类学者自身生活在日新月异地变化着的世界,却把莫名的乡愁寄托于故乡或异域,试图让那些"土著"或"民俗"之"民"永远停在美好的过去,希望他们永远保持那种"淳朴"。可见,在这样的民俗学里存在着深刻的悖论。

家乡对于民俗学者而言,是一个充满乡愁且永远没有终结的话题,不仅如此,民俗学者还较多地倾向于在家乡和民间、乡土、民族、祖国等概念之间自如过渡。由于中国向来有"家国同构"的思想传统,因此,即便没有任何论证,上述过渡也是为中国知识界和公众所默契般地接纳的。这似乎也是民俗学者秉持家国情怀、自命不凡地要为所有

---

[1] 参见冯骥才《传统村落的困境与出路——兼谈传统村落是另一类文化遗产》,《民间文化论坛》2013 年第 1 期。
[2] 参见肖正华《"记得住乡愁"是一种警醒》,《中国艺术报》2014 年 1 月 17 日。
[3] 参见田毅鹏、韩丹《城市化与"村落终结"》,《吉林大学社会科学学报》2011 年第 2 期。
[4] 参见[美]瑞吉娜·本迪克丝著,李扬译《民俗学与本真性》,《民俗学刊》第五辑,澳门出版社,2003 年,第 81—94 页。

中国人建构民族精神"家园"的理据。其实，这种情形也并非中国民俗学所独有。鲍辛格认为，德国人对家乡的感情源于身处一个日益广阔和漂泊的世界而对安全感的渴求；对家乡的怀旧其实是人们不舍那些被遗忘和被改变之物，其中新与旧的矛盾非常明显[1]。他指出，"民俗学不能忘记这种意识明确的'家乡运动'之上的那些日常关系结构。然而，如今对家乡的要求和宣称，其强度和频度如此之大，甚至把感伤的追寻努力变成了民俗学考察的重要对象"[2]。民俗学者的乡愁意识应该是和他们的家乡观直接相通的，然而，"关于家乡的想象及其外在的框架条件一直在变化。首先是解构，因为这个概念被意识形态色彩所覆盖，经常会陷入伤感悲情的视角。之后有了新的定义：家乡成了可以打造的作品，对一些活跃的群组来说，这样的概念让他们获得切实行动的可能，而此前他们是不要和这个概念打交道的。最近以来又有了一个核心题目：家乡与全球化，家乡有了新的地位，家乡在与世界范围内的界域开放与均等进程的反差中脱颖而出"[3]。

在日本民俗学中，"故乡"也是一个重要的概念[4]，为数众多的民俗学者的实践和应用，往往就与故乡有关。例如，在山形县的米泽市，当地的中学自1975年以来，每年举办的"文化节"上都设计有"了解故乡"的活动环节，当地的民俗学者积极参与这个活动，组织长辈们给孩子们讲述乡土的文化，经多年积累形成了多部民俗志。这些民俗志与来自外地的调查者所撰写的民俗志最大的不同，在于它们是由本地人撰写的乡土志，目的则在于更进一步地了解故乡[5]。而此处的"故乡"可以很自然地引申到"乡土"，所谓"乡土之爱"便是日本版爱国主义的基本内涵[6]。郭海红指出，20世纪后半期在日本数次兴起的柳田国男"热"以及社会对民俗学的推崇，其实就与日本公众追求乡愁与乡土记忆的集体意识有关[7]。眼下，在日本很多乡村的观光资源开发当中，人们对地域民俗的片面赞美，目的正是为了建构"美丽日本"，以便为日本人提供"心

---

[1] 参见［瑞典］奥维·洛夫格伦、乔纳森·弗雷克曼著，赵丙祥、罗杨等译《美好生活——中产阶级的生活史》，北京大学出版社，2011年，第50—51页。
[2] ［德］赫尔曼·鲍辛格著，户晓辉译：《技术世界中的民间文化》，广西师范大学出版社，2014年，第125—126页。
[3] ［德］赫尔曼·鲍辛格等著，吴秀杰译：《日常生活的启蒙者》，广西师范大学出版社，2014年，第171页。
[4] 日语有关"家乡"（実家、古里、故里）、"故乡"（故郷、故里）、"乡土"（郷土）的表述有多个单词。本文在基本相同的意义上使用"家乡"和"故乡"，倾向于在讨论中国民俗学时使用"家乡"，讨论日本民俗学时使用"故乡"。
[5] 参见［日］佐野贤治著，何彬译《地域社会与民俗学——"乡土研究"与综合性学习的接点》，《民间文化论坛》2005年第2期。
[6] 参见［日］岩本通弥著，宫岛琴美译《以"民俗"为研究对象即为民俗学吗——为什么民俗学疏离了"近代"》，《文化遗产》2008年第2期。
[7] 参见郭海红《日本城市化进程中乡愁的能动性研究》，《山东大学学报（哲学社会科学版）》2015年第3期。

灵的故乡"[1]。

《民间文化论坛》杂志2005年第4期推出了"家乡民俗学"的专辑，吕微、刘锡诚、祝秀丽、安德明分别撰文，集中讨论了中国民俗学的原点——家乡。刘锡诚提供了一个早期民俗学家乡研究的典型案例；安德明和祝秀丽则分别结合各自的家乡田野经验，反思了家乡研究者既作为局内人，又作为研究者的双重身份所可能带来的伦理及方法等方面的困扰；吕微把家乡民俗学视为民俗学的纯粹发生形式，从发生学角度予以分析[2]。有关家乡民俗的考察和研究，被认为是贯穿于中国民俗学发展过程的一个重要的、具有连贯性的学术传统，对其加以反思，当然堪称中国民俗学的一种学术自觉[3]。但所有上述讨论与反思，却都没有涉及或是下意识地回避了乡愁。

当然，也有少数民俗学者对自身学问中的乡愁有所觉悟。岳永逸曾经说，"我的凝视是忧郁的，我的民俗和民俗学是感伤的"。作为出身山乡而进城求学工作的民俗学者，他自然会对土地、母亲有着深深的眷恋[4]。他认识到民俗学是一门向后看也必然充满怀旧和伤感的学问，并且会自然而然地与民族主义、浪漫主义纠缠一处；但它也是从下往上看，天然有着批判性、反思性，甚至是不合时宜的学问，因此，也很容易被边缘化。在他看来，民俗学这门学问要求从业者必须从民众的情感、逻辑出发来理解他们的生活文化，为弱势群体鼓与呼，从而反审自己，以谋求整个社会的进步，而不应只是把"将自己园丁化，将民众花果蔬菜化"[5]。如此对乡愁的觉悟难能可贵，因为民俗学者需要时刻警惕乡愁对学术理性的干扰。看来，在沉迷于乡愁和丧失性叙事的民俗学者与积极进取要迈进都市新生活的乡民们之间，存在着认知和情感的双重鸿沟。既然民俗学者自诩是要从民众的感情与逻辑出发去理解他们，那么，首先理解他们何以要如此热衷地迈向都市型生活方式，就是一个绕不开的前提。

超克乡愁：中国现代民俗学的课题

对于民俗学、民间文学和民间文化研究等学术领域而言，通过揭示其与乡愁的深刻关联，将有助于它们各自的学术自觉。由于对过往旧时的回忆、对历史的缅怀以及对家

---

[1] 岩本通弥编:『ふるさと資源化と民俗学』、吉川弘文館、2007年2月。
[2] 参见吕微、刘锡诚、祝秀丽、安德明《家乡民俗学：从学术实践到理论反思》，《民间文化论坛》2005年第4期。
[3] 参见安德明、廖明君《走向自觉的家乡民俗学》，《民族艺术》2005年第4期。
[4] 参见岳永逸《忧郁的民俗学·自序》，浙江大学出版社，2014年，第2—10页。
[5] 岳永逸：《忧郁的民俗学》，浙江大学出版社，2014年，第16页、101页。

乡的眷恋，几乎是随着每一代人的成长而自然被设定，由于乡愁和怀旧某种程度上涉及人们的自我认同以及对幸福感的追寻，因此，它其实就是人们永无止境地建构、想象和追寻自我文化身份的路径。[1]在这个意义上，只要乡愁存在，民俗学就有可能维系某种形式的存在。如果我们把纠结、纠葛于乡愁和怀旧的情绪，总是朝后看的民俗学视为传统民俗学的话，现代民俗学则需要超越和克服乡愁的情愫，以朝向当下的姿态，亦即以现代社会的日常生活世界、以当代民众"全部的生活方式"为研究对象。在当前的中国，当然也就必须关注生活革命的过程及其后果，包括都市型生活方式的全部内涵无疑都应该属于现代民俗学的研究范围。若不能超克乡愁，民俗学就难以蜕变成为现代民俗学，在笔者看来，乡愁应该成为民俗学之学术自觉的对象，民俗学应将乡愁视为研究的对象，而不是沉溺其中。现代民俗学需要把乡愁相对化、客体化，与之保持清晰、适当的距离。

首先需要做的就是研究乡愁，且不让它干扰到学术研究。研究乡愁是超越它的必由之路。事实上，也有一些民俗学者清醒地意识到民俗学需要和乡愁作明确切割，佐野贤治就曾指出：民俗学如无明确的目的和意识，就容易被理解为是留恋过去或容易陷入怀旧情绪。现在民俗学止步不前的原因之一，就是民俗学者缺乏顺应时代的观念[2]。

20 年前，日本民俗学会机关刊物《日本民俗学》第 206 号曾出版特辑，主题即为"追问'故乡'"，它也是第 47 届日本民俗学会年会的主题。在其中，田中宣一指出，战后的社会巨变和经济高速增长导致出现"举家离村"现象，但都市生活因为地域连带的稀薄和人际关系疏离所产生的不安，又需要心灵的依托之处，然而，故乡已回不去了。他认为，民俗学追问故乡，也就是在追问现代社会。故乡虽是只有离乡者才可生产、想象的产物，但使人感到怀念亲切的对象，也可使未曾离乡者因时间流逝亦能产生怀想故乡的感觉。故乡的构成要素，除了土地的景观、家族之爱，或多或少还有被美化了的自己的过去[3]。仓石忠彦指出，现代日本出现了故乡的丧失，人们对具体地方的故乡想象越来越少、越来越弱。通过研究，他认为故乡观具有个人化，如离乡者和未曾离乡者对故乡的看法就不同。都市里有两类人，外来离乡者比起都市本地人来自然会有乡愁，他

---

1 参见［美］张英进著，胡静译《影像中国——当代中国电影的批评重构及跨国想象》，上海三联书店，2008 年，第 323 页。
2 参见［日］佐野贤治《现代化与民俗学》，载张紫晨选编《民俗调查与研究》，河北人民出版社，1988 年，第 543—555 页。
3 参见［日］田中宣一「故郷および故郷観の変容」、第 2—12 页、『日本民俗学』第 206 号、1996 年 5 月。

们中很多人其实是爱慕少年时代的故乡[1]。坪井洋文认为，故乡是作为市民世界的"他界"而设置的，因而才能成为憧憬的对象[2]。

真野俊和认为，战后日本的高速经济增长期，人们生活的大规模且急速的结构性巨变，同时也是传统民俗和地域社会的崩坏过程，为应对乡村的过疏化，往往就在"故乡"的名义之下，来想象地域社会所理应存在的那种美好状态。与此同时，都市生活者也自然产生了对于"故乡"或"乡土"的乡愁或望乡之类的情感，日本现代社会在盂兰盆节期间的返乡"民族大移动"，便可被视为乡愁的表现[3]。

安井真奈美归纳了日本民俗学中"故乡"研究的分析视角及其成果。她指出，故乡是周期性反复被提及的主题，它是在城乡关系之中被创造出来、再经由媒体扩展开来的近代的产物。在文献表述中，既有"直接"的故乡，也有"相关"的故乡；既有作为"实体"的故乡，也有心里"想象"的故乡；当存在空间距离时多用"故乡"，在地者则多用"乡土"。空间阻隔加时间因素，和过去相联想，以及与现实的距离便可构成观念性、幻想性的场所亦即故乡。对于同一个地方，当地居民的困扰和离乡者美化的故乡表述往往有极大不同。她认为，20世纪80年代以来，民俗学者访问的地方基本上均被指定为"过疏地区"（人口稀少），当它们被媒体和行政作为"故乡"而再次发现时，民俗学者在当地就不得不卷入行政主导的故乡再创运动，于是，就将故乡作为"新民俗"来尝试扩展民俗学的领域[4]。但作者批评说，民俗学的故乡研究与民俗学以乡愁视线认定对象并创造出来的"民俗"相呼应，将过去某一时点、把自己理想或想象的"过去"在现时下予以固定化。乡愁视线屡屡见于对故乡的分析，是因为"故乡"比"民俗"更加唤起怀旧的记忆。

日本民俗学关于故乡的基本分析，首先，是追问各个时代人们有关故乡的意识及故乡观，进而使各自时代的"世态"得以浮现。这方面，例如对流行歌曲中的故乡观和文学表象中的故乡观的相关研究。其次，是故乡与社会性别的关系。流行歌曲里的故乡和母亲更加密切相关，多为儿子离乡的乡愁表现；但对于母亲而言，故乡则为娘家，这意

---

[1] 参见［日］仓石忠彦「都市生活者の故郷観」、第12—24页、『日本民俗学』第206号、1996年5月。
[2] 参见［日］坪井洋文「民俗的世界観」、『日本民俗学』第206号、1996年5月。
[3] 参见［日］真野俊和「『ふるさと』と民俗学」、『国立歴史民俗博物館研究報告第27集—共同研究「日本民族学方法論の研究」』、第303—328页、国立歴史民俗博物館、1990年3月。［日］真野俊和著、西村真志叶译《乡土与民俗学》，载王晓葵、何彬编《现代日本民俗学的理论与方法》，学苑出版社，2010年，第214—238页。
[4] 参见［日］安井真奈美「『ふるさと』研究の分析视角」、『日本民俗学』第209号、第66—88页、1997年3月。

・理论探索・

味着男女的故乡观不尽相同。最后，是关于漂泊、旅行者和移民的故乡观，人们在移动中想象和创造故乡，即便故乡消失了，还有同乡会或县人会等[1]。此外，矢野敬一的研究则表明，乡愁也因不同的时代背景而有不同属性，或者是对日本人的"心灵故乡"的乡愁，或者是对某个特定时期，例如，经济高速增长期以前生活的乡愁[2]。

雷·卡舒曼对于北爱尔兰一个社区的实证研究表明，批评性的乡愁也具有正面的意义。乡愁推动了人们通过收集、保存和展示旧时的痕迹而记录过去一百年间令人惊异的变迁，并予以批评性的评价。在伦理的意义上，它有助于引导朝向更好未来的行动[3]。作者证明乡愁这一类感受并非只停留于想象的领域，还具有扩展到行动和实践领域的力量，因此，不能只把乡愁视为仅热衷于旧时的人、事、物而完全无助于面向未来，其实它也具有推动现实实践的动力。铃木正崇认为，战后的日本把"乡土"概念用于促使特定商品的名牌化，有助于土特产品或民间工艺品的形成以及正月或盂兰盆节的重构等，于是，在带有乡愁的同时，"乡土"也成为一种新的表象[4]。日本一些地方"社区营造"的理念和实践，其实就是把由乡愁情结带来的居民对"家园"的集体记忆以及对"故乡"的美好想象，具体地落实在新社区的建设当中[5]。时至今日的日本，无论都市中的地域社会（街区）的形成与开发，还是偏远地域的故乡创造（竹下登内阁于1989年设立了"故乡创生事业"的国家项目），一般都会大打"故乡"品牌。20世纪80年代以来各地以"故乡"为名进行的村落振兴和街区复兴运动，包括地名保存、街区景观保存运动等，均得到了民俗学的积极评价[6]。也有学者认为民俗学应该介入其中，但民俗学的参与有助于故乡印象的建构和强化，伴随着故乡被创造出来，也就有新的"民俗"应运而生。甚至当乡愁失去对象时，对于乡愁的乡愁亦可能成为故乡创造运动的动力，因为人们从"故乡"这一表象中不仅能够发现经济价值，还能够找到心灵的慰藉。

鉴于中国民俗学对家乡和乡愁问题的研究才刚刚开始，有关反思尚有待进一步深

---

1 参见［日］安井真奈美「『ふるさと』研究の分析視角」、『日本民俗学』第209号、第66—88頁、1997年3月。
2 参见［日］矢野敬一「ノスタルジー・フォークロリズム・ナショナリズム—写真家・童画家・熊谷元一の作品の受容をめぐって—」、『日本民俗学』第236号、第147—154頁、2003年11月。
3 参见レイ・キャッシュマン「北アイルランドにおける批判のノスタルジアと物質文化」（渡部圭一訳）、『日本民俗学』第273号、第17—54頁、2013年2月。
4 参见［日］铃木正崇著，赵晖译《日本民俗学的现状与课题》，载王晓葵、何彬编《现代日本民俗学的理论与方法》，学苑出版社，2010年，第1—20页。
5 参见［日］西村幸夫著，王惠君译《再造魅力故乡——日本传统街区重生故事》，清华大学出版社，2007年。
6 参见［日］赤田光男「民俗学と実践」、鳥越皓之編『民俗学を学ぶ人のために』、世界思想社、1989年。

入，笔者认为，我们或许可以从日本民俗学先行一步的相关研究中得到一些启发。郭海红注意到日本民俗学对乡愁能动性进行的一些研究，她指出，在实现都市化过程中，民俗学者柳田国男的"城乡连续体"认知论促成了民众追寻"心灵"故乡的观念，而在处理都市化与保护传统文化的关系上，乡愁构成了一条重要的线索，并对文化记忆的传承、文化生态的维护，以及新兴社区的建设等很多方面，均发挥了隐性却又能动的作用，也因此，乡愁可以是面向未来的正力量[1]。中国目前正在推动中的新型城镇化把满足民的乡愁作为基本理念，可以说与当年日本的经验异曲而同工。

《民间文化论坛》2015年第2期以"乡愁"为主题的"前沿话题"，可被视为中国民俗学试图把乡愁客体化，进而通过超越乡愁迈向新的学术自觉的重要动态；它也是中国民俗学不久前对"家乡民俗学"进行反思的进一步深化。在承认民俗学曾经受到现代性怀旧乡愁的影响的前提下，安德明指出，讨论乡愁符合民俗学的题中应有之义，也有助于民俗学积极参与当前社会文化的重要话题，但对乡愁问题的关注并不是为了怀旧，而是为了在快速现代化的当今，让民俗学在传统和现代之间更好地发挥桥梁的作用[2]。在《对象化的乡愁：中国传统民俗志中的"家乡"观念与表达策略》一文中，安德明认为，中国历代民俗志作品中有一些如《荆楚岁时记》那样基于乡愁的"家乡民俗志"，它们是离乡者根据过去对家乡生活的参与、体验和观察而回忆写就的，故在客观、冷静的描写中隐藏着浓厚的乡愁以及对故园美好生活的理想化，其看似克制、沉着的文字反而衬托出更加深沉的家国之思[3]。岳永逸的文章对中国当下伴随着城镇化而生的弊端进行了尖锐的批评，指出以人为本的村镇化，不应只是乡村的城镇化，还应包含城镇的乡土化[4]。张勃认为，传统村落不只具有生活空间的价值，是文明存在的方式，它同时还是现代乡愁的"消解地"和城市人的"精神家园"，也因此，传统村落的保护、修复和提升将有助于"缓释"人们的乡愁[5]。上述研究在把乡愁视为民俗学的对象予以解读的意义上，已是很大的进步。此外，耿波注意到中国社会的"乡愁传统"，他倾向于认为中国人的乡愁体验有一定独特性，并具体指出此种乡愁体验实质上是离乡者在外获取了

---

1 参见郭海红《日本城市化进程中乡愁的能动性研究》，《山东大学学报（哲学社会科学版）》2015年第3期。
2 参见安德明《"前沿话题·乡愁的民俗学解读"主持人语》，《民间文化论坛》2015年第2期。
3 参见安德明《对象化的乡愁：中国传统民俗志中的"家乡"观念与表达策略》，《民间文化论坛》2015年第2期。
4 参见岳永逸《城镇化的乡愁》，《民间文化论坛》2015年第2期。
5 参见张勃《传统村落与乡愁的缓释——关于当前保护传统村落正当性和方法的思考》，《民间文化论坛》2015年第2期。

安身资本，是从新的社会身份回望自己与家乡的"距离"，既无可奈何地承认这种"距离"，又因在外成功而对"距离"产生了艺术性的赏玩；至于那些在外没能安身立命的漂泊者，其与家乡的"距离"也就只有"乡悲"而无"乡愁"[1]。此种理解强调了乡愁的艺术审美属性，却过于窄化了乡愁的定义。

笔者之所以强调民俗学应该超越和克服乡愁，是因为乡愁和怀旧所追求的往往并非事实意义上的真实。上海那个主打怀旧，用旧月份牌和老照片、老器物装点的酒吧"1931"，却陈列着国营上海桅灯厂1969年生产的马灯，这个例子提醒民俗学者，人们的乡愁并不拘泥也不在乎事实或真相，往往只是要消费自己的想象或经由一些符号酝酿的某种氛围。混搭、拼接、剪贴等民俗主义的手法构成了以乡愁和怀旧为基调的文化产业的基本套路[2]；由于时过境迁这一乡愁的基本机制，旧时的民俗当然要被切割于先前的语境或文脉，再依据当下的需要和感受而在新的文脉或逻辑中将其重新安置，给予新的解释，使之获得新的功能和意义。显然，所有这些只能被理解为当代社会的事实，而不应被视为过往的民俗真实。

研究了乡愁，把它客体化、对象化，就不难发现乡愁总是现代社会中日常生活的一个现实的部分[3]，它同时也是现代社会的人们将其日常生活审美化的方式。乡土的文化符号、民俗文物或民俗艺术的片段等，经常被用来帮助实现民俗（从过往或当前的生活文化中抽取出来的特定事象）的审美化。此类民俗文化在现代社会中经常被用来酝酿非日常的感觉[4]，乡愁便是其中最常见的一种。正如刘铁梁指出的那样，现代人无论多么现代也都是拥有"乡土情结"的人[5]，研究现代社会的民俗学自然明白此种乡土情结其实具有现代性。乡愁怀旧或乡土情结不是对现实客体（过去、家乡或传统等）原封不动的复制或反映，它依据的想象建立在现实中需要补偿的那些日常生活的基础之上，最常见的情形是赞赏过往或乡土社会的道德、质朴与和谐，乃是因为现代社会里这些品质的稀缺。不言而喻，乡愁是情绪化的，有时温情脉脉，有时又夹杂着痛苦、失落与焦虑，

---

[1] 参见耿波《中国社会的乡愁传统与现实问题》，《中国文化报》2014年2月18日。
[2] 关于乡愁与民俗主义的关系，请参见［日］岩本通弥「都市憧憬とフォークロリズム」、新谷尚纪、岩本通弥编：『都市の暮らしの民俗学①』第1—34頁、吉川弘文館、2006年10月。
[3] 参见赵静蓉《通向一种怀旧诗学——对怀旧之审美品质的再思考》，《文艺研究》2009年第5期。
[4] 参见［日］河野真著，周星译《现代社会与民俗学》，《民俗研究》2003年第2期。
[5] 参见刘铁梁《现代人的乡土情结——在"传统与文艺：2008北京文艺论坛"上的发言》，新浪读书（http://book.sina.com.cn），2008年12月19日。

往往会出现情绪压过理性的建构，出现以记忆和想象替代事实的情形。不久前，引起广泛关注的王磊光"博士春节返乡手记"，或许就是情绪影响到是非判断的例子[1]，民俗学对此类陷阱自当警惕。

通过对民俗学之与乡愁的关系进行反思，民俗学的一些最为基本、核心的理念和方法也将得到再次检验。例如，遗留物、传统与遗产的理念，抢救和保护民俗的理念，本真性与本质主义的理念，口头传承的理念，口述史和采风的方法，等等。传统民俗学突出地强调民俗的口头特征，非常注重口述史的方法和口承文艺之类传统的研究，但此类回忆性口述史存在着明显的真实性困扰，民俗学不应对其过度评价或过度期许。与此同时，民俗学的记忆论作为方法也值得警惕，因为记忆无论如何是经过了筛选和美化的。通过采风所产生的文本，如何才能避免变异为知识分子的审美化改写，也很值得斟酌。民俗学者对于自身深陷乡愁情结而又固执于本真性的自相矛盾窘境，应该有清醒的认知和反思；丧失性叙事中对乡愁建构的默许，和本质主义的民俗观也难免有自相矛盾的尴尬。正如本迪克丝曾经指出的，对本真性的执着与渴望渗透于民俗学史，但这种追求基本上是一项情感和道德的事业。"长久以来，民俗学被当成寻求本真性的载体，满足了逃避现代化的渴望。理想的民俗学界被当成摆脱了文明邪恶的纯洁之地，是任何非现代的隐语。"[2] 民俗学把乡村、乡土和家乡等置于和乡愁密不可分的情感联系之中，同时致力于在上述那些概念的名义之下开展的各种振兴活动，然而，美丽的乡愁和被认为具有本质性价值的珍稀传统能够融为一体的所谓乡村、乡土或家乡，不过是民俗学者头脑中的一种"乌托邦"而已。

把乡愁和故乡观等视为民俗学的研究对象，意味着将其在现代社会的文脉中予以解释，因此，这类研究不是朝向过去，而是朝向当下，故是现代民俗学的重要课题。在中国，传统民俗学若要脱胎换骨地成为现代民俗学，此一课题难以绕过。中国民俗学的导师钟敬文曾经意识到"现代社会中的活世态"，乡愁和故乡观正是这类"活世态"之一。随着中国现代化进程的加速、都市化和生活革命的持续进展，中国民俗学也面临着全新的机遇：是继续沉溺于乡愁、固执于那些既定的传统民俗事象，还是彻底转型、把生活革命和现代社会的日常生活视为正当的研究对象？自称研究普通民众的日常生活，研究

---

[1] 参见魏策策《评博士返乡日记：别因乡愁不讲是非》，《中国社会科学报》第711期，2015年3月9日。
[2] ［美］瑞吉娜·本迪克丝著，李扬译：《民俗学与本真性》，载《民俗学刊》第五辑，澳门出版社，2003年，第81—94页。

人们的生活方式的民俗学,是时候该正面关注当下的现代日常和生活革命,亦即都市型生活方式了。都市化和生活革命所导致形成的现代日常生活,当然不会因为民俗学没有关注它或认为它不是"民俗"而不存在,而失去意义,反倒是民俗学自诩的朝向当下、关注现实生活的期许,如果忽视了生活革命及其后果,将很容易落空。

当前,有一些中国民俗学者已经开始在认真地思考现代民俗学的基本问题。高丙中提倡中国民俗学在 21 世纪应该成为公民日常生活的文化科学[1]。黄永林和韩成艳主张中国民俗学应该从追溯历史、重构原型、关注传统,从对孤立事象的研究,转向关注当下,开展面向"生活世界"的研究;从注重口头传统,转向注重现代传媒,立足于当今文化和民俗生活所处的时代背景,致力于阐释和服务于当今社会[2]。刘铁梁指出,当前的都市化进程要求民俗学改变过去那种总是寻找和保护传统民俗的习惯,根据当下现实生活的变化提出新的研究课题[3]。岳永逸批评了守旧的乡土民俗学视角,以及对记录当下的淡漠意识。他指出,当今如果还是固守乡土,愁肠百结地寻求过去的、本真的民俗,难免如盲人摸象,仍旧是频频回首的守旧的民俗学。以北京为例,诚如岳永逸批评的那样,关于北京民俗的书籍绝大多数都在谈论基本上已经消失的"老北京",而对当下北京市民的日常生活完全没有感觉。他本人致力的"都市民俗学"是要直面正在发生巨变的社会现实,关注眼前身边的民俗,在对都市新旧参差的民俗现实予以关注的同时,也关注当代中国各个角落的都市化特征。[4]岳永逸认为,在乡土中国,即便是城市也都有"乡土味",但在现代中国,即便是乡村也都有"都市味";都市化使得都市已不再是"城乡二元结构"中的"都市",同样,乡村也不再是过去的乡村。眼下的中国城乡都有浓厚的"城市性",二者之间有很多"同质性"。这种观点超越了历来把都市和乡村截然对峙的观念,与笔者归纳的生活革命,亦即都市型生活方式在全国的大面积普及的观点在很多地方不谋而合。基于上述理念,岳永逸主张的新一代"都市民俗学",其视野必须既有都市又包括农村,其实就是要用一种都市化的视野关怀流动不居的城乡民俗生活[5]。

---

1 参见高丙中《中国民俗学的新时代:开创公民日常生活的文化科学》,《民俗研究》2015 年第 1 期。
2 参见黄永林、韩成艳《民俗学的当代性建构》,《华中师范大学学报(人文社会科学版)》2011 年第 2 期。
3 参见刘铁梁《城市化过程中的民俗学田野作业》,《文化遗产》2013 年第 4 期。
4 参见岳永逸、张海龙(访谈)《都市中国的乡愁与乡音》,《兰州晨报》2015 年 2 月 28 日。
5 参见柏琳、岳永逸《人的价值始终是都市民俗的核心》,《新京报》2015 年 4 月 25 日。柏琳、岳永逸:《对话:时代变迁,民俗变脸》,《新京报》2015 年 4 月 25 日。

如此看来，中国民俗学的现代转型并非只是把研究对象从乡村转向都市那么简单，而是要关注城乡民众最为基本的现代日常生活。的确，民俗学长期以来所设定的对象，亦即民俗之"民"主要生活在乡村，现在和今后将越来越多地居住在都市（或都市化了的乡村），城乡居民越来越多地共享着都市型生活方式，包括"大众文化、交通、技术、媒体、休闲时间等所有这些现代现象，现在都是城市生存方式的一部分"[1]。因此，比起只是选择都市社会中某些更具有传统色彩的民俗文化现象来研究，更重要的则是对城乡居民，对生活者、消费者、市民或公民的人生与日常进行民俗学的研究。

---

[1] ［德］沃尔夫冈·卡舒巴著，彭牧译：《民俗学在今天应该意味着什么？——欧洲经验与视角》，《民俗研究》2011年第2期。

民俗关系：定义民俗与民俗学的新路径[1]

王霄冰[2]

民俗的定义与民俗学的学科性质问题，困扰学界同人久矣。当代的学科理论研究几乎都围绕这一问题展开，且仁者见仁、智者见智。但不管民俗学内部曾提出过多少方案，外部对于民俗学的了解却越来越模糊。民俗学到底是社会科学还是人文科学，民俗学与社会学、人类学、历史学的关系等基本理论问题仍未能得到很好的解决。在实际的研究当中，除民间文学之外，民俗学的传统领域如物质文化、民间信仰、家庭与社会组织、岁时节日与人生礼仪等，都不断地被历史学、宗教学、社会学、人类学和新兴的非物质文化遗产学蚕食和分割。民俗学在现代学术中有被日趋边缘化甚至被取代的危险。为此，在中国民俗学（民间文学）学科建立百年之际，我们有必要重新认识民俗研究的对象与视角，以探寻定义民俗和民俗学的新路径。

对我的这一思考有直接启发的，是美国民俗学会现任会长陶乐茜·诺伊斯（Dorothy Noyes）的《民俗的社会基础》一文。她从"民俗"的最早构词形式 Folk-Lore 出发，道出了一个长久以来为民俗学者们所忽略的潜在事实，即："'民众'（folk）和'知识'（lore）之间的连号也预示了这个学科的关键问题。知识体系和民众群体之间存在什么样的常识性关系？学者又应该怎样定位文化形态和社会结构之间的关系？"原来民俗学所要研究的并不只是民俗事象，描述其生存形态并解释它们的来源，甚至也不仅

---

[1] 刊于 2018 年第 6 期。本文为"中山大学本科教学质量工程——《现代民俗学导论》教材建设项目"的阶段性成果之一。文章在提交给北京大学中文系主办的"从启蒙民众到对话民众——纪念中国民间文学学科 100 周年国际学术研讨会"（2018 年 10 月 21—22 日）的论文基础上修改而成。周星、高丙中、林继富等多位学者曾对本文初稿提出了宝贵的修改意见，在此一并致谢！

[2] 王霄冰（1967—　），中山大学中国语言文学系、中国非物质文化遗产研究中心教授，民俗学专业博士生导师。

仅是要去解读"语境中的民俗",而是从它诞生之日起,就预示着这将是一门以研究民与俗的关系即社会与文化的关系为己任的学科。诺伊斯的这一发现令我茅塞顿开,之前很多没有厘清的问题好像瞬间都有了答案。她紧接着又问了一个问题:"这种联系是否会随着时间而消逝?"遗憾的是,诺伊斯在这篇论文中虽然提出了这些问题,但并没有进行回答。她的文章主要聚焦于作为民俗之社会基础的"民"是否是一种实质性的存在,不同历史阶段和不同流派的民俗学者如何界定"民"的社会存在。她在最后得出的结论是,民俗学家应持续地关注民俗的社会基础,因为这是我们学科生存的根本。[1]

本文试图使用社会发展的观点重新审视民与俗的关系(以下我将称之为"民俗关系"),并决意以此为突破口,结合民俗概念的研究史,探寻重新定义民俗和民俗学的新路径。

一、概念史的反思

在我们试图理解民俗为何物时,"民俗"这个术语本身就成了解题的关键。这是由于民俗并不是一个人们在日常生活中所使用的词汇,而是学者为了概括各种千奇百态的生活文化现象而特意创造出来的学术用语。它在造词法上由 Folk 和 Lore 两个带有意义的词根合成,于是,这个概念就给民俗学家们留下了无限的想象和阐释空间。围绕着"谁是民""何为俗"的问题,民俗学者们展开了对于民俗学学术本位的思索。

董晓萍在《现代民俗学讲演录》中曾对民俗的概念史进行过全面的梳理。她把外国民俗学对"民"的定义分为"殖民主义、欧洲发现时期与自然科学时期""现代化时期"和"全球化时期"三个阶段。人们对于"民"的理解,从最早的"野蛮人、原始人,未受学校教育,没有文化""迷信的人们""农民""常民""未被工业文明污染的人群""民族全体成员"等,到二战以后特别是 20 世纪 70 年代的现代社会的"小人物","任何拥有独特的口头传统的人",按照职业、年龄、地区、国籍划分的民众群体,直至 20 世纪 90 年代后全球化语境下的"传统的匿名的群众"(德国)、"所有民间群体,被民俗定型的社会成员"(美国)、"世界民族志的平行承担者"(英国、法国)和"享有共同民俗的人"(日本、韩国)。在中国国内,民俗学对于"民"的认识也"经历了三

---

[1] 参见 Dorothy Noyes, "The Social Base of Folklore", in Regina F. Bendix & Galit Hasan-Rokem (eds.), *A Companion to Folklore*, Malden, Oxford & West Sussex: Wiley-Blackwell 2012, pp.13-39。

个阶段的变化",分别为20世纪上半叶的"阶级二分法"、20世纪70年代后的"文化三分法"和现代化阶段的"民族共同体的一分法"。甚至在钟敬文先生主编的几本《民间文学概论》和《民俗学概论》中,也可找到5种不同的"民"的定义:"劳动人民"(1980)、"中下层阶级"(1992)、"非官方群体"(1998)、"农民主体"(1998)、"民族共同体"(1999)。[1]

高丙中在其对当代民俗学有重要影响的博士论文《民俗文化与民俗生活》中,分别用专章探讨了"民俗之'民':学科史上的民俗学对象(上)"和"民俗之'俗':学科史上的民俗学对象(下)"的问题。他首先批评了英美民俗学史上把"俗"作为可以脱离"民"而独立存在的文化现象来研究,认为"他们的研究目标通常是文化性的'俗',而不是现实性的'民'"。从汤姆斯时期的"大众古俗"和"民众的知识",到人类学派民俗学家笔下的"古代遗留物",和美国文化人类学所关注的"口头文学",以及多尔逊、邓迪斯等当代美国民俗学者主张的"传统民间文化"和"传统民俗形式",也就是民众群体的传统,对于民俗的概念史高丙中提出了他的质疑:"为什么民俗学家们总不能勇敢地面对民俗构成了人的基本生活这一事实呢?人类群体约定俗成的东西那么普遍,那么广泛,为什么人们却只承认那些具有古老形式的东西才是民俗呢?"[2]他继而从20世纪30年代中国民俗学界江绍原、杨成志等人根据欧洲大陆的民俗概念提出的"民学"的观点出发,根据钟敬文先生在80年代提出的"民俗的范围应该是整个民间文化"的主张,并参考了美国社会学家萨姆纳(孙末楠)的民俗理论,最终形成了如下的民俗概念体系:

民俗——"具有普遍模式的生活文化"。

民俗生活——"民俗主体把自己的生命投入民俗模式而构成的活动过程"。

民俗模式——"生活世界中的完整的表演程式或程式化表演的剧本结构"。[3]

把民俗研究在范式上从朝向过去而扭转为朝向当下,并在民俗概念中引入了"民"这一实践主体,把民俗从静态的文化事象变为了活态的、人的行动过程,是高丙中这一论著的最大贡献。他最早明确提出了"在俗之民"即民俗主体的概念,指出民俗学应研究民俗过程中的人而不是生活中的任何人:

---

1 参见董晓萍《现代民俗学讲演录》,广西师范大学出版社,2007年,第15—35页。
2 高丙中:《民俗文化与民俗生活》,中国社会科学出版社,1994年,第46—75页。
3 高丙中:《民俗文化与民俗生活》,中国社会科学出版社,1994年,第142—146页。

民俗之"民"并不等于生活中的人,只有当生活中的人表现出民俗之"俗"时,民俗学家才在这一意义上把他看作"民"。生活中的人是完整的、完全的,民俗之"民"是生活中的人的局部或片面;生活中的人是终日终年终生意义上的,民俗之"民"是某时某刻意义上即是时间片段意义上的。所以,以"俗"定"民",以"俗"论"民",这是顺理成章的事。[1]

这一发现得到了吕微等民俗学家的高度评价,因为它"彰显了民俗学的基本问题——人自身的主体性存在意义和价值"。"就民俗学是一门通过研究民俗而反思人自身的存在价值和存在意义的学问而言,为民俗学辩护也就是为人自身的存在价值和存在意义进行辩护。"[2]

然而,即便在高丙中的上述概念体系中,民俗关系也未能成为关注的焦点。以往的学者们或者专注于作为文化事象的"俗",或者像诺伊斯那样,聚焦于作为民俗之社会基础的"民",虽然都在强调二者之间的关联性,但很少专门去研究民与俗之间的关联方式及其所产生的意义。甚至有民俗学者主张,民俗学者在实际的研究当中必须在民或俗之间有所侧重。民与俗虽然"相辅相成,缺一不可",但二分法"有助于保持立场鲜明,使人坦诚正直"。"尝试消除两者间的鸿沟,并合二为一,或者彻底地杜绝二分法的出现,这些都是没有益处的。"[3]说这话的人是美国人类学家爱略特·奥林,但他的文章讨论的并不是民俗的概念或研究对象问题,而是民俗学者应如何处理与研究对象的关系,即到底应"以道德的方式"还是"以理智的方式"研究民俗的问题。

也许正因为我们通常认为,民与俗是天然有机地结合在一起的,二者缺一不可,所以民俗关系才长期地为民俗学家们所忽视。然而科学研究的本质就是要解释事物与事物或者人与事物之间的相互关系,所以不能因为这种关系是一种客观存在,我们就不再去深究、描述和阐释它们。况且,一门学科的理论研究应强调系统性,既然前人已对"民"的性质和"俗"的范围进行了充分的研究,并已经注意到了"民"作为行动主体

---

[1] 高丙中:《民俗文化与民俗生活》,中国社会科学出版社,1994年,第28—29页。
[2] 吕微:《民俗学的笛卡尔沉思——高丙中〈民俗文化与民俗生活〉申论》(上),载朝戈金主编《中国民俗学》(第一辑),广西师范大学出版社,2012年,第203页。
[3] [美]爱略特·奥林著,张茜译,张举文校:《民或俗?二分法的代价》,《温州大学学报(社会科学版)》2013年第3期。

和"俗"作为行动对象之间的关联性,那么,进一步探讨不同历史阶段中和社会形态下具体的民俗关系,即民对于俗的认知态度及其作用于俗的实践方式,以及由此所产生的不同的文化意义,也就是必要且可能的了。

二、宏观民俗史视角下的民俗关系

当我们把民俗关系这一概念引入民俗学的本体研究时,还必须同时引入一种社会发展的观念与视角。这是因为民俗作为社会生活的重要组成部分,直接反映着特定时代的社会结构与文化属性。中国的当代民俗学由于受功能学派人类学的影响颇深,虽然在民俗史与民俗学史的资料梳理、个案研究方面已有十分丰富的成果,但真正从历史发展的角度出发探讨民俗生存形态变迁的宏观民俗史研究却相对缺乏,只少数民俗学家有所涉及。例如萧放在其论著《岁时——传统中国民众的时间生活》中,曾试图阐释岁时观念从史前、上古直至中古时期的变迁及其对岁时节日体系的影响。他认为,"民俗的前期形态经历了史前民俗、上古民俗及上古民俗转变的若干阶段"。在谈到"史前至上古时期是民众岁时观念发生的时期"时,他使用了社会分层的概念,并注意到了岁时生活在不同的社会形态下有着截然不同的特征:

> ……虽然月令时代,时间总是掌握在王官手中,由社会上层颁发的时政往往首先考虑的是统治阶层的经济、政治利益。但是我们也应该看到,在周秦以前的社会里,上下层的分化与对立没有后世那样明显,相当部分的政令带有集体性、全民性的特点,如对农业生产与农业生活的安排,以及对家园的保护等。月令的政治性质如前所述在社会管理与社会服务上得到具体体现。月令与后来岁时生活有着显著不同的特点。[1]

在探讨汉魏时期的岁时民俗时,萧放也循着这条思路,分析了春秋战国以来宗族公社的解体与个体小家庭的成长对民俗生活所带来的影响:"国家民户的巨量增加不仅为新的统一的国家建立提供了社会物质基础,同时脱离宗族控制的自由民的大量出现,也使传统的礼制变得不合时宜。""月令时代的社会生活虽然仍定期举行宗教祭礼,但此时

---

[1] 萧放:《岁时——传统中国民众的时间生活》,中华书局,2002年,第33页。

的祭礼正在朝王家祭仪的方向演变，原始的全体参与的古代宗教祭祀集会正逐渐转化为王朝统治集团的世俗的政治性的时间典礼。……岁时节日系列逐渐形成，魏晋以后新的岁时观念才真正确立，中国岁时节日体系初步完成。"[1]

虽然萧放这部论著的重点，仍然放置在了对于岁时观念和节日体系的描述上，而未能着重分析社会结构与民俗生活的对应关系，但它从上古向中古时期过渡的社会形态出发探索节日体系形成过程的尝试，对于后来的研究有着重要的启发意义。民俗作为一定社会阶层的文化产物，它的形成和发展必定也与特定的社会阶层或群体的生存状态密切相关。因此，历史民俗学的研究不仅可以结合当时具体的政治、经济和社会环境来展开，同时也可以从宏观上去把握一定历史时期的民俗总体特征。在此，我们或许可以借用历史学中的微观史学与宏观史学的理论[2]，视前者为"微观民俗史"，而将后者定义为"宏观民俗史"。

结合当下的状况，我们所处的生活环境正经历着从传统的礼俗社会过渡到复合型现代社会转化的过程当中。社会学家滕尼斯把这一变化归纳为从共同体（德语：Gemeinschaft；英语：community）到社会（德语：Gesellschaft；英语：society）的转变。[3] "共同体"在中文中又被翻译为"社区""自然社会""礼俗社会"，[4]指的是前工业化时代的传统社会，基于地缘或血缘等天然的联系，人与人之间联系紧密、守望相助。与其相对应的"社会"又被阐释为"人为社会""法制社会""市民社会"等，是建立在契约基础之上而相对缺乏有机联系的现代型社会。

如果我们把过去大约一百五十年中国社会的发展概括为传统、现代与后现代三个阶段，那么就可以清楚地看到其中的民俗存在形态，尤其是民俗关系也在发生着深刻的变迁。在前工业化时代的礼俗社会，人们自然而然地隶属于某一社会阶层或群体，在日常生活中无意识地践行着属于这一社会阶层或群体的固有文化形式。民与俗之间存在着与生俱来的联系且相对稳定，人们的日常生活实践也呈现出较强的规律性和群体一致性。也就是说，传统社会的每一社会成员都几无例外地担负着传承民俗文化的天然职责，而

---

[1] 萧放：《岁时——传统中国民众的时间生活》，中华书局，2002年，第37页。
[2] 宏观史学的代表为法国的"年鉴学派"，倡导总体史、"长时段"与跨学科研究。从20世纪20年代直至80年代，该学派推动了一场"新史学运动"，为史学界贡献了新的理论视角与方法论。参见张正明《年鉴学派史学理论的哲学意蕴》，黑龙江大学博士论文，2010年。
[3] 参见［德］斐迪南·滕尼斯著，林荣远译《共同体与社会——纯粹社会学的基本概念》，商务印书馆，1999年。
[4] 参见朱刚《从"社会"到"社区"：走向开放的非物质文化遗产主体界定》，《民族艺术》2017年第5期。

民俗实践的根本意义就在于文化的秩序与记忆。无论是大文豪鲁迅笔下的"鲁镇"还是社会学家费孝通眼中的"江村",都是这一社会形态的典型代表。这里不妨就以鲁镇的"祝福"礼为例,说明传统社会中的民俗关系:

> ……家中却一律忙,都在准备着"祝福"。这是鲁镇年终的大典,致敬尽礼,迎接福神,拜求来年一年中的好运气的。杀鸡,宰鹅,买猪肉,用心细细地洗,女人的臂膊都在水里浸得通红,有的还戴着绞丝银镯子。煮熟之后,横七竖八地插些筷子在这类东西上,可就称为"福礼"了,五更天陈列起来,并且点上香烛,恭请福神们来享用,拜的却只限于男人,拜完自然仍然是放爆竹。年年如此,家家如此,——只要买得起福礼和爆竹之类的——今年自然也如此。[1]

在这里鲁迅用文学的语言描述了"鲁镇"这一地方性社会共同体及其中的每一个人与祝福礼的关系。首先,祝福作为年终的大典是必不可少的,家家、人人都要参与,它具有迎春接福、求拜好运的神圣意义;其次,祝福礼有一些固定的程式,包括物质的、时间的、性别角色等方面的秩序与规则;最后,祝福礼作为社区的传统得以年复一年地传承,年年如此,今年亦如此。这样的一种民俗关系我们可以定义为是天然的或默认的,表现为每个社会成员都会不假思索地投身其中,既没有选择的可能,也没有反思的必要。

在工业化时代到来的现代社会,也就是鲁迅本人所处的时代,民与俗的关系实际上已经悄悄地发生了断裂。传统的日常生活秩序开始解体,像鲁迅这样的进步人士开始反思身边的民俗传统并加以批判。在 20 世纪的大部分时间里,民俗都成为了革命的对象,或是现代人重构日常生活时的一种参照物。传统的日常生活文化变成了"旧俗"和"陋俗",变成了人们建构新生活时所必须摈弃和改革的对象,正像"破旧立新"一词所表达的那样。于是,"革命"就成了人们在日常生活中最爱使用的一个关键词。20 世纪初的"男剪辫,女放足"是"革命";30 年代国民党政府提倡的"新生活运动",也被宣传为是当时"革命者"先进性的一种体现。中华人民共和国成立后,革命的思想更是渗

---

[1] 鲁迅:《彷徨》,人民文学出版社,2000 年,第 1 页。

透了人民生活的方方面面，例如，50年代的男性时尚穿着的"人民装"和女性爱穿的"列宁装"，便是革命者的一种外在身份标志。在"文化大革命"时期，国家甚至一度提倡过一个"革命化的春节"，即春节期间不放假、不休息而坚持生产。

对于发生在20世纪的日常生活革命，高丙中最早敏锐地意识到了其对于民俗学的深刻影响。他在《日常生活的现代与后现代遭遇：中国民俗学发展的机遇与路向》一文中，通过观察春节在中国人生活中的地位变迁发现：

> ……随着现代化在中国的发展，人口中能够与现代性的指标（居住在城市，受现代教育较多，直接受雇于政府部门）发生直接联系的人越来越多，他们对现代性的想象越来越多地成为现实或具有更多的现实性。他们对民俗的不认同使只要是与民俗不同的生活方式都容易被认同为现代生活而被接受。作为这种社会过程的结果，原来的日常生活逐渐失去了普遍性，成为与现代性相对的传统，最后真的在社会生活中向文化遗留物退化。[1]

在《作为一个过渡礼仪的两个庆典——对元旦与春节关系的表述》一文中，高丙中系统研究了过去九十多年中元旦和春节在中国人生活中的竞争关系，以及最后趋向于"复合"的事实。"元旦以及推崇它的新国家的政治和知识精英与春节以及习惯它的民众长期处于一种紧张关系之中。双方的关系在近百年里从原初的替代转变为今天的互补，从各自独立的两个节庆转化为一个过渡礼仪的完整结构的两个部分。""从文化资源（要素）的来源而言，我们生活在一种复合文化之中。"[2] 这一结论可以说是对中国人民俗生活百年变迁图像的一个最好描述。近年来，周星更加明确地提出要"将'生活革命'视为民俗学的一个专业用语"，用以解读"近一个多世纪以来，中国社会、文化的持续变迁以及中国人生活方式多彩的变化"[3]。他本人所从事的"生活革命"系列研究，涉及服装、饮食、厕所等常人生活的方方面面，并且采取了把事象放置到不断发展的历史语境中去观察的研究范式。

---

1 高丙中：《日常生活的现代与后现代遭遇：中国民俗学发展的机遇与路向》，《中国人的生活世界——民俗学的路径》，北京大学出版社，2010年，第178—190页。引文出自第182页。
2 高丙中：《作为一个过渡礼仪的两个庆典——对元旦与春节关系的表述》，《中国人民大学学报》2007年第1期。
3 周星：《生活革命、乡愁与中国民俗学》，《民间文化论坛》2017年第2期。

到了高度工业化、城镇化和全球化的后现代社会，乡愁与传统复兴又悄然兴起，变成一种社会潮流。结合21世纪以来一场轰轰烈烈的非物质文化遗产保护运动，中国各地出现了大规模"民俗复兴"的现象。然而，无论如何，今天的社会已绝不可能回复到传统社会那样一种秩序当中，也不可能回复到革命年代那样一种高度一体化的状态，而只能维持一种多元化的、认同型的、相互制衡式的社会关系结构。传统社会中的那种民与俗的天然联系也已不可能得以重建，新型的民俗关系只能建立在文化认同的基础之上。因此，民俗作为认同标志在其中既发挥着润滑剂的功用，同时也成了不同群体或个人自我表达且与他人沟通和交流的一种方式。与此相关联的，便是今天在世界各地广泛存在的、把民俗作为身份认同标志和文化资本进行再生产的"民俗主义"现象。[1]

综上，我们把传统、现代与后现代三种社会形态下的民俗关系归纳为传承、革命与认同三种类型。其中传承型和认同型的区别在于，前者是自然传承，在很多情况下并未具备文化认同的前提，而后者是在主观认同基础之上的自觉接受。张举文提出的"民俗认同"概念，指的就是最后这种民俗关系。他从民俗认同的特质出发，进而将民俗定义为"是以共同和共享的交际方式和习俗而构成的'小群体'中'面对面'的维系和重构认同的行为活动"[2]。作为一位旅居美国的华人学者，张举文对于后现代社会中小群体的民俗交际行为及其文化认同本质十分了然，因此他也最早发现了"民俗认同"的存在及其意义，并将其作为分析工具引入了民俗学的个案研究当中[3]。

正如表1所示，以上三种类型的民俗关系所对应的分别是前工业化、工业化和后工业化三个时代，代表着传统/保守主义、科学/建构主义、多元主义三种不同的价值取向。在传统型社会中，民俗的社会基础为同质性较高的血缘性或地域性共同体，民俗以"规范"和"传统"为表征，其根本意义则在于维系一种社会秩序和文化记忆[4]。在现代型社会，民俗被普遍化为民族国家中的旧传统，被贴上"旧俗"和"陋俗"

---

1 参见周星、王霄冰主编《现代民俗学的视野与方向：民俗主义·本真性·公共民俗学·日常生活》（上、下），商务印书馆，2018年。
2 张举文：《民俗认同：民俗学关键词之一》，《民间文化论坛》2018年第1期。
3 参见张举文著，桑俊译《影视民俗与中国文化认同》，《温州大学学报（社会科学版）》2011年第2期；张举文《非物质文化遗产与乡土影视的民族认同情结：浅谈古琴和古堰的运用》，《文化遗产》2013年第1期；张举文《龙信仰与海外华人认同符号的构建和重建》，《文化遗产》2015年第6期；张举文《迈向民俗认同的新概念：美国散居民俗研究的转向》，《文化遗产》2016年第4期；张举文《从刘基文化的非物质文化遗产表象看民俗认同的地域性和传承性》，《温州大学学报（社会科学版）》2018年第5期。
4 参见王霄冰《文化记忆、传统创新与节日遗产保护》，《中国人民大学学报》2007年第1期。

的标签，成为科学与理性的反面参照物，以及建构新生活的出发点与踏脚石。在后现代型社会中，民俗又被作为象征符号和文化资本得以"再现实化"，其意义在于建立民族共同体象征体系、社会及个人的文化身份，并成为小群体内部及与外部之间进行交流的媒介手段。

表1 不同社会形态下的民俗关系图表

社会形态	历史时期	价值取向	民俗的社会基础	民俗关系	民俗表征	民俗意义	民俗定义
传统型	前工业化时代	传统主义文化保守原则	同质性较高的血缘性或地域性共同体	传承型	规范/传统	秩序/记忆	民间传统/过去时代的遗留物
现代型	工业化时代	建构主义科学至上原则	现代国家	革命型	旧俗/陋俗	解构/建构	具有普遍模式的生活文化
后现代型	后工业化时代	多元主义文化多样性原则	民族共同体 社会群体 小（众化）群体	认同型	符号/资本	象征/交流	传统复兴/民俗主义/小群体的艺术性交流

不过应该指出的是，上述类型划分应全部作为"理想型"来理解，其中的概念体系可以成为科学研究的工具指南，但不能代替复杂多样的生活本身。现实中的民俗关系和民俗形态远比这些抽象的概念要复杂得多。传统、现代与后现代三种社会形态与历史时期的对应关系也并非绝对，更不能完全以时间为划分标准。即便在传统时代，也不乏"破旧立新""移风易俗"的思想[1]。而盛行于当代的"民俗主义"现象实际上也自古就有，因为传统社会也存在对民俗加以模仿、展演和再创造的需求与可能。另一方面，在后现代社会，传统的社会组织形式也可能得到部分的保留，就像大都市中的"城中村"；或者人们依旧采取传统社会的民俗观，就像在今天的很多人眼中，保护非物质文化遗产的目的，就是为了把传统文化"原汁原味"地保留下来、传承下去，而不是像联合国教科文组织所倡导的那样，仅仅为了实现文化共享、保护文化多样性和促进社区发展。或者今天也会有部分人承续革命年代的思维方式，把一些他们认为与现代生活格格不入的民俗视为需要革除的对象，例如前段时间在地方殡葬改革中出现的一些激进行为，还有民间信仰长期遭受污名化的现实，等等。

---

[1] 参见张勃《风俗与善治：中国古代的移风易俗思想》，《广西民族大学学报（哲学社会科学版）》2015年第5期。

三、从民俗关系出发重新理解民俗与民俗学

在厘清不同社会形态下的民俗关系之后，我们就可以理解为什么在学术史上会出现几种完全不同的民俗定义。这些都是身处不同历史阶段中的学者，对于当时社会环境下民俗存在形态的把握与理解。从传统型的民俗关系出发，民俗最早被定义为日常生活中的"文化遗留物"，所强调的是其传承的本质与文化记忆的功能。从革命型的民俗关系和建构主义出发，民俗被解构为"具有普遍模式的生活文化"，所强调的是它的开放性与可塑性。但这一定义也容易导致概念的泛化与不确定性，因为事实上并非一切"普遍模式化的生活文化"都可以成为民俗学的研究对象，只有那些具备一定的民俗关系和民俗意义的生活文化才可被看成是"民俗"。从认同型的民俗关系和后现代主义的社会文化观出发，民俗则被美国民俗学家丹·本-阿默思定义为"小群体内的艺术性交际"[1]。这个定义初看起来有些匪夷所思，但实际上，它一方面继承了早期民俗学对于精神文化现象的特别关注，另一方面又从交际民族志（ethnography of communication）出发，开启了表演理论指导下的研究范式，可以说是当代民俗学的一项重大理论突破。正如其倡导者理查德·鲍曼（Richard Bauman）所言，表演理论实际上提供了"一个概念性的框架"，"以指导对一种交流的特殊方式的辨识、描述和分析，这种交流方式是围绕着艺术性地、技巧性地展示交流技巧和有效性而进行的说话和行动的方式"。在此影响下，民俗学家和语言人类学家一样，所感兴趣的是"话语生产形式"（modes of discursive production）。[2] 所谓"话语"（discourse），指的就是"交流性的实践"（communicative practice）。现代民俗学所要研究的，正是特定人群在特定社会语境中的话语行为以及话语实践如何使用各种符号来表达和建构社会关系。

德国当代民俗学家沃尔夫冈·卡舒巴（Wolfgang Kashuba）也强调，作为研究日常文化的科学，民俗学必须踏入话语分析的研究领域。在他看来，话语指的不仅是语言、文本，而且也包括图像，比如绘画、雕塑、照片、电影等等。他指出：

> 根本上来看，此类对于文化实践的描述体系所牵涉的也是文化事物的特别话语质素，即是这样的一种必要性，在固定的、不可追问的准则或传统与可以

---

[1] ［美］丹·本-阿默思著，王辉译：《民俗的定义：一篇个人叙事》，《民间文化论坛》2018年第2期。
[2] ［美］理查德·鲍曼著，杨利慧、安德明译：《作为表演的口头艺术》"中译本序言"，广西师范大学出版社，2008年，第22页。

"商讨"（可以进行论证性或者象征性加工）的准则或传统之间找到一种平衡，而这种平衡是不断需要重新加以实现的。[1]

商讨、交流、表演与话语艺术，这组概念为当代民俗学开辟了一片崭新的天地，真正使得静态的民俗事象变成了活生生的社会实践。这种商讨与交流不仅仅是共时性的、面对面的，有时候也可以跨越时空，例如通过媒体、网络等，或者通过对过往的民俗文化进行重塑和加工而与传统对话。然而，这种以话语为中心、强调商讨和交流的民俗观只适用于资源丰富、文化多样、自由开放的后现代社会，却难以用来解释前现代社会那种相对封闭和静态的日常生活状况。因为在传统社会，交际或曰交流虽然也是重要的民俗动机之一，但却不是唯一的。只有在"当社会是以多样的思想、可变的价值观以及信息交流为根基的时候"，"理性话语"才能成为"关键性的交际、道德手段"和"社会所追求的目标"。[2]

由此可见，以上三种不同的民俗定义都有其局限性。一方面随着社会的发展变化，民俗的生存形态不断在发生着改变，另一方面，不同历史时期和文化背景下的民俗学者对于民俗的认知和观察视角也有所不同：有的倾向于历史，有的主张面向当下；有的注重整体性，有的注重特殊性；有的关注静态的事象，有的强调动态的过程。或许正像盲人摸象的故事所告诉我们的那样，任何一种观点可能都带有某种片面性，但它们或多或少地也都道出了部分的真理。从事学术研究的人，所追求的是完整的真理及其完美无缺的论证过程，但却必须学会时时刻刻与不完整性、不完美性和不彻底性打交道。因为，只有认识到了这些，我们才能向着更高的目标出发。

基于上述对于不同社会形态下民俗关系、民俗表征与民俗意义的分析，笔者在此尝试性地提出一个新的民俗定义，以求教于诸位同人：

民俗是一个共同体中的大部分人以传承、革命或认同的方式所维系的、具有相对稳定结构的日常生活实践，其意义在于记忆、建构或相互交流共同体的生活文化。任何一项民俗都具有物质的、身体的、社会的和精神的四个维度，

---

[1] [德]沃尔夫冈·卡舒巴著，包汉毅译：《话语分析：知识结构与论证方式》，《文化遗产》2018年第3期。
[2] [德]沃尔夫冈·卡舒巴著，包汉毅译：《话语分析：知识结构与论证方式》，《文化遗产》2018年第3期。

并包含以下四个要素:(1)谁,即民俗主体;(2)做什么,即民俗行为;(3)怎么做,即民俗过程;(4)为什么,即民俗意义。其中的民俗行为和民俗过程所反映出的,正是专属于特定时代和特定群体的特殊的民俗关系。

这个定义想要表达的是:日常生活本身往往并不具备特殊意义,民俗学只有揭示出一种生活文化实践背后的社会关联性(民俗关系)以及社会心理、价值观和精神信仰因素(民俗意义),才能将这些文化现象建构为"民俗"。在通过田野观察建构民俗文本的过程中,物质、身体、社会、精神四大维度以及主体、行为、过程和意义应成为民俗学者关注的焦点,它们共同构成了民俗实践的整体,并透射出民俗主体所处的社会环境与其所践行的生活文化之间的关系,包括行为背后所包含的文化意义。

在此我想举一个自己几年前调查到的例子,来说明民俗概念中各部分的结构关系。2012年农历春节期间,笔者在浙江省磐安县榉溪村的农民孔JB家过年,观看了这家的谢年祭,当地人称"谢佛礼"。笔者此前曾用法国人类学家莫斯-于贝尔的"献祭的图式"分析过这个案例,以探讨人类学理论在研究本土宗教(民间信仰)中的适用性问题[1]。现将该文中对谢年祭过程的描述简编后抄录如下:

> 大年三十这一天,我和这家的大人小孩一起,上到附近1400米高的高姥山祭拜"娘娘庙",庙里供奉的是一位当地人称为陈十四娘娘(陈靖姑)的女神及其姐妹。男主人两兄弟、女主人和年过六十的老妈妈四人轮流挑着盛放祭品的一对箩筐,内放猪头、全鸡、发糕、豆腐、苹果、橘子、糖果、馒头、米饭、酒、茶、金箔纸做的"银两"、香、烛、黄表纸、爆竹等。因重量不轻,主人叫了年轻力壮的弟弟来帮忙挑担。随行的除他俩之外还有女主人、男主人的母亲和妹妹,再加上笔者。在交谈中我了解到,这么"虔诚"地祭拜神灵其实男主人多年来也是头一次,因为他在外打工,对于家乡的旧俗也不是非常了解,而且他也不觉得祭拜神灵是一件重要和必做的事,反而觉得这有点"迷信"色彩。但今年因为有我这个客人在,为了让我能体验到他的家乡文化,所

---

[1] 参见王霄冰《本土宗教研究的人类学视角——以儒家祭祀文化为例》,载金泽、陈进国主编《宗教人类学》第四辑,社会科学文献出版社,2013年。

以特意按照旧俗准备了这个上山祭拜的活动。这种殊荣增添了我的兴致并让我对这一家人充满了感激之情。一路上我们踩着皑皑白雪，说说笑笑，很是快活，感觉好像不是去朝圣，而像是登山观光的游客。经过两个多小时的步行，中午时分到达山顶的小庙。老妈妈在案前摆上祭品，点上香烛，领着儿女、媳妇一起磕头、祭拜，口中念念有词，把全家人的名字都报上，求娘娘保佑。然后烧纸和"银两"、插香、燃放爆竹。拜完后，我们吃了守庙人提供的简单的"斋饭"，即稀饭、馒头和素菜，便告辞下山。带来的猪头等祭品则留给守庙人享用。

到家后，女主人就开始在厨房忙碌，准备晚上"谢佛"用的食品：除了煮猪头、猪尾巴和全鸡之外，最费时的则是在猪大肠里灌满糯米、然后放在肉汤里煮熟。因"谢佛"必须在吃年夜饭之前完成，如果有人在此之前偷吃了祭肉，以后他会再也不想吃肉。她怕时间来不及，特意叫在同村居住的妈妈来帮忙。娘俩忙乎了一下午。傍晚时分，男人们开始在门口贴春联、在门上贴写有倒"福"字的红纸，然后把四方的供桌抬到门口，摆上祭品：最前方是一对锡制的、带有凤凰图案的烛台，上插红烛。中间一个整猪头，猪尾巴从它的口中穿出，周围盘绕着装有糯米的大肠，旁边是一只整鸡，头被别过来朝着天空。其他的祭品还有：一碗水、两块豆腐、两块自制发糕、三碗米饭。祭祀由男主人在他母亲辅佐下完成，共分三步：先在门外祭天祭地，祭词曰："天地造佛，旧年换新年，保佑国泰民安，风调雨顺，五谷丰登。保佑家人身体健康，财源广进。"然后在门外烧纸和"银两"、放爆竹；第二步把供桌搬进门内，祭祀门神，祭词曰："保佑好人进门，坏人不进门，保平安，保青春（健康）。"之后在火盆里烧纸和"银两"；第三步在厨房的灶君位前点上一对蜡烛，放一块发糕、一碗米饭、一块豆腐，因相信灶君在小年那天回到天上"度假"，今天又被接回来，所以祭词曰："灶君菩萨，上天奏好事，下地保平安。家里添水不添米（意指富足、粮食不会减少）。"之后又在火盆里烧纸和"银两"。全部祭祀完毕之后，全家人一起围坐到餐桌上吃年夜饭，菜肴以祭祀用过的猪头肉、鸡、发糕和豆腐等为主。我在开饭前特意又到街上走了一圈，发现几乎家家户户都在以同样的方式谢年，甚至所用的祭品和祭拜方式也几乎完全一致。[1]

在这一事件中，民俗主体就是以孔 JB 一家为代表的榉溪村村民，民俗行为即为拜佛、谢年，民俗过程是我们一行人上山祭拜、回家准备祭品和在家中谢年的流程，民俗意义则是通过感谢、祷告神灵，祈求来年的好运。该项民俗的物质维度主要体现在了祭品中，身体的维度在于男主人一家登山、磕头、祭拜时对于身体的调度，但在我的描述中不是很详细，因为当时忽视了这方面的细节。社会的维度，包括一同上山的家人、祈祷时念及的人员和准备祭品时来帮忙的娘家人，当然还有以同样方式谢年的同村所有家庭。精神的维度则主要体现在了主人的讲述和祈祷词中，因为这些反映出了他们祭拜时的心理动机，也代表着他们所属的社会群体的核心价值观。

从民俗关系的角度来看，这一事件又可被分解为两部分来理解：第一部分的上山祭拜礼在当地实际上已是一种消失的传统。就像男主人所说的那样，如果不是因为我这个外人的到来，他是不会从事这项活动的。那么，为什么他会因我而如此大动干戈呢？很显然，一是因为我作为一个民俗学者的身份，二是因为他本人的社会身份。作为一名长期出外务工而怀有某种乡愁情绪的当地人，他希望能通过这个活动，和我这个外来的文化人进行一场关于家乡民俗的对话和交流。为此他不惜人力物力，准备了丰盛的祭品，带我上山。在这里，作为民俗主体的这家人和他们所从事的文化实践的关系，已不再是真正传统意义上的传承关系，而更像是一种利用传统的符号资本进行一场具有身份象征意义的文化展演。我的兴致勃勃和满怀感激之心又让他感觉得到了回馈，在交流中进一步确认了自己的文化身份并从中获得满足。所以我们一路欢声笑语，气氛非常轻松。但也并非所有人都如此，主人公的老妈妈显然比其他家庭成员更具虔诚之心，她代表着上一代人，无论是对传统还是神灵都仍然抱有敬畏之心。因此，即便是在同一个场景之中，不同世代不同身份的人们之于同一种文化实践的关系也是不尽相同的。而在第二部分的谢年礼当中，榉溪村的几乎所有村民都采取了同样的祭拜方式，或多或少也都怀有同样的一种虔敬心理。这说明，谢年礼的民俗在这一带仍有着广泛的社会基础，不论何种出身和身份，村民们都仍然像过去一样，将谢年礼视为他们生活与社会秩序的一部分

---

[1] 参见王霄冰《本土宗教研究的人类学视角——以儒家祭祀文化为例》，载金泽、陈进国主编《宗教人类学》第四辑，社会科学文献出版社，2013 年。部分内容经改写。

而加以传承。

如前所述，同样的案例和同样的资料，当我在几年前尝试从人类学视角进行考察时，我试图以法国人类学家莫斯和社会学家于贝尔的"献祭的图式"理论为参照，对比分析了中国本土宗教实践的独有特征。今天当我改用民俗学的视角来考察时，我会更多地去关心民俗主体所处的社会结构与他们所保持的文化形态之间的相互关系，即民俗关系：不同年龄不同身份的人们如何建构自己身边的生活文化并赋予其意义？这些具有特殊意义的文化反过来又怎样对他们的身份、地位和行为方式发生着影响？

总之，定义民俗是为了给民俗学研究圈定目标对象，避免概念泛化。日常生活千变万化，范围十分宽广，它就像一片广袤的田野，不仅仅民俗学者而且语言学者、社会学者和人类学者等都在这同一片土地上耕耘。因此民俗的定义应赋予这门学科以独特的视角、工具和解读日常生活文化的方式。一般来讲，人类学习惯于从整体上去把握文化形态，把文化看成一个有机的整体，社会只被作为文化的构成要素纳入考察范围中。社会学正相反，它把社会看成一个整体，研究社会结构、社会制度、社会关系、社会过程、社会中的群体和个人等等，而这些最终都被作为社会系统的有机组成部分来加以阐释，文化在其中只充当着极为弱小的角色。然而民俗学所要研究的，恰恰就是社会和文化之间的相互作用关系。民俗学通过研究不同历史阶段各种社会／文化共同体中的人们的模式化的生活实践，旨在揭示其中的民俗关系和发展变化的规律，进而探究该项文化实践之于社会／文化共同体的意义。从这个意义上讲，民俗学的确是一门很特殊的学问。它天生带有跨学科性质，具有联结人文科学与社会科学的桥梁作用，将它归入人文或社会的任何一门学科都将限制这门学科的发展。只有充分尊重它的相对独立性，才能更好地发挥民俗学在学术界和社会上的作用。

民俗学的未来与出路[1]

施爱东[2]

一、东瀛论剑：日本民俗学的巅峰对决

2010年7月31日，这是一个注定会被未来的日本民俗学史记载的时刻，在东京大学东洋文化研究所召开了一次主题为"超越福田亚细男：我们能够从'20世纪民俗学'实现飞跃吗？"的学术论辩会。论辩双方分别是"日本民俗学会"前会长福田亚细男（国立历史民俗博物馆名誉教授），以及日本"现代民俗学会"新锐代表菅丰（东京大学东洋文化研究所教授）。

论辩是由菅丰策划的，以"现代民俗学会"和"女性民俗学研究会"的名义联合举办。论辩会出乎意料地达到了105位与会人（未计迟到者），菅丰大概没料到会有这么多听众，研究所三楼的会议室坐不下，部分学生只能坐到隔壁房间"听会议"，这在日本学界是非常罕见的。外国学者以中国[3]、韩国学者居多，还有一些我不认识的欧美学者。一个本属日本民俗学内部的论辩会，最后变成了"联合国"的观战大会。

主席台中央用来放映PPT，论辩双方相向坐于两侧。菅丰身穿短袖方格衬衫，坐在听众右前侧，福田穿着浅色横条T恤衫，坐在听众左前侧。会议持续了六个多小时，从中午一点半持续到晚上近八点，中途几乎无人退场。菅丰准备工作做得非常充分，一共做了157张PPT，语速极快，场面咄咄逼人；福田一直笑眯眯地看着菅丰，看起来非常沉着镇定，偶尔还会向听众抱怨说："他说话速度太快，我有点跟不上。"但他防

---

[1] 刊于2019年第2期。
[2] 施爱东（1968— ），中国社会科学院文学研究所研究员。
[3] 与会中国学者有余志清、毕雪飞、彭伟文、施爱东等。

守极其缜密，几乎寸步不让，回答问题时最常用的开头语是："这是一个相当难答的问题。"而最沉重的撒手锏是："日本民俗学如果已经不为时代所需要，无法适应时代，那么'理应消失'。如果要舍弃历史而向新的民俗学转变，也就是说如果要发起革命，那就不必拘泥于'民俗学'，你们完全可以独立创造另一门学问。"

论辩全程很少有休息时间，但观众也并非个个紧绷大脑神经贯注听会，许多听众是专程来给福田先生助威的。坐在我前方的一位女性民俗学会会员，虽然也偶尔做做笔记，但主要是给福田画素描小像，一幅接一幅地画。会后聚餐时，我曾通过彭伟文问她为何一直在绘画，她的回答是："我喜欢福田先生的样子。"我好奇地转而请教福田先生，想知道女性民俗学会主要开展哪些学术活动，从事哪方面的研究。福田先生告诉我，她们中的多数人只是爱好民俗学，并不从事研究工作，也很少发表论文。

第二天（8月1日），我在"民俗学论坛"网站上以《东瀛论剑：日本民俗学的巅峰对决》为题，发表系列网帖，报道这次论辩，并且评论道："当菅丰觉得福田先生主导的'学院派民俗学''历史民俗学派'已经阻碍了日本民俗学的进一步发展时，他为了要给民俗学寻找一条新的出路，就必须起而推翻福田时代的民俗学范式。而福田先生的民俗学范式是与他的理论、方法结成一个整体的，这是一个互为理论的有机整体。那么，菅丰要想推翻福田的民俗学王国，就首先要推翻福田时代所奉行的一系列学术话语和学术标准。所以，菅丰要想取得胜利，他必须有更彻底的理论准备。"8月4日，菅丰在"民俗学论坛"发表长篇回复《关于本次论辩的目的以及理论、思想》，这篇回复大致可以视作对该论辩的总结性回顾，以及对中日民俗学者在"理论""思想"观念上的差异阐释，兹将其翻译、整理，节录于后。

本次论辩目的，并不在于批评并战胜福田亚细男。而是希望能让日本民俗学者对以下问题产生自觉：对于以福田先生为代表的20世纪民俗学，我们到底是继承还是扬弃？

所谓"20世纪民俗学"，是指20世纪由柳田国男等先驱者推动的日本本土文化的理解与复兴，以及使之学问化的运动。这是应当时时代要求而产生的，最初作为一种"在野之学"，经过近百年的发展而逐步体系化、组织化和制度化。在其最终阶段，福田先生的影响力是巨大的。

福田先生虽然不会放弃"20世纪民俗学"，但也并不认为它能够有一个光明的未来。他似乎已经下定决心要接受迟早必将来临的"民俗学的失败",准备与"20世纪民俗学"同归于尽。而这一决心却是作为其后继者的我们所不敢苟同的。福田先生也许会激烈地反对舍弃或改变民俗学一直以来的目的、方法和对象,哪怕它们已经脱离现实、失去作用。

议论正是以此为起点展开的。

简单点说,超越第一代(柳田国男为代表)的第二代(福田亚细男为代表)民俗学人,其"历史主义"倾向十分浓厚。特别是福田先生,一直坚持"民俗学＝历史学"这一图式。在各国民俗学正以多样的定义与方法面对着自己的研究对象之时,日本民俗学却因其历史主义枷锁的束缚,无法产生新的变化。福田先生自己也承认,这种状况正说明日本民俗学已经无法适应时代,不为时代所需要,但他反对以重构学术体系的方式来苟延残喘。他认为倘若真到了那一天,民俗学就应该凛然而高洁地离开。他甚至建议与其发起学术革命,重新定义民俗学,还不如放弃民俗学,独立去另创一门新学问。

对此,我的反论是:美国或是德国的民俗学,都通过改变定义与研究方法,使得民俗学焕发出新的生机。只有日本民俗学还被束缚在狭隘的历史主义之中不可自拔,这难道不显得奇怪吗?为日本民俗学寻找新出路,是21世纪民俗学者的责任所在。

此外,针对中国学者提出的"思想"与"理论"问题,我想做点说明。

首先,本次论辩并非"革命",而是希望为惰性继承20世纪民俗学的人们敲响警钟。在这一点上,福田先生也持同样的意见。福田先生对于自己一手打造的20世纪民俗学的未来发展也不抱希望,但是大多数日本民俗学者却没有这样的危机意识。论辩是为了凸显危机意识的重要性。

其次,自有20世纪民俗学以来,日本民俗学并不存在一种能够简单称之为"思想"的东西。即使福田先生自己,也并不具有历史主义之外的所谓"思想"。而历史主义,在日本学者眼中,算不得"思想"。

大多数中国民俗学者都对日本民俗学有一些误解,其实日本民俗学本来就没有能够称得上"理论"的理论。如果当下的日本民俗学者中,有哪位能够列举出所谓民俗学独特的理论,那他一定是对理论知之甚少,或者对日本民俗学史缺乏了解。即使福田先生所谓历史主义的思考方式,中国民俗学者如果仔细鉴别的话，大概也不会觉得其中有太多理论成分吧。正如日本学界不称其为"思想"一样，一般地也不称其为"理论"。

与中国民俗学者打交道时常听到的对日本民俗学的不满是"调查仔细但理论不足"。我以为这是两国民俗学之间一个较大的差别，对于多数日本民俗学者而言，中国民俗学所谓理论性的论文，大都会觉得难以接受。这也是因为两国学问的历史过程大有不同。

日本在20世纪60—70年代民俗学学院化的发展中，也有意见说"民俗学要想成为独立科学，必须拥有自己的理论"。但除了柳田国男的资料操作论（重出立证法、周圈论等）以外，并没有得出像样的理论。而柳田的那一套，在今天看来根本算不上理论。福田先生的"地域民俗论""传承母体论"等，正是在反对以上资料论的基础上提出的。但这些，在今天也称不上理论。在村落社会解体，社会流动性增大的今天，这样的理论早已失去有效性，现在已经没有哪个民俗学者会天真到以之为全面指导而展开研究了。这些讨论在70年代也许是有其意义，但在之后的数十年中早已变得迂腐。到了90年代，这样的理论研究在整个学界都很难再看到了，没有人还会一头埋在理论的追求当中。所谓理论研究，更多是在反思过去的学说史，也即在"学术史研究"中展开，这便是日本民俗学的现状。

日本民俗学第二代活跃的70年代，在某种意义上是民俗学的幸福时光。那是一个既可以从本质主义来看待民俗，又可以相信村落具有所谓独立发展性，还可以轻松地讨论所谓理论的时代。但在随后到来的后现代时代，这些幻想都被击得粉碎，真正的学者已经不会再重复那样的讨论了。总之，中国学者认为经福田先生"理论化"的研究内容，在日本已经失去了作为"理论"而去研究的现实意义。也许正因为在理论开拓方面的缺失，日本才有许多学者直到今天还不自觉地、惰性地依赖着看上去仿佛理论般的历史主义吧。

我在90年代开辟了一般被称为环境民俗学的新领域。但这并非新的"理论"，只是新的"视角"而已。使用的，是与历史主义相同的历史方法。而我理论上的核心，是政治学、社会学、经济学等多学科领域的"共有资源管理理论（Commons）"。或许大家已经知道，美国政治学家埃莉诺·奥斯特罗姆（Elinor Ostrom）正是凭借这一理论获得诺贝尔经济学奖。这一理论，虽然就日本民俗学而言只有我在响应，但就全社会而言却是一个宏大理论。另外，对我产生了重大影响的还有建构主义。这也并非民俗学独有的理论。90年代以后，学问的边际日益模糊，几乎所有有志于深化研究的前沿学者，都在向其他学科领域寻求养分，运用于自己的研究。

作为民俗学独自的理论，90年代从德国引入了"民俗学主义"。但这也是建构主义的方法之一。作为理论，它在超越20世纪民俗学的"本质主义"方面有着重要意义，但也因为其研究往往陷入结论先行的同一模式而颇遭诟病。为了超越民俗学主义，我正在"公共民俗学"这一方向摸索前行。与美国的"公共民俗学"有所不同，我主张进一步发展日本民俗学本来就有的"在野之学"的"野"的特征，并在现代的公共性论中重新定位。

如上所述，在日本，90年代以后没有展开任何关于所谓理论的讨论。这是因为日本的社会状况以及民俗所处的地位变化之剧，使得我们无法天真地展示什么理论。不仅日本，美国民俗学也是一样。2004年10月美国民俗学会年会上，著名民俗学家阿兰·邓迪斯（Alan Dundes）做了题为《21世纪的民俗学》的大会演讲，指出了民俗学在世界范围内不断恶化的、令人忧虑的衰退，特别就美国民俗学深陷其中的严重状况及其原因，略显激动地作出了指摘。他认为一个重要的原因是美国民俗学缺乏"宏大理论"（Grand Theory）。第二年即2005年年会上，该学会甚至举办了一个"为何民俗学没有宏大理论？"的专题论坛。现代社会中民俗学想要提出独自的理论，非常困难，这一状况并非日本所独有。在日本和美国，这已经成为与民俗学学科独立性、学科存在意义等密切相关的话题。

也许理论问题因各国民俗学的把握方式差异而各不相同。但认真思考就不难发现，各国民俗学的把握方式存在着根本性的乖离。如果缺乏对各国民俗学所处的历史、社会背景和现状的了解，我们无法理解各自在理论追求上的积极姿态，或者心灰意懒。美国民俗学家芭芭拉·基尔森布拉特-基姆布拉特（Kirshenblatt-Gimblett）认为美国民俗学与德国民俗学在价值观、方向性及学问的归结方式上，具有共同标准无法相互理解的根本性不同，并将之表述为"不可通约性"。也许日中民俗学之间，围绕着所谓理论追求，也存在着这种不可通约性。

现在，日本民俗学处于没有统一理论和方法的扩散期。这一状况在福田先生看来，是"民俗学的颓废"，但我正好相反，认为这不是颓废，而正是为了创造新的民俗学而蛰伏、伺机而动的孕育期。今后，在日本民俗学的内部，也许会出现多种民俗学，相互竞争其正统性吧。但现状是，像本次论辩会这样持有相左意见的学者们开诚布公地一起讨论的机会实在太少，更多的情况恐怕是大家自说自话。这次论辩，有意渲染了全面对抗，这在日本也是极为特殊的。就这一点而言，可以说本次论辩是有意义，而且是充满野心的。[1]

二、在野之学、学院派民俗学与新在野之学

论辩以菅丰、塚原伸治"质疑"，福田亚细男"答疑"的形式，实际上对20世纪日本民俗学进行了一次宏观的梳理和学理省思，双方论辩的焦点集中在"学院派民俗学"对民俗学发展的负面影响。

在菅丰看来，所谓学院派民俗学，是指在大学等专门研究机构，因为研究工作而获得职位的专业人士所从事的民俗学，民俗学被装进"学院"的象牙塔之后，日渐脱离社会实践，日渐远离了柳田开创的经世致用的民俗学传统。不过，福田并不认同菅丰的批评。福田认为："所谓学院派民俗学，是包含了这些多种多样的参与者的。简单地说，就是在大学里进行民俗学再生产，并且对其加以系统化的，这样的就是学院派民俗学，而不是从职业，或者说是在某个位置上的人去划分的民俗学。"[2] 也就是说，"学院派"指的是在大学接受了正规的、必要的学术训练，跟从业者毕业后在什么机构任职没有关系。福田借助概念的重新界定，暗示学院派也可能在地方机构从事民俗实践，从而避开了菅丰对学院派民俗学脱离社会实践的批评。

回顾日本民俗学史，20世纪上半叶，以柳田国男为代表的民俗学者们普遍参与社会实践。柳田国男甚至将民俗学视作解决社会矛盾的良方妙药，比如，柳田将民俗变迁划分为三个阶段："过去曾经存在的没有矛盾的阶段；其次是由于变化而使矛盾发生和积累的阶段；最后是通过以民俗学的成果为基础的实践解决这些矛盾达到理想状态的阶

---

1 [日] 菅丰：《关于本次论辩的目的以及理论、思想》（今回のシンポジウムの目的と「理論」「思想」について），民俗学论坛，http://www.chinesefolklore.org.cn，2010—08—04。王京翻译，施爱东节录、整理。
2 [日] 福田亚细男、菅丰、塚原伸治著，彭伟文译：《民俗学的实践问题》，《民间文化论坛》2018年第3期。

段，也就是面向未来的阶段。"[1]对于柳田设想的第三个阶段，我们转换一下主宾关系，可以表述为："民俗学是以解决社会矛盾为目标，可以推动社会达到理想状态，进入到第三个民俗阶段的一门学问。"经世致用的意图非常明显。

福田曾经使用一个专有名词"在野之学"来指称柳田时代的日本民俗学。所谓"在野"包含了两方面的意思：一是"野"的研究对象，也即非精英的、乡村民俗生活；二是"野"的学术地位，也即未纳入正规大学教育系统的、尚未体系化的学科门类。在野之学"是相对于官学而出现的民间学；是有别于中央的地方学；是由非专业人士结集而成的杂家之学；是脱离了学术机构的草根式的学术探索"[2]。

进入20世纪50年代以后，民俗学者们开始推动民俗学的专业化教育。1958年，东京教育大学（后改为筑波大学）民俗学专业第一届学生正式入学，宣告了学院派民俗学在日本的登场。此后，学科系统的规范化、完善化建设也开始了，"福田先生在这种民俗学的体系化过程中，以对民俗学的目的和方法、对象、研究史等进行定义、解说、批判的方式，做出了巨大贡献"[3]。在福田的主导下，经过专业训练的历史民俗学派逐渐成为学院派民俗学的主流。但是，菅丰认为，在历史民俗学逐渐正统化和主流化的同时，也日渐固化和自我封闭，原本支撑着日本民俗学多样发展的非职业民俗学者被边缘化。"学院派民俗学由于被从'野'割裂开来，虽然实现了制度化的建构，但是与社会产生了乖离。"[4]丧失了实践性、社会性的民俗学，也就丧失了它的批判精神和学术活力。

在菅丰看来，"学院派民俗学"是"历史民俗学"一家独大，它在促进民俗学体制化的同时，其强大的主流话语也压制了其他研究范式产生的可能性，桎梏了民俗学的发展，因而有必要进行一场代际协商的学术革命。因此，"现代民俗学会"带着一种使命感，作为第三代民俗学者集体登场。

在福田看来，柳田国男无疑是第一代民俗学人（在野之学），他自己可以算作第二代民俗学人（学院派），至于菅丰这一代民俗学者，虽然他们提出了学术革命的理想，

---

1 ［日］福田亚细男、菅丰著，彭伟文译：《为民俗学的衰颓而悲哀的福田亚细男》，《民间文化论坛》2017年第4期。
2 ［日］陆薇薇：《日本民俗学"在野之学"的新定义——菅丰"新在野之学"的倡导与实践》，《民俗研究》2017年第3期。
3 ［日］福田亚细男、菅丰著，彭伟文译：《为民俗学的衰颓而悲哀的福田亚细男》，《民间文化论坛》2017年第4期。
4 ［日］福田亚细男、菅丰、塚原伸治著，彭伟文译：《民俗学的实践问题》，《民间文化论坛》2018年第3期。

但他们尚未形成自己稳定的学术范式,因而不能称作第三代,只能称第 2.5 代。

虽然福田和菅丰都同意应该将民俗学建设成一门与其他学问相同的"普通的学问"。但是,普通的学问应该是一门什么样的学问呢?菅丰认为,在去学科化、各门学科共享宏大理论的今天,与其追求学科的独特性,还不如与其他学科共享那些普遍性的理论、方法、概念、术语和对象;普通的学问应该是国际化、理论化、尖锐化、跨学科的,能够兼容并包,实现将不同领域的视角、方法等吸收进来的。但是福田坚持认为,要在普通的学问中体现综合科学的性质是不可能的,民俗学毕竟不是哲学,不能把整个世界作为研究对象,而应该是与其他学科并列的、既普通又个别的独立学科,理应拥有自己独特的对象、方法,以及一定的学术使命,民俗学不是先验存在,是因为有了民俗学者,才有了民俗学:"说到底,是因为研究者认识到是民俗才有民俗的。……民俗事象这个术语只不过是民俗学者作为一定认识的结果提出来的。"[1]

虽然福田和菅丰都同意已经过去的"20 世纪民俗学"有诸多的不足和缺憾,描述性、历史性的民俗志书写多于分析性的学术研究,进入 20 世纪 90 年代以来,民俗学更是进入一个"不作分析的现象理解"的时代,目前看不到民俗学在此基础上会有一个光明的未来。但是,两人的执行态度却大相径庭。

福田的态度是固执而坚定的,坚决反对放弃既有的民俗学范式,因为那才是真正的民俗学,与其放弃继承,转觅他途而苟活,不如拥抱迟早会到来的失败命运,悲壮地为之殉葬。但新一代民俗学者并不甘心陪着旧民俗学殉葬,他们于 2008 年发起成立了"现代民俗学会",试图以超越求新生。本次论辩,就是一次求生的演练。

菅丰求生演练的第一招是"破",他说:"历史民俗学的方法原本应该仅是民俗学的一部分。……福田先生规定过'历史的手法是民俗学的全部'。但是,我认为这仅是一部分。我认为,从跨学科的观点来说,应该积极地引入多样的研究视角、方法和手法。"[2] 菅丰坚决驳斥了那些认为民俗学"不受其他领域的术语、方法论及流行因素的影响,立足于民俗学史,梳理其问题意识,以再确认民俗学的本质、原创性为目的"的陈腐论调,认为这种观点是倒退的、本质主义的思考方式。

菅丰的第二招是"立",他说:"我认为,改变这种状况,应该是 21 世纪民俗学的

---

[1] [日]福田亚细男、菅丰、塚原伸治著,陈志勤译:《民俗学的定义的问题》,《民间文化论坛》2017 年第 5 期。
[2] [日]福田亚细男、菅丰、塚原伸治著,赵彦民译:《民俗学的方法问题》,《民间文化论坛》2017 年第 6 期。

课题之一。作为其中一个方向，最近我提出了公共民俗学。我认为，必须实现公共部门的研究者、学者，此外还有刚才说到的非职业性的人们，成为一个整体共同参与的民俗学。"为此，菅丰还提出一个多元共建、多样共存的"大民俗学"概念，认为"正是凭着这种将多样的参与者结为一体形成的民俗学的特殊性，民俗学才能与其他学问相对抗。正因为这一点，民俗学具有很大的力量"[1]。

菅丰并没有在论辩中详细阐释他的"公共民俗学"理念，三年之后，代表其未来民俗学理论主张的《走向"新在野之学"的时代——为了知识生产与社会实践的紧密联接》[2]正式出版。陆薇薇认为菅丰"新在野之学"的内核就是"新公共民俗学"，包括四重内涵：（1）协同合作与正当性：新在野之学第一重含义即在于多样化行为体的协同合作，提倡打破学院派一统天下的局面，向包含非学院派的诸多民俗学实践者共同参与的大民俗学这一目标前进。民俗学者在与普通民众对话过程中，应当将自己放在比民众略低的位置，如此才有利于实现真正的平等。（2）介入式的日常实践：民俗学者不能仅仅作为一个观察者，只有融入地域内部，与当地人共同感受共同创造，才能拥有对文化加以表现和应用的正当性，成为当事人，并在其过程中发现和思考诸多问题，实现知识生产和社会实践过程中的协同合作。菅丰将这种实践活动称作"参与共感"。（3）当地民众的幸福：实践的目的在于当地民众的幸福，这是最核心的内容。实践不是为学者自己，而是为社区民众而进行的，是需要依据社区民众的需求而不断调整的、动态的社会实践。（4）自反性、适应性地把握：民俗学者应该在实践过程中不断自省与修正，达到更好的效果。学者应不断检视自身的研究姿态和行为，民众也可以反过来注视研究者的姿态和行为。二者不再扮演固定的注视与被注视的角色，而是互换身份，相互协作。[3]

从纵向的历史层面上，菅丰继承了柳田开创的民俗学传统；从横向的国际层面上，菅丰受到了美国公共民俗学的影响。所以菅丰声称："在日本能够让具有'在野之学'特征的民俗学重生，形成与美国公共民俗学不同的'新公共民俗学'也即'新在野之

---

1 ［日］福田亚细男、菅丰、塚原伸治著，彭伟文译：《民俗学的实践问题》，《民间文化论坛》2018年第3期。
2 ［日］菅丰：《走向"新在野之学"的时代——为了知识生产与社会实践的紧密联接》，东京：岩波书店，2013年。
3 参见陆薇薇《日本民俗学"在野之学"的新定义——菅丰"新在野之学"的倡导与实践》，《民俗研究》2017年第3期。

学'，这应该成为今后日本民俗学前进的方向之一。"[1]

三、经世济民的民俗学理想

菅丰的"新在野之学"对民俗学者的社会实践提出了很高的要求，对于普通民俗学者来说，甚至可以用"太高了"来形容这种要求。虽然菅丰本人在新潟县小千谷市东山地区斗牛习俗的恢复和再造过程中扮演了极重要的角色，亲身践行了他的公共民俗学实验，深受东山地区的民众欢迎，但这种实践活动是很难复制的。能像菅丰一样具有充足的财力、充沛的精力、打鸡血般热情的民俗学者毕竟凤毛麟角。所以说，菅丰的提倡，更多的是表达一种理想，指出一个努力的方向，实际上很难大面积推广。

不过，菅丰的新在野之学得到了中国学者吕微的激烈赞同。吕微是2002年开始的学术革命"民间文化青年论坛"的主要发起人之一，也是这场学术革命的精神领袖。可能在许多同行看来，菅丰的"新公共民俗学"和吕微2014年以来大力倡导的"实践民俗学"八竿子打不到一块，但细细一想，两人之间至少有三点共通之处。

（一）两人都有经世济民的崇高理想

吕微在与我和陈泳超的通信中说："如果学术规范是冷的一面，那么人文关怀就是其热的一面。"[2] 用吕微的"冷热观"来观照福田与菅丰，那么，福田维护的是科学精神、学术规范的冷的一面，菅丰倡导的是人文关怀、社会实践的热的一面。吕微把我视作典型的科学主义者，那自然是冷的代表（正如吕微所言，如果需要在福田和菅丰之间站队的话，我可能是站在福田一边的）；他和户晓辉这些提倡爱与自由的"实践民俗学"者，力求通过"新启蒙"而"有用"于其社会理想，自然是热的代表。吕微说："在年轻一代学人当中，重塑'五四'以来中国现代启蒙主义和人文主义民间文学研究那富于批判精神的优良传统正在成为越来越多的年轻学者之间的共识。在经历了新时期纯学术的形式主义研究的纯洁梦想之后，他们再次醒悟了自己的社会责任，他们希望自己的学术研究最终成为对社会'有用'的学问。"[3] 这与其说是对年青一代的评述，不如说是吕微的夫子自道。很明显，吕微将菅丰视作"实践民俗学"的同道中人。而像陈泳超这种

1　[日]菅丰：《民俗学の喜剧——"新しい野の学问"世界に向けて—》，东京大学东洋文化研究所《东洋文化》2012年第93号，第224页。中文由陆薇薇译出。
2　吕微致陈泳超、施爱东书信，2018年11月19日。
3　吕微：《"内在的"和"外在的"民间文学》，《文学评论》2003年第3期。

既用科学精神约束自己，又有适度人文情怀的研究者，则被吕微归在冷热之间。

从另一角度说，虽然菅丰是理论与实践相结合，亲力亲为实践着自己的理念与倡导，而吕微只是在理论上进行艰苦的论证，但两者的立意是一致的。我曾经评论吕微的论文是"虽为民众而写，却不是写给民众看的"，吕微认为"这句话说得真好"，他进一步解释说："科学的理论例如电学，不是每一个普通人都能够懂得的；但电学的成果，今天的每一个普通人都在享用，我们不是每天都在开、关电器吗？我们不是非懂了电学才会用电器。所以，学术不一定非要通俗地深入民间，特别是人文学科，最需要的是转化为制度设计，让每一个普通人都能够享用其成果。"[1]吕微是试图从制度层面、宏观层面来影响社会，着眼于长期的渐进效应，而菅丰则倾向于从效用层面、地方层面来改造社会，着眼于当下的实际效果。吕微侧重形而上，菅丰侧重形而下；吕微侧重经世，菅丰侧重济民。

（二）两人都对民俗学的政治化倾向保持高度的警惕

菅丰以在野的姿态，明确表达了学问的民间性、利民的实践性，以及民俗学在权力、权威、官学诱惑下的不妥协态度。菅丰以德国民俗学与日本民俗学的对照为例进行了说明。部分民俗学者在纳粹德国时代成为服务于国家社会主义的御用学者，加入了纳粹党并进行了有助于纳粹国策的研究，战后，德国民俗学者进行了深刻的反省，对民俗学的政治性进行彻底的自我批判，并着手于新的民俗学再建构。而日本民俗学虽然没有直接服务于军国主义，但是柳田民俗学具有创造帝国日本之"国民"的意图，可说与当时的政治状态不无关系。按理说，日本民俗学也应该对此有所反省，但事实上，"日本民俗学并没有以德国民俗学展开的强烈反省以及全面的学术重建为经验，对民俗学的政治性问题仍然延续着迟钝的状态。现在，这种状况在积极地不断地推进教科文组织的非物质文化遗产保护的运动之中，可以说更进一步地趋向于恶化"，因此菅丰认为："一直以来民俗学者轻率地毫无清醒认识地参与文化保护政策的行为是应该被否定的。在文化保护的名义背后隐藏着的观光主义和民族主义，致使民俗从当地居民拥有的事物转变成为外来相关力量的事物。"[2]不过菅丰也指出，完全脱离官方的民俗实践是不现实的，因

---

[1] 吕微致陈泳超、施爱东书信，2018年11月15日。
[2] ［日］菅丰著，陈志勤译：《日本现代民俗学的"第三条路"——文化保护政策、民俗学主义及公共民俗学》，《民俗研究》2011年第2期。

而主张"一方面与当地进行互动,另一方面与政府进行沟通"[1],为了当地民众的幸福,官民是可以有限合作的。

吕微对于官民合作的警惕性似乎更高一些,他说:"我对目前中国民俗学的现状就持这样的看法:走的是一条官学、经学之路。从立场上看是权力认同的官学;从方法上说是单纯使用分析方法的经学。所以,我才会不断地提到'反对社区主义'的命题。民俗学的原罪,过去是服务于国家意识形态,现在是服务于联合国意识形态。这说明,原罪仍在我们的内心但我们却仍不自知。"[2]

(三)两人都对民俗学的未来发展有强烈的责任感和使命感

我清楚地记得在菅丰与福田论辩的提问阶段,有一位女性民俗学会会员不客气地质问菅丰:"如果你不同意福田先生对民俗学的定义,那你为什么要从事民俗学,你为什么不去干点别的。"菅丰对此作了长篇答复,但我只记住了一句:"这是我的责任!"

菅丰在本次论辩和后来的论文中不断提及责任、目的、使命等话题,比如他在倡导公共民俗学的话题中说:"正因为是凭借田野调查对地方社会具有深入了解的民俗学者,才有可能理解地方民众对于地方文化的想法和价值观,才能够把他们的想法和价值观向地方内外的社会进行广泛的传播。对这些难题进行挑战,建立新的公共民俗学,可以说是现在的民俗学者的使命。"[3]

吕微则被陈泳超视为有"大愿心"的人文学者:"吕微是从根子上主动设定自己的学术就是为'他们'而写,'他们'不是有血有肉的某些人或区域社会,而是抽象的民众全体。吕微是想'为天地立心,为生民立命'……这需要有'虽九死其犹未悔'的大愿心。"[4]吕微承认这是他的追求,他说:"我经常问,我这么努力地说道理,怎么一遇到具体问题,仍然'现实判断会出现偏差',而我说的道理全都不管用呢?答案只能是,大家最多只是口头上接受了'本体价值观',而内心里并没有真正地接受。"[5]

正是这种强烈的责任感和使命冲动,赋予了菅丰和吕微以挥斥方遒、指点江山的勇

---

[1] [日]菅丰、张帅、邢光大:《公共民俗学与新在野之学及日本民俗学者的中国研究——东京大学东洋文化研究所菅丰教授访谈录》,《民俗研究》2017年第3期。
[2] 吕微致陈泳超、施爱东书信,2018年11月17日。
[3] [日]菅丰著,陈志勤译:《日本现代民俗学的"第三条路"——文化保护政策、民俗学主义及公共民俗学》,《民俗研究》2011年第2期。
[4] 陈泳超致吕微、施爱东书信,2018年11月16日。
[5] 吕微致陈泳超、施爱东书信,2018年11月17日。

气和底气,敢于举起"新公共民俗学"和"实践民俗学"的旗帜,向整个民俗学界发起挑战和倡议。无论成功或者失败,虽"九死其犹未悔"。

四、"宏大理论"与"低微理论"

对于民俗学未来与出路的焦虑,不止发生在中国和日本,也发生在美国。美国民俗学会 2004 年的年会上,阿兰·邓迪斯(Alan Dundes)受邀在全体大会上做了题为《21 世纪的民俗学》的主旨演讲。他开门见山地说:"21 世纪之初的民俗学状况令人感到烦恼不安。全世界的民俗学研究生课程都遭到了废除或严重的削弱。哥本哈根大学一度颇有声望的学术课程不复存在。在德国,民俗学课程项目为了变得更加以民族学为中心而修改了其称谓(Korff, 1996)。甚至在赫尔辛基这个众人向往的民俗研究圣地,赫尔辛基大学的研究生课程名称也做出了改变。"[1]

对于美国民俗学的衰落,邓迪斯给出的令人尴尬的诊断是:"第一个也是最主要的原因是我们可称为'宏大理论'的创新持续缺乏。""尽管我们有丰富的图书馆资源和无穷的、拥有令人眼花缭乱的各种数据库的信息技术,美国民俗学家却几乎没有对民俗理论和方法做出贡献。"邓迪斯警告说:"没有这种或其他的宏大理论,民俗文本将永远只是有少量或根本没有实质性内容分析的文选。每当未经分析的民俗汇集又一次被发表时,民俗学者作为简单的收藏家、痴迷的分类员和档案管理员的刻板印象就又一次得到强化。"[2]

可是,邓迪斯的观点遭到了包括鲍曼在内的多数美国民俗学者反对。其中,多萝西·诺伊斯(Dorothy Noyes)就认为:"宏大理论为他自己建构了宏大的对象:人类本性和社会本质等等。民俗学没有与社会学、心理学或人类学竞争的资源。我们的历史只留给我们一个更小的花园来培育。"[3] 言下之意,民俗学的小花园里不可能培育出遮天蔽日的参天大树。因此,诺伊斯提出了一个"低微理论"的概念。她强调说,民俗学的花园虽然不大,但也不是不毛之地,主流人文学科的建造者们曾经弃置的石头正是我们建构

---

[1] [美]阿兰·邓迪斯著,王曼利译:《21 世纪的民俗学》,载[美]李·哈林编,程鹏等译《民俗学的宏大理论》,上海社会科学院出版社,2018 年,第 3—4 页。
[2] [美]阿兰·邓迪斯著,王曼利译:《21 世纪的民俗学》,载[美]李·哈林编,程鹏等译《民俗学的宏大理论》,上海社会科学院出版社,2018 年,第 8、10、15 页。
[3] [美]多萝西·诺伊斯著,王立阳译:《低微理论》,载[美]李·哈林编、程鹏等译《民俗学的宏大理论》,上海社会科学院出版社,2018 年,第 97 页。

民俗学大厦的基石，他们眼界未及的剩余物、意外和间质给了民俗学足够的施展空间，"我们的训练更有助于批判而不是建构宏大理论。不过同时我们可以继续研究宏大理论和地方阐释之间的中间区域。"[1]

在李·哈林编的《民俗学的宏大理论》一书中，美国民俗学者们热烈地讨论着一系列关于"理论"的问题，学者们提到的相关概念，除了宏大理论和低微理论，还有强势理论、一般理论、浅显理论、弱理论、修复理论、批判理论、阐释理论、本土理论、外部理论等等，每一个人都希望从各自的角度说明理论具有多样性，没有宏大理论的民俗学是合理合法甚至必然的。

那么，理论到底是什么？这是一个已经被学界和媒体用烂了、每个人脑袋里面都已经形成了自己的感性认知，再也无法取得共识的概念。一般来说，理论被认为是揭示事物运行规律或隐性特征的一种知识体系，它不是简单观测、说明的显性知识，而是运用一套独特的概念、原理而阐释的知识发明，对同类现象具有普遍的解释力。但是，即便是这样的看法也很难取得共识。

由于文化历史的差异，各国学界对于理论的理解也大相径庭，正如菅丰所说，中日民俗学之间，围绕着所谓理论追求，存在着不可通约性。日本学者对于理论的设定和要求比较高，菅丰认为："日本民俗学除了柳田国男的调查资料论（重出立证法、周圈论等）以外，并没有得出像样的理论。而柳田的那一套，在今天看来根本算不上理论。"如果连柳田那一套都算不上理论，其他人的就更不用说了。要求太高，学者们知道高攀不起，理论追求的动力自然就弱了。相反，中国学者对于理论的设定和要求比较低，因而理论追求的动力也强劲得多，各种项目申报书、用稿要求、开题报告、评议意见，都会要求说明"理论贡献""理论意义"，于是，赶鸭子上架，大凡观点、主张、见解、倡议、视角、方法等等，只要不是具体事项的纯实证研究，都被称作"理论"或"理论研究"。

美国学者对理论的认识似乎介于中日之间，因而更加复杂。为了调和不同理论诉求的分歧和矛盾，学者们试图对理论进行再分类。邓迪斯将他所推崇的理论称作宏大理论："真正的宏大理论能使我们理解那些如果没有该理论就令人十分费解或无法破译的

---

[1] [美]多萝西·诺伊斯著，王立阳译：《低微理论》，载[美]李·哈林编，程鹏等译《民俗学的宏大理论》，上海社会科学院出版社，2018年，第99页。

资料。"[1] 也就是说，能够用来解释越广泛现象的理论就越宏大，如过渡礼仪、历史——地理学方法、故事形态学、顺势巫术法则等等。相应地，那些只能用来解释局部、个别、特定现象的知识则被视为低微理论、本土理论。而那些感性特征明显，允许不断质疑和修订的理性认知，则被视为弱理论、修复理论。借助这样的一系列定义，理论也被分出了三六九等，有了"高帅富"和"矮矬穷"，民俗学者自觉地把自己的工作归入后者，然后声称："它也许是低微，但我们有一个就是存在在那儿。我们这里有理论，不需要去指望着宇宙的或者学术的明星来拯救。"[2]

在一个学科的建设中，宏大理论是否必需？许多学者给出了否定的回答。20世纪中期，美国民俗学经历过一番与日本民俗学几乎一模一样的"学院化"道路，以多尔逊（Richard Mercer Dorson）为代表的一批民俗学者，先后借助国家防卫教育法案的拨款、福特基金会的支持，以及20世纪70年代印第安纳大学文理学院本科生课程调整等时机，及时抓住机会，做出调整，努力推进专业民俗学机构的建设，团结、培养了大批学院派的新生力量[3]。与此相应，他通过边界限定，对商业化的、大众媒体的、猎奇的、哗众取宠的民俗调研，以及来自其他学科的、对民俗浅尝辄止的学者进行妖魔化，将之定义为"伪民俗学"，划定并捍卫了民俗学的边界，纯洁了民俗学的学术队伍，制造了美国民俗学的黄金时代。"多尔逊声称，民俗学的命运取决于对特定研究对象、研究方法、职业团体、文本材料和专业系科的排外性认同，而不取决于理论。"[4]

从中国民俗学的发展历史来看，可以称得上宏大理论的，除了学科发轫时期基于"层累造史"而形成的"历史演进法"，我们别无所有。但是，民俗学依然在钟敬文以及他的后继者们手上蓬勃发展起来。中国民俗学进入21世纪以来的鼎盛局面，主要不是基于内部的理论建设，而是基于外部的社会需求——非物质文化遗产保护工作对民俗学的需求。正如陈泳超所说："新世纪以来对民间文学/民俗学学科有全局性影响的有两件事情：一个是'非遗'运动，它为民间文学/民俗学带来的是契机也好、转型也好，

---

1 [美]阿兰·邓迪斯著，王曼利译：《21世纪的民俗学》，载[美]李·哈林编，程鹏等译《民俗学的宏大理论》，上海社会科学院出版社，2018年，第11页。
2 [美]多萝西·诺伊斯，王立阳译：《低微理论》，载[美]李·哈林编，程鹏等译《民俗学的宏大理论》，上海社会科学院出版社，第100页。
3 参见崔若男《多尔逊与美国民俗学学科的发展》，《民间文化论坛》2015年第3期。
4 [美]查尔斯·L.布里格斯著，邵文苑译：《规范民俗学科》，载[美]李·哈林编，程鹏等译《民俗学的宏大理论》，上海社会科学院出版社，2018年，第167页。

甚至是一个很大的冲击也好，总之它对当下整个学术走向发生了极大的影响，这是学科外部的。而学科内部呢？我认为就是新世纪初的'民间文化青年论坛'。"[1]

我们再放眼看看国内的兄弟学科，古代文学专业有"宏大理论"吗？答案当然是否定的，可是，古代文学的学科地位却稳如泰山。20世纪90年代以来，甚至不断有学者呼吁取消文学理论这门基础学科，但是，从来没有人动过取消古代文学学科的念头。没有宏大理论，古代文学研究为什么还能长盛不衰？一个最重要的理由是：社会需求。古代文学是国家精神文化的重要组成部分、国家认同的重要载体，无论国民教育、审美教育还是人格塑造等，都离不开古代文学的学术滋养，其文化形态在今天仍有强劲的需求和旺盛的生命力。古代文学没有宏大理论，但有宏大需求。

需求永远是第一位的，也是影响我们学科兴衰的决定性因素。有了需求才有问题（选题），有了问题才有对象（材料），有了对象才谈得上理论或者方法。反过来看，理论是统摄材料的，材料是围绕问题的，问题是因社会需求而产生的。宏大理论固然重要，但并不是必须的，只要问题明确、逻辑可靠、方法合理，没有宏大理论一样能产出好的成果。

每个国家的学术传统都不一样，中国学术界虽然非常重视和强调理论，可是，由于中国学界对于理论的门槛放得特别低，应用面铺得特别广，我们的研究、评论、思考、阅读，乃至生活实践，无时无刻不处在各种大大小小的理论框架之中，"无论是被公认为常识性知识的一部分，还是作为学术知识入门的精心设计的专门领域，采用任何解释框架为视角都是初步接触理论的一步"[2]。借助泛理论的眼光，我们甚至可以认为，每一条民间谚语都是民众生活实践中的一则弱理论。当理论被视作学术研究的空气和水的时候，理论研究就获得了至高无上的地位，但这种地位也像空气和水一样，触手可及，一点也不稀罕。

理论的界限到底应该划在哪里？这也是一个仁智各见的无解难题。菅丰对理论的门槛定得比较高，他说："柳田的那一套，在今天看来根本算不上理论。"这个观点恐怕多数中国学者都不认可，但是，如果我们说"地球绕着太阳转，这个知识根本算不上

---

[1] 陈泳超：《闭幕式总结发言》，北京大学中文系"从启蒙民众到对话民众——纪念中国民间文学学科100周年国际学术研讨会"，2018年10月22日。
[2] ［美］基林·纳拉扬著，唐璐璐译：《"换言之"：重铸宏大理论》，载［美］李·哈林编，程鹏等译《民俗学的宏大理论》，上海社会科学院出版社，2018年，第155页。

理论",恐怕很多人都会同意。后者虽曾是惊世骇俗的宏大理论,但对于今天的我们来说早已成为常识,几乎没有人会把它当作一种理论来看待。那么,对于日本学者来说,"柳田那一套"也已经成为常识,不再被菅丰视作理论也就可以理解了。

在什么是理论的问题上,我是赞同菅丰的。学术研究必须有门槛,学科必须有边界,理论当然也该有门槛和边界。刘魁立曾经在多个场合说过:"当什么都是民俗的时候,民俗学就什么都不是了。"同样我们也可以说:"当什么知识都是理论的时候,理论就什么都不是了。"理论是专业性的知识发明,理论研究必须是前沿性的、针对未知世界的、尚未成为公共知识的、有待于进一步讨论和修正的探索和发现。那些已经取得共识的理论命题,如果我们的研究不能进一步推进其深化,或修正其偏差,无论选题多高尚、龙门阵摆得多玄乎、用了多少深奥的理论词汇,充其量只是重做了一道"理论练习题"或"理论应用题"。

五、如果把民俗学比作一条船

对照日美,反观中国现代民俗学的发展道路,我们就会发现,虽然国情和体制大相径庭,但是大家都有一个共同点,都受到了社会需求的巨大制约,都在社会进程的大潮中不断调整自己的生存策略和发展方向。比如,在学术与政治的关系上,"多尔逊努力在大学内把民俗学系科化的努力与民族主义的诉求密切相连。在冷战的意识形态下,因为民俗学被认为是有利于国防的学科,印大的民俗学受到国家防卫教育法案提供的资金资助"[1]。

我相信,多尔逊的学科发展之道在菅丰和吕微看来,一定是需要批评的,正如吕微在《"内在的"和"外在的"民间文学》中批评钟敬文对民间文学的定义过于意识形态化和政治化一样。

批评当然是应该的,学术政策需要接受理性批评的制衡;但存在也是合理的,世上没有真正的纯学术,适应性策略有助于推动事业的发展。虽然多尔逊本人就坚持民俗学的纯学术道路,坚决反对纯学术之外的任何民俗学活动,但在后人眼中,多尔逊却是一个比民族主义更狭隘的意识形态捍卫者。同样,钟敬文也是一个以学术本位自诩的民俗学者,但在吕微眼里,钟敬文也受到了意识形态的浸染。吕微认为自己是一个纯学术

---

[1] 彭牧:《实践、文化政治学与美国民俗学的表演理论》,《民间文化论坛》2005年第5期。

的爱智者，他说："1990年代在妙峰山的一次会议上，乌丙安主张民俗学应该注重应用，我反对。我那时是一个纯粹的爱智者，主张纯学术。钟老是中间派，从总体上同意民俗学最终应该应用，但主张在研究之前和之中，不应该有功利考虑，对我表示了一定的同情。"[1]但是，今天的吕微却正在致力于把自己的民俗学理想推向整个民俗学界，乃至整个社会，这点跟菅丰也有相近之处。正如前文所述，他们都有经世济民的理想，可是，谁又敢说吕微和菅丰的理想就不是一种意识形态，不是一种政治呢？科学社会主义本来也是一种学说，但当它走向社会实践的时候，它就成了政治。

从学科本位而不是学术本位的角度看，如果没有多尔逊、钟敬文们的努力，也许民俗学科早就没落甚至退出大学学科目录了。民俗学本来就是应时势需求而产生的，因此，随着社会时势变化、需求变化而调整也就成为题中应有之义，否则就如福田所言："日本民俗学如果已经不为时代所需要，无法适应时代，那么'理应消失'。"相反，理论民俗学者想通过"完美"的理论推想，为"未来民俗学"论证出一个颠扑不破的存在价值，指出一条光明正确的金光大道，即便不说徒劳，至少也是没什么实际效用。这就像邓迪斯，虽然激情高呼"民俗万岁！民俗学万岁！美国民俗学会万岁！"[2]，但是，不顶用的。

并不是说"民"永远存在、"俗"永远存在，民俗学就会永远存在，不是的。中国民俗学如果不能适应时代变化，抓住时代需求，适时调整自己的项目和选题，一味地拒斥政治和体制的需求，坚持与政治的不合作态度，恐怕就只有一条必然的"消亡"道路。事实上，接受政府项目，通过项目提出建议，帮助政府在具体事务中做出更科学、更合理的决策，也应该是民俗学经世济民的有效途径之一。

菅丰式的新公共民俗学在当代中国几乎是不可能推广实施的，目前中国似乎还没有一个民俗学者能像他那样深入对象田野，融入社区践行"介入式的日常实践"。菅丰的倡导对于我们来说只具有借鉴意义，可以当作一面镜子、一种理想，用以自省和自勉。吕微的倡导就更是理想主义了，实践民俗学何时化作民俗学实践，目前看还遥遥无期。尽管如此，菅丰和吕微的工作依然是值得我们学习和尊敬的，正如理想国虽然遥远，但它为我们指出了一个可能的方向，提出了一套理想的方案，鞭策着我们助力

---

1 吕微致陈泳超、施爱东书信，2018年11月20日。
2 ［美］阿兰·邓迪斯著，王曼利译：《21世纪的民俗学》，载［美］李·哈林编，程鹏等译《民俗学的宏大理论》，上海社会科学院出版社，2018年，第42页。

前行。

　　进入 21 世纪以来，中国民俗学者正在努力适应"项目化生存"的高校管理体制，积极申报各种"国家课题"和"地方项目"，为社会治理献计献策，努力向非物质文化遗产、新型城镇化、"一带一路"、乡村振兴、乡愁文化等政策性项目靠拢。这与其说是取悦政治，不如说是为民俗学科寻找客户资源——解决民俗学的"社会需求"问题，因此也可以视作一种中国特色的、项目制的公共民俗学。这些学者充实了学科的生存资本，在制度化的学术格局中为民俗学拿下了更多订单，争取了更多需求。

　　民俗学是一门发现和描写民众在特定社会关系中的习惯性行为，进而理解其背后的习惯性思维的一门学问。对于有些学者尤其是地方民俗学者来说，如实地将民众的习惯性行为记录下来，整理成民俗志，完成到这一步就可以了，但对于另外一些学者尤其是学院派民俗学者来说，仅仅描述是不够的，他们会进而试图勾勒其结构规律、理解其文化意义、寻找背后的动力机制。但是，有些学者到此仍不止步，他们还想启蒙民众，用纯粹实践理性来分析民俗文化的伦理价值，制定民俗生活的形式规则，引导民众运用实践理性决定在特定情势下应该采取何种行为方式。从学科贡献的角度看，三者之间似乎没有价值高下，但如果从"皮"和"毛"的关系来看，我们甚至可以认为：民俗志书写是"皮"，是民俗学赖以存在的基础文本，没有民俗志就没有民俗学；理论民俗学是"毛"，虽然华丽精致，但必须依附于民俗志而存在，也即所谓"皮之不存，毛将焉附"。

　　如果我们把民俗学比作一条船，那么，船上必然有人掌舵、有人划桨、有人打鱼、有人掌厨，这是一个互为存在依据的共同体。掌厨的千万不要以为是自己养活了整船员工，也不要嘲笑打鱼的功利、划桨的技术含量低，更不能号召大家一起来跟你学掌厨。我们可以想象一艘所有船员都是大厨的船，恐怕最终只有沉沦的命运。所以说，同行之间的学术批评不应针对学术取向和选题，有效的学术批评应该针对作为"普通的学问"中那些有违学术规范、学术伦理，或者有助于提升操作水平的具体问题，诸如问题是否明确、田野是否扎实、抽样是否有效、材料是否充分、逻辑是否严密、论证是否可信、条理是否分明、观点是否原创、引述是否规范、评述是否公允、结论是否可靠等，而不是打击同行的研究领域、学术流派或书写范式。不同价值取向的民俗学者本来就是互相依存的"皮"和"毛"，大家只有同舟共济，皮不笑毛虚，毛不嫌皮厚，才能让自己和同行都变得更强大、更安全，让民俗学这艘船走得更稳、更远。

相对于日美民俗学，中国民俗学的研究对象更多样、学者成分更复杂、政策影响更深刻、意识形态更明显。钟敬文先生在世的时候，曾经对民俗学的未来有过多次规划，也有过许多倡导，现在回头再看，这些规划和倡导几乎都落空了。因为学术发展从来不是对预设目标的接近，而是对既有范例的延续和改进、对危机范式的反叛和突破，只能"按我们确实知道的去演进"[1]。

中国民俗学从业者众多（截止到2018年，仅中国民俗学会会员即多达2600余位），每一位从业者都有自己的兴趣和专长，你可以用自己的学术魅力去吸引部分目标追随者，但无法替整个学科预设未来，也不可能给所有学者指明出路。我们应该将"学术多样性"理解为中国现代民俗学的一项基本特性。中国民俗学只要能适应时代需求，与时俱进，不同学术取向的民俗学者彼此同舟共济，虽不可通约，但相互包容。我们有理由相信，自由的学术生态必然会产出丰硕的学术成果，不需要人为引导，也不需要扬鞭策马。

---

1 施爱东：《钟敬文民俗学学科构想述评》，《民间文化论坛》2004年第4期。

灾害民俗志：灾害研究的民俗学视角与方法[1]

王晓葵[2]

一、引言

经典民俗学把跨世代的、非一次性的、类型化的、反复循环的传承性行为作为自己的研究对象，比如春节习俗、祭祖仪式等。战争、灾害这样的一次性的、偶然发生的"事件"，很难进入民俗学研究的视野。

但是，当"事件"过后，作为记忆的载体储存下来的空间构造和仪式性行为，以及相关的口头传承，却是民俗学擅长分析和解释的对象。由此，当"事件"通过"记忆"转换成"传承行为"，而成为民俗学关注的对象的时候，民俗学就有了关注灾害这样的社会重大问题的契机。

2005年，日本民俗学家樱井龙彦发表了《灾害民俗学的提倡》，提出了民俗学研究灾害的三个视角。"第一类是以'故事'或者'传说'的形式流传下来的神话、传说、谚语等'口头传承'，它有别于用文字记载的历史性记录资料；第二类是为了不让灾害的经验风化，以一种可视的形式来记录保存的纪念碑等'纪念物'；第三类是供奉灾害遇难者灵魂的'慰灵祭祀'、表彰救助受灾人员的英雄的'纪念仪式'，以及为了避开灾难所用的'咒术'等。这些'祭祀'伴随着定期的重温灾难记忆的'仪式'，成为提高当今人们防灾意识的一个好机会。"[3]另一位日本民俗学家野本宽一在2013年出版的《自然灾害与民俗》中介绍了地震、火灾、台风、泥石流、洪水、霜冻等灾害在日本民

---

1 刊于2019年第5期。
2 王晓葵（1964— ），日本名古屋大学学术博士，南方科技大学社会科学高等研究院教授。
3 ［日］樱井龙彦著，陈爱国译：《灾害民俗学的提倡》，《民间文化论坛》2005年第6期。

间传承中的反映。

透过樱井龙彦和野本宽一的研究，我们可以了解民俗学研究灾害的基本视角：通过口头传承、纪念物及其空间、纪念仪式这三个维度来揭示灾害记忆的传承与变迁，并通过分析这些传承的意义和价值，探讨传统的地方性知识对防灾减灾的意义和价值。十多年来，沿着这个研究范式，中国和日本，出现了很多对灾害空间建构、仪式行为以及口头传承研究的成果，这些都为灾害民俗学在中国的发展做出了贡献。

近年来，民俗学界开启了对经典民俗学注重传承事象研究的反思，认为在高速发展变化的现代社会，原有的传承概念已经无法有效分析人们生活中发生的诸多事象。日本民俗学家岛村恭则将作为民俗学研究对象的"民俗"定义为"在作为生存世界的'生世界'中产生并活态存在的经验、知识、表现"。具体来说，"处于作为生存世界的'生世界'之外的，不是'民俗'。如果其被导入作为生存世界的'生世界'，并在其中活态生存，那么便成为了'民俗'。同理，在作为生存世界的'生世界'之中活态生存过的事物，如果不再活态生存于其中，便也不再是'民俗'了"。[1]

岛村新的民俗定义，最本质的部分是将原有的静态的、固化的传承性事象的民俗学研究，转变为对动态的常识体系的研究。这个常识体系包含了"经验、知识和表现"，它存在于人们的生存方式与生命认知的集合体之中。为了建立稳定的可以把握的生活实践模式，人们需要不断将新的知识和经验，纳入自己的"生世界"中来，我们认为，这也是建立自己的"常识体系"的过程。

我们认为，将民俗学上述的新思考，纳入灾害研究中是必要的。因为已有的关于灾害的口头传承、记忆空间，以及仪式性行为的调查和研究，其重点是在对过去的灾害传承进行分析，在当代社会，那些与传统样式灾害有关的传承，虽然还有遗存并发挥着作用，但是，和工业化时代之前的社会相比，有关灾害的知识、经验和表现都发生了巨大的变化。用传统的传承概念来分析，有很多现象难以解释，比如灾因论，以前的神话传说式的解释、天谴论式的道德论断，已经被地质学、气象学等科学知识取代。与此相应呈现为口头传说化、宗教性预言叙事的传统灾害记忆模式，已经被体验叙事和科学解释话语等取代。但是，传统的叙事框架并未因此消失，两者并存在当下的灾害记忆之中。当"科学的"灾害解释框架成为我们生活中的"理所当然"的时候，如何理解传统的灾

---

[1] [日]岛村恭则著，王京译：《社会变动、"生世界"与民俗》，《民俗研究》2018年第4期。

害解释框架和记忆模式依然有其生命力，便成为一个新的课题。

分析特定时代的灾害常识体系的形成，民俗志方法是非常有效的。一般认为，将知识变成常识，将技能变成本能，是人类获得稳定生存状态的基本条件。它是一个相对稳定的动态过程。好像一个水池，水面下有进水口和出水口，表面看起来池水是安静不动的，但是下面进出口在不断地进行着新陈代谢。我们的经验常识体系，就是不断有新知融入，过时的知识技能被忘却舍弃，从而保持了一个有效的、能应对生活世界各种要求和挑战的常识结构。灾害的常识也是如此。套用岛村的民俗定义，是人们不断将有关灾害的经验、知识和表现，纳入灾害的常识体系中来，形成应对灾害的新的常识系统。这个过程的分析，需要对相关的细节进行参与观察和访谈记录，才能获得可靠的资料。

二、灾害常识体系形成——以空间建构为例

灾害常识体系的形成，是人类应对灾害、理解灾害、接受灾害的必然过程。其方式有多种，比如灾害记忆空间的建构，人们为防止灾害记忆的风化，建立警示碑和纪念碑，其主要作用在于传达灾害信息以及追悼死难者。位于日本东北地区的"大津浪[1]纪念碑"，就是一例（图1）。当地人在经历了明治二十九年（1896）和昭和八年（1933）的两次海啸袭击之后，在水位的最高处留下了此碑。碑文告诫人们，不要在这个石碑立碑处以下建造住房。在过去的海啸中，已经有村毁人亡的惨剧发生：

> 大津浪纪念碑
> 高台建房，子孙和乐
> 勿忘惨祸，海浪滔天
> 此碑之下，勿建家屋
> 明治二十九年、昭和八年、大海啸涨水水位到此，全村尽毁，幸存者前2人，后4人，逝者如斯，后人谨记。

---

[1] 即海啸。

图 1　大津浪纪念碑[1]

这类警示碑，作为灾害信息的发信源和灾害记忆的生成装置，一直被有效地沿用到现在。2011 年发生的东日本大地震的灾害现场，当地居委会设立了一个"东日本大震灾教训碑"（图 2），碑文如下：

东日本大震灾教训碑

平成二十三年三月十一日下午二时四十六分，观测史上最大的大地震袭击了日本，之后不久，就在这个碑的正下方，巨大的海啸袭来。

尾崎白滨町内，有二十二户房屋被冲走，四位町民丧失了宝贵的生命。

后人切记：

大震之后必有大海啸袭来。

切勿犹豫，迅速向高处转移。

绝不要折返回来。

平成二十四年六月十五日

尾崎白滨町内会[2]

---

[1] 如没有特别说明，图片均为笔者拍摄或提供。
[2] 町内会是日本住民自我管理的社会组织。类似于中国的居委会，但是不属于政府行政机构。

图 2　东日本大震灾教训碑

　　从功能上来说,这个东日本大震灾教训碑既有记忆灾害和纪念死者的功能,又提供了灾害发生时救生的经验。这个经验和大津浪纪念碑都强调了应对海啸,"往高处去"的重要性。而东日本大震灾教训碑碑文的最后一句,"绝不要折返回来",是在这次东日本大地震的惨痛教训基础上总结出来的。海啸袭来的时候,有的人本来已经登高脱险,但是,突然想到家中还有老人,还有祖先的牌位,或者别的重要的物件比如银行存折、印章等。有人又折返回去,结果遇难。

　　由此可知,在立碑这个日本灾害传承之下,日本社会不断将新的经验和知识加入灾害的常识系统中。这样可以保证这个系统的有效性。

　　警示碑、纪念碑承担了将灾害信息传达给社会的功能,因此需要在空间选择上有所考量,一般都选择在日常的生活空间。比如图3,是日本东北地区的一个交通要道的拐角处。人来车往,经过这里的人们都可以看到树立在这里的明治时代、昭和年间,以及这次平成二十三年(2011)东日本大地震的纪念碑。最新的五面碑体上,镌刻了当地中小学生撰写的灾害体验,其中既有对失去同学的思念,也有对这次地震海啸的人生感悟。还有的提醒人们加强防灾意识。这个名为"将大海啸传承下去"的碑群(图4)和过去的同类纪念碑的一个不同之处,是将普通人的灾害体验作为构建灾害记忆的材料,在这个记忆空间中表象出来。我们不难想象,这些碑文的作者们,在和自己的朋友、亲人在日常会话中,会谈到这个碑的存在,甚至会带领或介绍他们来看,将来还有可能告知于自己的子孙后代。这些日常性的行为都在无形中强化了这个记忆表象装置生产—消费灾害记忆的能力。

图 3 明治—平成海啸纪念碑群

图3正面左侧的是明治二十九年的海啸纪念碑,中间的是昭和八年的海啸纪念碑,最左边的五个黑色的纪念碑,则是为了纪念2011年的东日本大地震竖立的纪念碑。有关碑群的说明告知我们,明治和昭和的纪念碑,是从别处移过来的,不同年代的纪念碑放在一起,形成了一个时间连续性的链条。地震和海啸的信息,以及相关的逃生经验,人生的感悟等,都在这个空间实现了生产和再生产。

图 4 "将大海啸传承下去"碑群

三、灾害记忆表象化过程的动态分析

任何带有主体意识的表象化操作，都伴随着意义的生成与价值的判断，灾害记忆的表象也是如此。表象的主体和消费的主体如果一致，意义和价值的共享程度高，产生对立和矛盾的概率就低；相反，如果意义的建构者与消费者产生理解的错位而导致空间意义与价值的双重性呈现，对立和矛盾就会产生。研究汶川大地震灾后重建中空间意义认知问题的雷天来讨论了汶川地震后，在北川县建造的纪念广场上发生的多种意义的理解[1]。雷天来在调查中，看到 5·12 汶川地震发生后，异地重建的北川县城地理中轴线处建起一处地标式公共纪念空间——北川抗震纪念园。但是，他发现这座抗震纪念园同时拥有两个内涵截然不同的指称。当地人将该园称为"新生广场"，只有在极少数情况（如当地导游词）中，"抗震纪念园"这一指称才会被提及。雷天来认为，就字面意思看，"新生"二字赋予此处空间较为积极向上的空间意象，相反，"抗震纪念"则将该空间与灾害这一类创伤记忆的关联加以明确。

而从空间使用情况看，在当地节庆日（如春节、羌历年等），园内会举办一系列大型庆祝活动，而在非节庆日，几乎在每个傍晚时分，园内都会临时搭建起大面积儿童游乐设施，它们将建筑形制较庄重肃穆的纪念园区"装饰"成一个儿童乐园，数百名孩童穿梭其间，嬉戏玩耍……以上种种现象似乎都与纪念空间这一初始设定相左。

雷天来指出，移居到新县城的北川人选择在新县城外围隐蔽僻静的荒地上进行祭奠活动，当地人选择一处叫"水厂"的地方，作为他们"自己的"祭奠空间。

政府行政部门作为建构记忆空间的主体，将抗震作为这个空间的意义，但是，受灾者则选择了"新生"来消费这个空间的价值。他们在这里游乐和消遣，双方对灾害记忆空间的意义理解和价值判断的乖离，来自不同的主体的对空间的身体感受的差异，其背后也有可能是政治经济社会的结构性原因。

日本学者羽贺祥二调查了 1891 年 10 月 28 日发生在日本中部的岐阜、爱知两地的浓尾地震的灾害表象的变迁史。据史料记载，此次地震造成的灾害重大，其中超过七千人遇难。灾后，岐阜、爱知两县纷纷在本地设立追悼塔与纪念碑等，以悼念遇难同胞、记录灾后的重建过程。其中作为值得关注的哀悼场所之一，便是在地震三周年的 1893

---

[1] 参见雷天来《难以达成的纪念：北川抗震纪念园的空间规划、意象及感知争议》，未刊稿。

年时于岐阜设立的震灾纪念堂。[1]

在对这个震灾纪念堂的建设以及举行的相关纪念仪式、赈灾措施等进行了调查之后，羽贺指出佛教寺院之所以积极参与并主导了这个过程，是因为当时日本社会基督教的影响力在逐渐扩大，佛教和神道等本土宗教有很强的危机感，因此，围绕这个地震的纪念与祭祀，以及记忆空间的构建，表面上是救灾和灾后重建，但其背后有深刻的政治背景。[2]

黄凡考察了通海地震（1970年）五年之后，当地社会围绕这一事件所建构的记忆空间。具体呈现了高大乡五街村修建的"地震历史记载碑"、通海县政府和云南省地震局建立的"通海地震记事碑"和九街乡六一村的"地震记事碑"的建构过程，并对这三个记忆空间进行微观层面的分析。他的研究结果表明，在中国，围绕灾害表象，国家权力的行事是影响其构造的最大力量，地域社会的自我认同，以及特定地域的生活惯习，都对灾害的表象发生影响。[3]

笔者曾经对1976年7月28日发生的唐山大地震和1920年发生的宁夏海原大地震的记忆表象化过程做过追踪研究[4]。结果表明，呈现在特定历史时期的灾害记忆表象，是政治制度、社会结构、文化传统等因素复合作用的结果。对其建构过程的民俗志式的微观考察和描写，不仅可以了解受灾地区和人群在受灾—救灾过程中是如何平复灾害所造成的心灵创伤，重建恢复原有的社会机制，也可以揭示这个社会的政治、经济、文化等多方面的时代特征和地域特性。

上述研究都涉及灾害发生之后如何被表象的社会关系。这是围绕事件→记忆化→传承过程中的价值与意义的生活实践考察。过去的民俗学灾害研究，主要关注有关传承静态收集和呈现，比如对神话传说、谚语，以及纪念空间和祭祀等仪式性行为的调查和描写。而当下的人们如何把过去的灾害事件转换成记忆并传承下去的动态分析，也应该成为灾害民俗学的重要领域。

---

1 参见［日］羽贺祥二《濃尾震災記念堂の建設と維持》，名古屋大学文学部研究论集（史学61），2015年。
2 参见［日］羽贺祥二《一八九一年濃尾震災と死者追悼—供養塔記念碑記念塔の建立をめぐって》，名古屋大学文学部研究论集（史学45），1999年。
3 参见黄凡《通海大地震的"记忆之场"》（未刊稿）。
4 参见王晓葵《国家权力、丧葬习俗与公共记忆空间——以唐山大地震殉难者的埋葬与祭祀为例》，《民俗研究》2008年第2期；《灾害记忆图式与社会变迁——谁的唐山大地震》，载孙江主编《新史学：历史与记忆》第8卷，中华书局，2014年；《"灾后重建"过程的国家权力与地域社会——以灾害记忆为中心》，《河北学刊》2016年第5期。

四、灾害民俗志的可能性

民俗志是对人以及人的文化进行详细的、动态的、情境化描绘的一种方法，探究的是一个文化的整体性生活、态度和行为模式。而灾害民俗志，就是从灾害的视角，探求社会诸因素的整体性构造和细部的特征。同样，对灾害常识体系的形成和特点的研究，灾害民俗志方法也是非常有效的。

众所周知，当今世界，科学知识已经渗透进了大部分社会领域，其他形式的知识即使未被消灭，也极大程度地为科学所替代。在灾害领域，前近代流传的诸如大地是在鲇鱼的背上，鲇鱼翻身引起地震的灾因论，早已被地质学或地震学的相关科学解释取代。各种预报和防灾知识，也都进入了我们的常识体系。但是，与此相对，很多基于身体感受的，无法用系统的概念描述的"无言之知"也依然有必要得到重视。我们认为，科学技术与这类"无言之知"的融合，共同构成了人们的灾害常识系统的整体。

这两种知识系统，一类是现代科学的专门性知识，另一类是身体性的传承，它们具有不同的特点。科学知识的特征，被认为有如下几点：体系化、客观性、社会性、理性主义、数据化、表达的明确化。

而身体性的传承，是基于感性的"无言之知"，具有主观的、个人的、情绪的、感性的、非数据化的特点。在科学主义的时代，探求"无言之知"的灾害民俗志有助于全面理解灾害的全过程，避免灾害过程的刻板印象，把握现场的多样化事实。

例如，在以往的救灾报告中，科学的规范性知识通常报告说，某灾区五万户住宅一年内建造完成，三年之内所有灾民入住新房等。但是，其背后可能存在被忽略的信息，比如确保建设用地过程的矛盾和冲突（灾民与原住民）、分配住房时候的纠纷、新房入住后的适应过程等。

日本学者针对阪神淡路大震灾，在震灾一年后开始了灾害民族志的调查书写[1]。一批人类学家 2008 年和日本放送协会 NHK 电视台，共同展开了一个灾害民俗志的调查[2]。这个调查的主要问题是，"灾害发生的时候，你印象最深的事情，请按照时间序列全部说出来。"调查对象从灾区之一的兵库县西宫市开始，最后涵盖了神户市的救灾人员以及包括在东京的国家领导人和上层官员。其主要目的在于从多种角度获取证言，并

---

1 ［日］林春男、重川希志依、田中聡、NHK「阪神淡路大震災 秘められた決断」制作班：『防災の決め手「災害エスノグラフィー」阪神淡路大震災秘められた証言』NHK 出版，2009 年 12 月。
2 原文是"災害エスノグラフィー"，也可翻译成灾害民族志。

进行多角度分析，以形成"灾害对应的整体面貌"，具体如下：

1. 从受灾者和救灾者的视角来描绘灾害的整体。
2. 从现场相关的人们口中，通过他们自己的语言获取他们的体验。
3. 通过系统整理受灾者和救灾者眼中的灾害图景，更深入理解灾害。
4. 通过揭示灾害现场的"无言之知"和"默契"，来实现更有效的灾害对应策略。
5. 明确灾害现场的人们在解释自己的体验，采取社会化行动时所依据的知识体系。
6. 把受灾者和救灾者的灾害认知，转换成不在现场的人们可以理解的知识体系。
7. 让没有灾难体验的人们，抛弃灾难旁观者的视角，改变无意识中形成的对灾害的刻板印象，真正认识和了解灾害。[1]

在访谈的时候，调查人员侧重于如下四个方面的问题：
1. 下次发生灾害时，你一定会做的事情。
2. 下次发生灾害时，应该努力做得更好的事情。
3. 下次发生灾害时，绝对不能做的事情。
4. 决策决定的时候，最困难的是什么？

在对行政部门、消防队员、警察、参与救助的市民等大量的访谈调查之后，调查人员析出了很多只有在现场才能接触到的问题。一个典型的例子是，调查者问消防队员在震灾期间遇到的最为困难的局面的时候，其回答是，在灾害现场灭火时，遇到灾民求助时候应该如何应对。消防队员在灾区执行灭火任务的时候，常常会遇到灾民请他们帮助挖掘埋在瓦砾下面的生存者。这个时候，他们就面临着两种抉择，坚持职务行为——灭火，还是放下灭火枪去救人。如果救人，可能延烧的火灾会让更多人丧生，可要是拒绝面前求助的灾民，又有一种见死不救的负罪感。这种心理上的矛盾，会长期折磨这些消

---

[1]［日］林春男、重川希志依、田中聪、NHK「阪神淡路大震災 秘められた決断」制作班：『防災の決め手「災害エスノグラフィー」阪神淡路大震災秘められた証言』NHK 出版，2009 年 12 月。

防队员。而这个调查的结果,直接被利用到修正和补充消防队员在未来行动的行为规范之中。

上述的困境,是事前任何一个所谓防灾手册都没有触及的。事实上,任何防灾预案、灾害应对指南等都无法穷尽灾害发生的各种场面和面临的问题。因此,灾害民俗志的调查成果,以它还原出的临场感和基于亲身体验得出的带体温的"经验、知识和表现"对理解灾害和对应灾害的复杂局面,有重要的价值和作用。

灾害民俗志的另一个例子,是日本东日本大地震灾区之一,气仙沼地区防潮堤建设与"和大海共生"的日常生活感之间的对立事件。

在气仙沼,由于史无前例的大海啸造成了巨大损失,政府部门组织了工程专家进行了精密的测算,认为应该在海边修建高12米的堤坝,才能有效地保护住民的安全(图5)。建设堤坝的计划在征询住民意见的时候,因为大灾刚过,人们惊魂未定,所以绝大多数人都投了赞成票。但是,当大坝完成在即的时候,人们发现自己好像生活在牢狱之中(图6)。他们开始思考自己的日常生活感与安全性之间的关系。从渔业生产的条件,比如渔船的出入,以及养殖业生产的便利性来看,住在海边是最好的选择。而且从生活感受来说,漫长的岁月中养成的他们的对"海"的身体感知,他们的日常,就是每天看着潮涨潮落、听着海鸥的鸣叫,感受着咸湿的海风(图7)。在他们看来,大海是有呼吸的,潮涨潮落,就是生命的诞生与死亡。甚至海啸夺取了他们的财产和亲人的生命,他们还是"对大海恨不起来"。这种经过民俗学家和人类学家表象化的渔民们基于身体感受的无言之知,和建筑工学与防灾行政部门基于科学做出的建造堤坝,以抵御百年一遇、千年一遇的海啸的选择,共同构成了灾害常识体系的整体。如果说防潮堤代表着安全与抵抗,那么当地人们对大海的身体感知,则代表着挑战和共生。两者都是人类生活不可或缺的要素。

图5 东日本大地震灾区即将竣工的防潮堤

图 6　防潮堤和居住区的景观

图 7　海啸之前的日常风景

需要指出的是，当初海边的灾民同意修大坝，是基于科学和理性的选择。后来带有某种程度的"后悔"的反思，则是基于他们的日常感知。两者并不对立和矛盾。他们都是人们在不同境遇下应对自己生活事件的正常选择。我们认为，研究灾害的民俗学家，必须对灾害中人们行为的复杂性和矛盾性有足够同情式的理解。如上面的例子，正是土木工程等科学的"知识"与基于生活传承的身体感受"经验"，共同构成了灾害的常识体系。而对这个过程的动态分析和微观考察，以及在此基础上的宏观把握，则是灾害民俗学的魅力和价值所在。

实践民俗学的日常生活研究理念[1]

户晓辉[2]

近几十年来，日常生活受到许多学科不约而同的关注，国际民俗学界也经历了"从遗留物到日常生活的文化研究"[3]转向。日本学者岩本通弥认为，民俗学就是"研究普通人'日常生活'的'民学'"[4]。德语地区（德国、瑞士和奥地利）的民俗学不仅早已转向日常生活研究，而且变换了学科名称。[5]中国民俗学的日常生活转向，在很大程度上是由专门从事理论研究的实践民俗学者来倡导和推动的，其主要目的不是为了赶时髦，而是为了顺应学术思想上的逻辑进程[6]，为了更好地应对时代的挑战。

为此，实践民俗学者没有直接接受德国民俗学的"日常生活"概念，而是先从胡塞尔和康德的哲学立场反思这个概念的理论前提和实践条件，把它从理论概念转变为实践概念，进一步彰显日常生活研究的中国问题。只不过由于实践民俗学者"借鉴的理论资

---

[1] 刊于2019年第6期。本文据作者应东京大学岩本通弥教授的邀请于2017年7月9日在日本民俗学会、2017年中日韩三国民俗学者国际研讨会（会议的主题是"不经意的日常/变动的日常——为何要思考日常，该如何把握它，又该如何记录它？"）上的演讲稿《"日常"概念的中国问题》（以汉语、日语、韩语三种文字发表于日本日常と文化研究会的杂志《日常と文化》2018年第6期，日本株式会社，2018年10月）改写而成。冯莉博士对本文提出的扩充建议，让作者有机会对原稿做出改写，在此向她致谢！

[2] 户晓辉（1966— ），中国社会科学院文学研究所研究员。

[3] 高丙中：《中国民俗学的新时代：开创公民日常生活的文化科学》，《民俗研究》2015年第1期。

[4] 毕雪飞、[日]岩本通弥、施尧：《日本民俗学者岩本通弥教授访谈录》，《民俗研究》2016年第5期。

[5] 参见户晓辉《德国民俗学者访谈录》（《民间文化论坛》，2006年第5期）；户晓辉《日常生活的苦难与希望：实践民俗学田野笔记》（中国社会科学出版社，2017年，第356—360页）；Brigitta Schmidt-Lauber, "Der Alltag und die Alltagskulturwissenschaft. Einige Gedanken über einen Begriff und ein Fach," in Michaela Fenske (Hg.), *Alltag als Politik - Politik im Alltag. Dimensionen des Politischen in Vergangenheit und Gegenwart*, LIT Verlag Dr.W. Hopf, Berlin, 2010。

[6] 参见户晓辉《新时期中国民俗学基础理论研究的逻辑进程》，《东方论坛》2019年第4期。

源以及表述方式，都与中国传统民俗学界的'事象'研究有较大差异，其理论思考与学术关怀并未在民俗学界引起回应"[1]，而且由于"实践民俗学者的关键概念、知识谱系、话语方式、问题意识等迥异于传统民俗学，而他们'传经布道'的通俗化工作还没有来得及全面展开。因此，'实践民俗学'至今仍然没有获得它应得的关注"[2]。

尽管如此，实践民俗学者还是需要把研究理念和学理讲得更加通俗和明白。

生活世界是日常生活的先验基础

1994 年，高丙中没有从德语地区民俗学那里直接接受"日常生活"概念，而是返回它的重要来源即胡塞尔的"生活世界"概念，他认为，"民俗学最初在人世间安身立命的时候，被给予的世界就是专家现象之外的世界，也就是胡塞尔所说的'生活世界'""有了'生活世界'这个完整的概念，民俗学的领域再也不显得零碎了。"[3]他的研究在很大程度上推动中国民俗学在后来十余年里从民俗事象的静态研究转向民俗生活的活态研究，但他和后来一些学者很少对经验与先验、对日常生活与生活世界做清晰的理论划分。[4]到了 2006 年，吕微进一步指出，胡塞尔"生活世界"概念的主要含义指的是先于科学世界并作为其前提和基础的未分化的、主观相对的、日常意见（直观经验）的周围世界和观念世界。为了区分性质世界和意义世界，吕微把"生活世界"理解为由先验自我的纯粹意识构造的、比日常生活世界更基础的原始生活世界。[5] 2008 年，我也撰文表明，生活世界不等于日常生活，而是为日常生活奠定先验基础，因此，民俗学应该是一门先验科学或超越论的科学，而不再是经验实证意义上的客观科学。[6]同年，丁

---

[1] 刘晓春、崔若男：《以"日常生活"为方法的民俗学研究——"民俗学'日常生活'转向的可能性"论坛综述》，《文化遗产》2017 年第 1 期。
[2] 王杰文：《"实践民俗学"的"实践论"批评》，《民俗研究》2018 年第 3 期。
[3] 高丙中：《民俗文化与民俗生活》，中国社会科学出版社，1994 年，第 127、138 页。
[4] 正如吕微所指出："可以这样设想，公民社会的议题长时间没能进入中国民俗学的研究范围，也许正与《民俗文化与民俗生活》在中国民俗学界的持久影响力有关，而这正是高丙中亲手播种的结果。因为高丙中没有告诫中国民俗学界的同行们，自从《民俗文化与民俗生活》之后，他的'生活语境'早已不再是时空化的感性直观的经验条件，而就是'公民社会'这个未来理想的先验条件。"（吕微：《民俗学的哥白尼革命——高丙中民俗学实践"表述"的案例研究》，《民俗研究》2015 年第 1 期）另可参见吕微《民俗学的笛卡尔沉思——高丙中〈民俗文化与民俗生活〉申论》，《民俗研究》2010 年第 1 期。
[5] 参见吕微《民间文学—民俗学研究中的"性质世界""意义世界"与"生活世界"——重新解读〈歌谣〉周刊的"两个目的"》，《民间文化论坛》2006 年第 3 期。
[6] 参见户晓辉《民俗与生活世界》，《文化遗产》2008 年第 1 期。

阳华和韩雷把民俗学的"生活世界"划分为日常生活世界和原始生活世界两个层次。[1]

正因为从胡塞尔生活世界哲学出发，中国实践民俗学者对生活世界和日常生活的理解才既不同于、又不满足于德语地区民俗学者的经验性理解。在德国图宾根学派民俗学者看来，"日常生活"概念主要不是指许茨（Alfred Schütz，1899—1959）等人的知识社会学意义上（即在主体之间分享常识）的经验层面，而是依据列斐伏尔（Henri Lefebvre，1901—1991）的理论，指平淡乏味的日常生活，其核心不是历史的客观结构，而是个人对日常生活的主观感受和微观体验。[2]但德国民俗学者止步之处，恰恰应该是中国实践民俗学者新起点。至少，当他们不再反思日常生活的实践条件之时，实践民俗学者恰恰需要在中国反思、确立并实现这样的实践条件。原因在于：

1. 如果遗忘和忽视生活世界对日常生活的先验奠基作用，我们就难以谈论甚至很可能遗忘普通民众在日常生活中的自由意志能力和平等权利问题[3]，因为这样的问题恰恰是植根于生活世界的先验问题。

2. 从现实层面来看，由于德语地区的日常生活已大体得到法治制度的客观保障，所以，那里的学者可以不讨论日常生活的实践条件，直接用"日常生活"概念进行微观描述。但在中国，日常生活的根本性质与德语地区有很大差异。

3. 从理论层面来看，民俗学的日常生活研究本来就不是单纯的经验描述和事实呈现，而是带有启蒙与自我启蒙、批判与自我批判的理性目的。这种启蒙和批判的客观标准和实践尺度不是来自经验归纳，而是来自理性的逻辑演绎。因此，如果忽略或者遗忘了这个根本前提，民俗学的日常生活研究就会失去理论的完整性和统一性。无论出于什么原因，德语地区的民俗学者放弃"生活世界"概念和"日常生活"概念的哲学规定性所表明的都不是优点，而是他们在理论上的不彻底性。中国的实践民俗学者试图克服他们的缺点，因为区分日常生活与生活世界的理论必要性在于：

---

1 参见丁阳华、韩雷《论民俗学中的"生活世界"》，《温州大学学报（社会科学版）》2008年第4期。
2 参见Guido Szymanska,"Zwischen Abschied und Wiederkehr: Die Volkskunde im Kulturemodell der Empirischer Kulturwissenschaft," in Tobias Schweiger und Jens Wietschorke (Hg.), *Standortbestimmungen. Beiträge zur Fachdebatte in der Europäischen Ethnologie*, Verlag des Instituts für europäische Ethnologie, Wien 2008, S. 80。
3 参见户晓辉《返回爱与自由的生活世界——纯粹民间文学关键词的哲学阐释》，江苏人民出版社，2010年，第286—387页，另可参见张彤《从先验的生活世界走向文化的日常生活：许茨与胡塞尔生活世界理论比较研究》，黑龙江大学出版社，2011年。

> 生活世界是我们为理解经验的日常生活而思想出来的一个先于经验的纯粹观念世界,是我们理解现实世界的标准或前提。我们讨论交互主体的生活世界,就是要论证普通人的日常生活何以是理所当然的……普通人、老百姓的日常生活理之所以当然,是因为,普通人、老百姓自己已经先于经验性的实践把自由、平等的理念放进自己的日常生活(尽管是不自觉的),以此,普通人、老百姓的日常生活才呈现出差异性。[1]

只有首先承认并且认识到"普通人、老百姓自己已经先于经验性的实践把自由、平等的理念放进自己的日常生活",只有"把自由、平等的理念"当作日常生活的实践法则以及政治程序的目的条件[2],只有在把人当作手段的同时也一直当作目的,才可能想方设法地把维护每个普通民众选择生活方式的自由意志能力和平等权利当作最根本的实践目的,才可能设计客观的制度程序去保障这种能力和权利,普通民众的日常生活才可能具有充分的、正当的理所当然性。只有让普通民众的自由意志能力和平等权利成为最高的、最根本的实践目的,才能让它们免遭各种其他理由和行政借口的绑架。

因而,实践民俗学者不满足于让普通民众的日常生活仅仅在政治上得到承认(尽管这也很有必要而且实属不易),而是首先要为其正当性与合理性做学理上的论证。在这方面,我与高丙中的想法有所不同。为了扭转民俗被污名化的历史局面、避免落入文化批判和文化革命的紧张关系,高丙中反对"日常生活批判的路子"[3],力求首先让民间文化被承认为公共文化。[4] 尽管我也赞同这样的看法,但更想把高丙中的分步走变成齐步走。在我看来,实践民俗学需要站在现代价值观立场对日常生活进行批判,让普通民众学会依据现代价值观对各自在日常生活中的民俗实践进行自觉自主的移风易俗。实践民俗学的目的不是为了认识和研究日常生活本身,而是为了通过日常生活研究让普通民众意识到自己的自由意志能力和平等权利,并且自觉自主地维护和行使自己的这种能力和权利,从而完成从私民到公民的艰难转换。同样,仅仅把民间文化放置到公共领域并不

---

[1] 吕微:《民俗学的哥白尼范式》,《民俗研究》2013 年第 4 期。
[2] 目的条件,指实践的理性目的得以实现的前提条件,也指以实践法则等理性目的作为一般实践的形式条件。
[3] 高丙中:《中国民俗学的新时代:开创公民日常生活的文化科学》,《民俗研究》2015 年第 1 期。
[4] 参见高丙中《民间文化与公民社会:中国现代历程的文化研究》,北京大学出版社,2008 年;《日常生活的文化与政治——见证公民性的成长》,社会科学文献出版社,2012 年;《发现"民"的主体性与民间文学的人民性——中国民间文学发展 70 年》,《民俗研究》2019 年第 5 期。

能直接让它自动地变成公共文化,因为民间文化至少需要经过现代价值观的检验才能自觉地变成公共文化。

作为中层概念的"日常生活"

为了更好地实现这样的学科目的,实践民俗学需要把经过生活世界先验奠基的"日常生活"当作一个"中层概念"[1]:

1. "日常生活"既是研究对象又是研究方法,或者说先是研究对象,后是研究方法和路径。因为与其说实践民俗学要研究日常生活本身,不如说要通过日常生活来研究民,这种研究不是为了认识民,而是为了民的实践,为了实现从私民到公民的转变,为了行使并且维护包括学者自己在内的每个普通民众的自由意志能力和平等权利。

2. "日常生活"既是理论概念,更是实践概念。由于它是民俗学者用来认识和描述日常生活现象的概念,所以是理论概念;又由于它指称的主要是日常生活中的民俗实践和实践民俗学的学科实践,因而它更是实践概念。民俗学并不研究全部日常生活,而是主要研究日常生活中的民俗活动,而这种民俗活动本身就是实践。因此,实践民俗学要把"日常生活"从理论概念转变为实践概念,并且赋予它实践含义和实践用法。

3. 既然实践从根本上是规范性的,这就相应地决定了民俗学的"日常生活"概念不能仅仅是描述性概念,还必须是规范性概念。换言之,它必须兼具描述性和规范性,其中的规范性对描述性形成规范和引导,并且构成描述性的目的。实践的规范并非全都来自经验,也来自先验和超验,而且对人的实践而言,来自先验和超验的规范更加重要、更加不可或缺,它们不仅是日常生活中的民俗实践的根本特质,更是日常生活中的道德实践、伦理实践和政治实践的本质特征。所以,"这时,引入一个先验的思考维度就是必要的、必须的甚至必然的",因为"只有通过这样一个包括了经验和先验两个不同角度的整体性研究","日常生活的理所当然才是可以被确立的"[2],而且"日常生活"才是完整的实践概念。

正因如此,实践民俗学要为日常生活中的民俗实践增加不可或缺的道理,即不是来自经验归纳,而是从理性逻辑演绎出来的实践法则或公理,这些实践法则或公理能够对

---

[1] 刘晓春:《探究日常生活的"民俗性"——后传承时代民俗学"日常生活"转向的一种路径》,《民俗研究》2019年第3期。
[2] 吕微:《民俗学的哥白尼范式》,《民俗研究》2013年第4期。

各种来自经验的实践目的和实践准则起到规范、引导、校正、评判和裁定的作用，因而对日常生活中的民俗实践而言才更重要、更基础、更根本、更不可或缺。实践民俗学者不过是看到中国现实中的许多实践常常缺少实践法则或公理的规范、引导、校正、评判和裁定，所以才格外指出实践法则对中国日常生活的研究以及日常生活中的民俗实践都具有头等重要性。遗憾的是，不少学者仍然不理解、不承认这种理性常识，有些学者甚至不承认理性的重要性，不承认实践具有先验的目的，并且用一时一地有多少人能够做到来衡量甚至否认该不该做的问题，进而把能不能与该不该混为一谈。这种思维方式不仅把不同的问题搞混了，而且恰好把问题搞反了。

4. 作为实践概念的"日常生活"也意味着它在时间上不仅指过去和现在，而且指向未来。有了这样一个实践概念，我们就不仅看到现实中的描述性（已然和实然），还要看到其规范性（可然和应然），并且以规范性来看待和评价描述性。正因为规范性是实践的根本目的和本质规定，所以"日常生活"在本质上是一个实践概念，它彰显的是实践的理性目的。即便一时一地的日常生活充满了非理性和不合理现象，也并不表明这种日常生活就不应该理性化与合理化、就不能够理性化与合理化，甚至在或远或近的未来就不可以理性化与合理化。实践民俗学恰恰可以通过"日常生活"这样一个实践概念来真正站在实践立场和未来立场看待并研究日常生活中的民俗实践。

日常生活理所当然之"理"

站在实践立场和未来立场也意味着，实践民俗学的日常生活研究试图发掘"内在于人们日常交往活动中的理性力量"并且在日常生活中"构建交往理性"[1]。因为在日常生活中，只有通过以尊重普通民众自由意志能力和平等权利的实践法则为理性目的的道德实践、制度实践和程序正义，各种来自经验的实践目的和实践准则才可能以不被压抑的和得到保障的形式被公开表现出来，才可能得到正当的与合理的制度认可。如果说日常交往方式主要受传统、习惯、风俗、给定的经验常识以及天然情感的影响，而非日常交往主要受自觉的法律、各种规章制度和理性的制约，那么"中国的现状是急需将非日常交往的规范规则向日常交往领域渗透，以便于限制日常交往的消极面"[2]。实践民俗学的

---

1 李佃来：《公共领域与生活世界——哈贝马斯市民社会理论研究》，人民出版社，2006年，第311—312页。
2 李小娟、肖玲诺：《90年代日常生活批判研究述评》，《教学与研究》1998年第7期。

日常生活研究不是为研究而研究、为认识而认识，而是为了促进普通民众在日常生活中的现代化变革，"其核心是人自身的现代化"，"使中国人由传统走向现代，由自在自发走向自由自觉；注重社会运行体制的民主化、理性化和法制化的进程，建构起日常活动领域中的超日常的社会运行机制，以遏制日常生活结构和图式对非日常活动领域的侵蚀，为自由自觉的非日常主体的生成提供适宜的条件；进而通过价值的重新评估和深刻的社会重组"[1]，使普通民众自觉自主地在日常生活的民俗实践中养成公民习性和理性习惯。从中国传统的礼乐文明来看，就是让"现代社会普遍接受的自由、平等、公正等政治理念……能够深入到日常生活的每一个环节，成为共同体成员日常生活的基本原则"，也就是说，"在现代生活条件下，还需要为礼乐文明增加新的内涵，比如要让自由、平等、公正、民主、法治等现代性精神价值成为新的'礼乐文明'内涵"，"养成新的'政治人格'"。[2] 实践民俗学需要用契约观念、民主观念和法治观念消解中国文化的宗法性，促进日常生活领域和公共领域的现代化。正如吕微所指出，"我们必须在日常生活的理所当然上面再加一个理，这个理出来了，我们的传统民俗，我们的'非遗'才是真正有理的东西。而这样一来，也才能从根本上纠正对传统、对民俗的偏见。现在，对于民俗的态度只是政治上的承认和容忍，只是政策性的宽松，只是利用（如'文化搭台经济唱戏'之类），在骨子里面还没有正面树立起日常生活的理所当然的根本观念，这是因为，我们这些学者首先就还没有把一个先验之理放进我们的学科对象，并通过经验的事实将它证明出来"[3]。在很大程度上可以说，实践民俗学恰恰试图通过"日常生活"这个实践概念来为中国人的日常生活"增加"这样的先验之理。这样的先验之理是能够从过去和现在的日常生活中先验地还原出来的固有之理，也是现在和未来的日常生活需要去努力实现的理性目的条件。

实践民俗学通过日常生活研究想做和能做的事情至少包括：就在主观方面促使普通民众培养并养成道德习惯而言，"使按照道德法则作出评判成为一件自然的、既伴随着我们自己的自由行动也伴随着对他人的自由行动的观察的工作，并使之仿佛成为习惯"[4]；就客观方面而言，更重要的是在全社会、至少在实践民俗学涉及的日常生活领域

---

[1] 李小娟、肖玲诺：《90 年代日常生活批判研究述评》，《教学与研究》1998 年第 7 期。
[2] 朱承：《礼乐文明与生活政治》，《中山大学学报（社会科学版）》2014 年第 6 期。
[3] 吕微：《民俗学的哥白尼范式》，《民俗研究》2013 年第 4 期。
[4] Immanuel Kant, *Kritik der praktischen Vernunft*, Verlag von Felix Meiner in Leipzig, 1929, S. 182.

创造精神环境和制度条件，促成每个普通民众逐渐学会从私民变成公民。我在《日常生活的苦难与希望：实践民俗学田野笔记》一书中已经表明，实践"民俗学眼中的生活应该是以生活世界为基础和以实践理性目的为条件的完整的日常生活。如果其他学科研究的往往是日常生活中已然和实然的某些经验事实，那么，实践民俗学则恰好相反，它必须逆事实之流而上，追溯并还原行为事实的目的条件，从前因来看后果，并以实践理性的目的条件来评判日常生活中的行为事实，由此在学理上把普通人在日常生活中本来具有的常识感、公平感和正义感加以普遍化、明晰化和理性化，把它们提升到实践理性公识的层次，进一步推动以现代公识为目的条件的日常生活政治制度实践。这是实践民俗学研究日常生活与其他学科研究日常生活的显著区别之一"[1]。正因如此，实践民俗学者才主张从实证到实践的学科大转向，才认为民俗学不能仅仅满足于传统的、素朴的和直向的经验立场，而是必须让自身经历学术逻辑和现代观念的大洗礼和大转变。正如高丙中所指出，"日常生活概念促使民俗学成为一个强伦理性的学科。……出于知识兴趣的学术与希望改善人的处境、改善社会关系的学术对于伦理问题的关注会有明显差别。所以，当日常生活成为民俗学关注的中心，伦理性也自然成为民俗学的中心议题。我们倡导关注日常生活的民俗学，就需要以高标准的伦理来支持民俗学者承诺对于围绕日常生活的不公正、不合理进行调查研究的专业担当"[2]。也许正是这种向伦理性和政治性的实践转向让一些民俗学者感到不适和不快。但实际上，日常生活转向已经在呼唤学科方法论和思维方式上的一场"哥白尼革命"[3]了。从民俗到日常生活的研究转向，不仅是研究对象的转移，更是研究理念的重大变革：日常生活之所以不再是遗留物，恰恰因为日常生活是主体的人的实践活动和政治互动过程。实践民俗学者眼中的人，不再是被动地保留和传递遗留物的工具、手段或途径，而是有尊严、有自由、有主体性的民。这是有待实践民俗学去实现的理性目的。[4]实践民俗学者对日常生活政治的关注和研究，重点不在于权力斗争的行为事实，而在于行为事实的目的条件，因为实践总是先有目的条件，然后才产生行为事实和行为后果。日常生活中的民俗实践本来就是民众按照规范性（可然和应然）实现并实践出来的描述性（实然和已然）。正如岩本通弥所指出，民俗学

---

1 户晓辉：《日常生活的苦难与希望：实践民俗学田野笔记》，中国社会科学出版社，2017年，第392页。
2 高丙中：《日常生活的未来民俗学论纲》，《民俗研究》2017年第1期。
3 吕微：《民俗学的哥白尼革命——高丙中民俗学实践"表述"的案例研究》，《民俗研究》2015年第1期。
4 参见户晓辉《日常生活的苦难与希望：实践民俗学田野笔记》，中国社会科学出版社，2017年，第409—410页。

本来就"不是以'民俗'为对象,而是通过'民俗'进行研究"[1],德语 Volkskunde 的本义就是研究普通人日常生活的"民学"。[2] 其实,早在 20 世纪 30 年代,中国学者江绍原和樊縯就提出把 folklore 译为"民学"。[3] 实践民俗学的日常生活研究恰恰要还原"民学"的本意,把它提升到现代实践科学的新阶段和新高度。实践民俗学者认为,只有在以生活世界为先验基础的日常生活中才能看见完整的人,才能相信普通民众完全有能力把实践法则当作民俗实践的理性目的。这是实践民俗学与其他学科在研究日常生活时的最大不同。由此看来,出了实践问题的日常生活和日常生活中出的实践问题,才是实践民俗学者应该首先关注并优先考虑的中国问题。

正因为实践法则是从人作为有限的理性存在者这个理性前提中,以演绎的方式推论出来的理性公理,所以它才从根本上不同于中国历史上"曾经被作为普遍性真理"的"某些政治主张与实践",也才能从根本上克服"文人言大于行还自以为是,或沾沾自喜,或哭哭啼啼的老毛病"[4]。作为底线伦理原则的实践法则不是要取代各种具体的实践准则,而是可以充当各种具体的实践准则的试金石和普遍的形式规则。因而,现代社会的日常生活及其各种民俗实践都需要以实践理性法则作为正当性尺度和普遍的形式规则。实践法则是日常生活中的民俗实践主体都需要共同遵循的普遍法则。一方面,政府部门不能以各种理由限制和损害每个普通民众过正当的日常生活的自由意志能力和平等权利;另一方面,每个普通民众在日常生活的民俗实践中也要遵循实践法则,逐步培养权利与责任对等的现代观念,让自己的各项民俗实践都遵循实践法则,至少不违背实践法则,并以实践法则,而不是以一时一地的行政命令为标准来自觉自主地进行移风易俗。尽管这种要求在目前情况下显得不切实际甚至好高骛远,但无论对学科还是对普通民众而言,这都是自我救赎的一条必由之路。从学科历史来看,这并非我们的非分之想和额外之请,而是中国民俗学在起源时就具有的学术理想和发生缘由[5]。1928 年,顾颉

---

[1] [日]岩本通弥著,宫岛琴美译:《以"民俗"为研究对象即为民俗学吗——为何民俗学疏离了"近代"》,《文化遗产》2008 年第 2 期。
[2] 参见毕雪飞、[日]岩本通弥、施尧《日本民俗学者岩本通弥教授访谈录》,《民俗研究》2016 年第 5 期。
[3] 参见江绍原《关于 Folklore,Volkskunde,和"民学"的讨论》(瑞爱德等著,江绍原编译《现代英吉利谣俗及谣俗学》,上海中华书局,1932 年),户晓辉的《现代性与民间文学》(社会科学文献出版社,2004 年,第 132—133 页)。
[4] 刘晓春、崔若男:《以"日常生活"为方法的民俗学研究——"民俗学'日常生活'转向的可能性"论坛综述》,《文化遗产》2017 年第 1 期。
[5] 参见户晓辉的《为民主、争自由的民俗学——访日归来话短长》《民俗研究》2013 年第 4 期;《返回爱与自由的生活世界——纯粹民间文学关键词的哲学阐释》,江苏人民出版社,2010 年,第 31—38 页;《民间文学的自由叙事》,社会科学文献出版社,2014 年,第 20—33 页。

刚已经将中国民俗学的学科目的表达得非常明白：

> 我们读尽了经史百家，得到的是什么印象？呵，是皇帝，士大夫，贞节妇女，僧道——这些圣贤们的故事和礼法！
>
> 人间社会只有这一点么？呸，这说哪里话！人间社会大得很，这仅占了很小的一部分，而且大半是虚伪的！尚有一大部分是农夫、工匠、商贩、兵卒、妇女、游侠、优伶、娼妓、仆婢、堕民、罪犯、小孩……他们有无穷广大的生活，他们有热烈的情感，有爽直的性子，他们的生活除了模仿士大夫之外是真诚的！
>
> 这些人的生活为什么我们不看见呢？唉，可怜。历来的政治、教育、文艺，都给圣贤们包办了，哪里容得这一班小民露脸；固然圣贤们也会说"爱民如子""留意民间疾苦"的话来，但他们只要这班小民守着本分，低了头吃饭，也就完了，哪里容得他们由着自己的心情活动！
>
> 这班小民永远低了头守着卑贱的本分吗？不，皇帝打倒了，士大夫们随着跌翻了，小民的地位却提高了；到了现在，他们自己的面目和心情都可以透露出来了！
>
> 我们秉着时代的使命，高声喊几句口号：
>
> 我们要站在民众的立场上来认识民众！
>
> 我们要探检各种民众的生活，民众的欲求，来认识整个的社会！
>
> 我们自己就是民众，应该各各体验自己的生活！
>
> 我们要把几千年埋没着的民众艺术，民众信仰，民众习惯，一层一层地发掘出来！
>
> 我们要打破以圣贤为中心的历史，建设全民众的历史！[1]

近百年来，尽管可能有不少"我们"已经淡忘了这些谆谆教诲，但作为"我们"之一员的我每次读到这段话都会感到言犹在耳和振聋发聩。如果没有每个"小民"自身的理性觉悟，如果不为这种理性觉悟创造民主机会和制度条件，如果"小民"不能"由着

---

[1] 顾颉刚：《〈民俗〉发刊辞》，载王文宝编《中国民俗学论文选》，中国民间文艺出版社，1986年，第14—15页。

自己的心情活动",如果不能在日常生活的民俗实践中让"他们自己的面目和心情都可以透露出来"并且以平等权利和制度程序来让"他们自己的面目和心情都可以透露出来",那么,我们凭什么说"小民的地位却提高了"呢?由此可见,尽管民俗学者自身态度和立场的转变已实属不易,但只有"我们"学者的主观态度和单方面的号召不仅远不足以在实质上让"小民的地位却提高了",而且也难以完成顾颉刚当年为中国民俗学设定的学科任务。

正因为意识到这一点,实践民俗学者才要把日常生活的伦理学与政治学上升到存在论的高度,并且认为伦理学是民俗学日常生活研究的第一哲学[1],因为只有这样才能让学科实践与日常生活中的民俗实践在实践法则的理性目的上取得一致和统一,让它们朝向共同的目的:通过学科实践促进日常生活中的民俗实践,共同促成普通民众自己的觉悟、觉醒和发声,而不仅仅是学者替普通民众代言和"站在民众的立场上来认识民众"。换言之,实践民俗学的日常生活研究旨在让普通民众自己为自己做主、自己为自己发声和讲话,让普通民众敢于和善于公开地使用自己的自由意志能力并且站出来维护自己的平等权利。只有这样,"小民"才能变成"大民"、私民才能变成公民,由此成为真正意义上的人。这需要普通民众自觉自主的启蒙与自我启蒙,需要普通民众普遍的理性觉醒并且敢于公开地使用自己的理性,而不能仅仅依靠"我们"学者的主观态度和学术号召。只要民俗学研究民,那么,它的题中应有之意与不容回避的核心问题就是:在日常生活的民俗实践中"小民"能否和怎样成为"大民"、私民能否和怎样成为公民。因此,中国民俗学能对社会有多大的用处、能与普通民众有多大的关联、能有多大的学科地位,在很大程度上都取决于我们选择什么样的学科范式和研究理念来研究普通民众在日常生活中的民俗实践。

---

[1] 参见户晓辉《人是目的:实践民俗学的伦理原则》,《民族文学研究》2017年第3期。

创建具有民族形式与新民主主义内容的中国气派新文艺

——"五四"新文艺到新民主主义文艺的重大转向[1]

邱运华[2]

从五四新文化运动到 20 世纪 40 年代，中国文艺发生了两个重大转向。第一个是五四新文化运动完成的由旧文艺（传统的封建文艺）向新文艺的重大转向，开启了 20 世纪中国文艺新纪元。新文化运动与"五四"新文艺的代表有陈独秀、李大钊、鲁迅、胡适、郭沫若、茅盾、郁达夫、瞿秋白等。第二个转向就是延安革命文艺实践主导的由"五四"新文艺到新民主主义文艺的重大转向。即由五四新文化运动以来蔚然成风的新文艺转向"民族的科学的大众的中华民族新文化"。开启第二个转向的思想领袖无疑是毛泽东，以周扬、赵树理、丁玲、艾思奇、吕骥、冼星海、光未然、柯仲平、李季等为代表的理论家和文艺家则是完成这一转向的重要代表。这个转向以 1938 年 10 月 12 日至 14 日毛泽东作《抗日民族战争与抗日民族统一战线发展的新阶段》（以下简称《论新阶段》）的报告提出"民族形式"为起点，他先后发表《论新阶段》、《新民主主义的政治与新民主主义的文化》（1940 年 1 月，以下简称《新民主主义论》）和《在延安文艺座谈会上的讲话》（1942 年 5 月，以下简称《讲话》）三篇重要文献，提出"民族形式""新民主主义文化""文艺为人民大众服务、首先为工农兵服务"的重大命题，引导文艺界对文艺的民族形式、民间形式的广泛关注，号召文艺家到人民群众中去，大力学习和吸收民间文艺优秀传统，推进解放区文艺向民族化大众化发展，创作出大批优秀新文艺作品，确立了新民主主义文艺发展正确方向。

---

[1] 刊于 2022 年第 4 期。
[2] 邱运华（1962— ），中国民间文艺家协会分党组书记、驻会副主席、秘书长。

"民族形式"是毛泽东对马克思主义中国化道路探索的新成果，也是对五四新文学运动以来探索文艺"大众化"的最新命题。到人民中间去，到工农兵群众中去，学习人民的文艺形式，这就是毛泽东《讲话》指明的新民主主义文艺发展方向。

毛泽东形成这一系列思想有一个阶段性发展过程，文艺界从理论接受到创作实践，也有逐渐实现的过程。我认为，这一过程是以毛泽东上述三篇文献作为标志，分为三个阶段，以《论新阶段》为起点，最终完成于《讲话》。延安文艺座谈会后，文艺界进入发展的新阶段，中国进步文艺界精神面貌焕然一新，开创了新民主主义文艺新局面。

本文以20世纪30年代末、40年代初期中国文艺发展主潮为背景，阐释毛泽东上述三篇文献提出的核心观点，结合文艺界的讨论和延安民间文艺界的实践，论述开启并完成民间文艺转向的具体进程、重要影响和重大意义。

一、《论新阶段》："马克思主义中国化"与"民族形式"命题

《论新阶段》是毛泽东1938年10月12日至14日在扩大的中央六届六中全会上作的报告。该报告的全文未收入任何文集或文选，只是其中第七部分以《中国共产党在民族战争中的地位》为题收入《毛泽东选集》第二卷。正是在这个报告里，毛泽东提出了"马克思主义中国化"的命题，同时提出了对文艺界理论界影响深远的"民族形式"命题，这一事实本身，意味着"民族形式"命题绝不局限于文艺领域，而是一个宏大政治思考中的有机组成部分。[1]事实上，从毛泽东论述的语境看，"民族形式"在这里是政治性的。毛泽东这样说：

> 共产党员是国际主义的马克思主义者，但马克思主义必须通过民族形式才能够实现。没有抽象的马克思主义，只有具体的马克思主义。所谓具体的马克思主义，就是通过民族形式的马克思主义，就是把马克思主义运用到中国具体环境的具体斗争中去，而不是抽象地运用它。成为这个伟大的中华民族之一部分而与这个民族血肉相连的共产党人，离开中国的特点来谈马克思主义，只是抽象的空洞的马克思主义。因此，马克思主义的中国化，使之在每一表现中带

---

[1] 关于毛泽东提出的"民族形式"及其引发的论争，研究成果比较多，资料汇编也很多。2000年以来，石凤珍、毛巧晖、段从学、宋玉等人的学术成果，从文化角逐和文化意识形态角度介入，颇有见地；汪晖的思想史研究和文化史研究，则在启蒙曲折演进中看待民族性回流。

着中国特性,即是说,按照中国的特点去应用它,成为全党亟待了解并亟需解决的问题。洋八股必须废止,空洞抽象的调头必须少唱,教条主义必须休息,而代之以新鲜活泼的,为中国老百姓喜闻乐见的中国作风和中国气派。把国际主义的内容与民族形式分离起来,是一点也不懂国际主义的人们的干法,我们则要把二者紧密地结合起来。[1]

毛泽东提出具有划时代意义的"马克思主义中国化"命题,强调要"通过民族形式的马克思主义,就是把马克思主义运用到中国具体环境的具体斗争中去",强调"洋八股必须废止,空洞抽象的调头必须少唱,教条主义必须休息,而代之以新鲜活泼的,为中国老百姓喜闻乐见的中国作风和中国气派"。这个著名论断,是对自建党以来中国革命实践经验和痛切教训的总结,是对王明"左"倾教条主义路线的彻底否定,更是对马克思主义的中国道路的新探索新成果。在这里,"民族形式""中国作风""中国气派"等术语,尚未脱离政治性质,是在政治层面来使用它的。但我认为,毛泽东使用这一套术语,还是有文化层面的考虑。

提出"民族形式的马克思主义"这一命题,显然不是轻易的临时的动议,应该有长期的思想准备和理论准备,也绝不是延安这个背景下可以孤立提出来的,必然借比较大的"势"。第一,有足够的理论准备和深入的思考。1938年年初,毛泽东在延安见了梁漱溟,就抗日战争的前途、中华民族的命运和农村建设发展等问题,两人作了两次深入的谈话。梁漱溟赠送了自己所写的《乡村建设理论》一书,农村的前途、农民的命运,是毛泽东与梁漱溟谈话的重要话题之一。解决中国的所有问题,均自农村开始,这是毛泽东和梁漱溟的共识。梁漱溟强调乡村具有长久而坚固的道德伦理,传统文化深厚,民间乡贤是可以依靠的力量,改革和建设应从此入手;毛泽东则强调农村阶级分化和阶级斗争的路径,否认改良道路。第二,毛泽东系统阅读了一批马克思主义理论著述,以及李达《社会学大纲》、克劳塞维茨《战争论》、潘梓年《逻辑与逻辑学》等,写作了《论持久战》《抗日游击战争的战略问题》《抗日战争与民族战线的新阶段新形势与党的任务》(9月24日政治局会议长篇报告),成立延安新哲学会,系统讨论哲学理论问题;10

---

[1] 毛泽东:《抗日民族战争与抗日民族统一战线发展的新阶段——一九三八年十月十二日至十四日在中共扩大的六中全会的报告》,收入《毛泽东选集》第二卷时,"马克思主义的中国化"一句改为"使马克思主义在中国具体化",《毛泽东选集》第二卷,人民出版社,1991年,第534页。

月 12 日，作《论新阶段》。第三，这一年，艾思奇到达延安，先后任中共中央文委秘书长、中央研究院文化思想研究室主任。毛泽东与艾思奇交谈甚密，读过他写的《大众哲学》，写了比较长的批注。1938 年 4 月，艾思奇发表《哲学的现状和任务》一文，旗帜鲜明地提出了"哲学中国化"的主张。他说："现在需要来一个哲学研究的中国化、现实化的运动。""哲学的中国化和现实化！现在我们要来这样一个号召。"[1] 新哲学会成立后，毛泽东和艾思奇的交流更加密切。从《论新阶段》里关于马克思主义中国化、民族形式的提法看，毛泽东显然受到了艾思奇观点的影响。第四，提出"民族形式"作为一个饱含文化意味的政治概念，是在抗日民族解放战争爆发背景下全国思想界文化界的共识，不仅延安如此，重庆、武汉学术界也是如此，"思想学术界把反对日本帝国主义的战争，不仅视作是争取国家独立、复兴中华民族的斗争，同时也视作是保卫中华文化的斗争，并再一次掀起了关于文化复兴问题的讨论"[2]。各派学者如郭沫若、胡秋原、梁漱溟、嵇文甫等人都发表过相关主旨文章，而嵇文甫文章的题目就是《漫谈学术中国化问题》。除此之外，张君劢、熊十力、冯友兰、钱穆、贺麟、马一浮、梁漱溟等先后撰写了中国文化史的学术著作，西南联大的教学内容也加强了民族文化史各领域的教学研究，学术界对中华历史文化之特殊性生存和传承发展，进行了卓有成效的系统研究。在这一背景下，毛泽东提出"民族形式的马克思主义""马克思主义中国化"命题，便具有了雄阔的思想背景。

毛泽东使用"民族形式"这一术语，其语义可以延伸到"旧形式""新形式"的讨论。鲁迅先生在 1934 年 5 月 4 日发表过《论"旧形式的采用"》[3] 一文，其中提到耳耶（聂绀弩）的文章《新形式的探求与旧形式的采用》，并说后者正在翻译日本学者藏原惟人的著作《艺术的形式与内容》。可以看出，新形式、旧形式之议，已经不是新的命题。1936 年 8 月 10 日，音乐家吕骥在《光明》第 1 卷第 5 号上发表了《中国新音乐的展望》，提出要创作出"民族形式，救亡内容"的音乐[4]，强调中国新兴音乐要建立在中国民族形式基础上。

毛泽东对文艺界讨论的这一话题有长期独立的思考。1937 年 8 月 12 日，西北战地

---

[1] 艾思奇：《哲学的现状和任务》，《艾思奇文集》第一卷，人民出版社，1981 年，第 388 页。
[2] 郑大华：《民国思想史论》，社会科学文献出版社，2006 年，第 392 页。
[3] 鲁迅：《论"旧形式的采用"》，《鲁迅全集》第六卷，人民文学出版社，1991 年，第 22—26 页。
[4] 计晓华：《延安鲁艺时期的民间音乐研究》，载任文主编《永远的鲁艺》（下），陕西师范大学出版总社有限公司，2014 年，第 53 页。

服务团成立，15日延安各界隆重举行欢送该服务团奔赴抗日前线的晚会。西北战地服务团表演的二十多个节目有话剧、歌剧、京剧、大鼓、说书、双簧、地方小调、快板等文艺形式，其中有不少民间文艺形式。毛泽东对西北战地服务团十分重视，在该团成员集训的约四十天里，他为服务团讲授了"文艺大众化"的课，先后几次对丁玲谈话，其中有一段话很关键："宣传工作要大众化，新瓶新酒也好，旧瓶新酒也好，都应该短小精悍，适合战争环境，为老百姓所喜欢。"[1] 这段话里透露出毛泽东对"旧瓶装新酒"这一命题的知晓和明确态度，也表示出他对这一命题的基本态度[2]。

　　1938年年初，延安文艺界开始讨论旧形式的利用和改造问题。1938年2月10日，《新中华报》发表了映华、少川、白苓、裴扬等人的四篇文章，涉及共同的主题，就是戏剧旧形式的改造和利用问题。28日，再度发表刘白羽、沙寨《关于旧形式的二三意见》和《利用旧形式》两篇文章。这些文章点燃了旧形式讨论的火，但却还是隔靴搔痒，没有搔到痒处。例如说戏剧旧形式，基本上在谈平剧。徐懋庸在1938年4月20日《新中华报》副刊《边区文艺》上发表了《民间艺术形式的采用》一文，受到毛泽东表扬，表明在毛泽东心目中，民间文艺在民族形式里占有主体地位。毛泽东当面表扬说："我看了你在《新中华报》上发表的文章了，写得不错嘛，这样的文章望你多写。"该文章的基本观点是赞扬了丁玲带领西北战地服务团在搜集、采用民间文艺资源、进行创新创作上的成绩，文章说："至今为止，他们的最好的收获，而且到了将来一定能够凭这收获而有大贡献的，我以为，要算民间的艺术形式之采集，并配合了新内容而加以应用。……他们的节目之中，的确要算那些改编的陕北小调、大同跳舞等最精彩。我想，该服务团将来如能遍历全国民间，继续同一工作，集各地民众艺术形式之优长，加以陶铸，那么，他们对于中国新文艺的发展，一定是会有决定的影响的。"他还写道："我赞成西北战地服务团的工作，而且希望延安的鲁迅艺术学院也能至少以一部分力量从事这

---

[1] 丁玲：《延安文艺座谈会前前后后》，载张翅翔主编《丁玲文集》第五卷，湖南人民出版社，1984年，第263—264页；另见丁玲《一年》，转引自艾克恩主编《延安文艺史》（上），河北教育出版社，2009年，第46页。这段话与艾克恩《延安文艺运动纪盛（1937年1月—1948年3月）》（文化艺术出版社，1987年）所记有个别词句不一致，但中心意思是一致的。
[2] 这一观点集中表现在顾颉刚主编的《通俗读物论文集》（生活书店，1938年）中。内有顾颉刚、王受真、向林冰、方白四人的文章，主题是"旧瓶装新酒"。后有附录《关于旧瓶装新酒的诸问题（座谈会记录）》。显然，在这个文集出版之前，毛泽东对其中发表过的文章观点就有所了解。

一工作，就是，往民间去，采集民间的艺术形式，而配之以新内容，加以应用。"[1]这篇文章的发表距离毛泽东作《论新阶段》还有半年。毛泽东特别感兴趣的是，徐懋庸的文章引用列宁批判共产主义运动中的"左"倾幼稚病："绝对否认一定的旧形式，而不见新内容以及这一切可能的形式迸发出来。"列宁使用了"旧形式"的概念，强调："我们已有这样巩固、这样强大、这样有力的工作内容（为着苏维埃政权，为着无产阶级专政），他们能够而且应该表现于任何新的和旧的形式上；他们能够而且应该改造、战胜、统辖、驾驭一切新的和旧的形式，其目的并不是在于和旧的形式调和，而是要使一切旧的形式，成为共产主义完全的、最后的、坚定的必然胜利之工具。"文章最后，徐懋庸得出结论："只要配上新内容，旧形式就不成其为完全的旧形式了。采用之际，或有改造，这改造就会使旧形式渐渐变为新形式。"[2]显然，毛泽东对徐懋庸文章肯定旧形式可为表达新内容服务的辩证观点很认可。但是，徐文并未提到"民族形式"这一高度，更缺乏毛泽东把民族形式与国际主义内容结合于一体的宏大气魄。然而，正是在徐懋庸这篇文章发表一个星期后，4月28日，毛泽东到鲁迅艺术学院作了一次讲话，他说了一段与民间文艺有关的话，意味深远。

毛泽东《论新阶段》报告对延安文艺界产生直接影响，就是提出了"民族形式"的命题。正因为毛泽东提出这一概念，是在"马克思主义中国化"的命题里，在强调马克思主义基本原理与中国革命的具体实际相结合这一极端重要的语境里，赋予了"民族形式"以重大政治含义。文艺界立即对这一命题做出了积极反应。当时在中宣部任职的陈伯达、艾思奇以及文艺界领导周扬成为"民族形式"首倡者。1939年2月16日，周扬、艾思奇、陈伯达三人同时分别在延安《新中华报》和《文艺战线》上发表文章，为这次文艺运动做舆论铺垫和思想准备，发出运动先声。此后文艺界纷纷发声，比较有代表性的有柯仲平《谈中国气派》（1939年2月7日）、艾思奇《旧形式运用的基本原则》（1939年4月16日）和《旧形式新问题》（1939年6月25日），以及集中发表在《中国文化》刊物上的柯仲平《论文艺上的中国民族形式》、何其芳《论文学上的民族形式》、萧三《论诗歌的民族形式》、冼星海《论中国音乐的民族形式》、罗思《论美术上的民族

---

1 徐懋庸：《民间艺术形式的采用》，载《延安文艺丛书》编委会编《延安文艺丛书·文艺理论卷》，湖南文艺出版社，1987年，第658—659页。
2 徐懋庸《民间艺术形式的采用》，载《延安文艺丛书》编委会编《延安文艺丛书·文艺理论卷》，湖南文艺出版社，1987年，第659、660页。

形式与抗日内容》¹等等，对毛泽东"民族形式"命题予以呼应。这一系列呼应，把毛泽东这一命题迅速从政治领域拉到文艺领域，成为"旧形式与新内容"之讨论的升华，同时，也为政治意义上的"民族形式"提供了文艺现实基础。民间文艺由此成为理论界关注焦点。

"民族形式"之所以引发如此众多讨论，是因为这个命题连同与其关联的"中国作风""中国气派"，很自然过渡到对什么是中华民族文化的"民族形式"的追问，从而必须回答文艺的民族形式具体含义是什么，民间文艺形式很自然地凸显在理论家面前。在把"民族形式"引申到文艺领域的一系列文章里，陈伯达《关于文艺民族形式的问题札记》一文无疑具有权威性。陈伯达在1939年春天刚调入毛泽东办公室，任中央军委主席秘书，实际上是政治秘书。2月16日，他在《新中华报》的《新生》副刊上发表文章，全文十七条，开宗明义说："近来文艺上所谓'旧形式'问题，实质上，确切地说来，是民族形式问题，也就是'新鲜活泼的，为中国老百姓喜闻乐见的中国作风和中国气派'（毛泽东《论新阶段》）的问题。"²一下子直接把"旧形式"问题的实质说"破"了。文艺界关于"旧形式"的讨论很多，理论界面对"旧形式"所指的问题，多多少少有些迟疑。显然，中华民族文化土壤中生长出来的文艺形式，多半是在封建社会孕育、成熟的，按照反映论的思维方式，它必定受封建政治和经济的制约，必然反映着封建社会的意识形态，在五四新文化运动20年以后，它仍然有进步意义吗？若答案是肯定的，那么它具有怎样的价值？在这个意义上来讨论"旧形式"问题，就不是一个单纯的"形式"问题，而确实是"内容"问题，甚至也不止步于"民族的""内容"或"形式"问题，而是文化的阶级属性与超越阶级属性、文化的社会性与永恒性的关系问题，换句话说，就是人类文明价值观的永恒性问题。因此，单就提出"民族形式"这一命题就具备破除某种迷信的思想价值。文章把民间文艺形式凸显了出来，作为"旧形式"的重要领域，提出"文艺上的民族形式包括有各种表现的形式，如民族风俗、格调、语言等"。"民族形式应注意地方形式：应该好好地研究各地方的歌、剧、舞及一切文学作品的地方形式之特性。特别是各地方的文艺工作者应注意在自己的地方形式上发挥起来。但这并不是说，除了地方形式，就没有别的。"通览全文，文艺民族形式的论述重点就在于民间文艺形式。

---

1 以上诸文均发表于1939年11月16日《中国文化》刊物上。
2 陈伯达：《关于文艺民族形式的问题札记》，《新中华报》，1939年2月16日，《新生》副刊。以下引文皆同。

相形之下，周扬的文章《我们的态度》则含蓄些，更多地集中在"旧形式"上，认为"目前把艺术和大众结合的一个最可靠的办法是利用旧形式"。"我们不要使新内容为旧形式所束缚，而要以新内容来发展旧形式，从旧形式中不断地创造出新的形式出来。"[1]艾思奇则提出："今后的抗战文艺首先是民族的东西，所谓民族的，并不只是着重在形式，并不只是在于民族旧艺术的形式的发展，而主要是在它的内容，在于它能够用适当的形式（每一个作家自己能运用的适当的形式）表现民族抗战的生动的力量……"[2]后来，艾思奇围绕"建立中华民族自己的新文艺"发表了比较系统的意见。[3]

反思"五四"新文化传统，是不能回避的课题。艾思奇提出："'五四'的新文化运动，在中国文学史上，是开辟了一条新的道路，是向着创造新形式的路上走。然而这一个运动的根本主流，还是为着使文学成为大众的、'平民的'东西。'五四'文化运动一般的缺点是：由于要打破旧传统，于是就抛弃了、离开了旧的一切优秀传统，特别是离开了中国民众的，大众优秀传统。在'五四'的初期，还发掘了中国民间文艺的宝藏，愈到后来，这些宝藏就被搁置起来，而偏向于向外国的文艺里去学习。"[4]柯仲平认为，"'五四'时期的那些文艺形式，也可以叫作一种民族形式，但那已经不能是主要的民族形式了。""今天的中国的民族形式，那是更高级、更进步、更复杂的。它既不能把中国较优秀的那些旧的和半新旧的形式除外，也不能把外来的，优秀可用的形式除外，更不能把抗战时期才产生的某些从未见过的新形式的萌芽除外。而是要把以上的这些形式上的特点融化了，经过了融化，去创造出使这一时代的新内容能得充分表现的新形式。这种新形式，才能称为今天的、中国民族的真正的民族形式。"[5]冼星海则在鸟瞰中国民间古乐、和声、乐曲、作曲、小调、民歌、工农音乐等基础上，提出发展中国新兴音乐的民族形式的七条方略。[6]《论新阶段》的发表对刚刚稳定下来的政治局势提出了新的课题，迫使党的理论思想文化界深入思考：在抗日救亡的现实战争的同时，我们思想理论

---

1 周扬：《我们的态度》，《文艺战线》创刊号 1939 年 2 月 16 日。
2 艾思奇：《抗战文艺的动向》，《文艺战线》创刊号 1939 年 2 月 16 日。
3 参见艾思奇《两年来延安的文艺运动》，《群众》1939 年第 8、9 期合刊。
4 艾思奇：《旧形式新问题》，载《延安文艺丛书》编委会编《延安文艺丛书·文艺理论卷》，湖南文艺出版社，1987 年，第 598 页。
5 柯仲平：《论文艺上的中国民族形式》，载《延安文艺丛书》编委会编《延安文艺丛书·文艺理论卷》，湖南文艺出版社，1987 年，第 613—614 页。
6 参见冼星海《论中国音乐的民族形式》，载《延安文艺丛书》编委会编《延安文艺丛书·文艺理论卷》，湖南文艺出版社，1987 年，第 694—695 页。

文化的民族形式如何存在？

二、《新民主主义论》："新民主主义文化"与"民间文艺中心源泉"之争

在毛泽东文艺思想里具有重要地位，同时对中国新民主主义文艺发展具有里程碑意义的，是《新民主主义论》，这是1940年1月9日毛泽东在边区文协第一次代表大会上作的报告。2月15日在《中国文化》创刊号上公开发表；2月20日在出版的《解放》第98、99期合刊上转载。

毛泽东作这个报告的主要动机是为阐述新民主主义文化问题。在他看来，要阐述好新文化问题，就必须先说清楚新民主主义政治问题。

《新民主主义论》第一次系统完整建构了"新民主主义文化"理论体系。毛泽东按照马克思主义基本原理论述新的政治、新的经济与新的文化之间的关系，指出：新民主主义革命是无产阶级领导的人民大众反帝反封建的革命，而"所谓新民主主义的文化，就是人民大众反帝反封建的文化，在今日，就是抗日统一战线的文化。这种文化，只能由无产阶级文化思想即共产主义思想去领导，任何别的阶级的文化思想都是不能领导得了的。所谓新民主主义文化，一句话，就是无产阶级领导的人民大众反帝反封建的文化。""民族的科学的大众的文化，就是人民大众反帝反封建的文化，就是新民主主义的文化，就是中华民族的新文化。"新民主主义文化是"民族的""科学的""大众的"。毛泽东论述道：民族的，即"它反对帝国主义压迫、主张中华民族的尊严和独立的，它是我们这个民族的，带有我们民族的特性。""中国文化应有自己的形式，这就是民族形式；民族形式、新民主主义内容，这就是我们今天的新文化。"科学的，即"它是反对一切封建思想和迷信思想，主张实事求是，主张客观真理，主张理论和实践相一致的。"大众的，即"它应为全民族百分之九十以上的工农劳苦民众服务，并逐渐成为他们的文化"。[1]

毛泽东这篇文章刚一面世，便得到边区和国统区激烈反响。关于新民主主义革命，

---

[1] 据《毛泽东年谱1893—1949》（中卷，修订本），在1939年12月13日那天记载着：出席中共中央政治局会议，听取艾思奇关于筹备陕甘宁边区文代会报告内容的介绍。艾思奇介绍，"新文化用下面四大口号为好：民族化（包括旧形式），民主化（包括统一战线），科学化（包括各种科学），大众化（鲁迅提出的口号，我们需要的）。"又，洛甫在1939年1月5日给陕甘宁边区文代会上作了《抗战以来中华民族的新文化运动与今后的任务》的报告，其中提及新文化，用的是"民族的、民主的、科学的、大众的"，多了一个"民主的"。1月17日《新中华报》社论里用了上述四个界定。毛泽东没有采用他们的提法，显然，他对新民主主义文化有自己独立的认识。见《毛泽东年谱1893—1949》（中卷，修订本），中央文献出版社，2013年，第151页。

在毛泽东此前主持撰写的文章《中国革命和中国共产党》（1939年12月）里首次提出"新民主主义革命是无产阶级领导的人民大众反帝反封建的革命"[1]，而此前关于新民主主义文化则没有论述，特别是再次强调"民族形式、新民主主义内容，这就是我们今天的新文化"这一论断，对于文艺界和思想理论界产生了巨大影响。虽然，毛泽东在《论新阶段》这篇文章里从政治层面提及了"民族形式"这一概念，但从文化层面强调这一概念，不能不说是文化理论上向前迈进了一大步。显然，毛泽东在这里的表述"中国文化应有自己的形式，这就是民族形式；民族形式、新民主主义内容，就是我们今天的新文化"，其中的"民族形式"就是文化层面概念。

进步文艺界针对毛泽东文章里提出的"民族形式"再次进行了热烈讨论，而这次的讨论首先围绕"民间文艺作为民族形式中心源泉"这一命题展开的。1940年3月24日，向林冰在重庆《大公报》上发表了《论"民族形式"的中心源泉》一文，明确提出"民间文艺是民族形式的中心与源泉"这一观点，一举突破文艺界在"旧形式"之所指问题上的暧昧，使民间文艺立即凸显为文艺界关注的重点，同时，他在文章里把民间文艺传统与"五四"新文艺两大传统并举，着力强调民间文艺是民族形式的中心源泉。他写道："在民族形式的前头，有两种文艺形式存在着：其一，'五四'以来的新兴文艺形式；其二，大众所习见常闻的民间文艺形式。"后者是当前亟须注意到的。向林冰提出五点看法：一是流行民间的文艺形式既有积极性因素，又有消极性因素。二是民间形式本质上是矛盾体，既是民族形式的对立物，又是其同一物。三是"民间形式的批判的运用，是创造民族形式的起点；而民族形式的完成，则是运用民间形式的归宿。换言之，现实主义者应该在民间形式中发现民族形式的中心源泉"。四是民族形式的提出，是中国社会变革动力的发现在文艺中的反映。五是肯定民间形式是民族形式的中心源泉，能克服文艺脱离大众的偏向。[2] 应该说，向林冰敏锐意识到"民族形式"命题的提出，是中国社会新的变革力量涌现、走上历史舞台的表征，敏锐体会到《论新阶段》到《新民主主义论》提出的"民族形式"和强调中国民族文化的重要迹象所具有的深刻含义，这一含义对五四新文化运动以来中国文艺发展具有重大变革意义。但他在把"民间文

---

1 《中国革命与中国共产党》（1939年12月）是毛泽东和几位同志合写的一个课本，其中，第一章《中国社会》由其他几位同志所写，第二章《中国革命》由毛泽东所写，其中提出了新民主主义革命核心问题。
2 参见向林冰《论"民族形式"的中心源泉》，载北京大学等主编《文学运动史料选》第四册，上海教育出版社，1979年，第425—428页。

艺"与"五四新文艺"两者并举时，提出民间文艺是民族形式中心源泉、对五四新文化运动之后新文艺成就的"低评"，是文艺界理论界难以接受的。例如，葛一虹发起批评道：向林冰"抹煞'五四'以来在新文学上艰苦奋斗的劳绩，责难它不大众化和非民族化，而所谓大众化和民族形式的完成，只有到旧形式或民间形式里去找寻。"[1] 郭沫若说："……为鼓舞大多数人起见，我们不得不把更多的使用价值，放在民间形式上面。这也是一时的权变，并不是把新文艺的历史和价值完全抹煞了，也并不是认定民族形式应由民间形式再出发，而以之为中心源泉——这是不必要，而且也不可能。"[2] 以群认为："民族形式的创造应该以现今新文学所已经达成的成绩为基础，而加强吸收下列三种成分：（一）承继中国历代文学底优秀遗产，由诗经、楚辞起，以至唐诗、宋词、元曲、明清小说等。不仅学习它们形式上的优长，更重要的是学习作者处理现实的态度，与现实搏斗的方法。只有这样才能理解他们的形式的特点，接受他们的形式的精粹。（二）接受民间文艺底优良成分……对于这些文艺，学习的重点不在于表面的形式，而在于它的丰富的语言或警句，这是新的文学语言底重要来源之一。（三）吸收西洋文学的精华。……"[3] 胡绳则认为："假如形式是指体裁，于是说到民间形式，就想到五更调、章回体，那么这问题就根本不值得讨论。这里所说的形式应该是广义的，包括言语、情感、题材，以及文体，表现方法，叙述方法等等。"[4] 这一系列意见，毫无疑问从理论层面丰富和补充了"民族形式"的内容，长远来看，对新民主主义文艺发展具有不可替代的重要价值。

与此同时，国统区的杂志也对"民族形式"这个命题展开了热烈讨论，不过，其核心观点，一是把"民族形式"与文艺大众化、地方性文艺联系起来，二是强调"民族形式"是共产党统战思想的表现，三是认为"民族形式"具有与"五四"新文艺运动的方向对立的意思。[5]

和围绕《论新阶段》里提出"民族形式"命题的讨论有所不同：上一次论争的主题是民间文艺这种"旧形式"是否或怎样与"新内容"结合，从而产生出新文艺新形式；

---

1 葛一虹：《民族形式的中心源泉是在所谓"民间形式"吗？》，《新蜀报》1940年4月10日。
2 郭沫若："民族形式"商兑，《大公报》（重庆）1940年6月9—10日。
3 《文艺的民族形式问题座谈会》，载北京大学等主编《文学运动史资料选》第四册，上海教育出版社，1979年，第457页。
4 《文艺的民族形式问题座谈会》，载北京大学等主编《文学运动史资料选》第四册，上海教育出版社，1979年，第465页。
5 参见罗维斯《"民族形式"论争中国民党及右翼文人的态度——民国机制下"民族形式"论争新识之一》，《海南师范大学学报（社会科学版）》2012年第6期。

而这一次论争则更加极端：难道民间文艺是民族形式的中心源泉吗？假如是，那么五四新文化运动以来的新文艺该居于什么地位？问题如此尖锐，没有妥协余地。

毛泽东以政治家的眼光看到的，是"民族形式"与"民间形式"关联背后的阶级力量、社会力量和抗日民族战争中的主力军。他在文章里要表达的意思，究其根本，民族形式就是中华民族文艺独有的形式，这一形式为90%以上的中国工农兵老百姓喜闻乐见，而不是其他民族、其他阶级阶层所熟悉的东西。只有中华民族独有的艺术形式，才能够让老百姓接受它；只有农民阶级自己创造、表达自己的思想情感和寄托自己的理想愿望，自己才能欣赏，才能说得上一个"喜爱"——民间文艺就是中国农民阶层老百姓千百年来拥有唯一的文艺生活！民间艺术形式最根本的本质是社会性的，甚至是阶级性的，因此，抓住了民间的文艺形式，就抓住了90%以上的农民老百姓。

光未然的眼光很独到，体会到了其中真义。他把"民族形式"建构与"大众化"目标联系起来看，觉察到五四运动以来文艺界存在的缺陷。在"文艺的民族形式问题座谈会"（1940年4月21日）上，光未然发言说："民族形式是文艺活动发展到现在必然提出的问题。……关于民族形式和大众化的问题，可以说，从五四运动以来，文艺大众化的任务并没有达到，这就是因为没有解决民族形式的问题，没有把大众化和民族形式问题联在一起看的缘故。""关于大众化这三个字的了解，我有一点意见，我觉得我们不要抽象地了解，大众有各色各样的大众，所以我们今后写东西的形式，要通过各种不同阶层的知识水准，创作各种不同的表现形式，而统一于总的民族形式中，但这其中有一个主导的力量，就是在民族革命中站在第一线作战的工农士兵大众。"[1] 光未然把工农兵作为文艺大众化、进而作为"民族形式"观照的主力，看到了问题的本质，这也是向林冰文章里未尽之意。

周扬在《对旧形式利用在文学上的一个看法》一文里，明确了对"旧形式"研究的重要价值，他说："所谓旧形式一般地是指旧形式的民间形式，如旧白话小说，唱本，民歌，民谣，以至地方戏，连环画等等，而不是指旧形式的统治阶级的形式，即早已僵化了的死文学。"周扬这个界定很重要，在相当大的程度上具有革命性，此前甚至理论界都把五四新文化运动反对的"统治阶级的形式，即早已僵化了的死文学"与鲜活的民

---

[1]《文艺的民族形式问题座谈会》，载北京大学等主编《文学运动史资料选》第四册，上海教育出版社，1979年，第453—454页。

间文艺混同起来，因而对民间文艺的现代生存怀有疑问。在这一基础上，周扬表明自己拥护利用"旧形式"的目的："把民族的、民间的旧有艺术形式中的优良成分吸收到新文艺中来，给新文艺以清新刚健营养，使新文艺更加民族化、大众化，更加坚实与丰富，这对于思想性艺术性较高，但还只限于知识分子读者的从来的新文艺形式，也有很大的提高的作用。"[1] 显而易见，内容暧昧的"旧形式"概念和"大众化"口号，远不如旗帜鲜明的"民族形式""民间文艺形式"和"文艺为工农兵服务"等来得更干净利落。

茅盾以《旧形式、民间形式与民族形式》一文回应了发生在大后方关于"民族形式"与"民间文艺中心源泉"的论争。他认同郭沫若、潘梓年、光未然等人立场，对向林冰的错误予以条陈，对中国民间文艺的特点和民间形式的多样性进行了梳理，表明民间文艺既有外来影响产生，也有新旧融合，更多的是良莠不齐，强调"新中国文艺的民族形式的建立，是一件艰巨而久长的工作，要吸收过去民族文艺的优秀的传统，更要学习外国古典文艺以及新现实主义的伟大作品的典范，要继续发展'五四'以来的优秀作风，更要深入于今日的民族现实，提炼熔铸其新鲜活泼的质素"[2]。在旧形式、新形式和民族形式的讨论中，茅盾始终倡导坚持兼收并蓄新旧、中外优秀文化遗产，创建新文艺的观点。到 1941 年 4 月，茅盾在《抗战期间中国文艺运动的发展》一文里说："民族形式的解释……曲解者则谓中国封建文艺之一的'民间形式'是真正民族的形式，因而主张以'民间形式'为'民族形式'之唯一的中心泉源。曲解者不明中国现有的口头形式的'民间文艺'是百年前中国封建社会的产物，是现在已经没有的封建的生活所产生的形式，与现代人民大众的生活没有相同之点。但是曲解者最是误人的议论，尤在于抬高民间形式为'民族形式'的中心源泉之外，又无条件地排斥世界文学的优秀传统，不惜自居于'思想上的义和团'，并且他又抹煞了'五四'以来思想文艺运动的成果，而成为客观上与今天中国思想界的复古逆流相呼应而为之张目。"他宣布"'民族形式'的论战，现在早已结束了。"[3]

事实上，"民族形式"仍在发酵，1940—1942 年，延安文艺界出现了关于"大戏"的讨论，讨论的焦点在于延安戏剧演出的剧目，多年来对民族民间戏曲关注甚少，对外

---

[1] 周扬：《对旧形式利用在文学上的一个看法》，载《延安文艺丛书》编委会编《延安文艺丛书·文艺理论卷》，湖南文艺出版社，1987 年，第 621—622 页。
[2] 茅盾：《旧形式、民间形式与民族形式》，载《延安文艺丛书》编委会编《延安文艺丛书·文艺理论卷》，湖南文艺出版社，1987 年，第 657 页。
[3] 茅盾：《抗战期间中国文艺运动的发展》，《中苏文化》1941 年第 8 卷第 3、4 期合刊。

国戏剧、国统区戏剧关注多，表演话剧、独幕剧、活报剧、歌舞剧等外来剧种多，关注民间小剧种（秦腔、眉户、道情等）少。戏剧界出现这一问题的契机，实际上是戏剧观念在悄然变化——戏剧民族形式的讨论导向了民间戏曲。大戏讨论的走向，恰好是"民族形式"讨论的结论之表现。

三、《在延安文艺座谈会上的讲话》：面向民间文艺的艰难转身

《讲话》是《论新阶段》和《新民主主义论》里核心观点合逻辑的结果，是其中思想的含蓄提法的明确表述。那么，前面两篇文献的核心思想是什么？就是建构"民族形式的马克思主义"问题，而具体在文艺领域，就是"民族形式"在文艺界落地的问题，以"民族形式—民间形式—文艺为工农兵服务"这个线索，落实党在抗日民族战争中的文艺路线，从宏观上看，是对"马克思主义中国化"这一命题的实践。

首先，延安文艺座谈会是在延安整风运动的背景下召开的，具有整风运动的思想特点，即以马克思主义中国化立场批判教条主义、主观主义，反映到文艺领域来，就是从中国革命的具体性质、任务出发，从党带领中国人民大众抗战救亡的实际历史，来要求革命文艺；就是坚持以马克思主义"从实际出发，不是从定义出发"[1]"不要从抽象的定义出发，而要从客观存在的事实出发"的立场，来看待文艺问题，而不是一般地抽象地和从观念到观念来看待文艺的性质、任务、价值和对象等一系列问题。

文艺服务于抗日民族解放战争这一紧迫任务，决定了当时革命文艺的性质、对象、任务和发展方向。毛泽东强调："马克思主义的一个基本观点，就是存在决定意识，就是阶级斗争和民族斗争的客观现实决定我们的思想感情。"全民族抗日火热斗争这一客观现实，决定了现阶段中国革命文艺的性质，是新民主主义革命和文化的组成部分；决定了革命文艺的对象是投身抗日救亡的广大人民大众；决定了文艺的任务就是全力投身到民族解放的战争中去，去讴歌这场人民战争的主力军——工农兵群众。毛泽东始终坚持强调新民主主义革命和文化是"无产阶级领导的人民大众反帝反封建的"革命和文化，抗日战争是一场人民战争，革命文艺的方向由此决定下来。毛泽东以实事求是的态度，评价了"五四"新文艺的历史功绩和不足，以"'五四'以来的革命文艺运动——

---

[1] 毛泽东：《在延安文艺座谈会上的讲话》，载中共中央文献研究室编《毛泽东文艺论集》，中央文献出版社，2002年，第55页。以下所引《讲话》原文，均出自这个版本，免注。

这个运动在二十三年中对于革命的伟大贡献以及它的许多缺点"一句，给予"五四"新文艺一个总评，直接回应了到座谈会之前仍在争议的"民族形式与民间文艺关系"讨论中无法绕开的难题。这个总评与党对五四运动的评价是一致的，其缺陷就是脱离工农大众。文艺反映和服务工农兵群众，就是反映和服务占全国90%以上的人民大众，这是抗战现实赋予它的神圣职责。

其次，毛泽东旗帜鲜明地提出文艺"为人民大众服务，首先为工农兵服务"的观点，这既是文艺的党性原则决定的，又是对新民主主义革命和文化本质论述的贯彻，更是对五四新文化运动以来进步文艺界提出的文艺"大众化"命题的具体和深入。毛泽东指出："我们的文学艺术都是为人民大众的，首先是为工农兵的，为工农兵而创作，为工农兵所利用的。"毛泽东这一观点，明确指出了文艺的服务对象，是对新民主主义革命和文化论述的接续。这意味着什么呢？毛泽东首先是从政治的高度看待这一问题的。毛泽东在《中国革命和中国共产党》《新民主主义论》等文献里，系统论述了新民主主义革命和新民主主义文化，强调这是"无产阶级领导的人民大众反帝反封建"的革命和文化。在这里，关键主体是"无产阶级领导的人民大众"，就是工农兵群众，他们必然是我党领导的革命文艺服务的对象。在《讲话》里，毛泽东强调，文艺工作的中心问题，"基本上是一个为群众的问题和一个如何为群众的问题"。这里的群众就是指工农兵群众，而不是其他人。毛泽东区分了不同政治条件下文艺有不同的对象，他说："工作对象问题，就是文艺作品给谁看的问题。在陕甘宁边区，在华北华中各抗日根据地，这个问题和在国民党统治区不同，和在抗战以前的上海更不同。在上海时期，革命文艺作品的接受者是以一部分学生、职员、店员为主。在抗战以后的国民党统治区，范围曾有过一些扩大，但基本上也还是以这些人为主，因为那里的政府把工农兵和革命文艺互相隔绝了。在我们的根据地就完全不同。文艺作品在根据地的接受者，是工农兵以及革命的干部。"在延安和根据地，文艺家假若离开、疏远、拒绝工农兵群众，就失去了自己的对象，从而失去了自己的价值，也就无以生存。毛泽东批评有的小资产阶级知识分子不知道依靠工农兵群众："对于工农兵群众，则缺乏接近，缺乏了解，缺乏研究，缺乏知心朋友，不善于描写他们；倘若描写，也是衣服是劳动人民，面孔却是小资产阶级知识分子。他们在某些方面也爱工农兵，也爱工农兵出身的干部，但有些时候不爱，有些地方不爱，不爱他们的感情，不爱他们的姿态，不爱他们的萌芽状态的文艺（墙报、壁画、民歌、民间故事等）。"毛泽东作出文艺"为人民大众的，首先是为工农兵的"这一表述，在现代中国文学史上，具有重大意义，是对五四新文艺运动以来革命文艺提出的"大众化"命题在抗日民族解放战争背景下的继承和发展。

最后，文艺家要学习好民间的文艺形式，才能切实服务好工农兵群众。在回答文艺如何服务工农兵群众的问题时，毛泽东说："中国的革命的文学家艺术家，有出息的文学家艺术家，必须到群众中去，必须长期地无条件地全心全意地到工农兵群众中去，到火热的斗争中去，到唯一的最广大最丰富的源泉中去，观察、体验、研究、分析一切人，一切阶级，一切群众，一切生动的生活形式和斗争形式，一切文学和艺术的原始材料，然后才有可能进入创作过程。否则你的劳动就没有对象，你就只能做鲁迅在他的遗嘱里所谆谆嘱咐他的儿子万不可做的那种空头文学家，或空头艺术家。"毛泽东在这里强调了文学家艺术家深入和体验工农兵群众的生活和斗争，这是第一层意思，但正如上述，工农兵群众生活在现实社会中，不仅有物质的需要，还有精神生活的需要，还有文学艺术生活的需要。这第二层意思就是要了解工农兵群众的思想情感审美趣味的表达形式。在漫长的中国封建社会中，工农兵群众最喜闻乐见的表达形式就是民间文艺，这是中华民族五千多年文化传统的土壤和基础。

毛泽东格外强调熟悉工农兵群众喜闻乐见的文艺形式，把它视为更好地服务工农兵群众的必修课。在《讲话》里，他把这一文艺形式表述为类似"人民生活中的文学艺术原料"，而不是他在其他文献里所强调的"民族形式"，或在他认可的文章里所定位的"民间文艺"。我理解，这是因为，一是"民族形式"和"民间文艺"这些概念目前在文艺界理论界仍然在争论，未能达成一致意见；二则涉及对"五四"新文艺的评价问题。在上述两个问题尚未解决的前提下，《讲话》采用了更为写实的方式而不是现成的概念来表述同一个意思。毛泽东先后七次用相同或相近的句子来指称民间文艺，例如，"他们萌芽状态的文艺（墙报、壁画、民歌、民间故事等）""人民生活中本来存在着文学艺术原料的矿藏，这是自然形态的东西，是粗糙的东西，但也是最生动、最丰富、最基本的东西；在这点上说，它们使一切文学艺术相形见绌，它们是一切文学艺术的取之不尽、用之不竭的唯一的源泉。这是唯一的源泉，因为只能有这样的源泉，此外不能有第二个源泉。""此时此地的人民生活中的文学艺术原料""一切文学和艺术的原始材料""人民生活中的文学艺术的原料""初级的文艺""我们的文学专门家应该注意群众的墙报，注意军队和农村中的通讯文学。我们的戏剧专门家应该注意军队和农村中的小剧团。我们的音乐专门家应该注意群众的歌唱。我们的美术专门家应该注意群众的美术。"等等。这其中，既有谈及普及与提高辩证关系，有谈及要求重视群众自发的文艺，更有涉及对来自民间的文艺作为文艺之唯一源泉的判断。这意味着毛泽东很清楚从陈伯达《关于文艺民族形式问题札记》到向林冰"民间文艺是民族形式的中心源泉"的命题，甚至，他认可这一观点。但在《讲话》里，他并未提及彼此的争议，把它搁置下来。正如他在《讲话》里所说"不要从抽象的定义出发，而要从客观存在的事实出发"，也就是说，不再纠缠于"新形式""旧形式"、"民间文艺形式""新文艺形式"等这一系列概念，而是直接揭示文艺现象的本质。毛泽东用"萌芽状态的文艺（墙报、壁画、民歌、民间故事等）""人民生活中本来就存在着文学艺术原料的矿藏"等来描述民间存在的文艺状态，强调：这就是文艺工作者要学习的文艺形式，这就是服务好工农兵群众的第一课。我理解，毛泽东认为，以工农兵群众为代表的人民大众的民间文艺形式，就是中华民族形式的主体。

毛泽东认为，文艺家要服务好工农兵群众，一门必修功课就是熟悉工农兵群众的文艺形式，包括言语、情感、伦理道德、叙事方式，他们讲的故事、传说、戏曲、歌谣、谚语、神话、舞蹈、美术、音乐等等，因为他们的全部知识都在于此。他说："许多同志爱说'大众化'，但是什么叫作大众化呢？就是我们的文艺工作者的思想感情和工农兵大众的思想感情打成一片。而要打成一片，就应当认真学习群众的语言。如果连群众的语言都有许多不懂，还讲什么文艺创造呢？"在座谈会结束后，5月28日召开了中央学习组会议，他说："在艺术上，我们采取的政策和革命性一样，也是从低级到高级，即是从萌芽状态起，一直到高级的，到托尔斯泰、高尔基、鲁迅等最精湛的。艺术性高的我们要，低的我们也要。像墙报、娃娃画娃娃，我们也要，那是萌芽，有发展的可能性，有根在那里。老百姓唱的歌，民间故事，机关里的墙报，战士吹牛拉故事，里面都有艺术。一字不识的人可以讲出美丽的故事，连说的话也是艺术性的，我便听过许多这样的故事。忽视了这些，眼睛只看到高的，看不到低的，说老百姓粗手粗脚算得什么，轻视那些东西，甚至看不起普通的艺术工作者，看不起墙报、农村通讯，不懂得士兵、农民能动手写几百字的墙报具有很大意义，这是不对的。……墙报、民歌、民间故事，我们也需要看看。多少年受压迫刚翻了身的人居然能写几百字的墙报，是了不起的大事；不这样看，那就是他的立场明显没站稳，因此对群众的东西不喜欢看。"[1] 这些话所

---

[1] 毛泽东：《文艺工作者要同工农兵相结合》（1942年5月28日在中央学习组会议上的报告第三部分），载中共中央文献研究室编《毛泽东文艺论集》，中央文献出版社，2002年，第92—93页。

表达的意思，我理解不仅对工农兵群众的文艺样式有情感认同，而且更有理性认识，结论便是：民间文艺是民族文化唯一源泉，除此之外没有第二个源泉；对其视而不见或漠视这一源泉，就不能做好文艺工作。

在党领导全国人民抗日战争进入最困难的阶段，中华民族解放事业进入最艰苦的时期，毛泽东在延安文艺座谈会上发表了重要讲话，精辟阐述了党的文艺思想，第一次系统表明了党对文艺的一系列根本性问题的态度和立场，特别是旗帜鲜明地强调文艺"为人民大众服务，首先为工农兵服务"这一立场，要求进步的文艺工作者深入农村、深入基层，学习"人民生活中的文学艺术原料"，学习人民群众喜闻乐见的文艺形式，创作出为人民大众所热烈欢迎的优秀作品。《讲话》精神确定了新民主主义文艺发展的正确方向。延安文艺座谈会之后，解放区文艺进入新的更高的发展阶段，这个阶段的显著标志就是，延安边区的大批文艺工作者深入基层、奔赴前线，向工农兵学习，向工农兵大众喜闻乐见的民间文艺形式学习，创作出《王贵与李香香》《小二黑结婚》《李有才板话》《东方红》《白毛女》《兄妹开荒》等一批民间文艺特征鲜明的不朽作品，在民间文学、民间音乐、民歌、民间舞蹈、民间新年画、木刻、民间戏曲等领域的研究方面，涌现吕骥《中国民间音乐研究提纲》、艾青《论秧歌剧的形式》、力群和王朝闻等《关于新的年画利用神像格式问题》等一系列民间文艺学术力作，推出具有重大影响的民间文艺家、民间艺术团体，例如民歌手李有源、说书艺人韩起祥、眉户戏艺人李卜、群艺团队自乐班和民众剧团两任团长柯仲平、马建翎等。民间文艺成为新民主主义文艺、继而成为新中国社会主义文艺的重要组成部分，发挥着重大作用。

回首从毛泽东提出民族形式与国际主义内容相结合、民族形式与新民主主义内容相结合，到提出文艺"为人民大众服务，首先为工农兵服务"的观点，我们看到一条清晰的思想发展脉络，这就是毛泽东把探索马克思主义中国化道路，与学习和创新民族文艺形式，与学习创新体现民族文化鲜明特征的民间文艺、人民大众喜闻乐见的文艺形式紧密地结合在一起。五四新文艺运动开始的文艺大众化道路，因抗日民族战争的爆发，在延安文艺界更具体演变为向民间文艺的重大转向，进一步凸显了时代社会和政治力量对文艺的重大影响。民间文艺因而成为毛泽东提出"民族形式"命题的坚实基础，也进一步成为毛泽东把马克思主义与中华民族文化紧密结合的坚实基础。

图书在版编目（CIP）数据

《民间文化论坛》40年精选集.理论探索/中国民间文艺家协会编.-- 北京：中国文联出版社，2024.2
ISBN 978-7-5190-5385-7

Ⅰ.①民… Ⅱ.①中… Ⅲ.①俗文化—中国—文集 Ⅳ.① G122-53

中国国家版本馆 CIP 数据核字（2024）第 034954 号

编　　者　中国民间文艺家协会
责任编辑　王素珍　徐国华
责任校对　秀点校对
装帧设计　张亚静

出版发行　中国文联出版社有限公司
社　　址　北京市朝阳区农展馆南里10号　邮编 100125
电　　话　010-85923025（发行部）　　010-85923091（总编室）
经　　销　全国新华书店等
印　　刷　北京雅昌艺术印刷有限公司

开　　本　787毫米×1092毫米　1/16
印　　张　35.5
字　　数　650千字
版　　次　2024年2月第1版第1次印刷
定　　价　198.00元

版权所有　侵权必究
如有印装质量问题，请与本社发行部联系调换